westermann

Sarah-Maria Seebacher

W0416144

Dr. Fred Bernitzke

Heil- und Sonderpädagogik

Inklusive Pädagogik

6. Auflage

Bestellnummer 15424

Die in diesem Produkt gemachten Angaben zu Unternehmen (Namen, Internet- und E-Mail-Adressen, Handelsregistereintragungen, Bankverbindungen, Steuer-, Telefon- und Faxnummern und alle weiteren Angaben) sind i. d. R. fiktiv, d. h., sie stehen in keinem Zusammenhang mit einem real existierenden Unternehmen in der dargestellten oder einer ähnlichen Form. Dies gilt auch für alle Kunden, Lieferanten und sonstigen Geschäftspartner der Unternehmen wie z. B. Kreditinstitute, Versicherungsunternehmen und andere Dienstleistungsunternehmen. Ausschließlich zum Zwecke der Authentizität werden die Namen real existierender Unternehmen und z. B. im Fall von Kreditinstituten auch deren IBANs und BICs verwendet.

Die in diesem Werk aufgeführten Internetadressen sind auf dem Stand zum Zeitpunkt der Drucklegung. Die ständige Aktualität der Adressen kann vonseiten des Verlages nicht gewährleistet werden. Darüber hinaus übernimmt der Verlag keine Verantwortung für die Inhalte dieser Seiten.

service@westermann.de
www.westermann.de

Bildungsverlag EINS GmbH
Ettore-Bugatti-Straße 6-14, 51149 Köln

ISBN 978-3-427-**15424**-2

westermann GRUPPE

Vorwort

Dieses Lehrbuch gibt eine Einführung in die Heil- und Sonderpädagogik und richtet sich an Fachschülerinnen und Fachschüler[1] sowie an alle, die mit beeinträchtigten Menschen arbeiten. Die zunehmende Zahl auffälliger Kinder sowie die Integration dieser Kinder in Regeleinrichtungen erfordert von Fachkräften ein fundiertes heilpädagogisches Wissen. Die Auswahl der Inhalte orientiert sich an den Lehrplänen in den sozialpädagogischen Fachschulen für die Fächer Heilpädagogik bzw. Sonderpädagogik.

In den vier Hauptteilen des Buches werden die wesentlichen Inhalte der Heil- und Sonderpädagogik praxisgerecht vermittelt. Der erste Teil des Lehrbuches setzt sich mit grundlegenden Annahmen und Methoden der Heil- und Sonderpädagogik auseinander und berücksichtigt den aktuellen Stand der Forschung. Auf die unterschiedlichen Aufgabenbereiche der heil- und sonderpädagogischen Arbeit wird im zweiten Teil des Buchs eingegangen. Im dritten Teil wird die Lebenswelt des Beeinträchtigten aus der familiären und gesellschaftlichen Perspektive sowie der institutionellen Förderung beleuchtet.

Die verschiedenen Formen von Beeinträchtigungen werden im vierten Teil mit der Beschreibung der sonderpädagogischen Aufgabenfelder umfassend aufgegriffen und praxisnah aufbereitet. Die Darstellung der Beeinträchtigungsformen entspricht folgender Systematik:

- Begriffsbestimmungen
- Erscheinungsbild sowie Formen der Beeinträchtigung
- Häufigkeit
- Erfassung
- Erklärungsansätze
- Hilfen

Das umfassende Glossar erläutert alle im Buch verwendeten Fachbegriffe und erleichtert darüber hinaus das Verstehen von heilpädagogischen Fachtexten.

Für diese 6. Neuauflage wurden alle Kapitel überarbeitet und erweitert. Dem Thema Inklusion ist ein eigenes Kapitel gewidmet, in dem die Möglichkeiten und Grenzen einer Inklusion unter verschiedenen Aspekten (z. B. Inklusion und Form der Beeinträchtigung, Inklusion und Institution) aufgezeigt werden. Ein neues Kapitel befasst sich mit der Entwicklung von Beeinträchtigungen in den verschiedenen Altersbereichen und verdeutlicht beispielsweise Entwicklungspfade.

Dr. Fred Bernitzke

1 Aus Gründen der besseren Lesbarkeit wird im Text die männliche und weibliche Form im unregelmäßigen Wechsel verwendet. Selbstverständlich sind immer beide Geschlechter gleichzeitig angesprochen.

Inhaltsverzeichnis

2 Aufgabenbereiche 90

3 Lebenswelten beeinträchtigter Menschen 156

1 GRUNDLAGEN

Der Schweizer Heilpädagoge Paul Moor (1899–1977) kennzeichnet den Gegenstandsbereich der Heilpädagogik durch drei Grundprinzipien bzw. Grundfragen:

1. **Zuerst verstehen, dann erziehen.** Wir müssen das Kind verstehen, bevor wir es erziehen. Daraus ergibt sich die Grundfrage: **Wie lernen wir das beeinträchtigte Kind verstehen?** Es ist die Frage nach einer dem heilpädagogischen Gegenstand angemessenen **Theorie**.
2. **Nicht gegen den Fehler, sondern für das Fehlende.** Wo immer ein Kind auffällig ist, haben wir nicht zu fragen: Was tut man dagegen? Pädagogisch wichtiger ist die Frage: **Was tut man dafür?** Nämlich für das, was werden sollte, soweit es werden kann. Das ist die Frage nach einer dem heilpädagogischen Gegenstand angemessenen **Praxis**.
3. **Nicht nur das Kind, auch seine Umwelt erziehen.** Wir haben nie nur das beeinträchtigte Kind als solches zu erziehen, sondern immer auch seine Umgebung. Sie leidet am Leiden des Kindes und kommt damit meistens nicht zurecht, wodurch das Leiden des Kindes noch vergrößert wird. Daraus ergibt sich die Frage nach der Erziehung bzw. Ausbildung der Erzieherin und des Erziehers, in welcher die Spezialfrage nach der **Ausbildung der Heilpädagogin und des Heilpädagogen** enthalten ist (vgl. Moor, 1965).

1.1 Gegenstandsbereich

1.1.1 Begriffsbestimmung

Die Heil- bzw. Sonderpädagogik ist ein Teilbereich der Allgemeinen Pädagogik.

Nach dem Schweizer Heilpädagogen Emil Erich Kobi (1935–2011) umfasst die **Heilpädagogik** die Praxis, Erforschung und Reflexion sowie die Theorie und Lehre der Erziehung und Bildung in beeinträchtigten Erziehungs- und Bildungsverhältnissen. Die **Allgemeine Heilpädagogik** befasst sich mit den Grundfragen dieses Wissensgebiets, während die **Spezielle Heilpädagogik** (Differenzielle Heilpädagogik oder Besondere Behindertenpädagogik) sich nach den verschiedenen Behinderungsformen aufgliedert. Als **Heilerziehung** bezeichnet man die praxisorientierte Lehre und Anwendung heilpädagogischer Erkenntnisse und Einsichten in verschiedenen Funktionsbereichen.

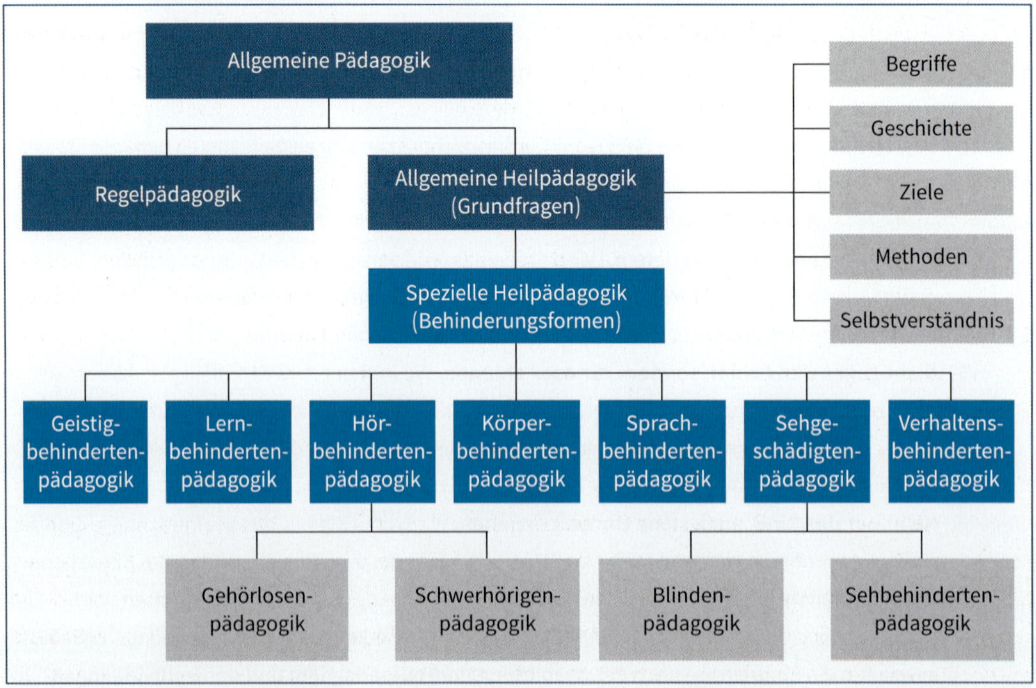

Allgemeine Pädagogik und Heilpädagogik

Zusammenfassend kann man die Heil- und Sonderpädagogik wie folgt kennzeichnen:

DEFINITION

Die Heil- und Sonderpädagogik umfasst die Theorie und Praxis der Erziehung von beeinträchtigten Kindern, Jugendlichen und Erwachsenen. Dazu entwickelt und nutzt sie spezifische Verfahren, um den unterschiedlichen Erziehungsbedürfnissen von beeinträchtigten Personen gerecht zu werden.

In der Diskussion um das Integrationsverständnis wird die Abgrenzung der Heil- und Sonderpädagogik von der Allgemeinen Pädagogik neu bewertet. Die Auseinandersetzung mit Behinderungen wird von einigen Wissenschaftlern als allgemeinpädagogische Aufgabe gesehen. Die Bezeichnung Inklusive Pädagogik wird vermehrt verwendet (vgl. Sturm, 2016).

1.1.2 Heil- und Sonderpädagogik

Die Inhalte der Allgemeinen Heilpädagogik sind nach Kobi die Begriffsbestimmung, Geschichte, Zielsetzung, Methoden und das heilpädagogische Selbstverständnis. Für den Gegenstandsbereich der Heilpädagogik findet man unterschiedliche Bezeichnungen. Dabei spielen historische und länderspezifische Gesichtspunkte sowie unterschiedliche Schwerpunktsetzungen eine Rolle.

In Deutschland wird der Begriff **Heilpädagogik** erst seit 1861 verwendet. Zuvor wurde in der Pädagogik von **heilender Erziehung** gesprochen. Im ursprünglichen Begriffsverständnis ging man davon aus, dass Kinder von Ungezogenheiten und Unartigkeiten „geheilt" werden müssen. Im 19. Jahrhundert erfolgte eine Erweiterung des Begriffs. Neben den kindlichen Angewohnheiten wie Eigensinn, Bosheit, Verstellung, Habsucht, Neugier, Furcht, Eitelkeit usw. wurden auch Kinder mit schweren Schädigungen wie Blindheit oder Stottern behandelt. Andere Autoren im 19. Jahrhundert beziehen den Begriff der Heilpädagogik auf die Arbeit mit Menschen mit geistiger Behinderung. Die Heilpädagogen gingen davon aus, dass durch gezielte Förderung und Training eine vollständige Heilung erreicht werden kann. Heilpädagogik wurde bis zur ersten Hälfte des 20. Jahrhunderts eng mit der Medizin (insbesondere der Psychiatrie) verknüpft. Einige Autoren verbanden den Begriff „Heilpädagogik" mit religiösen Interpretationen (z. B. Heiland oder Heilen als christliche Hilfe). Dieses unklare Begriffsverständnis führte dazu, dass führende Wissenschaftler darauf drängten, auf die Vorsilbe „heil" zu verzichten und andere, eindeutigere Bezeichnungen zu verwenden. Eine „Heilung" im medizinischen Sinne, eine „Heilbringung" im theologischen Verständnis sowie die Deutung als „Heilsein" im Sinne von Unversehrtheit sind missverständlich. Vorgeschlagen wurden die Begriffe **Sonderpädagogik, Behindertenpädagogik** und **Spezielle Pädagogik**. Gegen den Begriff „Sonderpädagogik" wird eingewandt, dass der Begriff auf eine „Pädagogik der Abnormität" hinweist und das Aussondern nahelege. In Deutschland wird im universitären Bereich häufig der Doppelbegriff **Heil- und Sonderpädagogik** verwendet oder von der **Pädagogik der Menschen mit Behinderung** gesprochen. In den osteuropäischen Staaten wird der Begriff **Defektologie** (lat. defectus = Fehler, Schaden; griech. logos = Lehre, Wort) verwendet, im angelsächsischen Sprachgebiet haben sich die Bezeichnungen **Special Education** und **Education of the Handicaped** eingebürgert, in der ehemaligen DDR wurde von **Rehabilitationspädagogik** (lat. rehabilitatio = Wiederherstellung) gesprochen, in Frankreich und den Niederlanden kann man den Begriff **Orthopädagogik** (griech. ortho = gerade, aufrecht, richtig) finden.

Ziele

Das sonder- und heilpädagogische Wirken ist auf eine **optimale Lebenserfüllung** und Lebenstüchtigkeit der Benachteiligten ausgerichtet. Eine Teilhabe am gesellschaftlichen Leben ist durch **integrationsfördernde Aktivitäten** sicherzustellen. Die heilpädagogische Arbeit setzt das In-Beziehung-Treten mit den Beeinträchtigten voraus und erfordert ein hohes Maß an Individualisierung im Umgang mit dem benachteiligten Menschen. In der Arbeit mit beeinträchtigten Personen sind die Erfahrungs- und Lebensräume an den Bedürfnissen und Fähigkeiten der Betroffenen auszurichten.

1.1.2.1 Geschichte der Heil- und Sonderpädagogik

Die Hilfe für beeinträchtigte Kinder lässt sich einerseits bis in vorchristliche Zeiten und Kulturen belegen. Andererseits sind auch gesellschaftliche Abwehrhaltungen, Feindseligkeiten und Diskriminierung bis hin zur Verfolgung von beeinträchtigten Menschen nachweisbar.

Im Mittelalter (6. bis 16. Jahrhundert), das von christlichen Wertvorstellungen geprägt ist, wird gegenüber Menschen mit Behinderung eine ambivalente Haltung eingenommen. Zum einen werden Beeinträchtigungen als Strafe wegen der Nichteinhaltung göttlicher Gebote gesehen, zum anderen ist der Umgang mit ihnen christliches Zeichen von Barmherzigkeit und Mildtätigkeit. Eine gesellschaftliche Unterstützung war jedoch kaum gegeben. Sie wurden stigmatisiert, entrechtet, vernachlässigt und fristeten ein Leben am Rande der Gesellschaft. In der Regel waren es engagierte Privatleute sowie kirchliche Institutionen, die sich um Menschen mit Beeinträchtigung kümmerten. Beeinflusst von Einrichtungen für Menschen mit psychischen Erkrankungen und geistiger Behinderung in arabischen Ländern wurden vergleichbare Einrichtungen zunächst in Spanien errichtet.

In der Zeit der Aufklärung (17. bis 18. Jahrhundert) werden weltliche und kirchliche Autoritäten infrage gestellt und die allgemeine Menschenwürde sowie Bürger- und Menschenrechte hervorgehoben. Aus diesem Verständnis gewinnen die Selbstverantwortung des Menschen und die Formen der Selbstgestaltung an Bedeutung. Erziehungsprozesse werden analysiert und die Möglichkeiten der Bildung und Erziehung von Menschen mit Beeinträchtigungen werden erprobt. In dieser Zeitperiode liegen die Wurzeln der Heilpädagogik. Die Errichtung von Schulen und Betreuungseinrichtungen für Menschen mit Beeinträchtigungen sind Ausdruck des neuen Menschenbildes.

Der polnische Pfarrer und Pädagoge Johann Amos Comenius empfiehlt den Einsatz von Heilmitteln, um Unartigkeiten und Ungezogenheiten bei Kindern zu heilen. Das Heilen im pädagogischen Verständnis des 17. und 18. Jahrhunderts besteht in der Beseitigung von kindlichen Unarten wie Eigensinn, Weinerlichkeit, Neugier, Habsucht und Eitelkeit. In diesem Zeitraum entstehen die ersten Einrichtungen für Taubstumme (1770) und Blinde (1784). Wie Haeberlin (1985) herausstellt, werden im 19. Jahrhundert diese leichten kindlichen Verhaltensweisen mit starken Beeinträchtigungen wie Blindheit und geistiger Behinderung gleichgesetzt. Der Begriff „Heilpädagogik“ wird zum ersten Mal 1861 von den beiden Pädagogen Jan-Daniel Georgens und Heinrich Marianus Dinhardt in Verbindung mit der Erziehung von Menschen mit geistiger Behinderung verwendet. Sie gingen davon aus, dass durch ein geeignetes Gehirntraining die geistigen Mängel heilbar seien.

Im 20. Jahrhundert steht die Auseinandersetzung im Mittelpunkt, ob die Heilpädagogik eine Teildisziplin der Medizin (vor allem der Psychiatrie) oder der Pädagogik darstellt. Im Verlauf der wissenschaftlichen Diskussion setzt sich die von Paul Moor und Heinrich Hanselmann vertretene Auffassung durch, dass der pädagogische Aspekt im Vordergrund steht und die Erziehung der Beeinträchtigten als die zentrale Aufgabe zu sehen ist.

Die Betreuung von Menschen mit Beeinträchtigung wird zunächst von verschiedenen gesellschaftlichen Gruppierungen mit unterschiedlichen Absichten wahrgenommen. Folgende Bestrebungen lassen sich unterscheiden:

- Es entstehen religiös-caritative Einrichtungen zur Betreuung von Menschen mit Behinderung.
- Einzelpersonen und Gruppen errichten Institutionen (z. B. Schulen und Heime).
- Der Bestand von Einrichtungen ist häufig vom Engagement einzelner Personen abhängig.
- Bestimmte Behindertengruppen (z. B. Kriegsinvalide) erfahren spezielle Fürsorge von staatlicher Seite.

Diesen humanistischen Ansätzen in der Heilpädagogik stehen zu Beginn des 20. Jahrhunderts in Deutschland wirtschaftliche und ideologische Werthaltungen gegenüber, die in der Forderung nach der Ermordung von Menschen mit Behinderung zum Ausdruck kommen. Vor dem Hintergrund der von Darwin abgeleiteten Rassenideologie (nur Gesunde und Starke haben ein Überlebensrecht; Sozialdarwinismus) und den propagierten Ausleseverfahren der Nationalsozialisten zur Schaffung eines „Herrenmenschen" haben Menschen mit Behinderung, die diesen Forderungen nicht gerecht werden, keinen Platz in der Gesellschaft des Dritten Reichs (1933–1945). Zunächst wird mit dem „Gesetz zur Verhütung erbkranken Nachwuchses" die Sterilisierung der Menschen mit Behinderungen legalisiert. Im nächsten Schritt erfolgt in dafür errichteten Anstalten und Lagern in Grafeneck, Brandenburg, Bernburg, Hartheim, Sonnenstein und Hadamar die systematische Vernichtung des im Verständnis der Nationalsozialisten „lebensunwerten Lebens". Die Vernichtung führt während der Naziherrschaft im Zeitraum 1940–1941 in Deutschland zur Ermordung von über 70 000 Menschen mit Behinderung.

Nach dem Zweiten Weltkrieg und der Beendigung der nationalsozialistischen Willkürherrschaft beginnt in Deutschland die erforderliche Neuausrichtung in der Heil- und Sonderpädagogik. Zum einen werden ethisch begründete Forderungen umgesetzt (z. B. die Integration von Menschen mit Behinderung in das gesellschaftliche Leben und die Förderung eines selbstbestimmten Lebens), zum anderen beeinflussen Forschungsergebnisse die empirisch begründete Theorienbildung. Die erforderliche Vernetzung mit benachbarten Wissenschaften (z. B. Neurobiologie, Genetik, Soziologie und Psychologie) führt zu neuen Erkenntnissen und Sichtweisen.

Schulen für Menschen mit Behinderung

Die Errichtung von Schulen für Menschen mit Behinderung verdeutlicht die gesellschaftliche Einstellung zu den verschiedenen Behinderungsformen. Am wenigsten Beachtung fanden die Bildung und Erziehung von Menschen mit geistiger Behinderung, welche bis 1960 als kaum bildbar eingestuft wurden, sodass eine eigene Schule für diesen Personenkreis nicht vorgesehen wurde.

Die Gründung von Schulen beruhte häufig auf dem Engagement einzelner Persönlichkeiten (Ärztinnen, Pädagoginnen, Psychologinnen), die Kontakte zu Menschen mit Behinderung hatten und sich für Erziehung und Bildung aus wissenschaftlichem, politischem oder persönlichem Interesse einsetzten.

Mit der Einführung der allgemeinen Schulpflicht im 19. Jahrhundert ergab sich die Notwendigkeit der Beschulung von lernbeeinträchtigten Kindern, die den Anforderungen der Volksschule nicht gerecht wurden. Der Frontalunterricht bestand häufig nur im Vorlesen durch die Lehrkraft und dem Nachsprechen der Schüler. Die Lehrkräfte unterrichteten bis zu 90 Kinder. Zunächst wurde versucht, durch Nachhilfeklassen innerhalb der Volksschule lernbeeinträchtigte Kinder zu fördern. Diese Nachhilfeklassen waren Vorläufer der Hilfsschulen. Da diese Maßnahmen nicht ausreichten, wurde bereits nach kurzer Zeit mit dem Aufbau einer eigenständigen Schulform für lernschwache Kinder begonnen.

Bedeutsam für die Entwicklung der Schulen für Menschen mit Behinderung in Deutschland war 1960 das von der Kultusministerkonferenz vorgelegte „Gutachten zur Ordnung des Sonderschulwesens". Auf der Basis dieses Gutachtens erfolgten der systematische Ausbau und die Weiterentwicklung der schulischen Angebotsformen für Menschen mit Behinderung. Zunächst waren keine Schulen für Kinder mit geistiger Behinderung, die als „bildungsunfähig" eingestuft wurden, geplant. 1972 führte die „Empfehlung zur Ordnung des Sonderschulwesens" der Kultusministerkonferenz in Deutschland zur Errichtung einer eigenständigen Schulart mit zwölf verschiedenen Sonderschulformen. Die „Empfehlungen zur sonderpädagogischen Förderung in den Schulen in der Bundesrepublik Deutschland" (vgl. Beschluss der Kultusministerkonferenz, 1994) richten seitdem den Fokus stärker auf den sonderpädagogischen Förderbedarf, was zu einer Umbenennung der Sonderschulen (z. B. Sonderschule für Menschen mit Lernbehinderung) in „Schulen mit dem Förderschwerpunkt ..." (z. B. Schule mit dem Förderschwerpunkt Lernen) führte.

Professionalisierung

Eine Professionalisierung benötigt einen rechtlichen (z. B. Gesetze, Verordnungen), personalen (z. B. Berufsethik, Einstellung) und fachlichen (z. B. Wissen, Didaktik, Methodik) Rahmen.

Zunächst wurden die Erziehung und Unterrichtung von Menschen mit Behinderung von engagierten Einzelpersonen geleistet, die sich aus unterschiedlichen Motiven einbrachten: Zum einen waren es Menschen, die sich aus ethisch-moralischen Gründen zur Hilfe verpflichtet fühlten. Zum anderen bestand bei einigen Ärzten ein fachliches Interesse an der Behinderung und es wurden Hilfsmittel sowie Behandlungs- und Unterrichtskonzepte entwickelt. Bei pädagogisch Interessierten stand das Verstehen des einzelnen Menschen mit Behinderung im Mittelpunkt, dessen Lebenssituation verbessert werden sollte. Dazu entstand umfangreiches praktisches Handlungswissen. Das Interesse an einer wissenschaftlich fundierten Analyse war nur bei wenigen, die sich aus pädagogischen oder medizinischen Interessen mit den Menschen mit Behinderung auseinandersetzten, zu finden.

Erst wenn alle drei Elemente zusammenkommen, das Helfen-Wollen (Motivation), das Helfen-Können (Methodenwissen) und die Bereitschaft, zum Menschen mit Behinderung eine Beziehung aufzubauen, liegt eine heilpädagogische Profession vor.

Der Professionalisierungsgrad in der Heil- und Sonderpädagogik ist hoch, da folgende Voraussetzungen gegeben sind:

- umfangreiches theoretisches Wissen und Methoden, die wissenschaftlichen Anforderungen gerecht werden
- klar geregelte Ausbildungsstrukturen mit entsprechenden Ausbildungsstätten
- Entwicklung eines heilpädagogischen ethischen Berufsverständnisses
- Überprüfung und Sicherung der Qualität des heilpädagogischen Handelns
- Tätigkeit im Rahmen gesetzlicher Vorgaben (z. B. SGB IV, SGB VIII und SGB XII)
- Entwicklung der Berufsrolle, die z. B. in Dienstverträgen präzisiert wird

Exemplarisch soll im Folgenden auf einige Wegbereiter unseres heutigen heil- und sonderpädagogischen Verständnisses eingegangen werden.

Johann Amos **Comenius** (1592–1670), polnischer Pfarrer und richtungsweisender Pädagoge des 17. Jahrhunderts, entwarf ein pädagogisches Konzept, das sich didaktisch und methodisch auf die verschiedenen Kindheitsphasen bezog. Auf Comenius, der sich gegen das Hauslehrerprinzip wendete, gehen ein mehrgliedriges Bildungssystem und die Forderung einer Schulpflicht bis zum 12. Lebensjahr zurück. Zahlreiche Lernprinzipien, die von Comenius entwickelt wurden, haben noch heute Gültigkeit. Er setzte sich auch für die Chancengleichheit von Mädchen, sozial Benachteiligten und Menschen mit Beeinträchtigungen ein. Bekannt sind seine pädagogischen Werke „Didactica Magna" (1657) sowie „Orbis sensualum pictus" (1653), ein bebildertes Buch für den Erstlese- und Schreibunterricht. Bedingt durch die Wirren des Dreißigjährigen Krieges (1618–1648) und wegen persönlicher Verfolgung musste er häufig den Wohnort wechseln. Er verbreitete seine pädagogischen Ideen auch in Holland, England und Schweden.

Denis **Diderot** (1713–1784), Vertreter der französischen Aufklärung, beeinflusste durch seinen „Brief über die Blinden zum Gebrauch der Sehenden" (1749) die Einstellung gegenüber Menschen mit Behinderung. Er beschäftigte sich mit der Kompensationsleistung anderer Sinne und forderte die Pädagogen auf, „Stellvertretersinne" für die Bildungsarbeit zu nutzen. Die Entwicklung von Hilfsmitteln erfolgte zunächst bei der Unterrichtung blinder Menschen und beeinflusste in der Folge auch den Umgang mit Taubstummen (z. B. Nutzung der Gebärdensprache). Diderot ging grundsätzlich von der Bildungsfähigkeit beeinträchtigter Menschen aus.

Johann Heinrich **Pestalozzi** (1746–1827), Schweizer Pädagoge in der Zeit der Aufklärung, entwickelte ein Konzept der Elementarbildung, in dem die natürlich angelegten Kräfte des Kindes durch pädagogische Maßnahmen unterstützt werden. Aus sozialpolitischen Gründen kümmerte er sich um verwahrloste Kinder, Opfer der beginnenden Industrialisierung. Zur Umsetzung seiner Ideen gründete er Armenanstalten in Neuhof (1774), Burgdorf (1799) und Iferten (1804). Er vertrat ein Konzept ganzheitlicher Erziehung mit Kopf, Herz und Hand, das nicht nutzenorientiert ist und eine Befähigung zum selbstständigen Leben anstrebt. Bekannt wurde er durch sein pädagogisches Werk „Wie Gertrud ihre Kinder lehrt" (1801).

Jean Marc Gaspard **Itard** (1774–1838), französischer Arzt und Pädagoge, wurde bekannt durch seine Begutachtung von Victor, einem 1799 verwildert aufgefundenen elfjährigen Jungen („das wilde Kind von Aveyrons"). Er beschäftigte sich über mehrere Jahre intensiv mit der Erziehung und Bildung dieses „wilden Kindes". Aufgrund seiner Schriften zur Spracherziehung wurde er zum Wegbereiter für die Erziehung und Unterrichtung von Gehörlosen und Menschen mit geistiger Behinderung. Als Arzt arbeitete er in einer Gehörlosenschule.

Édouard **Séguin** (1812–1880), französischer Arzt und Pädagoge, engagierte sich, angeregt von Itard, für die Förderung und Unterrichtung von Kindern mit geistiger Behinderung. Er finanzierte die erste Schule für Menschen mit geistiger Behinderung (1840) in Paris. Nach seiner Emigration in die USA gründete er in New York Sonderschulen für Menschen mit geistiger Behinderung. Durch seine umfangreichen Studien und seine systematische Vorgehensweise gilt er als Wegbereiter der Geistigbehindertenpädagogik.

Johann Hinrich **Wichern** (1808–1881), deutscher Theologe und Pädagoge, gründete zur Betreuung verwahrloster und schwer erziehbarer Kinder in Hamburg das „Rauhe Haus“. Durch Not und Elend nahm die Zahl der verhaltensauffälligen Straßenkinder zu, die alkoholisiert, bettelnd und durch kriminelles Verhalten zu einem sozialen Problem wurden. Wichern entwickelte ein umfassendes Erziehungskonzept, um in kleinen, familienähnlichen Strukturen den Kindern wieder Halt zu vermitteln. Arbeitserziehung und schulische Angebote waren zentrale Bestandteile seines Erziehungsverständnisses.

Friedrich **von Bodelschwingh** (1831–1910), Theologe, Initiator und Leiter der evangelischen Heil- und Pflegeanstalt für Epileptische (später in Bethel umbenannt) bei Bielefeld, nahm sich psychisch Kranker an. Unter von Bodelschwingh entwickelte sich Bethel zu einer selbstständigen Kleinstadt, in der bis zu 4 000 Kranke und Gesunde gemeinsam arbeiteten („Stadt der Barmherzigkeit“). Neben der Betreuung psychisch Kranker und Menschen mit unterschiedlichen Behinderungsgraden kümmerte sich von Bodelschwingh auch um die Unterbringung nicht sesshafter Wanderarbeiter.

Maria **Montessori** (1870–1952), italienische Ärztin und Reformpädagogin, interessierte sich besonders für die Versorgung von Kindern mit geistiger Behinderung und griff dabei Ideen Itards auf. Sie entwickelte Hilfsmittel (Montessori-Material), die es dem Kind ermöglichen, sich selbstständig und selbsttätig in einer vorbereiteten Umgebung mit neuen Inhalten auseinanderzusetzen. Die bei der Förderung von Kindern mit geistiger Behinderung entwickelten Materialien und Prinzipien wurden in der Folge auch in den pädagogischen Regelbereich übertragen.

Jan-Daniel **Georgens** (1823–1886), Pädagoge und Arzt, sowie Heinrich Marianus **Deinhardt** (1821–1880) gründeten in Baden bei Wien die Heil- und Pflegeanstalt „Levana“. Ihre Erfahrungen werden in dem Buch „Die Heilpädagogik mit besonderer Berücksichtigung der Idiotie und der Idiotenanstalten“ (1861) dargestellt. In diesem Werk wird der Begriff „Heilpädagogik“ für die Arbeit mit Menschen mit geistiger Behinderung verwendet und deutlich herausgestellt, dass die Heilpädagogik eine eigenständige Disziplin ist, die zwischen der Medizin und der Pädagogik anzusiedeln ist.

Theodor **Heller** (1869–1938), österreichischer Psychologe und Heilpädagoge, der sich mit körperlichen und geistigen Entwicklungsbeeinträchtigungen beschäftigte, gründete in Wien eine international renommierte Erziehungsanstalt für Kinder mit geistiger Behinderung, Epilepsie, Spastiken und Kretinen (= Personen mit angeborener starker Intelligenzschwäche und körperlichen Missbildungen) im Alter von vier bis 16 Jahren. Heilpädagogik siedelte er im Grenzbereich zwischen Pädagogik und Psychiatrie an. Er wirkte auch an der Gründung heilpädagogischer Vereinigungen in Deutschland und Österreich mit. Unter der Naziherrschaft wurde Heller, der jüdischen Glaubens war, als Anstaltsleiter abgesetzt. Er starb an den Folgen eines Selbstmordversuchs.

Heinrich **Hanselmann** (1885–1960), Schweizer Pädagoge und Psychologe, gilt als wichtigster Vertreter der Heil- und Sonderpädagogik im 20. Jahrhundert. Bevor er in Zürich den ersten Lehrstuhl für Heilpädagogik in Europa erhielt (1931), arbeitete er als Lehrer an sonderpädagogischen Einrichtungen und leitete ein Heim für entwicklungsgehemmte Kinder und Jugendliche. In seiner „Einführung in die Heilpädagogik“ (1930) definierte und gliederte er den Aufgabenbereich der Heilpädagogik richtungsweisend.

Paul **Moor** (1899–1977), Schweizer Pädagoge und Nachfolger Hanselmanns in Zürich, setzte die Arbeit Hanselmanns fort. Er setzte sich für eine ganzheitliche Sichtweise ein, d. h. nicht die isolierte Betrachtung der Beeinträchtigung, sondern des Menschen in all seinen Lebensbezügen, und forderte, „nicht gegen den Fehler, sondern für das Fehlende zu arbeiten“.

1.1.2.2 Heil- und sonderpädagogische Methoden und Selbstverständnis

Methoden

Die Methoden beschreiben wissenschaftliche Vorgehensweisen, die festlegen, wie man in der Heil- und Sonderpädagogik zu Erkenntnissen und Theorien gelangt. Zur objektiven Erfassung von heilpädagogisch bedeutsamen Informationen stehen Beobachtungs-, Befragungs- und Testverfahren zur Verfügung. Neben den empirischen Methoden wie Experimenten und Feldstudien werden auch pädagogische Methoden angewendet, die sich mit der Bedeutung und dem Sinn von Informationen für das heil- und sonderpädagogische Handeln auseinandersetzen (hermeneutische Methoden).

Selbstverständnis

Die Frage nach dem Sinngehalt der heil- und sonderpädagogischen Arbeit lässt sich nicht wissenschaftlich beantworten. Auch die Bewertung der Heil- und Sonderpädagogik nach ihrer Nützlichkeit (Allgemeinnutzen) ist problematisch. Folgende Grundüberzeugungen und Grundwerte sind für die Heilpädagogik und Heilerziehung von Bedeutung:

- Jeder Mensch hat ein Recht auf Unverletzlichkeit.
- Jeder Mensch hat die gleiche Rechtsstellung.
- Jeder Mensch hat einen Anspruch auf ein menschenwürdiges Leben.
- Jeder Mensch ist erzieh- und bildbar und hat einen Erziehungs- und Bildungsanspruch; es bestehen nur graduelle Unterschiede in der Erzieh- und Bildbarkeit des Menschen.
- Jeder Mensch ist erziehungs- und bildungsbedürftig.
- Jeder Mensch ist kommunikationsfähig.
- Jeder Mensch unterscheidet sich vom anderen (Variabilität).

Heil- und Sonderpädagogik beinhaltet nicht die Aufhebung des Normabweichenden, sondern die Auseinandersetzung bzw. das In-Beziehung-Treten mit ihm. Im Mittelpunkt der Betrachtung steht das Verhältnis zwischen dem beeinträchtigten Kind und dem betreuenden Umfeld. Die Menschen mit Beeinträchtigung sind nicht als Objekt der Forschung zu sehen, sondern stehen im pädagogischen Bezug zu den betreuenden Personen. Dies erfordert eine behindertenspezifische Kommunikation, das Eingehen auf die besondere Erziehungssituation und die Auseinandersetzung mit der Situation der Betroffenen. Allerdings muss man sich davor hüten, in einen „Expertenstatus" zu geraten, der den Menschen mit Beeinträchtigung entmündigt.

Folgende Einstellung kennzeichnet den Experten: „Da DU das Problem bist, gehe davon aus, dass ICH, der professionalisierte Dienstleistende, die Antwort bin." Dabei wird dem Gegenüber vermittelt, dass es unter Mängeln leidet und damit selbst das Problem darstellt.

1.1.2.3 Aufgabenbereiche der Heil- und Sonderpädagogik

Im Hinblick auf die Spezielle Heil- und Sonderpädagogik ergeben sich für die verschiedenen Behinderungsformen nach Schönwiese (1997) folgende Aufgaben, die sich aus der Psychiatrie ableiten lassen:

Selektion	Festlegung von Kennzeichen/Symptomen, um die Beeinträchtigung genauer zu bestimmen und von anderen Beeinträchtigungsformen abzugrenzen
Ätiologie	Beschreibung von eindeutigen Ursachen, die für die Beeinträchtigung verantwortlich sind
Diagnose	Entwicklung von Verfahren, um das Ausmaß der Beeinträchtigung möglichst objektiv, eindeutig und abstufbar zu erfassen
Prognose	Aussagen über den weiteren Entwicklungsverlauf der Beeinträchtigung

Diese medizinischen Zielsetzungen sind aus pädagogischer und psychologischer Sicht um folgende Gesichtspunkte zu ergänzen:

Verstehen	Bemühen, den Menschen mit Beeinträchtigung in seinem Anderssein zu verstehen und ihm Hilfen zu geben, damit er sich selbst verwirklichen und mit anderen kommunizieren kann
Erziehung	Maßnahmen zur Förderung der Entwicklung
Betreuung	Aktivitäten, die auf das optimale Wohlbefinden des Menschen mit Beeinträchtigung und seiner Familie abzielen; die Lebensqualität soll entwickelt und erhalten werden
Therapie	Förderung und Optimierung von Funktionsbereichen (z. B. durch gezieltes Training)

1.1.2.4 Handlungsmodelle

Für das Denken und Handeln im heil- und sonderpädagogischen Bereich können folgende Helfer-Modelle unterschieden werden (vgl. Theunissen, 2013[3], S. 64):

- **Medizinisches Modell:** Im Mittelpunkt steht der professionelle Diagnostiker (z. B. Arzt), der den Menschen mit Behinderung festgelegte Kategorien wie Behinderungsform oder Schweregrad zuordnet. Der beeinträchtigte Mensch wird als „krank", „ohnmächtig" sowie „hilfe- und behandlungsbedürftig" gesehen. Der professionelle Helfer verfügt über die uneingeschränkte Macht, der sich der entmündigte Mensch mit Behinderung unterzuordnen hat.
- **Rehabilitationsmodell:** Ziel ist die Wiederherstellung der Funktions- und Handlungsfähigkeit des Menschen mit Behinderung sowie seine Anpassung an die nicht beeinträchtigte Gesellschaft. Besondere Beachtung finden die Defizite, die der Mensch mit Beeinträchtigung aus eigener Kraft nicht verringern kann. Zur Beseitigung bzw. Verminderung dieser Beeinträchtigungen sind spezielle Maßnahmen erforderlich, die von professionellen Helfern ausgearbeitet (z. B. in Förderplänen), durchgeführt und überwacht werden.
- **Wohltäter-Modell:** Menschen mit Behinderung werden als Opfer ihrer Verhältnisse gesehen. Die Betroffenen können sich aus ihrer Lage nur mithilfe des Wohltäters, der aus Mitleid handelt, befreien. Der Wohltäter kümmert sich zwar um die Opfer, lässt aber die Verhältnisse (z. B. krank machende Strukturen, Ungerechtigkeiten und/oder Benachteiligungen) unangetastet.
- **Befreiungsmodell:** Die Menschen mit Benachteiligungen werden wie beim Wohltäter-Modell als Opfer ihrer Lebensumstände gesehen, doch der Schwerpunkt der unterstützenden Aktivitäten liegt auf einer Veränderung der Lebensumstände. Die Helfer engagieren sich für mehr Chancengleichheit, den Abbau von Missständen und Benachteiligung sowie soziale Gerechtigkeit.
- **Moral-Modell:** Das Moral-Modell sieht die Benachteiligten sowohl für die Ursachen der Lebensumstände als auch für eine Beseitigung der Verhältnisse selbst verantwortlich. Der Selbsthilfegedanke

kommt in diesem Modell zum Ausdruck, wobei den Menschen mit Behinderung implizit die Schuld für ihre Situation angelastet wird.

- **Belehrungsmodell:** Dieses Modell sieht ebenfalls die Ursache für die Probleme bei den Betroffenen selbst, geht aber davon aus, dass die Betroffenen nicht in der Lage sind, ihre Situation zu verändern. Die professionellen Helfer haben die Aufgabe, sowohl die beeinträchtigten Menschen über ihr Fehlverhalten und Versagen aufzuklären als auch Maßnahmen vorzugeben, um das Verhalten der Betroffenen zu verändern.
- **Kompensationsmodell:** Menschen mit Beeinträchtigungen werden nicht für ihre Situation verantwortlich gemacht, sondern werden als Opfer der Lebensumstände gesehen. Die professionellen Helfer entwickeln Programme, um die bestehenden Defizite zu kompensieren. Die Helfer sind für den Erfolg der eingeleiteten Maßnahmen verantwortlich.

Von diesen klassischen Modellen unterscheiden sich die neuen Handlungskonzepte in der Heil- und Sonderpädagogik (z. B. Empowerment), die durch folgende Schwerpunkte gekennzeichnet sind (vgl. Theunissen, 2013[3], S. 67 f.):

- **Kooperation:** Menschen mit Behinderung und die professionellen Helfer begegnen sich gleichberechtigt auf Augenhöhe. Alle Handlungen erfolgen im Einvernehmen mit den Betroffenen, die bei der Entwicklung von Hilfen eingebunden werden. Es wird ein offener Umgang untereinander gepflegt, der auf gegenseitigem Vertrauen und Respekt beruht.
- **Ressourcenorientierung und -aktivierung:** Grundlegend ist die Ausrichtung auf die Stärken der Betroffenen und ihrer Familien. Zum Aufspüren der Stärken kann eine biografische Analyse durchgeführt werden, um verschüttete Fähigkeiten zu erkennen, auf die wieder aufgebaut werden kann. Der Mensch mit Behinderung kann dadurch Vertrauen in seine eigenen Kräfte gewinnen und ein positives Selbstbild entwickeln.
- **Subjektzentrierung:** Der beeinträchtigte Mensch darf nicht zum Objekt professionellen Handelns werden, sondern ist als Subjekt und somit als Persönlichkeit zu sehen, der mit Wertschätzung und Respekt begegnet wird. Die Empfindungen, Wünsche, Interessen, Erfahrungen und Gefühle werden ernst genommen und bestimmen den Umgang miteinander. Die Selbstverantwortung und Entscheidungsfreiheit des benachteiligten Menschen werden immer respektiert. Eine wertschätzende, empathische Grundhaltung kennzeichnet die Beziehung.
- **Lebensweltbezogenheit:** Die Beziehung Person und Umfeld ist durchgängig zu beachten. Dies beginnt mit der Biografiearbeit zur Analyse früherer Lebenssituationen und setzt sich in der Auseinandersetzung mit den gegenwärtigen Lebensumständen fort. Umwelt- und Umfeldwirkungen sowie die gesellschaftliche Situation sind nicht zu vernachlässigende Einflussbereiche und wichtige heil- und sonderpädagogische Handlungsfelder (lebensweltbezogene Behindertenarbeit).

Heilpädagogisches Ethos

Berufliches Handeln erfordert auch eine ethische Ausrichtung, die grundlegend die Achtung gegenüber Menschen mit Beeinträchtigungen zum Ausdruck bringt. Speck (vgl. 2016[12]) verweist auf folgende Aspekte:

- **Achtsamkeit:** Das heil- und sonderpädagogische Verhältnis kommt in der Achtsamkeit gegenüber dem Menschen mit Beeinträchtigung zum Ausdruck. Den anderen ernst nehmen, sich um ihn sorgen und sich ihm vorurteilsfrei zuwenden, kennzeichnen die Achtsamkeit, auf deren Basis sich Vertrauen und Selbstbewusstsein entwickeln können.
- **Selbstbestimmung:** Die Kontrolle über sich selbst kann durch Beeinträchtigungen eingeschränkt sein. Zentrale Aufgabe der heil- und sonderpädagogischen Arbeit ist die Unterstützung des beeinträchtigten Menschen dabei, so autonom und selbstverantwortlich zu entscheiden und zu handeln, wie es möglich ist.
- **Abhängigkeit:** Die Beeinträchtigung kann zu einer unterschiedlich starken Abhängigkeit von Betreuenden führen, sodass die Gefahr besteht, dass Menschen mit Beeinträchtigungen zum hilflosen Objekt heil- und sonderpädagogischen Handelns werden („Herrschaft der Experten") und die menschliche Seite zu wenig Beachtung findet. Die heil- und sonderpädagogische Arbeit muss darauf ausgerichtet sein, dass der beeinträchtigte Mensch selbstbestimmt und aktiv seine soziale Identität entwickeln kann. Die Unterstützung durch Betreuende dient der Hilfe zur Selbsthilfe.
- **Soziale Teilhabe:** Das heil- und sonderpädagogische Handeln zielt auf die Verwirklichung der Inklusion ab, die eine uneingeschränkte soziale Teilhabe des Menschen mit Beeinträchtigung am gesellschaftlichen Leben beinhaltet.
- **Sinnorientierung:** Die Auseinandersetzung mit Schicksalsschlägen führt bei den Betroffenen zu Sinnkrisen. In den Religionen sind Sinndimensionen zu finden, die Verzweifelten helfen, das Unbegreifliche zu akzeptieren, und Mut geben, mit dem Gegebenen positiv umzugehen. Heil- und sonderpädagogisches Handeln beinhaltet die Unterstützung bei der Überwindung schwerer Schicksalsschläge und der damit verbundenen Sinnkrisen sowie die Entwicklung eines neuen Lebenssinns.

1.1.3 Inklusion

Das Recht auf Bildung ist in der UN-Kinderrechtskonvention von 1989 und in der UN-Behindertenrechtskonvention von 2006 als allgemeines Menschenrecht verankert. Anliegen dieser UN-Kinderrechtskonvention ist, dass alle Kinder frühzeitig zu fördern sind und ein Recht auf Bildung haben, was zu diesem Zeitpunkt noch über 100 Millionen Kindern verwehrt war (vgl. Haug, 2011, S. 37). In der Salamanca-Erklärung („Pädagogik für besondere Bedürfnisse: Zugang und Qualität") von 1994 wird international der Begriff Inklusion eingeführt. Die UN-Behindertenrechtskonvention zielt auf die Teilhabe von Menschen mit Behinderung am politischen, gesellschaftlichen, wirtschaftlichen und kulturellen Leben ab, die durch Chancengleichheit in der Bildung sicherzustellen ist. Bisher kommt in vielen Ländern die Förderung von Kindern mit Funktionsbeeinträchtigungen leider noch zu kurz. In Deutschland wurde 2009 die UN-Behindertenrechtskonvention unterzeichnet. Die deutsche UNESCO-Kommission entwickelte daraufhin „Leitlinien für die Bildungspolitik" der Bundesrepublik Deutschland. Wie die Kommission festhält, beinhaltet die Inklusion als universelles Grundrecht die Verwirklichung einer hochwertigen Bildung und Förderung der Entwicklungspotenziale für alle Menschen. Auch im

Sozialgesetzbuch (§ 1 SGB IX) wird der Rechtsanspruch auf Selbstbestimmung und Teilhabe in der Gesellschaft für Behinderte oder von Behinderung bedrohte Menschen formuliert. Die Umsetzung dieser juristischen Vorgaben erfordert Änderungen auf der gesellschaftlichen und politischen Ebene sowie einen Paradigmenwechsel im pädagogischen Bereich. Eine inklusive Pädagogik wendet sich gegen ungleiche Behandlung, Abwertung und Ausgrenzung beeinträchtigter Kinder und setzt sich für eine gemeinsame Erziehung ein, die Akzeptanz, gegenseitigen Respekt und einen wertschätzenden Umgang miteinander verwirklicht.

1.1.3.1 Inklusionsverständnis

Die Inklusion (lat. inclusio = der Einschluss) kennzeichnet das Einbezogensein des beeinträchtigten Menschen von Anfang an als vollwertiges Mitglied in die Gemeinschaft. Es werden keine Anforderungen (z. B. Mindestfähigkeiten) gestellt, um die Zugehörigkeit zu erlangen. Jeder Mensch ist ein gleichberechtigtes Mitglied in einer heterogenen Gruppe und hat das Recht auf uneingeschränkte Teilhabe (Partizipation). Im Mittelpunkt steht die gesamte Persönlichkeit des Kindes mit all seinen Besonderheiten und individuellen Bedürfnissen. In einer heterogenen Gruppe bezüglich Alter, Geschlecht, Migrationshintergrund, Kultur, Fähigkeiten, Religion usw. sind alle gleichberechtigt und können an allem teilhaben. Um die Inklusion zu verwirklichen, müssen Barrieren für eine uneingeschränkte Teilhabe erkannt und beseitigt werden. Erfolgreiche Inklusion beinhaltet, dass alle Beteiligten (Erzieherinnen und Kinder) voneinander und miteinander lernen.

Die Inklusion ist eine gesellschaftliche Vision, die als Leitidee für umfassende Reformprozesse beispielsweise im Bildungssystem oder auch beim Städtebau dient. Die Verwirklichung dieses gesellschaftlichen Fernziels „Inklusion“ ist ohne Integration nicht erreichbar. Um erfolgreich zu sein, muss Inklusion drei Ebenen abdecken.

- **Gesellschaftliche Ebene:** Abbau von Vorurteilen, Diskriminierung und Desinteresse; Umgang mit Vielfalt und Abweichung vom gesellschaftlichen Normalzustand; Anerkennung der Einzigartigkeit jedes Menschen; Anerkennung und Verinnerlichung von Inklusion als unumstößliches Menschenrecht
- **Persönliche Ebene:** Verinnerlichung inklusiver Überzeugungen, Wertevorstellungen und Ziele
- **Handlungsebene:** Einbeziehung beeinträchtigter Menschen in gemeinsame Aktivitäten

Der Begriff „Inklusion“ wird recht uneinheitlich verwendet. Haug (vgl. 2011², S. 47 f.) führt dies auf die Vielschichtigkeit und Mehrdimensionalität des Begriffs zurück. Jede Nation entwickelt ein eigenes Inklusionsverständnis, das mit der jeweiligen Landeskultur, den Bildungssystemen und der Geschichte verknüpft ist.

Die Unterscheidung zwischen Integration und Inklusion wird in der Literatur sehr unterschiedlich beschrieben: Zum einen werden Integration und Inklusion synonym gesehen und zum anderen werden sie als Gegensatzpaare verstanden. Sander (vgl. 2004, S. 4) verknüpft beide Begriffe, indem er unter Inklusion eine optimierte und erweiterte Form der Integration versteht. Zur näheren Bestimmung des Inklusionsbegriffs soll eine historische Einordnung und begriffliche Abgrenzung dienen. Die geschichtliche Entwicklung des Umgangs mit beeinträchtigten Menschen von der Extinktion zur Inklusion lässt sich in fünf Phasen unterteilen:

1935–1945	1945–1960	1960–1980	1970–1990	seit 1990
Extinktion	**Exklusion**	**Segregation**	**Integration**	**Inklusion**
Vernichtung von Menschen, die vorgegebene Anforderungen nicht erfüllen	Ausgrenzung von Menschen, die vorgegebenen Anforderungen nicht genügen	spezifische Angebote für homogene Gruppen von Menschen, die bestimmte Merkmale aufweisen	Eingliederung von Menschen, die zuvor ausgegrenzt waren	selbstverständliche Teilhabe aller Menschen ohne Einschränkungen am gesellschaftlichen Leben
medizinisch-kuratives Menschenbild		pädagogisch-optimistisches Menschenbild		integrierend-akzeptierendes Menschenbild
▪ Entzug der Rechte für Menschen mit Behinderung ▪ Vernichtung von „lebensunwertem Leben“ (Euthanasie)	▪ gesetzliches Recht auf Leben ▪ Ausgrenzung der Menschen mit Beeinträchtigungen ▪ Trennung von bildungsfähigen und bildungsunfähigen Menschen	▪ Entwicklung von behinderungsspezifischen Angeboten mit abgegrenzten Gruppen ▪ Entwicklungsverlauf: Sonderkindergarten ⇨ Sonderschule ⇨ Werkstatt für behinderte Menschen ⇨ Wohnheim	▪ Wahlmöglichkeit zwischen verschiedenen Lern- und Lebensorten ▪ Berücksichtigung der Selbstbestimmung der Betroffenen und Teilhabe am Leben ▪ (Empowerment-Konzept, Normalisierungs-Prinzip)	▪ umfassende Einbindung des beeinträchtigten Menschen in allen Bereichen (z. B. Gemeinwesen, Vereine, Schulen, Sport, Kultur) ▪ Jeder wird als vollwertiges Mitglied der Gesellschaft gesehen (uneingeschränkte Teilhabe, soziale Gerechtigkeit).
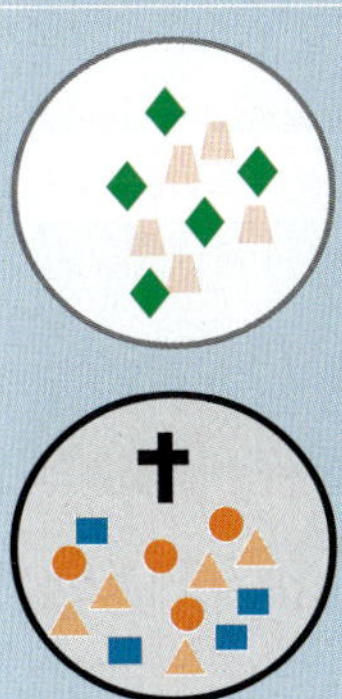	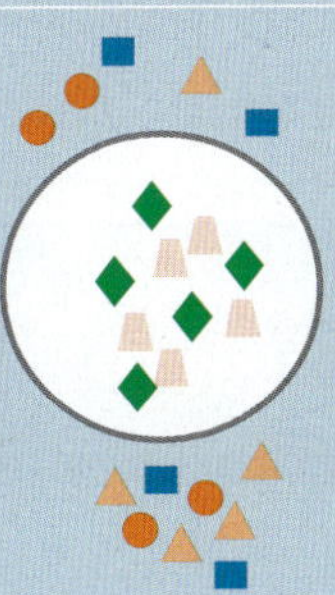			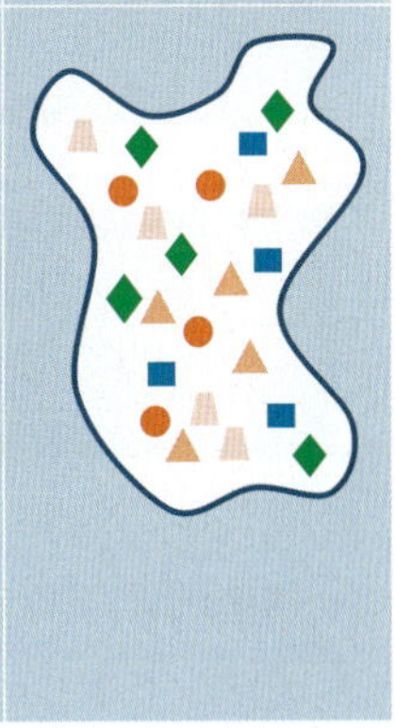

Unter Integration versteht man die Eingliederung von Menschen, die zunächst ausgegrenzt waren – sie können heute am „normalen“ Leben teilhaben. Die Inklusion dagegen geht davon aus, dass jeder, – auch der beeinträchtigte Mensch – von vornherein dazugehört, und ein Recht auf umfassende gesellschaftliche Teilhabe hat und nicht erst eingegliedert werden muss. Die Vielfalt und Heterogenität an Kompetenzen und Fähigkeiten werden positiv bewertet und nicht nach Stärken und Schwächen, Potenzialen und Defiziten be- bzw. abgewertet. Inklusion bedeutet, sich mit der Vielfalt menschlichen Lebens auseinanderzusetzen, sie wertzuschätzen und zu nutzen (vgl. Katzenbach, 2016, S. 17). Ausgehend von dieser Einstellungsänderung ergeben sich Konsequenzen für das Zusammenleben und die Angebots- und Organisationsformen in der Gesellschaft. Eine zentrale Rolle bei der Verwirklichung kommt den pädagogischen Fachkräften zu. Ihre Wertvorstellungen und innere Haltung, ihre Einstellung zur gemeinsamen Erziehung von Kindern mit und ohne Behinderung, ihr vorurteilsfreier Umgang mit Vielfalt und Akzeptanz von Unterschiedlichkeit sind wichtige Einflussgrößen bei der Verwirklichung der Inklusion.

Inklusion kann nicht nur auf den Erziehungs- und Bildungsbereich reduziert werden, sondern umfasst auch die Einbindung in das Gemeinwesen (Sozialraumorientierung). Die gesellschaftliche Inklusion umfasst soziale Beziehungen und Netzwerke im Gemeinwesen. Das heißt, man muss darauf achten, dass die informellen Kontakte im sozialen Umfeld gestärkt werden und sich die Kommunikation der Menschen mit Behinderung nicht nur auf den Kontakt mit den professionellen Helfern beschränkt. „Türöffner“ für Kontakte im Gemeinwesen können sozial engagierte Personen sein, die ggf. mit den professionellen Helfern kooperieren. Sie können beispielsweise für Menschen mit Beeinträchtigungen den Besuch von Veranstaltungen ermöglichen, die Mitwirkung in Vereinen unterstützen, Nachbarschaftskontakte anbahnen oder bei der Bewältigung von alltäglichen Aufgaben wie der Müllentsorgung behilflich sein.

Die Inklusion in das Gemeinwesen, auch als Community Care bezeichnet, vollzieht sich in drei Schritten (vgl. Lindmeier, 2010, S. 91 f.).

1. Menschen mit Behinderung wohnen und leben in der Gemeinde.

↓

2. Menschen mit Behinderung nehmen wie nicht beeinträchtigte Menschen am Leben in der Gemeinde teil; sie haben Zugang zu Bildung, Arbeit, Freizeitangeboten usw.

↓

3. Menschen mit Behinderung sind Teil der Gemeinde; sie engagieren sich in umfassender und bedeutsamer Weise in ihrem Gemeinwesen.

Der Begriff „Community Care“ bringt zum Ausdruck, dass sich die soziale Gemeinde (community) auch um die Belange von Menschen mit Behinderung kümmert (care) und für das Wohlergehen dieser Menschen Verantwortung übernimmt.

Im Bildungsbereich werden z. B. Schülerinnen mit und ohne Beeinträchtigung nicht zwei Gruppen zugeordnet, sondern man geht von einer untrennbaren heterogenen Lerngruppe (vgl. Hinz, 2002) aus. Diese Heterogenität von Lerngruppen bezieht sich nicht nur auf die Behinderung, sondern hat viele Dimensionen (z. B. Geschlechterrolle, religiöses Verständnis, soziale Milieus, ethnische Hintergründe). Verschiedenheiten zwischen den Gruppenmitgliedern bezeichnen graduelle Unterschiede und begründen einen unterschiedlichen Förderbedarf. Die nachfolgende Gegenüberstellung vergleicht überspitzt die unterschiedlichen Sichtweisen der Praxis der Inklusion bezogen auf den schulischen Bereich.

Integration		Inklusion
Eingliederung ausgewählter Kinder in die allgemeinbildende Schule	↔	Leben und Lernen aller Kinder gemeinsam in der allgemeinbildenden Schule
differenziertes behinderungsspezifisches Beschulungssystem	↔	gemeinsame Beschulung in einer Schulform
Differenzierung: behindert – nicht behindert	↔	Bildung einer heterogenen Gruppe mit zahlreichen Minder- und Mehrheiten
individuumzentrierter Ansatz	↔	systemischer Ansatz
Fixierung auf die institutionelle Ebene	↔	Beachtung der emotionalen, sozialen und unterrichtlichen Ebenen
Ressourcen für Kinder mit Etikettierung	↔	Ressourcen für Systeme (z. B. Schule)
spezielle Förderung behinderter Kinder	↔	gemeinsames und individuelles Lernangebot für alle Kinder
individuelle Curricula und Förderpläne für behinderte Kinder	↔	ein individualisiertes Curriculum für alle Kinder mit gemeinsamer Planung und Reflexion aller Beteiligten
sonderpädagogische Unterstützung für Kinder mit sonderpädagogischem Förderbedarf	↔	Sonderpädagoginnen als Unterstützung für Klassenlehrerinnen, Klassen und Schulen
Ausweitung der Sonderpädagogik in die allgemeine Schulpädagogik	↔	Synthese von (veränderter) Schul- und Sonderpädagogik

(Quelle: Hinz, 2002, S. 359)

Prinzipien inklusiven Handelns

Das Konzept der Inklusion muss folgende Grundsätze erfüllen (vgl. auch Montag-Stiftung Jugend und Gesellschaft, S. 2 f.):

- Umsetzung des Menschenrechts auf Teilhabe am Leben in allen gesellschaftlichen Bereichen; Mitsprache, Mitbestimmung und Mitwirkung aller Menschen in Politik und Gesellschaft
- Barrierefreiheit zur Verwirklichung der uneingeschränkten Teilhabe
- positive Bewertung der Unterschiedlichkeit und Heterogenität von Menschen als Bereicherung und Wertschätzung der Einmaligkeit des Individuums; Verwirklichung des Lebens in einer multikulturellen Gesellschaft, in der jedes Mitglied in seinem So-Sein Wertschätzung erfährt
- Verhinderung einer Zwei-Gruppen-Einteilung in Menschen mit und ohne Behinderung; es soll vermieden werden, dass die Gruppe der Nichtbehinderten als Norm definiert wird, von der Menschen mit Behinderung abweichen und damit eine Sondergruppe bilden, die zu integrieren ist.
- Verwirklichung einer inklusiven Gesellschaft durch das Bereitstellen von Hilfen und Maßnahmen zur Umsetzung der Teilhabe; die Förderung von Netzwerken ist dabei ein wichtiger Aspekt für eine gelingende Inklusion.
- Umsetzung des Rechts auf Zugehörigkeit und Partizipation sowie der Selbstbestimmung des Menschen über sich und sein Leben
- Ressourcenorientierung statt Ausgrenzung; zur Verwirklichung der Inklusion müssen alle individuellen und sozialen Ressourcen erkannt und genutzt werden.
- Verständnis der Inklusion als Leitidee und Prozess

1.1.3.2 Inklusionsindex

Um den Stand der Inklusion zu bewerten, erstellten Booth und Ainscow (2002) einen „Index for inclusion“, der beispielsweise als „kommunaler Index für Inklusion“ in Deutschland weiterentwickelt wurde (Montag-Stiftung Jugend und Gesellschaft, o. J.). Dieser Index, der ursprünglich die Inklusion in Schulen und Kindertagesstätten bewertet, umfasst drei Dimensionen (Kulturen, Strukturen und Praktiken), sechs Bereiche mit 44 Indikatoren für den Schulbereich und 46 Indikatoren für den Kita-Bereich, denen insgesamt 500 Fragen zugeordnet sind, um die Umsetzung der Inklusion in den Einrichtungen zu erfassen.

Dimensionen und Bereiche des Index für Inklusion	
Dimension A: Inklusive Kulturen schaffen	
Bereich A 1: Gemeinschaft bilden	**Bereich A 2:** inklusive Werte verankern
Dimension B: Inklusive Strukturen etablieren	
Bereich B 1: eine Schule für alle entwickeln	**Bereich B 2:** Unterstützung für Vielfalt organisieren
Dimension C: Inklusive Praktiken entwickeln	
Bereich C 1: Lernarrangements organisieren	**Bereich C 2:** Ressourcen mobilisieren

(Quelle: Booth, 2010, S. 69)

Der Index für Inklusion geht von folgendem Inklusionsverständnis aus (vgl. Boban und Hinz, 2015, S. 18 f.):

Inklusion beinhaltet auf der **individuellen Ebene** das positive Umgehen mit Unterschiedlichkeit, damit eine entwicklungsgerechte Förderung und ein vorurteilsfreies Zusammenleben erfolgen können.

- Inklusion zielt auf den **gesellschaftlichen Umgang** mit Heterogenität ab. Die Gemeinschaft besteht ununterteilbar aus einer Vielzahl unterschiedlicher Individuen mit spezifischen Profilen.
- Inklusion als **universelles Menschenrecht** erfordert, alle Barrieren, die eine gleichberechtigte Partizipation und eine individuelle Selbstbestimmung beeinträchtigen, zu beseitigen.
- Inklusion hat den Fokus auf die **Veränderungsprozesse** und damit auf die kontinuierliche Weiterentwicklung pädagogischer Konzeptionen zu deren Verwirklichung.

Die Inklusion in pädagogischen Einrichtungen umfasst drei Perspektiven der Partizipation:

1. Umsetzung des individuellen Rechts auf eine diskriminierungsfreie Teilhabe
2. Ausrichtung der pädagogischen Institutionen auf die Unterschiedlichkeit der Lernenden
3. Verankerung der Inklusion in der Grundorientierung und im Selbstverständnis der Einrichtungen

Den Prozess der Inklusion verdeutlicht das nachfolgende Phasenmodell:

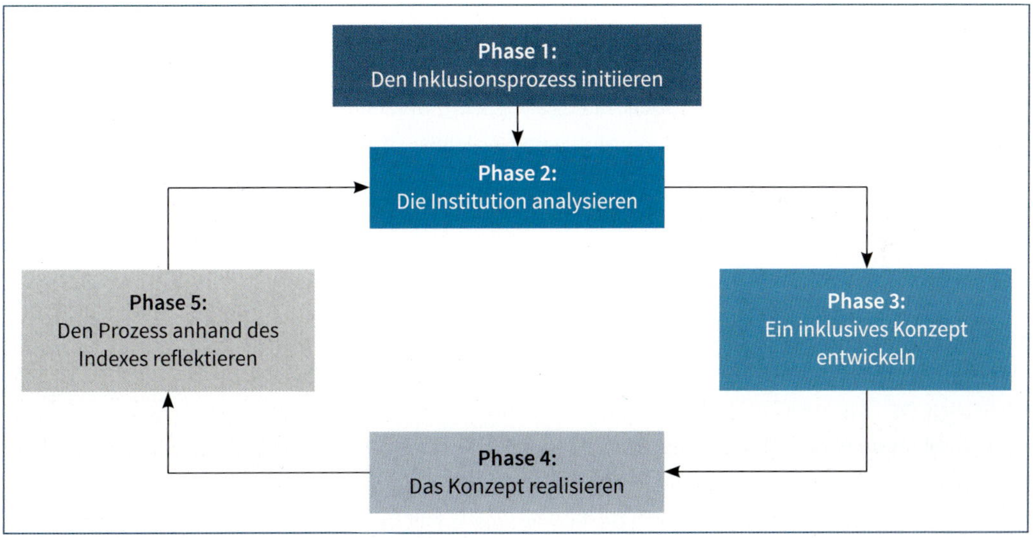

(Quelle: Boban und Hinz, 2015, S. 23)

Phase 1: Den Inklusionsprozess initiieren

Hat sich die Institution entschieden, den Inklusionsprozess in Gang zu setzen, sind zunächst die organisatorischen Voraussetzungen zu schaffen, d. h., man bildet ein Team, welches für den Inklusionsprozess verantwortlich ist. In diesem Team sollten alle Gruppen der Einrichtung (z. B. Leitung, Mitarbeiterinnen, Eltern und Lernende) vertreten sein.

Phase 2: Die Institution analysieren

Für die Qualität des Prozesses ist eine gründliche Analyse der Einrichtung, in die eine Bewertung aller beteiligten Gruppen eingeht, von elementarer Bedeutung. Die ersten Ansatzpunkte bei der Ingangsetzung des Inklusionsprozesses werden dabei schnell deutlich.

Phase 3: Ein inklusives Konzept entwickeln

Auf der Basis des Inklusionsindexes können ein Umsetzungskonzept erstellt und Schwerpunkte festgelegt werden.

Phase 4: Das Konzept realisieren

Die Umsetzungsschritte sind konzeptgemäß umzusetzen und zu dokumentieren. Inklusive Handlungsweisen müssen sich so verfestigen, dass eine Vielfalt von inklusiven Kulturen und Strukturen in der Institution entstehen kann. Durch die neu gestalteten Lernprozesse werden Lern- und Partizipationsbarrieren abgebaut und eine gemeinsame Lernkultur entsteht.

Phase 5: Den Prozess anhand des Indexes reflektieren

Zur Evaluation des Inklusionsprozesses wird der Index mit seinen Indikatoren herangezogen.

Ist der erste Schwerpunkt der Prioritätenliste abgeschlossen, werden nächste Umsetzungsschritte auf der Basis der Institutionsanalyse festgelegt, umgesetzt und evaluiert.

1.1.3.3 Inklusion in der Kindertagesstätte

Die Inklusion in der Kindertagesstätte zielt darauf ab, eine Ausgrenzung der Kinder mit Behinderung zu verhindern und ihnen Kontaktaufnahme, Anerkennung und Freundschaften zu ermöglichen.

In den Kindertagesstätten findet man unterschiedliche Organisationsformen bei der Aufnahme von behinderten Kindern (vgl. Sarimski, 2012, S. 10 f.).

- **Integration ohne Unterstützung:** Die Betreuung des behinderten Kindes in der Regelgruppe erfolgt ohne heil- und sonderpädagogische Unterstützung.
- **Einzelintegrationsmaßnahmen:** In der Regelgruppe erhält das behinderte Kind Förderangebote durch eine Fachkraft. Unterstützende Maßnahmen für die Erzieherinnen bestehen beispielsweise in einer Reduzierung der Gruppenstärke oder in der Beratung durch Frühförderstellen.
- **Integrative Gruppen:** In der Kindergruppe (Gruppengröße: max. 18 Kinder) werden bis zu fünf Kinder mit zusätzlichem Förderbedarf aufgenommen. Die Erzieherinnen arbeiten mit heil- und sonderpädagogischen Fachkräften zusammen.

- **Umgekehrte Integration:** Im Sonderkindergarten werden Kinder ohne zusätzlichen Förderbedarf in eine Gruppe aufgenommen.
- **Kooperative oder additive Integration:** In der Einrichtung sind Regel- und Sondergruppen zu finden. Kinder mit einem zusätzlichen Förderbedarf bilden eine eigene Gruppe.

Diese Betreuungsformen entsprechen nicht im vollen Umfang dem Inklusionsgedanken und beschreiben eher verschiedene Formen der Integration (vgl. Groschwald und Rosenkötter, 2015, S. 25).

Nachdem zahlreiche Modellversuche zur Inklusion erfolgreich abgeschlossen wurden, ist eine stetige Zunahme von Kindertagesstätten mit einem integrativen Konzept zu beobachten. Der Bildungsbericht 2016 weist aus, dass 30 % der Kinder mit Behinderung im Alter von 3 bis 5 Jahren separiert in heil- und sonderpädagogischen Einrichtungen gefördert werden. Wie das nachfolgende Diagramm zeigt, werden 70 % der 82 900 Kinder mit sonderpädagogischem Förderbedarf inklusionsorientiert in Gruppen betreut, in denen weniger als die Hälfte der Kinder behindert sind. Die Zahl dieser inklusionsfördernden Angebote ist in den letzten beiden Jahren im geringen Umfang um 2 % gestiegen. Zwischen den Bundesländern bestehen große Unterschiede in der Umsetzung einer inklusionsorientierten Förderung der Kinder mit Behinderung.

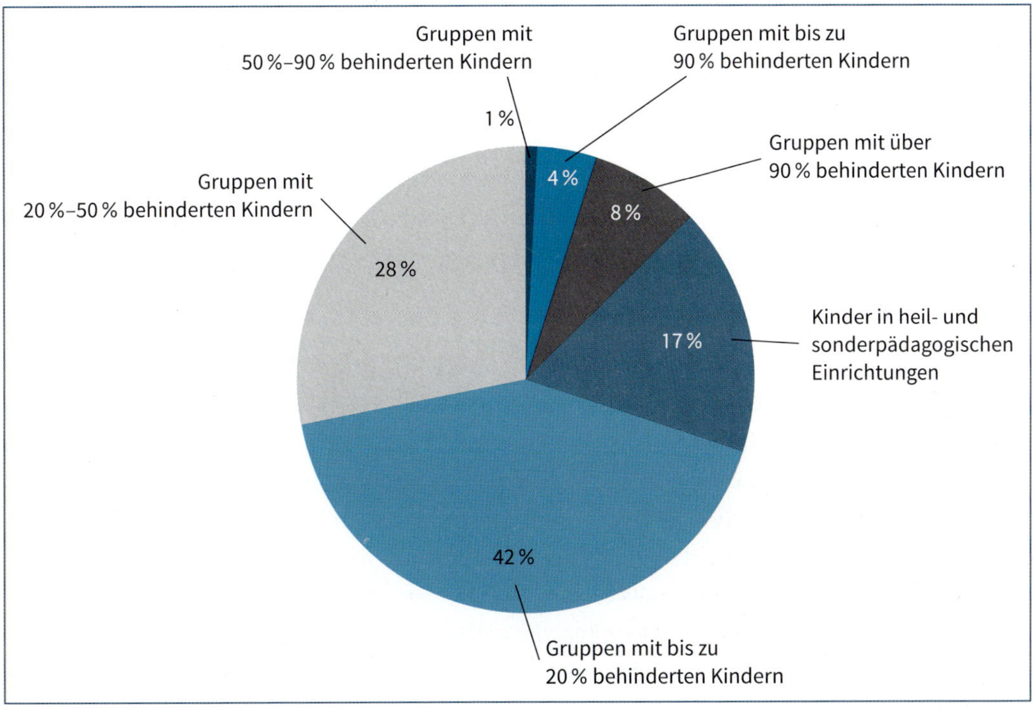

(Quelle: Autorengruppe Bildungsberichterstattung, 2016, S. 61)

Grundsätzlich stehen Erzieherinnen und Eltern einer Integration positiv gegenüber.

Erzieherperspektive

Wie Sarimski (vgl. 2012, S. 21 f.), der sich auf verschiedene Studien bezieht, herausstellt, wird die gemeinsame Betreuung von Kindern mit Sprach-, Seh- und Köperbeeinträchtigungen relativ problemlos bewertet. Bei Kindern mit Hörschädigungen und den damit verbundenen Kommunikationsproblemen wird eine Integration abhängig von der Sprachfähigkeit gesehen. Große Bedenken werden geäußert, wenn Kinder mit geistiger Behinderung oder autistische Kinder aufgenommen werden sollen. Erzieherinnen fühlen sich überfordert, Kinder mit starken Verhaltensauffälligkeiten zu integrieren. Erzieherinnen müssen bei ihren pädagogischen Hilfen den Gruppenraum, die Zugänglichkeit von Spielmaterialien und den Tagesablauf auf die behinderten Kinder abstimmen. Eine inklusive Erziehung kann leichter gelingen, wenn die Eltern die Beeinträchtigung ihres Kindes anerkennen und die integrative Erziehungsarbeit in der Gruppe unterstützen.

Elternperspektive

Trotz der allgemein positiven Bewertung der Inklusion, haben **Eltern der nicht beeinträchtigten** Kinder zahlreiche Vorbehalte. Sie schließen nicht aus, dass ihr Kind durch das ungewöhnliche Verhalten behinderter Kinder verschreckt wird oder unerwünschte Verhaltensweisen nachgeahmt werden. Zudem befürchten sie, dass das eigene Kind zu wenig Aufmerksamkeit erfährt, nicht ausreichend gefördert wird und langsamere Lernfortschritte macht. Die Eltern benötigen Grundinformationen über die Beeinträchtigungen der behinderten Kinder, um die Erzählungen ihrer Kinder über das Gruppengeschehen richtig bewerten zu können.

In Vorgesprächen mit den **Eltern der behinderten Kinder** sollten die Erzieherinnen Vorinformationen über die Beeinträchtigung, den Hilfebedarf des Kindes im Alltag, seine Interessen und Verhaltensbesonderheiten sowie Auskünfte über die Erwartungen und Sorgen der Eltern erhalten. Häufig erwarten diese Eltern ein hohes Maß an Förderung; sie wünschen, dass ihr behindertes Kind Einzelförderung erhält und Zeiten für individuelle Therapien (z. B. Physio- oder Ergotherapie) eingeplant werden. Inwieweit die Elternwünsche berücksichtigt werden können, ist vom Inklusionskonzept der Einrichtung und den personellen Ressourcen abhängig.

Kinderperspektive

Kinder mit und ohne Beeinträchtigung gehen zumeist ungezwungen miteinander um. Sie benötigen allerdings Unterstützung im Verständnis der Beeinträchtigung (z. B. Übungen zur Seh- und Hörwahrnehmung, bei denen sie selbst Einschränkungen erleben können) und Hilfen beim Aufbau von Beziehungen. Die Reaktionen auf beeinträchtigte Kinder sind recht unterschiedlich und reichen von der Nichtbeachtung bis zur fürsorglichen Zuwendung. Die soziale Akzeptanz des beeinträchtigten Kindes ist davon abhängig, ob es am gemeinsamen Spiel interessiert ist und inwieweit es die „Spielregeln" der Kindergruppe beachtet (z. B. Spielideen einbringen, sich nicht destruktiv verhalten, sich vorhersehbar und situationsgerecht benehmen). Bedeutsam für das Verhältnis der Kinder untereinander ist die Einstellung der Eltern gegenüber Menschen mit Behinderung.

1.1.3.4 Inklusion in der Schule

Das mehrgliedrige deutsche Bildungssystem separiert nach dem Leistungsvermögen der Schüler. Dazu werden verschiedene Förderorte (Grundschulen, Gesamtschulen, weiterführende Schulen, berufsbildende Schulen sowie Förderschulen) angeboten. Es wird nach dem Prinzip verfahren:

> „So viel Inklusion wie möglich, so viel Separation wie nötig."
>
> *(Quelle: Dannenbeck und Dorrance, 2016, S. 29)*

Die Verwirklichung der Inklusion in der Schule beinhaltet den uneingeschränkten Zugang zu den Bildungseinrichtungen sowie die Teilhabe und größtmögliche Partizipation für beeinträchtigte Schüler, indem vorhandene Barrieren überwunden werden (vgl. Böttinger, 2017). Das Deutsche Institut für Menschenrechte (DIM) formuliert vier Kriterien, anhand derer ein inklusives Bildungssystem überprüft werden kann: Verfügbarkeit, Zugänglichkeit, Akzeptierbarkeit und Adaptierbarkeit. **Verfügbarkeit** beinhaltet ein flächendeckendes Bildungsangebot inklusiver Regelschulen, die von Fördereinrichtungen die erforderliche heil- und sonderpädagogische Unterstützung erfahren. Die **Zugänglichkeit** umfasst den barrierefreien Zugang zu den Schulen und Barrierefreiheit innerhalb des Gebäudes. **Akzeptierbarkeit** zeigt sich in den Lehrplänen und -methoden, die die unterschiedlichen Voraussetzungen der Schüler berücksichtigen. Die Lehrpläne sollten einen verpflichtenden und einen fakultativen Anteil aufweisen und den Lehrkräften Freiräume bei der Themenauswahl unter Berücksichtigung der Schülerinteressen lassen. Die **Adaptierbarkeit** wird im Bildungsangebot deutlich, wenn ein differenziertes Unterrichtsangebot sichergestellt sowie heil- und sonderpädagogische Fördermaßnahmen berücksichtigt werden. Alle Schüler können durch die Differenzierung und Individualisierung ihr eigenes Lerntempo verwirklichen. Zur Umsetzung der Inklusion eignen sich vor allem die Ganztagsschulen: Zum einen tragen das inklusive Bildungsangebot am Vormittag sowie das soziale Lernen am Nachmittag zum Abbau von Vorurteilen bei. Zum anderen wird durch die gegenseitige Teilhabe und Achtung die soziale Integration gefördert.

Eine heil- und sonderpädagogische Grundausstattung aller Regelschulen, die den unterschiedlichen Behinderungsformen gerecht wird, ist nicht möglich. Deshalb werden regionale Kompetenz- und Ressourcenzentren gefordert, die für die Unterstützung der Regelschulen (z. B. Teamteaching), für zusätzliche individuelle Hilfen bei Schülern mit erhöhtem Förderbedarf sowie für die Kooperation mit anderen Unterstützungssystemen (z. B. Schulträger, Kinder- und Jugendhilfe, Ärztinnen) zuständig sind (vgl. Katzenbach und Schnell, 2012).

Für das Gelingen einer gemeinsamen Beschulung sollten Voraussetzungen in folgenden vier Bereichen geschaffen werden (vgl. Sarimski 2001, S. 70):

1. Organisatorische Voraussetzungen	geringere Klassenstärke, zusätzliche Assistenz, behinderungsspezifische Materialien, technische Hilfen, administrative Unterstützung
2. Unterrichtliche Voraussetzungen	Differenzierung im Unterricht, handlungs- und projektbezogene Lernformen, Partner- und Kleingruppenarbeit zur Förderung der Interaktion und Kommunikation
3. Lehrerbezogene Voraussetzungen	Berücksichtigung der Bedürfnisse der behinderten Kinder, Zusammenarbeit mit sonderpädagogischen Fachkräften (z. B. Teamteaching, gemeinsame Unterrichtsplanung, Fortbildung)
4. Pädagogische Voraussetzungen	Normalisierung des Lernumfelds, Partizipation der beeinträchtigten Kinder als zentrales Ziel, inklusive statt defizitorientierte Sichtweise, individuell abgestimmte Vermittlung der Inhalte

1.1.3.5 Inklusion und Behinderungsform

Eine Inklusion kann dann als gelungen bewertet werden, wenn das beeinträchtigte Kind in eine Peergroup aufgenommen wird. Peergroups sind durch zahlreiche Verhaltensnormen geprägt und es findet ein Austauschprozess statt, zu dem alle Kinder beitragen. Das behinderte Kind muss in der Lage sein, diesen Verhaltenserwartungen zu entsprechen und sich in die Gruppenaktivitäten einzubringen. Inwieweit dies gelingt, ist von Form und Schwere der Beeinträchtigung sowie der sozialen Kompetenz des behinderten Kindes abhängig. Die nachfolgende Abbildung berücksichtigt die aktivitäts- und personenbezogenen Aspekte, die für eine Teilnahme an Gruppenaktivitäten zu beachten sind.

Einfluss von umgebungsbezogenen Barrieren und individuellen Begrenzungen auf die Partizipation:

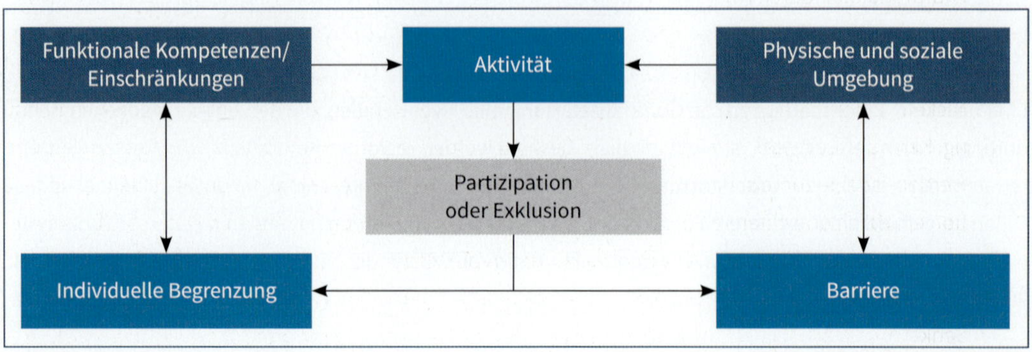

(Quelle: Janson, 2011, S. 136)

Hindernisse für die Partizipation können sowohl auf der individuellen Ebene (z. B. geringe soziale Kompetenz, eingeschränkte Mobilität) als auch auf der Umgebungsebene auftreten (z. B. Geräuschpegel, Erreichbarkeit von Spielmaterialien).

In der nachfolgenden Darstellung wird darauf eingegangen, wie sich die Behinderungsform beispielsweise auf die soziale Integration in Kindertagesstätten auswirkt (vgl. Sarimski, 2012, S. 64 f.).

- **Sehbeeinträchtigung**
  Der Umfang der Sehbeeinträchtigung reicht von einer Fehlsichtigkeit, die mit einer Brille korrigierbar ist, bis hin zur Blindheit. Bei einer hochgradigen Sehschädigung sind die Wahrnehmung von Personen und Gegenständen, das schnelle Erfassen der Größe oder die Orientierung im Raum erschwert, d. h., man kann beispielsweise Verzögerungen in der motorischen Entwicklung oder in der Wortschatzentwicklung beobachten. Beim sozialen Spiel ist die Teilnahme eingeschränkt, da viele kommunikationssteuernde Signale wie Mimik, Blickkontakt, Gestik nicht wahrgenommen werden können. Blinde Kinder neigen zu einem stereotypen Umgang mit Spielmaterialien und haben weniger soziale Interaktionen als nichtbehinderte Kinder oder ergreifen weniger die Initiative bei der Kontaktaufnahme. Wenn keine inklusionsfördernden pädagogischen Hilfen angeboten werden, ist ein Rückzug auf isolierte Spielaktivitäten zu beobachten. Eine Förderung der Inklusion erfordert – abgestimmt auf den Grad der Sehschädigung – eine Anpassung der Raumgestaltung (z. B. klare Raumstruktur, Orientierungshilfen durch Markierungen und Raumteiler, Verwendung kontrastreicher Objekte, Raumausleuchtung, feste Orte für Arbeits- und Spielmaterialien), eine deutliche sprachliche Vermittlung (z. B. Ankündigung von Aktivitäten, Aufbau von Ritualen) oder eine Unterstützung beim Wissenserwerb (z. B. Ertasten von Gegenständen mit begleitenden Kommentaren). Die Erfahrung zeigt, dass sich keine erhöhte Verletzungsgefahr ergibt oder dauerhafte Orientierungsprobleme auftreten und sehbeeinträchtigte Kinder recht schnell von anderen Gruppenmitgliedern akzeptiert und unterstützt werden (vgl. auch Groschwald und Rosenkötter, 2015, S. 70 f.).
- **Hörbeeinträchtigung**
  Eine starke Hörbeeinträchtigung wirkt sich auf die Sprachkompetenz aus, da das Kind, abhängig vom Grad der Beeinträchtigung, weder die Lautäußerungen der anderen wahrnehmen noch die eigene Lautproduktion durch Hören kontrollieren kann. In der Regel liegen keine kognitiven Einschränkungen vor, sodass altersgemäße Spielaktivitäten zu beobachten sind. Die mangelnde Sprachkompetenz führt zu einem verstärkten Einsatz von Gesten (z. B. auf den Gegenstand zeigen, Kopfschütteln oder Nicken). Bei gebärden-kommunizierenden Kindern ist eine Integration in Regeleinrichtungen schwierig. Kann das Cochlear-Implantat frühzeitig (vor dem 2. Lebensjahr) als Hörprothese eingesetzt werden, ist eine zumeist erschwerte lautsprachliche Verständigung möglich, was die soziale Integration erheblich erleichtert, auch wenn noch Probleme im Verstehen der Sprache und in der Lautartikulation bestehen. Zur Förderung der sozialen Integration sollten die Erzieherinnen Maßnahmen zur Erleichterung der sprachlichen Verständigung ergreifen. Neben der Umgestaltung des Raumes (z. B. Senken des Geräuschpegels durch Vorhänge, Teppiche) ist darauf zu achten, dass ein hörgeschädigtes Kind so sitzt, dass es die Sprechenden sehen kann. Die Erzieherinnen sollten zum Beispiel bei Gruppengesprächen dem beeinträchtigten Kind Hinweise geben, wer gerade spricht. Auf das Einhalten von Gesprächsregeln (nicht durcheinanderreden, Reihenfolge durch Sprechstein verdeutlichen, auf den Sprechenden zeigen) sollte die Erzieherin Wert legen. In der Kommunikation ist der Blickkontakt mit dem hörgeschädigten Kind wichtig. Eine klare und laute Aussprache sowie langsames Spre-

chen erleichtern die Kommunikation. Die Erzieherin sollte sich vergewissern, dass das Gesagte auch verstanden wurde (z. B. Was sollen wir jetzt tun?, Was müssen wir beachten?). Ist das Kind jedoch auf Gebärden angewiesen, sind die Erzieherinnen mit der Kommunikation überfordert und die Interaktion mit den nichtbehinderten Kindern gelingt nur unzureichend. Viele Gehörlose bevorzugen den Kontakt zur gebärden-kommunizierenden Bezugsgruppe, in der sie sich problemlos verständigen können.

- **Spracherwerbsstörungen**
  Beeinträchtigungen beim Spracherwerb können den verlangsamten Aufbau des Wortschatzes und der grammatikalischen Strukturen sowie Probleme bei der Lautbildung betreffen. Die Sprachbeeinträchtigungen führen u. a. zur Vermeidung sozialer Kontakte, zur geringen Beteiligung an Gesprächen, zu seltenen Berichten über eigene Erfahrungen und zu Schwierigkeiten bei der Konfliktregelung in der Gruppe. Es besteht ein erhöhtes Risiko für die Entwicklung sozial-emotionaler Störungen (z. B. Ängstlichkeit, sozialer Rückzug, Aggressivität). Es besteht die Gefahr, dass diese Kinder nicht als Spielpartner akzeptiert und von gemeinsamen Spielaktivitäten ausgeschlossen werden, was den sozialen Rückzug verstärkt. Zur Integration dieser Kinder sind sowohl die Förderung der Sprachkompetenzen (z. B. Hilfen bei der Wortschatzerweiterung und der Satzbildung durch handlungsbegleitende Sprache) als auch der Aufbau sozialer Kompetenzen erforderlich.
- **Geistige Behinderung**
  Die Integration in die Regelgruppe ist vom Grad der geistigen Behinderung abhängig. Sarimski (vgl. 2012, S. 103) weist darauf hin, dass bei einer leichten Behinderung (z. B. Lernbehinderung) das Kind jünger als Gleichaltrige wirkt, aber am Gruppengeschehen ohne besondere Hilfen teilhaben kann. Liegt eine mittelgradige oder schwere Behinderung vor, sind spezielle Hilfen erforderlich, um den Bedürfnissen dieser Kinder gerecht zu werden. Die kognitiven Einschränkungen zeigen sich beispielsweise im Spielverhalten. Das Spielrepertoire ist kleiner, die Komplexität und der Abstraktionsgrad der Spielanforderungen sind geringer und das Spielverhalten ist weniger flexibel und organisiert im Vergleich zu gleichaltrigen nichtbehinderten Kindern. Die sozialen Beziehungen sind auf wenige nichtbehinderte Kinder beschränkt und weniger eng. Geistig behinderte Kinder benötigen bei der sozialen Interaktion starke Unterstützung, weil sie ihre Interessen weniger gut artikulieren, sich aufgrund der sprachlichen Defizite im Wortschatz und Satzbau schlecht ausdrücken und bei Konflikten nur im eingeschränkten Umfang Handlungspläne entwickeln können. Probleme in der Selbststeuerung, die sich in stark impulsiven Reaktionen zeigen, erschweren die soziale Integration. Zudem fällt es den beeinträchtigten Kindern schwer, Emotionen oder Absichten anderer Personen zu erkennen, sodass es bei der Kommunikation mit anderen Kindern zu Missverständnissen und unangemessenen Reaktionen kommen kann. Geistig behinderte Kinder benötigen sowohl Führung und Lenkung durch die Erzieherinnen als auch Unterstützung bei der Umsetzung von Eigenaktivitäten (z. B. Spielmaterialien mit hohem Aufforderungscharakter; Reduzierung der Vielfalt hinsichtlich Formen, Farben oder Anzahl; häufige Ermunterungen und Bestätigungen). Feste Tagesstrukturen, Rituale und Wiederholungen strukturieren den Alltag und geben dem behinderten Kind Orientierung und Sicherheit. Reizüberflutungen (z. B. große Gruppen, unübersichtliches Bildmaterial) sind zu vermeiden.

- **Körperbehinderung**
  Kinder mit Bewegungseinschränkungen, die auf angeborene oder erworbene Schädigungen des Gehirns zurückzuführen sind, haben einen erhöhten Pflege- und Hilfebedarf, wenn die Nahrungsaufnahme, Verdauungs- oder Atemfunktionen betroffen sind. Einschränkungen können sowohl die Grobmotorik (z. B. unsicherer Gang, Rollstuhlfahrer) als auch die Feinmotorik betreffen. Die Bewegungsstörungen wirken sich meist negativ auf den sozialen Kontakt aus, da die Teilnahme an gemeinsamen Spielen erschwert und die erforderliche Selbstständigkeit nicht gegeben ist. Bei der Aufnahme von Kindern mit schweren körperlichen Beeinträchtigungen, die bestimmte Hilfsmittel benötigen oder einen apparativen Pflegebedarf haben (z. B. Beatmungsgerät, Sonde), sehen sich Erzieherinnen nur eingeschränkt in der Lage, die erforderlichen Hilfen zu leisten und Notsituationen rechtzeitig zu erkennen. Die Unterstützung sowie Anleitung von Sonderpädagoginnen und Therapeutinnen ist unerlässlich, um Lagerungen, Sitzpositionen, den Einsatz von Stehhilfen oder die Verabreichung von Nahrung sachgerecht durchzuführen. Die Integration körperbehinderter Kinder erfordert Anpassungen im Raum (z. B. ausreichend Platz für Rollstuhlfahrer, barrierefreier Zugang, Spielmaterialien in Reichweite des Kindes, behindertengerechtes Spielzeug mit Halterungen oder Magneten). Sozialpädagogische Fachkräfte benötigen heil- und sonderpädagogische Beratung und Schulungen, um die Signale der Kinder (z. B. Unbehagen bei der Lagerung, Veränderungen der Körperspannung, Augenbewegungen, unruhige Bewegungen, Zu- und Abwendung) zu erkennen und deuten zu können. Werden diese Signale zutreffend interpretiert, kann sich unter Führung des Kindes ein wechselseitiger Dialog entwickeln (vgl. auch Groschwald und Rosenkötter, 2015, S. 58 f.).
- **Gefühls- und Verhaltensstörungen**
  Gefühls- und Verhaltensstörungen als Sammelbegriff umfassen z. B. Angststörungen, Aggressivität, Depression, Hyperaktivität, Essstörungen, selbstverletzendes Verhalten. Starke Verhaltensstörungen, die von geringer Frustrationstoleranz gekennzeichnet und mit aggressiven Ausbrüchen und geringer Gruppenfähigkeit verbunden sind, stellen sozialpädagogische Fachkräfte vor große Herausforderungen. So erweist sich beispielsweise eine integrative Unterrichtung von verhaltensgestörten Schülerinnen mit nicht gestörten Schülerinnen als sehr schwierig, da die auffälligen Schülerinnen von ihren Mitschülerinnen starke soziale Ablehnung erfahren und die Gefahr hoch ist, dass ihr Verhalten von anderen Schülerinnen übernommen wird (vgl. Stein und Ellinger, 2015). Offenbar ist die Inklusionswirkung am stärksten, wenn es gelingt, die schulische Leistung und die Leistungsmotivation der verhaltensgestörten Kinder zu erhöhen.

  Die Autismus-Spektrum-Störung ist eine Verhaltensstörung, bei der ein geringes Interesse an kommunikativen und sozialen Kontakten gegeben ist. Einige autistische Kinder fallen durch Stereotypien und zwanghaftes Ritualverhalten auf, sodass eine Integration schwierig ist. Die Probleme, selbst empathisches Verhalten zu zeigen, sich in die Gefühle und Verhaltensabsichten anderer Personen hineinzuversetzen oder Blickkontakt mit anderen aufzunehmen, beeinträchtigen gemeinsame Aktivitäten mit den Gruppenmitgliedern. Den nichtbeeinträchtigten Kindern fällt es schwer zu erkennen, was das Kind mit der Autismus-Spektrum-Störung beabsichtigt, da die Versuche der Kontaktaufnahme nicht eindeutig sind. Es bedarf erheblicher Anstrengungen der Einrichtung, um den Kindern mit autistischer Störung gerecht zu werden. Da Kinder mit einer Autismus-Spektrum-Störung Probleme bei der Wahrnehmungsverarbeitung aufweisen, was sich in einer hohen Berührungs- und Geräuschempfindlichkeit oder in Reaktionen auf Veränderungen niederschlägt, gilt es, den Geräuschpegel in der Gruppe zu senken und Rituale einzuführen, die beispielsweise zu neuen Aktivitäten hinführen. Der Einsatz von visuellen Signalen kann als „positive Verhaltensunterstützung" die sprachliche Kommunikation erleichtern (vgl. Sarimski, 2012, S. 115 f.). Zum Aufbau von sozialen Kompetenzen sind beispielsweise Rollenspiele zu Begrüßungssituationen oder zur Kontaktaufnahme hilfreich. Die soziale Integration wird durch das Zusammenwirken von Erzieherinnen, Eltern und externen Fachkräften, die Erfahrungen mit der Autismus-Spektrum-Störung aufweisen, erleichtert. Es ist immer zu prüfen, inwieweit das Setting in der Regeleinrichtung dem Hilfebedarf entspricht. Weiterhin kommt der Einsatz von Integrationshelferinnen in Betracht.

- **Schwerstmehrfachbehinderung**
  Menschen mit schwerer und mehrfacher Behinderung bedürfen einer umfassenden Unterstützung in allen Lebenslagen. Die motorischen, kognitiven und sprachlichen Einschränkungen schränken die Kommunikationsmöglichkeiten erheblich ein. Schwerstmehrfachbehinderte Menschen leben in dauerhafter Abhängigkeit von ihren Bezugspersonen. Pflegerische Maßnahmen, Versorgungsaktivitäten und Therapien sind mit einem hohen Zeitbedarf verbunden und reduzieren pädagogische Maßnahmen zur Erweiterung der kommunikativen Möglichkeiten. Die Kommunikationspartnerinnen werden durch unklare, missverständliche Interaktionssignale verunsichert. Missverständnisse und Fehlinterpretationen führen zu einem geringen Kommunikationsinteresse (vgl. Boenisch, 2016, S. 91 f.). Die stark eingeschränkten sprachlichen Kommunikationsmöglichkeiten und der hohe Unterstützungsbedarf lassen zurzeit eine inklusive Betreuung in Regeleinrichtungen noch nicht zu.

Abhängig vom Schweregrad der Beeinträchtigung bestehen durchaus Grenzen bei der Inklusion. Groschwald und Rosenkötter (vgl. 2015, S. 114) nennen folgende Punkte, die eine Inklusion problematisch machen:

- mangelhafte räumliche, personelle und materielle Ausstattung der Einrichtung
- Betreuung von schwerstmehrfachbehinderten Kindern
- starke Verhaltensstörungen (hohe Impulsivität, Destruktivität und Aggressivität mit Gefährdung der Gruppenmitglieder)
- Kinder mit Autismus-Spektrum-Störung, die extrem selbstverletzendes Verhalten zeigen
- Kinder mit schweren Kommunikationsbeeinträchtigungen
- Kinder mit tief greifenden Entwicklungsstörungen
- fehlende Offenheit der Eltern (z. B. Verweigerung von Auskünften)
- erhebliche Vorbehalte oder Ablehnung einer inklusiven Pädagogik durch die Teammitglieder

Die Frage, ob es eine Grenze der Inklusion gibt, d. h., eine Gruppe von beeinträchtigten Menschen nicht integrierbar ist, wird kontrovers diskutiert (vgl. Feuser, 2016). Die Bildung von „Restsonderschulen", die beispielsweise als Spezialschulen bezeichnet werden, weicht von der Forderung „Auflösung aller Sonderschulen" ab und steht im Widerspruch zur Inklusionsforderung („uneingeschränkte Teilhabe aller Menschen").

Folgende Stolpersteine können im Gruppenalltag eine Partizipation gefährden (vgl. Kron, 2011, S. 197):

- **Gruppenhierarchie:** Die Dynamik einer Gruppe zeigt sich in ständigen Positionsverschiebungen, die alters-, erfahrungs- und fähigkeitsbedingt sind. Mit der Position in der Gruppenhierarchie sind Macht und Einfluss verbunden. Untergruppenbildung, Dominanzstreben und Ausgrenzungsbestrebungen gefährden die Integrationsbemühungen der Erziehenden.
- **Umgang mit Schwäche:** Bei einigen Kindern löst die Schwäche bei beeinträchtigten, jüngeren oder kleineren Kindern eine starke emotionale Zuwendung aus, die sich in bemutterndem, überbehütendem Verhalten mit einer starken Bevormundung des schwächeren Kindes zeigt.
- **Mangelnde Flexibilität:** Kinder sind im Spiel sehr kreativ, was sich beispielsweise in einer hohen Flexibilität bei der Wahrnehmung und Ausgestaltung von Rollen niederschlägt. Wenn beeinträchtigte Kinder sich rigide verhalten, indem sie am Gewohnten und mühsam erworbenen Routinen festhalten, werden sie nicht in kreative Aktivitäten einbezogen.
- **Grenzüberschreitungen bei mangelnder Selbststeuerung:** Behinderungsbedingte fehlende Selbststeuerung und Selbstkontrolle der Kinder können zu Störungen, Demütigungen oder Verletzungen führen und die Gruppenmitglieder, die dem Verhalten hilflos gegenüberstehen und mit Unverständnis reagieren, gegen diese aufbringen.
- **Sozialer Rückzug:** Wenn Kinder mit geringen sozialen Kompetenzen sich vorwiegend mit sich selbst beschäftigen, fehlen Anknüpfungspunkte für soziale Kontakte und die Isolation wird verstärkt. Die Aufnahme von Kontakten scheitert beispielsweise am mangelnden Vermögen, sich in andere hineinzuversetzen oder an unzureichenden Kommunikationsmöglichkeiten aufgrund sprachlicher Einschränkungen.

Die Unterstützung von pädagogischen Fachkräften ist unerlässlich, wenn kindliche Ressourcen nicht ausreichen, um soziale Beziehungen aufzubauen und aufrechtzuerhalten.

1.1.3.6 Stand der Inklusion in Deutschland

Wie Klemm (vgl. 2010, S. 4 f.) feststellt, erfolgt die Inklusion in den verschiedenen Bildungseinrichtungen recht unterschiedlich:

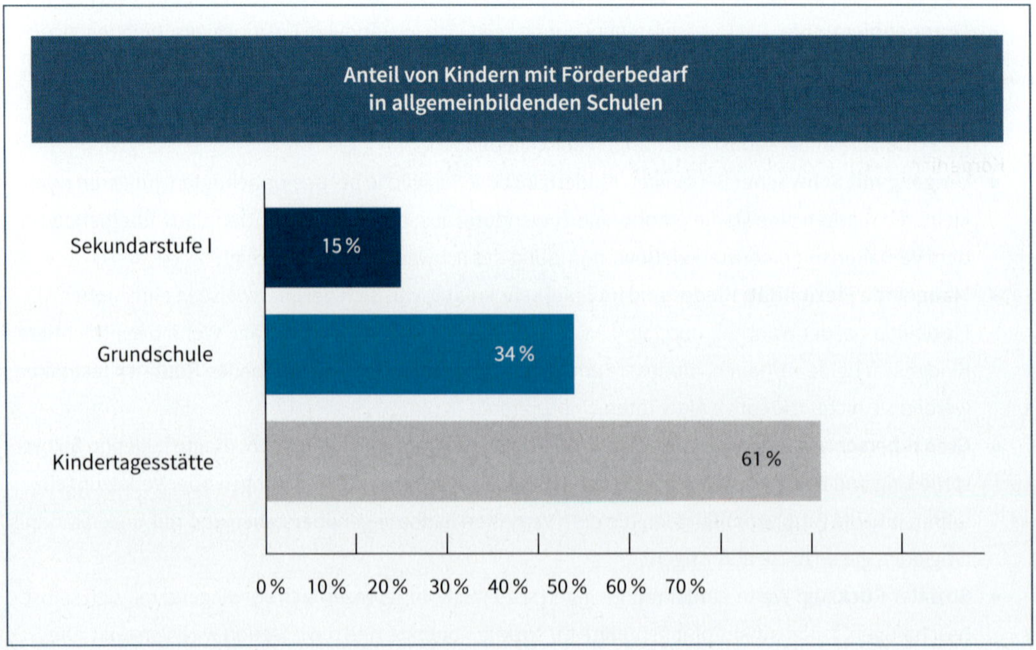

(Quelle: Klemm, 2010, S. 4)

In den Kindertagesstätten (Elementarstufe) ist im Vergleich zum Schulbereich (Primar- und Sekundarstufe) die Inklusion deutlich stärker verwirklicht. 61 % der Kinder mit einem besonderen Förderbedarf können in den sozialpädagogischen Einrichtungen betreut werden.

Das Schulsystem in Deutschland ist durch eine Alters- sowie Leistungsstufung gekennzeichnet und dadurch von Separation bestimmt. Um inklusiv unterrichten zu können, müssen im schulischen Bereich erst die rechtlichen Vorgaben geschaffen werden, die den personellen, sächlichen und räumlichen Bedarf regeln. Eine Überweisung von Schülerinnen und Schülern aus den Förderschulen in die allgemeinbildenden Schulen stößt in einigen Bundesländern, die für die Bildungseinrichtungen verantwortlich sind, auf Widerstand. Sie unterscheiden sich insofern erheblich in der Verwirklichung der Inklusion. In den allgemeinbildenden Schulen besteht noch ein erheblicher Nachholbedarf bei der Verwirklichung inklusiven Unterrichts. Gefordert ist eine Schule der Heterogenität, die über ein Regel- und Unterstützungssystem verfügt, um allen Schülerinnen und Schülern gerecht zu werden.

Deutliche Unterschiede bestehen auch darin, inwieweit die Inklusion bei Kindern mit unterschiedlichem Förderbedarf in den allgemeinbildenden Schulen gelingt, was nachfolgende Grafik verdeutlicht:

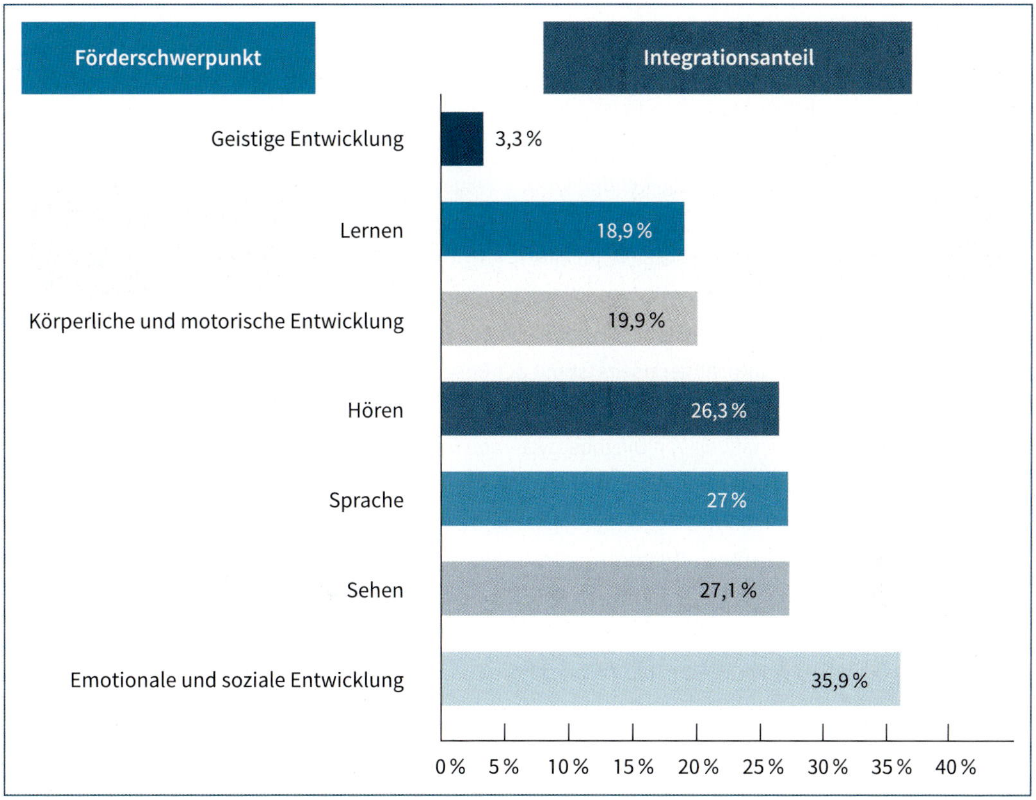

(Quelle: Klemm, 2010, S. 36)

Chancen und Risiken inklusiver Bildung

Chancen

- Steigerung des Lern- und Bildungsniveaus
- mehr Schüler mit Schulabschlüssen
- Verbesserung sozialer Kompetenzen
- Akzeptanz der Unterschiedlichkeit, Verminderung von Berührungsängsten
- Verbesserung der beruflichen Ausbildung
- geringe Stigmatisierung und Diskriminierung von Kindern mit Beeinträchtigungen

Risiken

- Auflösung von Förderschulen, die zu Kompetenzzentren für spezifische Beeinträchtigungen (Ausstattung, Förderschullehrer) werden; unzureichende Unterstützungssysteme für den spezifischen Förderbedarf in den neuen „Schulen der Vielfalt"
- Gefahr der Außenseitersituation von Schülerinnen und Schülern mit besonderem Förderbedarf
- Erschwerung des Kontakts zwischen Schülerinnen und Schülern gleicher Beeinträchtigungen

Kritische Stellungnahme

Kobi (vgl. 2010, S. 37 f.) setzt sich kritisch mit der Aussage „Verschieden zu sein, ist normal" auseinander. Die Unterschiedlichkeit zwischen Menschen muss auch unter qualitativen Gesichtspunkten gesehen werden. Er hält es für zynisch, die Verschiedenheit von Augen- oder Haarfarben mit den unterschiedlichen Formen von Behinderungen und den damit einhergehenden Einschränkungen gleichzusetzen.

Die Inklusion stellt für einige Sonderpädagogen eine Kategorisierung der Behinderungsarten infrage, da mit der Einstufung nach Behinderungsformen und Ausprägungsgraden der Grundstein für eine Stigmatisierung und Ausgrenzung gelegt wird. Einerseits ist mit der Kategorisierung eine Defizitorientierung verbunden, da die Abweichung herausgestellt wird. Andererseits ist mit der Benennung der Unterschiede häufig auch eine wertende Beurteilung im Sinne von besser/schlechter verbunden (vgl. Katzenbach, 2016, S. 18). Kritiker halten entgegen, dass mit der Abschaffung von Diagnosesystemen und Behinderungskategorien (wie z. B. DSM, ICG, ICF-Checklisten) die Voraussetzungen für eine objektive Diagnose und die damit verbundene gezielte Förderung entzogen werden. Auch ohne Kategorisierung ist eine Diskriminierung zu finden. Böttinger (2017) weist auf das **Etikettierungs-Ressourcen-Dilemma** hin, d. h., erst durch die Kategorisierung werden Förderbedarfe rechtlich anerkannt und die damit verbundenen Hilfe- und Unterstützungsleistungen gewährt.

Inklusion führt langfristig zur Auflösung der Förderschulen und zur Integration der Kinder mit Behinderungen in Regelschulen („eine Schule für alle"). Heterogene Gruppen erfordern eine Binnendifferenzierung bis hin zum Einzelunterricht, um den spezifischen Bedürfnissen der Kinder mit Behinderung gerecht zu werden. Jede gesonderte Maßnahme beinhaltet allerdings einen sozialen Ausschluss. Kobi (vgl. 2010, S. 39) weist darauf hin, dass die Gefahr einer lern- und sozialpsychologischen Vereinsamung von Schülern besteht.

Grundsätzlich ist die Frage zu klären, inwieweit das Bildungssystem inklusiv („eine Schule für alle") oder individualisiert („alle Schulen für einen") ausgerichtet sein soll. Ist schon bereits die Einzelförderung diskriminierend? Das Bildungssystem in Deutschland ist leistungsorientiert und selektiv (Schulformen, Bildungsabschlüsse, Elite-Universitäten). Dies wird auch im Anteil von Kindern mit Förderbedarf an allgemeinbildenden Schulen deutlich. Im Elementarbereich wird die Inklusion am besten (61 %) umgesetzt, in der Sekundarstufe I gelingt die Inklusion nur noch zu 15 %. Während die Inklusionsbefürworter den Vorteil des inklusiven Unterrichts herausstellen, betonen die Kritiker den Vorteil des beeinträchtigungsspezifischen Unterrichts in den Förderschulen. Wie Böttinger (vgl. 2017, S. 34) feststellt, liegen zurzeit keine eindeutigen Studienergebnisse, die eine der Positionen stützen, vor. Die radikale Form der Inklusion fordert die Auflösung aller heil- und sonderpädagogischen Einrichtungen und den Verzicht auf alle Formen der Kategorisierung von Beeinträchtigungen. Die Verwirklichung dieses Ansatzes beschreibt ein unerfüllbares Ideal, wie Ahrbeck (vgl. 2016, S. 56 f.) herausstellt. Er tritt für ein moderates Inklusionsverständnis ein, das z. B. eine stärkere gemeinsame Beschulung, die Verwendung von personenbezogenen Förderkategorien und die Beibehaltung von Bildungsstandards beinhaltet. „Eine Schule der Vielfalt" bzw. „eine Schule für alle" ist mit dem traditionellen Bildungskonzept nicht vereinbar. Mit der Zuweisung zur Förderschule kommt eine defizitorientierte Haltung zum Ausdruck, die zur Stigmatisierung und Diskriminierung der Förderschülerinnen beiträgt und auch deren beruflichen Werdegang beeinträchtigt.

Eine Analyse von städtebaulichen Konzepten, die kommunikationsfördernd und nachbarschaftsfreundlich angelegt sind, führt zu ernüchternden Ergebnissen (vgl. Seifert, 2010, S. 43): Räumliche Nähe führt nicht zwangsläufig zu sozialen Beziehungen. Die Basis für soziale Kontakte bilden in der Regel die Gemeinsamkeiten im sozialen Status, in der ethnischen Zugehörigkeit, in der Religionszugehörigkeit, in den Interessen usw. Ein heterogen zusammengesetztes Wohnquartier ist kein Garant für Inklusion. Unerwünschte Kontakte z. B. im Treppenhaus können auch Abwehr und Distanz auslösen. Während Menschen mit Behinderung eine geringe Mobilität aufweisen, haben Bewohner ohne Beeinträchtigung zahlreiche Möglichkeiten, außerhalb des Wohnquartiers ihre Kontakte zu knüpfen und soziale Netzwerke aufzubauen. Die Ausgrenzung und die Distanz zu „unerwünschten" Nachbarn verstärken deren Isolation im Wohngebiet.

1.2 Formen von Beeinträchtigungen

Auf die Bildungskommission des Deutschen Bildungsrates geht folgende Definition einer Beeinträchtigung bzw. Behinderung zurück:

> „Als behindert im erziehungswissenschaftlichen Sinn gelten alle Kinder, Jugendlichen und Erwachsenen, die in ihrem Lernen, im sozialen Verhalten, in der sprachlichen Kommunikation und in den psychomotorischen Fähigkeiten soweit beeinträchtigt sind, dass ihre Teilhabe am Leben der Gesellschaft wesentlich erschwert ist."
>
> *(Quelle: Deutscher Bildungsrat, 1973, S. 13)*

Bach unterscheidet vier Formen der Beeinträchtigung:

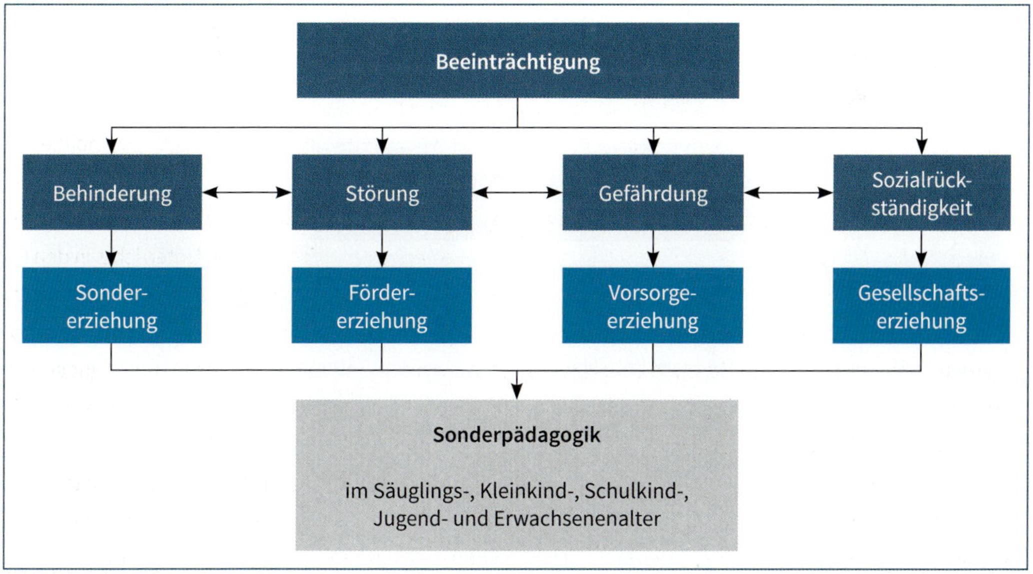

(Quelle: Bach, 1995[15], S. 11)

Behinderungen

Behinderungen bezeichnen massive individuelle Beeinträchtigungen, die **alle** drei Kriterien (Umfänglichkeit, Schweregrad und Langfristigkeit) in deutlicher Ausprägung erfüllen.

1. Sie sind **umfänglich**, d. h., sie betreffen mehrere Verhaltensbereiche, **und**
2. **schwer**, d. h., sie weichen mehr als 20 % vom Regelbereich ab, **und**
3. **langfristig**, d. h., sie sind in zwei Jahren voraussichtlich nicht dem Regelbereich angleichbar.

Abhängig vom Grad der Beeinträchtigung erschwert die Behinderung die Erziehungsprozesse erheblich und erfordert eine Sondererziehung, die in der Regel in sonderpädagogischen Einrichtungen geleistet wird. Auch wenn mit den gegenwärtig bekannten Mitteln die Beeinträchtigungen nicht ausgleichbar sind (Aspekt der Langfristigkeit), kann nicht von einem unveränderbaren Zustand ausgegangen werden. Medizinische und technische Fortschritte eröffnen oft neue Perspektiven. So ermöglichte die Entwicklung des Cochlea-Implantats bei Gehörlosen eine auditive Wahrnehmung, die neue Ansatzpunkte der Förderung zulässt.

Den Zusammenhang zwischen der Behinderung und der Sondererziehung erläutert die folgende Abbildung:

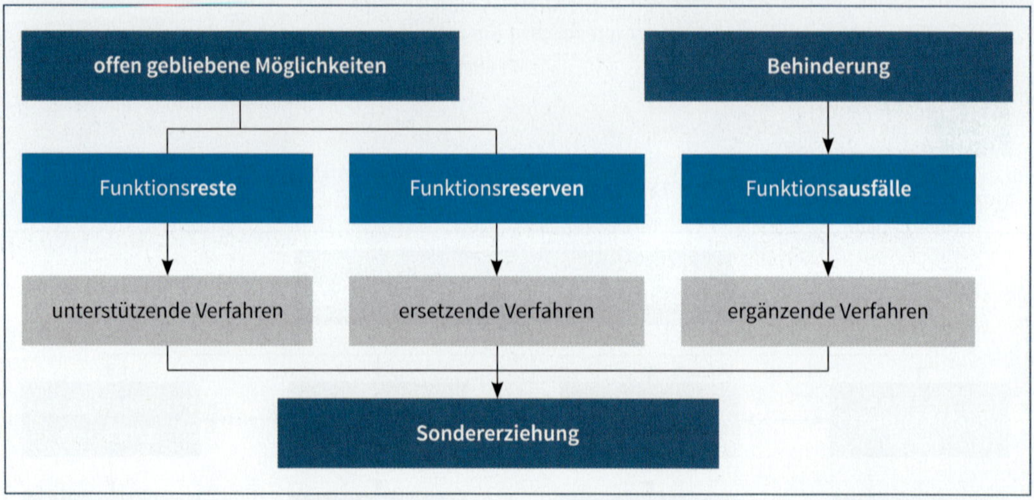

(Quelle: Bach, 1995[15], S. 29)

Bestehen Funktions**reste** (z. B. Hörreste bei Schwerhörigen), werden unterstützende Verfahren, wie ein Hörgerät, eingesetzt. Funktions**reserven** (z. B. Tastsinn bei Blinden) werden genutzt, um den Ausfall von Funktionen zu kompensieren. So ermöglicht die Brailleschrift den Blinden das Lesen von Texten. Liegen Funktions**ausfälle** vor (z. B. Lähmung), dann können nach Bach zu den unterstützenden und ersetzenden Verfahren ergänzende Methoden zum Einsatz gelangen, die den Erziehungsprozess erleichtern und die Anforderungen verringern. Die Sondererziehung sollte weitmöglichst integrativ erfolgen und eine gemeinsame Erziehung von Kindern mit und ohne Behinderung ermöglichen.

Störungen

Störungen beschreiben weniger schwere individuelle Beeinträchtigungen, die **nicht alle** drei Kriterien (Umfänglichkeit, Schweregrad und Langfristigkeit) erfüllen.

1. Sie sind **partiell**, d. h., sie beziehen sich nur auf einen oder wenige Verhaltensbereiche, **oder**
2. **weniger schwer**, d. h., sie weichen weniger als 20 % vom Regelbereich ab, **oder**
3. **kurzfristig,** d. h., sie können voraussichtlich innerhalb von zwei Jahren dem Regelbereich angeglichen werden.

Bestehende Störungen beeinträchtigen die Personalisation und Sozialisation des Betroffenen. Im Gegensatz zur Behinderung sind die Auswirkungen auf den Erziehungsprozess jedoch weniger schwer und nicht so umfangreich. Zwischen Störungen und Behinderungen bestehen fließende Übergänge (Lernstörung → Lernbehinderung, Sprachstörung → Sprachbehinderung, Sehstörung → Sehbehinderung ...). Den Übergangsbereich bezeichnet Bach als **schwere Störung**.

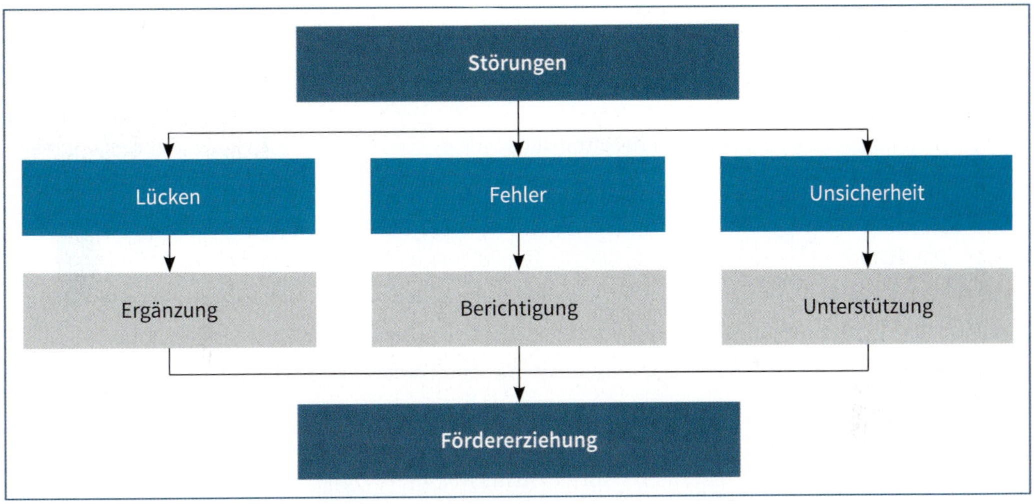

(Quelle: Bach, 1995[15], S. 44)

Bestehende **Lücken** im Wissen und Können, in der Sprachentwicklung usw., die sich beispielsweise bei einem längeren Fehlen in der Schule ergeben, bedürfen ergänzender Maßnahmen wie Nachhilfe oder Stützunterricht. Beruhen die Störungen auf **Fehlern** im Sinne von Fehlhaltungen, Sprachfehlern, Fehlsichtigkeit, ungünstigen Lerntechniken usw., dann besteht die Fördererziehung aus berichtigenden Maßnahmen etwa in Form von Lernkorrekturen oder Sehhilfen. Ausgelöst durch körperliche Auffälligkeiten, Erkrankungen oder Sinnesbeeinträchtigungen können **Unsicherheiten** auftreten, die durch unterstützende Maßnahmen wie Beratung, Training oder emotionale Stärkung verringert werden können.

Der Begriff der Störung wird in der Medizin abweichend von diesem heil- und sonderpädagogischen Verständnis definiert. Die Störung bezeichnet im medizinischen Sinn ein **Krankheitsbild**, das im Hinblick auf Verlauf, Symptome, Kriterien und Zusammenhänge beschrieben werden kann.

Gefährdung

Gefährdungen umfassen Beeinträchtigungen, bei denen durch erschwerende Bedingungen im körperlichen, wirtschaftlichen oder sozialen Bereich **Störungen** oder **Behinderungen ausgelöst oder verstärkt werden**. Zu diesen erschwerenden Bedingungen zählen unter anderem Armut, Stigmatisierung, Zwänge, Überforderungen usw. Im **körperlichen** Bereich können Gefährdungen bereits während der Schwangerschaft auftreten, wenn die werdende Mutter erkrankt, raucht, Alkohol konsumiert oder Medikamente einnimmt. Belastungen sowie Erkrankungen stellen ebenfalls Gefährdungen dar, die zu Störungen und Behinderungen führen können. Gefährdungen im **wirtschaftlichen** Bereich berücksichtigen auch die Lebensverhältnisse oder die Wohnsituation der Familie. **Soziale** Gefährdungen beziehen sich auf die Erziehungssituation. So wird das Fehlen von Elternteilen, eine geringe Sprachanregung, familiäre Konflikte, ein fragwürdiges Norm- und Werteverständnis sowie negative Einflüsse anderer, z. B. von Geschwistern, Freundeskreisen oder der Nachbarschaft, als soziale Gefährdung für das Kind gesehen.

Sozialrückständigkeit

Sozialrückständigkeiten kennzeichnen Beeinträchtigungen der Gesellschaft. Einstellungen, Verhaltensweisen, Gewohnheiten, Rituale, materielle Bedingungen und gesetzliche Regelungen können **Gefährdungen, Störungen und Behinderungen verursachen, steigern oder ignorieren**, wobei erforderliche Hilfen unterbleiben. Das Schönheitsideal in unserer Gesellschaft („schlank und braun gebrannt“) kann die Entstehung von Ess- und Gewichtsstörungen sowie Hauterkrankungen begünstigen. Die negative Einstellung gegenüber Randgruppen führt zu einer Stigmatisierung und Diskriminierung, die sich in Vorurteilen gegenüber Menschen mit Behinderung, Berührungsängsten oder Isolation der Betroffenen niederschlagen. Die gesellschaftliche Bewertung des Menschen nach seiner Leistungsfähigkeit, Normalität und Nützlichkeit für die Gesellschaft verdeutlicht, dass ein Mensch mit Behinderung diesen Erwartungen nicht entspricht. Im gesellschaftlichen Verständnis wird er zum Empfänger von Mitleid und Wohltätigkeit. Ein selbstbestimmtes Leben mit der Teilhabe am gesellschaftlichen Leben wird dadurch erschwert.

Das Klassifikationssystem ICIDH

Die WHO (Weltgesundheitsorganisation) bemüht sich seit über 40 Jahren um eine international gültige Unterteilung der Beeinträchtigungen. Das 1980 entwickelte Klassifikationssystem ICIDH 1 (**I**nternational **C**lassification of **I**mpairments, **D**isabilities and **H**andicaps; Bezug zu ICF, vgl. S. 113 ff.) unterscheidet drei Bereiche.

1. **Schädigung** (impairment): Schädigungen betreffen Normabweichungen, die sich im Wesentlichen auf Organe bzw. Funktionsbereiche des Menschen beziehen. Im Mittelpunkt steht die **organische Ebene**.
2. **Beeinträchtigung/Behinderung** (disability): Sie ergibt sich als Folge von Schädigungen und zeigt sich in Einschränkungen der individuellen Fähigkeiten einer Person im Vergleich mit den Fähig-

keiten einer Person ohne Behinderung gleichen Alters und Geschlechts sowie mit dem gleichen kulturellen Hintergrund. Die Beeinträchtigung kann auf der **individualen, persönlichen Ebene** angesiedelt werden.

3. **Benachteiligung** (handicap): Vorliegende Schädigungen bzw. Beeinträchtigungen führen zu Benachteiligungen in verschiedenen Lebensbereichen, z. B. im Beruf oder gesellschaftlichen Handeln. Die Benachteiligung berücksichtigt die **soziale Ebene**.

Diese Unterteilung betont die vorliegenden Defizite und beachtet nicht die bestehenden positiven Möglichkeiten. Deshalb wurde von der WHO 1998 in einer revidierten Fassung (ICIDH 2) folgende Klassifikation gewählt:

1. **impairments** (body functions and structures) beschreiben die organischen Schädigungen und funktionellen Störungen
2. **activity** (activity limitation) gibt Hinweise auf das Ausmaß an persönlicher Verwirklichung
3. **participation** (participation restriction) verdeutlicht, inwieweit durch die Schädigung die Teilnahme am gesellschaftlichen Leben eingeschränkt ist

Keines der dargestellten Klassifikationssysteme konnte sich in Deutschland im vollen Umfang durchsetzen. Bleidick (2000) führt dies auf zwei Schwierigkeiten zurück: die Relativität und die Relationalität von Beeinträchtigungen.

Relativität und Relationalität von Beeinträchtigungen

Wie Bach und Bleidick hervorheben, sind Beeinträchtigungen in vielfacher Hinsicht zu relativieren:

- **Subjektive Relativität:** Die vorliegenden Beeinträchtigungen werden von den Betroffenen mehr oder minder stark erlebt. Die subjektive Verarbeitung kann von einer positiven, aktiven Auseinandersetzung mit der Beeinträchtigung bis zu einer depressiven, selbstzerstörerischen Einstellung reichen.
- **Soziale Relativität:** Die Beeinträchtigungen werden von verschiedenen Bezugsgruppen unterschiedlich bewertet. Innerhalb der Gruppe von Menschen mit Körperbehinderungen wird eine leichte Gehbehinderung weniger stark erlebt, während im Sportverein die Gehbehinderung eine deutliche Beeinträchtigung darstellen kann. Unabhängig von den Bezugsgruppen besteht jedoch die Übereinstimmung, dass eindeutig eine Beeinträchtigung vorliegt.
- **Situative Relativität:** Beeinträchtigungen spielen nur in bestimmten Lebenssituationen eine Rolle. Ein Rollstuhlfahrer kann am PC-Arbeitsplatz ebenso gut arbeiten wie ein Mitarbeiter ohne Behinderung. Dies verdeutlicht, dass neben dem beeinträchtigten Bereich zahlreiche Situationen problemlos bewältigt werden können. Bach weist darauf hin, dass die Beeinträchtigung immer den Menschen in seiner Gesamtpersönlichkeit betrifft, auch wenn in verschiedenen Situationen die Beeinträchtigung unterschiedliche Auswirkungen hat.
- **Temporäre Relativität:** Beeinträchtigungen sind nicht statisch zu sehen, sondern sie haben Prozesscharakter, d. h., sie verändern sich in unterschiedlicher, oft kaum vorhersehbarer Weise. Dies gilt auch für Behinderungen.

- **Gesellschaftliche Relativität:** Beeinträchtigungen beruhen auf den jeweils geltenden Normvorstellungen der Gesellschaft. In unserer Gesellschaft kann bereits eine Legasthenie zu einer Beeinträchtigung führen, während in anderen Gesellschaften nicht einmal ein Analphabet als behindert gilt.

Die **Relationalität** berücksichtigt die Spannbreite zwischen den verschiedenen Beeinträchtigungen. So besteht ein weites Spektrum an Beeinträchtigungen, das von Schwerstmehrfachbehinderung bis zum leichten Stottern reicht. Diese Schwankungsbreite führt abhängig von der jeweils angelegten Definition von Behinderung zu recht unpräzisen Aussagen über die Verbreitung von Behinderungen in der Gesamtbevölkerung. Geht man von Personen aus, die einen gültigen Schwerbehindertenausweis besitzen, dann waren nach Angaben des Statistischen Bundesamtes 2015 in Deutschland 7,6 Millionen Menschen schwerbehindert, von denen 76,5 % über 55 Jahre alt waren.

1.3 Entwicklung und Beeinträchtigung

Dieses Kapitel beschäftigt sich mit Entwicklungsprozessen, die zur Entstehung oder Vermeidung von psychischen Beeinträchtigungen beitragen. Psychische Störungen zeigen sich in Abweichungen von der Altersnorm und wirken sich auf die erfolgreiche Bewältigung von alterstypischen Entwicklungsaufgaben aus. Die Entstehung, der Verlauf, die Verfestigung, Behandlung und Prävention von psychischen Störungen ist von vielen Einflussgrößen abhängig. Der Entwicklungsaspekt gewinnt dabei in den letzten Jahren verstärkt an Bedeutung, was Veröffentlichungen zur „Entwicklungspsychiatrie" und „Entwicklungspsychopathologie" verdeutlichen (vgl. Herpertz-Dahlmann u. a., 2008[2]; Petermann und Resch, 2013[7]). Diese Forschungsrichtungen beschäftigen sich schwerpunktmäßig mit folgenden Aufgabenbereichen:

- Analyse von normalen und abweichenden Entwicklungsverläufen
- Erfassung von biologischen, psychologischen und sozialen Einflussgrößen auf Störungen in den verschiedenen Entwicklungsabschnitten
- Bestimmung von Risiko- und Schutzfaktoren (Vulnerabilität und Resilienz)
- Ableitung von Aussagen über zu erwartendes abweichendes Verhalten (z. B. Entwicklungspfade, Beständigkeit von Störungen)
- Entwicklung von Maßnahmen zur optimalen Förderung des Betroffenen mit oder nach einer Störung

Unter der Alters- und Entwicklungsperspektive werden folgende Aspekte neu bewertet:

- **Störung:** Bei der Beurteilung einer Auffälligkeit ist der Entwicklungsstand zu beachten. Das nächtliche Einnässen ist im Säuglingsalter normal, während es nach dem fünften Lebensjahr eine behandlungsbedürftige Auffälligkeit darstellt.
- **Diagnostik:** Die diagnostischen Verfahren sind auf den Entwicklungsstand abgestimmt. Beim Säugling kommen lediglich Beobachtungsverfahren zum Einsatz, beim Kleinkind kann man auf Spiel- und Befragungsverfahren zusätzlich zurückgreifen und im Jugendalter sind sprachgebundene Verfahren vorherrschend.

- **Therapie:** Auffälligkeiten können mit verhaltenstherapeutischen Methoden (im begrenzten Umfang schon im Säuglingsalter einsetzbar), Spieltherapien (effizient im Kleinkindalter) und Gesprächspsychotherapien (schwerpunktmäßig im Jugendalter) behandelt werden.

Eine Übersicht über die verschiedenen Entwicklungsrisiken bietet die nachfolgende Abbildung:

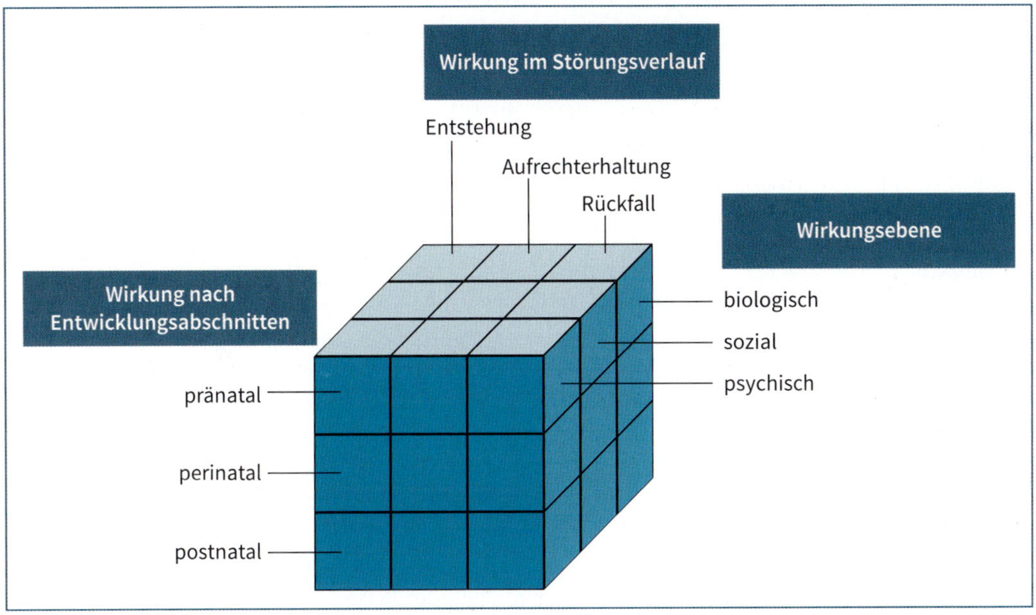

(Quelle: Heinrichs und Lohaus, 2011, S. 23)

Die Entwicklungsrisiken in den verschiedenen Altersstufen sind oft voneinander abhängig. Störungen in einem frühen Altersbereich (z. B. geringe Selbstkontrolle) können sich zu psychischen Auffälligkeiten in einem späteren Lebensabschnitt auswirken (z. B. störendes Verhalten im Unterricht, unangemessenes Sozialverhalten, Ausgrenzung durch andere). Das soziale Umfeld (Familie, Geschwister, Freunde, Bezugsgruppen) hat in den verschiedenen Lebensphasen einen unterschiedlich starken Einfluss auf den Verlauf der Störung. Wie Heinrichs und Lohaus (2011) herausstellen, können innerhalb eines Lebensabschnittes mehrere Entwicklungsrisiken parallel auftreten. Dieses Zusammenwirken mehrerer Belastungsfaktoren, die sich wechselseitig verstärken können, erschwert den Erwerb altersentsprechender Kompetenzen.

Bei der Bewertung der psychischen Störungen sind folgende Besonderheiten zu berücksichtigen:

- Das Auftreten dieser problematischen Verhaltensweisen unterliegt entwicklungsbedingt großen Schwankungen.
- Verhaltensauffälligkeiten können, abhängig von Alter und Entwicklungsstand, unauffällig oder normal sein.

- Bei Kindern liegt eine eingeschränkte Krankheitswahrnehmung vor, deshalb sind Selbstauskünfte problematisch.
- Äußere Bedingungen können das problematische Verhalten stark beeinflussen.

1.3.1 Entwicklungsverläufe und -pfade

Die nachfolgende Abbildung verdeutlicht den Verlauf psychischer Störungen im Kindes- und Jugendalter:

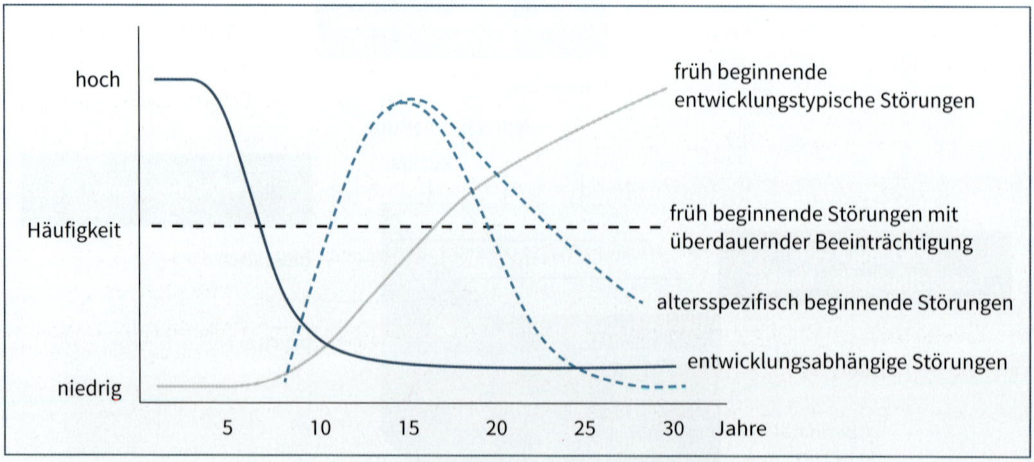

(Quelle: Remschmidt und Schmidt, 2000, S. 178)

Früh beginnende erwachsenentypische Störungen beginnen im Jugendalter und setzen sich im Erwachsenenalter fort.

BEISPIELE

Angststörung, Zwangsverhalten, Störung des Sozialverhaltens, schizophrene Störung

Früh beginnende Störungen mit überdauernder Beeinträchtigung sind bereits in der frühen und mittleren Kindheit zu beobachten und setzen sich bis zum Erwachsenenalter fort.

BEISPIELE

Bindungsstörungen, Autismus, Teilleistungsstörungen wie Rechenstörung oder Lese-Rechtschreibstörung sowie einige Sprachstörungen

Altersspezifisch beginnende Störungen treten in bestimmten Altersabschnitten erstmalig auf, haben aber einen sehr unterschiedlichen Verlauf, was durch die beiden gestrichelten Linien zum Ausdruck kommt.

BEISPIELE

Stottern, Tic-Störungen, soziale Ängste, depressive Störung, Mutismus oder Essstörungen

Entwicklungsabhängige Störungen beruhen auf Entwicklungs- und Reifungsprozessen, die vor allem in der Kindheit und in der Pubertät bedeutsam sind. Diese Störungen nehmen mit zunehmender Reifung ab.

BEISPIELE

Fütterungsstörungen, Einnässen, Hyperaktivität, Schlafstörungen, alterstypische Ängste

Entwicklungspfade kennzeichnen Entwicklungswege, die zu psychischen Störungen führen können. Man versucht, typische Entwicklungssequenzen zu identifizieren, die mit bestimmten Störungsformen verknüpft sind. Das Modell der Entwicklungspfade geht davon aus, dass Entwicklungsabläufe genetisch bedingt sind und aufeinander aufbauen. Die Verläufe werden auch durch die innere und äußere Umwelt beeinflusst, d. h., neue, positive Entwicklungsrichtungen können eingeschlagen werden. Werden Entwicklungsstufen nur unzureichend bewältigt, dann wirkt sich dies auf die nachfolgenden Entwicklungsprozesse aus. Sroufe (1997) verdeutlicht diese Offenheit des Modells der Entwicklungspfade durch folgende Annahmen:

- Fehlanpassungen in den verschiedenen Entwicklungsstufen können Störungen bewirken.
- Ein bestimmtes auffälliges Verhalten kann durch unterschiedliche Verläufe hervorgerufen werden.
- Erfahrungen auf den gleichen Entwicklungswegen können zu unterschiedlichen Ergebnissen führen.
- Entwicklungsverläufe sind zu jedem Zeitpunkt veränderbar.
- Dauerhafte Fehlanpassungen vermindern die Wahrscheinlichkeit einer positiven Veränderung.

Entwicklungspfad nach Heinrichs und Lohaus (2011) am Beispiel der Entstehung aggressiven Verhaltens:

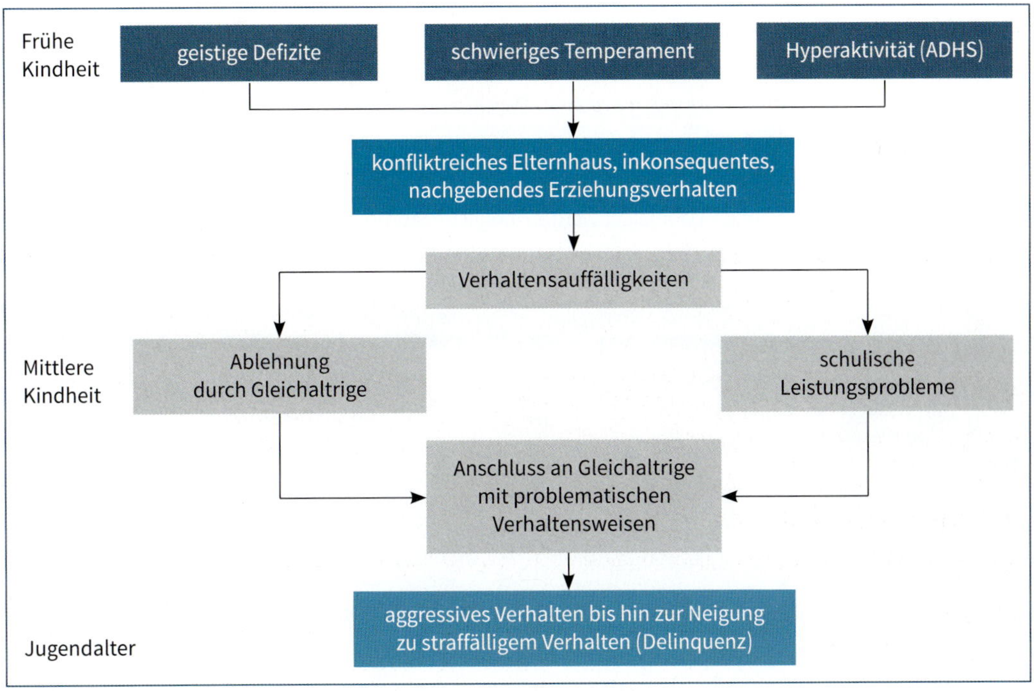

Personen mit einer depressiven Störung weisen in 70 % der Fälle eine zeitlich vorausgehende Angststörung auf.

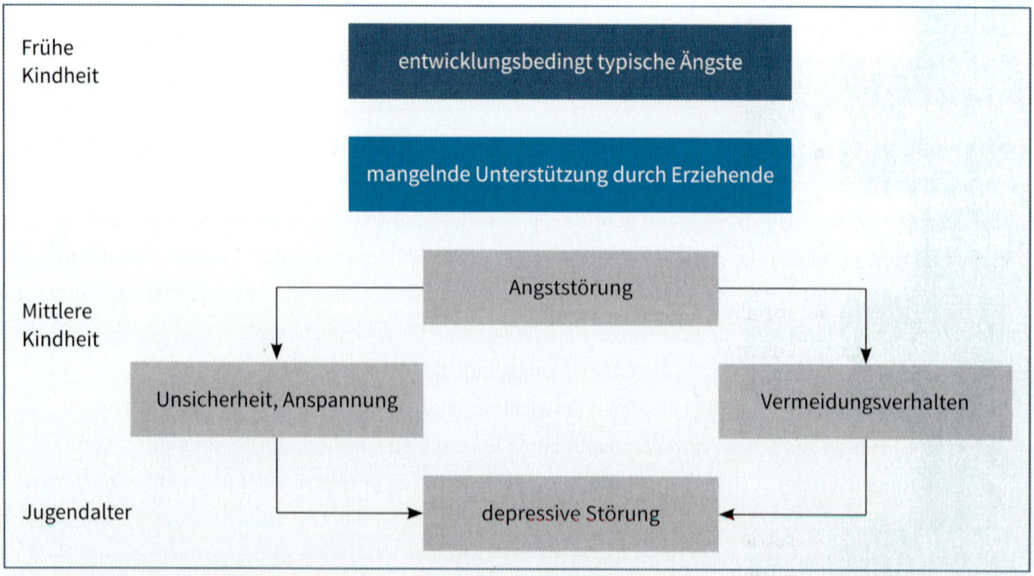

Das Konzept der **Entwicklungsaufgaben** geht auf Havighurst (1982; heutige Konzeption Oerter und Montada, 2008[6]) zurück, der beschreibt, welche Anpassungsleistungen zur Bewältigung von alterstypischen Anforderungen von Kindern zu erbringen sind. In jeder Entwicklungsphase sind unterschiedliche Anpassungsleistungen gefordert, die sich aus der körperlichen Reife, der individuellen Leistungsfähigkeit, den kulturellen Anforderungen und den sozialen Erwartungen ergeben. Psychische Störungen sind in der Regel die Folge der unzureichenden Anpassung der Person an ihre Umwelt. Bei Kindern und Jugendlichen können psychische Störungen auf mangelhafte Anpassungsleistungen bei der Bewältigung von Entwicklungsaufgaben zurückgeführt werden. In der nachfolgenden Übersicht werden mögliche Störungen auf ausgewählte Entwicklungsaufgaben bezogen.

Altersbereich	Entwicklungsaufgaben	Mögliche psychische Störungen
Säuglings- und Kleinkindalter (0–3 Jahre)	▪ biologische Regulationen ▪ effektives Bindungsverhalten ▪ Objektpermanenz ▪ Exploration der Umwelt ▪ Reagieren auf externe Kontrolle ▪ Sprachentwicklung	▪ Schrei-, Schlaf- und Fütterungsprobleme ▪ Anpassungsstörungen ▪ Trennungsangst ▪ Gehemmtheit ▪ Trotzverhalten ▪ Sprech- und Sprachentwicklungsstörungen

Altersbereich	Entwicklungsaufgaben	Mögliche psychische Störungen
Vorschulalter (3–6 Jahre)	▪ Erwerb der Blasen- und Darmkontrolle ▪ Selbstständigkeit bei alltäglichen Verrichtungen ▪ Kontakte zu Gleichaltrigen ▪ Autonomie	▪ Einnässen (Enuresis) und Einkoten (Enkopresis) ▪ beeinträchtigte Autonomieentwicklung ▪ soziale Ängstlichkeit ▪ oppositionelles Verhalten
Schulkindalter (6–12 Jahre)	▪ Bedürfnisaufschub ▪ Aufbau einer positiven Einstellung zu sich selbst ▪ soziales Verständnis, Entwicklung von moralischen Urteilen und Werten ▪ Selbstbewusstsein ▪ Arbeitshaltung, schulische Anpassung ▪ Erlernen des Lesens und Schreibens sowie der Grundfunktionen des Rechnens	▪ Impulsivität ▪ Selbstwertprobleme ▪ Störung des Sozialverhaltens ▪ soziale Ängstlichkeit ▪ Leistungsängste, Aufmerksamkeitsstörung ▪ Teilleistungsstörungen (Lese-Rechtschreibstörung, Rechenstörung)
Jugendalter (12–18 Jahre)	▪ Aufbau neuer und reifer Beziehungen ▪ Akzeptieren der eigenen Person, der körperlichen Erscheinung ▪ Selbstwertgefühl, sozialer Vergleich ▪ Aufbau eines Wertesystems und ethischen Bewusstseins als Richtmaß für eigenes Verhalten ▪ Entwicklung selbstständiger Handlungsmuster zur Nutzung des Konsumwarenangebots (einschließlich Medien)	▪ Störung des Sozialverhaltens ▪ Essstörungen, Selbstwertproblematik ▪ Depression ▪ strafbares (delinquentes) Verhalten ▪ Suchtverhalten

1.3.2 Störungsbeginn im Säuglings- und frühen Kleinkindalter

Mögliche Störungen der psychischen Entwicklung sind im Säuglingsalter schwer identifizierbar. Die im Säuglings- und frühen Kleinkindalter (Altersspanne bis 3. Lebensjahr) auftretenden Regulations- und Bindungsstörungen, Störungen der Ausscheidungen sowie tief greifende Entwicklungsstörungen werden erst seit 20 Jahren im Hinblick auf spätere psychische Störungen untersucht.

Die Veränderung im Auftreten von psychischen Auffälligkeiten verdeutlicht die nachfolgende Übersicht:

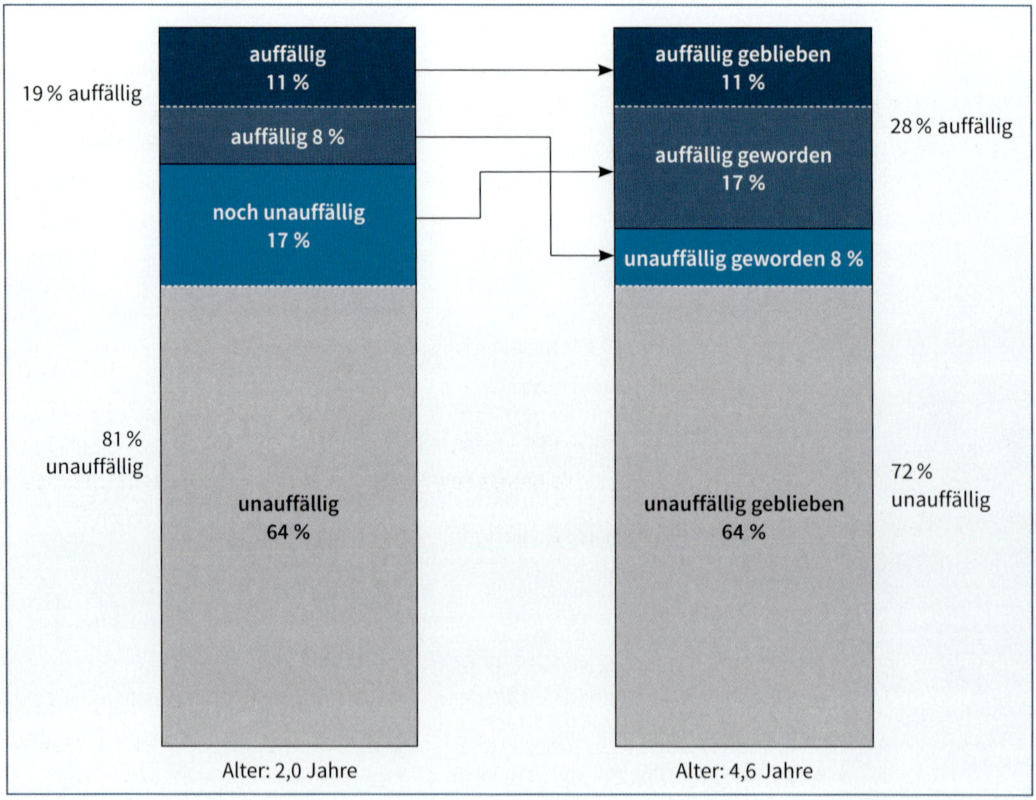

(Quelle: Laucht, 2011, S. 132)

Die Ergebnisse der Mannheimer Risikokinderstudie zeigen, dass sich die Anzahl der auffälligen Kinder vom zweiten zum fünften Lebensjahr von 19 % auf 28 % erhöht. 60 % der auffälligen Kinder im Alter von zwei Jahren weisen auch am Ende des Kleinkindalters psychische Störungen auf. Bei 40 % der auffälligen Kinder handelt es sich um kurzzeitige Störungen, die bis zum Alter von 4,6 Jahren überwunden sind.

Regulationsstörungen

Die Regulationsstörungen kennzeichnen Schwierigkeiten des Säuglings und Kleinkindes, das Verhalten in Interaktionen und die Selbstregulation (z. B. Schlaf, Nahrungsaufnahme, Emotionen) entwicklungsentsprechend zu steuern. Im Folgenden wird auf einige Regulationsstörungen näher eingegangen.

- **Weinen und Schreien** sind in den ersten Lebensmonaten für den Säugling das wichtigste Kommunikationsmittel, um Hunger, Schmerz, Langeweile oder Müdigkeit zum Ausdruck zu bringen. Exzessives Schreien liegt vor, wenn der Säugling scheinbar grundlos, anfallartig schreit und nicht auf Beruhigungshilfen anspricht. Dieses Schreien wird dann als Störung eingestuft, wenn als Kriterium die Dreier-Regel erfüllt ist: Das Schreien erfolgt über mehr als drei Stunden am Tag, an mehr als drei

Tagen in der Woche und dauert länger als drei Wochen an (vgl. Berger u. a., 2006, S. 547). Neben kolikartigen Krämpfen und Blähungen können Nahrungsmittelallergien und Krankheiten (z. B. Mittelohrentzündungen) ein übermäßiges Schreien auslösen.

- **Ein- und Durchschlafstörungen** treten beim Säugling in den ersten Monaten auf, bis sich der Schlaf-Wach-Rhythmus entwickelt hat. Wenn beim Einschlafen nach sechs Monaten die elterliche Hilfe mehr als eine halbe Stunde umfasst, liegen Einschlafstörungen vor. Wird das Kind in der Nacht mehr als drei Mal wach (Wachphase mehr als 20 Minuten) und wird zum Einschlafen elterliche Hilfe benötigt, wird von Durchschlafstörungen ausgegangen. Überreizung des Kindes, Verlust- und Trennungsängste sowie hirnorganische Schädigungen können diese Schlafstörungen verursachen.
- Zunächst sind Unregelmäßigkeiten bei der Fütterung im Säuglingsalter normal. Umstellungen der Nahrung sowie Erkrankungen (z. B. Infekte) führen zu vorübergehenden Essstörungen. Von einer **Fütterstörung** wird ausgegangen, wenn der Säugling für die Nahrungsaufnahme mehr als 45 Minuten benötigt und zwischen den Mahlzeiten weniger als zwei Stunden liegen. Auf eine Fütterstörung weisen zudem Unlust beim Essen oder Nahrungsverweigerung sowie das Fehlen von eindeutigen Hunger- und Sättigungssignalen hin. Eine beständig zu geringe Nahrungsaufnahme kann die körperliche Entwicklung des Kindes dauerhaft beeinträchtigen und im Extremfall kann eine Nahrungsverweigerung lebensbedrohlich sein.

Regulationsstörungen sind im Säuglingsalter relativ häufig zu beobachten und betreffen ca. 15 %–30 % der Kinder. In der Regel treten die Regulationsstörungen nur kurzzeitig auf und gehen auch ohne weitere Maßnahmen wieder zurück („Selbstheilungstendenz“). Die Reaktionen des sozialen Umfeldes auf das problematische Verhalten sind für den weiteren Beziehungsaufbau zwischen Kind und Bezugsperson bedeutsam. Massive Regulationsstörungen können zu einer permanenten Überlastung der Eltern führen, was die Eltern-Kind-Interaktion so stark beeinflusst, dass die Verhaltensauffälligkeiten dauerhaft und verstärkt auftreten (vgl. Papousek, 2011, S. 106). Die Regulationsstörungen werden als Risikofaktor im Hinblick auf Störungen der Eltern-Kind-Beziehung und auf Verhaltensstörungen des Kleinkindes gesehen.

Bindungsstörungen

Der Aufbau von sicheren Bindungen ist eine zentrale Aufgabe im Säuglingsalter. Die Eltern dieser Kinder müssen feinfühlig die Absichten, Wünsche und Bedürfnisse erkennen und sich gut in ihre Kinder hineinversetzen können. Besteht für das Kind eine sichere Bindung, kann es offen Gefühle zeigen, ist bei Konflikten kompromissbereit und kann mit Belastungen selbstverantwortlich umgehen. Eine stabile, sichere Bindung erleichtert als Schutzfaktor die Bewältigung von Entwicklungsaufgaben. Eine unsichere Bindung dagegen erhöht die Anfälligkeit des Kindes für die Entwicklung von psychischen Auffälligkeiten. Bindungsstörungen treten in zwei Formen auf:

- Die **reaktive Bindungsstörung** zeigt sich durch widersprüchliches, unsicheres Verhalten in sozialen Situationen. Die Kinder reagieren auf andere Menschen ängstlich, übervorsichtig und gehemmt. Kommt es zu einem exzessiven Anklammern im Kleinkindalter, wird die Autonomieentwicklung des Kindes beeinträchtigt. Das Verhalten auf Bezugspersonen ist ambivalent, d. h., es besteht sowohl eine

Tendenz zur Annäherung als auch zu Vermeidungsverhalten und Widerstand. Die Kinder wirken apathisch unglücklich.

- Bei einer **Bindungsstörung mit Enthemmung** suchen die Kinder Nähe und Trost unterschiedslos bei vertrauten und fremden Menschen. Sie sind gegenüber Fremden distanzlos. Dieses Verhalten tritt in unterschiedlichen Lebensumgebungen auf.

Kinder weisen Bindungsstörungen vermehrt bei einer Fremdunterbringung (Betreuung in Institutionen) oder bei Pflegeeltern auf (vgl. Heinrichs und Lohaus, 2011, S. 93). Fehlen Kindern primäre Bezugspersonen, welche emotionale Zuwendung und die Befriedigung von kindlichen Grundbedürfnissen ermöglichen, kann es zu Bindungsstörungen kommen. Diese gestörte Bindung im Kindesalter beeinträchtigt das Erleben und Verhalten häufig lebenslang.

Zur Beurteilung der Bindungsqualität kann das Verhalten des Kindes im frühen Kindesalter gegenüber Bezugspersonen in und nach einer sogenannten Fremdsituation beobachtet werden. Dabei wird folgender standardisierter Ablauf vorgegeben:

1. **Grundsituation:** Die Eltern spielen in einem fremdem Raum mit dem Kind.
2. **Erste Fremdsituation:** Eine fremde Person betritt den Raum, spricht mit den Eltern und nimmt mit dem Kind Kontakt auf. Die Eltern verlassen den Raum und lassen das Kind für ca. drei Minuten mit der fremden Person im Raum zurück.
3. **Erste Wiedervereinigung:** Nach ihrer Rückkehr kümmern sich die Eltern um das Kind, während die fremde Person den Raum verlässt.
4. **Zweite Fremdsituation:** Die Eltern gehen aus dem Raum und lassen das Kind alleine zurück. Die fremde Person betritt den Raum und geht auf das Kind ein.
5. **Zweite Wiedervereinigung:** Am Ende kommen die Eltern wieder in den Raum zurück und gehen auf das Kind ein. Die fremde Person verlässt den Raum.

Auf der Basis einer strukturierten Beobachtung lassen sich im frühen Kindesalter vier Bindungsqualitäten unterscheiden:

Bindungsqualität	Kennzeichen
sicher	▪ offener emotionaler Umgang mit Eltern bzw. Bezugspersonen ▪ in Belastungssituationen Nähesuchen oder Kommunikation mit Eltern bzw. Bezugspersonen ▪ schnelle Beruhigung durch Eltern bzw. Bezugsperson und danach weiteres aktives Erkunden des Umfeldes

Bindungsqualität	Kennzeichen
unsicher-vermeidend	▪ offener emotionaler Umgang mit Eltern bzw. Bezugspersonen ▪ in Belastungssituationen Nähesuchen oder Kommunikation mit Eltern bzw. Bezugspersonen
unsicher-ambivalent	▪ starke emotionale Erregung mit geringer Beruhigbarkeit ▪ Wechsel zwischen Nähesuchen und Kontaktwiderstand ▪ Passivität und geringe Bereitschaft zur Erkundung des Umfelds
desorganisiert	▪ kurze, bizarre Verhaltensweisen (z. B. Körper- oder Gesichtsstarre) ▪ widersprüchliche Bindungsverhaltensstrategien

(Quelle: Sarimski, 2005, S. 23)

Zur Bestimmung des Bindungsverhaltens in der mittleren Kindheit werden die Trennungszeiten auf eine Stunde erhöht. Bei Jugendlichen wird in einem einstündigen Interview rückblickend die in der Kindheit erlebte Eltern-Kind-Beziehung erfasst.

Störungen der Ausscheidungen

Probleme bei der Sauberkeitserziehung sind im Kleinkindalter nicht ungewöhnlich. Kinder benötigen unterschiedlich viel Zeit, bis sie trocken sind. Auch Rückfälle bei Kindern, die bereits trocken waren, sind normal. Erst wenn das Kind mit fünf Jahren noch einnässt und im Alter von vier Jahren noch einkotet, geht man von Entwicklungsverzögerungen aus. Störungen der Ausscheidung können durch recht unterschiedliche Ursachen (z. B. Sauberkeitserziehung, belastende Lebensereignisse, organische und genetische Einflüsse) ausgelöst werden.

Tief greifende Entwicklungsstörungen

Entwicklungsstörungen werden dann als tief greifend bezeichnet, wenn erhebliche Beeinträchtigungen des kindlichen Erlebens und Verhaltens in unterschiedlichen Entwicklungsbereichen vorliegen. Dies trifft z. B. beim frühkindlichen Autismus oder dem Rett-Syndrom zu.

- Der **frühkindliche Autismus** zeigt sich im Sozialverhalten, wenn beispielsweise der Blickkontakt vermieden wird, Lächelreaktionen ausbleiben und das Kind soziale Kontakte vermeidet. Zudem sind die Gleichhaltung der gegenständlichen Umwelt, Ängste vor neuen Situationen oder veränderten Abläufen zu beobachten. Diese Verhaltensmuster treten beim frühkindlichen Autismus vor dem dritten Lebensjahr auf. Der Autismus beruht zumeist auf angeborenen Störungen im affektiven Bereich und zeigt sich in Problemen der Informationsverarbeitung (z. B. Erfassen komplexer Situationen, Wahrnehmung der emotionalen Zustände des Kommunikationspartners). Langzeitstudien zeigen, dass im Erwachsenenalter ca. 20 % der Betroffenen nur geringe Auffälligkeiten aufweisen, ca. 20 % zwar auffällig, aber gut führbar sind, und ca. 60 % massive Auffälligkeiten zeigen und dauerhaft auf fremde Hilfe angewiesen sind (vgl. Remschmidt, 2008², S. 621).

- Das **Rett-Syndrom** gehört zum Formenkreis der autistischen Störungen und betrifft zumeist Mädchen. Zwischen dem 6. und 18. Lebensmonat tritt ein Entwicklungsstillstand auf, danach sind Entwicklungsrückschritte zu beobachten. Die emotionale Bindung zu den Eltern verschlechtert sich, die sprachliche Entwicklung bleibt erheblich zurück (z. B. keine Lautsprache), die motorische Entwicklung ist stark verzögert und zwanghafte Verhaltensstereotypien treten auf. Das Rett-Syndrom wird durch Veränderungen im Erbgut zum Zeitpunkt der Zeugung (zufällige Mutation bei der Spermienbildung) verursacht.

Gezielte Fördermaßnahmen, für die spezielle Elterntrainings bestehen, sollten früh einsetzen und die ganze Familie einbeziehen.

1.3.3 Störungsbeginn im Kleinkind- und Schulkindalter

Das Kleinkindalter ist für die Persönlichkeitsentwicklung des Kindes von großer Bedeutung. In dieser Entwicklungsphase beginnt sich das Kind von der ersten Bezugsperson zu lösen und das Erfahrungsfeld erweitert sich über die Grenzen der Familie hinaus (Krippe, Kindergarten, Schule).

Im Kleinkindalter (Altersspanne: 3. bis 6. Lebensjahr) setzen vor allem emotionale und soziale Störungen, Aufmerksamkeitsstörungen sowie Zwänge ein. Entwicklungsverzögerungen werden deutlicher erkennbar. Im Schulkindalter (Altersspanne: 6 bis 14 Jahre) kommen Störungen des Sozialverhaltens, emotionale Störungen, Schulängste, depressives Verhalten, Tic-Störungen sowie Lern- und Leistungsprobleme dazu.

Angststörungen

Die Angststörungen zählen zu den häufigsten psychischen Störungen bei Kindern. Im Alter von acht Jahren berichten ca. 10 % der Kinder von einer Angststörung, wobei am häufigsten die Trennungsangst genannt wird (vgl. Blanz und Schneider, 2008[2], S. 747).

Unterschiedliche Formen der Angst sind im Kleinkindalter unterscheidbar:

- Die **Trennungsangst** beruht auf der Angst, eine geliebte Person zu verlieren und schutzlos zu sein. Die Kinder wollen immer in der Nähe oder in Begleitung der Bezugsperson sein, weigern sich außerhalb zu schlafen, prüfen nachts die Anwesenheit der Bezugsperson, bekunden in Zeichnungen und Briefen die Liebe zur Bezugsperson.
- Das **Fremdeln** (soziale Ängstlichkeit) zeigt das Kind gegenüber unbekannten Personen vor allem im ersten Lebensjahr. Unsichere Kinder mit starker sozialer Ängstlichkeit reagieren in neuen sozialen Situationen gehemmt, sind verlegen, suchen die Nähe und den Schutz der Begleitpersonen.
- **Entwicklungsbedingte typische Ängste** im frühen Kindes- und Vorschulalter können sich verfestigen und im späteren Alter zu einer behandlungsbedürftigen Angststörung werden. In den verschiedenen Altersstufen treten folgende Ängste entwicklungsbedingt auf.

Altersbereich	Angstinhalte
frühes Kleinkindalter (1–3 Jahre)	▪ Lärm ▪ fremde Personen, unbekannte Gegenstände ▪ Höhe ▪ Trennung ▪ Verletzung ▪ Fantasiefiguren
Kleinkindalter (3–6 Jahre)	▪ Tiere ▪ nächtliches Alleinsein, Dunkelheit ▪ Alpträume ▪ Naturereignisse (z. B. Gewitter)
Schulkindalter (6–12 Jahre)	▪ Schule ▪ Verletzung, Krankheit ▪ soziale Situationen
Jugendalter (12–18 Jahre)	▪ Verletzung, Krankheit ▪ soziale Situationen ▪ Sexualität

- Die **generalisierte Angststörung** des Kindesalters zeigt sich über einen längeren Zeitraum in mehreren Situationen (z. B. Angst zu spät zu kommen, etwas vergessen zu haben, sich zu blamieren, schlechte Noten zu erhalten). Das Kind steht unter dauernder Spannung, befürchtet eine Überforderung und zeigt ein ruheloses, angespanntes Verhalten. Es sucht verstärkt nach Rückmeldungen, Hilfen und Anerkennung durch Eltern und Lehrkräfte.

Angststörungen im Kindesalter stellen einen Risikofaktor für das Auftreten von Phobien und depressiven Störungen im Erwachsenenalter dar.

Oppositionelles Verhalten und Störungen des Sozialverhaltens

Eine wichtige Entwicklungsaufgabe des Vorschulkindes besteht in der Ausbildung der Selbstkontrolle, die sich in der Übernahme von Verantwortung und in der Kontrolle des eigenen Verhaltens und der eigenen Gefühle zeigt. Eine bedeutende Rolle kommt dabei den Eltern zu, die dem Kind die altersgemäße Autonomie zum Erlernen der Selbstkontrolle zugestehen sollten. Dieser Entwicklungsabschnitt ist durch häufige, für Eltern nervenaufreibende Auseinandersetzungen gekennzeichnet. Es ist eine Gratwanderung zwischen dem Freiraum mit Selbstentscheidung und dem Einfordern von regelkonformem Verhalten (z. B. Aufräumsituation). Machtkämpfe und oppositionelles, auffälliges Verhalten gehören zum normalen Entwicklungsverlauf. Von einer Störung des Sozialverhaltens wird erst dann ausgegangen, wenn das Kind mit der Absicht der Schädigung die gesellschaftlichen Regeln und die Rechte anderer Personen dauerhaft (mindestens sechs Monate) missachtet. Im Vorschulalter zeigt sich die Störung in ungewöhnlich häufigen, schweren Wutausbrüchen. Die

Kinder missachten Vorgaben und Wünsche von Erwachsenen, was zu häufigen, intensiven Auseinandersetzungen führt. Die Formen der Störungen des Sozialverhaltens verdeutlicht die nachfolgende Abbildung:

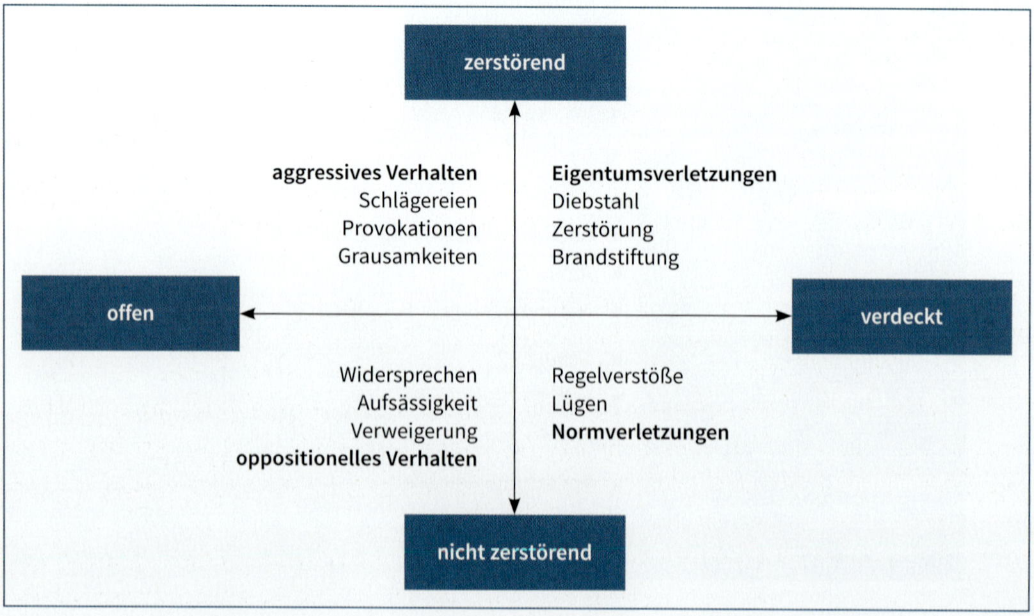

(Quelle: Heinrichs und Lohaus, 2011, S. 140)

Den Entwicklungsverlauf der Störungen des Sozialverhaltens verdeutlicht Fröhlich-Gildhoff wie folgt:

Altersbereich	Störungen des Sozialverhaltens
frühes Kleinkindalter (1–3 Jahre)	▪ starke Ärgerreaktionen ▪ kratzen, beißen, an den Haaren ziehen ▪ Aggressionen zur Durchsetzung eigener Interessen und Wünsche ▪ aggressive Handlungen gegenüber Gleichaltrigen ▪ ausgeprägt aggressives Verhalten im Alter von 18 bis 30 Monaten
Kleinkindalter (3–6 Jahre)	▪ Zunahme verbaler Aggressionen ▪ Geschlechtsunterschiede in der Form und Häufigkeit aggressiver Handlungen
Schulkindalter (6–12 Jahre)	▪ deutliche Geschlechtsunterschiede (Mädchen: indirekte Aggressionen; Jungen: körperliche und verbale Aggressionen) ▪ Bei Frustrationen unterschiedliche Reaktionsmuster erkennbar: stabil-aggressives Verhalten oder spontan auftretende Aggressionen

Altersbereich	Störungen des Sozialverhaltens
Jugendalter (12–18 Jahre)	▪ Aggressionen als Ausdruck der Identitätsfindung und Ablösung ▪ zunehmender Einfluss der Gleichaltrigen auf die Bewertung und Ausführung aggressiver und delinquenter Handlungen

(vgl. Fröhlich-Gildhoff, 2006)

Vorbeugend wirkt eine positive Eltern-Kind-Beziehung. Durch Elterntrainings kann die Entstehung problematischen Verhaltens frühzeitig erkannt und angemessenes Elternverhalten eingeübt werden.

Aufmerksamkeitsdefizit-/Hyperaktivitätsstörung (ADHS)

Die hyperkinetischen Störungen, auch als ADHS (Aufmerksamkeits-Defizit-/Hyperaktivitäts-Störung) bezeichnet, zeigen sich in geringer Aufmerksamkeit und Konzentration, übermäßiger motorischer Aktivität und hoher Impulsivität bereits vor dem 7. Lebensjahr. Eine eindeutige Diagnose ist jedoch schwierig, da manche Kinder nicht alle Merkmale der Hyperaktivität aufweisen und einige Merkmale (z. B. motorische Unruhe) auch für andere Störungsformen typisch sind.

Die Gruppe der hyperaktiven Kinder ist sehr heterogen. Es fällt bei einigen Kindern schwer, zwischen einer hyperaktiven Störung und einem reifungsbedingt normalen Verhalten zu unterscheiden. Das hyperaktive Verhalten tritt nicht durchgängig auf. In bestimmten Situationen (z. B. Beschäftigung mit bevorzugten Aktivitäten, Einzelbetreuung, neuen Situationen) werden die hyperaktiven Symptome nicht sichtbar.

In der weiteren Entwicklung treten häufig weitere Störungen auf, wie zum Beispiel oppositionelles Trotzverhalten, Aggressivität, Teilleistungsstörungen, Ängstlichkeit sowie Tic-Störungen (vgl. Heinrichs und Lohaus, 2011, S. 134 f.).

Die Hyperaktivität ist eine recht stabile Störungsform, die sich bis in das Erwachsenenalter auswirkt (z. B. motorische Unruhe, erhöhte Ablenkbarkeit). Durch Prävention kann das Auftreten einer aktiven Störung zwar nicht verhindert, doch das Auftreten weiterer Störungen vermindert werden.

Der Entwicklungsverlauf der hyperkinetischen Aufmerksamkeitsstörung ist wie folgt:

Altersbereich	Symptome des ADHS
Säuglings- und frühes Kleinkindalter (0–3 Jahre)	▪ sehr hohes Aktivitätsniveau ▪ Schlafprobleme ▪ Essprobleme ▪ gereizte Stimmung ▪ schwierige, negative Eltern-Kind-Interaktion

Altersbereich	Symptome des ADHS
Kleinkindalter (3–6 Jahre)	▪ ziellose Aktivität ▪ geringe Spielintensität und Ausdauer ▪ oppositionelles Verhalten ▪ Risikofaktoren: negative Eltern-Kind-Beziehung, Aggressivität des Kindes, Entwicklungsmängel
Schulkindalter (6–12 Jahre)	▪ Unruhe und Ablenkbarkeit im Unterricht ▪ Lernprobleme und Teilleistungsstörungen ▪ Klassenwiederholungen ▪ aggressives Verhalten ▪ Ablehnung durch Gleichaltrige ▪ Leistungsunsicherheit und Selbstwertprobleme
Jugendalter (12–18 Jahre)	▪ geringe motorische Unruhe ▪ aggressives Verhalten ▪ dissoziales Verhalten und Delinquenz (bei ca. 30 %) ▪ Alkohol- und Drogenmissbrauch ▪ emotionale Auffälligkeiten

Zwangsstörungen

Bei einer Zwangsstörung lösen als bedrohlich eingeschätzte Situationen Zwangsgedanken (Ideen, bildhafte Vorstellungen, Impulse) aus, die das Kind nicht kontrollieren kann und die sich gegen seinen Willen immer wieder aufdrängen. Zwangshandlungen sind stereotyp wiederholte, absichtlich ausgelöste Verhaltensweisen. Die Betroffenen glauben, damit befürchtete negative Ereignisse abwenden zu können. Zwangsstörungen, die täglich stundenlang anhalten können, beeinträchtigen ein normales Denken, Handeln und soziales Verhalten, behindern den normalen Tagesablauf, vermindern die schulische und berufliche Leistungsfähigkeit deutlich und schränken die sozialen Kontakte erheblich ein.

Rituale und Aberglaube gehören im Kleinkindalter zur normalen Entwicklung, wenn sie zeitlich befristet auftreten und das kindliche Verhalten nicht dominieren. Die kindlichen Rituale betreffen alltägliche Abläufe wie Zubettgehen, Essen, Anziehen usw. und treten am stärksten zwischen dem zweiten und vierten Lebensjahr auf. Während diese Rituale bis zum achten Lebensjahr an Bedeutung verlieren, nehmen Zwangshandlungen ab diesem Alter an Häufigkeit zu, wobei sich die Symptome im Entwicklungsverlauf verändern können. Erfolgt keine Behandlung, besteht die Gefahr, dass sich die Zwangsstörung verfestigt.

Tic-Störungen

Unter Tics werten stereotyp wiederholte, rasche, nicht-rhythmische, motorische Bewegungen oder Sprachäußerungen verstanden. Tics treten plötzlich und unwillkürlich auf. Zunächst sind Tics im Gesichtsbereich zu beobachten. Sie breiten sich häufig vom Kopf-Schulterbereich zu den Extremitäten aus. Motorische Tics zeigen sich in Muskelzuckungen wie Augenblinzeln, Nase rümpfen, Grimassieren, Kopfrucken, Klatschen, Fingerbewegungen; sprachliche Tics betreffen Lautäußerungen wie Husten, Pfeifen, Schnalzen, Bellen, kurze Aussagen („Na klar!, O. k.!“).

Man geht von einer Tic-Störung aus, wenn das Kind mehrmals am Tag über einen Zeitraum von mindestens einem Jahr dieses Verhalten zeigt. Tic-Störungen beginnen zumeist im Grundschulalter, wobei das Verhalten in der Regel (bis zu 70 %) auch ohne Behandlung wieder zurückgeht. Bei hyperaktiven Kindern sind Tic-Störungen verstärkt zu finden. Die meisten Kinder bemerken ihre Tics zunächst nicht. Erst nach dem zehnten Lebensjahr werden Anzeichen vor dem Auftreten des Tic-Verhaltens wahrgenommen (z. B. Kitzeln, Stechen, Anspannungen). Das Ausführen von Tic-Handlungen führt zu einer vorübergehenden Erleichterung und Entspannung. Ältere Kinder sind in der Lage, Tic-Handlungen für eine gewisse Zeit bewusst und willkürlich zu verzögern oder zu unterdrücken, was zu inneren Anspannungen und Unwohlsein führt (vgl. Rößner u. a., 2011).

Die Tic-Störungen beginnen ab dem zweiten Lebensjahr. Am häufigsten sind sie im Alter von sechs bis sieben Jahren zu finden. Zunächst treten motorische Tics auf, zu denen später vokale Tics hinzukommen. Mit Pubertätsbeginn kommt es zu einer vorübergehenden Zunahme der Tics.

Autismus-Spektrum-Störung (ASS)

Die Autismus-Spektrum-Störung (ASS) ist eine tief greifende Wahrnehmungsverarbeitungs- und Beziehungsstörung, die bereits in den ersten Lebensjahren erkennbar ist. Autistische Störungen haben keinen einheitlichen Entwicklungsverlauf sowohl hinsichtlich der verschiedenen Symptome als auch in Bezug auf den Beginn der Störung. Die problematischsten Phasen sind das Kleinkindalter und die Pubertät.

Das Auftreten der verschiedenen autistischen Symptome im Entwicklungsverlauf verdeutlicht die nachfolgende Übersicht:

Altersbereich	Symptome des Autismus
frühes Kleinkindalter (1–3 Jahre)	▪ Abneigung gegenüber Körperkontakt; fehlendes Bedürfnis nach Zärtlichkeit ▪ Probleme bei Gewöhnung an regelmäßige Rhythmen ▪ kein soziales Lächeln ▪ keine Orientierung an Bezugsperson in unvertrauter Umgebung (social referencing) ▪ geringes Interesse an der Umwelt ▪ kaum Nachahmung ▪ kein Interesse an sozialen Spielen ▪ geringe Schmerz-, Hitze-, Kälteempfindlichkeit

Altersbereich	Symptome des Autismus
Kleinkindalter (3–6 Jahre)	▪ Sprachentwicklungsverzögerung ▪ keine freundschaftlichen Beziehungen zu Gleichaltrigen ▪ enge Bindung an Bezugsperson ▪ kein symbolisches Spiel ▪ destruktives Verhalten ▪ situativ unangemessene emotionale Reaktionen ▪ keine Empathie (Anteilnahme am Gefühlszustand anderer)
Schulkindalter (6–12 Jahre)	▪ Phase mit Entwicklungsfortschritten: Entwicklung von Kulturfertigkeiten ▪ ausgeprägte sozial-kommunikative Probleme ▪ geringes Verständnis für soziale Regeln ▪ verbesserte Anpassungsfähigkeit ▪ zunehmend von Ritualen vorgegebene Verhaltensweisen
Jugendalter (12–18 Jahre)	▪ Mangel an Einfühlungsvermögen ▪ Unverständnis für soziale Regeln ▪ passives Verhalten ▪ zunehmend zwanghaftes, rituelles Verhalten ▪ unbeholfene Annäherungsversuche an andere Personen

(Quelle: Heinrichs und Lohaus, 2011, S. 111)

Teilleistungsstörungen

Die Bewältigung der Entwicklungsaufgabe „Erlernen des Lesens und Schreibens sowie der Grundfunktionen des Rechnens" bereitet erhebliche Probleme. Wenn diese Teilleistungsstörungen nicht die Folge von Seh-, Hör- oder Intelligenzbeeinträchtigungen sind, liegen Lese-Rechtschreib- oder Rechenstörungen vor.

Lese-Rechtschreibschwäche

Die Schwierigkeiten beim Erwerb der Schriftsprache äußern sich beispielsweise in der Lesefertigkeit (Lesegenauigkeit und Lesetempo), durch Probleme beim Leseverständnis sowie bei der fehlerfreien Rechtschreibung. Die ständigen Misserfolgserfahrungen in der Schule führen bei 40 % der Kinder zu psychischen Störungen wie motorischer Unruhe, Konzentrationsproblemen oder sozialen Verhaltensauffälligkeiten (vgl. Warnke, 2008[2], S. 561). Lese- und Schreibdefizite wirken sich auf mehrere Schulfächer aus und beeinträchtigen die weitere schulische und berufliche Entwicklung erheblich. Durch gezieltes Training können zwar deutliche Leistungsverbesserungen erzielt werden, Rechtschreibschwierigkeiten zeigen sich allerdings bis in das Erwachsenenalter.

Rechenstörung

Die Rechenstörung zeigt sich bereits bei der Bewältigung von grundlegenden rechnerischen Anforderungen (Addition, Subtraktion, Multiplikation, Division). Die rechengestörten Kinder haben starke Probleme, den Übergang vom fingerbezogenen Rechnen zur abstrakten Zahlenverarbeitung zu bewältigen. Das Erfassen und Zerlegen von Größen und Mengen gelingt nur fehlerhaft. Zählprinzipien und Zehnerbündelungen werden unzureichend verstanden und angewandt. Die Rechenstörung erweist sich bis in das Erwachsenenalter als relativ stabil (vgl. Jacobs, Petermann und Tischler, 2013[7], S. 181 f.).

1.3.4 Störungsbeginn im Jugendalter

Im Jugendalter treten verstärkt affektive Störungen (mit und ohne Selbstmordgedanken), Angststörungen, Essstörungen, Zwangsstörungen und schizophrene Psychosen sowie Substanzabhängigkeit auf.

Essstörungen

Die Unzufriedenheit mit der eigenen Figur und dem eigenen Gewicht sind häufige Auslöser für Essstörungen im Jugendalter. In der Pubertät kommt es zu entwicklungsbedingten körperlichen Veränderungen, denen einige Jugendliche gegensteuern wollen. Die Auseinandersetzung mit Ernährung und Gewicht sind bei Jugendlichen mit Essstörungen Ausdruck einer gestörten Körperwahrnehmung.

Magersucht (Anorexie)

Magersucht liegt dann vor, wenn Kinder und Jugendliche sich für zu dick halten bzw. eine starke Furcht davor haben, dick zu werden, obwohl sie untergewichtig sind. Die Nahrungsaufnahme wird deshalb aktiv verweigert, das Untergewicht wird geleugnet und es besteht keine Einsicht in die psychische Störung. Die Betroffenen setzen sich intensiv und permanent mit der Ernährung auseinander, vermeiden Speisen mit hohem Kaloriengehalt und beschränken sich auf vorwiegend vegetarische Kost. Zum Teil werden abführende Substanzen eingenommen oder es wird versucht, durch sportliche Aktivitäten das Gewicht zu reduzieren. Der bewusst herbeigeführte Mangelzustand hat zahlreiche biologische Auswirkungen wie Haarausfall, Wassereinlagerung, Magenfunktionsstörungen, Veränderungen der Knochendichte oder Störung der Temperaturregulation. Magersüchtige versuchen, ihren Gewichtsverlust zu verheimlichen, indem sie beispielsweise weite Kleidung tragen.

Ess-Brecht-Sucht (Bulimie)

Bei der Bulimie treten Essattacken, bei denen in kurzer Zeit eine hohe Kalorienmenge aufgenommen wird (Kontrollverlust), mit darauffolgenden kompensatorischen Maßnahmen wie selbst herbeigeführtes Erbrechen, Einnehmen von abführenden Substanzen auf. Die Bulimie folgt häufig auf eine Magersucht.

Bei den Essstörungen liegt oft eine Störung der Sättigungsregulation vor. Als Auslöser für Essstörungen gelten Diäten, bei denen der Jugendliche erkennt, wie er körperliche Veränderungen steuern kann. In der Pubertät kommen psychische Einflussgrößen (Autonomiestreben, Stimmungsschwankungen, Schönheitsideale) hinzu. Das Diätverhalten zählt zu den aufrechterhaltenden Faktoren. Haben sich Essstörungen verfestigt, sind therapeutische Maßnahmen erforderlich.

Depressionen

Zahlreiche Kinder und Jugendliche weisen depressive Symptome auf, die sich bis in das Erwachsenenalter fortsetzen. Mindestens jeder zehnte Jugendliche hat eine depressive Episode erlebt. Die Depression zählt zu den schwerwiegendsten psychischen Beeinträchtigungen. Bei Kindern und Jugendlichen ist das Erscheinungsbild vielfältig und heterogen. Eine Depression liegt dann vor, wenn die nachfolgenden Symptome einer depressiven Episode über einen Zeitraum von mindestens 14 Tagen auftreten (vgl. Heinrichs und Lohaus, 2011, S. 169 f.):

- Interessenverluste, Antriebsschwäche
- Schlafstörungen
- Unentschlossenheit
- Selbstvorwürfe und unangebrachte Schuldgefühle
- mangelndes Selbstvertrauen und Selbstbewusstsein

Abhängig vom Schweregrad der Depression fällt es den Jugendlichen schwer, familiäre, häusliche oder schulische Anforderungen zu erfüllen. Zudem können körperliche Beschwerden wie Kopf- und Muskelschmerzen auftreten.

Das Auftreten der verschiedenen Symptome im Entwicklungsverlauf zeigt die nachfolgende Übersicht:

Altersbereich	Symptome der Depression
frühes Kleinkindalter (1–3 Jahre)	▪ mimische Ausdrucksarmut ▪ Spielunlust ▪ geringe Kreativität ▪ gestörtes Essverhalten ▪ selbststimulierendes Verhalten ▪ Unruhe ▪ Weinattacken, Schreien
Kleinkindalter (3–6 Jahre)	▪ trauriger Gesichtsausdruck ▪ geringe Gestik und Mimik ▪ geringes Interesse an motorischen Aktivitäten ▪ Schlafstörungen ▪ Freudlosigkeit ▪ Reizbarkeit ▪ Aggressivität ▪ Aufmerksamkeitssuche

Altersbereich	Symptome der Depression
Schulkindalter (6–12 Jahre)	▪ ausgeprägte Traurigkeit ▪ Lust- und Antriebslosigkeit ▪ selbstzerstörerisches Verhalten ▪ Konzentrationsprobleme ▪ erste Suizidgedanken ▪ Schulversagen ▪ Suche nach Zuwendung
Jugendalter (12–18 Jahre)	▪ Teilnahmslosigkeit, Apathie, Desinteresse ▪ Lust- und Antriebslosigkeit ▪ Rückzug ▪ Leistungsprobleme ▪ Verlangsamung von Denken und Handeln ▪ Selbstvorwürfe, Grübeln ▪ Zukunftsängste ▪ Suizidgedanken

Depressionen treten erst im Jugendalter verstärkt auf. Für Außenstehende sind die depressiven Symptome weniger gut erkennbar, da sich die Betroffenen zurückziehen und sich wenig auffällig verhalten. Depressive Episoden sind häufig nur von kurzer Dauer und gehen auch ohne Behandlung wieder zurück. Vor allem bei Mädchen besteht die Gefahr, dass depressive Episoden bis zum frühen Erwachsenenalter dauerhaft auftreten. Bei depressiven Kindern und Jugendlichen haben sich eine psychotherapeutische Behandlung sowie medikamentöse Therapien als wirksam erwiesen.

Borderline-Persönlichkeitsstörung

Persönlichkeitsstörungen sind erst dann diagnostizierbar, wenn die Persönlichkeitsentwicklung weitestgehend abgeschlossen und relativ stabil ist (frühestens ab dem 16. Lebensjahr). Erste Anzeichen einer Borderline-Persönlichkeitsstörung sind im Jugendalter erkennbar. Die Betroffenen haben Probleme, soziale Kontakte aufrecht zu erhalten, und sind gegenüber Sozialpartnern übersensibel und unberechenbar. Es bestehen Probleme, ein ausgewogenes Verhältnis von Nähe und Distanz zu finden. Extremes Verhalten wie Essstörungen, selbstverletzendes Verhalten, Drogenmissbrauch, Selbstmordversuche, starke Stimmungsschwankungen, unkontrolliertes impulsives Verhalten können auf eine Borderline-Persönlichkeitsstörung hinweisen.

Schizophrenie

Die Schizophrenie gehört zu den Psychosen, die bei Jugendlichen und jungen Erwachsenen auftreten können. Die Schizophrenie ist eine tief greifende psychische Störung des Realitätsbezugs, bei der Wahnvorstellungen und Halluzinationen vorliegen. Die Halluzinationen sind ohne Bezug zu Reizen der Außenwelt und werden von der Person für echte Sinneseindrücke gehalten. Weiterhin werden reale Reize wahnhaft fehlinterpretiert.

Wahnideen beruhen auf einer Vermischung von Erfahrungen mit Ideen und Erinnerungen wie beispielsweise der Verfolgungswahn.

Die Schizophrenie tritt vor allem zwischen der Pubertät und dem 30. Lebensjahr auf und kann sich sowohl schleichend entwickeln als auch akut auftreten.

Zur normalen Entwicklung bei Kindern gehören irreale Vorstellungen (z. B. Fantasiegefährten), magisches Denken oder eine Vermischung von Fantasie und Wirklichkeit. Diese Symptome weisen zwar eine starke Überschneidung mit der Schizophrenie auf, sind aber für frühe Entwicklungsphasen typisch. Erst im Schulkindalter können Halluzinationen auf eine Schizophrenie hinweisen.

In folgender Tabelle sind auf Schizophrenie hinweisende Symptome im Entwicklungsverlauf aufgeführt:

Altersbereich	Symptome der Schizophrenie
frühes Kleinkindalter (1–3 Jahre)	▪ Sprachentwicklungsverzögerungen ▪ motorische Entwicklungsverzögerungen
Kleinkindalter (3–6 Jahre)	▪ Sprachprobleme ▪ Tagträume ▪ hyperaktives, impulsives Verhalten ▪ Konzentrationsstörungen ▪ Stimmungsschwankungen ▪ Anhänglichkeit ▪ unerklärbare Wutreaktionen
Schulkindalter (6–12 Jahre)	▪ Denkhemmungen ▪ Sprunghaftigkeit ▪ Konzentrationsstörungen ▪ Depression ▪ erste Halluzinationen (z. B. sehen Gespenster, Geister; hören Musik, die nicht gespielt wird) ▪ Ich-Störungen (z. B. Kind spricht von sich in der dritten Person; Gefühl, andere können ihre Gedanken lesen)
Jugendalter (12–18 Jahre)	▪ vorwiegende akustische Halluzinationen (z. B. Wahrnehmung von auffordernden oder kommentierenden Stimmen) ▪ Wahnideen (z. B. Verfolgungswahn, religiöser Wahn, Liebeswahn, Größenwahn, Beziehungswahn)

Kritische Stellungnahme

Wie Oerter (vgl. 2011[4], S. 9 f.) betont, erschwert das komplizierte Zusammenwirken unterschiedlicher Einflussgrößen die Bestimmung von eindeutigen Ursache-Wirkung-Beziehungen (wenn ..., dann ...), die für die Entstehung von psychischen Störungen verantwortlich sind.

- Unterschiedliche Bedingungen und viele Entwicklungswege können zum gleichen Störungsbild führen (Äquifinalität).
- Gleiche Entwicklungsverläufe können unterschiedliche Störungsformen bewirken (Multifinalität).

Ein Störungsbild lässt sich in der Regel mithilfe der diagnostischen Verfahren gut bestimmen. Die Abklärung, welche Entwicklungsprozesse für die Entstehung der Störung verantwortlich sind und welche Behandlungsverfahren sich daraus ergeben, ist dagegen ein aufwendiger und schwieriger Prozess.

1.4 Erklärungsansätze von Beeinträchtigungen

1.4.1 Erklärungsmodelle

Die Erklärungsmodelle bilden die Grundlage für das heil- und sonderpädagogische Handeln. Der unterstellte Zusammenhang von verschiedenen Faktoren beeinflusst sowohl die Vorstellung über Ursache und Wirkung bei der Entstehung von Beeinträchtigungen als auch das Vorgehen sowie die Wirkung von Hilfen (z. B. Therapie) zur Beeinflussung der Beeinträchtigung. Kobi unterscheidet fünf Erklärungsmodelle, die für den heil- und sonderpädagogischen Bereich von Bedeutung sind.

Mechanistische Modelle

$A \rightarrow Z$

Die extrem reduzierten, gleichbleibenden Ursachenmodelle entsprechen dem gewohnten Denkschema unserer Zeit. Es geht von der Annahme aus, dass ein Auslöser (Ursache A = Frustration) zu einer bestimmten Konsequenz führt (Wirkung Z = Aggression). Kobi charakterisiert dies durch die Fragestellung: **Was** (= gleichbleibendes Vorgehen) **muss man** (= irgendjemand) **machen** (= gleichbleibendes Tun), **damit** (= unmittelbare Wirkung) **es** (= eine Sache) **so wird** (= beabsichtigte Wirkung)? Was muss man tun, damit Aggressionen aufhören? Das Modell unterstellt, dass es nur eine Ursache gibt.

Energetische Modelle

$A^{+} \rightarrow Z$

Das energetische Modell besagt, dass die Wirkung Z nur dann auftritt, wenn die Stärke bzw. Intensität des Merkmals A einen bestimmten Schwellenwert ($^{+}$) übersteigt. In der pädagogischen Fachrichtung sind energetische Modelle beispielsweise im emotionalen Bereich zu finden. Jedes Kind benötigt Zuwendung, Aufmerksamkeit und Liebe. Wird dies von den Bezugspersonen nicht im erforderlichen Umfang (emotionale Zuwendung = A^{+}) geleistet, dann sind Schädigungen (Hospitalismus = Z) zu erwarten.

Additions-Modelle

A + B … → Z

In der empirischen (Erziehungs-)Wissenschaft sind Additions-Modelle verbreitet, die verschiedene Merkmale hinzufügend verknüpfen (z. B. Anlagen + Umwelteinfluss → Intelligenzausprägung). Um die Einflussstärke der verschiedenen Variablen (A, B ...) zu bestimmen, wird versucht, den Einfluss von Variablen „konstant" zu halten, damit der Einfluss einer bestimmten Variablen genauer erkannt werden kann. In der Zwillingsforschung wird der Einfluss der Anlagen ausgeschlossen (Merkmal A = identisches Erbgut bei eineiigen Zwillingen), um die Wirkung der Umwelt (Merkmal B = Umwelteinfluss) auf die Intelligenz zu bestimmen (Wirkung Z = Intelligenz). Im pädagogischen Bereich sind der empirischen Forschung aus ethischen Gründen Grenzen gesetzt, sodass eindeutig nachweisbare Einflussstärken nur begrenzt bestimmbar sind. Zudem ergibt sich das Problem, dass die verschiedenen Variablen miteinander in Beziehung stehen. So wird ein begabtes Kind auf die Gestaltung seiner Umwelt Einfluss nehmen.

Konstellations-Modelle

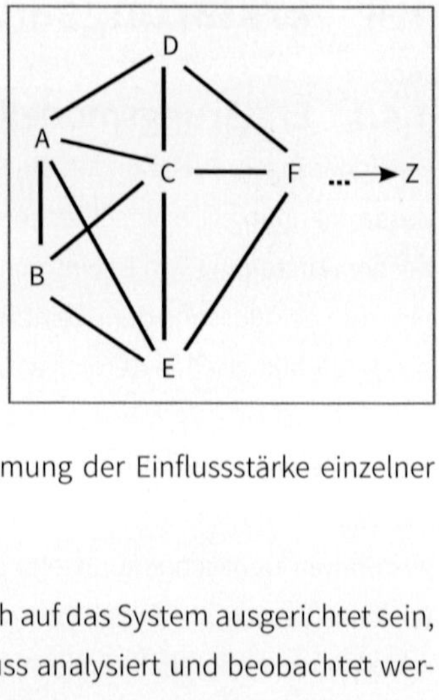

Die Konstellations-Modelle berücksichtigen die unterschiedlichen Einflüsse (z. B. situative, anlagebedingte Faktoren) nicht nur hinzufügend, sondern auch in ihrer Beziehung zueinander. Es kommt zu einer Betrachtungsweise, die einem Organsystem ähnelt, bei dem die verschiedenen Einflussgrößen in einer komplexen Beziehung zueinander stehen. Wird in ein System eingegriffen (z. B. Veränderung des Merkmals B), dann hat dies Auswirkungen auf die Merkmale A, C und E sowie indirekt auf F. Bei der Erstellung von Konstellations-Modellen stößt man auf verschiedene Probleme: Die Systeme sind sehr **komplex** und nur eine begrenzte Anzahl von Merkmalen kann berücksichtigt werden. Die Bestimmung der Einflussstärke einzelner Merkmale ist kaum möglich.

Das heil- und sonderpädagogische Denken und Handeln sollte ganzheitlich auf das System ausgerichtet sein, in dem die beeinträchtigte Person lebt. Die Vernetzung der Elemente muss analysiert und beobachtet werden. Eine Einflussnahme auf ein System, etwa die Unterbringung eines Kindes mit Behinderung im Heim, führt nicht nur zur beabsichtigten Wirkung Z (Verbesserung der Beeinträchtigung durch die Optimierung der Fördermaßnahmen), sondern verändert auch den positiven Einfluss der Familie, der Bezugsgruppe, der Lebenssituation usw. auf das Kind mit Beeinträchtigung.

Offenkreisförmige, autonome Modelle

Bei diesen Modellen wird die unmittelbare Gesetzmäßigkeit (A → Z) aufgegeben. Ursachen und Wirkungen gehen kreisförmig ineinander über. Das Ingangsetzen von Reaktionen ist von verschiedenen Faktoren abhängig. Kobi veranschaulicht dies am Beispiel der Blasenkontrolle.

abnehmende Voraussagbarkeit des Verhaltens

Stimulus	Organismus	Reaktion	Niveau	Beispiel
S →		→ R_{phys}	*„toter" Körper reagiert physikalisch*	Die sensorisch „tote" Blase eines Kindes mit Spina bifida entleert sich je nach Spannungszustand.
S →		→ R_{org}	*lebendiger Organismus reagiert zusätzlich organisch*	Das Kleinkind entleert die Blase aufgrund des wahrnehmbaren Blasendruckreizes.
S →		→ R_{prog}	*konditionierter Organismus reagiert zusätzlich programmatisch*	Ein konditioniertes Kleinkind entleert die Blase aufgrund des gelernten Blasendruckreizes.
S →		→ R_{pers}	*reflexive Personen reagieren zusätzlich autonom*	Eine hinsichtlich der Blasenfunktion autonome Person kann ihre Blase bewusst entleeren bzw. Urin „reizwidrig" zurückhalten.

(Quelle: Kobi, 2004[6], S. 357)

Wie Kobi betont, lassen sich die Wirkungen von bestimmten Situationen, Erfahrungen oder Ursachen im pädagogischen Bereich selten gleichbleibend im Sinne von Wenn-dann-Beziehungen bestimmen. Entscheidend für die Wirkungen in zwischenmenschlichen Beziehungen sind Bedürfnisse und Absichten der Beteiligten, sowie die Wirkung der Situation und der Personen mit ihren Zielen und Normen, wie sie aus der Sicht der Beteiligten wahrgenommen und verstanden werden.

Behinderungen haben nicht nur **eine** Ursache, sondern sind vielschichtiger zu sehen. Die individuellen Erfahrungen entwickeln eine gewisse Eigendynamik, die zu personenspezifischen Veränderungen und Entwicklungen führen.

1.4.2 Ursachenbereiche

Die Entstehung von Beeinträchtigungen kann abhängig vom Zeitpunkt des Auftretens in **pränatale** (vor der Geburt), **perinatale** (während des Geburtsvorgangs), **postnatale** (nach der Geburt) sowie unfallbedingte Ursachen unterteilt werden. Einen ersten Überblick gibt die von Hobmair u. a. (vgl. 2014[6], S. 382 f.) erstellte Übersicht zu Ursachen von Beeinträchtigungen, soweit Primärbehinderungen betroffen sind. Dabei müssen folgende Aspekte beachtet werden:

1. Die Beziehung Schädigung → Folge ist nicht immer eindeutig und zwangsläufig.
2. Die Übersicht umfasst vorwiegend körperlich-biologische Ursachen, die sich leichter bestimmen lassen als Schädigungen im seelisch-geistigen Bereich.
3. Das Ausmaß an möglichen Folgen von Schädigungen wird durch vielfältige Faktoren beeinflusst (z. B. Zeitpunkt der Schädigung, Fördermaßnahmen).

	Mögliche Ursachen von Behinderungen	Mögliche Folgen
Pränatal	▪ durch Gene verursachte Schäden ▪ Chromosomenschäden ▪ Keimzellenschäden (z. B. aufgrund der Einwirkung von Strahlen) ▪ chemische Faktoren (z. B. Medikamente) ▪ Infektionskrankheiten der Mutter ▪ Ernährungsfaktoren (z. B. Vitaminmangel der Mutter) ▪ endokrine Faktoren (z. B. Diabetes) ▪ mechanische Faktoren (z. B. Abtreibungsversuche)	▪ ererbte Stoffwechselstörung ▪ Downsyndrom ▪ Entwicklungsstörungen des Nervensystems ▪ Missbildungen des Gehirns wie Hydrozephalie (Wasserkopf bzw. extrem kleiner Kopf) ▪ geistige Behinderung ▪ Missbildungen ▪ allgemeine Entwicklungsstörungen, Lernbehinderung
Perinatal	▪ Frühgeburt ▪ komplizierte Geburt ▪ Nabelschnurkomplikationen/Sauerstoffmangel ▪ Trauma (Druck auf den Schädel, beispielsweise bei Zangengeburt)	▪ frühkindliche Hirnschädigung ▪ spastische Lähmung ▪ Störungen des Zentralnervensystems ▪ unter Umständen Blindheit als Folge zu hoher Sauerstoffzufuhr im Brutkasten ▪ Lernbehinderung, geistige Behinderung
Postnatal	▪ Ernährungsschäden (z. B. Vitaminmangel) ▪ Hirnhautentzündung (Meningitis) ▪ Hirnentzündung (Enzephalitis) ▪ Miterkrankung des Gehirns bei Infektionskrankheiten (z. B. Scharlach, Masern, Keuchhusten) ▪ traumatische Hirnverletzungen (z. B. Wickelunfälle, Verletzungen)	Die genannten Ursachen können häufig zu sogenannten „frühkindlichen Hirnschädigungen“ führen, die unter Umständen folgende Behinderungen nach sich ziehen: ▪ leichte bis schwere Körperbehinderung ▪ leichte bis schwere Intelligenzschäden ▪ Teilleistungsstörungen (z. B. Mangel an Aufmerksamkeit, Konzentration) sowie allgemeine Übererregtheit

	Mögliche Ursachen von Behinderungen	Mögliche Folgen
Unfallbedingt	(Verkehrs-, Berufs-, Freizeit-)Unfälle verursachen u. a.: ▪ Hirnverletzungen ▪ Wirbelbrüche mit Rückenmarksverletzungen	▪ Querschnittslähmung und andere Körperbehinderungen ▪ Erblinden ▪ allgemeine psychische Verlangsamung ▪ Depressionen (aufgrund eines „Knicks“ in der Lebensplanung); verstärkte Auseinandersetzung mit dem eigenen Schicksal

Zahlreiche Schädigungen haben biomechanische Ursachen. Die Reizweiterleitung und -verarbeitung wird von chemischen Substanzen beeinflusst, die auf das Nervensystem und die psychischen Prozesse erregend oder hemmend wirken. Zur Übertragung von Reizen dienen die Neurotransmitter, die häufig zielgerichtet für ganz bestimmte Übertragungsbahnen zuständig sind. Daneben steuern Hormone, die in der Regel über die Blutbahn zu den Organen gelangen, das Verhalten und Erleben des Menschen.

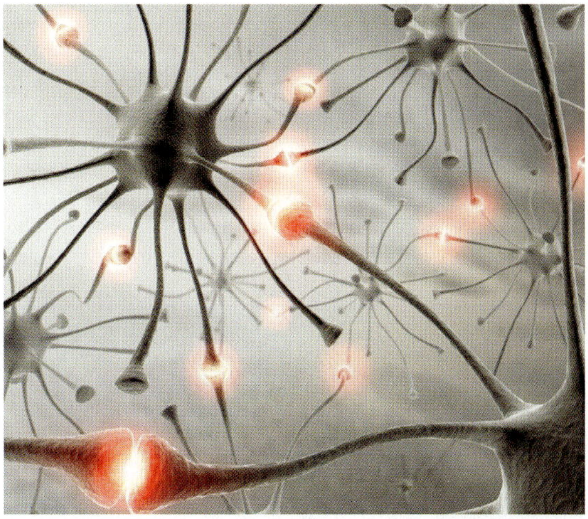

Nervenübertragung

Das psychische Erleben ist ein komplexes Geschehen, das auch von Neurotransmittern beeinflusst werden kann. Hülshoff (2005) verdeutlicht dies am Beispiel des Serotonins, das die Stimmung einer Person beeinflusst, besonders das Gefühl der Trauer. Serotonin ist aber nicht die Ursache der Trauer, sondern eine biochemische Substanz, die in Verbindung mit der Trauererfahrung dazu führt, dass über die Nervenzellen Reaktionen, Verhaltensweisen und Stimmungen ausgelöst werden. Gefühle können durch chemische Substanzen zwar beeinflusst, aber nicht beseitigt („geheilt“) werden.

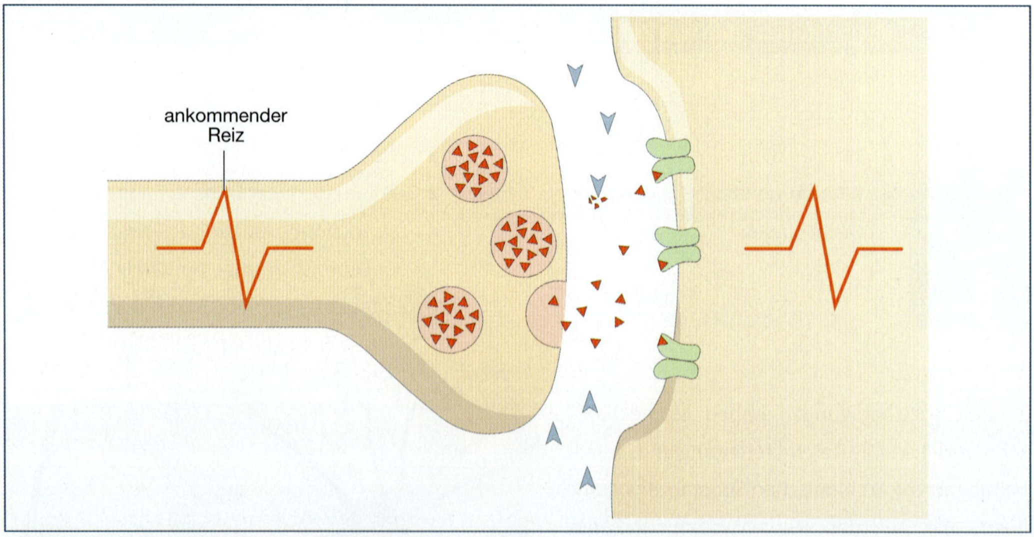

Gestörte Übertragung von Reizen

Hülshoff kennzeichnet die wichtigsten chemischen Substanzen wie folgt:

	Wirkung	Auswirkungen auf Störungen (Beispiele)
Adrenalin	Steigerung der Herzfrequenz, Erhöhung des Blutdrucks, Erweiterung der Bronchien, Regulation der Magen-Darm-Tätigkeit	Stress, Erschöpfungszustände, Bluthochdruck
Acetylcholin	Stabilisierung des Muskeltonus, Steuerung von kognitiven Abläufen, Lernprozesse	Lähmungen, Alzheimerkrankheit
Dopamin	Erregungssteuerung, Steuerung des Hormonhaushalts	Parkinsonerkrankung, Psychosen wie z. B. Schizophrenie, Suchterkrankungen
Endorphine	Regulation von Schmerz, Hunger	Suchtverhalten
Gamma-Amino-Buttersäure (GABA)	Feinsteuerung der Motorik, Erregungshemmung, dämpfende Wirkung, Gedächtnis	Angst, Sucht
Noradrenalin	Regulation von Wachsamkeit und Erregung, Blutdruckerhöhung	Depression, Suchtverhalten
Serotonin	Schlaf-Wach-Rhythmus, Gefühlserleben	Depression

(Quelle: Hülshoff, 2005, S. 37)

Pränatale Risiken und Schädigungen

In die Ursachenforschung wird verstärkt die vorgeburtliche Entwicklung einbezogen, da in dieser Entwicklungsphase die Vulnerabilität des Kindes (= Empfindlichkeit gegenüber schädigenden Umweltbedingungen) sehr hoch ist. Besondere Beachtung finden die sogenannten **Risikokinder**, die aufgrund von genetischen Erkrankungen der Eltern, Problemen während der Schwangerschaft und des Geburtsverlaufs sowie Auffälligkeiten kurz nach der Entbindung in ihrer geistigen und körperlichen Entwicklung als gefährdet gelten.

Die Zahl dieser Risikokinder, die einen besonderen Betreuungsbedarf haben, wird von verschiedenen Wissenschaftlern unterschiedlich hoch geschätzt. Hellbrügge (vgl. 2013, S. 35) geht von folgenden Werten aus: Auf eine Million Einwohner kommen im Durchschnitt pro Jahr 12 000 Neugeborene. Etwa 20 % der Neugeborenen (2 400 Kinder) gelten als Risikokinder, deren weitere Entwicklung zumeist unauffällig verläuft. Bei etwa 10 % der Neugeborenen (1 200 Kinder) liegen in den beiden ersten Lebensjahren Auffälligkeiten vor, die sich in vielen Fällen wieder im Verlauf der weiteren Entwicklung spontan zurückbilden. Diese Kindergruppe wird als **Überwachungskinder** bezeichnet. Etwa 5 % der Kinder eines Jahrgangs (600 Kinder), die sich im Wesentlichen aus der Gruppe der Risiko- und Überwachungskinder zusammensetzen, sind behindert.

Erbschäden und Chromosomen- oder Genstörungen

Innerhalb der verschiedenen Ursachenbereiche sind die Schädigungen des Erbguts zwar nur im geringen Umfang nachweisbar (ca. 0,5 % aller Neugeborenen sind von Chromosomenveränderungen betroffen), führen aber zu den schwersten Fehlentwicklungen und Missbildungen. Chromosomenveränderungen können beispielsweise Kleinwüchsigkeit, Fehlbildungen innerer Organe, Immunschwäche oder Gefäßveränderungen auslösen.

Ursachen für Veränderungen im Erbgut (Mutationen) können zum einen auf äußere Schädigungseinflüsse wie Strahlenschäden (z. B. Tschernobyl), Medikamente (z. B. Contergan), chemische Stoffe (z. B. Pflanzenschutzmittel), dioxinhaltige Umweltgifte, Blei oder Quecksilber zurückgeführt werden; zum anderen treten Störungen an Genen und Chromosomen spontan auf, wobei die Wahrscheinlichkeit einer Spontanmutation mit zunehmendem Alter der Eltern ansteigt.

Eine Vererbung von Chromosomen- und Genstörungen liegt nur dann vor, wenn diese Störung in den Keimzellen der Eltern auftritt. Genstörungen wirken sich in einzelnen Merkmalen aus und können von geringen Abweichungen (z. B. zu kurzes Fingerglied) bis hin zu lebensbedrohlichen Veränderungen wie Stoffwechselstörungen reichen.

Liegen genetische Ursachen vor, dann zeigt sich dies durch einen frühen Beginn der Störung, eine stärkere Ausprägung der Auffälligkeit bei eineiigen Zwillingen im Vergleich zu zweieiigen Zwillingen, den geringen Einfluss des Erziehungsverhaltens auf die Störung und die geringe Beziehung zwischen Beeinträchtigung und sozioökonomischem Status der Eltern.

Entwicklung während der Schwangerschaft

In der nachfolgenden Grafik werden die pränatalen Schädigungsmöglichkeiten und ihre Auswirkungen dargestellt. Das Ausmaß der Beeinträchtigung hängt vom Zeitpunkt der Schädigung ab und kann sich auf die Funktionsfähigkeit des Körpers bzw. auf die Form und Struktur des Körperbereichs auswirken.

Perinatale Risiken und Schädigungen

Die Geburtsreife ist nach 280 Tagen Schwangerschaftsdauer, oder wenn das Kind ein Gewicht von über 2 500 g und eine Länge von mehr als 48 cm aufweist, erreicht. Folgende Geburtsrisiken sind zu beachten:

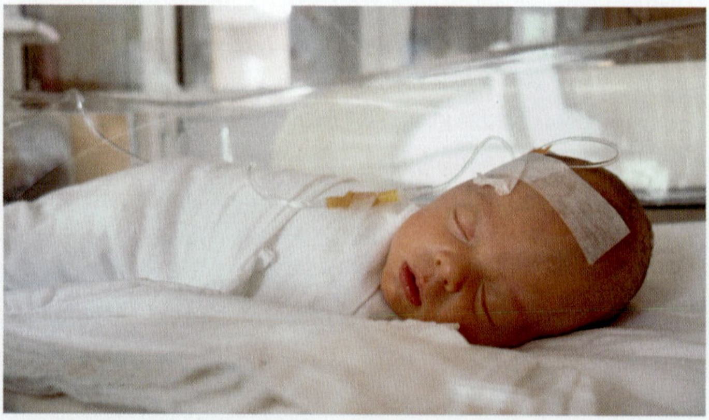

- Früh- oder Mangelgeburten,
- Mehrlingsgeburten,
- Steißlagen-Entbindung,
- instrumentelle und operative Entbindungen (Zange, Saugglocke, Kaiserschnittentbindung usw.),
- vorzeitiges Lösen der Plazenta, feste Nabelschnurumschlingungen, Nabelschnurvorfall,
- abnorme Wehentätigkeit oder Wehenschwäche mit einer Verlängerung der Geburt,
- erhöhte Druckbelastung aufgrund einer Verengung des Geburtskanals, insbesondere des Beckens,
- mangelnde Sauerstoffzufuhr von mehr als zwei Minuten Dauer bis zum ersten Atemzug.

Die Geburtshilfen stellen ein erhöhtes Risiko dar. Als besonders gefährlich wird die Zangengeburt eingeschätzt. Geistige Behinderungen, Zellschädigungen mit gravierenden Folgen und cerebrale Lähmungen sind häufig auf Sauerstoffmangel zurückzuführen, der oft durch Schleim in den Atemwegen oder Nabelschnurumschlingungen verursacht wird. Abhängig von der Dauer und der Art des Sauerstoffmangels können dauerhafte Schädigungen des Gehirns und der Bewegungssteuerung auftreten. Risikomindernd wirken sich geburtsvorbereitende Maßnahmen aus, die den natürlichen Geburtsverlauf unterstützen. In die Geburtsvorbereitung sollte auch der werdende Vater einbezogen werden.

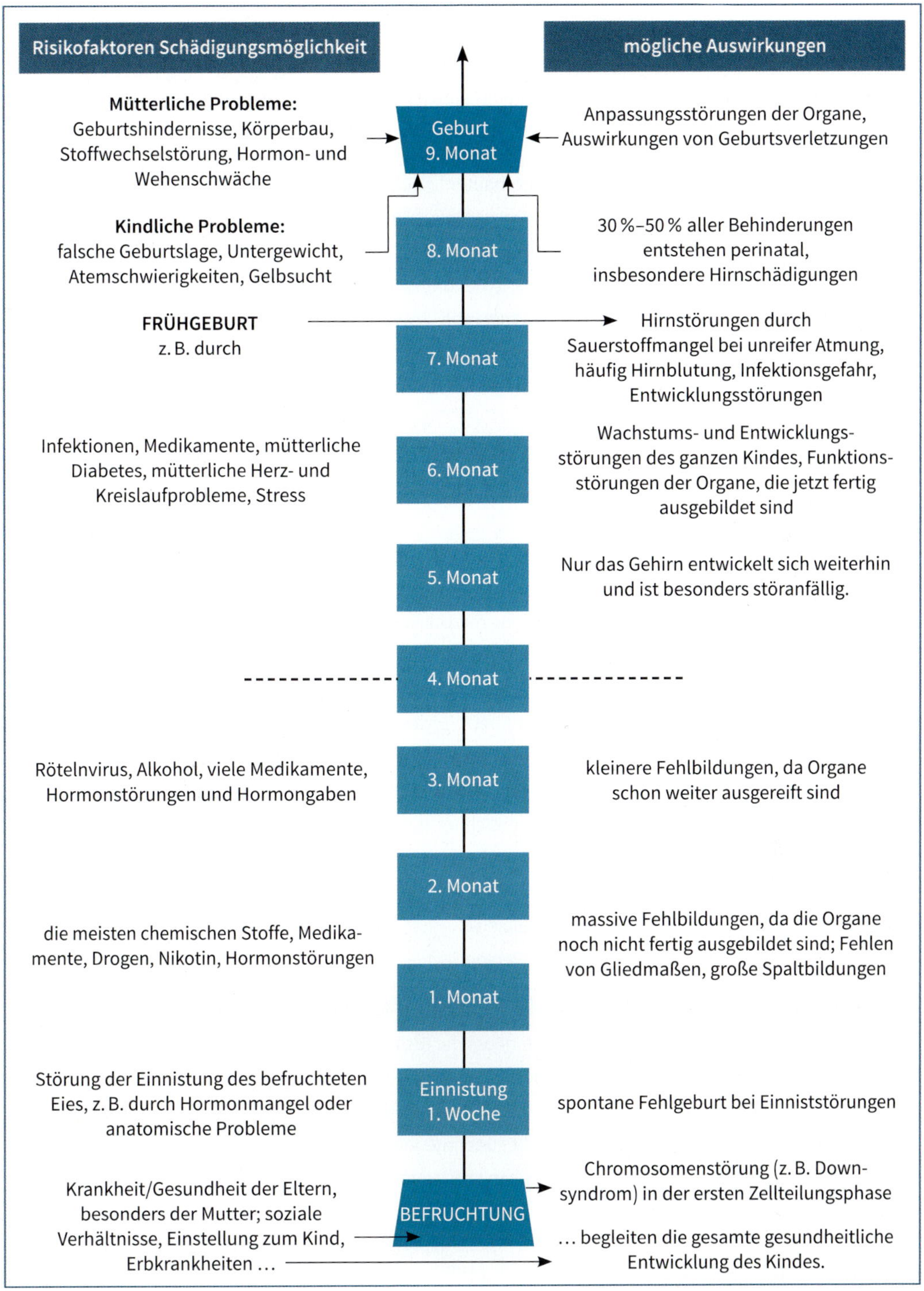

(Quelle: von Loh, 1990, S. 17)

Postnatale Risiken und Schädigungen

Die Möglichkeiten einer postnatalen Schädigung sind vielfältig; ihre Wirkung ist abhängig vom Zeitpunkt des Auftretens. Von besonderer Bedeutung ist dabei die Entwicklung des Gehirns und der Sensomotorik innerhalb der ersten Lebensjahre.

Erkrankungen des Kindes (z. B. Gehirn- und Hirnhautentzündungen), **Ernährungsstörungen**, **Impfschäden** (z. B. cerebrale Beeinträchtigungen nach einer Pockenschutzimpfung), **Unfälle** (besonders Kopfunfälle) können zu dauerhaften körperlichen Beeinträchtigungen führen. Risikoerhöhend sind aber auch umweltbezogene Faktoren wie Vernachlässigung des Kindes, Erziehungsunfähigkeit der Eltern, familiäre Konflikte, pädagogisch ungünstiges Erziehungsverhalten (mangelnde Zuwendung, Verwöhnung, Überforderung) oder Misshandlung des Kindes. Das Risiko kann vermindert werden, wenn das Kind in den ersten vier Lebensjahren regelmäßig von einem Kinderarzt untersucht wird (U1–U10).

1.4.3 Risiko- und Schutzfaktoren (Resilienz und Vulnerabilität)

Begriffsbestimmung

Unter **Resilienz** (lat. resilere = abprallen, engl. resilience = Elastizität, Strapazierfähigkeit, Zähigkeit) versteht man die psychische Widerstandskraft von Kindern, körperliche, psychische und psychosoziale Belastungen erfolgreich zu bewältigen. Dazu gehört der Umgang mit Unsicherheiten wie die Bewältigung von Übergängen (z. B. Kindertagesstätte → Schule, Schule → Beruf), aber auch plötzlich auftretende Belastungen, die sich beispielsweise in gesundheitlichen Beeinträchtigungen, traumatischen Ereignissen, Bedrohungen oder Veränderungen im Familienleben (z. B. Scheidung der Eltern, Todesfälle) zeigen. Psychisch robuste Kinder verkraften die Belastungen gut und verarbeiten sie schnell. Sie sind aktive Bewältiger und Mitgestalter ihres Lebens und lassen sich nicht unterkriegen bzw. zerbrechen nicht an den schwierigen Lebenssituationen. Die Resilienz wird auch als das „Immunsystem der Seele“ bezeichnet. Resiliente Kinder zeichnen sich nach Petermann (2002^5) zum Beispiel durch Ich-Stärke, ein positives Selbstwertgefühl, angemessene Problemlösefähigkeiten, positive und stabile Bindungen zu Bezugspersonen und eine klare Wertorientierung aus. Resilienz ist keine allgemein wirkende, unveränderbare Persönlichkeitseigenschaft, sondern beschreibt einen temporären, veränderlichen Zustand im Entwicklungsprozess der Person.

Die **Vulnerabilität** (lat. vulnerare = verletzen) bezieht sich auf die Wirksamkeit von Risikofaktoren. Je höher die Vulnerabilität ist, umso stärker ist auch der Einfluss der Risikofaktoren auf die Person. Konnte sich ein Kind im Verlauf seiner Entwicklung nicht stabilisieren, dann fehlen schützende Faktoren und das Kind ist besonders anfällig für die Risikofaktoren. Die Vulnerabilitätsfaktoren beziehen sich vorwiegend auf die biologischen und psychologischen Merkmale des Kindes. Mit zunehmendem Alter verlieren die biologischen Risiken an Bedeutung und der Einfluss psychosozialer Risiken (z. B. ungünstiges Erziehungsverhalten der Eltern, Erfahrungen mit Gewalt, Armut) nimmt zu.

Resilienz als Entwicklungsressource

Petermann unterscheidet zwischen risikoerhöhenden und risikomindernden Faktoren.

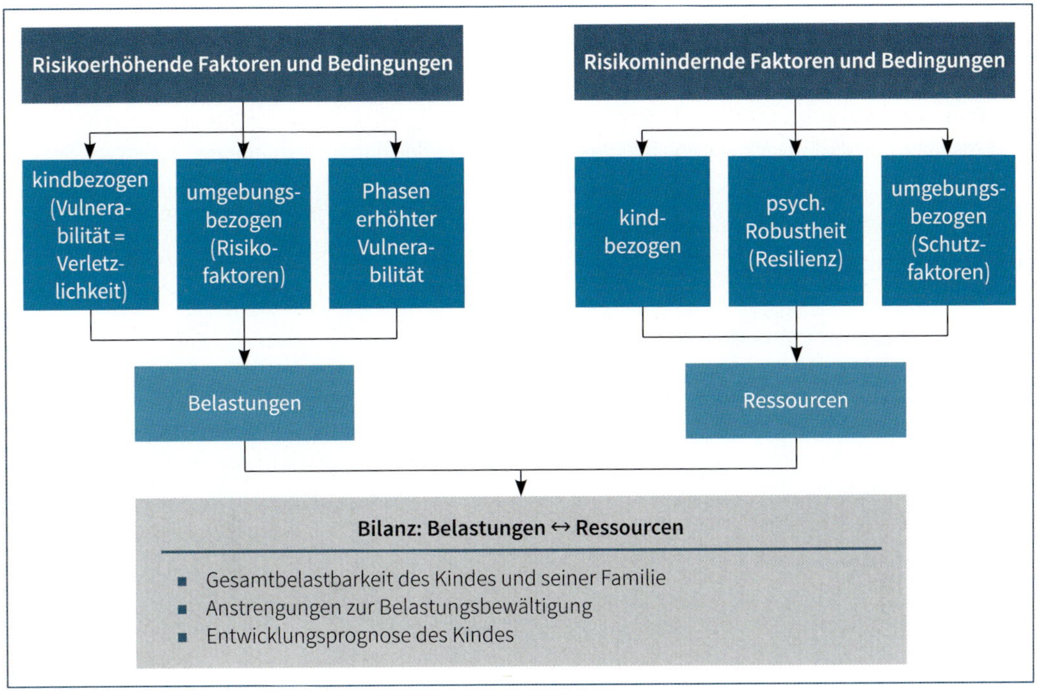

(Quelle: Petermann, 2000[4], S. 12)

Die **risikoerhöhenden Faktoren** setzen sich aus der körperlichen und seelischen Stabilität des Kindes und den schädigenden Umwelteinflüssen zusammen. Liegen z. B. genetisch bedingte Schädigungen, chronische Krankheiten bzw. starke entwicklungsbedingte körperliche Veränderungen vor, dann erhöht sich die Wahrscheinlichkeit, dass ungünstige Umwelteinflüsse eine Beeinträchtigung auslösen bzw. verstärken. Die **Vulnerabilität** bezeichnet die Verletzlichkeit des Kindes gegenüber ungünstigen Einflussfaktoren. Entwicklungsphasen mit einer erhöhten Vulnerabilität bestehen z. B. im Verlauf der Schwangerschaft, während des Gestaltwandels, in der Pubertät oder beim Übergang in das Berufsleben. Risikoerhöhend wirken sich zudem familiäre und soziale Belastungsfaktoren aus. Gestörte Eltern-Kind-Beziehungen, der Verlust einer liebevollen Beziehung, psychische Störungen der Bezugspersonen, Konflikte zwischen den Eltern, Misshandlung und Gewalt in der Familie, geringer sozioökonomischer Status der Eltern, inkonsequentes Erziehungsverhalten, eine isolierte Familie oder gesellschaftliche Einflüsse (Verfolgung, Diskriminierung, Migration) führen zu Belastungen, die sich auf die Entstehung und Entwicklung von Beeinträchtigungen negativ auswirken. Untersuchungen zeigen, dass die einzelnen Risikofaktoren selten getrennt, sondern häufig zusammen mit anderen Risikoeinflüssen (z. B. Armut, Familiengröße, Unterernährung) auftreten und sich gegenseitig verstärken. Weiterhin spielt der Zeitpunkt des Auftretens der Risikofaktoren eine Rolle. Sind zu einem frühen Zeitpunkt risikoerhöhende Einflüsse wirksam, dann erhöht sich die Wahrscheinlichkeit, dass zu einem späteren Zeitpunkt weitere Risikofaktoren auftreten.

Die **risikomindernden Faktoren** haben eine Schutzfunktion. Die Widerstandsfähigkeit des Kindes gegenüber starken Belastungen und ungünstigen Einflüssen kennzeichnet die **Resilienz** des Kindes.

Das Entstehen und die Entwicklung von Beeinträchtigungen werden durch ein komplexes System von Schutz- und Risikofaktoren sowie Entwicklungsfaktoren bestimmt. So sind einige Kinder anfälliger gegenüber negativen Einflüssen, während andere Kinder über stärkere Widerstandskräfte verfügen, sodass keine Beeinträchtigung zum Ausbruch kommt.

In den verschiedenen Entwicklungsabschnitten wirken unterschiedliche risikoerhöhende und risikomindernde Faktoren. Sie werden in der nachfolgenden Übersicht verdeutlicht:

Entwicklungsabschnitt		**Risikomindernde Schutzfaktoren Resilienz**	**Risikoerhöhende Faktoren Vulnerabilität**
vor der Geburt (pränatal)		Bei der Mutter: Wahrnehmung von Vorsorgeuntersuchungen, Einhalten von Schutzbestimmungen …	Bei der Mutter: Medikamente, Drogen, Strahlenbelastung, Infektionen, Mangelernährung, Vergiftungen …
während der Geburt (perinatal)		geburtsvorbereitende Maßnahmen, Frühdiagnostik …	Frühgeburt, Sauerstoffmangel, Steißentbindung, Nabelschnurverschlingungen, Wehenschwäche, instrumentelle bzw. operative Entbindung …
nach der Geburt (postnatal)	Säuglingsalter	**Biologische Faktoren:** ▪ weibliches Geschlecht ▪ Konstitution ▪ Ernährung **Persönlichkeitsfaktoren:** ▪ positive Temperamentseigenschaften	**Biologische Faktoren:** ▪ Infektionen ▪ chronische Erkrankungen **Psychosoziale Faktoren:** ▪ geringer sozialer Status

<table>
<tr><th colspan="2">Entwicklungsabschnitt</th><th>Risikomindernde Schutzfaktoren
Resilienz</th><th>Risikoerhöhende Faktoren
Vulnerabilität</th></tr>
<tr><td rowspan="3"></td><td>Kleinkind-
alter</td><td rowspan="3">▪ Ausgeglichenheit
▪ Ich-Stärke
▪ Autonomie
▪ soziale Orientierung
▪ soziale Attraktivität
▪ soziale Kompetenz
▪ Vielseitigkeit
▪ positives Selbstkonzept
▪ realistische Zielsetzung
▪ überdurchschnittliche Intelligenz

Psychosoziale Faktoren:
▪ erstgeborenes Kind
▪ positive Stressbewältigung
▪ familiärer Zusammenhalt
▪ emotionale Unterstützung in der Familie
▪ stabile emotionale Beziehung zu einer Bezugsperson
▪ Lehrer/in als Vorbild/positive Schulerfahrungen
▪ mehrere Ansprechpartner auch außerhalb der Familie
▪ Mitgliedschaft in sozialen Gruppen (CVJM, Kirchengemeinde, Sportverein)

Soziale Faktoren:
▪ positive Freundschaftsbeziehungen
▪ Integration in Bezugsgruppen</td><td rowspan="3">▪ beengte Wohnsituation
▪ psychische Störungen der Eltern
▪ schwere Eheprobleme der Eltern
▪ Verlust eines Elternteils
▪ Vernachlässigung

Entwicklungsübergänge:
▪ Gestaltwandel/Einschulung
▪ Pubertät
▪ Eintritt in das Berufsleben

Soziale Einflüsse:
▪ negative Freundschaftsbeziehungen
▪ Bezugsgruppen</td></tr>
<tr><td>Schulkind-
alter</td></tr>
<tr><td>Jugend-
alter</td></tr>
</table>

Einfluss von Vulnerabilität und Resilienz auf Fehlentwicklungen

Um die Auftrittswahrscheinlichkeit von psychischen Störungen grob abzuschätzen, können Risiko-, Vulnerabilitäts- und Schutzfaktoren zueinander ins Verhältnis gesetzt werden (vgl. Beelmann und Raabe, 2007, S. 54 f.).

$$\text{(Fehl-)Entwicklung} = \frac{\text{Vulnerabilität} \cdot \text{Stressoren}}{\text{Resilienz} \cdot \text{Ressourcen}}$$

Psychische Störungen sind dann zu erwarten, wenn die Schutzfaktoren und die Ressourcen nicht ausreichen, um die Wirkung von Verletzlichkeit und Stressoren auszugleichen.

Einflussgrößen auf die Entwicklung der Resilienz

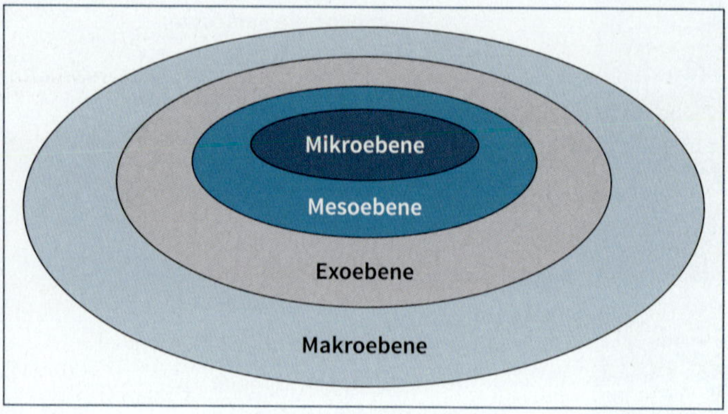

Resilienz ist kein angeborenes Persönlichkeitsmerkmal, sondern es entwickelt sich im sozialen Umfeld. Die Untersuchungen zur Resilienz zeigen, dass für die Entstehung von Resilienz eine dauerhafte und verlässliche Beziehung zu einer liebevollen Bezugsperson bedeutsam ist. In dieser Beziehung können sich das Vertrauen in die eigenen Fähigkeiten und eine optimistische Lebenseinstellung entwickeln. Diese Bezugspersonen dienen als Orientierungshilfen und vermitteln Zuversicht bei der Bewältigung zukünftiger Aufgaben. Das Kind hat nicht das Gefühl, hilflos den Anforderungen und kritischen Lebensereignissen ausgesetzt zu sein. Das Kind fühlt sich sicher, die Schwierigkeiten selbst überwinden zu können, da es über wirksame Vorgehensweisen und Strategien verfügt. Die erworbene Resilienz stellt keine stabile Eigenschaft dar, die lebenslang wirksam bleibt (Unverwundbarkeit). Wie Untersuchungen zeigen, variiert die Stärke der Resilienz abhängig vom Entwicklungsverlauf sowie den belastenden Lebensereignissen.

Zur Stärkung der Resilienz ist ein verlässlicher Rahmen erforderlich, in dem sich das Kind entwickeln und erproben kann. Dies gilt sowohl im häuslichen Bereich als auch in sozialpädagogischen Einrichtungen und Schulen. Dabei können folgende Ebenen unterschieden werden:

Ebene	Kennzeichen (Beispiele)	Risikoerhöhende Faktoren	Risikovermindernde Faktoren
Mikroebene	Verhaltensweisen, Rollen, Beziehungen innerhalb der Lebensbereiche	■ extremes Erziehungsverhalten (zu starke bzw. keine Kontrolle) ■ Ablehnung durch Gleichaltrige ■ problematisches, auffälliges Verhalten der Bezugsgruppe ■ feindselige Beziehung zwischen geschiedenen Ehepartnern	■ unterstützende Familienmitglieder, Erzieher, Lehrkräfte ■ Vermeidung von Überforderung ■ positiv wirkende Vorbilder
Mesoebene	Bezug zu verschiedenen Lebensräumen, in denen sich die Person aufhält	■ gestörte Kommunikation zwischen verschiedenen Mesosystemen (z. B. Familie, Schule, Hort), ■ geringe Integration in die jeweiligen Mesosysteme (z. B. Außenseitersituation)	■ gute Vernetzung der verschiedenen Lebensbereiche ■ Transparenz und Überschaubarkeit der Mesosysteme
Exoebene	soziale Strukturen, die indirekten Einfluss auf die sich entwickelnde Person nehmen (z. B. Arbeitsplatz der Eltern)	■ ungünstige Arbeitszeiten der Eltern ■ räumliche Mobilität (häufiger Umzug)	Errichtung von betriebseigenen Betreuungsangeboten
Makroebene	Kultur und Gesellschaft, Gesetze, politische Systeme, Wirtschaft, Kirche …	■ Gewaltverherrlichung in Medien ■ Diskriminierung in gesetzlichen Regelungen	■ Werte (z. B. Recht auf Bildung) ■ Gesetzgebung (z. B. Vermeidung von Armut)

Risikoerhöhende und risikovermindernde Faktoren

Haug-Schnabel (vgl. 2004) nennt folgende Einflussgrößen zur Stärkung der Resilienz:

- **Persönlichkeitsfaktoren**
  - positive, freundliche und aufgeschlossene Grundstimmung, auf die auch die soziale Umwelt positiv reagiert
  - sichere Bindung an zumindest eine Bezugsperson
  - Selbstvertrauen in die eigenen Kräfte, positive Selbsteinschätzung

  - realistische Handhabung von schwierigen Situationen, wobei auch mit Verantwortung und Schuldgefühlen angemessen umgegangen wird
  - gut entwickelte Fähigkeiten und soziale Kompetenzen (z. B. Konfliktlösungsstrategien, Empathie und Wertschätzung)
  - ausgeprägtes Selbstwertgefühl und Selbstvertrauen
  - positives Selbstkonzept
  - Anpassungsfähigkeit im Umgang mit Belastungen oder übermäßigen Reizen
  - Bereitschaft, Verantwortung zu übernehmen
  - optimistische Grundeinstellung auch in problematischen Situationen
  - Entwicklung von realistischen Zielen im Rahmen einer Langzeitperspektive
- **Familiäre Einflussgrößen**
  - verlässliche primäre Bezugsperson
  - familiärer Zusammenhalt und Stabilität
  - emotionale Wärme und harmonische Paarbeziehung in der Familie
  - unterstützende Geschwisterbeziehungen
  - Erziehungsverhalten, das Selbstständigkeit und Eigenverantwortung des Kindes fördert
  - soziale Modelle für einen angemessenen Umgang mit kritischen Lebenssituationen
- **Außerfamiliäre Einflüsse**
  - feste Freundschaften
  - Unterstützung durch kompetente und fürsorgliche Erwachsene (z. B. Lehrer, Erzieher, Verwandte)
  - positive Erfahrungen in sozialpädagogischen und schulischen Einrichtungen, verbunden mit erfüllbaren Leistungsanforderungen, Regeln und angemessener Verstärkung für Leistung und soziales Verhalten

Untersuchungen belegen geschlechtsspezifische Unterschiede. In den ersten Lebensjahren sind Jungen anfälliger (z. B. biologische Risiken, Familiensituation), im Jugendalter weisen Mädchen eine erhöhte Anfälligkeit (Vulnerabilität) auf. Insgesamt sind Mädchen resilienter als Jungen.

Die genannten Einflüsse sind nicht stabil und variieren innerhalb der Lebenszeit, d. h., die Widerstandsfähigkeit einer Person ist nicht gleichbleibend, sondern unterliegt temporären Schwankungen. Zunächst sind körperliche Faktoren besonders wichtig, mit zunehmendem Alter gewinnen Persönlichkeitsmerkmale und soziale Einflüsse an Bedeutung. Die Resilienz einer Person bezieht sich in der Regel auf bestimmte Risikofaktoren und nicht auf alle.

Erhöhung der Resilienz

Die pädagogischen Maßnahmen zielen zum einen auf eine Verminderung von Risikofaktoren und zum anderen auf die Erhöhung der Schutzfaktoren ab. Das Fehlen von Risikoeinflüssen führt dabei nicht automatisch zur Erhöhung der Resilienz. Die Stärkung der Resilienz hat eine spezifische Schutz- und Pufferwirkung, durch die die Wirksamkeit der Risikofaktoren abgemildert werden kann.

Wustmann (vgl. 2006) formuliert auf der individuellen und der Beziehungsebene folgende Ansatzpunkte zur Erhöhung der Schutzfaktoren:

- Veränderung der Stress- und Risikowahrnehmung beim Kind
- Stärkung der sozialen Ressourcen im sozialen Umfeld des Kindes (Familie, sozialpädagogische Einrichtungen, Bildungsinstitutionen)
- Erhöhung der kindlichen Kompetenzen (z. B. Fähigkeit zur Selbstregulation, Entwicklung von Bewältigungsstrategien)
- Verbesserung der Qualität von interpersonellen Prozessen (insbesondere Bindungs- und Erziehungsqualität, Qualität der sozialen Unterstützung)

Die Erhöhung der Resilienz fördert die Anpassung der Person an ihre Umwelt. Bezogen auf die individuellen Förderebenen sollten deshalb die Problemlösefertigkeiten, die Eigenaktivitäten verbunden mit einer persönlichen Verantwortungsübernahme, die Selbstwirksamkeit, das Selbstwertgefühl, die sozialen Beziehungen sowie angemessene Strategien zur Bewältigung von Belastungssituationen gestärkt werden. Es ist dabei zu beachten, dass die Fördermaßnahmen entwicklungsgerecht erfolgen. So kann beispielsweise eine enge Bindung zur Bezugsperson beim Kleinkind resilienzfördernd sein, während im Jugendalter das Verhalten der Bezugsperson als Risikofaktor die Entwicklung der Autonomie beeinträchtigt.

Kinder müssen lernen, sich selbstständig Hilfe zu organisieren, ihre eigenen Ressourcen zur Problemlösung realistisch einzuschätzen und die Bewältigungsmöglichkeiten problem- und situationsgerecht einzusetzen. Wenn dies gelingt, verbessert sich das Selbstkonzept des Kindes, das sich neuen Herausforderungen selbstbewusster stellt. Problemsituationen werden dann als weniger belastend bewertet.

Eine Stärkung der Resilienz ist vor allem bei der Bewältigung von Übergängen erforderlich. Eine Übergangsbegleitung bedeutet, beim Kind die Voraussetzungen zu entwickeln, die es ihm ermöglichen, den Übergang mit Zuversicht, positiver Grundhaltung und den erforderlichen Kompetenzen eigenverantwortlich zu bewältigen. Dazu sollten die Erziehenden beim Kind ein **positives Selbstwertgefühl** und **Selbstkonzept** aufbauen, indem sie beispielsweise das Kind angemessen bestärken. Das Kind sollte Vertrauen in die **Selbstwirksamkeit** des Handelns erlangen, um die Erfahrungen auf neue Situationen übertragen zu können. Für die Auseinandersetzung mit neuen Situationen sind **Neugier** und **Experimentierfreude** hilfreich. Im Bereich der sozialen Kompetenzen sind Einfühlungsvermögen, kommunikative Fähigkeiten sowie die Fähigkeit, Situationen aus unterschiedlichen Perspektiven zu analysieren, hervorzuheben.

In schwierigen Lebenslagen sollte das Kind Hilfen erfahren, damit gegenüber der Problemsituation neue Sichtweisen entwickelt werden (kognitive Flexibilität), um eine Neubewertung vornehmen zu können. Das Kind sollte zudem angeregt werden, Vergleiche mit anderen Situationen zu ziehen oder sich mit einem Teilbereich des Problems intensiver zu befassen.

Nach Grotberg sagt ein resilientes Kind:

Ich habe ...

... Menschen um mich, die mir vertrauen und die mich bedingungslos lieben.

... Menschen um mich, die mir Grenzen setzen, an denen ich mich orientieren kann und die mich vor Gefahren schützen.

... Menschen um mich, die mir als Vorbilder dienen und von denen ich lernen kann.

... Menschen um mich, die mich dabei unterstützen und bestärken, selbstbestimmt zu handeln.

... Menschen um mich, die mir helfen, wenn ich krank oder in Gefahr bin und die mich darin unterstützen, Neues zu lernen.

Ich bin ...

... eine Person, die von anderen wertgeschätzt und geliebt wird.

... respektvoll gegenüber mir selbst und anderen.

... verantwortungsbewusst bezüglich meines Handelns.

... zuversichtlich, dass alles gut wird.

Ich kann ...

... mit anderen sprechen, wenn mich etwas ängstigt oder mir Sorgen bereitet.

... Lösungen für Probleme finden, mit denen ich konfrontiert werde.

... mein Verhalten in schwierigen Situationen kontrollieren.

... spüren, wann es richtig ist, eigenständig zu handeln oder ein Gespräch mit jemandem zu suchen.

... jemanden finden, der mir hilft, wenn ich Unterstützung brauche.

(Quelle: Grotberg, 2011, S. 55)

In sozialpädagogischen Einrichtungen sollte frühzeitig eine intensive und umfassende Förderung kindlicher Kompetenzen (z. B. Konfliktlösestrategien, Verantwortungsübernahme, Selbstregulationsfähigkeiten) erfolgen. Zudem ist der Aufbau von positiven Freundschaftsbeziehungen zu fördern. Ein Klima, das von Sicherheit und Stabilität getragen ist, dient der Stärkung der Resilienz. Ein wichtiger Beitrag der sozialpädagogischen Einrichtungen zur Erhöhung der Resilienz besteht in der Verbesserung der erzieherischen Handlungskompetenz der Eltern. Dazu liegen Förderkonzepte und -materialien (z. B. Fröhlich-Gildhoff u. a., 2007, PRiK – Prävention und Resilienzförderung in Kindertageseinrichtungen) vor.

Schutz- und Risikofaktoren bei Helfern

Zur Stärkung der Resilienz sind folgende Einstellungen zu beachten:

- professionelle Einstellung und Distanz bewahren
- sich nicht für alles und andere verantwortlich fühlen
- auch in schwierigen Situationen den Sinn für Humor bewahren
- eigene Grenzen erkennen
- um Hilfe durch andere Personen (z. B. Team) bitten und annehmen (Netzwerkbildung)
- sich den beruflichen Anforderungen gewachsen und sich im Beruf wohlfühlen

Als Risikofaktoren sind zu beachten:

- gestiegene Belastung (z. B. Überstunden, Unterbesetzung)
- Ohnmachtsgefühl und Verlust von Sinnhaftigkeit (Burn-out)

1.5 Diagnostik

DEFINITION

Die Diagnostik beabsichtigt die umfassende Beurteilung einer Person, damit Entscheidungshilfen für die Ermittlung von Ursachen und für den Einsatz von geeigneten therapeutischen Maßnahmen gegeben werden können. Die Urteilsbildung des Diagnostikers steht am Ende des diagnostischen Prozesses.

Die heil- und sonderpädagogische Diagnostik orientiert sich am pädagogischen Handeln; sie umfasst die Informationsbeschaffung und -aufbereitung sowie die Planung, Kontrolle und Bewertung des heilpädagogischen Vorgehens. Die Qualität des diagnostischen Urteils ist von den Fähigkeiten des Beurteilers und der Qualität der erhobenen Daten abhängig. Der Diagnostiker beschreibt die Person, macht Aussagen darüber, welche Ereignisse die Merkmalsausprägung (z. B. Grad der Beeinträchtigung) beeinflussten.

Die Anforderungen an diagnostische Instrumente können durch drei **Gütekriterien** definiert werden, die in der klassischen Testtheorie entwickelt wurden:

1. **Objektivität:**

   DEFINITION

   Verfahren gelten dann als objektiv, wenn der Diagnostiker durch sein Verhalten das Ergebnis nicht beeinflussen kann.

   Zur Absicherung der Objektivität sind genaue **Anweisungen bei der Datenerhebung** einzuhalten (z. B. Bearbeitungszeiten von Testaufgaben, Dauer und Zeitpunkt von Beobachtungen), **Vorgaben bei der Auswertung** von Informationen zu beachten (z. B. Auswertungsschablonen bei Tests) und **Interpretationshilfen** zu verwenden (z. B. Normtabellen zur Bewertung der Merkmalsausprägung; Kriterien, nach denen die Informationen der Anamnese ausgewertet werden).

2. **Validität:**

   DEFINITION

   Verfahren werden dann als valide bezeichnet, wenn sie tatsächlich das messen, was sie zu messen vorgeben.

Von besonderem Interesse ist die **Selektionsvalidität**, bei der überprüft wird, inwieweit durch das Verfahren eine zutreffende Zuordnung der untersuchten Personen zu bestimmten Gruppen geleistet wird (Klärung der Frage: Leidet die untersuchte Person an einer geistigen oder Lernbehinderung?).

Verschiedene Untersuchungen zeigen, dass die Validität des diagnostischen Urteils nicht allein von der Datenmenge abhängig ist. Zwar fühlt sich der Diagnostiker sicherer, wenn er möglichst viele Daten gesammelt hat, aber die Qualität des Urteils erhöht sich durch die Datenmenge nur geringfügig.

3. **Reliabilität:**

DEFINITION

Verfahren sind reliabel, wenn sie das, was sie zu messen vorgeben, exakt und genau erfassen.

1.5.1 Anamnese und Exploration

DEFINITION

In der Anamnese wird die Lebensgeschichte des Klienten ermittelt, indem (möglichst) objektive Informationen über die Entwicklung der Person und der Beeinträchtigung gesammelt werden.

Die Anamnese und Exploration bilden die Grundlage der Diagnostik. Mit der Erhebung werden folgende Ziele verfolgt:

- umfassende Beschreibung der Person
- Verstehen der Lebenssituation der Person
- Hinweise auf mögliche Ursachen der Beeinträchtigung
- Steuerung des diagnostischen Prozesses
- Erkennen von Ansatzpunkten zur Hilfe
- Erwartungen hinsichtlich des weiteren Vorgehens und zu Ergebnissen

1.5.2 Beobachtung

DEFINITION

Die Beobachtung im Rahmen der heil- und sonderpädagogischen Diagnostik beinhaltet die zielgerichtete und differenzierte Wahrnehmung von Personen, Ereignissen oder Prozessen.

Für die heil- und sonderpädagogische Diagnostik sind von den zahlreichen Beobachtungsarten folgende Formen bedeutsam:

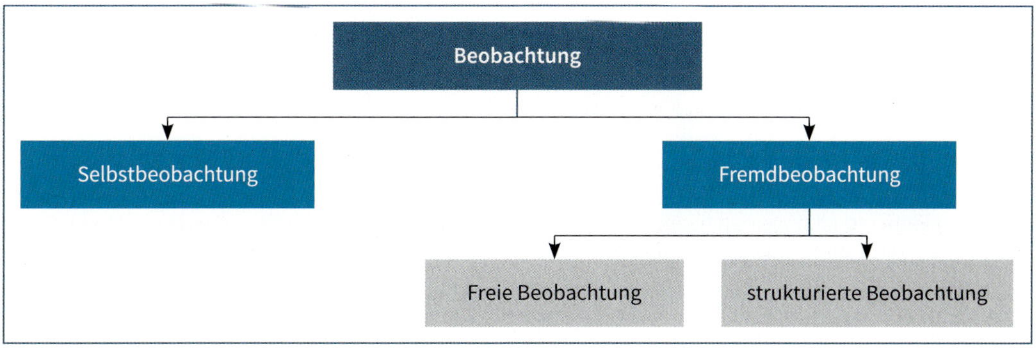

Selbstbeobachtung

Auch wenn die Selbstbeobachtung zahlreichen Verzerrungsfehlern unterliegt, ist sie für die sonderpädagogische Diagnostik unverzichtbar. Die Selbstbeobachtung erlaubt Aussagen über das innere Erleben einer Person, z. B. Gefühle oder Kognitionen. Auch der Einsatz von Fragebögen, die in der Regel Selbstbewertungen beinhalten, beruht letztendlich auf Selbstbeobachtungen durch die Person. Die Selbstbeobachtung kann sowohl zur Störungsanalyse als auch therapiebegleitend zur Überprüfung des Therapieerfolgs eingesetzt werden. Häufig hat bereits die Selbstbeobachtung selbst einen therapeutischen Effekt, wenn das Problemverhalten bewusster wahrgenommen wird. Aussagekräftige Selbstbeobachtungen sind etwa ab acht Jahren möglich.

Fremdbeobachtung

Die Fremd- bzw. Verhaltensbeobachtung umfasst die gezielte Wahrnehmung anderer Personen und ist durch die Trennung von Beobachter und Beobachtungsgegenstand im Vergleich zur Selbstbeobachtung objektiver. Innerhalb der Fremdbeobachtung unterscheidet man verschiedene Formen:

- Bei der **teilnehmenden** Beobachtung ist der Beobachter direkt am Geschehen, auf das sich seine Beobachtung bezieht, beteiligt.
- Die **nicht teilnehmende** Beobachtung erfolgt u. a. per Videokamera und Tonband.
- Bei der **offenen** Beobachtung weiß der Beobachtete, dass er beobachtet wird.
- Bei der **verdeckten** Beobachtung wird die Betroffene nicht informiert.
- Außerdem gibt es **Einzel-** oder **Gruppenbeobachtungen**.

Für heil- und sonderpädagogische Fachkräfte sind die **freie** und **strukturierte** Beobachtung bedeutsam.

Die **freie** oder **Gelegenheitsbeobachtung** ist häufig anzutreffen und erfolgt unsystematisch im alltäglichen Kontakt mit den beeinträchtigten Menschen. Im Verlauf der Beobachtungen entwickelt sich ein allgemeiner Eindruck. Die Zufälligkeit der Beobachtungen schränkt jedoch den Aussagegehalt ein. Wird ein Beobachtungssystem entwickelt, um eine bestimmte Situation oder eine bestimmte Person differenziert und strukturiert zu beobachten, dann sind zunächst freie Beobachtungen erforderlich, mit denen aussagekräftige Beobachtungseinheiten formuliert werden können. Die freie Beobachtung bildet die Grundlage für das darauf aufbauende Beobachtungssystem.

Bei der **strukturierten Beobachtung** liegt ein genauer Beobachtungsplan vor, der Folgendes festlegt: Wer beobachtet, was (Beobachtungseinheit), wann oder wie lange (Zeitintervalle, Dauerbeobachtung, Zeitstichprobe) und wie (mögliche Hilfsmittel, Beobachtungssysteme) wird beobachtet? Die strukturierte Beobachtung wird auch als standardisierte oder kontrollierte Beobachtung bezeichnet.

In einigen Einrichtungen werden häufig Beobachtungssysteme selbst entwickelt und eingesetzt, mit denen auch geringe Verhaltensänderungen erkannt werden können. Der tägliche Umgang mit den beeinträchtigten Menschen erschwert ein zuverlässiges Erkennen von Veränderungen, z. B. der Therapiewirkung. Daneben bestehen wissenschaftlich entwickelte Beobachtungssysteme beispielsweise zur Beobachtung von aggressiven Verhaltensweisen (vgl. Beobachtungsbogen für aggressives Verhalten [BAV] von Petermann und Petermann, 2012[13]), zur Beobachtung von Vorschulkindern mit Verhaltensproblemen (vgl. Beobachtungsbogen für Kinder im Vorschulalter [BBK 3-6] von Frey u. a. 2008) oder zur Diagnose der Schulfähigkeit (vgl. Beurteilungsbogen für Erzieher/innen zur Diagnose der Schulfähigkeit [BEDS] von Ingenkamp u. a., 1991[2]).

Zur Auswertung von Beobachtungen können **Rating**- bzw. **Einschätzskalen** herangezogen werden. Der Beobachter stuft die Ausprägung von Verhaltensweisen auf einer mehrstufigen Skala ein. Zwar wird der Einsatz von Einschätzskalen kritisiert, da sie als zu subjektiv und undifferenziert bewertet werden, doch im diagnostischen Prozess ist ihr Einsatz unverzichtbar.

Diese Skalen werden dann als brauchbar angesehen, wenn die Merkmale klar definiert, gut erläutert und von anderen Merkmalen eindeutig abgrenzbar sind. Bei der Erstellung von Einschätzskalen ist darauf zu achten, dass die Abstufungen den Bewerter nicht überfordern. Für ungeübte Rater sollten nicht mehr als fünf Stufungen vorgenommen werden. Liegt eine gerade Zahl von Abstufungen vor, dann fehlt die neutrale Mitte und der Bewerter ist gezwungen, eine Tendenz in seiner Einschätzung zu berücksichtigen. Werden die jeweiligen Stufen durch Ankerreize verdeutlicht, dann erhöht sich die Durchführungsobjektivität und unterschiedliche Bewerterinnen gelangen zu gut übereinstimmenden Bewertungen.

In der nachfolgenden Übersicht erfolgt ein Vergleich der drei Erhebungsverfahren Einschätzskalen, strukturiertes Interview und Beobachtung (vgl. Beelmann und Raabe, 2007, S. 26).

	Strukturiertes Interview	Einschätzskalen	Strukturierte Beobachtung
Informant	Kind, Eltern, Erzieher, Lehrkräfte	Kind, Eltern, Erzieher, Lehrkräfte	geschulte Beobachter
Erfassungs-zeitraum	Tage/Monate	Tage/Monate	Minuten

	Strukturiertes Interview	Einschätzskalen	Strukturierte Beobachtung
Erhebungsform	festgelegte Fragen mit unterschiedlich offenen Antwortmöglichkeiten	festgelegte Bewertungsdimensionen	festgelegte Beobachtungseinheiten
Erfasste Informationen	biografische Daten, Erfahrungen, Einstellungen, Bewertungen	Einschätzung der Ausprägung bestimmter Verhaltensbereiche	konkret beobachtbares Verhalten
Durchführungszeit	1–3 Stunden	5–20 Minuten	2–3 Stunden
Trainingsaufwand	mittel	kurz	mittel
Objektivität	mittel	mittel	hoch
Validität	mittel	mittel	mittel
Reliabilität	gering	hoch	hoch
Kosten	gering	mittel	hoch

1.5.3 Tests

DEFINITION

Psychodiagnostische Tests sind wissenschaftliche Verfahren zur quantitativen Erfassung von abgrenzbaren Merkmalen. Die Testverfahren sind hinsichtlich Durchführung, Auswertung und Interpretation standardisiert.

Testformen

In der Psychologie werden die verschiedenen Testverfahren nach folgenden Gesichtspunkten gruppiert:

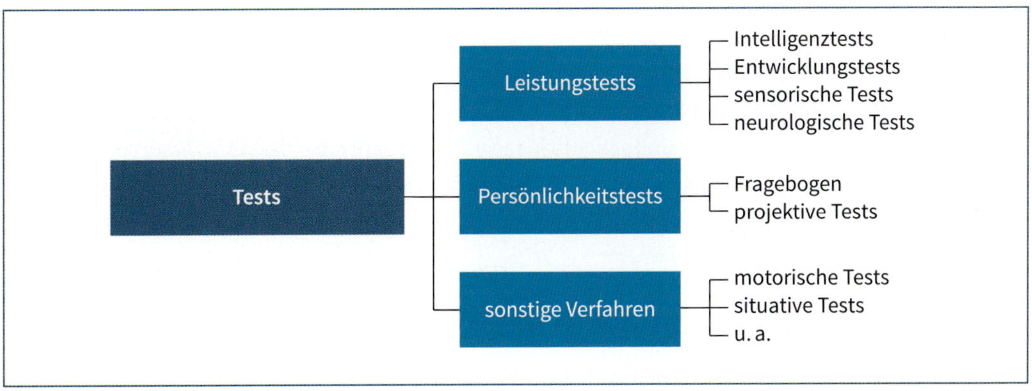

2 Aufgabenbereiche

Zu den Aufgabenbereichen des heil- und sonderpädagogisch Tätigen gehören Beratung, Therapie, Erziehung und Betreuung der Betroffenen (vgl. Ferrari, 1999).

	Beratung	Therapie	Erziehung	Betreuung
Zielsetzung	präventive, stärkende und helfende Maßnahmen, die in einem überschaubaren, kurzen Zeitraum angeboten werden	Förderung und Optimierung von Funktionsbereichen, um eine stabile, verbesserte Anpassung der Funktionen an die Anforderungen der Umwelt zu erreichen	Maßnahmen, die die Betroffenen in ihrer sozialen Rolle und in ihrer Einstellung zur Beeinträchtigung beeinflussen und formen	Aktivitäten, die auf das optimale Wohlbefinden der beeinträchtigten Menschen in allen Lebensbereichen abzielen; Erhaltung und Entwicklung der Lebensqualität
Vorgehen	mithilfe anregender und unterstützender Methoden lernt der Ratsuchende, Probleme aktiv und selbstgesteuert zu bearbeiten	Therapie erfolgt häufig in einer „künstlichen“ Umgebung, in der die Funktionen unter optimalen Bedingungen gezielt gefördert werden	Umsetzung der therapeutischen Maßnahmen im Alltag; Unterstützung der Behandlung in Abstimmung mit den Therapeuten	

2.1 Erziehung und Unterricht

2.1.1 Unterrichtsprinzipien

Der Unterricht mit beeinträchtigten Personen orientiert sich an den aus dem Bereich Didaktik-Methodik bekannten Lernprinzipien. Für das heil- und sonderpädagogische Vorgehen bei der Vermittlung von Lerninhalten sind folgende Prinzipien von Bedeutung (vgl. auch Wember, 2000, S. 343 f.):

Individualisierung und Passung

Die heil- und sonderpädagogische Hilfe geht vom individuellen Förderbedarf des Menschen mit Beeinträchtigung aus und will ihn in seinen eigenen Kompetenzen stärken. Bei dem methodischen Prinzip der Passung besteht die Aufgabe des Unterweisenden darin, die Unterrichtsanforderungen an den Entwicklungsstand des Lernenden anzupassen, um eine Über- bzw. Unterforderung zu vermeiden. Dies setzt eine präzise Analyse des

Lernstoffes mit seinen Anforderungsstufen voraus. Außerdem muss ein differenziertes Wissen über die Fähigkeitspotenziale und Kompetenzen des Lernenden (Erfassung des Entwicklungsstandes) vorhanden sein.

Stärkung der Persönlichkeit

Menschen mit Beeinträchtigung erfahren im Alltag aufgrund ihrer Leistungseinschränkungen häufig Misserfolge und werden dadurch verunsichert. Der Lernprozess ist deshalb im Schwierigkeitsgrad so zu gestalten, dass der Lernende zu Erfolgserlebnissen gelangt, damit sich Selbstvertrauen, Sicherheit und Lernfreude entwickeln können.

Didaktische Reduktion

Die didaktische Reduktion richtet sich nach den individuellen Möglichkeiten und kann sich im Extremfall auf elementarste Inhalte im Stoffgebiet beschränken. Die Vermittlung des Lerninhalts folgt der fachlichen Entwicklungslogik. Der Inhalt ist für die Lernenden in kleinste Schritte zu unterteilen.

Lebensnähe

Die Lerninhalte ergeben sich aus den Lebensbezügen der Lernenden und sollten auch wieder in ihrer Lebenswelt verankert werden. So kann ein nutzbares Umweltverständnis aufgebaut und die Lernenden für die Bewältigung von zukünftigen Aufgaben vorbereitet werden.

Anschauung

Das Maß an erforderlicher Veranschaulichung hängt vom Grad der Behinderung ab. Dem Lernenden sollen abgestimmt auf die Behinderung möglichst vielfältige Anschauungshilfen gegeben werden. Dazu gehören gesteuertes Handeln, Visualisierungshilfen und sprachliche Umschreibungen. Der Abstraktionsgrad der Anschauung reicht von der abstrakten verbalen Beschreibung der Abbildung bis hin zur Begegnung mit dem realen Objekt.

Ganzheitlichkeit

Die Unterrichtsinhalte werden fächerübergreifend aus dem Lebensalltag der Menschen mit Beeinträchtigung entnommen und orientieren sich nicht ausschließlich an der Fachsystematik. Dieses Vorgehen verbessert das Verstehen von Abläufen und führt zu einer Integration des Gelernten in vorhandene Wissensstrukturen.

Handlungsorientiertes Lernen

Ausgangspunkt für das geistige Erfassen des Lerninhalts ist die praktische Erfahrung mit dem Lerngegenstand. Daraus ergibt sich die Forderung nach einem handlungsorientierten Unterricht. Er sollte aber nicht nur das Tun, sondern auch die geistige Verarbeitung der Handlungserfahrung umfassen.

Wiederholung und Übung

Zur Festigung der Lernerfahrung ist ein häufiges Wiederholen erforderlich. Abhängig von den Entwicklungsmöglichkeiten besteht das Ziel in der Verankerung der Lernerfahrung im Langzeitgedächtnis. Das Üben sollte aber nicht nur aus Wiederholungen bestehen, sondern auch Variationen der Aufgabenstellung enthalten. Um dem Vergessen entgegenzuwirken und den Transfer des Gelernten zu erleichtern, muss bereits Gelerntes durch ständiges, variables Üben wieder aktualisiert und gefestigt werden.

Differenzierung

Im Mittelpunkt der Differenzierung in einer heterogenen Gruppe steht das Bilden von homogenen Lerngruppen, die als Untergruppen innerhalb des Gruppenverbandes bestehen (innere Differenzierung) oder gruppen- bzw. klassenübergreifend (z. B. Arbeitsgemeinschaften) als äußere Differenzierung gebildet werden können.

Selbsttätigkeit

Die Lernvermittlung sollte so angelegt sein, dass der Mensch mit Beeinträchtigung die Lernschritte durch eigenes Handeln verankern kann. Es besteht die Forderung, nichts zu tun, was nicht auch der Lernende selbst tun kann. Wichtig ist dabei die Auswahl und Gestaltung des Lernmaterials, die selbstgesteuertes Handeln anregt und zulässt.

Motivation

Der Lerninhalt sollte an den Interessen und der Bedürfnislage des Lernenden anknüpfen (Einstiegsmotivation). Während des Lernprozesses kann die Lernbereitschaft durch Verstärkung, Feedback über Lernfortschritte oder Methodenwechsel unterstützt werden (Verlaufsmotivation).

Soziales Lernen

Der Lernende sollte, soweit es die Beeinträchtigung zulässt, mit anderen gemeinsam lernen. Arbeitsformen wie Gruppen- oder Partnerarbeit stärken die soziale Kompetenz des Lernenden, verstärken das selbstgesteuerte, eigenverantwortliche Lernen, üben die Fähigkeit, Probleme im Team zu lösen und erhöhen die Lernbereitschaft.

2.1.2 Integrative Erziehung

In den letzten Jahren konnte man einen Paradigmenwechsel in der Betreuung von Menschen mit Behinderung beobachten. In der Vergangenheit wurde davon ausgegangen, dass der Förder**bedarf** und der Förder**ort** in Sonderschulen eng miteinander verknüpft sein sollten. Dieser Ansatz wurde aufgegeben und die Forderung nach einer Integration in Regeleinrichtungen wird lauter. Die Kritik an der Institutionalisierung und Professionalisierung der Hilfe lässt sich an zwei Argumenten verdeutlichen:

1. Aus der Sicht der Stigmatherorie wird der Vorwurf erhoben, dass mit der Herausnahme eines Menschen mit Behinderung aus seiner gewohnten Umgebung und der Überweisung in eine Sondereinrichtung die bestehenden Beeinträchtigungen eher verfestigt als „geheilt" werden. Durch die Zuweisung in Sondereinrichtungen verstärkt sich zudem die Stigmatisierung.
2. Ein weiterer Vorwurf richtet sich gegen den „Sozialindustrialismus", der dazu führt, dass mit zunehmender Spezialisierung und Professionalisierung der Helfenden der Mensch mit Behinde-

rung zu einem „Objekt“ der Hilfe wird. In großen Zentren für Menschen mit Behinderung erfolgt eine umfassende, aber bisweilen anonyme Betreuung. Die ganzheitliche Betrachtung sowie die Wertschätzung der Person gehen dabei verloren.

Aus der Ablehnung der zunehmenden Institutionalisierung und Professionalisierung des sonder- und heilpädagogischen Handelns entwickelten sich zahlreiche **Selbsthilfebewegungen**. In Deutschland sind ca. 10 000 Selbsthilfegruppen aktiv, die sich gegen eine Entmündigung von Menschen mit Behinderung, Eingriffe in das Privatleben usw. wenden. Dem Menschen mit Behinderung soll ein stärkerer Einfluss auf die Form der Hilfe zugestanden werden. Aus soziologischer Sicht wird die Entwicklung von Selbsthilfegruppen mit dem sozialen Wandel in der Familie verbunden. Menschen, die sich betroffen fühlen oder selbst betroffen sind, schließen sich den Selbsthilfegruppen an. Dabei entwickelt sich eine reversible Hilfebeziehung: Jeder, der gibt, empfängt auch und umgekehrt.

DEFINITION

Unter Integration wird die gemeinsame Teilnahme von Menschen mit und ohne Behinderung an allen Teilbereichen des öffentlichen Lebens verstanden.

Die Integration beinhaltet das räumliche, physische und soziale Zusammensein von Menschen mit und ohne Beeinträchtigung. Sie erfolgt in sozialen Institutionen wie Kindergarten, Schule und Beruf sowie in alltäglichen Situationen. Durch das gemeinsame Leben und Lernen wird einer möglichen Stigmatisierung entgegengewirkt. So erfährt der Mensch mit Behinderung nicht nur eine normale Beachtung durch Menschen ohne Behinderung, sondern es werden täglich Kontaktmöglichkeiten geschaffen. Aus dem Miteinander entwickeln sich eine gegenseitige Achtung und das Respektieren der bestehenden Besonderheiten und Bedürfnisse. Wie jede menschliche Beziehung ist die Integration kein Zustand, sondern ein lebendiger, dynamischer Prozess, der intensiver und wieder schwächer werden kann. Inwieweit die Integration gelingt, ist von vielen Faktoren abhängig. So wird die Integration erleichtert, wenn sich die Erzieherinnen und Lehrkräfte in den verschiedenen Institutionen sowie die Eltern von Kindern mit und ohne Behinderung dafür einsetzen und Begegnungsmöglichkeiten schaffen. Dazu müssen für den Bereich der Erziehungsinstitutionen die rechtlichen, organisatorischen, personellen und räumlichen Voraussetzungen geschaffen werden.

Wenn Integrationsversuche langfristig erfolgreich sein wollen, dann muss die Integration auf verschiedenen Ebenen stattfinden.

- **Innerpsychische Ebene:** Akzeptieren des Anderen in seiner individuellen Besonderheit
- **Interpersonelle Ebene:** gemeinsames Handeln von Menschen mit und ohne Behinderung
- **Institutionelle Ebene:** gemeinsame Erziehung in sozialpädagogischen Einrichtungen und gemeinsamer Unterricht in Regelschulen
- **Gesellschaftliche Ebene:** Teilnahme an der Gemeinschaft ohne aussondernde Bestimmungen wie Sonderschuleinweisung sowie Entwicklung einer integrativen Grundeinstellung der Gesellschaft

Die verschiedenen Ebenen stehen miteinander in einer Wechselbeziehung und beeinflussen sich gegenseitig. Die innerpsychische Auseinandersetzung mit dem Anderen ergibt sich gerade durch das gemeinsame Handeln mit beeinträchtigten Personen.

Eine Integration auf der institutionellen Ebene ist am weitesten im Kindertagesstättenbereich fortgeschritten. Neben den traditionellen Regelgruppen werden vermehrt **integrative Kindergruppen** gebildet. Die durchschnittliche Gruppengröße beträgt zwölf bis 15 Kinder, von denen drei bis vier Beeinträchtigungen aufweisen. Die gemeinsame Betreuung in integrativen Gruppen wird als eine Weiterentwicklung der Sonderbetreuung angesehen, da ein beträchtlicher heilpädagogischer und therapeutischer Aufwand erforderlich ist, der etwa der Betreuung in Sondereinrichtungen entspricht. Erfahrungen zeigen, dass die gemeinsame Erziehung von Kindern mit und ohne Behinderung für beide Gruppen förderlich ist. Dabei erfahren die Kinder vor allem im sozialen Bereich Lern-

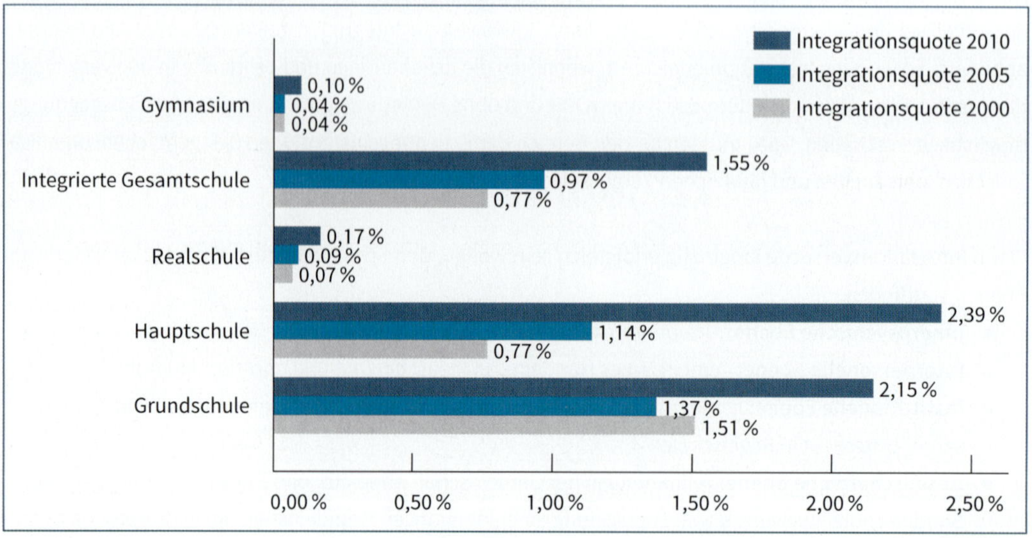

(vgl. Klemm, 2010)

anregungen. Der Einsatz von Montessori Material bietet eine gute Möglichkeit, alle Kinder entwicklungsgemäß und interessenbezogen zu fördern.

Auf der institutionellen Ebene wird die Integration am Beispiel der Beschulung von Förderschülern in Regelschulen deutlich. Die Übersicht veranschaulicht die Entwicklung der Integration für den Zeitraum 2000 bis 2010 für die verschiedenen Schulformen (vgl. Klemm, 2010). Im Jahr 2000 wurden 59 353 Förderschüler in Regelschulen aufgenommen, 2005 waren es bereits 70 728 Förderschüler und 2010 stieg die Zahl der Förderschüler in Regelschulen auf 108 642 Schüler an. Die Integrationsquote verdeutlicht, wie viele der Förderschüler in den verschiedenen Regelschulen aufgenommen wurden.

Die Integration in Regelschulen unterscheidet sich für die verschiedenen Beeinträchtigungsformen erheblich. In den beiden nachfolgenden Übersichten wird verdeutlicht, in welchem Umfang die allgemeinbildenden Schulen lernbeeinträchtigte und blinde Schüler aufnehmen.

Die Zahl der lernbeeinträchtigten Schüler verringerte sich seit 2000 (ca. 260 000 Schüler) kontinuierlich; 2005 waren es ca. 235 000 Schüler und 2010 noch ca. 200 000 Schüler mit einer Lernbeeinträchtigung. In diesem Zeitraum nimmt die Anzahl der lernbeeinträchtigten Schüler, die in allgemeinbildende Schulen aufgenommen wurden, beständig zu. So besuchten 11 % der lernbeeinträchtigten Schüler im Jahr 2000, 14 % im Jahr 2005 und 23 % im Jahr 2010 die allgemeinbildenden Schulen. Die nachfolgende Übersicht zeigt, in welchen Schulformen sie aufgenommen wurden:

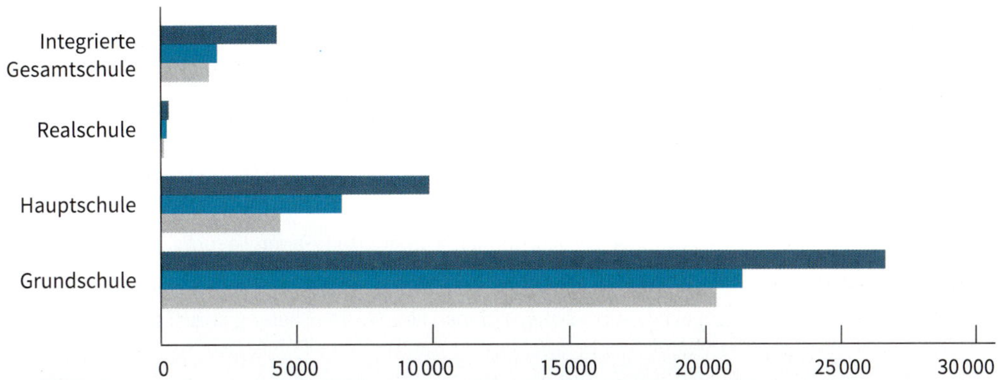

	Grundschule	Hauptschule	Realschule	integrierte Gesamtschule
2010	26658	9892	268	4292
2005	21358	6669	210	2098
2000	20405	4404	107	1784

(vgl. Klemm, 2010)

Im Vergleich zu den lernbeeinträchtigten Schülern ist die Zahl der sehbeeinträchtigten Schüler (ca. 5 000) deutlich geringer und im Zeitraum 2000 bis 2010 nahezu unverändert. Die Aufnahme sehbeeinträchtigter Schüler in allgemeinbildende Schulen erhöhte sich von 24 % im Jahr 2000 auf 31 % im Jahr 2010. Auffallend hoch ist die Zahl der sehbeeinträchtigten Schüler, die das Gymnasium besuchen:

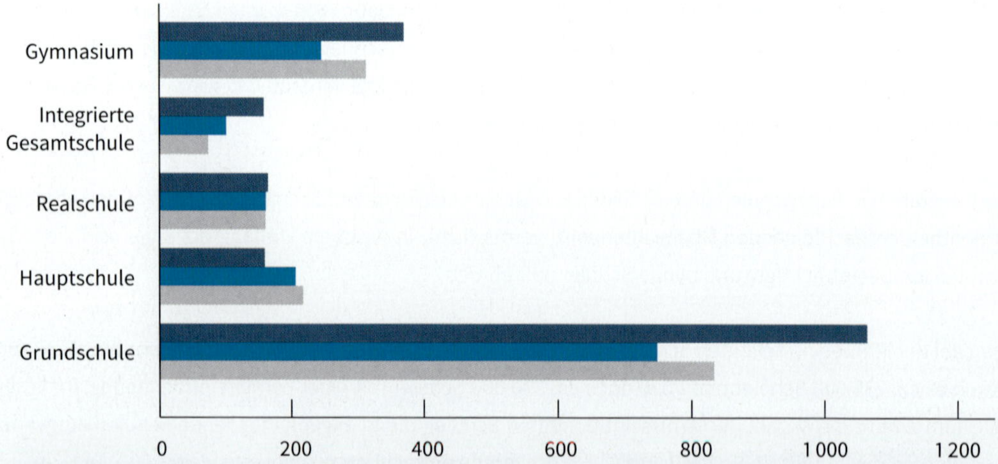

	Grundschule	Hauptschule	Realschule	integrierte Gesamtschule	Gymnasium
2010	1 064	160	165	159	370
2005	749	207	162	102	247
2000	834	218	161	74	313

(vgl. Klemm, 2010)

Die Normalisierung des Lebens auf einer gesellschaftlich akzeptierten Ebene berücksichtigt Nirje bereits 1974. Eine Integration sollte den Menschen mit Behinderung nicht von der Teilhabe am „normalen" Leben ausschließen. Nirje unterscheidet acht Zielbereiche, in denen eine Normalisierung anzustreben ist:

1. Normaler **Tagesrhythmus** nach familienähnlichen Abläufen wie Schlafen, Aufstehen, Frühstücken, Schule oder Arbeit, Freizeit usw.
2. Normaler **Wochenrhythmus** wie alle anderen Gleichaltrigen, d. h. 5–6 Arbeitstage, Wochenende, Ausflüge usw.
3. Normaler **Jahresrhythmus** wie Urlaub, Feste, Feiertage
4. Normaler **Lebenslauf** wie Familie, Kindergartenbesuch, Schule, Beruf, Ablösung vom Elternhaus
5. Normale **Anerkennung** wie Anerkennung der Rechte, Wünsche, Eigenheiten, Entscheidungen usw.
6. Normale **sexuelle Beziehungen** pflegen dürfen und Anerkennung als Sexualwesen

7. Normale **ökonomische Standards** durch Sicherung der wirtschaftlichen Existenz aufgrund eigener Arbeit, eigenen Geldes usw.
8. Normale **Einrichtungsstandards** wie eigenes Kinderzimmer, altersentsprechende Wohnung, so wie es beim Bevölkerungsdurchschnitt üblich ist

Für Nirje ist das Normalisierungsprinzip ein Vorgehen, um das Ziel der Inklusion zu verwirklichen. Die gesellschaftlichen Entwicklungen erfordern es, die Normalität beständig zu hinterfragen und sie den sich ändernden Lebensbedingungen anzupassen. Die Grenzen der Integration verdeutlicht Berges (vgl. 1998), der folgende Thesen gegen die Integration formuliert:

- **Pubertäts-Identitäts-These:** Die Integrationsaktivitäten sind bei Klein- und Schulkindern durchaus erfolgreich. In und nach der Pubertät lässt das Interesse der Kinder und Jugendlichen ohne Behinderung an den Kindern und Jugendlichen mit Behinderung deutlich nach. Es besteht oftmals kein Kommunikationsinteresse und den jungen Menschen mit Behinderung droht das soziale Abseits.
- **Systemthese:** Die Integration stößt in der Schule auf Grenzen und Widerstände. Das Schulsystem ist in der Sekundarstufe auf Differenzierung angelegt. Der Integrationsaspekt, obwohl er in den Empfehlungen der Kultusministerkonferenz von 1994 unterstützt wird, steht im Widerspruch zur Schulwirklichkeit.
- **Belastungs- und Kompetenzthese:** In den bestehenden Sondereinrichtungen wird die Förderung und Betreuung von Menschen mit Behinderung durch geschultes Fachpersonal unter behindertengerechten Bedingungen gewährleistet. Regeleinrichtungen mit Erziehungsfachkräften ohne eine sonder- bzw. heilpädagogische Qualifizierung erfahren dadurch eine Belastung in ihrem erzieherischen und schulischen Alltag. Viele Pädagoginnen fühlen sich im Umgang und in der Förderung von beeinträchtigten Kindern überfordert. Die Integration führt zu einer starken Heterogenität der Gruppe und damit zu einer weiteren Belastung.

Kritische Stellungnahme

Integration kann durch folgende Prinzipien charakterisiert werden (vgl. auch Theunissen und Schwalb, 2009, S. 11 f.):

- **Zwei-Welten-Prinzip:** Integration geht davon aus, dass zwei Welten existieren: die Welt der Menschen ohne Behinderung und die Welt der Menschen mit Behinderung. Die Gruppe der Nichtbeeinträchtigten wird als Normgruppe definiert. Der Fokus ist auf das Trennende bzw. die Unterschiede zwischen beiden Gruppen gerichtet. Diagnostische Verfahren bilden die Grundlage zur Abgrenzung der beiden Gruppen.
- **Überwindung von Segregation:** Integration setzt die Ausgrenzung der Menschen mit Behinderung voraus und ist bemüht, diese Ausgrenzung durch Eingliederung zu überwinden.
- **Strukturelle Integration:** Häufig beschränkt sich die Integration auf die strukturelle Eingliederung (z. B. Außenwohngruppen). Eine umfassende Integration, die über eine räumliche Integration hinausgeht und soziale, kulturelle sowie infrastrukturelle Aspekte berücksichtigt, gelingt selten.

- **Top-down-Prozesse:** Die Integration erfolgt häufig nach dem Top-down-Prinzip, indem Organisationen bzw. professionelle Helfer das Vorgehen bestimmen und die Betroffenen kaum einbezogen werden. So entwickeln Städteplaner ein Wohnkonzept zur Integration von Menschen mit Behinderung.
- **Selektion und Ausgrenzung:** Die Menschen mit Behinderung werden nach ihrer Integrationsfähigkeit eingestuft. Bei einem zu hohen Integrationsaufwand (z. B. Bedarf an Assistenz, Pflegebedarf) wird auf eine Integration verzichtet. Es kommt innerhalb der Gruppe der Menschen mit Behinderung zur Anwendung des „Zwei-Welten-Prinzips" auf die Gruppe der Integrationsfähigen und die Gruppe der Nichtintegrationsfähigen.

2.2 Beratung

Eine wichtige Aufgabe in der Arbeit mit beeinträchtigten Menschen ist die Beratung der Betroffenen und deren Angehörigen. Ein Beratungsbedarf kann auch darüber hinaus bei Selbsthilfegruppen und im Team bestehen.

DEFINITION

Unter Beratung wird nach Dietrich (1991[2]) eine eingreifende, vorbeugende und helfende Beziehung verstanden, die in Form sprachlicher Kommunikation mithilfe anregender und unterstützender Methoden innerhalb eines relativ kurzen Zeitraums bei einem Ratsuchenden Lernprozesse aktiviert, die seine Selbsthilfebereitschaft, Selbststeuerungsfähigkeit und Handlungskompetenz zur Problemverminderung verbessern.

Bei der Analyse von Rollen und Funktionen in der Beratung unterscheiden Sickendiek, Engel und Nestmann (2008[3]) wachstumsfördernde und heilende Funktionen.

- **Präventive Funktion:** In der Beratung werden Problembereiche frühzeitig erkannt, damit vorbeugend Maßnahmen eingeleitet werden können. Dieses Vorgehen stärkt die risikomindernden Schutzfaktoren (Resilienz des Kindes). Das Auftreten des Problems wird dadurch vermindert bzw. verhindert. Häufig steht in sozialen Berufen der helfende Aspekt im Vordergrund und die Ursachen, auf die sich präventives Handeln bezieht, bleiben unbeachtet. Der präventive Aspekt ist im medizinischen Bereich wesentlich stärker ausgebildet.
- **Wachstumsfördernde Funktion:** Die Potenziale und Ressourcen der eigenen Person und Situation, mit denen das Problem selbst bewältigt werden kann, werden im Beratungsgespräch bewusst gemacht. Dem Ratsuchenden werden seine Möglichkeiten und Stärken verdeutlicht. So kann das Beratungsgespräch zu einer Ressourcenplanung, -erweiterung und -erhaltung führen. Im Verständnis des Empowermentkonzepts und der Teilhabestrategie werden die selbsthelfenden Potenziale des Ratsuchenden aktiviert und die Durchsetzungsfähigkeit erhöht.

- **Helfende Funktion:** Die Ratsuchende erhält Hilfen, Anregungen und Impulse zur aktiven Auseinandersetzung und Bewältigung ihres Problems.

Für den heilpädagogischen Bereich sind folgende vier Beratungsformen bedeutsam: Einzelberatung, Familienberatung, Selbsthilfegruppen und Supervision.

Einzelberatung

Die Einzelberatung ist in der Sozialarbeit häufig vorzufinden. Im Mittelpunkt der Beratung steht das individuelle, subjektiv erlebte Problem des Ratsuchenden. Der Berater versetzt sich in die Situation des Betroffenen (Problemperspektive), damit er das Problem und die Betroffenheit des Ratsuchenden umfassend verstehen kann.

Der Vorteil der Einzelberatung besteht in der intensiven Auseinandersetzung mit der Situation des Ratsuchenden und der Möglichkeit, individuelle Hilfestrategien zur Problembearbeitung und -lösung zu entwickeln. Der persönliche Bezug wird in der Einzelsituation schneller aufgebaut, da die Probleme nicht vor anderen ausgebreitet werden müssen. Die Beratungssituation stellt einen Schutzraum dar, in dem der Ratsuchende sich offen und frei äußern kann. Die Fixierung des Ratsuchenden auf einen bestimmten Berater kann jedoch zum Problem werden und den erforderlichen Ablösungsprozess erschweren.

Familienberatung

Diese Beratungsform umfasst die Beratung der gesamten Familie, Ehe- oder Paarberatung, Eltern-Kind-Beratung sowie die Beratung von Kindern und Jugendlichen bei Anwesenheit von Familienmitgliedern. Die Teilnahme am Beratungsgespräch sollte auf Freiwilligkeit beruhen. Dieses Prinzip wird durchbrochen, wenn Kinder von ihren Eltern „zum Wohlergehen des Kindes“ zur Teilnahme gezwungen werden.

Selbsthilfegruppenberatung

Die Beratung von Selbsthilfegruppen steht im Widerspruch zur Idee vieler Selbsthilfegruppen, sich von einer professionellen Betreuung bewusst zu lösen, um eigene Kräfte, Erfahrungen und Ressourcen zu nutzen. Die Beratung bezieht sich auf folgende Bereiche:

- Beschaffung geeigneter Räumlichkeiten, Mittel oder Materialien
- Beratung von Personen, die eine Selbsthilfegruppe aufbauen wollen
- Beratung zur Gestaltung von Kommunikations- und Gruppenregeln sowie zur Steuerung des Gruppenprozesses
- Beratung bei Gruppenkonflikten, die nicht gruppenintern lösbar sind
- Beratung in Fragen der Öffentlichkeitsarbeit sowie zur Kontaktanbahnung mit anderen Institutionen

Supervision

Die Supervision dient der Aufarbeitung der Berufsrolle. Diese Beratungsform kann sich auf das Team oder Einzelpersonen beziehen. Im Rahmen dieses Beratungskonzepts wird in der Regel das Handeln im Team kritisch überprüft, um dessen Effizienz und Effektivität zu steigern. Dies ist im Rahmen des Qualitätsmanagements ein immer wichtiger werdender Gesichtspunkt. Die Supervision umfasst die Analyse von Teamstrukturen, Gruppenprozessen und Konflikten (Interaktions- und Beziehungsprobleme). Fehlerhafte Strukturen, Einstellungen und Abläufe sowie mögliche Blockaden, die einer Problemlösung im Wege stehen, werden durch den Supervisor thematisiert und im Team aufgearbeitet.

Die Supervision kann in acht Phasen unterteilt werden (vgl. Mutzeck, 2000, S. 573 f.):

1. **Problembeschreibung:** Die Problemsituation und die ausgelösten Gefühle werden genau geschildert.
2. **Perspektivenwechsel:** Im Rollenwechsel wird die Sichtweise der am Problem beteiligten Personen bewusst gemacht.
3. **Problemanalyse:** Handlungszusammenhänge werden herausgearbeitet und der Sinn bzw. die Funktion der Handlungen hinterfragt.
4. **Benennung der Unzufriedenheit:** Es wird überlegt, welche Unzufriedenheiten bestehen und wie stark der persönliche Leidensdruck ist.
5. **Zielformulierung:** Aus der Unzufriedenheit können Handlungsziele abgeleitet werden, die kurz- und langfristig angestrebt werden.
6. **Entwicklung von Lösungen:** Der Ratsuchende wird aufgefordert, möglichst viele unterschiedliche Lösungsvorschläge zu entwickeln, die zunächst unbewertet gesammelt werden.
7. **Bewertung der Lösungsalternativen und Entscheidung:** Die Umsetzungsmöglichkeiten der Lösungsalternativen werden bewertet und der Lösungsweg, der am besten zur Person und Situation passt, wird ausgewählt.
8. **Realisierung der Lösung:** Der Weg zur Verwirklichung der Lösung wird in Handlungsschritte unterteilt und im Hinblick auf die Umsetzung reflektiert. Umsetzungshindernisse werden herausgestellt und mit Hilfen versehen.

Die **kollegiale Beratung** stellt eine Sonderform der Supervision dar. Das Beratungskonzept (Ziele, Inhalte, Methoden) ist weitgehend gleich, an die Stelle des Supervisors tritt jedoch ein Teammitglied.

Beratungsstrategien

Folgende Methoden und Beratungsstrategien haben sich als erfolgreich erwiesen:

- **Erweiterung des Problembewusstseins:** In der Beratung werden Gewohnheiten und Rituale kritisch hinterfragt. Die Ratsuchende wird angeregt, alternative Zielvorstellungen und, durch einen Perspektivenwechsel, neue Sichtweisen zum Problem zu entwickeln.
- **Unterbrechen von Handlungsketten:** Der Alltag wird durch den Einsatz wiederkehrender Handlungsketten, die automatisiert ablaufen, erleichtert. Fehlerhafte bzw. problemfördernde Handlungsmuster werden durch Fragen und das Einfordern von Begründungen unterbrochen.
- **Vereinfachen von Sachverhalten:** Komplexe Situationen stellen für die Problemlösung durch die Ratsuchende ein schwer zu überwindendes Hindernis dar. In der Beratung kann die Komplexität vermindert werden, wenn zunächst in einem schrittweisen Vorgehen Teilaspekte ausgewählt und bearbeitet werden.
- **Konfrontieren mit Problemen:** Die Beraterin wirkt dem üblichen Vermeiden von unangenehmen Problemauseinandersetzungen entgegen, indem sie Konfliktbereiche offen anspricht.
- **Erhöhen der Selbstbeteiligung:** Der Ratsuchende wird zur Selbstbeobachtung und Selbstbewertung aufgefordert. Er soll selbst Ziele definieren, die mit Eigeninitiative verknüpft werden.
- **Einsetzen von Modellen:** Die Übernahme von Verhaltensweisen, Lösungsstrategien, Haltungen oder Gefühlen erfolgreicher Personen kann die Verhaltens- und Verarbeitungsmöglichkeiten des Ratsuchenden erweitern.
- **Bereitstellen von Erklärungen:** Im Beratungsgespräch können der Ratsuchenden Ursachenerklärungen angeboten werden, damit das Problem neu überdacht und bewertet werden kann. Die gemeinsame Analyse von Hintergrundinformationen und Erklärungsmustern fördert die Problemlösung durch die Ratsuchende.
- **Herausstellen von Problemdimensionen:** Der Berater kann das Gespräch gezielt auf wichtige, bislang unbeachtete oder problematische Aspekte lenken. Ein Abschweifen oder Ausweichen soll verhindert werden.

2.3 Prävention

DEFINITION

Unter Prävention (lat praevenire = zuvorkommen, verhüten) werden alle vorbeugenden Maßnahmen zusammengefasst, die dazu dienen, frühzeitig Fehlentwicklungen zu verhindern.

Heinrichs und Lohaus geben folgende Übersicht zu den Dimensionen der Prävention:

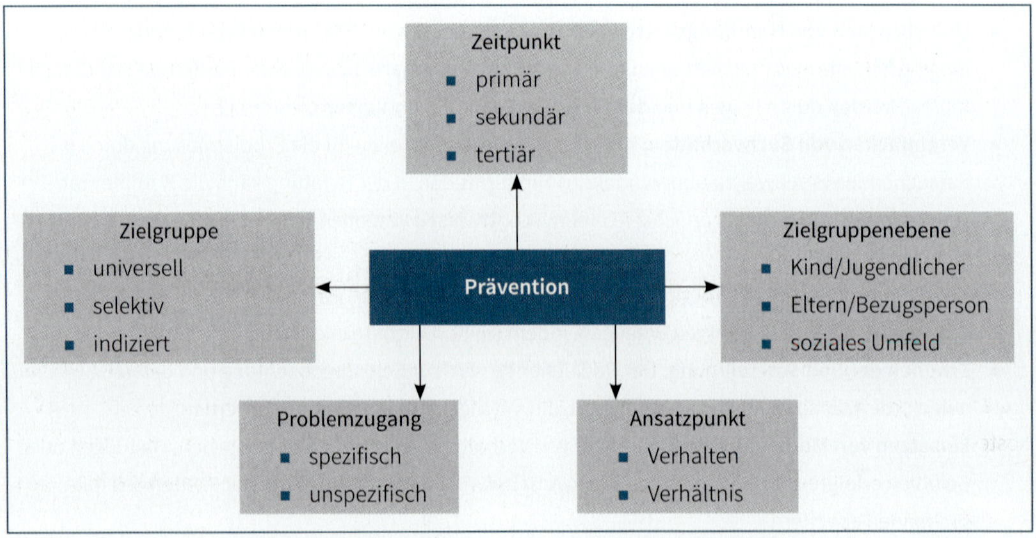

(Quelle: Heinrichs und Lohaus, 2011, S. 63)

Die Präventionsansätze unterscheiden sich hinsichtlich des Zeitpunkts.

- Die **Primärprävention** setzt früh bei den Ursachen an und soll das Auftreten der Störung verhindern. Einige Präventionsprogramme, die sich auf das frühe Erkennen und Verhindern von Störungen beziehen, beginnen bei der Schwangerschaftsvorsorge und der Geburtsüberwachung. Aufgrund der Pränataldiagnostik können körperliche Schädigungen bereits in den ersten Schwangerschaftsmonaten erkannt und in Beratungsgesprächen mit den Eltern angesprochen werden.
- Die **Sekundärprävention** zielt auf die aufrechterhaltenden Einflussgrößen ab und versucht, bei einer vorliegenden Beeinträchtigung auf die weitere Entwicklung der Störung Einfluss zu nehmen. Zur Früherkennung von Verhaltensabweichungen bzw. sogenannten Risikokindern können verschiedene Screening-Tests eingesetzt werden. Bei ersten Hinweisen z. B. von Sprachauffälligkeiten können zur Vermeidung von Sprachentwicklungsstörungen im Elementarbereich Trainingsprogramme für pädagogische Fachkräfte und Eltern durchgeführt werden.
- Bei der **Tertiärprävention** geht es um die Minimierung zusätzlicher Folgen von bereits eingetretenen Störungen.

Hinsichtlich des angesprochenen Personenkreises können drei Zielgruppen der Präventionsansätze unterschieden werden.

1. **Universelle Prävention:** Die universelle Form der Prävention richtet sich ohne Einschränkungen an die Gesamtbevölkerung. Es liegen bei den Personen weder Auffälligkeiten noch ein erhöhtes Risiko vor (z. B. Informationsmaterial über gesunde Ernährung).
2. **Selektive bzw. gezielte Prävention:** Bei der selektiven bzw. gezielten Prävention werden gezielt Personen mit einem erhöhten Risiko für das Auftreten von Auffälligkeiten angesprochen (z. B. Aufklärung von Jugendlichen über die Gefahren des Substanzmissbrauchs).
3. **Indizierte Prävention:** Die indizierte Form spricht Personen an, die bereits durch Vorläuferprobleme oder eine geringe Ausprägung einer Störung auffällig geworden sind (z. B. Aufklärung von Rauchern über Auswirkungen in der Schwangerschaft).

Eine **universelle Prävention** ist oft sehr teuer und aufwendig, die Wirkung und die damit verbundenen Vorteile dagegen können nur unzureichend bestimmt werden, sodass es schwerfällt, Geldgeber vom Nutzen der universellen Prävention zu überzeugen. Viele der Angesprochenen benötigen keine Hilfe.

Eine **gezielte Prävention**, die selektiv oder indiziert sein kann, ist besser auf die Zielgruppen abgestimmt, bietet störungs-/behinderungsspezifische Hilfen an und ist im Vergleich zur universellen Prävention weniger kostenintensiv. Ein gezieltes Ansprechen der Betroffenen setzt voraus, dass zuverlässige Auswahlverfahren (z. B. Screening-Tests) eingesetzt werden können. Da bereits Auffälligkeiten vorliegen, werden die Hilfen relativ spät angeboten.

Die Prävention bezieht sich auf den gesamten Lebenskontext des Kindes und seine Entwicklungsbedingungen, d. h., die Prävention setzt beim Kind, den Eltern bzw. Bezugspersonen sowie der Umwelt des Kindes an.

- Die **kindzentrierten Präventionsansätze** setzen bei dem einzelnen Kind bzw. Jugendlichen an. Die Früherkennungsuntersuchungen U1 bis U9 überprüfen den gesundheitlichen Zustand von Kindern bis zum 6. Lebensjahr. Die Untersuchungen umfassen zusätzlich u. a. auch die geistige und sprachliche Entwicklung des Säuglings und Kleinkindes.
- Die **elternspezifischen Präventionsansätze** versuchen, die Erziehungskompetenzen der Eltern zu stärken. Selten sind die Präventionsprogramme der Eltern auf bestimmte Störungsformen ihrer Kinder ausgerichtet.
- Die **lebensumfeldbezogenen Präventionsansätze** werden beispielsweise in Kindertagesstätten und Schulen durchgeführt. Die Präventionsinhalte wie Konfliktlösungsmanagement, Rauchen, Drogenabhängigkeit, gesunde Ernährung werden von den pädagogischen Fachkräften allen Kindern einer Gruppe bzw. Klasse vermittelt.
- Die Ansatzpunkte der Prävention sind zum einen das Verhalten und zum anderen die Lebensverhältnisse bzw. Umweltbedingungen, in denen die Personen leben. Ein verhaltensorientiertes Präventionsprogramm verfolgt folgende Strategie:

Ablauf	Vorgehen
Problembewusstsein erzeugen	Problematik über Medien (z. B. Fernsehberichte, Tageszeitung, Plakate) darstellen
Wissen vermitteln	Kurzinformationen über den Problembereich (z. B. Ernährung, Aggressionen, Ängste, Drogenmissbrauch, Jugendkriminalität, Rauchen)
Motivation aufbauen	gut erreichbare Hilfsangebote für Eltern und Bezugspersonen anbieten, Eltern gezielt ansprechen; Konsequenzen bei Untätigkeit aufzeigen
Kompetenzen trainieren	gezieltes Elterntraining anbieten, um den richtigen Umgang mit dem Kind/Jugendlichen und dem Problem zu vermitteln; Einüben und Erlernen von neuen Verhaltensweisen (z. B. durch Rollenspiele, mentales Training, Übungen)
Kompetenzen stabilisieren	nach dem Training weitere Elterntreffen zum Erfahrungsaustausch und weiterem Training der Kompetenzen vorsehen
Umgebung kontrollieren	durch Kontrollen oder gesetzliche Regelungen (z. B. Werbeverbot für Zigaretten) der Gefährdung entgegenwirken

Wird die Breite des Spektrums, das durch die Präventionsansätze abgedeckt wird, berücksichtigt, dann können **problemspezifische und problemunspezifische Vorgehensweisen** unterschieden werden. Bei den problemunspezifischen Strategien werden die Schutzfaktoren angesprochen, um die Ressourcen des Kindes zur Bewältigung von herausfordernden Lebenssituationen zu stärken. Die problemspezifischen Strategien sind auf begrenzte Problembereiche fokussiert (z. B. Ängste, Aggressivität, Ernährung).

Gute Präventionsprogramme weisen folgende Merkmale auf:

- Einsatz unterschiedlicher Methoden zur Verhaltensänderung
- ausreichende Intensität des Vorgehens
- strukturierter, standardisierter Ablauf
- Einsatz qualifizierter Trainerinnen
- beziehungsfördernde Wirkung
- frühzeitiger Beginn (Primärprävention)
- langfristige Ausrichtung
- Berücksichtigung kultureller Besonderheiten
- Überprüfung der Wirksamkeit (Evaluation)

Die Überprüfung der Effektivität (Grad der Zielerreichung) und Effizienz (Aufwand-Nutzen-Bewertung) präventiver Maßnahmen gestaltet sich schwierig. Der Nachweis, dass ein Ereignis, das nicht eingetreten ist (z. B. ein Jugendlicher raucht nicht, ein Kind zeigt kein aggressives Verhalten), auf eine präventive Maßnahme zurückgeführt werden kann, ist kaum möglich. In großen Studien (z. B. Verminderung des Alkoholkonsums bei Jugendlichen) konnten kurzfristige Erfolge nachgewiesen werden. So verminderte sich nach der Präventionskampagne „Alkohol? Kenn dein Limit.“ der Anteil von Jugendlichen, die zwischen zwölf und 17 Jahren einmal im Monat einen Rausch haben, von 20 % auf 15 %. Inwieweit dieser Rückgang allein auf die Präventionskampagne zurückgeführt werden kann, ist kaum belegbar, und inwieweit eine langfristige Einstellungsänderung gegenüber einem übermäßigen Alkoholkonsum bewirkt werden konnte, wurde nicht überprüft.

Verschiedene Studien zu Wirksamkeit von Präventionsmaßnahmen zeigen, dass universelle Präventionsmaßnahmen nur eine geringe, vorübergehende Wirkung haben. Auch ein gezieltes Elterntraining zur Steigerung der Kompetenzen führt zu geringen Kompetenzverbesserungen (vgl. Beelmann, 2006).

2.4 Therapiemaßnahmen

Zur **Gesundheitsförderung** gehören u. a. Schutzimpfungen, Ernährungsberatung und Umweltschutz. Sie richtet sich an die **Gesamtbevölkerung** und beabsichtigt die Stärkung von Abwehrkräften und die Verringerung des Risikos von Beeinträchtigungen. Zur Vorbeugung gehören die Aufklärung über die Entstehung und Vermeidung von Krankheiten sowie Tests zur Früherkennung.

Die **Prävention** spricht mit den vorbeugenden Maßnahmen **potenzielle Risikogruppen** an, die aufgrund erkennbarer Risikofaktoren wie Alkoholkonsum, Alter oder Suchtverhalten frühzeitig identifizierbar sind.

Sind erste Störungsanzeichen erkennbar, so setzt im Frühstadium der Erkrankung die **Kuration** (= Heilmaßnahme) ein. **Akut Erkrankte** werden medizinisch behandelt bzw. therapiert. Dazu gehören z. B. Verhaltenstherapie oder Logopädie.

Liegen **chronische Erkrankungen** vor, die zu einer dauerhaften Beeinträchtigung führen, dann sind **Therapien** erforderlich, die auf eine Heilung oder weitestmögliche Verbesserung im fortgeschrittenen Krankheitsstadium abzielen.

Zur Behandlung von langfristigen Krankheitsfolgen werden Maßnahmen der **Rehabilitation** ergriffen. Mithilfe dieser Behandlungsansätze sollen Rückfälle und Folgeerkrankungen vermieden, der aktuelle Entwicklungsstand stabilisiert und kompensatorische Maßnahmen eingeleitet werden, um Menschen mit Behinderung ein möglichst eigenständiges und störungsfreies Leben zu ermöglichen.

In der Therapie kommen zahlreiche Verfahren zum Einsatz. Abhängig von den theoretischen Grundlagen können die Therapieformen folgenden fünf Hauptrichtungen zugeordnet werden. In der Übersicht werden die wichtigsten Therapieformen berücksichtigt (vgl. Barth u. a., 2007[2], S. 317):

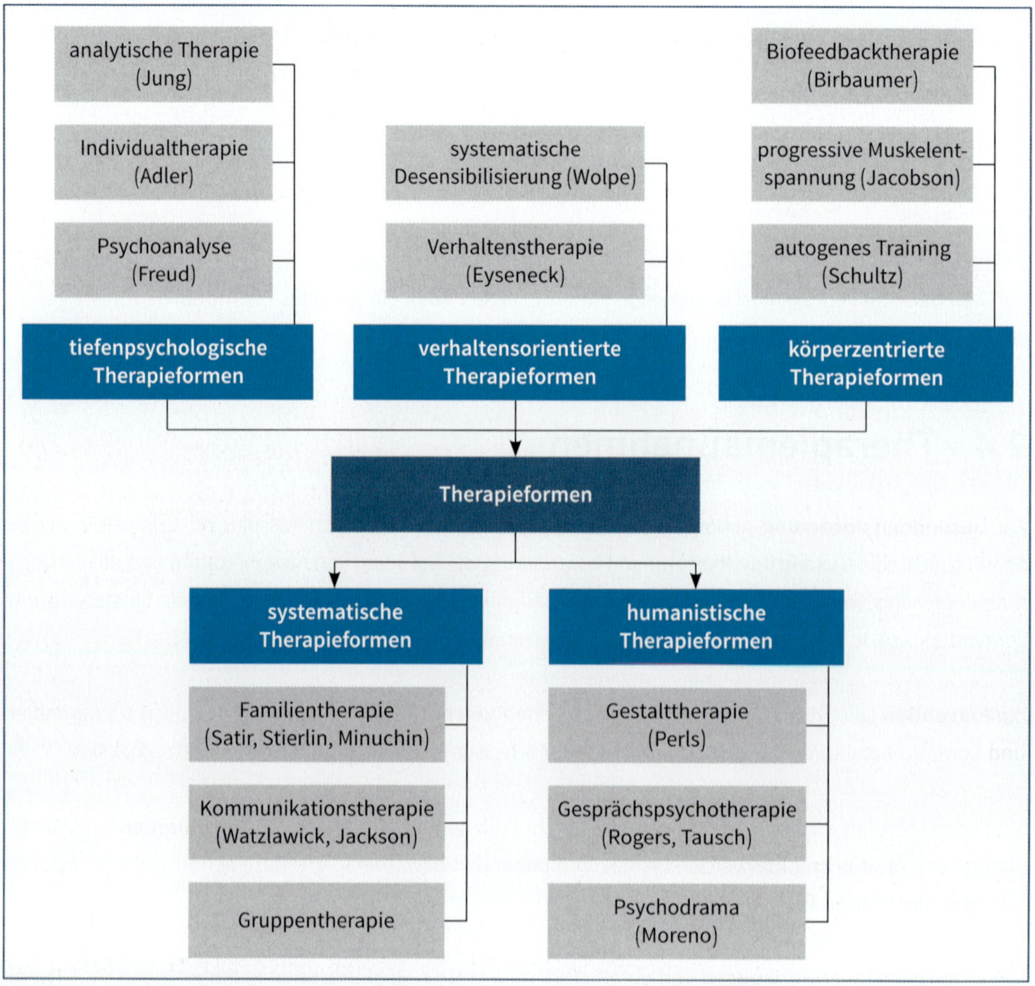

Bei der Planung von Therapiemaßnahmen ist die Passung zwischen Therapeut und Klient sowie zwischen Therapieform und Störungsbild zu beachten. So ist die Verhaltenstherapie beim Abbau von Phobien (Ängsten) erfolgreich einsetzbar. Einen erheblichen Einfluss auf die Wirksamkeit der Therapie hat außerdem die Beziehung zwischen Therapeut und Klient. Dieser muss sich verstanden fühlen und Vertrauen aufbauen, um sich selbst zu öffnen und sich am Therapieprozess aktiv zu beteiligen. Wenn die Passung nicht gelingt, sind Therapieabbrüche zu beobachten. Die nachfolgende Abbildung verdeutlicht die Wechselbeziehungen zwischen Therapie und Störung sowie Therapeut und Klient.

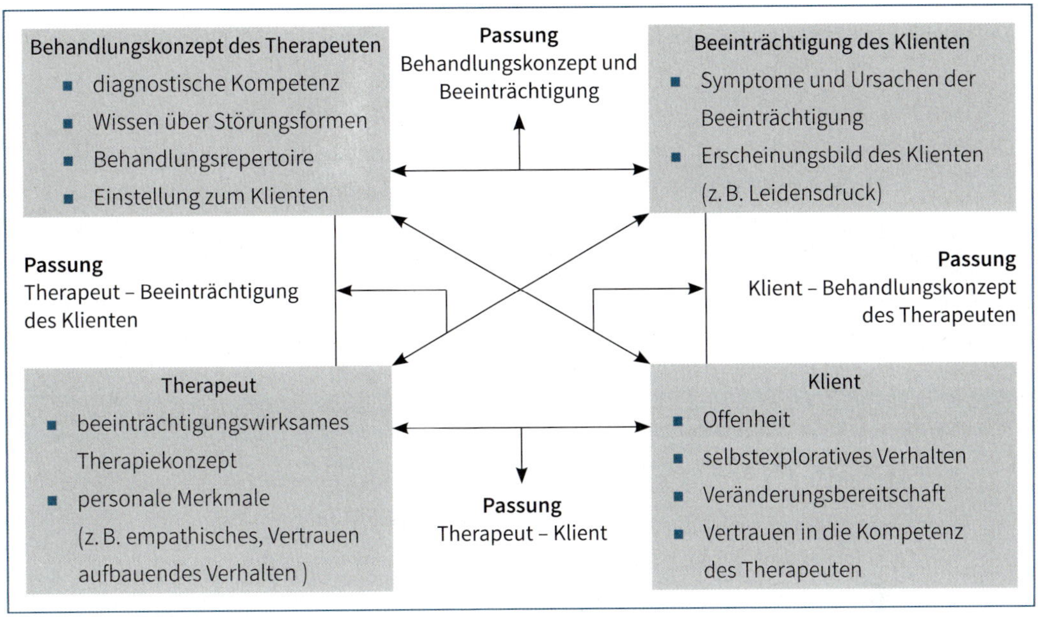

Allgemeines Therapiemodell (vgl. Eckert, 2000², S. 421)

Zur Einschätzung der Passung von Therapeut und Klient dient das Erstgespräch, bei dem u. a. Therapieziele und Vorgehensweisen sowie die Form der Beeinträchtigung und die Erwartungen des Klienten konkretisiert werden.

2.4.1 Verhaltenstherapie

DEFINITION

Zur Verhaltenstherapie gehört eine Gruppe von Behandlungsverfahren, die auf den Wirkmechanismen der verschiedenen Lerntheorien beruht. Im Mittelpunkt steht das aktuelle, sichtbare Verhalten, das gezielt verändert wird.

Folgende Merkmale kennzeichnen das verhaltenstherapeutische Vorgehen (vgl. Mattejat, 2008, S. 48).

- **Empirische Ausrichtung:** Die Verhaltenstherapie ist empirisch orientiert, da sie auf wissenschaftlichen Erkenntnissen der Lerntheorien beruht, die sie überprüfbar und beobachtbar anwendet. Dabei werden objektive, valide und reliable Messverfahren eingesetzt.
- **Problemorientierung:** Im Mittelpunkt der Verhaltenstherapie steht die individuelle Beeinträchtigung, für die problem- und personenspezifische Therapiestrategien entwickelt werden.
- **Bedingungsanalyse:** In der Verhaltenstherapie werden Einflussgrößen, die das problematische Verhalten auslösen und aufrechterhalten, analysiert und in die Therapie integriert.
- **Zielorientierung:** Die Therapeutin vereinbart mit dem Klienten gemeinsam klare Ziele, was die Bereitschaft des Klienten zur Unterstützung der therapeutischen Maßnahmen erhöht.

- **Handlungsorientierung:** Die Verhaltenstherapie geht über das Gewinnen von neuen Einsichten hinaus. Im Zentrum steht der systematische Aufbau von problemvermindernden Verhaltens- und Verarbeitungsweisen.
- **Alltagsnähe:** Die Wirksamkeit der Verhaltenstherapie ist nicht auf die therapeutische Situation beschränkt. Da reale Lebenssituationen bearbeitet werden, sind die therapeutischen Erfolge auch im alltäglichen Lebensumfeld des Klienten wirksam.

Ausgangspunkt und Grundlage einer Verhaltenstherapie stellt die von Kanfer und Saslow (1965) entwickelte **Verhaltensgleichung** (SORKC-Modell) dar, die folgende Elemente umfasst:

S → O → R → K → C		
S	=	Stimulus, Reiz, Situation als Umwelteinfluss, der das Symptom bedingt
O	=	Organismusvariablen (Reizaufnahme, -verarbeitung, -weiterleitung)
R	=	Reaktion, Verhalten, Symptom
K	=	Kontingenz; Häufigkeit bzw. Regelmäßigkeit, mit der auf die Reaktion die Konsequenz (C) folgt
C	=	Konsequenz mit folgenden Formen: C + = positive Konsequenz (Belohnung) C – = negative Konsequenz (Bestrafung) $\not{C}+$ = Wegnehmen eines positiven Zustandes (Entzugsstrafen) $\not{C}-$ = Wegnehmen eines unangenehmen Zustandes (negative Verstärkung)

Auf der Basis der Verhaltensgleichung wird eine **Verhaltensanalyse** durchgeführt, die folgende Ziele verfolgt:

1. Bei der **Strukturierung des Problems** können der aktuelle Zustand und mögliche Kompetenzen des Betroffenen für die Lösung seines Problems abgeleitet werden. Zudem werden die Erwartungen und Zielvorstellungen der Betroffenen deutlich.
2. Die **Analyse der Bedingungen** bestimmt die Einflüsse, die zur Auslösung und zur Aufrechterhaltung des Störungsbildes beitragen.
3. Die **Analyse der Störung** beschreibt das Problemverhalten des Betroffenen näher. Der Einfluss von organischen Beeinträchtigungen und äußeren Rahmenbedingungen kann erkundet werden.
4. Bei der **Planung der Therapie** werden Ansatzpunkte für die geplante Therapie, die Einstellung des Betroffenen zu möglichen Maßnahmen und die Erfahrungen mit bisher durchgeführten Maßnahmen aus der Verhaltensanalyse abgeleitet.

Verhaltensanalyse		
Bereich	**Element**	**Fragestellungen**
Auftretens-bedingungen	S	▪ **Wann** tritt das Verhalten auf (Wochentag, Tageszeit)? ▪ **Wo** tritt das Verhalten auf (z. B. im Freien, in der Bauecke)? ▪ **Wer ist beteiligt** (bestimmte Kinder, Betreuer, Eltern usw.)? ▪ **In welchen Situationen ist das Verhalten zu beobachten** (z. B. beim Bringen, Abholen, Stuhlkreis oder Freispiel oder bei den Hausaufgaben)?
körperliche Bedingungen	O	▪ **Welche Beeinträchtigungen** liegen vor (Krankheiten, Behinderungen)? ▪ **Welche Beziehung** besteht zwischen der Auffälligkeit und der Beeinträchtigung? ▪ Inwieweit beeinflussen die körperlichen Bedingungen die geplanten Veränderungsmaßnahmen?
Verhalten	R	▪ **Wie zeigt sich auffälliges Verhalten** (Erfassung durch eine strukturierte Beobachtung)? ▪ **Wie häufig** tritt das Verhalten auf?
Auswirkungen	K	▪ **Wie regelmäßig** erfolgen die Konsequenzen/Auswirkungen? ▪ **Wie konsequent** verhalten sich die Beteiligten?
	C	▪ **Wie reagieren Beteiligten** auf das Verhalten (Belohnung, Bestrafung)? ▪ **Welche Vor- bzw. Nachteile erlebt der Betroffene selbst** (z. B. Zuwendung, Aufmerksamkeit, Schonung, Ablehnung, Zurückweisung)? ▪ **Welche Vor- und Nachteile haben andere Personen** (z. B. willkommene Auflockerung der Situation, Störung, Ablenkung)?
Umweltbedingungen	▪ Inwieweit entsprechen die Auffälligkeiten den **Normen und Wertvorstellungen des sozialen Milieus**? ▪ Liegen einschneidende **Umfeldveränderungen** vor (z. B. Scheidung, Umzug, Schulwechsel, Tod von Bezugspersonen)? ▪ **Welche Rollenkonflikte** erlebt der Betroffene?	
soziale Beziehungen	▪ **Welche Bezugspersonen und -gruppen** hat der Betroffene? ▪ Welche Personen/Gruppen üben einen **positiven Einfluss** aus? ▪ Welche Personen/Gruppen **provozieren** das Verhalten? ▪ Welche Personen können **bei einer Veränderung einbezogen** werden?	
Motivation für die Veränderung	▪ **Warum** soll das Verhalten geändert werden? ▪ **Wie sieht der Betroffene selbst seine Situation?** ▪ **Welche Konsequenzen** hat ein Erfolg/Misserfolg für den Betroffenen und die Heilpädagogin?	

Verhaltensanalyse		
Bereich	**Element**	**Fragestellungen**
bisherige Veränderungsmaßnahmen	▪ **Welche Maßnahmen** wurden bislang eingeleitet? ▪ **Wer** hat diese Maßnahmen **in welchen Zeiträumen** durchgeführt? ▪ **Wie erfolgreich** waren diese Maßnahmen? ▪ **Welche Vermeidungs- bzw. Bewältigungsstrategien** setzt der Betroffene selbst ein?	

Die verschiedenen Formen der Verhaltenstherapie lassen sich den Elementen der Verhaltensgleichung zuordnen:

S **Verfahren zur Stimuluskontrolle**
systematische Desensibilisierung, Implosionstechnik (Reizüberflutung), Gegenkonditionierung, Löschung/Extinktion

↓

O **Verfahren zur Reizverarbeitung im Organismus bzw. Selbstkontrolltechniken**
Gedankenstopp, Selbstkontrollkarten, Selbstinstruktionstraining, Selbstkontrolltechniken

↓

R **Verfahren zur direkten Verhaltensbeeinflussung**
Shaping, Forming, Prompting, Fading, Chaining

↑

K **Verfahren zum kontrollierten Verstärkereinsatz**
Kontingenzmanagement, Tokensysteme (Münzverstärkung)

↑

C **Verfahren zur Kontrolle der Konsequenzen**
Aversionstherapie (Bestrafungsverfahren), Time-out-Technik, Löschung

Systematische Desensibilisierung

Dieses Verfahren gehört zu den bekanntesten Techniken der Verhaltenstherapie. Es wird vor allem bei der Angsttherapie eingesetzt und enthält eine abgestufte Gewöhnung an den angstauslösenden Reiz. Häufig wird die systematische Desensibilisierung mit der Gegenkonditionierung (z. B. Entspannungstechniken) verbunden. Angst und Entspannung sind physiologisch entgegengesetzte Reaktionen, die nicht vereinbar sind. Es wird deshalb versucht, den Klienten in einem entspannten Zustand zu halten und ihn dabei dosiert mit angstauslösenden Reizen zu konfrontieren. Die Stärke der dargebotenen Angstreize muss in kleinen Schritten erfolgen, damit der Klient wieder den Entspannungszustand aufbauen kann. Die Darbietung des Angstreizes mit der Kopplung von Entspannung führt dazu, dass die angstauslösende Wirkung des angesprochenen Reizes zurückgeht. Der Schritt zum nächst stärkeren Angstreiz kann dann leichter verkraftet werden. Dieses Vorgehen kann entweder mit vorgestellten oder realen Angstreizen durchgeführt werden. In der Regel ist bereits ein Desensibilisierungsverfahren in der Vorstellung ausreichend, da die Personen häufig Angst vor der Situation und weniger in der Situation aufbauen.

1. **Vorbereitungsphase:**
   - Erstellen der Angsthierarchie, die sich lediglich auf einen Angstbereich bezieht und möglichst viele Abstufungen, d. h. angstauslösende Situationen bzw. Reize, enthält
   - Entspannungstraining: Häufig wird die progressive Muskelentspannung nach Jacobson eingesetzt. Die Person lernt aufeinander aufbauend bestimmte Muskelgruppen zunächst anzuspannen und dann zu entspannen. Am Ende des Trainings ist die Person in der Lage, den ganzen Körper auf selbst gesetzte Signale hin zu entspannen.

2. **Therapiephase:**
   - Entspannung: Zu Beginn der Therapiesitzung bringt sich die Person in einen entspannten Zustand.
   - Konfrontation mit dem angstauslösenden Reiz: Beginnend mit dem schwächsten Angstreiz, wird die Person so lange mit dem Angstreiz konfrontiert, bis die Angstreaktion wahrnehmbar ist.
   - Entspannung wieder aufbauen: Die Person versetzt sich durch Selbstinstruktion wieder in einen entspannten Zustand.
   - Wiederholte Konfrontation mit den angstauslösenden Reizen: Die Person wird so oft mit dem Angstreiz konfrontiert, bis er ausgehalten werden kann, ohne dass der Organismus Angstreaktionen aktiviert.

Erst dann wird zum nächst stärkeren Angstreiz weitergegangen und der Ablauf in der Therapiephase wiederholt sich.

Implosionstechnik/Reizüberflutung (Flooding)

Diese Therapie wird beim Abbau von Phobien oder Zwängen eingesetzt, wenn gewährleistet ist, dass die Person psychisch stabil ist. Bei einer Angsttherapie wird der Klient sofort dem maximal angstauslösenden Reiz ausgesetzt. Der Klient soll nun so lange in dieser Situation bleiben, bis die Angstwirkung nachlässt. Dieses Vorgehen verhindert, dass der Klient sein gelerntes Vermeidungsverhalten einsetzen kann, um dem Angstreiz zu entgehen. Der Ängstliche erlebt, dass die befürchteten Konsequenzen ausbleiben, die Angstreaktion nachlässt und die Situation für ihn beherrschbar wird. Die Beziehung zwischen Reiz und Angstreaktion wird allmählich gelöscht und verliert damit an Wirkung.

Löschung/Extinktion

Unter Löschung wird das Ausbleiben einer positiven Konsequenz auf ein bestimmtes Verhalten verstanden, das durch die positiven Konsequenzen kontrolliert und aufrecht gehalten wird. Bleibt die erwartete positive Wirkung auf das Verhalten aus, dann nimmt die Auftrittswahrscheinlichkeit des Verhaltens ab. Wird die Löschung als verhaltenstherapeutisches Verfahren ausgewählt, sind folgende Besonderheiten zu beachten:

- Das zu löschende Verhalten wird in der Anfangsphase noch stärker auftreten. Wenn auf ein trotzendes Kind nicht mehr mit Zuwendung oder Nachgeben reagiert wird, dann erhöht sich zunächst das Trotzverhalten.
- Die Wirkung setzt recht langsam ein, d. h., das Problemverhalten baut sich über einen langen Zeitraum ab. Dies gilt vor allem dann, wenn die Verhaltensweisen durch unregelmäßige, wechselnde Verstärkung sehr intensiv aufgebaut wurden.
- Die Löschung wirkt recht gut bei Verhaltensweisen, die erst seit kurzer Zeit auftreten oder wenn das Verhalten regelmäßig und oft verstärkt wurde.
- Die Löschung wirkt in neuen Situationen schneller. Deshalb ist es sinnvoll, wenn durch einen Situationswechsel bestehende Verstärkungsmechanismen wegfallen.
- Das konsequente Ignorieren von Verhaltensweisen ist oft erfolglos, wenn andere Verstärker wie Kinder in der Gruppe, Mitschüler oder Eltern das Verhalten belohnen. So bleibt das Ignorieren der Lehrkraft wirkungslos, wenn die Mitschüler beispielsweise über das „Kasperverhalten" eines auffälligen Schülers lachen und die Unterrichtsunterbrechung positiv erleben.
- Gelöschte Verhaltensweisen treten in der Regel nach einer gewissen Zeit spontan auf, wenn sich beispielsweise die Situation verändert und eine neue Betreuerin in die Gruppe kommt.

Die Löschung wird als Verfahren bei der Therapie von auffälligen, unselbstständigen Verhaltensweisen, Wutausbrüchen, Trotzverhalten, Schreien, Einschlafproblemen und der Sauberkeitserziehung eingesetzt. Bei der Löschung wird gezielt Aufmerksamkeit entzogen, um das Auftreten des Problemverhaltens zu verringern. Es ist deshalb nicht auszuschließen, dass der Klient andere Verhaltensweisen neu zeigt, damit die gewünschte Zuwendung erfolgt. Die Therapeutin sollte bereits vor dem Einsatz der Löschung bedenken, wie sie durch die Verstärkung von erwünschtem Alternativverhalten oder der Belohnung von Verhaltensweisen, die mit dem Problemverhalten nicht vereinbar sind, den Aufbau von erwünschten Verhaltensweisen erreichen kann.

Gedankenstopp

Verschiedene Zwänge und Phobien werden durch sich wiederholende Gedanken ausgelöst. Ziel des Vorgehens ist, das Auftreten von Gedanken möglichst früh zu stoppen bzw. zu unterdrücken, um den Ablauf von sich wiederholenden, zwanghaften oder grüblerischen Gedankenabläufen (Teufelskreis) zu kontrollieren. Tryon (2011[7]) beschreibt folgende Vorgehensweise:

1. **Vorbereitungsphase:** Analyse der störenden Gedanken: Aus der Anamnese können die Inhalte und die Häufigkeit der unerwünschten Gedanken abgeleitet werden. Im Gespräch mit dem Klienten verdeutlicht die Therapeutin die negativen Auswirkungen auf das Verhalten und Befinden.
2. **Therapiephase:**
   - Von außen gesteuerter Gedankenstopp: Die Klienten schließen ihre Augen und aktivieren die unerwünschten Gedanken, indem sie diese innerlich sprechen. Für die Personen unerwartet, unterbrechen die Therapeuten diesen Vorgang mit einem laut gesprochenen „Stopp". Die Schreckreaktion führt zu einer abrupten Unterbrechung und die Klienten können in der Regel den Gedanken nicht mehr weiterverfolgen. Die Wirkung des Stoppsignals wird genau analysiert. Dieser Vorgang, die Vorstellung der Gedanken und das Abstoppen, wird mehrmals wiederholt.
   - Selbst gesteuerter Gedankenstopp: In der letzten Phase werden die Klienten aufgefordert, sich vorzustellen, dass sie selbst laut das Stoppsignal setzen. Nach mehrmaligem, ggf. modifiziertem Vorgehen (z. B. statt des akustischen Signals könnten sich die Klienten das Wort „Stopp" geschrieben vorstellen) beherrschen die Klienten selbst die Technik des Gedankenstopps.

Das Vorgehen wird so lange praktiziert, bis die unerwünschten Gedanken deutlich vermindert sind bzw. die Klienten keine belastende Wirkung mehr verspüren.

Selbstkontrolltechniken

In der Verhaltenstherapie haben die Selbstkontrolltechniken an Bedeutung gewonnen. Die Klientin lernt, ihr Verhalten selbst zu steuern, indem sie eine Kontrolle der verhaltensauslösenden Reize oder der Konsequenzen vornimmt. Die Selbstkontrolltechniken können von der Klientin auch nach Abschluss der Therapie eigenständig weitergeführt werden, was einen Langzeiterfolg der Behandlung wahrscheinlicher macht. Kanfer u. a. (2012[5]) unterscheiden drei Stufen der Selbstkontrolle:

1. Selbstbeobachtung des Verhaltens
2. Selbstbewertung und Entwicklung von Standards
3. Selbstverstärkung oder Selbstbestrafung

Zur Selbstbeobachtung führt die Klientin beispielsweise ein Tagebuch, verfasst Tagesprotokolle oder erstellt Verhaltensdiagramme. Ausgehend vom Bewusstmachen und der Selbstbewertung des Fehlverhaltens soll die Klientin zur eigenverantwortlichen Kontrolle und Veränderung des Verhaltens gelenkt werden. Dieses Verfahren wird erfolgreich bei der Therapie von Patienten mit Übergewicht, Arbeits- und Studierproblemen, Zwängen, Depressionen oder sozialen Störungen eingesetzt. Die Selbstkontrolltechniken sind besonders in Situationen angebracht, in denen der Therapeut nicht direkt einwirken kann, wie beispielsweise bei der Behandlung von Sexualproblemen.

Die Selbstkontrolltechniken können auch mit anderen Verfahren gekoppelt werden. So könnte beim Kontingenzmanagement der Klient selbst die Einhaltung des Vertrags kontrollieren und im Verlauf der Therapie lernen, sich bei der Verwirklichung des Zielverhaltens selbst zu verstärken.

Der Einsatz dieser Techniken kann zwar bereits mit Vorschulkindern erfolgen, setzt aber geistige Fähigkeiten voraus, die eine korrekte Selbstbeobachtung, Selbstbewertung und Selbstverstärkung ermöglichen.

Shaping/Verhaltensformung

Ausgangspunkt der Verhaltensformung ist das zunächst festgelegte Zielverhalten. Der Shapingprozess enthält das allmähliche Aufbauen des erwünschten Verhaltens. Werden zunächst erste Ansätze des Zielverhaltens gezeigt, z. B. erste Sprachäußerungen, erfolgt eine Verstärkung, etwa durch Blickkontakt, Lob oder Zuwendung. Abhängig vom Grad der Beeinträchtigung ist eine massive, auch materielle Verstärkung erforderlich. Das Verhalten wird durch die Belohnung häufiger auftreten. Im nächsten Schritt werden die Anforderungen schrittweise in Richtung des angestrebten Zielverhaltens erhöht. Dieses Vorgehen hat sich beispielsweise bei der Arbeit mit geistig beeinträchtigten Menschen bewährt.

Prompting/Verhaltenshilfe

Beim Prompting erfährt der Betroffene eine anfänglich starke Verhaltenshilfe, indem das erwünschte Verhalten vorgemacht wird. Im weiteren Verlauf wird die Hilfe systematisch zurückgenommen. Wird als Zielverhalten das selbstständige Ankleiden formuliert, so wird in der ersten Phase das Ankleiden vom Heilpädagogen modellhaft gezeigt. Im nächsten Schritt wird das Anziehen gemeinsam mit dem beinträchtigten Menschen vorgenommen. Die Verhaltenshilfen werden in den nachfolgenden Phasen reduziert, bis der Betroffene verschiedene Kleidungsstücke mit unterschiedlichem Schwierigkeitsgrad selbstständig anziehen kann. Am Ende jedes Schritts steht eine Belohnung.

Bei verbalen Prompts (Hilfen) wird das Kind wird angeregt, von außen gegebene sprachliche Impulse zu verinnerlichen und z. B. selbst Wünsche zu äußern („Ich will …“). Die physischen Prompts geben durch direkten Körperkontakt Hilfestellungen, indem z. B. die Hand des Kindes zum Puzzleteil geführt wird. Visuelle Prompts bestehen aus schriftlichen oder bildhaften Symbolen, die auf den Gegenstand oder Ablauf hinweisen.

Fading/Ausblenden von Hilfen

Das allmähliche Ausblenden bzw. das systematische Zurücknehmen von Hilfen wird häufig bei Prompting- und Shapingprozessen eingesetzt. Reinecker (1999[11]) beschreibt einen Fadingprozess bei einer rechenschwachen Schülerin. In der ersten Phase konnten beim Rechnen die Ergebnisse vom Aufgabenblatt abgelesen werden; im nächsten Schritt wurden die Lösungen mit einer Folie abgedeckt, um das Erkennen der Lösung zu erschweren. In den folgenden Phasen wurde die Anzahl der aufgelegten Folien erhöht, sodass die Schülerin am Ende die Aufgabe ohne Hilfe lösen musste. In jeder Phase wurde die richtige Aufgabenlösung verstärkt.

Chaining/Verkettung von Verhalten

Zunächst wird das angestrebte Endverhalten in verschiedene Teilleistungen untergliedert. Jede Teilfertigkeit wird einzeln trainiert. Sobald der Betroffene alle Teilleistungen beherrscht, werden sie miteinander verkettet (Chaining). Beim Vorwärts-Chaining wird das aufzubauende Verhalten in der natürlichen Abfolge vermittelt. Das Kind, das die Jacke anziehen soll, erlernt den Ablauf mit den Schritten (1) Jacke vom Haken nehmen, (2) Jacke mit der Vorderseite zu sich selbst hochhalten, (3) Arm in Ärmel stecken, (4) Jacke über die Schultern ziehen, (5) anderen Arm in anderen Ärmel stecken, (6) komplett in die Jacke hineinschlüpfen und (7) Reißverschluss hochziehen. Das Rückwärts-Chaining setzt beim letzten Handlungsschritt an, sodass das Kind den Ablauf in umgekehrter Reihenfolge aufbaut. Dies hat den Vorteil, dass das Kind zu Beginn schneller zum Ziel gelangt, was die Motivation erhöht.

Kontingenzmanagement

Während reine Verstärkungsprogramme, bei denen das erwünschte Verhalten konsequent mit Belohnungen versehen wird, vorwiegend für den Betroffenen fremdgesteuert angelegt sind, setzt das Kontingenzmanagement eine aktive Mitbeteiligung voraus. Dieses Vorgehen ermöglicht den Aufbau von selbstgesteuerten Verhaltensweisen, überträgt auch dem Betroffenen ein gewisses Maß an Verantwortung für den Veränderungsprozess und erhöht damit die Bereitschaft, die gemeinsam entwickelten Veränderungen zu akzeptieren.

In „Verhandlungen“ mit dem Betroffenen wird ein gemeinsamer **Kontingenzvertrag** erstellt, der folgende Regelungen umfasst (vgl. Borchert, 2000, S. 153):

- Festlegung des Zielverhaltens: Im gemeinsamen Gespräch mit dem Betroffenen sollte Einigkeit über das angestrebte Ziel der Veränderungsmaßnahmen erreicht werden.
- Formulierung des Zielverhaltens: Das Zielverhalten wird genau, eindeutig, überprüfbar und verständlich in der Sprache des Betroffenen formuliert.
- Wege zur Zielerreichung: Verschiedene Wege zur Zielerreichung werden mit dem Betroffenen besprochen. Die Möglichkeiten des Betroffenen sind dabei zu berücksichtigen und seine Ressourcen zu aktivieren.
- Selbstkontrolle des Verhaltens: Der Betroffene beobachtet sich selbst und bewertet sein Verhalten hinsichtlich der Zielerreichung.
- Erfolgsbeurteilung und Verhaltensverstärkung: Wenn der Betroffene das gemeinsam gesetzte Ziel erreicht hat, dann erfolgt eine Verstärkung im festgelegten Umfang.

Erfahrungen mit Schülern zeigen, dass beispielsweise im Unterricht mit lernbehinderten und verhaltensauffälligen Kindern mithilfe von verschiedenen Kontingenzverträgen, die mit den Schülern abgeschlossen wurden, eine deutliche Verminderung der Störungen und eine Leistungsverbesserung erreicht werden konnten.

Tokensysteme/Münzverstärkung

Im Sinne der instrumentellen Konditionierung erfolgt die Verhaltenssteuerung durch Zeichenverstärker (Tokensystem), die auf das erwünschte Verhalten folgen. Die Zeichen, Münzen oder Chips, können gegen erstrebenswerte Werte nach einem festgelegten System eingetauscht werden. Dieses Vorgehen hat sich z. B. beim Sauberkeitstraining, beim Aufbau von Selbstständigkeit oder Sozialverhalten, bei der Entwicklung des Arbeitsverhaltens in der Schule oder zur Förderung des Sprachverhaltens bewährt. Ayllon und Cole (vgl. 2011[7], S. 241 f.) beschreiben verschiedene Gesichtspunkte für die Umsetzung der Münzverstärkung:

- Eindeutige Beschreibung des Zielverhaltens: klare, überprüfbare Festlegung, welche Verhaltensweisen häufiger auftreten sollen. Der Interpretationsspielraum für Mitarbeiter und die Betroffene sollte gering sein, um Auseinandersetzungen über die Zielerreichung zu vermeiden. Die Wirksamkeit des Verfahrens kann gesteigert werden, wenn der Betroffenen das Zielverhalten über Poster oder Aushänge ständig bewusst gemacht und visualisiert wird.
- Festlegung, für welche Verhaltensweisen eine Zeichenverstärkung gegeben wird: In der Anfangsphase sollten erwünschte Verhaltensweisen, die sehr selten auftreten, massiv mit einer hohen Anzahl von Münzen verstärkt werden.
- Bestimmung der Token: Das Zeichensystem kann aus verschiedenen Tokens bestehen, z. B. Punkte, Bilder, Chips oder Stempeleintragungen. Das Erreichen eines Zeichens wird in eine Übersicht eingetragen. In das Vergeben von Tokens sollten alle Mitarbeiterinnen eingebunden werden, um die Wirksamkeit des Vorgehens zu verbessern.
- Umtauschmodalitäten/Tauschrate: Zunächst müssen Hintergrundverstärker für den Klienten identifiziert werden. Das können Aktivitätenverstärker wie Fernsehen und Kinobesuch, materielle Verstärker wie Bücher und CD oder das Einräumen von Privilegien sein. Die Wirksamkeit des Verfahrens kann erhöht werden, wenn die erstrebten Verstärkungen nur im Rahmen des Tokensystems erreichbar sind.

Das Verfahren hat sich als wirksam erwiesen, wenn sich alle Mitarbeiter in gleicher Weise verhalten. Eine Stabilisierung des aufgebauten erwünschten Verhaltens erfolgt vor allem dann, wenn das neue Verhalten in verschiedenen Situationen bedeutsam ist. Das Verfahren ermöglicht ein flexibles Vorgehen, bei dem in einer Gruppe für verschiedene Personen unterschiedliche Tokensysteme eingesetzt werden, wobei personenabhängig das Zielverhalten sowie die Anforderungsstufen und Umtauschmöglichkeiten variiert werden können. Der individuelle Einsatzplan für die Münzverstärkung ist gut mit anderen Verfahren wie dem Kontingenzmanagement zu kombinieren.

Aversionstherapie/Bestrafung

Bei der Aversionstherapie wird ein unangenehmer (aversiver) Reiz mit einem unerwünschten Verhalten verbunden. So soll die Auftretenshäufigkeit des unerwünschten Verhaltens verringert werden. Dabei kann sowohl eine klassische als auch operante Konditionierung erfolgen. Der Einsatz von unangenehmen Reizen wie Elektroschocks unterliegt ethischen Grenzen. Wie Reinecker (2003[4]) herausstellt, bezieht sich eine Aversionstherapie bzw. Bestrafung auf Verhaltensweisen, die sozial negativ bewertet werden. Dazu zählen sexuell abweichendes Verhalten, Verhaltensexzesse (z. B. Drogenmissbrauch, Alkoholismus, Übergewicht, Rauchen) und anderes normabweichendes Verhalten (z. B. Diebstahl, Aggressivität). So nimmt bei einer Aversionstherapie von Alkoholikern der Betroffene Mittel ein, die in Verbindung mit Alkohol zu Brechreiz und Übelkeit führen.

Tritt diese Verbindung mehrmals auf, wird Alkohol zu einem gelernten Auslöser für einen negativen Zustand. Da durch aversive Reize lediglich das Problemverhalten reduziert und nicht das erwünschte Verhalten aufgebaut wird, muss das erwünschte Verhalten parallel zur Aversionstherapie gezielt verstärkt werden. Beim Einsatz von aversiven Reizen ist nach Reinecker darauf zu achten, dass

- der Strafreiz möglichst plötzlich und stark eingesetzt wird (dadurch wird eine Gewöhnung an Reize, deren negative Wirkung allmählich gesteigert wird, verhindert);
- mit der Stärke des Strafreizes auch seine Wirkung in der Verminderung des unerwünschten Verhaltens zunimmt;
- der Strafreiz möglichst unmittelbar auf das Problemverhalten folgt;
- in der Anfangsphase die Bestrafung kontinuierlich und im Verlauf der Therapie unregelmäßiger erfolgt; ein unregelmäßiges Vorgehen verstärkt die Wirksamkeit der Aversionstherapie.

Der Erfolg der Aversionstherapie hängt von der Stärke des Strafreizes und der Dauer der Bestrafung ab. Wenn andere Personen auf ein Problemverhalten mit Zuwendung, Aufmerksamkeit oder Blickkontakt sozial verstärkend reagieren, bleibt die Aversionstherapie oft wirkungslos.

Time-out-Technik/sozialer Ausschluss

Ziel der Time-out-Technik ist es, alle verstärkenden Einflüsse, die zum Aufrechthalten des Problemverhaltens führen, auszuschließen. Beim Auftreten von auffälligem Verhalten wird die Person aus der Situation herausgenommen und in einen Raum gebracht, der keine verstärkenden Elemente bietet. Das beschriebene Verfahren des sozialen Ausschlusses ist nicht unproblematisch und stößt sehr schnell an ethische Grenzen. Schulze (1996[4]) begrenzt deshalb die Time-out-Technik auf Fehlverhalten, das durch andere verhaltenstherapeutische Verfahren nicht verändert werden kann, in extremer Form auftritt und für andere Personen zu einer Gefährdung wird. Der soziale Ausschluss und die damit verbundene zeitliche Isolierung sollten nicht bei kontaktscheuen Kindern oder suizidgefährdeten Personen vorgenommen werden.

2.4.2 Psychoanalytische Therapie

Die Psychoanalyse wurde von Sigmund **Freud** (1856–1939) entwickelt. Sie umfasst eine Persönlichkeits- sowie Entwicklungstheorie und darauf aufbauend ein psychotherapeutisches Verfahren zur Behandlung von psychischen Beeinträchtigungen.

Die Psychoanalyse ist ein geschlossenes System, das in sich logisch strukturiert und in seinen Komponenten aufeinander bezogen ist. Die Behandlungsmethode bezieht sich auf eine problematische Ausbildung der Persönlichkeitsstruktur und auf Störungen in der Entwicklung des Individuums.

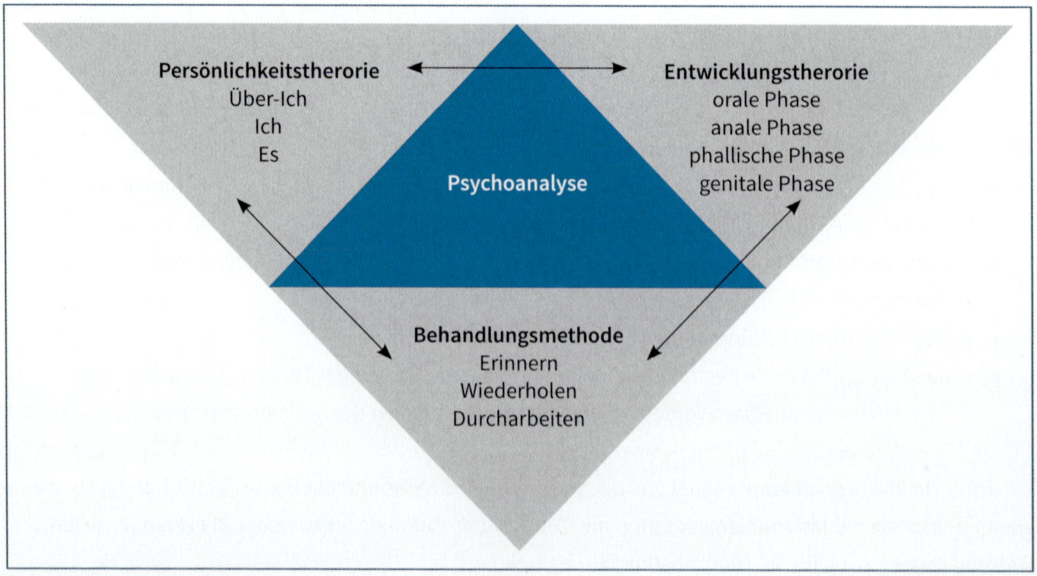

Die Elemente der Psychoanalyse

Zum Verständnis des Behandlungsansatzes werden kurz die Grundannahmen der Persönlichkeits- und Entwicklungstheorie erläutert.

Persönlichkeitstheorie

Freud differenziert drei Bereiche des Bewusstseins: Das **Bewusste** kennzeichnet die Wachheit einer Person und die damit verbundene Klarheit der psychischen Vorgänge (Denken und Erleben), die das Individuum unmittelbar wahrnimmt. Das **Vorbewusste** umfasst seelische Vorgänge, die normalerweise von der Person nicht wahrgenommen werden, aber durch Nachdenken oder Meditieren wieder in das Bewusstsein gerufen werden können. Das **Unbewusste** enthält alle psychischen Vorgänge, die für die Person nicht wahrnehmbar sind und erst durch erhebliche Anstrengungen mithilfe einer Therapeutin wieder verfügbar gemacht werden können.

Die Persönlichkeitsstruktur setzt sich aus drei Instanzen zusammen (Instanzenmodell):

1. **Es**

   Das Es enthält die psychische Energie, die aus zwei Trieben gespeist wird (Libido = sexuell getönte, lebenserhaltende Triebenergie und Destrudo = zerstörerische, lebensbedrohende Triebenergie, die auf einen selbstvernichtenden Todestrieb zurückgeht). Die Energien des Es sind relativ frei und können von einem Objekt auf ein anderes verschoben werden. Das Es ist bereits bei der Geburt vorhanden und wird im Verlauf der Entwicklung zunehmend von Ich und Über-Ich begrenzt. Das Es handelt nach dem **Lustprinzip**, d. h., im Mittelpunkt steht die sofortige und umfassende Triebbefriedigung.

2. **Ich**

   Das Ich umfasst die handelnde Person, die sich bemüht, den Triebansprüchen des Es unter Berücksichtigung der Wertvorstellungen des Über-Ichs gerecht zu werden. Die verschiedenen Funktionen des Ichs (Gedächtnis, Wahrnehmung, Kontrolle der Motorik, Sprache) entwickeln sich in den ersten Lebensjahren von einem schwachen Ich mit Neigung zur sofortigen Bedürfnisbefriedigung zu einem starken Ich, das die Es-bedingten Ansprüche besser beherrscht. Das Ich handelt nach dem **Realitätsprinzip**, bei dem die Bedürfnisbefriedigung so lange aufgeschoben wird, bis eine Befriedigung ohne mögliche negative Konsequenzen möglich ist. Unter dem Einfluss der Umwelt passt sich das Ich ständig an diese an.

3. **Über-Ich**

   Das Über-Ich beinhaltet die moralische Instanz, in der sich Norm- und Wertvorstellungen sowie das Gewissen des Individuums wiederfinden. Daneben sind Idealvorstellungen (wie die Person sein möchte) angesiedelt. Das Über-Ich entwickelt sich zwischen dem 4. und 6. Lebensjahr und stabilisiert sich zwischen dem 7. und 8. Lebensjahr. Das Über-Ich handelt nach dem **Moralitätsprinzip**.

Diese drei Instanzen stehen zueinander in einer dynamischen Wechselbeziehung. Das Ich hat dabei eine vermittelnde und ausführende Funktion: Die Wünsche und Bedürfnisse des Es sind, soweit diese nicht den moralischen Kriterien des Über-Ichs widersprechen, in der jeweiligen Situationen zu befriedigen. Personen mit einem **starken Ich** gelingt es, sich gegenüber den Es-Wünschen und Über-Ich-Einwänden durchzusetzen und nach dem Realitätsprinzip zu handeln. Liegt jedoch eine **Ich-Schwäche** vor, dann dominiert das Es oder das Über-Ich und die Persönlichkeit zeigt Auffälligkeiten, wie sie in der nachfolgenden Übersicht exemplarisch verdeutlicht werden:

Persönlichkeitsstruktur			**Kennzeichnung der Person**	**Auffälligkeiten**
Über-Ich	**Ich**	**Es**		
schwaches Über-Ich	schwaches Ich	**starkes Es**	Übersteuerung des Verhaltens; triebdominiertes Verhalten; nur geringer Bedürfnisaufschub	erhöhte Aggressivität, Destruktivität, Gefahr der Verwahrlosung
schwaches Über-Ich	**starkes Ich**	schwaches Es	Bedürfnisbefriedigung kann aufgeschoben werden	
starkes Über-Ich	schwaches Ich	schwaches Es	Bedürfnisse werden unterdrückt; Streben nach Perfektionismus, geringe Spontaneität und Lebensfreude	starke Ängste, Hemmungen, Schuldgefühle, Zwänge

Kann das Ich den Triebansprüchen des Es nicht gerecht werden, werden **Abwehrmechanismen** aktiviert, die solche angstauslösenden Wünsche und Bedürfnisse neutralisieren und damit den Konflikt zurückdrängen. Dies erfolgt für die Person zumeist unbewusst. Freud unterscheidet etwa 20 Abwehrmechanismen, von denen die wichtigsten nachfolgend charakterisiert werden (vgl. Speidel/Fenner, 2002[2], S. 61 f.):

- **Verdrängung:** Unerwünschte Triebwünsche werden nicht zum Bewusstsein zugelassen. Im Unbewussten wirken die verdrängten Inhalte jedoch weiterhin und beeinflussen das Verhalten des Individuums (z. B. Misserfolge werden verdrängt).
- **Projektion:** Eigene Eigenschaften, die das Ich nicht akzeptiert, werden auf andere Personen bzw. Personengruppen übertragen (z. B. nicht: „Ich kann nicht einparken.“, sondern: „Die anderen lassen beim Parken einen unmöglich geringen Abstand.“).
- **Rationalisierung:** Für abzuwehrende Ereignisse (wie eine nicht bestandene Führerscheinprüfung) werden scheinbar logische Erklärungen gegeben, die das eigene Verhalten „vernünftig“ erklären und damit die eigene Person positiv erscheinen lassen (z. B. „Der Fahrprüfer hat etwas gegen Frauen, bei dem fallen alle Frauen durch.“).
- **Konversion (Somatisierung):** Abgewehrte Energien des Es wirken sich in körperlichen Symptomen, etwa einer psychogenen Lähmung, aus.
- **Regression:** Hierbei handelt es sich um einen Rückfall in eine frühere, bereits überwundene Entwicklungsphase. So zeigt z. B. das Schulkind nach der Geburt eines Geschwisterkindes wieder Kleinkindverhalten.
- **Reaktionsbildung:** Ein unangenehmer Triebimpuls wird in das Gegenteil verkehrt (z. B. Umwandlung von Aggression gegenüber dem ungeliebten Kind nach außen in eine übertriebene, überbehütende Mutterliebe).

Entwicklungstheorie

Entscheidend für die Ausprägung von seelischen Beeinträchtigungen wie Neurosen ist die Entwicklungsphase, in der eine Störung der Entwicklung erfolgte. Die nachfolgende Tabelle verdeutlicht die psychosexuellen Entwicklungsphasen (nach Freud) und deren Bedeutung:

Entwicklungsphase	Alter	Kennzeichnung der Entwicklung	Bedeutung	Auswirkungen bei negativem Phasenverlauf
orale Phase	1. Jahr	Lustbefriedigung erfolgt durch die Mundzone; Befriedigung der Nahrungs- und Lebensbedürfnisse: Saugen, Beißen, Lutschen, Schlucken	Beziehung zur Umwelt wird entwickelt; wichtig ist der dauerhafte Kontakt zur Bezugsperson; Aufbau des Urvertrauens; positive bzw. negative Lebensgrundeinstellungen entstehen.	Urmisstrauen, Ängstlichkeit, Hospitalismus, Aggressivität, Destruktivität

Entwicklungsphase	Alter	Kennzeichnung der Entwicklung	Bedeutung	Auswirkungen bei negativem Phasenverlauf
anale Phase	2.–3. Jahr	Lustquellen sind Ausscheidungsvorgang, -organ und -produkt	Reinlichkeitserziehung ist für das Kind verbunden mit dem Hergeben und Zurückhalten; Ich-Funktionen entwickeln sich.	Verweigerungstendenz, Geiz, Ängste, Zwänge, Pedanterie, Schein- bzw. Überanpassung
phallische Phase	4.–5. Jahr	Lustquelle stellen das Spielen mit eigenen Geschlechtsorganen und das Herzeigen sowie Anschauen von Genitalien dar	Das Erkennen der unterschiedlichen Genitalien bei Jungen und Mädchen löst bei Jungen eine Kastrationsangst und bei Mädchen den Penisneid aus; Kinder erleben den Ödipuskonflikt, bei dem der andersgeschlechtliche Elternteil geliebt, der gleichgeschlechtliche Elternteil als Konkurrent gehasst wird.	sexuelle Störungen, Aggressivität, Autoaggressionen, Exhibitionismus, Minderwertigkeitsgefühle
Latenzperiode	6. Jahr bis Pubertät	sexuelle Gefühle ruhen bzw. bleiben latent (verborgen)	Die Persönlichkeitsinstanzen (Es, Ich und Über-Ich) wirken zusammen; das Ich entwickelt Abwehrmechanismen.	Schulprobleme, Aggressivität, erhöhte Gewaltbereitschaft
genitale Phase	ab Pubertät	sexueller Schub und zunehmendes Interesse am anderen Geschlecht	Suche nach Sexualpartnern außerhalb der Familie; der Jugendliche steht im Spannungsverhältnis zwischen eigenen sexuellen Bedürfnissen und den gesellschaftlichen Normen.	sexuelle Störungen, Minderwertigkeitsgefühle, Autoaggressionen, Aggressivität

Entstehung von Beeinträchtigungen

Für die Entstehung von psychischen Beeinträchtigungen gehen Vertreter der Psychoanalyse von folgenden Prinzipien aus:

- **Prinzip der Determiniertheit:** Das Erleben und Verhalten einer Person sind nicht zufällig, sondern resultieren aus der dynamischen Wechselbeziehung zwischen den drei Persönlichkeitsinstanzen: Es, Ich und Über-Ich. So weisen Fehlleistungen (z. B. sich verschreiben, sich versprechen) oder Träume auf solche inneren Prozesse hin. Die Ausprägung der drei Instanzen bestimmt die Persönlichkeitsstruktur und damit das individuelle Verhalten und Erleben. Wenn einzelne Persönlichkeitsinstanzen dominieren und andere zu schwach entwickelt sind, kommt es zu Unter- bzw. Übersteuerungen des Verhaltens.
- **Prinzip des Unbewussten:** Bedeutsam für das Erleben und Verhalten sind unbewusste Prozesse, die für das Individuum selbst nur begrenzt ergründbar sind. Mithilfe bestimmter analytischer Techniken (z. B. freie Assoziation, Traumdeutung) können unbewusste Vorgänge von einem Psychoanalytiker aufgedeckt werden.
- **Prinzip der frühkindlichen Fixierung:** Für die Entstehung von Störungen sind traumatische Erfahrungen in der frühen Kindheit wichtig (frühkindliche Fixierung), weil dem Kleinkind in dieser Lebensphase die Verarbeitung von problematischen Erfahrungen nur unvollständig gelingt und eine extreme Abhängigkeit von Bezugspersonen besteht. Sexuelle Entwicklungsabschnitte und personale Beziehungen sind aufeinander bezogen.
- **Prinzip der Abwehrmechanismen:** Mithilfe von Abwehrmechanismen gelingt es dem Ich, unangenehme bzw. unerfüllbare Triebwünsche aus dem Bewusstsein zu verdrängen. Mit den Abwehrmechanismen sind Wahrnehmungsverzerrungen verbunden, die bis zu einer Verkennung der Realität führen können.

Diagnoseverfahren

Zur Analyse von unbewussten und verdrängten Inhalten können folgende Methoden angewandt werden:

- **Freie Assoziation:** Der Patient wird im entspannten Zustand aufgefordert, jeden Einfall spontan zu äußern. Nach Freud wird die Entspannung gefördert und der Patient in die Kindheit versetzt (Regression), wenn der Patient auf einer bequemen Couch liegt.
- **Traumdeutung und Fehlleistungen:** Im Traum und in den Fehlleistungen (z. B. sich versprechen, sich verschreiben, vergessen) werden unbewusste Vorgänge und unerfüllte Wünsche deutlich. Der Schlaf setzt die innere Kontrolle durch Ich und Über-Ich herab, sodass unbewusste Vorgänge häufig in verschlüsselter symbolhafter Form sichtbar werden.
- **Widerstandsanalyse:** Im Patienten gibt es Widerstände, die verhindern, dass unbewusste Vorgänge, Gefühle und Gedanken nach außen gelangen. Dieser Widerstand wird analysiert und in der Therapie durchgearbeitet.
- **Deuten:** Zur Diagnose können auch projektive Testverfahren herangezogen werden. Die Patientin wird aufgefordert, sich zu mehrdeutigen Bildern oder sprachlichen Inhalten spontan zu äußern. Zu den bekannten Verfahren zählt der Rorschachtest, bei dem der Patient Klecksbilder interpretieren soll. Bei Kindern wird beispielsweise auch das Satzergänzungsverfahren eingesetzt. Das Kind soll unvollständige Aussagen (z. B. „Wenn der Junge eine schlechte Note geschrieben hat, dann ...") vervollständigen. Die Patientin projiziert sich selbst und ihr Problem in die mehrdeutige Vorgabe,

indem das Klecksbild unbewusst mit einer bestimmten Situation verbunden wird oder das Kind sich beim Ergänzen des Satzes mit dem Jungen identifiziert.

Behandlungsmethode

Als bedeutsam wird die Stärkung des Ichs angesehen. In der Therapie verbündet sich der Therapeut mit dem geschwächten Ich des Klienten, um Verdrängtes bewusst zu machen. Die psychoanalytische Behandlung erfolgt in drei Schritten:

1. Schritt: Erinnern
Verdrängte, oft traumatische Situationen, die zur Fehlentwicklung und Entstehung der psychischen Beeinträchtigung führten, müssen wieder wachgerufen werden.

→

2. Schritt: Wiederholen
Die verdrängte Situation wird in der Therapie wiederbelebt; die frühkindlichen Erfahrungen und Gefühle werden auf die Psychoanalytikerin übertragen.

→

3. Schritt: Durcharbeiten
Das Bewusstwerden der verdrängten Situation und die psychoanalytischen Deutungen ermöglichen dem Patienten, die Konflikte zu erkennen und diese nun angemessen zu verarbeiten.

Die klassische Psychoanalyse findet in einem festgelegten äußeren Rahmen („psychoanalytisches Setting“) statt: Der Patient liegt entspannt auf einer Couch und die Psychoanalytikerin sitzt hinter ihm, damit der Patient nicht irritiert wird. Diese Anordnung soll dem Patienten ein störungsfreies Entspannen und Assoziieren ermöglichen.

Nach der Anamnese, in der sich die Therapeutin einen Überblick über die Symptome, den Krankheitsverlauf und die frühere sowie aktuelle Lebenssituation verschafft, beginnt die eigentliche Therapie.

Der Patient wird aufgefordert, alles mitzuteilen, was ihm einfällt, auch wenn es peinliche oder belastende Inhalte sind (Technik der **freien Assoziation**). In dieser Situation werden vom Patienten auch Informationen gegeben, die nicht vom selbstkritischen Ich und Über-Ich unterdrückt werden.

2.4.3 Gesprächspsychotherapie

DEFINITION

Die Gesprächspsychotherapie ist ein von Carl R. Rogers (1902–1987) entwickeltes Verfahren, das ganzheitlich und humanistisch orientiert ist. Der Therapeut unterstützt die Klientin bei der Entwicklung eines positiven, realistischen Selbstkonzepts, damit die Klientin lernt, ihre Probleme angemessen zu verarbeiten.

Im Sinne der Gesprächspsychotherapie besteht dann ein Therapiebedarf, wenn der Betroffene die aktuellen Erfahrungen nicht mehr angemessen mit seinem Selbstkonzept verarbeiten kann. Die Erfahrungen werden durch Verleugnung oder Verzerrung abgewehrt, sodass die Diskrepanz zwischen der Wirklichkeit und dem Selbstkonzept der Person immer größer wird. Die fehlende Übereinstimmung des Klienten mit seiner Umwelt zeigt sich kurzfristig in einer Fehlanpassung der Person an ihre Umwelt und löst langfristig starke seelische Beeinträchtigungen aus. In Rogers Persönlichkeitstheorie und in seinem Therapiekonzept sind die Selbstaktualisierung und das Selbstkonzept des Individuums besonders wichtig.

Die **Selbstaktualisierung** beinhaltet für Rogers die treibende Energie, die das menschliche Verhalten steuert. In der Selbstaktualisierung drückt sich die beständige Tendenz des Individuums zur Selbstverwirklichung, Selbstentfaltung und Selbsterhaltung aus. Die Person strebt nach Autonomie und handelt zunehmend selbstbestimmter. Einflüsse, die zu einer Einschränkung der Selbstaktualisierung führen, werden abgewehrt und vermieden; Erfahrungsbereiche, die zu einer positiven Weiterentwicklung führen, werden aufgesucht und verstärkt genutzt.

Das **Selbstkonzept** umfasst die Einstellungen, Überzeugungen und Bewertungen, die eine Person von sich selbst hat. Es ergibt sich aus der Wechselbeziehung des Individuums mit seinem sozialen Umfeld.

Die Entwicklung des Selbstkonzepts wird von vier Komponenten beeinflusst:

1. **Erfahrungen** mit der eigenen Person wie Erfolge oder Misserfolge in verschiedenen Situationen: „Beim Vorspielen sind mir viele Fehler unterlaufen."
2. **Rückmeldungen** von anderen über die eigene Person: „Du müsstest mehr üben!"
3. **Bewertungen** von Situationen, Objekten und Erfahrungen: „Gitarre spielen macht mir Spaß."
4. **Ziele und Idealvorstellungen:** „Ich möchte einmal so perfekt wie Günter spielen können."

Das Selbstkonzept wirkt sich auf das Verhalten aus. Im Sinne der Selbstaktualisierung werden hauptsächlich Handlungen gezeigt, die mit dem Selbstkonzept übereinstimmen und es damit stärken. Wenn jemand beispielsweise als Idealvorstellung „Ehrlichkeit" für sich in Anspruch nimmt, dann wird er bei der Prüfung keine Täuschungshandlungen unternehmen und lieber eine schlechte Bewertung in Kauf nehmen.

Das Individuum bemüht sich, aktuelle Erfahrungen mit dem Selbstkonzept in Übereinstimmung zu bringen (Kongruenz). Bei einem positiven, intakten Selbstbild kann man auch negative Erfahrungen angemessen und realitätsgerecht verarbeiten. Liegt dagegen ein negativ geprägtes Selbstbild vor, dann führen abweichende Erfahrungen zu einer starken Verunsicherung und die Person verteidigt ihr Selbstkonzept mit problematischen Abwehrreaktionen. Erfahrungen werden dann verzerrt und unrealistisch verarbeitet. Das Selbstkonzept entfernt sich zunehmend von der Realität und der Betroffene ist nicht mehr in der Lage, situationsgerecht flexibel zu reagieren.

Die Gesprächspsychotherapie konzentriert sich nicht auf die Analyse der Vergangenheit, sondern richtet sich auf die gegenwärtige Situation. Die Klientin lernt mithilfe der Therapeutin, selbst Lösungsmöglichkeiten zu entwickeln, die es ihr ermöglichen, auch zukünftige Probleme angemessen zu bewältigen. Die Therapie will eine Hilfe zur Selbsthilfe sein.

In der Gesprächspsychotherapie unterstützt der Therapeut/die Therapeutin den Klienten bei der Entwicklung eines positiven Selbstkonzepts, das mit der Realität übereinstimmt und flexibel aktuelle Erfahrungen verarbeiten kann. Am Ende des Therapieprozesses steht für Rogers die „fully functioning person“, die er wie folgt kennzeichnet (vgl. Bender, 1991[2], S. 112 f.):

- Offenheit für neue Erfahrungen
- Übereinstimmung von Selbstkonzept und aktuellen Erfahrungen; Integration und nicht Abwehr von Abweichungen in das Selbstkonzept
- Bewertung neuer Erfahrungen erfolgt nach eigenen Maßstäben
- uneingeschränkte Selbstwertschätzung
- Weiterentwicklung des Selbstkonzepts unter Berücksichtigung aller Erfahrungsdaten

Damit das Therapieziel, eine „fully functioning person“, erreicht wird, wendet der Gesprächspsychotherapeut eine spezielle Gesprächstechnik an, die Rogers als klientenzentriert bezeichnet. Bei seinen Untersuchungen zur Wirksamkeit dieses klientenzentrierten Gesprächsverhaltens gelangte Rogers zu drei **Basisvariablen**, die in einer erfolgreich verlaufenden Gesprächspsychotherapie verwirklicht werden. Diese sind Akzeptanz, Empathie und Kongruenz.

Akzeptanz

- **Verhalten des Therapeuten:** Der Gesprächspsychotherapeut vermittelt dem Klienten positive Wertschätzung und emotionale Wärme. Das Therapeutenverhalten signalisiert dem Klienten, dass seine Äußerungen grundsätzlich akzeptiert werden. Der Klient behält seine Eigenständigkeit und Selbstverantwortung für die Problemverarbeitung. Der Therapeut drängt den Klienten nicht zu bestimmten Vorgehensweisen, akzeptiert auch vermeintliche Rückschritte, erteilt keine Ratschläge und bewertet Klientenaussagen nicht, indem er seine eigenen Maßstäbe auf die Äußerungen des Klienten bezieht.
- **Wirkung auf den Klienten:** Dieses Therapeutenverhalten führt beim Klienten zu einer verbesserten Selbstwertschätzung und einem Akzeptieren der eigenen Person. Die Auseinandersetzung mit den problematischen Erfahrungen fällt leichter, da der Klient seine Verteidigungshaltung abbaut und dadurch angstfreier und intensiver die bedrohlichen Erfahrungen verarbeiten kann. Die vom Therapeuten gestärkte Selbstverantwortung des Klienten für seine Situation aktiviert die Tendenz zur Selbstaktualisierung und setzt damit beim Klienten Kräfte zur aktiven Bewältigung seiner Probleme frei.

Empathie

- **Verhalten der Therapeutin:** Die Empathie bezeichnet ein einfühlendes, nicht wertendes Verstehen des Klienten. Die Therapeutin geht in ihren verbalen Rückmeldungen auf persönlich wichtige Erfahrungen des Klienten ein, indem sie die emotionale Bedeutung herausstellt. Diese Verbalisierung von emotionalen Erlebnisinhalten steht im Mittelpunkt des Therapeutenverhaltens, weil die emotionale Verarbeitung für die Selbstkonzeptentwicklung besonders wichtig ist. In ihrem mitfühlenden Verstehen der Klientensichtweise begleitet die Therapeutin den Prozess der Selbstreflexion und vertieft die Auseinandersetzung des Klienten mit den entscheidenden Erfahrungen bzw. Situationen. Die Äußerungen der Therapeutin intensivieren die Auseinandersetzung mit problematischen Erfahrungen und deren Verarbeitung, indem die Therapeutin auf die tiefer liegende Bedeutung der Klientenäußerungen eingeht.

- **Wirkung auf den Klienten:** Empathie löst beim Klienten eine intensive Auseinandersetzung mit seinem Selbstkonzept aus. Bewertungen, Zielvorstellungen, Verarbeitung von Erfahrungen und Rückmeldungen anderer werden bewusst. Dieses Bewusstmachen führt beim Klienten zu einer Umstrukturierung des Selbstkonzepts, das frei von bislang erlebter Bedrohung nun realitätsorientierter und flexibler wird. Selbstwertschätzung und Akzeptanz der eigenen Person nehmen zu.

Kongruenz

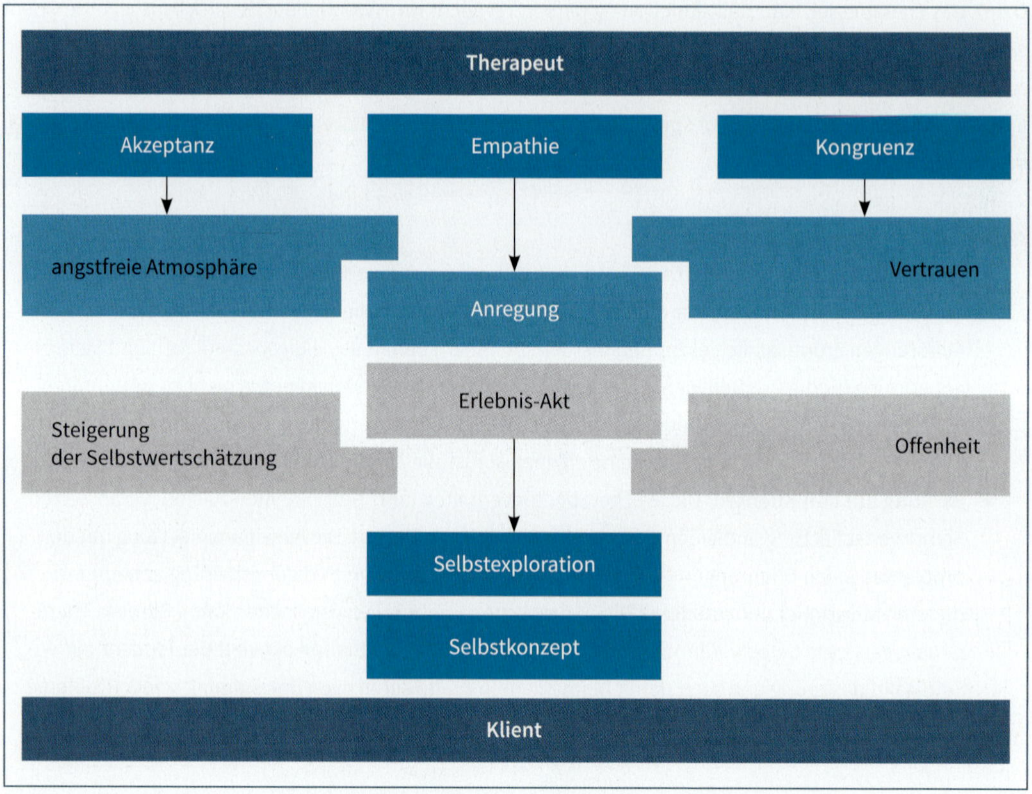

„Therapeuten-Variablen“ im Sinne der Gesprächspsychotherapie (vgl. Möller u. a. 2005[3], S. 515)

- **Verhalten des Therapeuten:** Kongruenz oder Echtheit des Therapeuten wird dann erreicht, wenn die Klientin die Äußerungen des Therapeuten als aufrichtig und stimmig erlebt, der Therapeut hinter seinen Aussagen steht. Der Gesprächspsychotherapeut sollte mit den Erfahrungen und Äußerungen der Klientin offen umgehen können und zu einer objektiven, unverzerrten Wahrnehmung der Klientin bereit sein. Die Klientin erkennt bei vorliegender Kongruenz im Therapeutenverhalten eine echte, wahrhaftige Reaktion, die nicht durch eine professionelle Fassade infrage gestellt wird.
- **Wirkung auf den Klienten:** Der Therapeut wird zu einem „zweiten Ich". Zweifel und Ungewissheit gegenüber dem Therapeuten werden abgebaut und eine offene, vertrauensvolle Beziehung kann sich entwickeln.

Den Verlauf der während der Gesprächspsychotherapie auftretenden Veränderungen fasst Rogers in einer Prozessskala zusammen. Das Entwicklungsstadium des Klienten zu einer „fully functioning person" unterteilt er in sieben Stufen.

Die Veränderungen des Selbstkonzepts, die zunehmende Offenheit und Flexibilität verdeutlicht die Prozessskala von Rogers (vgl. Bender, 1991[2], S. 111):

	Seelische Funktionsbereiche des Klienten		
	Beginn (Stufe 1–2)	**Mitte (Stufe 3–5)**	**Ende (Stufe 6–7)**
Gefühle und gefühlsbezogene Meinungen	Der Klient äußert keine Gefühle.	Der Klient äußert vermehrt Gefühle.	Der Klient erlebt Gefühle im vollen Umfang und kann diese verbalisieren.
Unmittelbares **gegenwärtiges Erleben und Erfahren**	Die Klientin hat eine geringe gegenwartsbezogene Bewusstheit; sie sieht vieles aus großer Distanz.	Die Klientin richtet ihre Aufmerksamkeit stärker auf die Gegenwart; ihr Bewusstheit verstärkt sich.	Die Klientin verarbeitet gegenwärtige Erfahrungen und richtet ihre Aufmerksamkeit auf das gegenwärtige Erleben.
Inkongruenz (fehlende Übereinstimmung des Selbstbilds mit den gegenwärtigen Erfahrungen)	Der Klient erkennt Inkongruenz nicht.	Der Klient nimmt Inkongruenz zunehmend wahr.	Der Klient erlebt Inkongruenz nur noch selten und kann sie angemessen verarbeiten.
Kommunikation über das **Selbstkonzept**	Die Klientin reflektiert ihr Selbstkonzept nicht.	Die Klientin spricht vermehrt über ihr Selbstkonzept.	Die Klientin kennt ihr Selbstkonzept und kann offen darüber reden.

	Seelische Funktionsbereiche des Klienten		
	Beginn (Stufe 1–2)	**Mitte (Stufe 3–5)**	**Ende (Stufe 6–7)**
Einstellungen, Überzeugungen (Selbstkonzept)	Der Klient besitzt starre Einstellungen, die als unveränderlich akzeptiert werden.	Der Klient bewertet Einstellungen flexibler und erkennt seinen eigenen Einfluss auf die Entwicklung der Einstellungen.	Der Klient bewertet Einstellungen als vorläufig und variabel; diese können, wenn nötig, den Erfahrungen angepasst werden.
Umgang mit Problemen	Die Klientin sieht Probleme nicht und zeigt keinen Wunsch nach Änderung.	Die Klientin erkennt die eigene Verantwortung für die Probleme; Veränderungen werden gefürchtet.	Die Klientin nimmt Probleme wahr und geht die Lösung der Probleme verantwortungsvoll an.
Beziehung zu Personen	Der Klient vermeidet zu engen Kontakt mit anderen.	Der Klient wird offener für die Kontaktaufnahme.	Der Klient nimmt unbeschwert und offen Kontakte zu anderen auf.

2.4.4 Gruppentherapie

War man zunächst davon ausgegangen, dass eine Therapie nur im geschützten Rahmen erfolgen kann, in dem **ein** Patient von **einem** Therapeuten behandelt wird, so änderte sich diese Haltung in den 1940er-Jahren angesichts der zunehmenden Verbreitung von Gruppentherapien. Die klassischen Therapieformen (Psychoanalyse, Verhaltenstherapie und Gesprächs psycho therapie) erweiterten ihr Therapiespektrum, indem sie auch gruppenbezogene Formen entwickelten und zunächst als Ergänzung zur Einzeltherapie sahen. Inzwischen haben sich die Gruppentherapien zu einer eigenständigen Therapieform entwickelt. Neben den klassischen Therapieformen entstanden eigenständige Gruppentherapieformen wie die **Daytop- und Synanon-Gruppen**, die sich im Wesentlichen mit Suchtproblemen auseinandersetzen, oder **gestalttherapeutische Gruppen**, die sich auf die Verbesserung der Wahrnehmung und Empfindung der Klienten konzentrieren.

Ziel

Die Gruppentherapien unterscheiden sich in ihren Zielsetzungen: Bei einigen Therapieformen steht der Einzelne im Mittelpunkt und die Problemlösung erfolgt mithilfe der Gruppenmitglieder; andere Gruppentherapien haben die Entwicklung der Gruppe zum Ziel.

In der Gruppentherapie sollen die Teilnehmer die eigenen Probleme und die der Gruppenmitglieder gemeinsam analysieren. Diese Erfahrung verbessert die Wahrnehmungs-, Diagnose- und Problemlösungsfähigkeit auch in anderen Situationen. In der Gruppensituation werden zwischenmenschliche Prozesse bewusst gemacht und die Erfahrungen der anderen eröffnen neue Möglichkeiten der Ereignisverarbeitung und Lebensgestaltung. Im Verlauf der Gruppenentwicklung entsteht gegenseitiges Vertrauen und die Bereitschaft, in der Gruppe offen zu kommunizieren.

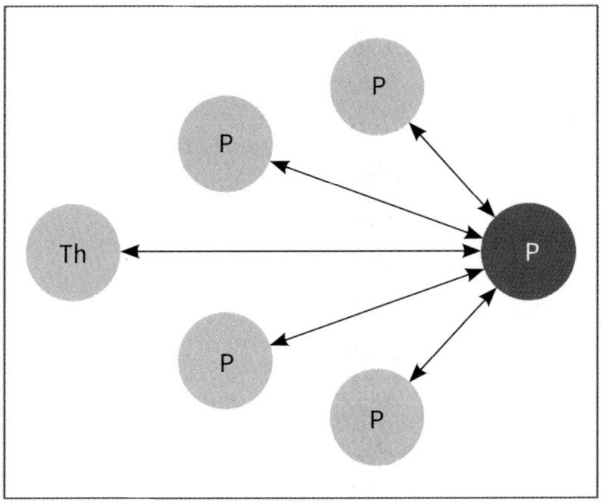

Einzelperson im Mittelpunkt

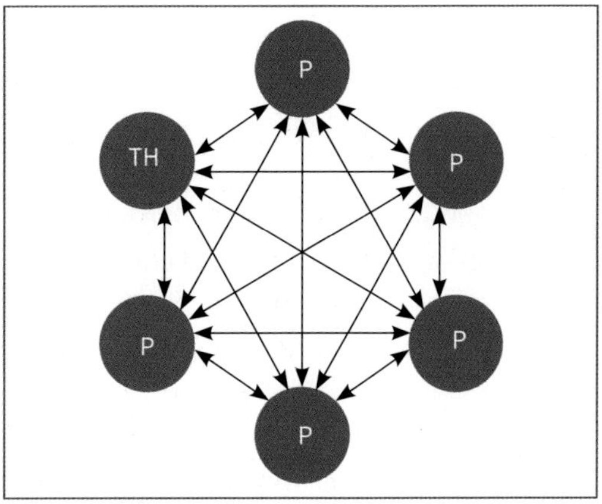

Gruppe im Mittelpunkt

Kennzeichen

Die Gruppengröße liegt bei den meisten Gruppen bei sechs bis zwölf Personen. Ausscheidende Mitglieder werden bei halboffenen Gruppen wieder ersetzt, bei geschlossenen Gruppen werden keine Ersatzgruppenmitglieder aufgenommen. Bei offenen Gruppen ändert sich die Gruppenzusammensetzung von Therapiesitzung zu Therapiesitzung. Am häufigsten sind die halboffenen Gruppen, bei denen die Therapeutin geeignete Ersatzmitglieder auswählt. In einer Gruppe können bis zu zwei Therapeutinnen eingesetzt werden. Die Therapiesitzung dauert ca. 90 bis 120 Minuten. Die Behandlungshäufigkeit variiert von täglichen Sitzungen (z. B. in Kliniken) bis hin zu Intensivwochenenden mit längeren Sitzungen.

Formen

Aus der Vielfalt von gruppentherapeutischen Formen werden exemplarisch drei Formen näher erläutert.

Verhaltenstherapeutische Gruppenarbeit

Die Gruppe als sozialer Mikrokosmos bietet den Raum zur Problemverarbeitung im sozialen Erfahrungsfeld. Diese Möglichkeit ist vor allem dann angebracht, wenn die Schwierigkeiten der Klientin im sozialen Bereich liegen. So wird beim Selbstsicherheitstraining die Gruppe zur realistischen Übungssituation. Es gibt differenzierte Behandlungskonzepte, die über strukturierte Übungssituationen u. a. mit Rollenspiel und Rollentausch das Selbstwertgefühl verbessern und die Selbstsicherheit erhöhen. Das Zielverhalten kann in der Gruppe allmählich aufgebaut und gefestigt werden. Im Mittelpunkt steht die Einzelne mit ihrem Problem; das Gruppengeschehen, die Gruppenentwicklung und die Gruppenphasen werden bei diesem Vorgehen kaum beachtet.

Tiefenpsychologische Gruppentherapie

Die tiefenpsychologisch ausgerichtete Gruppentherapie handelt nach der Devise „Wo Es war, soll Ich werden“. Hierbei geht es um die Möglichkeit, sich selbst zu einer reiferen Person zu entwickeln. Die analytische Gruppentherapie umfasst bis zu 150 Doppelstunden und kann bis zu drei Jahre dauern.

Lösungsorientierte Gruppentherapie

Bei der lösungsorientierten Gruppentherapie steht die Gegenwart und nicht die Aufarbeitung der Vergangenheit im Vordergrund. Der Therapeut nimmt eine aktive Grundhaltung ein und unterstützt den Lösungsprozess, indem er Anregungen einbringt, Problemsituationen strukturiert und verdeutlicht, Probleme in Lösungsansätze umformuliert und ggf. direkt Lösungsvorschläge einbringt. Angermaier (1994) vergleicht die Aufgabe des Therapeuten mit einem Radarsystem, das auf der Suche nach einem für den Klienten optimalen Weg ist. In der Gruppe wird versucht, möglichst viele Mitglieder an der Problembearbeitung zu beteiligen. Der Therapeut signalisiert in seiner Haltung zum Klienten Anerkennung, indem er Verständnis für das Problem und die Situation des Klienten zeigt.

Eine bekannte Form der lösungsorientierten Gruppentherapie ist das **Psychodrama**, das auf den österreichisch-amerikanischen Arzt, Soziologen und Psychiater Jacob Levy Moreno (1889–1974) zurückgeht. Er geht davon aus, dass menschliches Verhalten in der Regel an die Ausübung von Rollen geknüpft ist und sich in diesen Rollen das individuelle Selbst entwickelt. Die Lebensumwelt des Menschen wird durch vier Dimensionen gekennzeichnet: **Raum** (Lebensumfeld des Menschen), **Zeit** (Vergangenheit, Gegenwart und Zukunft), **Realität** (Erfahrungen werden im Rollenspiel nochmals erfahren) und **Kosmos** (Bestimmung des Menschen; Entwicklungsprozess zur schöpferischen Selbstverwirklichung). Ausgehend von diesen vier Dimensionen wird das Psychodrama gestaltet. Eine Person, der Protagonist, stellt ihr Problem dar. Unter Anleitung des Therapeuten, des Spielleiters, wird von den Gruppenmitgliedern das Problem in Szene gesetzt. Eine möglichst hohe Realitätstreue wird beim Spielen der Situation angestrebt. Die Mitspieler unterstützen den Protagonisten bei der Umsetzung des Spiels, indem sie reale Personen, Symbolfiguren, Bilder usw. auf der Bühne darstellen. Nicht eingesetzte Gruppenmitglieder unterstützen die Einstimmungsphase und geben in der Nachbesprechung (Sharing) Rückmeldung, wie sie das Spiel erlebt haben. Der Spielleiter nutzt verschiedene Techniken, um der Gruppe die Prozesse, Fragen und Probleme sowie Beziehungen und Gefühle deutlich zu machen.

Wirkung

Untersuchungen zu den Wirkfaktoren in der Gruppentherapie ergaben folgende Einflussgrößen:

- **Erfolgsorientierung/Lösungsorientierung:** Die Gruppentherapie hat eine positive Wirkung, wenn die Teilnehmer vom Erfolg der Gruppentherapie ausgehen.
- **Gruppenkohäsion:** Die Gruppe gewinnt im Verlauf der Therapie zunehmend an Bedeutung für den Teilnehmer. Der Gruppenzusammenhalt, die Gruppenkohäsion, besitzt einen sozialen Wert, der die Gruppenmitglieder zur Teilnahme motiviert.

- **Gemeinschaftserleben:** Die Teilnehmer erleben, dass auch andere Personen Probleme haben und Lösungsstrategien für sich entwickelt haben.
- **Gemeinsames Problemlösen:** Die Beteiligung aller Gruppenmitglieder an der Problemlösung bringt neue Sichtweisen und verstärkt das Gemeinschaftsgefühl.
- **Gruppe als Familiensituation:** Für einige Teilnehmer dient die Gruppe dazu, frühere Familiensituationen und -konflikte wieder zu durchleben.
- **Soziale Kompetenz:** Durch die Gruppe entwickeln sich bei den Teilnehmern soziale Kompetenzen, da sie neue Kommunikationsmöglichkeiten erleben und Sicherheit im Umgang mit anderen Personen gewinnen.
- **Soziales Lernen:** Die Gruppensituation stellt eine soziale Lernsituation dar, in der das Verhalten anderer Gruppenmitglieder als nachahmenswertes Modell dienen kann.
- **Korrigierendes Feedback:** Mögliche Wahrnehmungsverzerrungen können im Verlauf der Gruppentherapie bewusst gemacht und korrigiert werden. Die Gruppe gibt ein korrigierendes Feedback.
- **Katharsis:** Die Gruppe bietet die Möglichkeit, soziale Emotionen offen zu äußern. Die dadurch ausgelöste befreiende Wirkung wird als Katharsis bezeichnet.

2.4.5 Familientherapie

Der Begriff „Familientherapie“ umfasst eine Vielzahl recht unterschiedlicher Richtungen. Die Ursprünge gehen auf die psychoanalytische Theorie zurück. Ziel der Familientherapie ist die Entwicklung des Einzelnen im System Familie. Die systemische Betrachtungsweise beachtet die Wirkung von Veränderungen auf das komplexe System Familie. Wird ein Kind mit Behinderung geboren, das in die Familie integriert werden soll, dann ist das gesamte System mit dieser Aufgabe befasst. Die Familientherapie berücksichtigt sowohl die Gesamtfamilie als auch Untergruppen und richtet ihr Augenmerk, abhängig von der Ausrichtung, verstärkt auf die Verarbeitung der Vergangenheit (analytische Sichtweise) oder mehr auf die Bewältigung der gegenwärtigen Situation (humanistische Ansätze der Familientherapie).

Ziel

Die Therapieziele ergeben sich aus dem Entwicklungsstand der Familie und ihren Möglichkeiten. Die Therapie versucht, problematische Beziehungen zwischen den Familienmitgliedern aufzudecken und die Familie in ein neues Gleichgewicht zu bringen. Dazu werden den Familienmitgliedern neue Verhaltens- und Beziehungsmuster vermittelt.

Kennzeichen

Die verschiedenen Formen von Familientherapien haben nach Kriz (2007[6]) folgende gemeinsame Merkmale: Durch das Eingreifen des Therapeuten in das Familiengeschehen verändert sich die Familienstruktur, die nunmehr auch den Therapeuten als weitere Bezugsperson umfasst. Dieser Vorgang wird als **Joining** (Herstellen einer tragfähigen therapeutischen Arbeitsbeziehung) bezeichnet. Die Aufgabe des Therapeuten besteht in der Umstrukturierung der bestehenden, oft starren und krankmachenden Kommunikations-, Erwartungs- und Interpretationsformen. Diese Veränderungen werden **Reframing** (Umdeuten) genannt. Der Familientherapeut arbeitet in Systemen, d. h., eine Familie besteht aus einem ausbalancierten System, in dem sich verschiedene Personen verbünden oder gegen andere handeln. Das therapeutische Handeln muss die bestehenden Strukturen kennen und die Auswirkungen von Maßnahmen auf das System beachten.

Formen

Exemplarisch werden drei Formen näher besprochen: die psychoanalytisch orientierte Familientherapie, die erfahrungszentrierte Familientherapie und die strukturelle Familientherapie.

Psychoanalytisch orientierte Familientherapie

Die Arbeit der psychoanalytisch ausgerichteten Therapeutinnen richtet sich auf das Bewusstmachen verdrängter Erfahrungen sowie die Analyse von Beziehungen der Familienmitglieder zueinander. Konflikte werden gedeutet und die Widerstände, die hinter diesen Konflikten stehen, werden aufgedeckt. Das Durcharbeiten des Widerstands, der z. B. durch Ängste, Scham oder Schuldgefühl ausgelöst wird, steht im Mittelpunkt der analytischen Familientherapie.

Die Analyse richtet sich verstärkt auf die Bearbeitung der Vergangenheit. Dies wird im Bild des Konto-Buchs zum Ausdruck gebracht. Die Familienmitglieder führen ein über mehrere Generationen reichendes „Konto-Buch", in dem sie ihre negativen Erfahrungen vermerken. Krankhafte Symptome treten dann zutage, wenn eine Person ein hohes Maß an Ungerechtigkeit und Benachteiligung auf ihrem Konto hat. Richter (2013[34]) beschreibt in seiner Eltern-Kind-Analyse Rollenstrukturen, die auf falschen Erwartungen beruhen und krankheitsauslösend sein können (z. B. Rolle als Partnerersatz, Rolle als ideales Selbst).

Erfahrungszentrierte Familientherapie

Nach Kriz (2007[6]) können die Vertreter dieser Richtung (z. B. Virginia Satir) der humanistischen Psychologie zugeordnet werden. Sie gehen von den Erfahrungen der Familienmitglieder in ihren Beziehungen zueinander aus und unterstützen die positive Weiterentwicklung der Familienmitglieder im bestehenden Umfeld. Am Anfang der Therapie steht die Analyse der Familiengeschichte, die sich mit der bisherigen Entwicklung und den Erwartungen der Familienmitglieder beschäftigt. Die Therapeutin vermittelt beispielsweise, wie man gegenseitiges Feedback gibt, und deckt problematische Beziehungsmuster auf.

Strukturelle Familientherapie

Der Anfang der strukturellen Familientherapie geht auf Salvador Minuchin zurück und setzt sich mit der Gliederung der Familie in Subsysteme auseinander. In einer Familie können in der Regel drei Subsysteme mit unterschiedlichen Funktionen unterschieden werden: das eheliche, das elterliche und das geschwisterliche Subsystem. Die Subsysteme sollten klar voneinander abgegrenzt sein. Die Strukturen einer Familie können in einem „Lageplan" verdeutlicht werden. In der Therapie werden krankhafte Strukturen aufgedeckt und bearbeitet. So kann das unflexible Festhalten an alten Verhaltensweisen das Erwachsenwerden des Kindes beeinträchtigen. Die verschiedenen Subsysteme arbeiten teilweise gegeneinander und führen zu verdeckten Konflikten. Man unterscheidet im Therapieprozess drei Phasen: In der ersten Phase übernimmt die Therapeutin eine Führungsrolle in der Familie; die zweite Phase besteht im Aufdecken der Familienstrukturen und die dritte Phase führt nach dem Durchstehen von Krisen und Interventionen zu einem neuen Gleichgewicht mit neuen Interaktions- und Kommunikationsmustern.

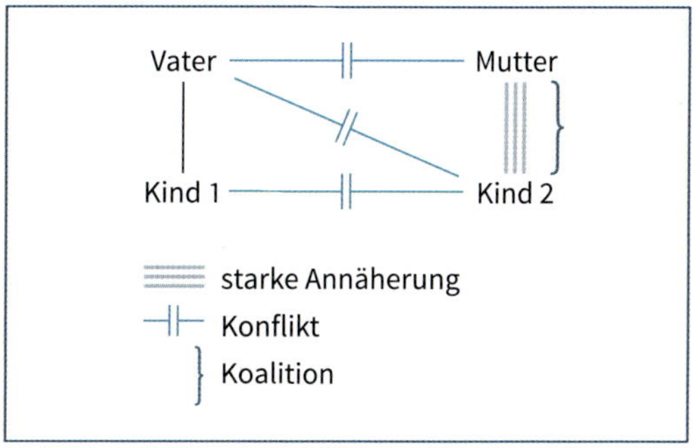

„Lageplan" einer Familie mit zwei Kindern (vgl. Kriz, 2007[6])

2.4.6 Moto- bzw. Bewegungstherapie

Ziele

Ziele der Bewegungstherapie sind das Erlernen von möglichst vielseitigen Bewegungsmustern und eine Verbesserung der motorischen Koordination. Dem Aufbau von Fehlsteuerungen bzw. falschen Bewegungsmustern wird in der Therapie entgegengewirkt. Außerdem kann eine zunehmende Stabilität und Mobilität des Patienten erreicht werden.

Kennzeichen

Wie Hagedorn (vgl. 2000, S. 70 f.) herausstellt, gehen die neurophysiologischen Verfahren der Bewegungstherapie von folgenden Annahmen aus:

- Die Beeinträchtigung beruht auf einer Schädigung des Nervensystems bzw. Gehirns.
- Die Entwicklung des Nervensystems erfolgt nach einer festen Abfolge, deren Stufen nicht übersprungen werden können.
- Das Handeln (die Motorik) ist im Wesentlichen von der Wahrnehmung bestimmt.
- Normales Verhalten kann durch bestimmte Maßnahmen (Reizung von Reflexen oder Schlüsselpunkten) ausgelöst werden.

Die Verfahren von Bobath und Vojta wenden sich vorwiegend an cerebralgeschädigte Personen sowie an Personen mit geistiger Behinderung.

Formen

Neurophysiologische Behandlung nach Bobath

Berta und Karel Bobath (2005[6]) erstellten kein festes Behandlungsprogramm, sondern entwickelten Behandlungsprinzipien. In dem Behandlungskonzept nach Bobath wird zunächst von grobmotorischen Leistungen ausgegangen und danach zum feinmotorischen Bereich übergegangen. Der Behandlungsablauf geht von außen nach innen, setzt also zunächst bei den Extremitäten an. Die Behandlung baut auf dem neurophysiologischen Entwicklungsstand des Kindes auf. Auf technische Hilfen zur Haltungskorrektur und Stützfunktion (Orthesen) soll weitmöglichst verzichtet werden. Die Behandlung bezieht den gesamten Körper ein und achtet auf die Symmetrie von Bewegungsmustern. Die Therapeutin benötigt Beobachtungsgabe, Einfühlungsvermögen und Fingerspitzengefühl bei der Auswahl und Anwendung dieser Prinzipien.

Das Ehepaar Bobath nimmt an, dass sich die Bewegungsentwicklung nach einem festgelegten Ablauf vollzieht, in dem keine Phase übersprungen werden kann. So ist nach dem Liegen der Vierfüßlerstand zu beobachten, danach ist eine zunehmende Rumpfkontrolle feststellbar, auf die das Sitzen, Stehen und Gehen folgen. Hirnbedingte Bewegungsstörungen (siehe Kap. 4.1.1) führen zu Entwicklungsverzögerungen, da das Kind auf einer bestimmten Entwicklungsstufe stehen bleibt.

Die Bewegungstherapie nach Bobath beabsichtigt, normale Bewegungserfahrungen zu vermitteln, neue Bewegungsmuster aufzubauen sowie gestörte Haltungs- und Bewegungsmuster zu hemmen. Die reflexhemmende Handhabung soll verhindern, dass gestörte Bewegungsmuster aufgebaut und beibehalten werden. Werden frühzeitig durch Wiederholungen die richtigen Bewegungsabläufe angebahnt, können diese Bewegungsmuster verfestigt und andere unerwünschte Bewegungsformen gehemmt werden. Die Übungen setzen an Schlüsselpunkten des Kopf-, Schulter- und Hüftbereichs an, um Bewegungen auszulösen und damit Entwicklungsanregungen zu geben. Ausgehend von der Bewegungsfreude und dem Spieltrieb des Kindes werden Übungen zur Kopfkontrolle, Körperrotation oder zum Gleichgewicht durchgeführt. Gleichgewichtsreaktionen können beispielsweise bei Übungen mit Gewichtsverlagerungen ausgelöst werden. Dazu dienen Übungen auf dem Schaukelbrett, Balancereaktionen im Kniestand oder Gleichgewichtsverlagerungen im Vierfüßlerstand.

Im therapeutischen Ansatz nach Bobath hat die Elternmitarbeit eine große Bedeutung. Eine Integration der Übungen in den Alltag wird als Handling bezeichnet. Die Eltern sollen Übungen zu Hause fortführen und sie in den Tagesablauf integrieren. Die Therapie kann frühestens nach dem sechsten Lebensmonat beginnen.

Neurophysiologische Behandlung von Vojta

Stadium	Alter	Ablauf
1. Beugestadium	Neugeborene	Beugeverhalten
1. Streckstadium	ab 4. Monat	Streckverhalten
2. Beugestadium	ab 6. Monat	Vierfüßlerstand
2. Streckstadium	ab 10. Monat	Stand

Der Prager Kinderneurologe Vojta (2014[9]) baut seine Behandlung auf Reflexen auf, die gezielt aktiviert werden, um Bewegungen auszulösen. Bewegungsstörungen sind für ihn eine Folge von Entwicklungsverzögerungen. Vojta hat ein sehr differenziertes Diagnoseverfahren entwickelt (siehe Kap. 4.1.1), mit dem bereits in den ersten drei Lebensmonaten Reflexabweichungen diagnostiziert werden können. Cerebrale Bewegungsstörungen beruhen nach Vojta auf einem Blockadezustand in der motorischen Entwicklung, da durch die Schädigung des Gehirns Reize fehlerhaft verarbeitet werden, sodass normale Bewegungsabläufe verhindert werden (vgl. Leyendecker, 2005).

Im Mittelpunkt seines Therapieansatzes steht die Fortbewegung, die er durch Reflexe auslöst. Die Fortbewegung folgt einem festen Ablauf. Zu diesen Bewegungsformen zählen das Reflexkriechen und das Reflexdrehen.

Beim Reflexkriechen liegt das Kind in der Bauchlage. Wenn der Therapeut auf festgelegte Körperzonen (z. B. Brustkorb, Hinterkopf, Ellenbogen, Ferse) leichten Druck ausübt, werden entsprechende Muskel-, Sehnen- und Gelenkrezeptoren aktiviert und damit Reflexe ausgelöst. Beim Reflexkriechen sind die Hauptzonen an Armen und Beinen, Hilfszonen befinden sich im Hinterhaupts- und Schultergürtelbereich. Mit dem reflexgesteuerten Kriechen und Drehen wird nicht nur die gesamte Skelettmuskulatur gestärkt, sondern auch die Gesichtsmuskulatur sowie die Blasen- und Mastdarmtätigkeit aktiviert. Mithilfe von Kissen oder Rollen kann die Bewegungsbereitschaft des Kindes unterstützt werden. Vojta (2014[9]) hat einen festen Behandlungsplan, in dem auch die Mitarbeit der Eltern vorgesehen ist, die täglich drei- bis viermal das vom Therapeuten auf das Kind abgestimmte Übungsprogramm über mehrere Jahre hinweg durchführen sollen. Allerdings werden gegen die Behandlung nach Vojta Bedenken geäußert, da dem Kind durch die Reflexe Handlungen aufgezwungen werden. Bisweilen werden für das Kind unangenehme, schmerzhafte Bewegungen ausgelöst. Einige Kinder reagieren mit Weinen und Schreien, was die Eltern belastet und unter hohen Druck setzt, wenn sie zu Hause mit dem Kind die Übungsbehandlung fortsetzen.

Sensorische Integrationstherapie nach Ayres und King

Die sensorische Integrationstherapie geht von einer engen Verbindung zwischen der Wahrnehmung und der Handlung aus. Daraus ergibt sich die Notwendigkeit, eine möglichst differenzierte und korrekte Umwelterfassung aufzubauen. Die Therapie berücksichtigt die entwicklungsbedingte Zunahme der Wahrnehmungsgenauigkeit, die auf einer besseren Verarbeitung der Wahrnehmungsreize im Gehirn beruht. Grundlegend für die sensorische und motorische Entwicklung sind zunächst die Basis- bzw. Nahsinne wie Gleichgewichtssinn, taktile sowie Tiefenwahrnehmung, auf deren Basis sich die Fernsinne wie Hören und Sehen entwickeln. Parallel zur Wahrnehmungsverbesserung erhöht sich auch die Handlungskompetenz der betroffenen Person. In der sensorischen Integrationstherapie werden spielerisch vielfältige Reize angeboten (z. B. Berührung, Gerüche, Geräusche, Farben), mit denen die Entwicklung des Nervensystems angeregt und gesteuert werden soll. Die Förderangebote greifen die kindlichen Bedürfnisse auf, die mithilfe spezieller Testverfahren erfasst werden.

2.4.7 Ergo- bzw. Beschäftigungstherapie

Ziele

Die Ergotherapie beabsichtigt eine Verbesserung der Bewegungsmuster, indem sie die durch die Bewegungsstörung beeinträchtigten Bereiche (z. B. Wahrnehmung, geistiger Bereich, Motivation, Ausdauer, Konzentration) gezielt fördert. Daraus entwickelt sich eine verbesserte Handlungskompetenz im lebenspraktischen Bereich. Die Ergotherapie führt z. T. die Bewegungstherapie fort und vertieft bzw. intensiviert deren Maßnahmen.

Kennzeichen

Die Ergotherapie ist auf das **persönliche Umfeld**, in dem der jeweilige Mensch handelt und das sein Leben bestimmt, ausgerichtet. Die Maßnahmen der Ergotherapie sollen das **individuelle Wohlbefinden** verbessern.

Altersbereich		
Kleinkind	**Vorschulkind**	**Schulkind**
▪ Anbahnung grundlegender Funktionen (z. B. Hand-Auge-Koordination) ▪ Interesse an Umweltreizen (Menschen, Gegenstände, Abläufe) entwickeln und Kontakte aufbauen ▪ pflegerische Aktivitäten und wiederkehrende Alltagssituationen (Waschen, Anziehen usw.) einüben	▪ Ausrichten des Kindes auf die Kindertagesstättensituation mit neuer Bezugsperson (Kooperation mit den Erziehungskräften in der Einrichtung aufnehmen) ▪ Vorbereitung auf die Gruppensituation (Vermeidung von Überforderung); Anforderungen in der Kindertagesstätte an den Fähigkeiten des Kindes ausrichten ▪ Kindertagesstätte als Erfahrungsfeld für das beeinträchtigte Kind nutzen	▪ das Schreiben ist für einige Kinder mit körperlicher Behinderung problematisch, deshalb in Absprache mit der Lehrkraft Alternativen aufbauen (z. B. Schreibmaschine, PC) ▪ Handhabung von Büchern und Zeichenhilfsmitteln wie Zirkel und Lineal einüben ▪ Entwickeln von Hilfsmitteln, um den Unterricht besser verfolgen zu können (z. B. Stuhl, Arbeitsplatzgestaltung und -ausstattung; Positionswechsel während des Tagesverlaufs) ▪ Freizeit mit Spiel- und Beschäftigungsangeboten gestalten

Der Mensch mit Beeinträchtigung lernt, die täglichen Aufgaben zu erledigen und den Anforderungen des Alltags gerecht zu werden. Daraus ergibt sich eine verbesserte **Handlungskompetenz**. Die Ergotherapie verringert die Auswirkungen von Beeinträchtigungen durch die Nutzung von vielfältigen kreativen und **therapeutischen Maßnahmen**. Bestehende Funktionseinschränkungen sollen überwunden werden. Die Betroffene wird aktiv in den therapeutischen Prozess eingebunden, im Idealfall entsteht eine interaktive Beziehung zwischen dem Ergotherapeuten und der Klientin.

Die Behandlung des Ergotherapeuten orientiert sich an der Lebenssituation und dem Entwicklungsstand der Klientinnen. Die Tabelle zeigt den entwicklungsbedingten Wandel in den Aufgabenstellungen des Ergotherapeuten (vgl. Mosthaf, 1991):

Formen

Psychomotorische Übungsbehandlung (Mototherapie) nach Kiphard

Die Mototherapie nach Ernst J. Kiphard (2009[10]) ist ein bewegungs- und handlungsbezogenes Verfahren, mit dem Störungen und Entwicklungsverzögerungen im psychomotorischen Bereich behandelt werden. Die Behandlung bezieht sich nicht nur auf das Symptom, sondern berücksichtigt ganzheitlich die Persönlichkeit der Klientin. Dabei geht Kiphard von drei Zielbereichen aus:

1. Stärkung der **Ich-Kompetenz** (Körpererfahrungen, Körperschema)
2. Erhöhung der **Sozialkompetenz** (Therapie im Gruppenverband)
3. Verbesserung der **Sachkompetenz** (Übungen umfassen Materialien und Geräte aus dem Umfeld der Patientin)

Die Psychomotorische Übungsbehandlung geht vom Leistungsvermögen und Entwicklungsstand einer Gruppe aus. Sie umfasst Übungen zur Sinnesschulung, Raum-Zeit-Orientierung, der Körperwahrnehmung und Entwicklung des Körperschemas sowie der Körper- und Hand-Auge-Koordination. Die soziale Komponente wird durch die Übungsbehandlung in Gruppen von drei bis acht Personen berücksichtigt. Die Gruppe löst soziale Prozesse aus, fördert die Kommunikations- und Ausdrucksfähigkeit und erfordert gegenseitige Unterstützung. Sie führt aber auch zu sozialen Auseinandersetzungen.

Ergotherapie als Rehabilitation und Anpassung

In Anlehnung an Hagedorn (2000) ist das ergotherapeutische Handeln auch im Sinne der Rehabilitation des Klienten und seiner Anpassung an sein Umfeld zu verstehen. Die Rehabilitation integriert medizinische, erzieherische, berufliche und soziale Maßnahmen, sodass die individuellen Fähigkeiten optimal genutzt werden können. Dies gilt auch für die Arbeit der Ergotherapeutin in sonderpädagogischen Einrichtungen. Das Ziel besteht in der Befähigung beeinträchtigter Menschen zur Selbstständigkeit und Unabhängigkeit von anderen sowie zur Selbstversorgung. Die verbliebenen Möglichkeiten des Beeinträchtigten gilt es zu erhalten bzw. optimal auszuschöpfen. Wenn Funktionsbeeinträchtigungen durch therapeutische Maßnahmen nicht ausgeglichen werden können, so sind geeignete Hilfsmittel zu entwickeln, die zu einer Erleichterung der Aufgabenbewältigung im Alltag, in der Schule und im Beruf führen.

Die Ergotherapie verwendet spezielle Techniken wie

- Trainingsmaßnahmen, um den beeinträchtigten Menschen mit technischen Hilfsmitteln vertraut zu machen,
- ein abgestuftes Funktionstraining zur Wiederherstellung von beeinträchtigten Bereichen,
- die Bereitstellung von Hilfsmitteln und die Anpassung des Umfeldes an die Beeinträchtigung,
- das Einüben von Möglichkeiten der Selbstversorgung sowie
- die Vorbereitung auf das Leben im eigenen Haushalt.

Bei den Maßnahmen muss darauf geachtet werden, dass sich die Therapeutin nicht nur auf die beeinträchtigten Bereiche konzentriert, sondern auch die bestehenden Möglichkeiten nutzt. Bei aller Konzentration auf physische Unterstützung dürfen die psychischen und sozialen Aspekte der Lebensituation nicht übersehen werden.

2.4.8 Entspannungsverfahren

Entspannung bezeichnet einen körperlichen Zustand ohne Verspannung und Aufregung, in dem Gefühle wie Gelöstheit, Gelassenheit und innere Ruhe entstehen können. Um schnell und gezielt in bestimmten Belastungssituationen wieder zu entspannen, können verschiedene systematische Verfahren verwendet werden. Die am weitesten verbreiteten Methoden sind neben der Hypnose das autogene Training, die progressive Muskelentspannung sowie das Biofeedback.

Kinder und Jugendliche können sich in der Regel schneller entspannen als Erwachsene, da sie beeinflussbarer und phantasievoller sind. Auf die Altersstufen abgestimmt können entspannende Traumreisen oder Abenteuergeschichten eingesetzt werden.

Ziele

Mit den Entspannungsverfahren werden folgende Ziele verfolgt:

- Sensibilisierung für körperliche Vorgänge
- Erkennen der Wechselwirkung von psychischen und physischen Abläufen
- Vermittlung von Strategien zur Steuerung körperlicher Prozesse (z. B. die Verminderung von Stressreaktionen)
- Einsatz der Entspannungsverfahren im Alltag

Kennzeichen

Bei regelmäßiger Anwendung führen alle Entspannungsverfahren schnell und stabil zur gewünschten Wirkung. In der Regel findet man folgenden Verlauf: Zunächst erfolgt eine Einübungsphase unter Anleitung eines Therapeuten, der auf die korrekte Durchführung (z. B. Sitzhaltung, Übungsdauer und -häufigkeit) achtet. Um die Entspannungswirkung zu erhöhen, wird die Teilnehmerin angeleitet, wie sie zwischen den Sitzungen selbstständig unter Verwendung von Informationsmaterial oder von CDs sich selbst gezielt entspannen kann. In der Umsetzungsphase erhalten die Teilnehmerinnen Unterstützung, wie sie das Entspannungsverfahren in den Alltag integrieren können (vgl. Ruhl, Hach und Wittchen, 2011[2]). Die Wirkung ist am besten, wenn das Entspannungsverfahren über einen Zeitraum von sechs bis zehn Wochen mindestens einmal täglich durchgeführt wird.

Formen

Autogenes Training

Auf den Erkenntnissen der Hypnose aufbauend entwickelte der Berliner Psychiater Johannes Heinrich Schultz vor 100 Jahren das autogene Training, bei dem von innen heraus Entspannung ausgelöst wird (konzentrative Selbstentspannung). In der Übungsphase wird die Entspannung durch die Therapeutin von außen durch gezielte, formelhafte Anweisungen herbeigeführt. In der ursprünglichen Form können beim autogenen Training drei Stufen erreicht werden. In der Grundstufe wird das vegetative Nervensystem angesprochen, wobei Schwere- und Wärmeübungen im Mittelpunkt stehen. Die Mittelstufe befasst sich mit der Regulation von Organen. Die Übungen betreffen die tiefe Bauchatmung, die Regulation im Magen-Darm-Bereich, die Normalisierung der Herzfunktion sowie die Entspannung der Gesichtsmuskulatur. In der Oberstufe wird durch formelhafte Selbstinstruktion der Entspannungszustand erzeugt. Dazu können verschiedene angenehme Sitz- oder Liegepositionen eingenommen werden, in denen mithilfe von kurzen Formeln autosuggestiv eine tiefe Entspannung herbeigeführt wird. In diesem Zustand können z. B. Farben, Objekte, Gefühle oder Personen „wahrgenommen" werden. Das autogene Training kann an jedem Ort zu jeder Zeit ohne fremde Hilfe oder Hilfsmittel selbstgesteuert durchgeführt werden. Besonders bei der Verminderung von Stress, Ängsten und psychosomatischen Erkrankungen hat sich das autogene Training bewährt.

Das autogene Training kann bei Kindern im Alter von acht bis zehn Jahren eingesetzt werden (vgl. Göggerle und Esser, 2011[4]). Mit Fantasiegeschichten, in denen Übungen des autogenen Trainings integriert sind, können Entspannungszustände bereits ab dem 4. Lebensjahr herbeigeführt werden.

Progressive Muskelentspannung

Zeitgleich mit dem in Europa praktizierten autogenen Training wurde in Amerika vom Physiologen Edmund Jacobson das Verfahren der progressiven Muskelentspannung entwickelt. Er nutzt die Wechselbeziehung von psychischer und muskulärer Spannung, die über das zentrale Nervensystem gesteuert wird. Mithilfe von gezielter An- und Entspannung der Muskulatur wird schrittweise ein Entspannungszustand von 16 Muskelgruppen ausgelöst. Die Übungen führen durch die Sensibilisierung für den Muskeltonus, der sonst kaum bewusst wahrgenommen wird, zu einer intensiveren Wahrnehmung der entspannten Körperbereiche. Jede Übung umfasst vier Phasen (vgl. Göggerle und Esser, 2011[4], S. 570):

Phase	Dauer	Vorgehen
Einspüren	ca. 15 Sekunden	sich auf die Gefühle in der Muskelgruppe, die geübt werden soll, konzentrieren
Anspannung	ca. 5–7 Sekunden	anspannen und halten der Anspannung, ohne zu verkrampfen
Entspannung	ca. 20 Sekunden	Muskelgruppe langsam entspannen
Nachspüren	ca. 20 Sekunden	das Gefühl in der Muskelgruppe (z. B. Schwere, Wärme) bewusst machen

Wenn das Verfahren zur Muskelentspannung durch intensives Üben gut beherrscht wird, kann eine Kurzzeitentspannung, die lediglich vier Muskelgruppen einbezieht (Arme, Gesicht und Nacken, Rumpf und Beine), verwendet werden, um die gewünschte Entspannungswirkung zu erzielen.

Seit 50 Jahren wird das Verfahren der progressiven Muskelentspannung bei der systematischen Desensibilisierung zum Abbau von Ängsten erfolgreich eingesetzt. Das schnell zu erlernende Entspannungsverfahren kann in Gruppen vermittelt werden. Die progressive Muskelentspannung eignet sich besonders für Jugendliche, da sie bei der Entspannung eine aktive Rolle einnehmen können und das Vorgehen im Vergleich zu Fantasiegeschichten weniger suggestiv ist.

Biofeedback

Bei Erwachsenen bietet sich als Entspannungsverfahren das Biofeedback an. Mithilfe von Biofeedback-Geräten werden physiologische Vorgänge (z. B. Puls, Hautleitwert, Hauttemperatur, Atmungsfrequenz, Blutdruck), die normalerweise nicht wahrgenommen werden, durch akustische oder optische Signale rückgemeldet. Die Person wird aufgefordert, die physiologischen Prozesse willentlich zu steuern, um den gewünschten Entspannungszustand zu erreichen. Dieses Verfahren erfordert eine recht lange Übungszeit und ist durch die erforderlichen Apparaturen sehr aufwendig.

2.5 Sensorische Förderung

In der Arbeit mit mehrfach behinderten, pflegeabhängigen Menschen wurden die Basale Stimulation® und das Snoezelen entwickelt. Die beiden sensorischen Förderkonzepte werden inzwischen in zahlreichen sonderpädagogischen Arbeitsfeldern erfolgreich eingesetzt.

2.5.1 Basale Stimulation®

Die Basale Stimulation® hat sich bei der Betreuung von Menschen mit Schwerstbehinderungen bewährt. Das Verfahren wurde von Andreas Fröhlich (2003) im Rahmen eines Modellversuchs in Rheinland-Pfalz zur Förderung von Kindern mit schwerster körperlicher Behinderung entwickelt. Inzwischen wird das Konzept der Basalen Stimulation® auch in der Alten- und Krankenpflege angewandt.

Unter **Basaler Stimulation®** versteht man ein pädagogisches Förderkonzept, in dem einfachste Berührungsreize, die von der schwerstbeeinträchtigten Person wahrnehmbar sind, gezielt angeboten werden. Diese grundlegenden Reizerfahrungen bilden die Basis für elementare Kommunikationsprozesse.

Das Adjektiv **basal** (lat. = grundlegend, fundamental) weist darauf hin, dass die Reizangebote elementar in einfachster Form dargeboten werden, sodass sie ohne Vorerfahrungen und Vorleistungen aufgenommen und verarbeitet werden können. Durch den Begriff **Stimulation** (lat.: Reiz, Anregung) wird herausgestellt, dass die Reize von außen durch eine Betreuungsperson als Anregung gegeben werden, da der schwerstbeeinträchtigte Mensch nur begrenzt in der Lage ist, eine angemessene, entwicklungsfördernde Reizsituation selbst herzustellen. Die Basale Stimulation® verfolgt einen ganzheitlichen Ansatz, in dem Wahrnehmung und Kognition, Sozial- und Körpererfahrung, Gefühle und Bewegung in den Kommunikationsvorgang eingebunden werden.

Es kann sich ein **somatischer Dialog** entwickeln, der über die verbale Kommunikation hinausgeht und die Körpersprache (Bewegungen, Körperspannung, Haltung), den Atemrhythmus sowie die Gestik und die Mimik umfasst. Berührungen können als wortlose, sehr emotionale Sprache verstanden werden. Der nicht beeinträchtigte Mensch kommuniziert im Säuglingsalter stark auf der taktilen Ebene. Im Laufe der Entwicklung dominiert die Sprache als körperferne Kommunikationsebene. Schwerstbeeinträchtigte Menschen benötigen jedoch zur Kommunikation den Körperkontakt, der von den Kommunikationspartnern wie den Eltern oder Betreuern in der Basalen Stimulation® gezielt angesprochen und genutzt wird. Die Berührung, der Hautkontakt, bietet die Möglichkeit, Grundempfindlichkeiten auszutauschen und den Kommunikationspartner zu spüren. In der Kommunikation wird die Beziehung deshalb nicht nur über die Stimme, sondern auch über die Hände und Berührungen des Körpers hergestellt. Die Erziehenden, die Eltern bzw. die Lehrkräfte werden wechselseitig ganzheitlich mit ihrem eigenen Körper bei der Arbeit mit Personen mit schwersten Behinderungen in das Geschehen eingebunden. Das bedeutet u. a., dass auch die Betreuenden sensibel auf Körpersignale (z. B. Veränderungen und Formen der Atmung, Entspannung des

Muskeltonus, Bewegungen der Hand oder der Füße, Magen-Darm-Geräusche, Schluckbewegungen, Sekretionen), Lautäußerungen, Blickkontakt und Mimik achten müssen. Im Verlauf der wiederkehrenden Erfahrungen mit der Basalen Stimulation® entwickeln sich Rituale und auch eine Initialberührung als Begrüßungsritual, die bei dem Menschen mit Schwerstbehinderung Vertrauen und Sicherheit auslösen. Die Beständigkeit und die Regelmäßigkeit führen zu der gewünschten Ritualisierung, die für mehrfach behinderte, pflegeabhängige Menschen Sicherheit und Halt vermittelt.

Folgende Förderbereiche unterscheidet Fröhlich (vgl. Fröhlich 2007, S. 92 f.):

Formen der Anregung	Wahrnehmungsbereich	Erfahrungen von Menschen mit Schwerstbehinderung	Basale Stimulation®
somatische Anregung	Die Haut als größtes Wahrnehmungsorgan begrenzt zum einen den Körper und ist zum anderen die Basis zur Kontaktaufnahme mit der Umwelt. Aufgrund der Erfahrungen mit der Haut und der Muskulatur entwickelt sich das Körperbild. Die Reize umfassen Druck, Bewegung und Temperaturempfindungen.	Der Mensch mit einer Schwerstbehinderung sammelt häufig negative und schmerzhafte Erfahrungen, die mit unangenehmen Pflegemaßnahmen und psychomotorischen Angeboten verknüpft werden. Fehlende Bewegungserfahrungen und ein zu hoher oder zu geringer Muskeltonus verändern das eigene Körperbild.	Die Basale Stimulation® ermöglicht dosierte, angenehme Berührungserfahrungen, indem neben dem beständigen Handkontakt zusätzlich Berührungserfahrungen mit unterschiedlichen Materialien (z. B. Fell, Stoff) vermittelt werden. Die angenehmen Berührungserfahrungen haben eine anregende und emotional stabilisierende Wirkung. Die Basale Stimulation® ermöglicht, ein Gefühl für die eigene Schwere und Kraft zu entwickeln. Bei der Basalen Stimulation® werden punktuelle Berührungen, abrupte Berührungen sowie oberflächlich streifende Berührungen vermieden. Übungsbeispiel: „Wasserlose Ganzkörperwaschung“

Formen der Anregung	Wahrnehmungsbereich	Erfahrungen von Menschen mit Schwerstbehinderung	Basale Stimulation®
vibratorische Anregung	Vibrationserfahrungen werden durch Bewegungen (z. B. Laufen, Springen, Krabbeln) ausgelöst, d. h., der Körper nimmt Erschütterungen des Knochengerüsts, die mit Bewegungen einhergehen, wahr.	Bei Personen mit schwerster Behinderung, die vorwiegend liegen oder sitzen, wird dieser Wahrnehmungsbereich kaum angesprochen. Die Sensibilität für Vibrationserfahrungen geht durch die Gewöhnung an wenige Lagerungsformen zurück.	Mithilfe von manuellen Vibrationen, die von der Betreuerin am Rumpf und Kopf oder an den Enden der Beine und Arme erfolgen, werden Schwingungserfahrungen, die sich auf den ganzen Körper auswirken, möglich. Fröhlich weist darauf hin, dass die Vibrationen nicht an der Muskulatur ansetzen sollten, um negative Muskelspannungen zu vermeiden. Übungsbeispiel: Zum Einsatz gelangen Vibrationsgeräte, die peripher (Fersen) beginnend eingesetzt werden. Im Verlauf der Basalen Stimulation® werden über Hüfte und Becken schließlich zentrale Bereiche (Brustkorb) gereizt.
vestibuläre Anregung	Das Vestibulärsystem erfasst die Lage des Körpers im Raum unter Beachtung der Bewegungsabläufe und sichert das Gleichgewicht des Körpers.	Durch die begrenzten Bewegungsmöglichkeiten sind vestibuläre Erfahrungen massiv eingeschränkt. Die Veränderungen werden von außen ausgelöst, da die Person häufig nicht in der Lage ist, sich aktiv aufzurichten oder sich im Raum selbstbestimmt zu bewegen. Erfahrungen mit Raum-Lage-Veränderungen und die Wahrnehmung der Schwerkraft liegen kaum vor.	Die geringen Erfahrungen mit Lagewechseln führen bei zu schnellen Lageveränderungen zu Schwindel bis hin zur Übelkeit. Deshalb ist es erforderlich, in der Basalen Stimulation® harmonische, d. h. sanfte, fließende, wiederkehrende Bewegungsformen einzusetzen. Die Geschwindigkeit und die Dauer der Abläufe können eine belebende oder eine entspannende Wirkung erzeugen (z. B. sanfte Schaukelbewegungen um die Körperlängsachse). Folgende Bewegungsformen sind einsetzbar: sanftes Schwingen und Schaukeln, behutsame Drehungen sowie dosierte Auf- und Abbewegungen.

Grundlegende Anregungen erfolgen durch die Basale Stimulation® im somatischen, vestibulären und vibratorischen Wahrnehmungsbereich. Die Förderangebote für den Menschen mit schwerster Behinderung berücksichtigen den ganzen Organismus (somatische Anregung), die Lage- und Gleichgewichtssinne (vestibuläre Anregung) sowie die Schwingungsempfindungen (vibratorische Anregungen).

Ausgangpunkt für die Basale Stimulation® sind in der Regel die somatischen Anregungen.

Die anderen Wahrnehmungsbereiche werden mit diesen drei Anregungsformen verbunden. Der somatische, vibratorische und vestibuläre Bereich sind eng miteinander verknüpft und bilden in der Entwicklung des Menschen zunächst eine Einheit.

Der **vestibuläre Bereich** wird für Fröhlich (vgl. 2007, S. 92) bereits während der Schwangerschaft angeregt, da die Zellen der Schwerkraft ausgesetzt sind und die Mutter als Umwelt des Kindes in Bewegung ist. Die unterschiedlichen Bewegungsformen der Mutter stimulieren auch das Vestibulärsystem des Kindes.

Auch die **vibratorisch-auditive Wahrnehmung** setzt in der Schwangerschaft ein. Das Kind nimmt Schallwellen, die von der Mutter ausgehen (z. B. Herzschlag, Atmung, Magen- und Darmgeräusche) oder von außen kommen (z. B. Musik, Stimmen), wahr. Die Geräusche erlebt das Kind in der Schwangerschaft als Schwingungen. Erst nach der Geburt werden die Schwingungen differenzierter als Hören wahrgenommen.

Die **somatische Wahrnehmung** umfasst die Wahrnehmung über die Haut, Muskulatur und Gelenke. Über die Haut werden Berührungen und Druck sowie Wärme- und Kälteempfindungen erfahren. Die Haut ist eine wichtige Kontaktstelle zur Umwelt. Über sie können aktiv Wahrnehmungserfahrungen herbeigeführt werden.

Auf diesen Grunderfahrungen, die teilweise schon während der Schwangerschaft zur Stimulation des Kindes führen, baut Fröhlich sein Konzept der Basalen Stimulation® auf.

2.5.2 Snoezelen

Das Wort „Snoezelen" ist eine verkürzte Kombination der beiden holländischen Begriffe „snuffelen" (= schnüffeln) und „doezelen" (= dösen). Dieser Kunstbegriff wurde von zwei holländischen Zivildienstleistenden kreiert. In den 1960er-Jahren wurde dieser Begriff von den beiden holländischen Therapeuten Jan Hulseggee und Ad Verheul bei den Freizeitaktivitäten mit schwer geistig beeinträchtigten Erwachsenen verwendet.

War das Snoezelen zunächst für Menschen mit geistigen Schwerst- und Mehrfachbehinderungen entwickelt worden, so wird dieses Förderverfahren inzwischen auch bei anderen Personengruppen mit weniger stark ausgeprägten Beeinträchtigungen und Verhaltensauffälligkeiten erfolgreich eingesetzt. Mit diesem Perspektivenwechsel ist auch eine Veränderung des Ziels von einem therapeutischen Angebot zu einem entspannenden Freizeitangebot verbunden, das in einem vorgegebenen Raum ein Angebot zur ganzheitlichen Sinneserfahrung macht.

Der Alltag mit den zahlreichen Reizen führt für Menschen mit geistiger Schwerstbehinderung häufig zur Überforderung; sie haben kaum Möglichkeiten, den Alltagsreizen zu entgehen, die Reize zu ordnen oder zu verstehen. Snoezelen eröffnet jedoch die Möglichkeit einer behutsamen Konfrontation mit dosierten lustvollen Reizen in einer Ruhe ausstrahlenden Situation.

Snoezelen als pädagogisch-therapeutisches Konzept wird durch folgende Merkmale charakterisiert:

- gezielte Förderung der Wahrnehmung in einem strukturierten Setting (Umgebung)
- Einsatz von primären und sekundären Sinnesreizen zur Anregung neuer Sinneserfahrungen
- Umsetzung eines ganzheitlichen Ansatzes, in dem physische und psychische Elemente integriert werden
- Herstellen einer angenehmen, emotional angstfreien Atmosphäre
- sensibler Umgang mit dem beeinträchtigten Menschen

Im Snoezelen-Raum ist eine Vielzahl unterschiedlicher, aufeinander abgestimmter Sinnesreize zu finden, die bei seinen Nutzern das Gefühl von Entspannung hervorrufen. Der Raum beinhaltet zahlreiche Möglichkeiten von gezielt einsetzbaren multisensoriellen und basalen Wahrnehmungsangeboten.

Folgende Reizquellen können beispielsweise im Snoezelen-Raum platziert werden:

- Musik-Wasserbett
- rotierende Spiegelkugeln
- gepolsterte Böden, Kissen, Softbälle
- Vibrationskissen
- Blasen- und Luftsäulen
- Mobile
- Tastwand
- Kugelbad
- Schall-Licht-Wand
- Massageroller und -bälle
- Entspannungsmusik
- Sternenhimmel
- Aromaverbreiter
- Farbscheibenstrahler
- Faseroptikstränge mit Farbwechslern
- beruhigende, meditative Musik
- Projektion von verschiedenen Effekt- und Flüssigkeitsrädern
- Wassersäulen mit Lichteffekten

Ziele

Das Snoezelen verfolgt bezogen auf den schwerstbeeinträchtigten Personenkreis mit starken Wahrnehmungseinschränkungen sowie Auffassungs- und Kommunikationsdefiziten folgende Ziele:

- Erhöhung der Ausdauer in einem Raum, der Ruhe und Ungestörtheit zulässt
- Bewältigung von Stresssituationen
- Fähigkeit und Verbesserung der Fähigkeit zur Entspannung
- Steigerung des Selbstwertgefühls
- Verbesserung der Koordinationsfähigkeit
- Finden des eigenen Rhythmus und einer inneren Balance in einer Situation, die ein subjektives Wohlbefinden ermöglicht und verstärkt

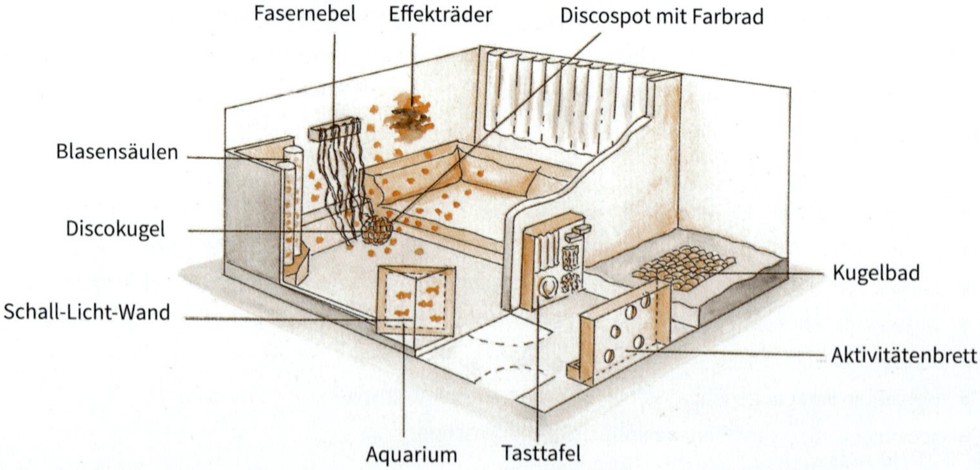

Beispiel für einen Snoezelen-Raum

- Anregung von Aktivitäten
  - Vermittlung eines Raum- und Körperschemas
  - Bereitschaft zur Kontaktaufnahme
  - Erweiterung der Handlungsmöglichkeiten und Entscheidungskompetenz
  - Eröffnung von neuen Wahrnehmungsmöglichkeiten

Prinzipien

- **Variation:** Es erfolgt beim Snoezelen ein gezieltes, variables Ansprechen der Sinnesorgane durch optische, akustische, taktile und olfaktorische Reize.
- **Passung:** Das Snoezelen beinhaltet eine sanfte, dosierte Stimulation, sodass ein Entspannungszustand hergestellt und vertieft sowie Überforderung vermieden werden können.
- **Individualisierung:** Das Reizangebot und die Dauer werden auf die individuellen Bedürfnisse des Einzelnen abgestimmt.
- **Beziehungsaufbau:** Snoezelen kann nur dann gelingen, wenn eine positive Beziehung zwischen dem beeinträchtigten Menschen und dem Betreuenden besteht. Der Körperkontakt ist die Basis für die Beziehungsgestaltung.
- **Stärkung der Selbstsicherheit:** Das Snoezelen vermittelt den Personen mit schwerer kognitiver Behinderung das Gefühl von Sicherheit. Es werden keine Leistungen abgefordert. Die beeinträchtigte Person kann nichts falsch machen. Zur Stärkung der Selbstsicherheit trägt das Herstellen einer angenehmen Atmosphäre bei, die von Außenreizen nicht gestört wird.
- **Freiwilligkeit:** Das Grundprinzip der Freiwilligkeit hat höchste Priorität, d. h., die beeinträchtigte Person hat Einfluss auf die Auswahl und die Dauer der Reizdarbietung.
- **Aktivierung:** Das natürliche Neugierverhalten wird durch Reize mit einem starken Aktivierungsgehalt angesprochen, um zum Entdecken und zum Ausprobieren anzuregen.

Das Snoezelen spricht alle Sinnesorgane an, wie die nachfolgende Übersicht verdeutlicht:

- **Hören:** Klangrohre, Musikinstrumente, Klangwände und beruhigende Hintergrundmusik sprechen die akustische Wahrnehmung an.
- **Sehen:** Verschiedene Farben, Formen und Gegenstände sind im Snoezelen-Raum platziert. Visuelle Reize gehen beispielsweise von Flüssigkeitsprojektoren, Mobiles, Discokugeln oder Bällen aus.
- **Riechen:** Verschiedene Aromen und Gerüche werden durch den gezielten Einsatz von Aromaölen, Kräutersäckchen und Gewürzen vermittelt.
- **Gleichgewichtssinn:** Das Sitzen auf einem Sitzsack ermöglicht das Trainieren des Gleichgewichtssinns.
- **Hautsinne:** Durch Ertasten und Berühren werden taktile Erfahrungen ausgelöst. Zum Einsatz gelangen Massageroller, Felle, Bälle, Tastbretter, verschiedene Oberflächen und Wasserbetten.

Vibrationen spielen beim Snoezelen eine wichtige Rolle, um bei schwerstbeeinträchtigten Personen eine angenehme Stimulation über die Hautsinne zu erreichen. Die Wahrnehmung erfolgt über den ganzen Körper, wenn beispielsweise im beheizten Musik-Wasserbett ohne Wellendämpfer durch die meditative Musik die Wasserfüllung in Schwingungen versetzt wird.

Wirkungen und Einsatzmöglichkeiten

Snoezelen hat eine beruhigende, entspannende Wirkung und wird z. B. im klinischen Bereich bei zahlreichen psychiatrischen Erkrankungen mit guten Erfolgen eingesetzt. Entscheidend für den Erfolg ist die Selbstbestimmung des Nutzers. Die vertrauensvolle Beziehung zum Betreuer, der selbst beim Snoezelen durch die angenehme, stressfreie Atmosphäre entspannen kann, wird gestärkt.

Am Anfang stehen zunächst **Einzelsitzungen**, deren Dauer (ca. 15 bis 30 Minuten) der Mensch mit Behinderung bestimmt. Abhängig vom Behinderungsgrad und der Vertrautheit mit dem Snoezelen-Raum sind auch **Gruppensitzungen** möglich; bei Gruppen beginnt die Entspannungswirkung nach ca. zehn bis 15 Minuten. Die Gruppensitzungen dauern ca. 45 bis 60 Minuten.

Inzwischen wird Snoezelen als multisensorischer Erlebnisraum überall dort angeboten, wo Menschen in einer angenehmen Atmosphäre durch eine gezielte Reizdarbietung Entspannung suchen. So werden Snoezelen-Räume in Regel- und Förderschulen, Altenheimen oder Krankenhäusern eingerichtet.

2.6 Normen und Normabweichungen

2.6.1 Normen und Normverständnis

DEFINITION

Normen bezeichnen die von Personen gemeinsam geteilten Erwartungen darüber, wie man Situationen und Sachverhalte bewerten und sich in bestimmten Situationen verhalten sollte. Solche Normen werden von der Person als nicht von ihr selbst geschaffen, sondern von außen kommend erlebt. Die Wertmaßstäbe entwickeln sich historisch und unterliegen einem beständigen gesellschaftlichen Wandel. Normen üben über die Erwartungen einen gewissen Zwang auf das Denken und Verhalten der Person aus, unabhängig davon, ob die Person die Norm anerkennt oder nicht.

Normarten

1. Die **statistische Norm** beschreibt jenen Bereich, in dem die Ausprägung eines Merkmals innerhalb der jeweiligen Bezugsgruppe am häufigsten vorkommt. So gilt ein regelmäßiges Einnässen bei einem zweijährigen Kind als normal. Ein sechsjähriges einnässendes Kind (Enuretiker) dagegen weicht von der statistischen Norm ab. Statistische Normen erweisen sich als sehr fragwürdig, da sie in vielen Bereichen einem schnellen Wandel unterliegen, wie etwa Einstellungen oder Mode. Häufig werden Abweichungen von der statistischen Norm unterschiedlich bewertet. Ein Unterschreiten dieser Norm (z. B. Intelligenzleistung: IQ 70) wird negativ, ein Übertreffen (Intelligenzleistung: IQ 130) dagegen positiv beurteilt. Die statistische Norm ist zwar ein relativ objektives Kriterium; sie ist aber aus heil- und sonderpädagogischer Sicht wenig hilfreich, da für das Erleben der Beeinträchtigung subjektive Faktoren bedeutsam sind. Statistische Normen werden oft mit der Normalverteilung von Merkmalsausprägungen verknüpft.
2. Die **ideale (gesellschaftliche oder soziale) Norm** kennzeichnet das Wunschdenken der Mitglieder einer bestimmten Gruppe bzw. der Gesellschaft. Diese Zielgröße, zum Beispiel das Idealgewicht, wird unter Umständen in der Realität nur selten von Menschen erreicht. Ideale Normen unterscheiden sich in verschiedenen Kulturen, Gesellschaften und sozialen Schichten. Idealnormen werden von einem Ziel oder Zweck ausgehend definiert. Kobi unterscheidet weiterhin zwischen der **Maximalnorm** (das Leistungssoll, das faktisch Mögliche), der **Optimalnorm** (die günstigste Ausprägung und Mischung) und der **Idealnorm** (oft nicht erreichbar, aber dennoch richtungsweisend). Die ideale Norm beruht auf soziokulturellen Kriterien, die sich in der Gesellschaft regelmäßig verändern.
3. Die **individuelle Norm** meint das subjektive Normempfinden einer bestimmten Person. Die Personen gehen in der Regel davon aus, dass ihre persönliche Norm mit der gesellschaftlichen und statistischen Norm übereinstimmt. Diese Normvorstellung kennzeichnet die Angepasstheit der Einzelperson an sich selbst und an ihre Umgebung.

4. Die **funktionelle Norm** kennzeichnet eine Person dann als normal, wenn sie ihre Aufgaben wie die eigenständige Lebensführung, die Alltagsbewältigung und die Ausübung beruflicher Tätigkeiten erfüllen kann.

Wird ein Mensch mit Behinderung als „abnorm" bezeichnet, so kann dies unterschiedliche Bedeutungen haben: Der Mensch mit Behinderung weicht von einem festlegbaren Durchschnitt, dem statistischen Mittelwert, ab; er entspricht nicht dem gesellschaftlichen Idealbild des Schönen und Unversehrten; oder er kann alltägliche Aufgaben nicht wahrnehmen und entspricht somit nicht der funktionellen Norm. Häufig vermischen sich im Alltag die verschiedenen Normarten. Die Wahrnehmung der Normerfüllung bzw. -abweichung unterliegt zudem subjektiven Verzerrungen. Menschen, die von der statistischen Norm wenig abweichen, gehen davon aus, dass sie der Idealnorm entsprechen. Tatsächlich erreicht kaum jemand die ideale Norm.

In der Heil- und Sonderpädagogik ist dieses Normverständnis von besonderer Bedeutung. Bleidick (vgl. 2000, S. 130) weist darauf hin, dass die Normalitätsvorstellungen in unserer Gesellschaft von einer gesundheitsfetischistischen Einstellung geprägt sind. So definiert die WHO Gesundheit als den „Zustand vollkommenen physischen, psychischen und sozialen Wohlbefindens". Wer diesen Idealvorstellungen nicht genügt, wird ausgegrenzt. Dies gilt im besonderen Maße für Menschen mit Behinderung, die den Normalitätsvorstellungen nicht entsprechen und den Menschen ohne Behinderung als fremd und bedrohlich erscheinen. Würden wir die Behinderung als eine Ausprägung eines Merkmals ansehen (z. B. bei geistiger oder Lernbehinderung), so würden wir diesen Menschen als gleichberechtigten Partnern begegnen.

Ein weiteres Problem besteht in der Grenzsetzung des Normalen. Der Begriff des „Abnormalen" hat fließende Grenzen und ist manipulierbar. Darüber hinaus führt die Etikettierung „abnormal" zur inhumanen Diffamierung der betroffenen Gruppe. Haeberlin (2010[6]) schlägt deshalb vor, auf den Begriff „abnormal" in der Heil- und Sonderpädagogik zu verzichten. Winkel fasst die Normendiskussionen wie folgt zusammen:

> „Niemand ist normal; niemand ist anormal! Jemand kann reich, blond, dick oder dünn sein. Das sind individuelle Eigenschaften, die jemand besitzt oder vermisst."
>
> *(Quelle: Winkel, 1995[2], S. 3)*

2.6.2 Klassifikationssysteme psychischer Störungen

Zur einheitlichen Verwendung der verschiedenen Störungsbilder wurden vor allem im Bereich der psychischen Beeinträchtigungen verschiedene Klassifikationssysteme entwickelt. Diese wissenschaftlichen Systeme gruppieren die unterschiedlichen Störungsbilder. Sie definieren die einzelnen Störungsformen und ordnen jeder Störung die entsprechenden Symptome zu. Anhand überprüfbarer Kriterien lassen sich die psychischen Störungen zumeist klar bestimmen. Die Berücksichtigung einheitlicher Klassifikationssysteme führt zu einem eindeutigen Begriffsverständnis all derer, die miteinander kommunizieren. Weiterhin können auf der Basis dieser Klassifikationen länderübergreifende Datenvergleiche vorgenommen werden. Die Klassifikationen dienen der statistischen Erfassung (Dokumentation der Daten), der Sozial- und Gesundheitspolitik (z. B. Beurteilung des Handlungsbedarfs, gesetzliche Regelungen), der Heil- und Sonderpädagogik (z. B. Entwicklung von Fördermaßnahmen) und der Forschung (z. B. Entwicklung von Diagnoseinstrumenten, Ursachenbestimmung).

Es können kategoriale und dimensionale Klassifikationssysteme unterschieden werden. Bei der **kategorialen Klassifikation** werden voneinander abgrenzbare Störungsbilder beschrieben, die eine eindeutige Zuordnung der Auffälligkeit zu **einer** Kategorie erlauben. Die **dimensionalen Klassifikationssysteme** gehen von verschiedenen Beschreibungsdimensionen mit unterschiedlichen Ausprägungsgraden aus. Das Verhalten jeder Person kann anhand dieser Dimensionen eingeordnet werden, aber erst wenn ein definierter Ausprägungsgrad überschritten ist, wird von einer Störung gesprochen.

Die beiden Sichtweisen verdeutlicht Petermann in der folgenden Abbildung. Jedes blaue Kästchen symbolisiert eine Person. Die grauen Quader repräsentieren folgende drei Störungsbilder:

1 = hyperkinetisches Syndrom
2 = Störung des Sozialverhaltens
3 = depressive Störung

Die Person A zeigt in ausgeprägter Form hyperaktives Verhalten, ist weder aggressiv noch depressiv. Es liegt das Störungsbild **„hyperkinetisches Syndrom“** vor. Person B ist keiner Kategorie zuzuordnen, da hyperaktive, depressive und aggressive Verhaltensweisen nur in geringem Umfang nachzuweisen sind. Die Person C kann aufgrund der hohen Aggressivität der Kategorie **„Störung des Sozialverhaltens“** zugeordnet werden. Person D zeigt weniger stark ausgeprägtes depressives Verhalten.

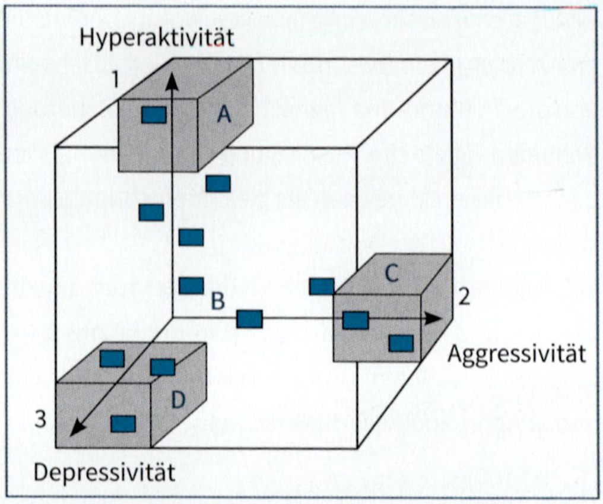

Petermann, Franz/Petermann, Ulrike: Erfassungsbogen für aggressives Verhalten in konkreten Situationen (EAS), 5. Auflage, Göttingen, Hogrefe Verlag, 2015, S. 36.

In der Darstellung werden auch die Vor- und Nachteile beider Klassifikationssysteme deutlich. Eine dimensionale Klassifikation berücksichtigt die Stärke der Auffälligkeit, während in der kategorialen Diagnostik lediglich das Vorliegen einer Störung festgestellt wird. Es besteht dabei das Problem der Grenzwerte, ab der eine psychische Störung eindeutig vorliegt. Häufig sind mit dem Auftreten der Störung auch andere Auffälligkeiten verbunden. Die dimensionale Diagnostik kann die Stärke weiterer Auffälligkeiten durch die Beachtung weiterer Dimensionen verdeutlichen. Der Vorteil der kategorialen Diagnostik liegt in der Berücksichtigung von Beginn, Dauer, Verlauf und Ursachen der psychischen Störung. Da eine diagnostische Einordnung durch Kategorien die Verständigung unter Experten erleichtert, werden vorwiegend kategoriale Klassifikationssysteme verwendet.

Zur Klassifikation psychischer Beeinträchtigungen werden drei kategoriale Systeme eingesetzt:

1. **das Diagnostische und Statistische Manual psychischer Störungen (DSM)**
   der American Psychiatric Association, das zurzeit in der fünften Version (DSM-5) vorliegt
2. **die Internationale Klassifikation Psychischer Störungen (ICD)**
   der Weltgesundheitsorganisation (WHO); diese Klassifikation bezieht sich vor allem auf die medizinische Einordnung der Beeinträchtigung
3. **die Internationale Klassifikation der Funktionsfähigkeit, Behinderung und Gesundheit (ICF)**
   der Weltgesundheitsorganisation (WHO); diese Klassifikation erweitert das bislang verwendete Klassifikationssystem (ICD) durch die Berücksichtigung der Funktionsfähigkeit eines Menschen um eine soziale Dimension

ICD und ICF wurden von der WHO entwickelt und ergänzen sich gegenseitig. Während der ICD schwerpunktmäßig Krankheiten, Störungen und Verletzungen erfasst, stehen bei der ICF die Behinderungen und ihre Auswirkungen auf die Funktionstüchtigkeit im Mittelpunkt. Um der besonderen Situation von Kindern und Jugendlichen gerecht zu werden, wurde die ICF-CY (Internationale Klassifikation der Funktionsfähigkeit, Behinderung und Gesundheit bei Kindern und Jugendlichen, vgl. WHO, 2011) entwickelt. In diesem Klassifikationssystem werden die familiäre Situation, die Entwicklungsverzögerungen, das Einbezogensein in eine Lebenssituation (Partizipation) sowie die Lebenswelt von Kindern und Jugendlichen berücksichtigt.

Das ICF-Modell berücksichtigt die Zusammenhänge zwischen den folgenden verschiedenen Einflussgrößen:

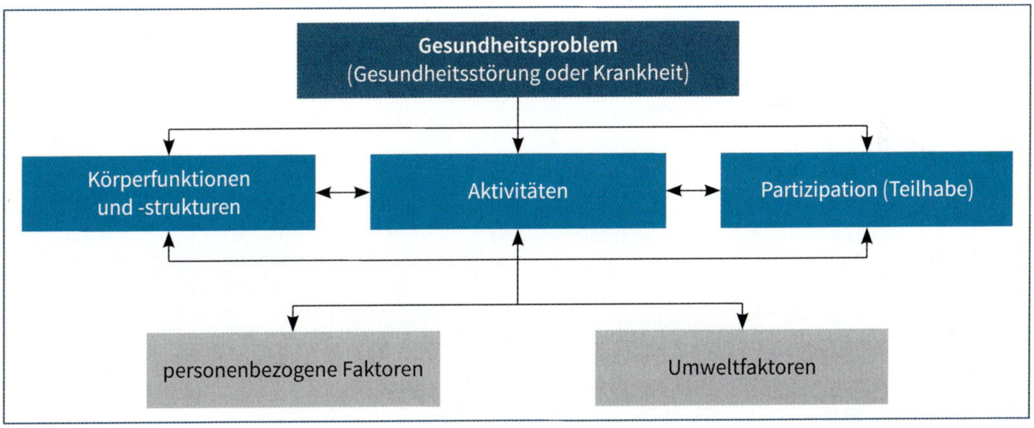

(Quelle: WHO, 2011, S. 46)

Die Klassifikationssysteme legen eindeutige Diagnosekriterien fest, um eine möglichst zweifelsfreie, eindeutige Einordnung der Auffälligkeit zu ermöglichen. Die Klassifikationssysteme berücksichtigen den Verlauf der Störung und geben, soweit gesicherte Aussagen vorliegen, auch Hinweise zu den Ursachen.

Die Internationale Klassifikation der Funktionsfähigkeit, Behinderung und Gesundheit (ICF) wurde 2001 von der WHO verabschiedet und 2002 in Deutschland unter Berücksichtigung der gesetzlichen Begrifflichkeiten (z. B. im SGB IX) eingeführt. Die Klassifikation beruht auf einem bio-psycho-sozialen Modell der Gesundheitskomponenten und ist sowohl ressourcen- als auch defizitorientiert angelegt. Eine Erweiterung der bisherigen Klassifikationen besteht in der Beachtung der Funktionsfähigkeit des Menschen (im Englischen „functioning"). Die Funktionsfähigkeit zeigt sich in drei Bereichen:

1. Funktionstüchtigkeit der Körperfunktionen (einschließlich der geistigen Leistungsfähigkeit) und Körperstrukturen (Organe, Gliedmaßen und ihre Bestandteile)
2. Beeinträchtigung der Aktivitäten im Vergleich zu einem Menschen ohne Beeinträchtigung
3. Beeinträchtigung der Partizipation an Lebensbereichen (z. B. Teilhabe am gesellschaftlichen Leben und den kulturelle Angeboten); die Teilhabe beispielsweise betrifft den Wissenserwerb, die Kommunikation, die Mobilität, die Selbstversorgung, das häusliche Leben, das Gemeinschaftsleben sowie die Partizipation am staatsbürgerlichen Leben

Am Beispiel des Einnässens (Enuresis) sollen ICD-10 und DSM-5 gegenübergestellt werden (vgl. Petermann/ Petermann, 2000[4], S. 383):

	ICD-10	DSM-5
Diagnostische Merkmale	▪ unwillkürlicher Harnabgang ▪ am Tag und in der Nacht ▪ untypisch für das Entwicklungsalter des Kindes	▪ wiederholtes Einnässen ▪ bei Tag und/oder Nacht ▪ in der Regel unwillkürlich, selten absichtlich ▪ willentliche Blasenkontrolle ist biologisch möglich
Häufigkeit	▪ zweimal pro Monat bei einem Kind unter sieben Jahren ▪ mindestens einmal pro Monat bei einem Kind ab sieben Jahren	zweimal pro Woche
Mindestalter	▪ erst ab fünftem Lebensjahr feststellbar ▪ Intelligenzalter mindestens vier Jahre	▪ Primäre Enuresis: biologisches Alter bzw. Entwicklungsalter mindestens fünf Jahre ▪ Sekundäre Enuresis: in jedem Alter möglich; in der Regel zwischen dem fünften und achten Lebensjahr

	ICD-10	DSM-5
Formen	▪ Primäre Enuresis: besteht seit der Geburt ▪ Sekundäre Enuresis: tritt nach einer Phase der Blasenkontrolle wieder auf ▪ Enuresis nocturna ▪ Enuresis diurna ▪ Enuresis nocturna et diurna	▪ Enuresis nocturna: Bettnässen ▪ Enuresis diurna: Einnässen tagsüber ▪ Enuresis nocturna et diurna ▪ Primäre Enuresis: Kind konnte Blase noch nie kontrollieren ▪ Sekundäre Enuresis: nach Blasenkontrolle (keine Angabe über Dauer) nässt Kind wieder ein

Die Internationale Klassifikation der Funktionsfähigkeit, Behinderung und Gesundheit (ICF) bewertet das Einnässen unter Berücksichtigung der Wechselwirkung zwischen den Komponenten wie folgt:

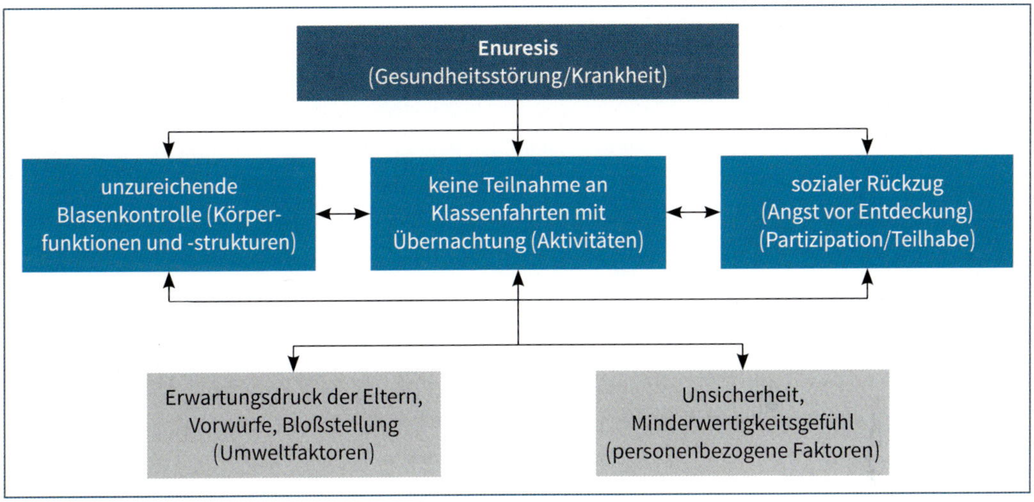

Wie das ausgewählte Beispiel zeigt, unterscheiden sich die beiden Klassifikationssysteme ICD-10 und DSM-5 bei der Bestimmung der verschiedenen psychischen Störung nur unwesentlich. Deutliche Unterschiede bestehen jedoch zur Klassifikation nach ICF. Hier werden psychosoziale Komponenten sowie die Wechselwirkungen zwischen den verschiedenen Komponenten erfasst.
Die von Döpfner u. a. (2008) entwickelten Checklisten zur Erfassung der Störungsbilder nach ICD-10 und DSM-5 erleichtern die Zuordnung der psychischen Auffälligkeiten in den Klassifikationssystemen.

Klassifikationssystem Zero-to-Three

Die herkömmlichen Klassifikationssysteme (ICD-10 und DSM-5) sind für die Diagnose von Störungen im Säuglings- und Kleinkindalter nur eingeschränkt einsetzbar. Entwicklungs- und altersspezifische Besonderheiten bleiben unberücksichtigt. Auf der Basis von langjährigen Erfahrungen in kinderpsychiatrischen Institutionen wurde vom National Center for Clinical Infant Programs 1999 das Klassifikationssystem Zero-to-Three entwickelt, das Störungsbilder bei Kindern bis zum dritten Lebensjahr erfasst und die bestehenden Klassifikationssysteme ICD 10 und DSM-5 ergänzt.

Das multiaxiale Klassifikationssystem umfasst fünf Achsen:

- Achse 1: Klassifikation der psychischen Störung des Kindes (z. B. Störung mit Trennungsangst, Schlafstörungen)
- Achse 2: Klassifikation der Eltern-Kind-Beziehung, Ausprägung der Beziehungsqualität (z. B. eng, locker, ängstlich-angespannt, zornig-feindselig, unausgewogen oder missbrauchend)
- Achse 3: körperliche und entwicklungsbezogene Diagnosen nach ICD-10 und DSM-5 (z. B. Sprachentwicklungsverzögerung)
- Achse 4: psychosoziale Stressoren (z. B. akute oder dauerhafte Belastungen)
- Achse 5: emotionales und soziales Funktionsniveau

Vor- und Nachteile

Die Klassifikationssysteme haben eine ökonomische, kommunikative und indikative Funktion (Heinrichs und Lohaus, 2011, S. 41). Sie dienen der schnellen Verständigung unter Fachleuten, die aufgrund der Einstufung Entwicklungsverläufe ableiten und Behandlungsformen effizient zuordnen können. Diese pauschale Zuordnung birgt aber die Gefahr, dass durch die Vereinheitlichung individuelle Aspekte unberücksichtigt bleiben. Zudem sind vor allem bei den Kategoriensystemen die individuellen Zuordnungen und Abgrenzungen der Störungsbilder voneinander nicht immer eindeutig.

AUFGABEN

1. Vergleichen Sie die Störung mit der Behinderung und verdeutlichen Sie die Unterschiede sowie Übergänge zwischen den beiden Beeinträchtigungsformen anhand von Beispielen.

2. Die Erhöhung der Widerstandsfähigkeit (Resilienz) gegenüber Belastungen kann als wichtige Aufgabe in der sozialpädagogischen Betreuung von Kindern und Jugendlichen gesehen werden. Entwickeln Sie resilienzfördernde Maßnahmen, die von Erziehungsfachkräften im vorschulischen Bereich ergriffen werden können. Begründen Sie die Auswahl der vorgeschlagenen Maßnahmen.

3. Bewerten Sie die Bedeutung der Diagnostik für das heil- und sonderpädagogische Handeln und veranschaulichen Sie Ihre Aussagen.

4. Sie möchten eine Kindertagesstätte in eine integrativ arbeitende Einrichtung, in der beeinträchtigte und nicht beeinträchtigte Kinder gemeinsam betreut werden, umwandeln. Bei einem Elternabend wollen

Sie die Eltern der nicht beeinträchtigten Kinder von den Vorteilen der integrativen Kindergruppen überzeugen. Erarbeiten Sie ein Konzept für diesen Elternabend sowie ein Referat, mit dem Sie die Zustimmung der Eltern zum neuen Konzept erreichen wollen. Welche Widerstände bzw. Gegenargumente erwarten Sie vonseiten der Eltern? Wie können Sie diesen Widerständen argumentativ begegnen?

5. Vergleichen Sie die Basale Stimulation® mit dem Snoezelen. Veranschaulichen Sie die Gemeinsamkeiten und Unterschiede.

6. Zeigen Sie die Bedeutung der Basalen Stimulation® für die Arbeit mit Menschen mit schwerer Behinderung auf.

7. In einer Beratungsstelle wird ein Junge vorgestellt, der mit sechs Jahren noch einnässt. Erläutern Sie das diagnostische und therapeutische Vorgehen, das bei einem Verhaltenstherapeuten, einer Psychoanalytikerin und einem Gesprächspsychotherapeuten zu erwarten ist. Begründen Sie Ihre Einschätzung.

3 Lebenswelten beeinträchtigter Menschen

Die Lebenswelt der beeinträchtigten Menschen umfasst den Rahmen, in dem die Sozialisation erfolgt. Abhängig von den Möglichkeiten der eigenen Entwicklung, der solidarischen Unterstützung durch die Familie, den institutionellen Hilfe- und Förderangeboten sowie den gesellschaftlichen Rahmenbedingungen erfolgt die Verarbeitung der Beeinträchtigung. Bergeest unterscheidet in Anlehnung an Bronfenbrenner den Sozialisationsprozess von Menschen mit Behinderung auf fünf Ebenen:

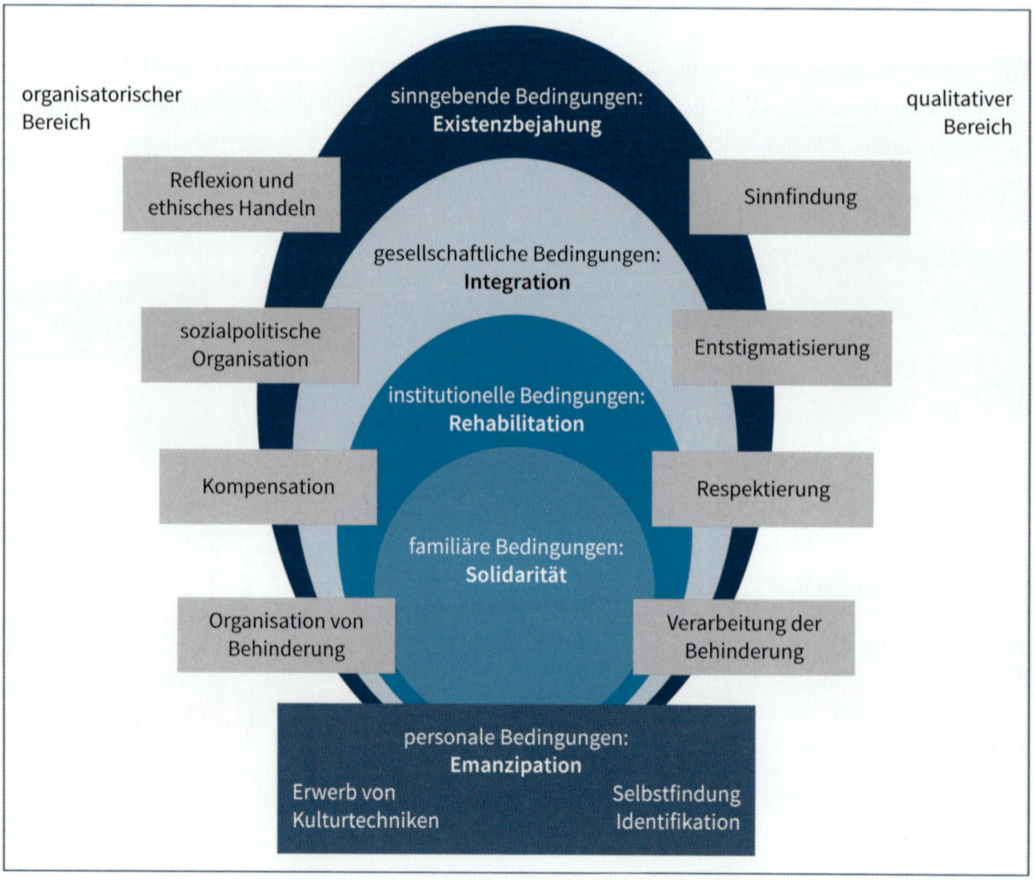

(Quelle: Bergeest, 1999, S. 222)

Personale Bedingungen

Dem Menschen mit Beeinträchtigung wird beigebracht, seine individuelle Welt zu gestalten. Er muss lernen, selbst mit seinen Beeinträchtigungen zurechtzukommen. In der Phase der **Selbstfindung** soll der Mensch mit Behinderung in der Entwicklung eines positiven Selbstkonzepts unterstützt werden. Der Betroffene soll sich von der Abhängigkeit von anderen Personen **emanzipieren**, seine eigene Entwicklung steuern und ein selbstbestimmtes, eigenständiges Leben führen.

Familiäre Bedingungen

In der Familie findet eine **Solidarisierung** mit dem beeinträchtigten Familienmitglied und mit anderen betroffenen Familien statt. Wird die Beeinträchtigung diagnostiziert, muss die Familie **das weitere Vorgehen organisieren** (z. B. Behandlung, Förderung, Therapie). Bergeest spricht von einem Orientierungsmarathon, der mit vielfältigen Veränderungen und Belastungen für die Familie verbunden ist. Die Familie muss mit der **Verarbeitung der Behinderung** neues Gleichgewicht herstellen.

Institutionelle Bedingungen

Maßnahmen der **Förderung und Rehabilitation** erfolgen lebensbegleitend in verschiedenen Institutionen. Dazu gehören Frühförderzentren, Förderschulen, Rehabilitationszentren oder Werkstätten für Menschen mit Behinderung. In diesen Einrichtungen erfolgt die Betreuung durch professionelle Helfer. Zu den institutionellen Bedingungen zählt auch die Wohnsituation. Im Mittelpunkt der Aktivitäten steht die Entwicklungsförderung und im Rahmen der gegebenen Möglichkeiten die **Kompensation** der Beeinträchtigung. Gefordert wird die Kooperation der Helfer in den verschiedenen Institutionen (Helferverbund, Helferkonferenz).

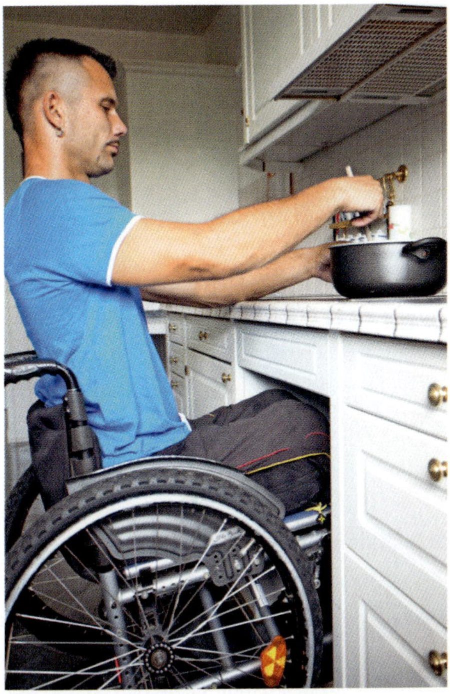

Gesellschaftliche Bedingungen

Auf der gesellschaftlichen Ebene ist der Stigmatisierung der Beeinträchtigung entgegenzuwirken und eine **Integration** zu ermöglichen. Gesetzliche Regelungen schaffen dazu den rechtlichen Rahmen: Das Sozialgesetzbuch (SGB) enthält beispielsweise den Rechtsanspruch auf die Sicherung eines menschenwürdigen Daseins; das Bundessozialhilfegesetz (BSHG) regelt u. a. die Hilfen zur Eingliederung von Menschen mit Behinderung oder chronischer Erkrankung; das Schwerbehindertengesetz (SchwbG) beschreibt Rechte zum Nachteilsausgleich des sozialen Miteinanders. Diese Regelungen richten sich gegen die soziale Ausgrenzung, Ablehnung und Aussonderung sowie gegen falsch verstandenes Mitleid.

Sinngebende Bedingungen

Die Sozialisation ist eng verknüpft mit den Sinnfragen: Warum, Wohin, Warum gerade ich? Der Beeinträchtigte soll darin unterstützt werden, aus der Reflexion des eigenen Daseins einen positiven Lebenssinn zu entwickeln. Eine **existenzbejahende Grundhaltung** ist das Ziel.

3.1 Situation des beeinträchtigten Menschen

Die Reaktionen der Menschen mit Beeinträchtigung sind individuell sehr unterschiedlich.
Die Auseinandersetzung mit den eigenen Beeinträchtigungen ist von folgenden Faktoren abhängig:

- Zeitpunkt des Auftretens und Ursachen
- Art der Beeinträchtigung
- Schweregrad der Beeinträchtigung
- Bewusstheit der Einschränkungen
- Persönlichkeit des Betroffenen
- Reaktion des sozialen Umfeldes auf die Beeinträchtigung

Klee berichtet von folgender Aussage eines querschnittsgelähmten Mannes:

> „Es ist nicht die Behinderung, die lähmt, sondern die Rolle des Outsiders nimmt uns die Möglichkeit der Bewährung: Nicht das Mitleid tötet, sondern dass man es als Anmaßung empfindet, so wie die anderen sein zu wollen."
>
> *(Quelle: Klee, 1981[5], S. 360)*

Zahlreiche Verhaltensauffälligkeiten von Menschen mit Beeinträchtigung können als Gegenwehr gegen die vorliegende Beeinträchtigung gesehen werden. Elbert (1991[3]) beobachtete bei Menschen mit geistiger Behinderung z. B. „heimliches Lernen verbunden mit Wissensverbergen" und „ichbezogene" Intelligenzleistungen. Die gezeigte Unfähigkeit dient dem Widerstand gegenüber den pädagogischen Anforderungen. Das Kind kann keine Treppen steigen; es nutzt aber problemlos Stuhl und Tisch, um an das gewünschte Objekt im Regal zu gelangen. Diese Gegenwehr verstärkt die Beeinträchtigung und wirkt häufig selbstschädigend.

Selbsthilfegruppen

Zum gemeinsamen Widerstand gegen die Stigmatisierung und zur Durchsetzung eigener Interessen entwickelten sich Selbsthilfegruppen. In Deutschland zählen die Kriegsversehrtenverbände zu den ersten Vereinigungen, in denen sich Betroffene aufgrund von Kriegsverletzungen zusammenschlossen. Das staatliche Schuldbewusstsein und die kollektive Verantwortung für die Folgen des Krieges erleichterten die Wahrnehmung und Durchsetzung der eigenen Interessen. Es wurde zunächst klar getrennt zwischen den Kriegsversehrten und den Zivilgeschädigten.

In den 1970er-Jahren entstanden Selbsthilfegruppen der nicht kriegsgeschädigten Menschen mit Behinderung, die ausgehend von Jugendgruppen des Spastikerverbandes bundesweit **Clubs Behinderter und ihrer Freunde (cbf)** gründeten. Ausgehend von einer aktiven Partnerschaft mit Menschen ohne Behinderung verfolgen diese Gruppen das Ziel der gesellschaftlichen Integration und der Bewusstseinsänderung in der Gesellschaft. Sie setzen sich für eine aktive Teilnahme am öffentlichen Leben ein.

Ende der 1970er-Jahre schlossen sich Menschen mit Behinderung in der **Krüppelbewegung** zusammen. Sie verwendeten bewusst den Begriff „Krüppel", um die soziale Benachteiligung in der Gesellschaft deutlich herauszustellen. Die gewählte Begrifflichkeit stieß bei anderen Behindertenvereinigungen auf Ablehnung und löste heftige Gegenwehr aus. Das Interesse dieser Bewegung bestand weniger in einem Ausgleich zwischen Menschen mit und ohne Behinderung, sondern in der Herausstellung eigener Wertvorstellungen, z. B. Behinderungen zu idealisieren. Die bestehenden Benachteilungen wurden aufgedeckt und angeprangert. Anfang der 1980er-Jahre löste die Krüppelbewegung sich auf.

Independent-Living-Bewegung

Ausgehend von der amerikanischen **Independent-Living-Bewegung** entstand auch in Deutschland das **Autonom-Leben-Konzept** (vgl. Rüggeberg, 1990). Folgende Ziele werden verfolgt (vgl. Schönwiese, 1997):

- Überwindung von Isolation
- Erkennen eigener Bedürfnisse
- Verhaltensänderung durch Lernerfahrung
- Sensibilisierung für die Probleme und die Lebenssituation von Menschen mit Behinderung
- Überwindung der Scheu vor Menschen mit Behinderung sowohl der Menschen ohne als auch der Menschen mit Behinderung untereinander
- Schaffung eines persönlichen und damit „normalen" Verhältnisses
- Selbstorganisation und Eigeninitiative
- Änderung der Umwelt durch Aktion und Information

Die Independent-Living-Bewegung wendet sich gegen das fremdbestimmte Fürsorgesystem und fordert die Selbstbestimmung der Menschen mit Behinderung, die selbst über ihr Leben und ihre Lebensführung entscheiden sollen. Mit der Selbstbestimmung ist nicht nur das Wollen, sondern auch die Verwirklichung dieses Willens verbunden. Die Selbstbestimmung umfasst drei Elemente (vgl. Schuppener, 2016):

1. Autonomieprinzip: Die Person entscheidet selbst.
2. Selbstwirksamkeitsprinzip: Die Person erkennt die Wirkung des eigenen Handelns.
3. Handlungsprinzip: Die Person ist selbsttätig aktiv.

Die Abhängigkeit von anderen sollte auf das unumgängliche Minimum reduziert bleiben. Zur Umsetzung dieser Idee ist es unerlässlich, Helfer zu qualifizieren, die dem Menschen mit Behinderung die erforderliche Unterstützung für ein selbstbestimmtes Leben gewähren.

Das Autonom-Leben-Konzept umfasst folgende Betätigungsfelder:

- persönliche Zielfindung und Entwicklung eigener Perspektiven
- Teilnahme am öffentlichen Leben (z. B. Sport, Freizeit, Politik, kulturelle Angebote)
- Bereitstellung von Informationsmaterial
- Verhaltenstraining

- Hilfen bei der Wohnungssuche und behindertengerechten Raumgestaltung
- Hilfen für den Umgang mit Helfern (z. B. Auswahl, Vertragsgestaltung)
- Rechtsberatung
- Beratung bei technischen Hilfsmitteln

Die Selbsthilfegruppen engagierten sich zum Beispiel erfolgreich für die Nutzbarmachung von öffentlichen Verkehrsmitteln für Menschen mit Behinderung. Das Ausschließen vom öffentlichen Leben wird als strukturelle Gewalt gesehen, d. h., die von der Gesellschaft entwickelten und praktizierten Strukturen etwa im Bildungssystem oder der Unterbringung üben auf die Menschen mit Behinderung einen starken Druck aus, sie grenzen sie aus. So wird die Ausgrenzung in Sondereinrichtungen als Entmündigung verstanden, die eine Normalisierung des Lebens verhindert. Als Beispiel kann die Wohnsituation von Menschen mit geistiger Behinderung in verschiedenen Ländern dienen. In den skandinavischen Ländern wird seit 1960 das Normalitätsprinzip praktiziert. Dazu zählt auch die Ablösung des Menschen mit geistiger Behinderung von seinen Eltern. Häufig werden in Deutschland Menschen mit geistiger Behinderung lebenslang in der Familie betreut und versorgt, sodass eine „normale" Ablösung nicht vollzogen werden kann. Die nachfolgende Tabelle stellt die Wohnsituation von Menschen mit geistiger Behinderung in Deutschland und in Schweden gegenüber und verdeutlicht die grundlegenden Unterschiede in den Einstellungen:

Wohnsituation	**Deutschland**		**Schweden**	
	Personen	**%-Anteil**	**Personen**	**%-Anteil**
im Elternhaus	ca. 60 000	50 %	ca. 6 700	26 %
in Pflege- bzw. Großheimen	ca. 30 000	25 %	ca. 7 300	29 %
im offenen Bereich bzw. in Wohnstätten	ca. 8 500	7 %	ca. 6 100	24 %
in Individualwohnungen	ca. 1 500	1 %	ca. 5 000	19 %
in psychiatrischen Krankenhäusern und Altenheimen	ca. 20 000	17 %	ca. 400	2 %
Summe	**ca. 120 000**	**100 %**	**ca. 25 500**	**100 %**

Auf den Zusammenhang zwischen Beeinträchtigung und Lebenssituation weisen auch folgende Prozentwerte hin, die für den Bereich der Gehörlosen ermittelt wurden (vgl. Leonhardt, 2008[3], S. 66):

- 90 % der Gehörlosen kommen aus Familien, in denen keine weiteren Familienmitglieder hörgeschädigt sind (Leonhardt, 2008[3], S. 66).
- 90 % der Gehörlosen heiraten einen hörgeschädigten (vgl. Krüger, 1991, S. 29) bzw. gehörlosen (vgl. Wischki, 1998, S. 37) Partner.
- 90 % aller Kinder aus Ehen Gehörloser sind hörend.

3.2 Familiäre Situation der beeinträchtigten Menschen

Wichtig für die Entwicklung des beeinträchtigten Kindes sind die Reaktionen der Eltern auf die vorliegenden Abweichungen. Die Geburt eines Kindes mit Behinderung stellt ein gravierendes kritisches Lebensereignis dar, das eine völlige Neuorientierung der Familie erfordert. Idealisierte Vorstellungen, hohe Erwartungen und Hoffnungen können von dem beeinträchtigten Kind nicht im gewünschten Umfang verwirklicht werden. Die Verarbeitung erfolgt auf der kognitiven, emotionalen und handlungsbezogenen Ebene.

Staufenberg (2011) unterscheidet hinsichtlich der Reaktion auf eine Beeinträchtigung folgende Elterntypen:

- **Aufgeklärte Eltern:** Sie informieren sich über die Beeinträchtigung und nutzen unterschiedliche Informationsquellen (z. B. Bücher, Internet, andere betroffene Eltern, Selbsthilfegruppen).
- **Sensible, besorgte Eltern:** Sie fühlen sich für die Beeinträchtigung des Kindes mitverantwortlich und sind zu einer Zusammenarbeit mit Fachkräften bereit.
- **Überängstliche Eltern:** Sie befürchten, dem Kind nicht dauerhaft und angemessen helfen zu können; auftretende aggressive Impulse werden unterdrückt.
- **Hilflose, überforderte Eltern:** Sie haben starke Schuldgefühle und fühlen sich den Anforderungen im Umgang mit dem beeinträchtigten Kind nicht gewachsen. Hilfsangebote werden unkritisch angenommen.
- **Verleugnende, verharmlosende und externalisierende Eltern:** Sie wollen die Beeinträchtigung nicht wahrhaben; sie machen andere (z. B. Erzieher, Lehrerinnen, Ärzte, Institutionen) für die Beeinträchtigung verantwortlich.
- **Innerlich ablehnende Eltern:** Sie sind gegenüber dem Kind ambivalent; sie zeigen nach außen übertriebene Fürsorge und lehnen innerlich das Kind ab.
- **Verwahrlosende und missbrauchende Eltern:** Sie kommen ihrer Fürsorgepflicht gegenüber dem Kind nicht nach; ihr Verhalten ist häufig für die Beeinträchtigung mitverantwortlich.
- **Psychisch kranke Eltern:** Wenn die Eltern phasenweise stationär behandelt werden, kommt es zu Trennungen, die für die Kinder zum Teil entlastend sind, aber auch zu Verlusterfahrungen führen.

Die Eltern müssen zunächst die Abweichungen zwischen dem erhofften idealen Kind und dem real beeinträchtigten Kind erkennen und akzeptieren sowie lernen, sich konstruktiv auf die neue Situation durch physische und psychische Annahme einzustellen. Neben der physischen Annahme, die sich auf die Pflege und Ernährung des Kindes bezieht, ist es besonders wichtig, das beeinträchtigte Kind innerlich zu bejahen und eine positive Beziehung aufzubauen.

Zur Entwicklung des beeinträchtigten Kindes ist eine intensive Beziehung zwischen Kind und Bezugsperson erforderlich, um dem Kind Sicherheit, Geborgenheit, Bindung und Wärme zu vermitteln. Dieser Bezug kann durch das Erleben, ein Kind mit Behinderung zu haben, beeinträchtigt werden.

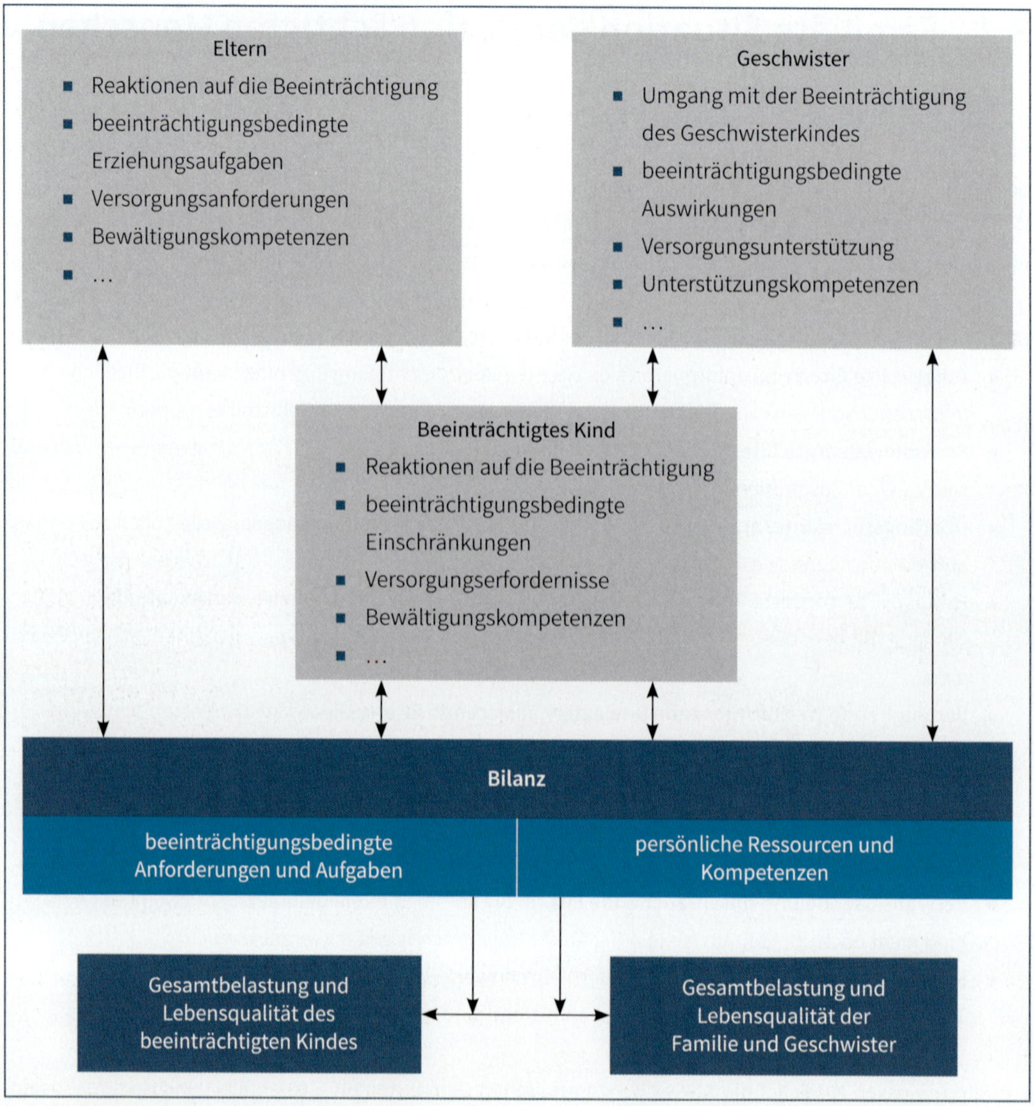

Beeinträchtigungsbedingte Anforderungen in der Familie (vgl. Warschburger/Petermann, 2002[5])

3.2.1 Krisenverlauf und Bewältigungsverhalten (Coping)

Jährlich werden in Deutschland ca. 40 000 Kinder mit einer Beeinträchtigung geboren. Nur wenige Eltern sind beispielsweise aufgrund von Schwangerschaftsuntersuchungen darauf vorbereitet, die meisten Eltern stehen der neuen Situation zunächst ohnmächtig und hilflos gegenüber.

Die Geburt eines Kindes verändert die Familiensituation gravierend und stellt eine Herausforderung dar, auch wenn man sich darauf vorbereitet und die neue Situation zumeist mit positiven Gefühlen besetzt ist. Mit der

Geburt eines behinderten Kindes wird die Familie jedoch mit unerwarteten Belastungen und Herausforderungen konfrontiert, sodass die Betroffenen aus dem Gleichgewicht geraten. Die Familienmitglieder sind gefühlsmäßig zwischen Freude und Ängsten hin- und hergerissen, Gefühle der Hilflosigkeit und Bedrohung werden deutlich. Die Familie ist durch die Konfrontation mit einer unerwarteten Beeinträchtigung ihres Kindes traumatisiert und gerät in eine abgrundtiefe Krise.

Aus der Stressforschung, die sich mit der Bewältigung von Belastungen auseinandersetzt, stammt der Begriff „**Coping**". Er umfasst die geistigen und verhaltensbezogenen Anstrengungen einer Person, hohe Belastungen, die über die tagtäglichen Anforderungen hinausgehen, zu bewältigen. Auf der Basis der Stressforschung gelangte die Forschungsgruppe um Lazarus zu folgendem Modell:

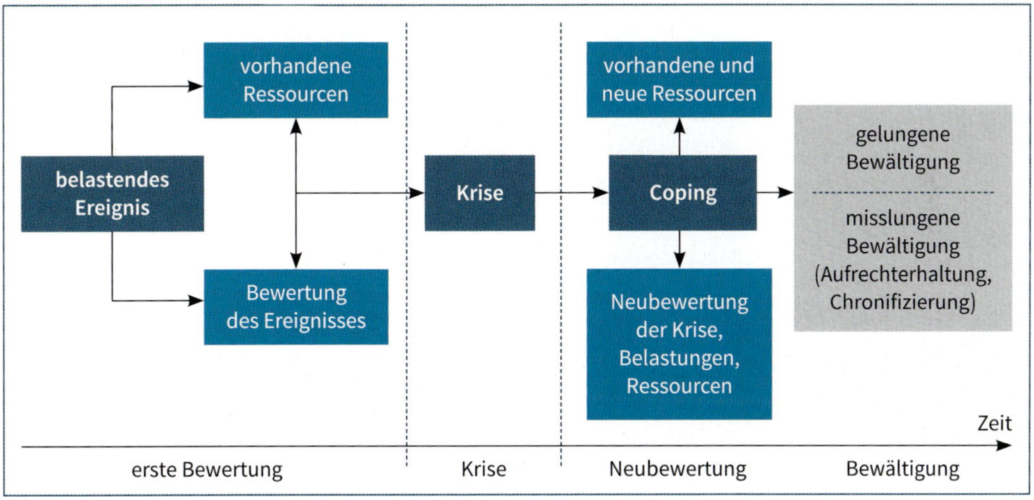

Im Mittelpunkt steht die Beziehung (Transaktion) zwischen Person und Situation, die aus geistigen Prozessen der Interpretation von Wahrnehmung, Wertungen, Gedanken, Schlussfolgerungen besteht. Dieser Ablauf erfolgt subjektiv.

- **Erste Bewertung:** Auf die Geburt eines beeinträchtigten Kindes (belastendes Ereignis) kann mit den vorhandenen Ressourcen der Eltern (z. B. eigene Kompetenzen, finanzielle Möglichkeiten, Wissen über die Beeinträchtigung, nutzbare Unterstützungssysteme) nicht angemessen reagiert werden. Diese Bewertungen des Ereignisses sind beispielsweise von der Persönlichkeit, den Wertvorstellungen, dem Selbstkonzept, der psychischen Stabilität sowie der Reaktion der Umwelt (z. B. Vorwürfe) abhängig.

  Eckert (vgl. 2012, S. 17 f.) geht von folgenden Stressoren für Familien mit einem behinderten Kind aus, wobei die Stärke der Belastung von der Form der Behinderung abhängig ist:
  > erschwerte Bedingungen beim Aufbau der Bindung zum beeinträchtigten Kind
  > erhöhter Betreuungs-, Erziehungs- und Pflegebedarf

> belastende Verhaltensauffälligkeiten wie Unruhe, Schlafstörungen, oppositionelles Verhalten, Ängstlichkeit
> hoher Zeitbedarf für die Versorgung des Kindes und geringere Zeiträume für die eigene Entspannung und Freizeitaktivitäten
> zunehmende Vernachlässigung eigener Interessen und Bedürfnisse
> negative Reaktionen des sozialen Umfeldes auf die Behinderung des Kindes
> geringe Anerkennung für die aufwendigen Betreuungsleistungen
> Verringerung von sozialen Kontakten
> ungewisse Zukunftsperspektiven für das behinderte Kind
> belastende Auseinandersetzung mit Sinnfragen und Schuldzuweisungen
> selbstkritisches Infragestellen der eigenen Kompetenzen

- **Krise:** Stark belastende Ereignisse verursachen in der Familie eine Krise. Die Familienmitglieder sind überfordert, mit der unerwarteten Situation angemessen umzugehen. Die Krise löst starke Emotionen wie Angst, Verzweiflung, Niedergeschlagenheit oder Hass aus, was zu physiologischen Reaktionen (z. B. Schlafstörungen, Erschöpfungszustand) führen kann.
- **Neubewertung:** In der zweiten Phase sind die Bewertungsvorgänge umfassender, da auch die neu erworbenen Bewältigungsmöglichkeiten (z. B. Kompetenzen, vorhandene Ressourcen, Kenntnis und Nutzung von Unterstützungssystemen, Wissen über die Beeinträchtigung) in die Bewertung einbezogenen werden. Auch die Reaktionen des sozialen Umfelds gehen in die Neubewertung ein. Der Vorgang ist ergebnisoffen.
- **Bewältigung:** Bei einer gelungenen Anpassung gelangt die Familie wieder in einen Gleichgewichtszustand. Eine erfolgreiche Bewältigung beinhaltet beispielsweise eine Erweiterung der Erziehungskompetenzen durch Beratung, Anleitung oder Training, die Suche nach geeigneten Förder-, Betreuungs- und Behandlungsmöglichkeiten für das behinderte Kind, eine kritische Auseinandersetzung mit den eigenen und gesellschaftlichen Wertvorstellungen sowie eine neue Ausrichtung von sozialen Beziehungen, die den veränderten Lebensbedingungen gerecht wird. Je länger die belastende Krise anhält, umso schwerer fällt es, diese zu überwinden. Gelingt die Bewältigung nicht, besteht die Gefahr, dass Fehlanpassungen, psychische bzw. psychosomatische Störungen auftreten.

Eine Strukturierung von Stressoren bzw. Belastungen und Ressourcen nimmt Wagatha (2006) vor, die vier Ebenen unterscheidet.

Ebene		Gegenwart	Zukunft
Individuum	Stressoren	Unsicherheit, Vernachlässigung eigener Bedürfnisse, Missverständnisse	fehlende klärende Auseinandersetzungen
	Ressourcen	Strategien zur Stressbewältigung, positive Lebenseinstellung	Vertrauen in eigene Kompetenzen und Stärke

Ebene		Gegenwart	Zukunft
Familie/Paar	Stressoren	geringe Zeit für den Partner, Suche nach außerfamiliärer Unterstützung	zunehmende Entfremdung vom Partner
	Ressourcen	gegenseitige Unterstützung bei Erziehungs- und Pflegeaufgaben	Stärkung des Zusammenhalts, Zuversicht in gemeinsame Krisenbewältigung
soziales Umfeld (Verwandtschaft, Nachbarn)	Stressoren	Einmischung in die Erziehung, Vorwürfe, keine Entlastungsangebote	zunehmender Rückzug mit einer Abnahme der Kontakte, keine Unterstützung
	Ressourcen	Nutzung des sozialen Netzwerks, Entlastung durch Übernahme von Aufgaben	Verbesserung der Beziehung, Unterstützungsangebote
Gesellschaft	Stressoren	Unterstützungsangebote werden nicht genutzt, Vorurteile, Diskriminierung	fehlende Zukunftsperspektive, Probleme bei der schulischen und beruflichen Entwicklung
	Ressourcen	Beratungsstellen, institutionelle Unterstützungs- und Entlastungsmöglichkeiten, Selbsthilfegruppen	Ausbau altersentsprechender Unterstützungssysteme, Umsetzung von Integrations- und Inklusionszusagen

(Quelle: Wagatha, 2006, S. 59)

Es können folgende Phasen bei der Krisenbewältigung unterschieden werden:

1. **Fassungslosigkeit und Schock nach Diagnose über vorliegende Beeinträchtigung**
   Bereits durch die spezielle Geburtssituation spüren die Eltern im Krankenhaus, dass mit dem Kind irgendetwas nicht in Ordnung ist, und sie warten auf eine Auskunft durch den Arzt. Die Mütter nehmen die Unsicherheit der Ärzte und deren hinauszögernde und ausweichende Verhaltensweisen wahr. Die endgültige Diagnosemitteilung erfolgt in einigen Fällen erst mehrere Monate nach der Geburt, wenn weitere Untersuchungen abgeschlossen sind, um nicht sofort erkennbare Beeinträchtigungen abzuklären (z. B. Hirnschädigung durch Sauerstoffmangel bei der Geburt). Die Ärzte fühlen sich unwohl, den Eltern die Wahrheit über die Beeinträchtigung des Kindes mitteilen zu müssen.

   Die Mütter erleben diese Erstinformation durch die Ärzte über die Behinderung ihres Kindes häufig als wenig einfühlsam und verletzend. Einige Eltern werden mit der Einstellung von Ärzten konfrontiert, das Kind solle besser sterben. Sie legen den Erziehungsberechtigten beispielsweise die Zustimmung zur Nichtbehandlung schwerstgeschädigter Neugeborener nahe.

Besondere Bedeutung kommt der Erstinformation (Diagnoseeröffnung) durch die behandelnden Ärzte zu. Die Auseinandersetzung mit einer zu erwartenden Behinderung des Kindes kann bereits während der Schwangerschaft beginnen. Schwangerschaftsuntersuchungen (Pränataldiagnostik) reichen von der empfohlenen Ultraschalldiagnostik am Anfang der 9., 19. und 29. Schwangerschaftswoche bis zu Fruchtwasseruntersuchungen oder zur Blutentnahme aus der Nabelschnur. Liegen Hinweise auf eine mögliche Behinderung vor, dann erfolgt beispielsweise bei einer zu erwartenden Trisomie 21 des Kindes in über 90 % der Fälle ein Schwangerschaftsabbruch.

Unterstützende Begleitung: Für die betroffenen Eltern ist es wichtig, einen Ansprechpartner zu finden, der mit Empathie auf sie eingeht, ihre Ängste und Hoffnungen thematisiert. Bei der schwerwiegenden Entscheidung eines Schwangerschaftsabbruchs müssen die von sozialen Diensten wie pro familia oder kirchlichen Schwangerschaftsberatungsstellen angebotenen Beratungsgespräche mit Ärzten, Sozialarbeitern und Psychologen in Anspruch genommen werden.

2. **Phase der Ungewissheit und Aggression**

Eltern weigern sich zunächst, die Wahrheit zu akzeptieren, und hegen Zweifel an den Diagnosen und Prognosen der Ärztinnen. Sie wollen das Vorliegen einer Beeinträchtigung nicht wahrhaben und entwickeln unbewusst Abwehrreaktionen (z. B. Bagatellisieren, Leugnen, Verdrängen). Die Eltern wenden sich in ihrer Verzweiflung an weitere Ärztinnen, um günstigere Diagnosen zu erhalten, damit sie wieder Hoffnung schöpfen und eine positive Perspektive entwickeln können.

Eltern schwanken zwischen Hoffnung („Ich kann dem Kind helfen. Wir werden es schon schaffen!") und Hoffnungslosigkeit („Das Kind wird meine Hilfe ein Leben lang benötigen. Wer kümmert sich um das Kind, wenn ich nicht mehr da bin?"). Wutreaktionen treten verstärkt auf. Vorwürfe richten sich gegen Ärztinnen, den Partner und gegen sich selbst. Weiterhin können die Suche nach Schuldigen und Wahrnehmungsverzerrungen beobachtet werden.

Unterstützende Begleitung: Die Helfenden müssen auf diesen Spannungszustand eingehen und die Betroffenen emotional behutsam auf das gefühlsmäßige Akzeptieren der realen Situation hinführen. Das aktive Zuhören, das Empathie und Akzeptanz vermittelt, hilft, die emotionalen Widerstände zu verstehen. Die Vermittlung und Verdeutlichung medizinischer Befunde reicht in der ersten Entwicklungsphase zur Überwindung nicht aus. Die Begleitung in dieser emotionalen Phase gestaltet sich schwierig. Die Helfenden selbst können zur Zielscheibe der Aggressionen werden. In der Phase der Wut ist es wichtig, dass die Eltern ihre Emotionen zulassen und ihre Schuldgefühle verbalisieren, um die Gefühle gemeinsam mit den Helfenden zu verarbeiten. Die unterstützende Begleitung in dieser Phase der Ungewissheit ist auf das langsame Vertrautmachen mit der Endgültigkeit der Diagnose ausgerichtet. Es dürfen keine falschen Hoffnungen geweckt und Erwartungen aufgebaut werden, die das Überwinden dieser Phase verzögern oder verhindern. Die Eltern sollten das Erscheinungsbild der Beeinträchtigung kennen, um unrealistische, angstauslösende Phantasien zu verhindern. Die Befürchtungen der Eltern sind ernst zu nehmen und aufzuarbeiten.

3. **Phase der Depression und Niedergeschlagenheit**
In ihrer Verzweiflung suchen die Eltern nach Wundern und klammern sich an jede auch fragwürdige Möglichkeit, die Hilfe verspricht. Hilfesuchend wenden sie sich an kirchliche oder humanitäre Einrichtungen. Sie sind bereit, starke materielle Einbußen in Kauf zu nehmen, um dem Kind zu helfen. Dieser Abschnitt der Krisenbewältigung ist mit zahlreichen Enttäuschungen verbunden. Diese ausweglose Situation überfordert die Eltern, der Schock wirkt sich phasenweise lähmend aus. Alle Planungen, Wünsche und Erwartungen werden wertlos, eine Neuorientierung ist unerlässlich.

Unterstützende Begleitung: Helfende sollten in dieser Phase der Verhandlung mit dem Schicksal die Eltern in ihrem blinden Eifer bremsen und das unablässige Aufsuchen verschiedener Ärzte („medical hopping") kritisch thematisieren und die unrealistischen Erwartungen dämpfen. Gleichwohl kann das Engagement in religiösen und humanitären Organisationen durchaus eine positive Wirkung haben. In der Phase der Niedergeschlagenheit und Depression sind Verständnis und Anteilnahme wichtig. Die Hilfe sollte sowohl auf der emotionalen Ebene Wertschätzung und Mitgefühl als auch auf der kognitiven Ebene die realistische Auseinandersetzung mit der Lebenssituation umfassen. Die gemeinsame Suche nach Maßnahmen und Hilfen, die für das beeinträchtigte Kind eine positive Entwicklung eröffnen, entwickelt eine Zukunftsperspektive und richtet damit den Blick nach vorn.

4. **Auseinandersetzung mit der Beeinträchtigung und Suche nach Unterstützung**
Im Vordergrund steht die kognitive und verhaltensbezogene Auseinandersetzung mit der Beeinträchtigung des Kindes. Die Eltern begeben sich auf die Informationssuche (z. B. Internetrecherche zur Behinderung, Suche nach Beratungsmöglichkeiten, Studium von Fachbüchern, Kontaktaufnahme mit Selbsthilfegruppen) und setzen sich mit der neuen Situation aktiv auseinander. In diesem Abschnitt der Krisenbewältigung werden auch Kontakte mit Eltern in vergleichbarer Lebenslage geknüpft, die helfen können, die Lebensperspektive neu auszurichten, das eigene Wertesystem der unerwarteten Situation anzupassen und wieder eine adäquate Zukunftsperspektive zu entwickeln.

Unterstützende Begleitung: Die Hilfe sollte den von der Familie gefundenen Weg unterstützen und nicht versuchen, den Betroffenen die Idealvorstellungen der Helfenden aufzudrängen. Die

Eltern sind in diesem Verarbeitungsabschnitt zu stabilisieren, um einen drohenden Rückfall auf bewältigte Phasen zu vermeiden.

5. **Akzeptanz der Beeinträchtigung**
   Die negativen Gefühle gehen zurück und positive Aspekte werden bewusster wahrgenommen. Die Eltern setzen ihr Engagement für die Gestaltung des Erreichbaren ein und kommen langsam in einen inneren Gleichgewichtszustand. Die Organisation der erforderlichen Maßnahmen (z. B. Transport zu Fördereinrichtungen) wird in den Alltag integriert.

   Unterstützende Begleitung: Die Eltern benötigen zwar weniger Hilfen, dennoch sollte die Phase der Akzeptanz durch positive Rückmeldungen gefestigt werden. Unterstützung bei der Realisierung der Handlungsalternativen bis zur kritischen Reflexion sind erforderlich. Das Interesse an den Aktivitäten stärkt die Eltern und führt zu Anerkennung ihres Handelns.

6. **Gesellschaftliches Engagement für Behinderte**
   Die Eltern erweitern ihr Engagement auf außerfamiliäre Institutionen. Sie übernehmen Verantwortung in Selbsthilfegruppen, engagieren sich im kommunalen Bereich sowie in Organisationen, die sich in der Gesellschaft für beeinträchtigte Menschen einsetzen.

   Unterstützende Begleitung: Hilfestellungen sind in der Phase des Engagements für Menschen mit Behinderung nicht mehr erforderlich.

Abweichungen von diesem idealtypischen Verlauf können auftreten. Die Krisenbewältigung ist ein nie abgeschlossener Prozess mit Rückfällen auf überwundene Phasen. Die Bewältigung darf nicht nur auf die Familie begrenzt werden, sondern ist immer im gesellschaftlichen Kontext zu sehen.

3.2.2 Elterneinstellung zur Beeinträchtigung

Die Familie kann als System verstanden werden, das sich in einem schwebenden Gleichgewicht befindet. Man spricht auch von **systemischer Sichtweise**. Jede Veränderung in der Familie (z. B. Personen kommen hinzu bzw. scheiden aus, Krankheiten, Arbeitslosigkeit) führt zu einem Ungleichgewicht und löst Spannungen aus. Die Familie muss ihr System, vergleichbar einem Mobile, neu ausrichten, um zu einem neuen Gleichgewicht zu gelangen. Die Geburt eines Kindes mit Behinderung stellt für das Gleichgewichtssystem der Familie eine gravierende Veränderung dar. Die Reaktionen der Eltern gegenüber ihrem beeinträchtigten Kind können zu Fehlhaltungen führen, die in drei Ausprägungen auftreten können:

1. Schutzhaltung
2. feindliche Grundhaltung
3. daseinsberechtigte Haltung

Eltern zeigen ihrem Kind zunächst eine **Schutzhaltung**. So löst ein Säugling diese Schutzreaktion durch die Hilflosigkeit der kindlichen Situation aus. Im Verlauf der Entwicklung geht die Schutzhaltung zurück und das Kind gewinnt an Selbstständigkeit. Bei Kindern mit Behinderung verläuft diese Entwicklung oft anders. Die Eltern erziehen sie häufig auch bei zunehmendem Alter in starker Abhängigkeit von ihren Hilfs- und Schutzhandlungen. In einer ausgeprägten Form zeigt sich die Einstellung der Eltern als entwicklungshemmende Fehlhaltung, in der das Kind zum gemeinsamen Sorgenkind der Familie wird. Das Autonomiestreben des Kindes mit Behinderung wird in solchen Fällen unterdrückt. Häufig erlebt das Kind auch unangemessene Hilfen und fühlt sich dem Helfer ausgeliefert. Eine überbehütende Grundhaltung verhindert die Entwicklung eines gesunden Selbstvertrauens und Durchsetzungsvermögens sowie die Eigenständigkeit. Im Extremfall unterbindet diese Einstellung den außerfamiliären Kontakt, um dem „armen", beeinträchtigten Kind negative Erfahrungen zu ersparen. Diese Rechtfertigung erspart es aber auch den Eltern, sich mit der nicht behinderten sozialen Umwelt auseinanderzusetzen. Die Erziehung des Kindes mit Behinderung in dem elterlichen Schonraum beeinträchtigt seine physische und psychische Entwicklung.

Die Tatsache, dass ein Familienmitglied beeinträchtigt ist, kann auch zu einer **feindlichen Grundhaltung** in der Familie führen. Das beeinträchtigte Kind kann für die Eltern mit Enttäuschungen und persönlichen Einschränkungen verbunden sein. Das Gefühl der Unzufriedenheit verstärkt die bestehenden Frustrationen. Eine solche Grundhaltung verändert das Verhalten gegenüber dem Kind mit Behinderung: Zurechtweisungen, Ermahnungen und Ungeduld treten häufiger auf, Zuneigung, Verständnis und Empathie werden seltener gezeigt. Die Eltern als Helfer fühlen sich einerseits überfordert und erleben das Zusammensein mit dem beeinträchtigten Kind als Strapaze. Das Kind andererseits fühlt sich den Eltern rettungslos ausgeliefert. Diese Abhängigkeit in einer überforderten Familie verhindert eine positive Entwicklung des Kindes.

In der dritten Verarbeitungsform, der **daseinsberechtigten Haltung**, wird für die verantwortlichen Eltern das beeinträchtigte Kind zum alleinigen Lebensinhalt. Ein Familienmitglied „opfert" sich und nimmt zahlreiche Einschränkungen klaglos in Kauf. Das Kind bestimmt in diesem Fall den Tagesablauf. Diese Fehlhaltung verhindert die Verselbstständigung des Kindes. Die eigene Daseinsberechtigung wird aus der Existenz des Menschen mit Behinderung, für den man alles tut und gibt, abgeleitet.

3.2.3 Elternarbeit und Elternmitarbeit

Die Elternarbeit und die Einbindung der Eltern in die Hilfsmaßnahmen gehören zu den fachlichen Aufgaben der professionellen Helferinnen. Neben der Informationsvermittlung will die Elternarbeit die Kompetenzen in der Familie stärken. Die Familie wird zu einem kompetenten Kooperationspartner, der zur Optimierung der Lebens- und Entwicklungsbedingungen des beeinträchtigten Kindes wesentlich beiträgt. Den Aufgabenfeldern und **Formen der Elternarbeit** können sechs Bereichen zugeordnet werden:

	Aufgabenfelder					
	Information	Beratung	Weiterbildung	Intervention	Freizeitgestaltung	Öffentlichkeitsarbeit
Formen	Elternkontakt, Elternabend, Hospitation, Elternbrief, Informationsschriften, Tür-Angel-Gespräche	Sprechstunde, Gesprächskreise, Eltern-Kind-Gruppe, Hausbesuche, Literaturangebote	Seminare, Eltern-/Familienfreizeit, Tagungen, Exkursionen, Literaturangebote	entlastende Dienste, Elternanleitung, Elterntraining, Elterntherapie, Familientherapie, Eltern-Kind-Gruppe	Feste, Ausflüge, Basar, Gottesdienst	Mitwirkung in Elternvereinigungen und Trägervereinen, Elternvertretung in Institutionen, Mitwirkung bei Tagungen, Beiträge in öffentlichen Medien (z. B. Leserbriefe)

Die Elternarbeit kann durch verschiedene Hindernisse erschwert werden:

- Fehlhaltung zur Beeinträchtigung des Kindes (z. B. leugnen, nicht wahrhaben wollen)
- Verwöhnung des Kindes in der Familie (Erfolge in der Selbstständigkeitsentwicklung werden durch „Hilfen" der Eltern zunichte gemacht; erlernte Hilflosigkeit des Kindes)
- Überforderung der Eltern
- mangelndes Interesse der Eltern
- eingeschränkte Erreichbarkeit (so werden die Elternkontakte z. B. durch Fahrdienste oder eine Heim- bzw. Internatsunterbringung eingeschränkt)

Besonders bedeutsam sind die Eltern bei der Durchführung von therapeutischen Maßnahmen. Der Behandlungserfolg hängt nicht zuletzt davon ab, inwieweit es gelingt, mit den Eltern zusammenzuarbeiten. Die Eltern geben nicht nur Informationen über die Entwicklung des Kindes, Veränderungen des Verhaltens oder die Wirkung der Förder- und Therapiemaßnahmen, sondern können den therapeutischen Prozess mitgestalten. Es werden vier Modelle der Mitgestaltung unterschieden.

Laienmodell

Die Experten bestimmen den Veränderungsprozess und die Eltern werden in Abhängigkeit gehalten. Die Therapie und Förderung bleiben alleinige Aufgabe der Fachleute. Sie geben den Eltern lediglich Ratschläge.

Kotherapeutenmodell

Die Eltern werden von den Fachleuten angeleitet, die Maßnahmen zu Hause fortzusetzen, um den Übungseffekt zu verstärken. Als Kotherapeuten werden die Eltern an der Entwicklung des Trainingskonzepts beteiligt und erhalten Übungsaufgaben bzw. Programme, die sie zu Hause umsetzen. Gegen die Therapeutisierung der Elternrolle wenden sich Kritiker dieses Konzepts. Für sie haben die Eltern andere, für das beeinträchtigte Kind wichtigere Aufgaben im emotionalen und sozialen Bereich wahrzunehmen.

In Australien wurde von Sanders (vgl. 2003) ein **fünfstufiges Programm für die Elternarbeit** entwickelt, das von einer allgemein gefassten Information bis zu gezielten Maßnahmen reicht:

Stufe 1: Universelle Informationen über Erziehung
Ziel dieser Ebene ist u. a. über die Inhalte der positiven Erziehung zu informieren. Durch den Einsatz verschiedener Medien, wie z. B. Broschüren, Internet, Vorträge und Fernsehbeiträge, werden Familien und Eltern bei der Kindererziehung unterstützt.

Stufe 2: Triple-P-Kurzberatung für spezifische Erziehungsfragen
In der Kurzberatung werden Erziehungsfragen und -anliegen der Eltern in ein bis vier kurzen Einzelinterventionen (je ca. 15 Minuten) durch verschiedene Professionelle (z. B. Erzieher, Lehrerinnen, Ärzte) geklärt.

Stufe 3: Triple-P-Kurzberatung mit Übungen
Die Beratung auf dieser Stufe bildet eine etwas intensivere, selektive Präventionsstrategie. Im Unterschied zur Stufe 2 erarbeiten Eltern und Berater in vier Sitzungen gemeinsam Ziele sowie entsprechende Erziehungsfertigkeiten. Diese üben sie im Rollenspiel aktiv ein.

Stufe 4: Triple-P-Elterntraining
Auf dieser Stufe sind verschiedene Formen des Elterntrainings als universelle und indizierte Prävention konzipiert. In der Gruppe, im Einzeltraining oder unter Selbstanleitung werden die Erziehungsfertigkeiten intensiv vermittelt und trainiert, z. B. Zieldefinition, Verhaltensbeobachtung, Fertigkeiten zur Förderung der kindlichen Entwicklung und Umgang mit schwierigem Verhalten. Der Schwerpunkt liegt hierbei auf der Kommunikation und Interaktion zwischen Eltern und Kindern.

Stufe 5: Erweiterte Informationen auf Familienebene
Diese Stufe wurde für Familien mit zusätzlichen familiären Schwierigkeiten wie Ehekonflikten, Substanzmissbrauch oder Depression eines Elternteils entwickelt und für Familien, deren Kinder nach der Teilnahme am Elterntraining (Stufe 4) weiterhin Auffälligkeiten zeigen. Das intensive therapeutische Programm enthält zusätzliche Module wie Stimmungs- und Stressmanagement sowie Partnerunterstützung.

Kooperationsmodell
Einen Mittelweg zwischen dem Laienmodell, das die Eltern entmündigt, und dem Kotherapeutenmodell, das die Eltern zu überfordern droht, stellt das Kooperationsmodell dar, das die partnerschaftliche Zusammenarbeit zwischen den Therapeutinnen und den Eltern anstrebt. Die Eltern werden bei der Entwicklung des Konzepts beteiligt.

Empowermentkonzept

Aus den USA stammt das Empowermentkonzept (engl. empowerment = Selbstermächtigung), das die Autonomie der Eltern stärken will. Die professionellen Helfer sollen die Eltern dazu befähigen, ihre Situation eigenverantwortlich und selbstständig zu bewältigen. Die Abhängigkeit der Eltern und Betroffenen von Experten und Institutionen soll auf ein Mindestmaß reduziert werden und nur, soweit von den Betroffenen gewünscht, begleitend und unterstützend zum Tragen kommen.

3.2.4 Geschwistersituation

Die Beziehungen zwischen Geschwistern sind ein unauflösliches dauerhaftes Band, das bis ins hohe Alter Bestand hat. Die Auswirkungen der Behinderung eines Kindes auf die Geschwisterkinder können unter zwei Gesichtspunkten betrachtet werden: Wirkt sich das beeinträchtigte Kind in der Familie auf die Entwicklung des nicht beeinträchtigten Kindes aus? Welchen Einfluss hat das Kind mit Behinderung auf die innerfamiliären Beziehungen (Interaktionsforschung)?

Wenn die Eltern lebensbejahend und positiv mit der Beeinträchtigung des Kindes umgehen, dann wachsen auch die Kinder unbelasteter auf. Wichtig ist, dass die Eltern Zuversicht vermitteln und nicht mit ihrem Schicksal hadern, denn die Kinder nehmen die Atmosphäre in der Familie sensibel auf und übernehmen die Einstellung der Eltern.

Vernachlässigung

Die Betreuung und Pflege des beeinträchtigten Kindes binden in den Familien einen hohen Zeitanteil. Es besteht die Gefahr der Vernachlässigung und verstärkten Konkurrenzsituation zwischen den Geschwistern um die Zuwendung und Aufmerksamkeit der Eltern. In der Folge könnten sich aggressive Tendenzen und oppositionelles Verhalten bei den Kindern ohne Behinderung verstärken. Die Untersuchungsbefunde bestätigen diese Vermutungen jedoch nicht eindeutig. Eine große Gefahr besteht allerdings in der emotionalen Vernachlässigung und Belastung des Geschwisterkindes. So ist zu beobachten, dass die Geschwisterkinder sich überangepasst verhalten, um die belasteten Eltern zu entlasten. Sie versuchen, reibungslos zu funktionieren, und wollen nicht zu einem weiteren „Sorgenkind" in der Familie werden.

Überforderung des Geschwisterkindes

Eltern, deren Erwartungen und Hoffnungen das Kind mit Behinderung nicht erfüllen kann, erhöhen ihre Leistungserwartung an das Kind ohne Behinderung, was häufig zur Überforderung des nicht beeinträchtigten Kindes führt. Zudem stellen die Übertragung von Verantwortung und die Erziehung zur Mithilfe eine weitere Belastung für das nicht beeinträchtigte Geschwisterkind dar. Es übernimmt Pflege- und Betreuungstätigkeiten, um den unausgesprochenen Erwartungen der Eltern gerecht zu werden.

Die Geschwisterkinder erleben die gesellschaftliche Diskriminierung der Geschwister mit Behinderung hautnah. Während zu Hause das Geschwisterkind mit Behinderung einen Schonraum mit liebevoller Umsorgung erlebt, erfahren sie im Alltag Ausgrenzung bis Ablehnung gegenüber dem Geschwisterkind mit Behinderung.

Diese Erfahrung löst unterschiedliche Reaktionen aus. Einige Kinder zeigen gegenüber der Ungerechtigkeit Zivilcourage und setzen sich für beeinträchtigte Menschen vehement ein, andere schämen sich und ziehen sich zurück.

Die Risikoforschung untersucht, welche Einflussgrößen die Integration des Kindes mit Behinderung in die Familie erleichtern bzw. erschweren. So gelingt eine Integration in die Familie leichter in einer größeren Familie mit mehreren Geschwisterkindern. Dabei ist es von Vorteil, wenn das Kind mit Behinderung zu den jüngeren Geschwisterkindern zählt. Mit klar erkennbaren Behinderungen kommen Familien besser zurecht als mit uneindeutigen, nicht klar zu definierenden Behinderungsformen.

Schuldgefühle
Häufig entwickeln sich bei den Geschwisterkindern Schuldgefühle. Sie machen sich Vorwürfe, sich zu wenig um das Geschwisterkind mit Behinderung zu kümmern, den Erwartungen der Eltern bezüglich Unterstützung und Mithilfe nicht gerecht zu werden, oder schämen sich für negative Gefühle (z. B. Wut, Aggressionen, Ärger, Neid) gegenüber dem beeinträchtigten Geschwisterkind.

Rollenumkehr und unterdrückte Rivalität
Die Rollenbeziehungen zwischen den Geschwistern verändern sich im Verlauf der Entwicklung. Aufgrund des Entwicklungsabstands zwischen den Geschwistern besteht zunächst eine asymmetrische Beziehung, d. h., das ältere Kind ist dem jüngeren Kind überlegen. Normalerweise verringert sich mit zunehmendem Alter der Entwicklungsabstand. Bei einem Kind mit geistiger Behinderung in der Familie kann folgende Entwicklung beobachtet werden: Ist ein Geschwisterkind behindert, dann wird bei einem jüngeren Geschwisterkind mit Behinderung der Entwicklungsabstand größer bzw. bei einem älteren Geschwisterkind mit Behinderung übertrifft das jüngere Geschwisterkind den Entwicklungsstand. Es kommt zur Rollenumkehr: Das jüngere Kind übernimmt die Rolle des älteren Geschwisterkindes mit Behinderung. Ein Junge ohne Behinderung nimmt beispielsweise die Rolle des Lehrers, Helfers, Managers, Kotherapeuten, Fürsprechers, Dolmetschers, des Ersatzvaters und des Beschützers ein. Die Geschwisterbeziehung steht unter dem Spannungsverhältnis von Liebe und Unterstützung sowie Hass und Rivalität, die zur Persönlichkeitsentwicklung beitragen. Ist das Geschwisterkind behindert, dann werden Rivalitätsauseinandersetzungen und Konflikte unterdrückt. Vom Kind ohne Behinderung werden verstärkt Rücksichtnahme, Verständnis und Nachgiebigkeit erwartet. Bei Auseinandersetzungen erfährt das Kind mit Behinderung vermehrt Unterstützung von den Eltern, während dem Geschwisterkind eher Schuld zugewiesen wird.

Die emotionale Beziehung zwischen Geschwistern mit und ohne Behinderung entwickelt sich im Allgemeinen stärker und positiver als zwischen zwei unbeeinträchtigten Geschwistern.

Einschränkung von Freiräumen
Bei Befragungen der Geschwisterkinder wird häufig geäußert, dass die Entwicklung von Freundschaftsbeziehungen und die Integration in die Gruppe Gleichaltriger erschwert werden. Da die Geschwisterkinder

Diskriminierung und Ausgrenzung durch das soziale Umfeld erfahren, wird die Beeinträchtigung von Geschwisterkindern bisweilen verschwiegen, um vom Stigma der Behinderung frei zu sein. Sie vermeiden das Aufeinandertreffen von Freunden mit dem beeinträchtigten Kind, weil sie negative Reaktionen auf die Behinderung erwarten. Sie wollen zudem mit Freunden ungestört zusammen sein und nicht mit den vermeintlich negativen Reaktionen anderer konfrontiert werden.

Die Mithilfe bei pflegerischen Maßnahmen und die Wahrnehmung von Betreuungs- und Haushaltsaufgaben führen zu Einschränkungen der Freizeitgestaltung und zur Verminderung einer angemessenen Befriedigung der eigenen Bedürfnisse.

Entstehung von Ängsten

Es bestehen Ängste innerhalb der Familie, Kinder zu bekommen. Geschwisterkinder setzen sich mit der Frage auseinander: „Inwieweit bin ich selbst von der Beeinträchtigung betroffen? Steckt die Behinderung vielleicht auch in mir?" Eltern sollten die Geschwisterkinder über die Ursachen, Auswirkungen und Entwicklungsverläufe informieren, um unbegründete Ängste abzubauen. Mit diesem Wissen können die Geschwisterkinder auch gegenüber anderen Personen kompetent Auskunft geben. Achilles (2004) berichtet von einer selbstbewussten Reaktion einer Zwölfjährigen, die erlebte, dass ihr Bruder als „Trampel" bezeichnet wurde, weil er Kakao verschüttete. Sie sagte. „Der ist kein Trampel, er hat eine feinmotorische Störung. Und Sie können froh sein, dass Sie keine haben."

Ängste entwickeln sich auch aus der moralischen Verpflichtung heraus, für das Kind mit Behinderung lebenslang sorgen zu müssen, wenn es die Eltern nicht mehr können.

Als gelungen bezeichnet Achilles (2005) die Entwicklung des Geschwisterkindes dann, wenn es

- eine überwiegend gute Beziehung zum beeinträchtigten Kind aufweist,
- mit dem beeinträchtigten Kind sicher und kompetent umgeht,
- sich gegenüber dem beeinträchtigten Geschwisterkind abgrenzen kann,
- auch negative Gefühle gegenüber dem beeinträchtigten Kind empfinden und äußern kann,
- sich in der Öffentlichkeit nicht für das Geschwisterkind mit Beeinträchtigung schämt,
- ein überwiegend positives Selbstbild hat und
- seine Zukunft unabhängig vom beeinträchtigten Kind plant.

3.2.5 Kinder psychisch kranker Eltern

Da die Kinder von psychisch erkrankten Eltern ein erhöhtes Risiko haben, ebenfalls psychisch zu erkranken, findet dieser Risikofaktor in der Heil- und Sonderpädagogik eine zunehmend stärkere Beachtung (vgl. Wiegand-Grefe, 2013[7]; Lenz, 2008). In Deutschland wachsen ca. 3–4 Millionen Kinder in einem Haushalt auf, in dem ein psychisch erkrankter Elternteil lebt. Das Risiko, dass die Kinder psychische Störungen entwickeln, ist drei- bis viermal höher, wenn die Eltern psychisch erkrankt sind. Im Durchschnitt wächst ein Drittel der Kinder psychisch störungsfrei auf, ein weiteres Drittel zeigt vorübergehend psychische Auffälligkeiten und beim letzten Drittel treten anhaltende psychische Störungen auf. Starke Auswirkungen zeigen sich bei folgenden Störungsbildern: Sind Eltern depressiv, dann weisen ca. 60 % der Kinder bis zum 20. Lebensjahr ebenfalls eine depressive Störung auf. Sehr hoch ist die Wahrscheinlichkeit, dass Kinder von Eltern mit ausgeprägten Angststörungen auch massive Ängste entwickeln (ca. 85 %). Die Stärke der Auswirkungen bei den Kindern erhöht sich deutlich, wenn beide Elternteile psychische Störungen aufweisen.

Untersuchungen belegen zum einen den genetischen Einfluss auf die psychischen Beeinträchtigungen der Kinder, zum anderen wirken sich die Umweltbedingungen sowie die Schwere der elterlichen Störung ebenso stark auf den ungünstigen Entwicklungsverlauf und die Störanfälligkeit der Kinder aus (vgl. Lenz, 2008). Häufig wachsen die Kinder psychisch erkrankter Eltern in belastenden Lebensverhältnissen auf. Psychische Beeinträchtigungen begünstigen die Arbeitslosigkeit der Eltern, führen häufig zu Armut und zu schwierigen Wohnverhältnissen.

Es bestehen direkte und indirekte Belastungen für die Kinder von psychisch kranken Eltern: Zum einen können Betreuungsdefizite entstehen und zum anderen werden die psychischen Störungen der Eltern tabuisiert, was mit einem Kommunikationsverbot verbunden ist. Besonders der gesunde Elternteil versucht das Krankheitsbild zu verschleiern oder zu verharmlosen und ein Sprechen über die psychische Störung zu unterdrücken. Die Kinder werden verunsichert und schämen sich für ihre Eltern. Das **Rede- und Kommunikationsverbot** führt häufig zu einer sozialen Isolation der Familie. Durch das Schweigegebot, durch das eine Stigmatisierung der Familie verhindert werden soll, bekommt die psychische Störung den Charakter eines Familiengeheimnisses (vgl. Lenz, 2008). Das Schweigen und Verheimlichen kann als Zeichen der Hilflosigkeit gesehen werden. Die eingeschränkten Kommunikationsmöglichkeiten beeinträchtigen die soziale Unterstützung des Kindes durch Bezugspersonen. Das Kind bleibt mit der Bewältigung der belastenden Situation alleine.

Die Kinder haben häufig nur ein **ungenaues Wissen** über die psychische Störung des Elternteils. Daraus ergeben sich Ängste oder irrationale Vorstellungen über die Erkrankung. Wenn ein angemessener kindgerechter Umgang mit der psychischen Störung der Eltern nicht erreicht wird, sind schwerwiegende Auswirkungen auf die Kinder zu erwarten.

Betroffene Kinder berichten, dass stabile Alltagsstrukturen in Krisenphasen der Eltern zusammenbrechen und die Kinder zeitweise die Rolle der Erwachsenen mit der Verantwortung für die Familie übernehmen müssen. Kindliche Bedürfnisse kommen durch die **Rollenumkehr** zu kurz, die Kinder werden überfordert und eine altersgemäße Entwicklung wird beeinträchtigt. Eltern geben ihre Elternfunktion auf und belasten ihr Kind mit der Wahrnehmung überfordernder Aufgaben. Die Übernahme der Elternrolle kann zwar soziale Fertigkeiten wie die Übernahme von Verantwortung, Fürsorglichkeit oder Empathie fördern, geht aber auf Kosten einer unbeschwerten Kindheit.

Folgende **problematische Rollenzuweisungen** können z. B. auftreten:

- Kinder als Verantwortliche für die Haushaltsführung
- Kinder als Vermittler in konfliktträchtigen Partnerbeziehungen
- Kinder als Betreuer für jüngere Geschwister
- Kinder als Ersatz für den psychisch erkrankten Elternteil (z. B. als Gesprächspartner)

Die Erkrankung der Eltern löst bei den Kindern unterschiedliche **belastende Gefühle** aus. Die Kinder haben zum einen Angst, von ihren Eltern getrennt zu werden, und zum anderen bestehet die Angst, die Erkrankung der Eltern könnte sich verschlimmern. Weiterhin befürchten Kinder mit zunehmendem Wissen um die psychische Erkrankung, selbst betroffen zu sein. Einige Kinder entwickeln Schuldgefühle, da sie glauben, sie seien für die Erkrankung verantwortlich. Hoffnungslosigkeit, Resignation und Depressionen können bei einem längeren Krankheitsverlauf auftreten, wenn die Kinder das Gefühl haben, sie können den Eltern nicht helfen. Kinder beachten ihre psychisch kranken Eltern genau und können Verschlechterungen sensibel erkennen. Akute Krankheitsphasen, in denen der psychisch Erkrankte eingeschränkt ist und vertraute familiäre Alltagsstrukturen zusammenbrechen, belasten das Kind besonders stark. Die Gefühlsschwankungen, die von Angst und Hoffnungslosigkeit, Trauer und Schuldgefühlen bis zu Mitleid und Wut reichen, schlagen sich in einer erhöhten Reizbarkeit der Kinder nieder.

Wiegand-Grefe (2013[7]) unterscheidet zwischen folgenden Risikofaktoren:

- **Risikofaktoren der Eltern:** Einen deutlichen Einfluss auf die Entwicklung der Kinder hat die Krankheitsverarbeitung durch die Eltern. Wird die Erkrankung geleugnet oder tabuisiert, dann wirkt sich dies emotional belastend auf die Kinder aus. Die psychische Störung der Eltern kann zudem ihre Erziehungskompetenzen vermindern. Die Eltern zeigen ein unsicheres Erziehungsverhalten und eine geringere Durchsetzungsfähigkeit, handeln weniger konsequent und eher nachgiebig. Eine sichere Eltern-Kind-Beziehung mit einer sicheren stabilen Bindung kann nur eingeschränkt aufgebaut werden, was sich entwicklungshemmend auswirkt. Psychisch kranke Eltern zeigen häufig überbehütendes Verhalten und eine Überbesorgnis, die Kinder verunsichert und verängstigt (vgl. Lenz, 2008). Zwischen psychisch gestörten Eltern treten vermehrt Disharmonieren und schwere Konflikte auf, oder es kommt zu Scheidungen, was für die Kinder zusätzlich stark belastend ist.
- **Risikofaktoren der Kinder:** Entscheidend für die Auswirkungen sind das Alter der Kinder beim Auftreten der elterlichen psychischen Störung sowie der Schweregrad der Beeinträchtigung. Je jünger die Kinder, desto stärker sind die Auswirkungen. Jungen reagieren vermehrt im Kleinkind- und Kindesalter und zeigen nach außen gerichtete Auffälligkeiten, während Mädchen verstärkt in der Pubertät und im Jugendalter mit nach innen gerichteten Störungen auffallen. Werden abhängig vom Verlauf und der Schwere der psychischen Störung häufige und längere Trennungserfahrungen gemacht (z. B. durch mehrere Klinikaufenthalte), erhöht sich die Wahrscheinlichkeit, dass die Kinder psychisch auffällig werden. Bisweilen ist die Zeit des Klinikaufenthalts mit einer Fremdunterbringung verbunden. Kinder versuchen nach dem Klinikaufenthalt, die psychisch kranken Eltern zu schonen und verhalten sich besonders rücksichtsvoll und vorsichtig, um einen Rückfall und einen weiteren

Klinikaufenthalt zu verhindern. Die Kinder zeigen zudem weniger spontanes und ungezwungenes Verhalten.

Lenz weist auf verschiedene allgemeine Schutzfaktoren für Kinder psychisch kranker Eltern hin:

Bereich	Schutzfaktoren
kindbezogene Schutzfaktoren	▪ optimistische Lebenseinstellung, Flexibilität, Anpassungsvermögen ▪ Empathie und konstruktiver Umgang mit Konflikten ▪ realistische Selbsteinschätzung ▪ positives Selbstkonzept und Selbstwirksamkeitsüberzeugung
familienbezogene Schutzfaktoren	▪ stabile Beziehung zu mindestens einem Elternteil ▪ positive Beziehung zwischen den Eltern ▪ Erziehungsverhalten, das von Wertschätzung und Akzeptanz sowie einem sozialintegrativen Erziehungsstil bestimmt wird ▪ flexibler Umgang mit neuen Herausforderungen
soziale Schutzfaktoren	▪ Unterstützung durch Personen außerhalb der Familie (z. B. Verwandte, Erzieher, Lehrer) ▪ gute Vernetzung mit der Gruppe der Gleichaltrigen ▪ soziale Integration in das Gemeinwesen (z. B. Kirche, Vereine)

(Quelle: Lenz, 2008, S. 61)

Einen speziellen Schutzfaktor stellt die entwicklungsgerechte Aufklärung der Kinder über die Erkrankung und Behandlung der psychisch erkrankten Eltern dar. Auf die Bedürfnisse und Fragen sollte kindgerecht eingegangen werden, damit sie die belastende Situation besser verstehen können. Mit der Informationsvermittlung sollten auch positive Zukunftserwartungen verbunden werden, die Hoffnung und Mut machen. Die Eltern sollten professionelle Hilfen in Anspruch nehmen, um die individuellen und familiären Möglichkeiten zur Bewältigung der Belastungen zu verbessern.

Um negative Auswirkungen zu vermindern, sind Maßnahmen wie Elterntraining sowie Maßnahmen der Jugendhilfe sinnvoll. Speziell für die Situation psychisch erkrankter Eltern wurde das Familieninterventionsprogramm CHIMPs (Children of mentally ill parents) entwickelt, das für Eltern mit Kindern ab drei Jahren einsetzbar ist. Das Programm, das auf 15 Sitzungen im Zeitraum von 1 bis 1,5 Jahren angelegt ist, setzt sich mit der Krankheitsbewältigung und den dynamischen Prozessen in der Familie sowie der Verbesserung der inner- und außerfamiliären Beziehungen auseinander.

3.2.6 Familienentlastender Dienst

Die Betreuung und Pflege eines beeinträchtigten Kindes in der Familie stellen eine dauerhafte Alltagsbelastung im körperlichen, psychischen und finanziellen Bereich dar. Die Familie muss sich mit der Situation des beeinträchtigten Kindes in der Familie arrangieren und wieder in ein inneres Gleichgewicht gelangen. Nur dann kann sich eine positive Beziehung zum Kind und zur eigenen Lebenssituation entwickeln.

Befragungen von Eltern über den behinderungsbedingten täglichen Hilfeumfang verdeutlichen, dass die Eltern von Kindern mit geistiger Behinderung täglich im Durchschnitt zehn bis elf Stunden Hilfeleistungen erbringen. Neben den Eltern sind im begrenzten Umfang weitere Erbringer von Hilfeleistungen aktiv. Wie die Abbildung verdeutlicht, deckt die Unterstützung durch Fremde lediglich ein Viertel des Betreuungsaufwands ab (vgl. McGovern u. a., 1999). Zum Großteil erbringen Frauen die Hilfeleistungen (ca. 93 %).

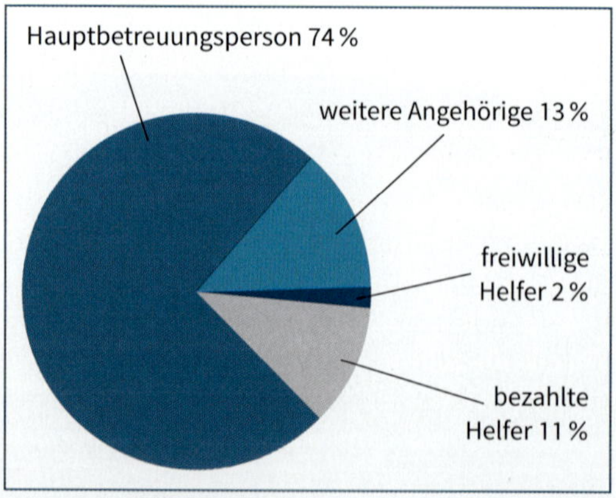

Erbringer von Hilfeleistungen

Der familienentlastende Dienst ist dem System der offenen Hilfen zuzuordnen und verfolgt folgende Ziele:

- Unterstützung der Familie durch verlässliche Angebote, damit die Angehörigen Freiräume haben, um am gesellschaftlichen Leben außerhalb der Familie teilnehmen zu können
- Aufbau eines Netzes an Hilfeformen zur Entlastung der Familien und deren Angehörigen
- Entwicklung eines vielfältigen Angebots an Bildungs- und Freizeitmöglichkeiten für Menschen mit Behinderungen
- soziale Integration von beeinträchtigten Personen in soziale Gemeinschaften (Normalisierungsprinzip)

Häufig sind familienentlastende Dienste in bestehende Organisationen (z. B. Lebenshilfe) integriert. Ein Team mit hauptamtlichen, teilzeitbeschäftigten, ehrenamtlich tätigen und nebenamtlichen Mitarbeitern entwickelt ein Angebot zur bedürfnisorientierten, flexiblen Hilfe. Folgende Hilfen werden beispielsweise angeboten:

- Vermittlung von Hilfen
- stunden-, tageweise oder mehrtägige Betreuungs- und Pflegehilfen (in der Wohnung der Familie oder in Betreuungsräumen des familienentlastenden Dienstes oder an anderen Orten)
- sozialpädagogische Beratung und Begleitung von Familien mit beeinträchtigten Kindern
- Hilfen bei der Vermittlung von Gastfamilien, die vorübergehend die Betreuung übernehmen

3.3 Gesellschaftliche Situation der beeinträchtigten Menschen

Das Abweichen von der sogenannten „Normalität" führt in der Gesellschaft zur Aus- und Abgrenzung von Menschen mit Behinderung; dieser Prozess wird als **Stigmatisierung** bezeichnet. In der Gesellschaft werden diskriminierende und diskreditierende Stereotypien wie „Krüppel" oder „Spasti" gebildet, die den Menschen mit Behinderung mit verschiedenen Zuschreibungen versehen. Diese Etikettierung (Labeling) kennzeichnet die soziale Diskriminierung von Personen, die von einigen Menschen als unerwünscht und andersartig gesehen werden.

Die Stigmatisierung erschwert einerseits die Integrationsbemühungen und führt andererseits zu zusätzlichen sozial bedingten seelischen Beeinträchtigungen der Betroffenen. Der Stigmatisierungsgrad ist von der Sichtbarkeit einer Behinderung, dem Wissen um ihre Ursachen und ihrer mehr oder weniger starken „abstoßenden" Wirkung auf die „normalen" Menschen abhängig. Auf der gesellschaftlichen Ebene findet man verschiedene Wirkungen: Verdrängung, Verharmlosung, Schuldzuweisungen an die Menschen mit Behinderung oder deren Eltern, Ausgrenzung von Bildungsmöglichkeiten, Vermeidung der Kontaktaufnahme, Spendenmitleid etc.

Manche Eltern bemühen sich, durch Kompensationsversuche (z. B. kosmetische Operationen) der Stigmatisierung entgegenzuwirken. Dies führt häufig zur Überforderung des Kindes bzw. zur Selbstüberforderung der Familie, zum sozialen Rückzug aus der Gesellschaft und zur Selbstisolation. Die Mitarbeit in Selbsthilfegruppen kann diesen Familien helfen.

Zwei Reaktionsmöglichkeiten des beeinträchtigten Menschen auf die Stigmatisierung sind zu beobachten:

1. Nimmt der Betroffene an, die Beeinträchtigung ist den anderen nicht bekannt, versucht er, das zur Stigmatisierung führende Merkmal zu verbergen. Beispielsweise weicht ein schwerhöriger Mensch Gesprächen aus oder er signalisiert Zustimmung, ohne die Frage verstanden zu haben.
2. Wenn der Betroffene annehmen muss, dass seine Beeinträchtigung den anderen bekannt ist, entwickelt er Verhaltensstrategien, wie er unangenehme Situationen bewältigen kann. So sind als Reaktionen z. B. Aggressivität, Unterwürfigkeit oder Zynismus zu beobachten.

Wie Untersuchungen belegen, bestehen starke Vorurteile gegenüber Menschen mit Behinderungen, die sich in folgenden Ergebnissen zeigen:

- 90 % der Befragten wissen nicht, wie sie sich Menschen mit Behinderung gegenüber verhalten sollen.
- 20 % fühlen sich von Menschen mit Behinderung abgestoßen.
- 63 % möchten Menschen mit Behinderung in ein Heim abschieben.
- 56 % lehnen die Hausgemeinschaft mit einem körperlich beeinträchtigten Menschen ab.

Eine weitere Form des Umgangs mit Menschen mit Behinderung stellt der Objektivierungsprozess dar, in dem der beeinträchtigte Mensch vom Subjekt zu einem Objekt der Betrachtung wird. Den damit verbundenen Entfremdungseffekt beschreibt Kobi so:

> „Ein Mensch, mit dem wir nicht mehr in einer uns geläufigen Art zu kommunizieren vermögen, droht zu einem Objekt zu verkommen."
>
> *(Quelle: Kobi, 2004[6], S. 25)*

3.4 Institutionen

Die Institutionen, in denen beeinträchtigte Menschen pädagogisch gefördert werden, lassen sich in fünf Bereiche unterteilen:

Alter	Bereich	Institutionen (Beispiele)	
		Förderung	Wohnen
0–3	Frühbereich	Frühförderzentren	▪ Wohnheime für Kinder mit Behinderung ▪ heil- und sonderpädagogische Heime
3–6	Elementarbereich	▪ Förderkindergarten ▪ integrative Kindertagesstätten	
6–15 bzw. 18	Schulbereich	Förderschulen	Internate in Verbindung mit den Förderschulen
ab 15	berufsbildender Bereich	▪ Berufsförderungswerke ▪ Berufsvorbereitungsjahr an berufsbildenden Schulen ▪ Werkstatt für Menschen mit Behinderung	▪ Wohnheime in Verbindung mit den Berufsförderungswerken oder den Werkstätten für Menschen mit Behinderung ▪ Wohnheime für Menschen mit Behinderung ▪ Wohngemeinschaft für Menschen mit Behinderung
ab 18	Bereich der Erwachsenenbildung	▪ Berufsförderungswerke ▪ Werkstatt für Menschen mit Behinderung	

In diesen Einrichtungen werden die beeinträchtigten Menschen durch medizinisch, therapeutisch und pädagogisch ausgebildete Fachkräfte betreut und gefördert. Die nachfolgende Übersicht stellt den Zusammenhang zwischen der Ausbildung und den Aufgaben in den heilpädagogisch arbeitenden Einrichtungen dar:

Bereich	Beruf	Ausbildungssystem			Aufgaben
ärztliche und nicht ärztliche medizinische Berufe	Arzt/Ärztin	Uni	6–7 Jahre	→	Diagnostik und ärztliche Behandlung
	Facharzt/Fachärztin	Uni	8–9 Jahre		
	Physiotherapeut/-in	FS	3 Jahre	→	Krankengymnastik
	Ergotherapeut/-in	FS	3 Jahre	→	Beschäftigungstherapie
	Logopäde/Logopädin	FS	3 Jahre	→	Sprachheilbehandlung
	Krankenschwester/ Krankenpfleger	FS	3 Jahre	→	Pflege
sozial- und heilpädagogische Berufe	Psychologe/ Psychologin	Uni	5 Jahre	→	nicht-ärztliche Diagnostik
	Pädagoge/Pädagogin	Uni	5 Jahre	→	Beratung
	Sozialpädagoge/ Sozialpädagogin	FH	4 Jahre	→	Erziehung
	Sozialarbeiter/-in	FH	4 Jahre	→	Therapie
	Heilpädagoge/ Heilpädagogin	FH	4 Jahre	→	pädagogische Gruppenarbeit
	Heilpädagoge/ Heilpädagogin	FS	2 Jahre		
	Erzieher/-in	FS	3 Jahre	→	Anleitung von Mitarbeitern
	Heilerziehungspfleger/-in	FS	2–3 Jahre	→	Organisation
schulischer und beruflicher Bereich	Förderschullehrer/-in	Uni	4–5 Jahre	→	Unterricht
	Fachlehrer/-in	FH	4 Jahre	→	
	Ausbilder/-in	FS	2–3 Jahre	→	Anleitung
	Rehaberater/-in	FH	3 Jahre	→	Beratung (z. B. berufliche Laufbahn)

3.4.1 Frühförderzentrum

Die Frühförderung umfasst die pädagogischen und therapeutischen Hilfen bis zum dritten Lebensjahr (im weitesten Sinn bis zum sechsten Lebensjahr) für Kinder mit Behinderung oder diejenigen, die von einer Behinderung bedroht sind. Es wird nach dem Grundsatz verfahren: je früher, desto besser. Setzen Hilfsmaßnahmen bereits in den ersten Lebensjahren ein, dann sind sie am effektivsten. Geschieht in dieser Phase nichts bzw. zu wenig, werden Chancen unwiederbringlich vertan. Die ersten Lebensjahre stellen auch unter neurophysiologischen Gesichtspunkten einen optimalen Entwicklungsabschnitt dar: Bis zum Ende des ersten Lebensjahres sind bereits 50 % der Hirnsubstanz gebildet, am Ende des dritten Lebensjahres sind es schon 80 %. Eine Förderung in den ersten drei Lebensjahren kann daher die Entwicklung des Nervensystems am effektivsten beeinflussen.

Folgende Ziele verfolgt die Frühförderung (vgl. Thumair/Nagel, 2010[4], S. 21 f.): Auf das Kind bezogen stehen die Entwicklung seiner Kompetenzen, die Stärkung seines Selbstwertgefühls und seine Integration in das Lebensumfeld im Vordergrund. Die Eltern sollen durch die Frühförderung beraten und fachlich angeleitet sowie in ihrer Auseinandersetzung mit der neuen Situation gestärkt werden.

Die Frühförderung umfasst alle Behinderungsgruppen und differenziert in der Regel nicht, wie beispielsweise die Förderschule, nach Behinderungsformen. In den 1970er-Jahren wurden die organisatorischen, personellen und finanziellen Grundlagen für die Entwicklung eines Frühfördersystems geschaffen. Elterninitiativen sowie kirchliche und öffentliche Träger (Gemeinde, Stadt, Bundesland) entwickeln und betreiben Frühfördereinrichtungen.

Das Team im Frühförderzentrum kann sich aus Mitarbeiterinnen mit erzieherischer, heilpädagogischer, psychologischer, ärztlicher oder therapeutischer Qualifikation zusammensetzen. Abhängig von der personellen und finanziellen Ausstattung der Frühfördereinrichtung umfasst das Angebot neben der Diagnostik und Therapie verschiedene Formen der Elternarbeit. Dazu gehören u. a. Elterngesprächskreise, Eltern-Kind-Gruppen oder Elternberatung.

Früherfassung

Die Früherfassung setzt bereits in der Schwangerschaft ein, wenn die ärztlichen Vorsorgeuntersuchungen erfolgen. Zur Vorbeugung können genetische Untersuchungen durchgeführt werden, wenn z. B. aufgrund des Alters der Eltern Risikofaktoren bestehen. Risikoneugeborene können bereits im Krankenhaus bei den ersten Untersuchungen erkannt werden (vgl. Leyendecker, 1999).

Eine Hörbehinderung beispielsweise wird zu folgenden Zeitpunkten diagnostiziert:

im 1. Lebensjahr	36,8 %
im 2. Lebensjahr	26,3 %
im 3. Lebensjahr	14,0 %
im 4. Lebensjahr	12,5 %
im 5. Lebensjahr	5,2 %
im 6. Lebensjahr	2,7 %
nach dem 6. Lebensjahr	2,5 %

Nach der Geburt dienen zur Früherfassung von Beeinträchtigungen innerhalb der ersten vier Lebensjahre die sieben Vorsorgeuntersuchungen. Da in Deutschland keine Meldepflicht für Menschen mit Behinderung besteht und die Vorsorgeuntersuchungen nur Angebotscharakter haben, ist eine systematische Früherfassung im vorschulischen Alter erschwert. Die namentliche Erfassung der Kinder mit Behinderung ist z. B. in Frankreich und Großbritannien verpflichtend, in Deutschland wird aufgrund der schrecklichen Erfahrungen in der Zeit des Nationalsozialismus auf die Einführung einer Meldepflicht verzichtet.

Früherkennung

Das frühzeitige Erkennen ist für den Erfolg von therapeutischen Maßnahmen bzw. regulierenden Eingriffen oft entscheidend. Die oft zu späte Diagnose der Beeinträchtigung, wie sie am Beispiel der Hörbehinderung deutlich wird, verhindert die erforderliche Früherziehung und Frühbehandlung des beeinträchtigten Kindes.

Früherziehung und -behandlung

Die **Frühbehandlung** ist medizinisch orientiert und umfasst die Behandlung mit Medikamenten, operativen Eingriffen sowie mit nicht-ärztlichen Therapieverfahren wie Physio-, Ergo-, Mototherapie und Logopädie. Das Vorgehen ist eher defizitorientiert.

Die **Früherziehung** zielt auf die ganzheitliche Förderung des beeinträchtigten Kindes ab und unterscheidet sich nur graduell von der Erziehung von Kindern ohne Behinderung. Aufgrund der bestehenden Beeinträchtigungen sind **andere Methoden** und **Hilfsmittel** erforderlich, um z. B. Wahrnehmungseinschränkungen zu kompensieren. Im Vergleich zur Erziehung von Kindern ohne Behinderung besteht ein **höherer Zeitbedarf** zur Vermittlung grundlegender Lernerfahrungen, zur Festigung des Gelernten und zum Einüben des Lerntransfers auf neue Anwendungsfelder. Der Mehrbedarf an Betreuungszeit ergibt sich häufig aufgrund der **pflegerischen Aufgaben**. Die Früherziehung wird zumeist von **pädagogischen Fachkräften** und **Therapeutinnen** durchgeführt, die in kleinen Lerngruppen oder mit Einzelnen arbeiten. Im Mittelpunkt steht nicht nur das Kind, sondern das soziale Gefüge, in dem die Eltern eine besondere Rolle einnehmen. Bieber (1992²) verdeutlicht diese Sichtweise, indem drei Bereiche der Früherziehung unterschieden werden:

1. **Kindzentriert:** Im Zentrum steht das Kind mit seinen behindertenspezifischen Bedürfnissen und seinen Möglichkeiten. Die Frühbehandlung mit den vielfältigen therapeutischen und medizinischen Hilfen setzt hier an.
2. **Umweltorientiert:** In die Früherziehung ist das Erziehungs- und Lebensumfeld des Kindes mit Behinderung einzubeziehen. Mithilfe einer breit angelegten Elternarbeit werden die Kompetenzen der Familie erhöht, um dem Kind optimale Entwicklungsmöglichkeiten zu geben.
3. **Systembezogen:** Die Früherziehung ist eingebettet in ein differenziertes Fachsystem mit professionellen Helfern. Auf der Basis von beruflicher Qualifizierung, erworbenem Wissen und fachlichen Kompetenzen wird von den Fachkräften auf die Beziehung Kind – Eltern eingewirkt.

Auf der Basis der Frühförderverordnung von 2003 bieten Frühförderstellen und sozialpädiatrische Zentren Maßnahmen zur Frühförderung an.

Die **interdisziplinären Frühförderstellen** sichern eine wohnort- und familiennahe Grund- und Flächenversorgung von der Geburt bis zur Einschulung. Das interdisziplinär zusammengesetzte Team mit Fachkräften aus dem medizinisch-therapeutischen und pädagogischen Bereich ist für die Früherkennung, Behandlung und Förderung verantwortlich. In Deutschland sind etwa 850 Frühförderstellen zu finden, die eine flächendeckende Grundversorgung gewährleisten.

In den **sozialpädiatrischen Zentren (SPZ)** erfolgt eine medizinische Versorgung (Diagnostik, Förderung, Beratung und Begleitung) von Kindern, deren Beeinträchtigung so stark ist (Dauer bzw. Schweregrad), dass eine Betreuung durch die interdisziplinären Frühförderstellen nicht mehr ausreicht. Für die Eltern dieser Kinder wurden in Deutschland ca. 130 sozialpädiatrische Zentren eingerichtet.

Frühberatung

Mitarbeiter in den Frühförderzentren klären die betroffenen Eltern auf, beraten sie und informieren über die Behinderungen, deren Ursachen, Verlauf und verschiedenen Behandlungsmethoden. Die Zusammenarbeit mit den Eltern und Familien umfasst einen regen Erfahrungsaustausch und Hilfestellungen zum Umgang mit dem beeinträchtigten Kind. Die Mitarbeiter bieten Hilfe zur konstruktiven Problemverarbeitung sowie Unterstützung zur Alltagsbewältigung an. Eltern und professionelle Helfer sind auf unterschiedlichem Erfahrungshintergrund Experten in der Frühförderung. Die Ressourcen der Familie und Eltern werden in der Frühberatung aufgezeigt.

In einer Frühförderstelle ist folgender Ablauf kennzeichnend (vgl. Thurmair und Naggl, 2010[4]):

Phasen	Kennzeichen
Eingangsphase	▪ Kontaktaufnahme mit der Frühförderstelle ▪ Informationen über Frühförderung ▪ Anamnese ▪ Diagnostik und Diagnosemitteilung ▪ Förderplan ▪ Kontaktaufnahme mit Personen, die für die vereinbarten Maßnahmen Verantwortung tragen ▪ Vereinbarung zwischen Eltern und Frühförderstelle über formelle Regelungen, Vorgehensweise und Zusammenarbeit
Förderung/Therapie	▪ Durchführung der vereinbarten Maßnahmen ▪ fortlaufende Information der Eltern über Entwicklung des Kindes und Entwicklungsperspektiven ▪ Mitwirkung der Eltern abgestimmt auf die Maßnahmen (Anleitung)
Abschlussphase	▪ Vorbereitung der Eltern und des Kindes auf den Abschluss der Maßnahmen ▪ Bilanzierung der Therapie- und Förderergebnisse ▪ Abschlussgespräch

(vgl. Thurmair und Naggl, 2010[4], S. 36 f.)

3.4.2 Förderkindergarten

Für Kinder im Alter zwischen drei und sechs Jahren wurden für verschiedene Behinderungsformen Sonder- bzw. Förderkindergärten eingerichtet. In diesen Kindergärten werden beeinträchtigte oder von Beeinträchtigung bedrohte Kinder aufgenommen, die in Regeleinrichtungen nicht ausreichend betreut und gefördert werden können. Die Betreuung von Kindern mit Behinderung in Sonder- bzw. Förderkindergärten wird kontrovers diskutiert. Kritiker werfen diesen Sondereinrichtungen vor, dass sie die soziale Isolation der beeinträchtigten Kinder verstärken und eine wünschenswerte Integration bereits im Vorschulalter verhindern. Nur in Ausnahmefällen, etwa bei Kindern mit Schwerstmehrfachbehinderungen, wenn ein besonderer therapeutischer und pflegerischer Bedarf besteht, wird der Sonderkindergarten als notwendig angesehen. Die Befürworter des Sonderkindergartens weisen auf die besonderen Fördermöglichkeiten, die behindertengerechte Raumsituation und die therapeutischen Angebote hin, die im Hinblick auf die anschließende Aufnahme in eine Förderschule eine optimale Vorbereitung darstellen.

3.4.3 Förderschulen

Im Gegensatz zu anderen Staaten weist das Schulsystem in Deutschland eine deutliche Trennung zwischen den allgemeinbildenden Schulformen der Schüler ohne Behinderung und den verschiedenen Sonderschulformen auf. Die allgemeinbildenden Schulen sind nach der Grundschule in der Regel dreigliedrig: Hauptschule – Realschule – Gymnasium. Lediglich die Gesamtschule integriert die verschiedenen Anforderungsprofile des dreigliedrigen Bildungssystems.

Eine Integration der beeinträchtigten Schüler in die Regelschulen ist nur im geringen Umfang zu erkennen, sodass die Schüler der verschiedenen Förderschulen von der Mehrzahl der Schüler ohne Behinderung isoliert beschult werden. In den neu gefassten Schulordnungen für die öffentlichen Sonderschulen werden z. B. integrierte Fördermaßnahmen mit anderen Schularten als Zielsetzung formuliert, die Realisierung der Integration erfolgt jedoch nur ansatzweise. Die bestehende Trennung zwischen Förder- und Regelschule wird immer mehr infrage gestellt und die Forderung nach neuen Schulkonzepten, die eine stärkere Integration beeinträchtigter Kinder in die Regelschulen oder den Aufbau von sonderpädagogischen Förderzentren enthalten, wird immer lauter. Verfechter der Förderschule in bestehender Form weisen darauf hin, dass die bauliche, apparative und personelle Ausstattung der Sonderschule mit ihren Lernhilfen optimal auf die Behinderungsform abgestimmt ist, was ein kooperatives Schulzentrum kaum leisten kann. Schulversuche und Vergleiche mit integrativen Schulen ergaben keine eindeutigen Vorteile für den integrativen Ansatz. Wie Bleidick (1988) betont, heben sich die Vor- und Nachteile beider Beschulungsformen gegenseitig auf.

Neben den Regelschulformen (Grund-, Haupt-, Realschule und Gymnasium) besteht ein eigenes schulorganisatorisches System mit verschiedenen **Förderschultypen**, die auf die verschiedenen Behinderungsformen abgestimmt sind. Der Begriff „Sonderschule“ ist mittlerweile von den Bundesländern in die Bezeichnung „Schulen mit einem besonderen Förderschwerpunkt“ umgeändert worden.

<table>
<tr><th>Allgemeines Schulsystem</th><th colspan="5">Förderschule</th></tr>
<tr><td>Gymnasium</td><td rowspan="5">Schulen mit dem Förderschwerpunkt Sehen (früher Sonderschule für Blinde und Sonderschule für Sehbehinderte)</td><td rowspan="5">Schulen mit dem Förderschwerpunkt Hören (früher Sonderschule für Gehörlose und Sonderschule für Schwerhörige)</td><td rowspan="5">Schulen mit dem Förderschwerpunkt körperliche und motorische Entwicklung (früher Sonderschule für Körperbehinderte)</td><td rowspan="5">Schulen mit dem Förderschwerpunkt Sprache (früher Sonderschule für Sprachbehinderte)</td><td rowspan="5">Schulen mit dem Förderschwerpunkt sozial-emotionale Entwicklung (früher Schule für Verhaltensgestörte)</td></tr>
<tr><td>Realschule</td></tr>
<tr><td>Grund- und Hauptschule</td></tr>
<tr><td>Schulen mit dem Förderschwerpunkt Lernen (früher Sonderschule für Lernbehinderte)</td></tr>
<tr><td>Schulen mit dem Förderschwerpunkt ganzheitliche bzw. geistige Entwicklung (früher Sonderschule für Geistigbehinderte)</td></tr>
</table>

Die Förderschwerpunkte werden nach einem Beschluss der Kultusministerkonferenz (1994) folgendermaßen festgelegt:

- Die Schulen mit dem **Förderschwerpunkt Lernen** fördern Schüler, die im schulischen Lernen beeinträchtigt sind und deshalb ein gut strukturiertes Lernumfeld benötigen, um Lernfortschritte in allen Lernbereichen zu ermöglichen. Die Schule nutzt individuelle Lernwege und Aneignungsverfahren, sodass Lernerfolge ermöglicht werden und das Selbstvertrauen gestärkt wird.
- Die Schulen mit dem **Förderschwerpunkt ganzheitliche bzw. geistige Entwicklung** berücksichtigen alle Erfahrungs- und Entwicklungsbereiche unter Beachtung des lebenspraktischen Bezugs. Die Schüler sollen zur größtmöglichen Selbstständigkeit geführt werden. Besondere Lern- und Strukturierungshilfen zur aktiven Lebensbewältigung stehen im Mittelpunkt.
- Die Schulen mit dem **Förderschwerpunkt Sehen** haben die Erschließung der Umwelt im bekannten und unbekannten Umfeld mithilfe von Orientierungsstrategien zum Ziel. Neben dem Mobilitätstraining werden im Unterricht lebenspraktische Fertigkeiten geschult. Sehreste werden durch technische Hilfsmittel genutzt. Besonderer Wert wird auf die motorischen Kompetenzen (wie Körperbeherrschung und Körperhaltung) gelegt.
- Die Schulen mit dem **Förderschwerpunkt Hören** bereiten Schüler auf den Umgang mit dem hörenden Umfeld vor. Dazu ist es wichtig, dass neben der Gebärdensprache auch die Lautsprache soweit entwickelt wird, dass die Schüler sprachlich verständlich kommunizieren können. Im Unterricht werden intensiv der Sprachaufbau, die Absehschulung und die optische Orientierung geschult. Vorhandene Hörreste werden technisch verstärkt und genutzt.
- Die Schulen mit dem **Förderschwerpunkt körperliche und motorische Entwicklung** wollen die Schüler befähigen, eigene Handlungsmöglichkeiten (unter Nutzung technischer Hilfsmittel) zu erweitern, um ein eigenständiges, selbstbestimmtes Leben zu ermöglichen. Die Förderung der psychomotorischen Fähigkeiten wird in den alltäglichen Unterricht integriert.
- Die Schulen mit dem **Förderschwerpunkt Sprache** nutzen methodisch variabel Sprachlernsituationen, um Sprachverständnis und -gebrauch einzuüben. Kommunikationshemmnisse werden vermindert und die Kommunikationsfähigkeit systematisch entwickelt.
- Die Schulen mit dem **Förderschwerpunkt sozial-emotionale Entwicklung** unterstützen mithilfe starker persönlicher Zuwendung die Entwicklung von Grundverhaltensweisen. Die Schüler sollen ihr Verhalten selbst regulieren und situationsgerecht steuern.

Wie die Übersicht zur Einordnung der Förderschulen zeigt, ergibt sich eine horizontale Gliederung nach dem geistigen Leistungsvermögen von den Schulen mit den Förderschwerpunkten Lernen und ganzheitliche Entwicklung bis zum Gymnasium. Eine Sonderstellung nehmen die Schulen mit dem Förderschwerpunkt Lernen ein. Etwa zwei Drittel der Schüler erlangen durch qualifizierende Maßnahmen (z. B. freiwilliges 10. Schuljahr, Hauptschulabschluss in beruflichen Bildungsgängen) den Hauptschulabschluss.

Die horizontale Leistungseinstufung findet sich auch bei anderen Schulen mit anderen Förderschwerpunkten; so setzt sich z. B. die Schule mit dem Förderschwerpunkt körperliche und motorische Entwicklung neben Klassen mit Hauptschulanforderungen auch aus Klassen mit Realschulniveau zusammen, sodass der mittlere Bildungsabschluss erreicht werden kann. Bestimmte Schulformen im Förderschulbereich (z. B. Gymnasium für Blinde und Sehbehinderte) werden aufgrund der geringen Schülerzahlen bundeslandübergreifend angeboten, was in der Regel mit einer Internatsunterbringung verbunden ist. Wie die bundesweite Statistik der Schulabgänger (allgemeinbildende Schulen) aus dem Jahr 2014 zeigt, verlassen 71,3 % der Schüler von Förderschulen die Schule ohne Hauptschulabschluss. Etwa 3,5 % der Förderschüler erreichten den Realschulabschluss. Lediglich 0,2 % der Schüler verließen mit der allgemeinen Hochschulreife die weiterführenden Formen der Förderschule (vgl. Klemm, 2015).

Die Förderschule zielt auf eine schulische und berufliche Eingliederung, eine gesellschaftliche Teilhabe und eine eigenständige Lebensgestaltung ab. Die heil- und sonderpädagogische Förderung besteht aus präventiven Maßnahmen, aus auf die Beeinträchtigung abgestimmten Unterrichtsangeboten und aus der Zusammenarbeit mit anderen Schulen zur Integration der Schüler mit Behinderung. Die Förderschulen gehen von den individuellen Möglichkeiten, Fähigkeiten und Bedürfnissen der Schüler aus, wenn eine grundlegende Bildung vermittelt wird, an die sich eine berufliche Qualifizierung anschließt. Die Arbeitsformen, Gruppengröße und Anforderungen werden auf die behindertenspezifischen Einschränkungen abgestimmt. Das Lernen soll ganzheitlich erfolgen und den Schülern Erfolgserlebnisse vermitteln, die ihr Selbstvertrauen stärken und damit zu einem positiveren Selbstkonzept führen. Die Schule wird als Lebens- und Erfahrungsraum verstanden, in dem das Kind Sicherheit und Geborgenheit, Vertrauen und Zuwendung, Hilfe und Förderung erlebt. Dabei kommt den Lehrkräften eine besondere pädagogische Aufgabe und Verantwortung zu, die über das Unterrichten hinausgeht. Daraus resultiert die Forderung, dass die Klassenleiterin den Unterricht in ihrer Klasse überwiegend gestalten soll.

Die Förderschulen werden häufig als Ganztags- oder Internatsschulen geführt, sodass die Förderung des beeinträchtigten Schülers über den Unterricht hinausgeht und die pädagogische Konzeption den Freizeitbereich mit einschließt. Eine ganzheitliche Förderung, in der auf die individuellen Bedürfnisse des Kindes gezielt eingegangen werden kann, ist dadurch gegeben. Eine individuelle Förderung wird durch die kleine Klassenstärke, die den Unterricht in Kleingruppen bis hin zum Einzelunterricht zulässt, realisiert. Abhängig von der Form der Behinderung werden theraupeutische Maßnahmen (z. B. Krankengymnastik, Logopädie, verhaltenstherapeutische Übungen) und behinderungsspezifische Maßnahmen durchgeführt.

Die Unterrichtsinhalte entsprechen (mit Ausnahme der Schulen mit den Förderschwerpunkten Lernen und ganzheitliche bzw. geistige Entwicklung) den Lehrplänen der allgemeinbildenden Schulen (Grund-, Haupt- und Realschule bzw. Gymnasium). Da der Unterricht durch sonderpädagogische Maßnahmen ergänzt wird, kann die Dauer des Unterrichts bis zum Erreichen des Schulabschlusses jedoch um ein Jahr länger sein als an den vergleichbaren allgemeinbildenden Schulen.

Die meisten der Förderschulen sind staatliche Bildungseinrichtungen. Soweit es die Schülerzahl zulässt, werden Förderschulen im Umkreis der Familien eingerichtet, um den familiären Verbund Elternhaus – beeinträchtigtes Kind zu erhalten. Es besteht der Trend, die Förderschulen als Ganztagsschulen zu führen.

Einen Überblick über die Verteilung der verschiedenen Behinderungsgruppen bezogen auf die Gesamtschülerzahl gibt folgende Tabelle:

Schüler mit dem Förderschwerpunkt ...	Anteil der Schüler von Förderschulen an der Gesamtschülerzahl in Prozent-Werten							
	1980	1985	1990	1995	2000	2005	2010	2015
Sehen	0,05	0,05	0,05	0,04	0,07	0,06	0,06	0,06
Hören	0,13	0,14	0,12	0,11	0,16	0,11	0,12	0,14
körperliche und motorische Entwicklung	0,16	0,21	0,21	0,21	0,28	0,24	0,29	0,33
Sprache	0,17	0,28	0,36	0,34	0,48	0,41	0,42	0,42
sozial-emotionale Entwicklung	0,12	0,13	0,15	0,24	0,38	0,32	0,42	0,52
Lernen	2,89	2,53	2,13	2,42	2,84	2,02	1,76	1,44
ganzheitliche bzw. geistige Entwicklung	0,55	0,64	0,54	0,62	0,73	0,81	0,85	1,03
Sonstige	0,08	0,12	0,37	0,29	0,41	0,26	0,37	0,48
Summe	**4,15**	**4,10**	**3,93**	**4,27**	**5,35**	**4,43**	**4,29**	**4,43**

Schüler in Förderschulen in Prozent aller Schüler der Klassenstufen 1–10 und der Förderschulen (vgl. Leonhardt, 2008[3], S. 65; Kultusministerkonferenz 2016)

Die Statistik erfasst bis 1995 lediglich die Förderschulen. Danach wird die sonderpädagogische Förderung in Förderschulen **und** in allgemeinbildenden Schulen berücksichtigt. Dadurch erhöht sich die Zahl der erfassten Schüler. Etwa 62 % der Schüler (2015: 322 518) mit einem sonderpädagogischen Förderbedarf besuchen eine Förderschule, etwa 38 % der Schüler (2015: 194 866) werden an allgemeinen Schulen gefördert. Die Anzahl der in allgemeinbildenden Schulen integrierten Schüler mit einem sozialpädagogischen Förderbedarf steigt jedoch beständig an.

In den Förderschulen sind ausländische Schüler stärker vertreten als an allgemeinbildenden Schulen. 2015 lag der Anteil der ausländischen Schüler in den Förderschulen bei 10,0 %, während in den allgemeinbildenden Schulen der Anteil der ausländischen Schüler lediglich 8,3 % betrug.

Stieg der Anteil der Förderschüler an der Gesamtschülerzahl in allgemeinbildenden Schulen bis 1975 noch an, so war 1990 ein leichter Rückgang zu beobachten. Seit 1990 nimmt die Zahl der Schüler an Förderschulen wieder zu.

Wie nachfolgende Übersicht belegt, besuchen über 32,5 % der Schüler an Förderschulen die Schule mit dem Förderschwerpunkt Lernen (vgl. Kultusministerkonferenz, 2016):

Förderschwerpunkt	Anteil
Lernen	32,5 %
geistige Entwicklung	23,3 %
Sprache	9,5 %
sozial-emotionale Entwicklung	11,8 %
körperliche und motorische Entwicklung	7,5 %
Hören	3,3 %
Sehen	1,4 %
Sonstige	10,9 %

Im Jahr 2015 besuchten 322 518 Schüler die Förderschule. Etwa ein Drittel waren weiblichen und zwei Drittel männlichen Geschlechts. Analysiert man die Geschlechtsverteilung in den verschiedenen Förderschultypen, zeigt sich, dass in der Schule mit dem Förderschwerpunkt sozial-emotionale Entwicklung und in der Schule mit dem Förderschwerpunkt Sprache die männliche Schülergruppe deutlich dominiert.

		Schule für ...									
	insgesamt	Blinde	Sehbehinderung	Gehörlose	Hörbehinderung	Körperbehinderung	Sprachbehinderung	Verhaltensstörung	Lernbehinderung	geistige Behinderung	Mehrfachbehinderung
		Förderschwerpunkt Sehen		Förderschwerpunkt Hören		Förderschwerpunkt körperliche und motorische Entwicklung	Förderschwerpunkt Sprache	Förderschwerpunkt sozial-emotionale Entwicklung	Förderschwerpunkt Lernen	Förderschwerpunkt geistige bzw. ganzheitliche Entwicklung	
männlich	**64 %**	**56 %**	**59 %**	**58 %**	**57 %**	**61 %**	**72 %**	**86 %**	**62 %**	**60 %**	**59 %**
weiblich	36 %	44 %	41 %	42 %	43 %	39 %	28 %	14 %	38 %	40 %	41 %

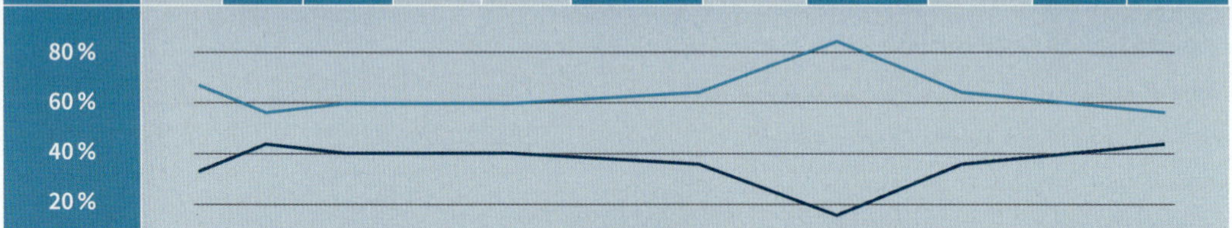

Zusammensetzung der Schülerschaft in den Förderschulen nach Geschlecht (Statistisches Bundesamt)

3.4.4 Heime für beeinträchtigte Menschen

Die Betreuung von beeinträchtigten Kindern und Jugendlichen im Heim spiegelt die Vielfalt der Heimformen wider, die Angebote im stationären, teilstationären und ambulanten Bereich umfasst. Die traditionellen Heimstrukturen lösen sich auf und es ist ein Trend zur **Dezentralisierung** (Auslagerung von Gruppen und Integration in die Lebenswelt), zur **Spezialisierung** (ca. 50 % der Heime sind auf begrenzte Zielgruppen ausgerichtet), **Verkleinerung** von Einrichtungen und Gruppengrößen, **Flexibilisierung** (Entwicklung ambulanter und teilstationärer Angebote) und **Regionalisierung** (verstärkte Kooperation mit regionalen Einrichtungen) erkennbar.

Die traditionelle Heimerziehung ist stationär ausgerichtet, aber inzwischen sind die Angebote stark flexibilisiert worden: Die teilstationäre Betreuung in Tagesgruppen oder der stundenweise Aufenthalt in den Gruppen ist noch am leichtesten mit dem traditionellen Heimverständnis in Einklang zu bringen. Die ambulante Betreuung dagegen erfordert ein neues Vorgehen: Die ambulanten Angebote haben einen aufsuchenden Charakter, d. h., die betreuten Kinder und Jugendlichen bleiben in ihrer gewohnten Umgebung. Zur Betreuung gehört auch ein differenziertes Beratungsangebot, das sich nach den Möglichkeiten der Familien bzw. Kinder und Jugendlichen richtet.

Im Rahmen der flexibilisierten Heimerziehung können zwei Betreuungskonzepte gegenübergestellt werden: die familienorientierten und die therapieorientierten Betreuungsangebote. Zwischen beiden Betreuungsformen bestehen gleitende Übergänge.

	Familienorientierte Betreuung	Therapieorientierte Betreuung
Stationär	▪ Wohnheim für Menschen mit Behinderung ▪ betreute Wohnformen	▪ therapeutisches Heim ▪ therapeutische Wohngruppen
Teilstationär	▪ Internat in Verbindung mit Förderschulen ▪ Berufsförderzentren	▪ 5-Tage-Gruppen ▪ heil- und sonderpädagogische Tagesgruppe
Ambulant	▪ familienentlastende Dienste ▪ sozialpädagogische Familienhilfe	▪ Familienaktivierungsmanagement (FAM) ▪ familienaktivierende Sozialarbeit (FASA) ▪ Video Home Training

Das **therapeutische Heim** als Sonderform des Kinder- und Jugendheimes orientiert sich speziell an den Beeinträchtigungen und verbindet erzieherische und therapeutische Aspekte. Die Ausrichtung auf eine Behinderungsgruppe ermöglicht die optimale Gestaltung des Erfahrungs- und Lernfeldes der Betreuten. Einige Heime verfügen über eigene Heimförderschulen oder Förderschulklassen, sodass die schulischen, erzieherischen und therapeutischen Vorgehensweisen aufeinander abgestimmt werden können.

Die Konzeption des therapeutischen Heimes geht auf psychoanalytische Ansätze zurück, die Anfang des 20. Jahrhunderts z. B. von Aichhorn in Österreich als Erziehungsheim oder von Redl in den USA verwirklicht wurden. In den 1970er- und 1980er-Jahren wurden diese Konzepte wieder aktuell, indem eine stärkere therapeutische Ausrichtung der Heime umgesetzt wurde.

Zunächst war die therapeutische Heimerziehung auf die Betreuung von Kindern und Jugendlichen mit massiven Verhaltensstörungen ausgerichtet, die in einer Erziehungsberatungsstelle oder durch ambulante Dienste nicht ausreichend behandelt werden konnten. Die Verhaltensstörungen beeinträchtigen sowohl den Schulbesuch als auch die Berufsausbildung. Die Betreuung richtet sich auf Beeinträchtigungen, die eine langwierige Behandlung erforderlich machen. Das therapeutische Heim als strukturiertes Lernfeld für verhaltensauffällige Kinder und Jugendliche sollte folgenden Kriterien entsprechen: **überschaubare Größe** (ca. 20–40 Heimplätze), **kleine Gruppen** (max. acht Kinder), **behandlungsorientiertes Raumprogramm**, das Ruhe zulässt, Hektik vermeidet und strukturierte Handlungsabläufe unterstützt, sowie **qualifizierte Mitarbeiter**, die neben dem erzieherischen Angebot verschiedene Therapiebereiche wie Spieltherapie, psychomotorische Übungsbehandlung, gruppenpädagogische Angebote und Förder-, Trainings- und Lernprogramme abdecken.

In der **heil- und sonderpädagogischen Tagesgruppe** gibt es ein teilstationäres Angebot, das auf eine Familienentlastung in einer Phase der behinderungsbedingten Neustrukturierung der Familie abzielt. In einer kritischen und belastenden Situation erfährt die Familie Beratung und Entscheidungshilfe. Die teilstationäre Hilfe sichert zum einen die optimale Versorgung des Kindes und erhält zum anderen die familiären Bindungen zum beeinträchtigten Kind aufrecht. Zudem kann das Kind im vertrauten sozialen Umfeld aufwachsen und lernen, sich in bestehenden Gruppen zurechtzufinden. Häufig werden Kinder mit Verhaltensauffälligkeiten betreut, die in ihren sozialen Bezugsgruppen ausgegrenzt und isoliert sind. Die Arbeit umfasst jeweils einzelne Stadtteile und verbessert so die Integrationsmöglichkeiten des betreuten Kindes und Jugendlichen. Die verschiedenen Therapiemaßnahmen können in ihrer Wirkung erprobt und durch das abgestimmte ganzheitliche Vorgehen optimiert werden. Die heil- und sonderpädagogische Tagesgruppe ermöglicht u. a. einen begleiteten Übergang von der stationären Heimsituation zur Betreuung in der Familie.

Die **ambulanten Betreuungsangebote** werden zurzeit aufgebaut und eine Vielzahl neuer Methoden (z. B. Video Home Training, Familienaktivierungsmanagement) werden erprobt.

3.4.5 Werkstatt für behinderte Menschen (WfbM)

Bestimmte Gruppen von Menschen mit Behinderung, die auf dem allgemeinen Arbeitsmarkt aufgrund ihrer Beeinträchtigungen keinen Zugang finden, benötigen einen geschützten Rahmen, um beruflich tätig werden zu können. Ursprünglich wurde die **Werkstatt für behinderte Menschen** für die berufliche Tätigkeit von Menschen mit geistiger Behinderung konzipiert und in den 1950er-Jahren als **Beschützende Werkstatt** gegründet. In den 1960er-Jahren wurde die Bezeichnung **Geschützte Werkstatt** verwendet, seit den 1970er-Jahren

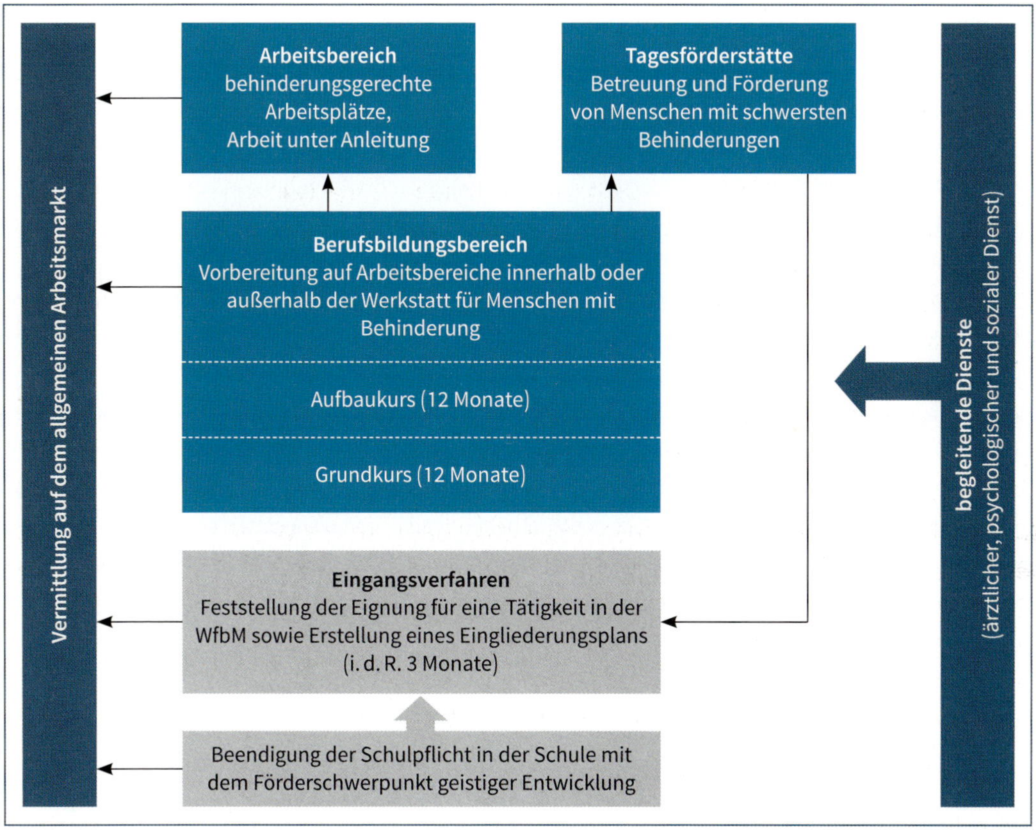

Optimierte Struktur einer Werkstatt für behinderte Menschen (vgl. Fornefeld, 2013[5], S. 166)

trug die Einrichtung den Namen **Werkstatt für Behinderte** und wurde schließlich 2001 offiziell in „Werkstatt für behinderte Menschen" umbenannt. Die Werkstätten werden von Vereinen (wie Lebenshilfe) und kirchlichen Organisationen (wie Diakonische Werke und Caritasverband) sowie in wenigen Fällen von öffentlich-rechtlichen Vereinigungen getragen. In der Regel handelt es sich dabei rechtlich um einen eingetragenen Verein (ca. 50 % der Werkstätten für behinderte Menschen) oder um eine GmbH (ca. 30 %).

In diesen Werkstätten werden Menschen mit Behinderung als Mitarbeiterinnen eingestellt, wenn sie gemeinschaftsfähig und leistungsfähig sind, d.h. der Pflegebedarf das Mindestmaß an wirtschaftlich verwertbarer Arbeitsleistung zulässt. Nach dem Schwerbehindertengesetz (SchwbG) werden drei Funktionsbereiche unterschieden:

1. **Eingangsverfahren:** Feststellung der Voraussetzungen für die Aufnahme und den Verbleib in der WfbM
2. **Arbeitstraining:** Aufbau einer individuell angemessenen Arbeitsleistung
3. **Arbeitseinsatz:** Tätigkeit am Arbeitsplatz in der WfbM mit der Zielsetzung „Wiedereingliederung in das Berufsleben"

Die Tätigkeiten in der WfbM entsprechen den individuellen Leistungsvoraussetzungen der Mitarbeiterinnen mit Behinderung, die eine produktive Arbeitsleistung erbringen. Das Leben und Arbeiten in einer Gemeinschaft fördern das Sozialverhalten und tragen auch zur finanziellen Absicherung bei. Etwa 100 000 Mitarbeiter mit Behinderung arbeiten in der WfbM. 75 % der Mitarbeiterinnen in den Werkstätten sind geistig behindert, der Anteil der Mitarbeiter mit Lernbehinderung oder psychischer Behinderung nimmt zu. In zwei Dritteln aller Werkstätten arbeiten ca. 120 bis 360 Menschen mit Behinderung. Große Einrichtungen mit mehr als 500 Mitarbeiterinnen mit Behinderung (ca. 17 %) bilden die Ausnahme (vgl. Breit/Korthoff, 1990).

AUFGABEN

1. Erläutern Sie die verschiedenen Situationsbedingungen beeinträchtigter Menschen und veranschaulichen Sie diese Ebenen.

2. Erörtern Sie die Vor- und Nachteile von Selbsthilfegruppen im Hinblick auf ihre Wirkung nach innen und außen.

3. Nehmen Sie kritisch zu den verschiedenen Beteiligungsmodellen der Eltern bei der Behandlung der beeinträchtigten Kinder Stellung. Berücksichtigen Sie folgende Aspekte: sinnvolle Unterstützung, Überforderung, fachliche Kompetenz.

4. Begründen Sie die besondere Bedeutung der Frühförderung für die weitere Entwicklung des Kindes.

5. Einige Kritiker werfen den Förderschulen und den Sonderkindergärten vor, dass sie die gewünschte Integration verhindern. Diskutieren Sie die Vor- und Nachteile der Sondereinrichtungen.

4 Sonderpädagogische Aufgabenfelder

4.1 Körperliche Beeinträchtigungen

DEFINITION

Eine Körperbehinderung liegt vor, wenn eine Person durch eine Schädigung des Stütz- und Bewegungsapparats oder durch eine andere organische Beeinträchtigung in ihrer Bewegungsfähigkeit und damit in ihren Lebensvollzügen dauerhaft eingeschränkt ist. Diese Einschränkungen können nur mit außergewöhnlicher Hilfe überwunden werden.

Die Körperbehinderung umfasst eine sehr heterogene (uneinheitliche) Störungsgruppe. Ihnen gemeinsam ist die **Bewegungsbeeinträchtigung**, die von einer leichten Einschränkung der Bewegungsmöglichkeiten bis zur Lähmung reichen kann. Die motorischen Beeinträchtigungen werden nach drei Gesichtspunkten geordnet:

1. **Grob- und Feinmotorik:** Beeinträchtigungen der **Grobmotorik** zeigen sich häufig in der Bewegungs- und Körperkoordination, sodass die Betroffenen ungeschickt, schwerfällig und tollpatschig wirken. Die **Feinmotorik** bezieht sich auf die Bewegungsabläufe der Hand sowie kleinräumige Bewegungsformen. Schwächen in der Feinmotorik werden beispielsweise beim Schreiben, Malen, Basteln, Sortieren kleiner Gegenstände oder Einfädeln von Fäden sichtbar.
2. **Hyper- und Hypomotorik:** Die **hypermotorische** Ausprägung erkennt man an einer Bewegungsunruhe. Das hyperaktive Kind ist ungebremst und ungesteuert motorisch aktiv. Das **hypomotorische** Verhalten ist dagegen durch eine motorische Hemmung, z. B. Antriebsschwäche, gekennzeichnet. Der Betroffene agiert verzögert im Zeitlupentempo; sein Verhalten wirkt ungelenk und verkrampft.
3. **Senso- und Psychomotorik:** Im **sensomotorischen** Bereich werden Bewegungsabläufe durch die Wahrnehmung ausgelöst und gesteuert. Beispielsweise ist die Koordination von Hand und Auge wichtig für das Greifen und Fangen. Die **Psychomotorik** verbindet kognitive und emotionale Prozesse mit der Bewegung. So geben Mimik und Körperhaltung Hinweise auf die Stimmungslage des Betroffenen.

Werden die unterschiedlichen Formen der Körperbehinderung nach Schädigungsbereichen strukturiert, ergibt sich die in der folgenden Grafik dargestellte Systematik.

Formen von Körperbehinderung

Schädigung von Gehirn und Rückenmark

- infantile Cerebralparese
- erworbene cerebrale Bewegungsstörungen
- Querschnittslähmungen
- spinale Kinderlähmung

Schädigung von Muskulatur und Knochengerüst

- progessiver Muskelschwund
- Gliedmaßenfehlbildungen
- Schädigung des Skelettsystems
- Fehlstellungen der Wirbelsäule
- Kleinwüchsigkeit

Schädigung durch chronische Krankheiten oder Fehlfunktionen von Organen

körperliche Schädigungen als Folge chronischer Erkrankungen, der Fehlfunktion eines inneren Organs oder der Haut (z. B. Rheuma, chronische Nierenleiden, Fehlbildung des Herzens, Hautverbrennungen, Krebserkrankungen)

(Quelle: Kallenbach, 2006[2], S. 27 f.)

Mit folgenden fünf Formen der Körperbeeinträchtigung werden Erzieherinnen sowie Heilpädagoginnen am häufigsten konfrontiert:

1. hirnbedingte Bewegungsstörungen (Cerebralparese)
2. Gliedmaßenfehlbildungen (Amelien)
3. Muskelschwund (progressive Muskeldystrophie)
4. Querschnittslähmungen (z. B. Spina bifida)
5. hyperaktives Verhalten (hyperkinetisches Syndrom, Aufmerksamkeitsdefizit-Störung)

Häufigkeit

Etwa 40 % der Schüler sind auf einen Rollstuhl angewiesen. Die Schülerschaft setzt sich aus ca. 60 % männlichen und 40 % weiblichen Personen zusammen.

Eine Untersuchung der Schüler in Schulen mit dem Förderschwerpunkt körperliche und motorische Entwicklung in Nordrhein-Westfalen von Bungart (2000) nach Störungsformen erbrachte folgende Verteilung:

Form	Häufigkeit
infantile Cerebralparese	58,0 %
erworbene Cerebralparese	5,3 %
Querschnittslähmung	5,1 %
Muskelschwund/progressive Muskeldystrophie	5,3 %
minimale cerebrale Dysfunktion	10,0 %
Epilepsie	3,9 %
Sonstige	12,4 %

Förderung im schulischen Bereich

In der Schule mit dem Förderschwerpunkt körperliche und motorische Entwicklung werden Kinder und Jugendliche unterrichtet, bei denen eine dauerhafte Schädigung des Stütz- oder Bewegungsapparates vorliegt. Etwa 0,2 % aller Schulkinder (ca. 21 000) besuchen in Deutschland Schulen mit dem Förderschwerpunkt körperliche und motorische Entwicklung, an denen Schülerinnen mit sehr unterschiedlichen Beeinträchtigungsgraden betreut werden. Bei einigen Schülern sind die Beeinträchtigungen nicht sofort erkennbar, bei anderen Kindern und Jugendlichen liegen schwerste Behinderungen vor (ca. 20 % der Schülerinnen), sodass sie eigenständig keine größeren Bewegungen ausführen können. Die Aufnahmekriterien sind in den Bundesländern recht unterschiedlich. Wie Hedderich (2006^2) betont, kann nur ein geringer Teil der Schüler Kulturtechniken im herkömmlichen Sinn erwerben. Da vermehrt Schülerinnnen mit geringen Körperbehinderungen in Regelschulen integriert werden, nimmt der Anteil der Schüler mit Schwerstbehinderungen in den Schulen mit Förderschwerpunkt körperliche und motorische Entwicklung zu.

Diese Form der Schule ist in der Regel eine Ganztagsschule und wird von Schülerinnen besucht, die aus einem Umkreis von ca. 50 km kommen. Aufgrund der sehr heterogenen Behinderungsformen und -grade umfasst die Förderschule ein sehr differenziertes Bildungsangebot, das von Grund-, Haupt-, Realschul- und Gymnasialklassen über Klassen für Schüler mit einer geistigen oder einer Lernbehinderung bis hin zur Einzelbetreuung von Schülerinnen mit Schwerstmehrfachbehinderungen reichen kann. Der Unterricht richtet sich nach den Lehrplänen der allgemeinbildenden Schulen. Ein zusätzlicher Förderbedarf besteht vor allem für den Bewegungsbereich, die kognitive und sprachliche Entwicklung, die Wahrnehmung und den emotional-sozialen Bereich.

Da die Lernvoraussetzungen und Entwicklungsverläufe der Schüler mit Körperbehinderungen sehr unterschiedlich sind, muss die Förderschule flexibel auf den sich individuell ändernden Förderungsbedarf reagieren. In der Förderschule werden Unterricht und medizinisch-therapeutische Maßnahmen kombiniert. Die Arbeit der Lehrkräfte wird durch zusätzliche Therapien – Ergotherapie, Physiotherapie, Logopädie etc. – unterstützt. Den Aufbau der Schule verdeutlicht die folgende Abbildung:

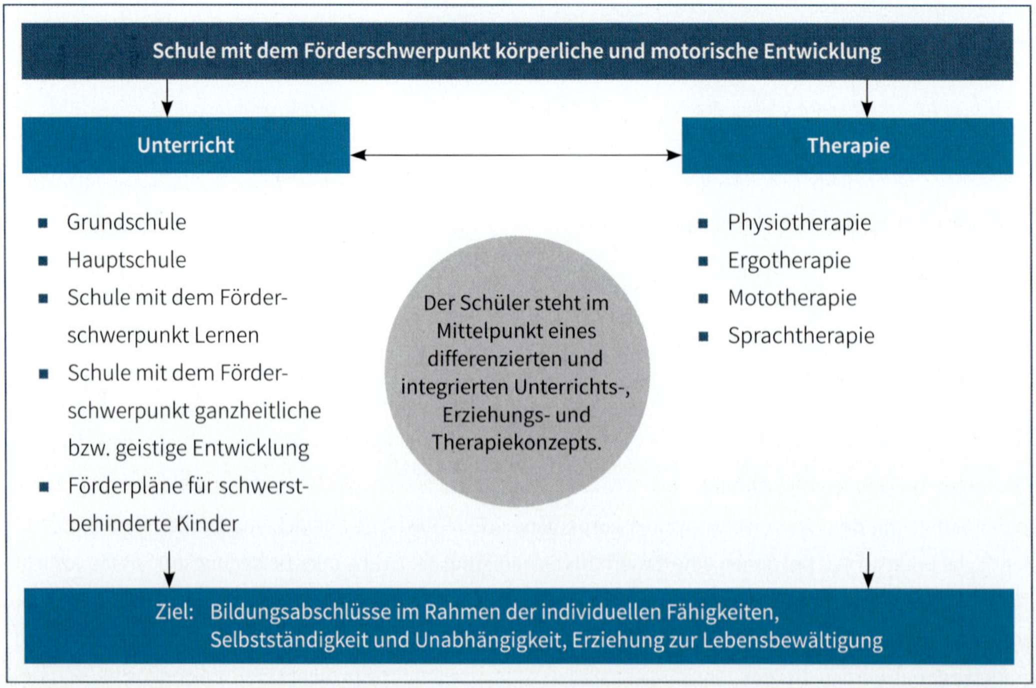

(Quelle: Hedderich, 2006[2], S. 85)

Das Unterrichtsangebot orientiert sich am individuellen Förderbedarf des Kindes mit Körperbehinderung, sodass in der Schule ein hohes Maß an Individualisierung angestrebt wird. Die Förderschwerpunkte der Schüler bilden die Grundlage der Unterrichtsplanung. Das Planungsraster von Hedderich veranschaulicht dieses Vorgehen:

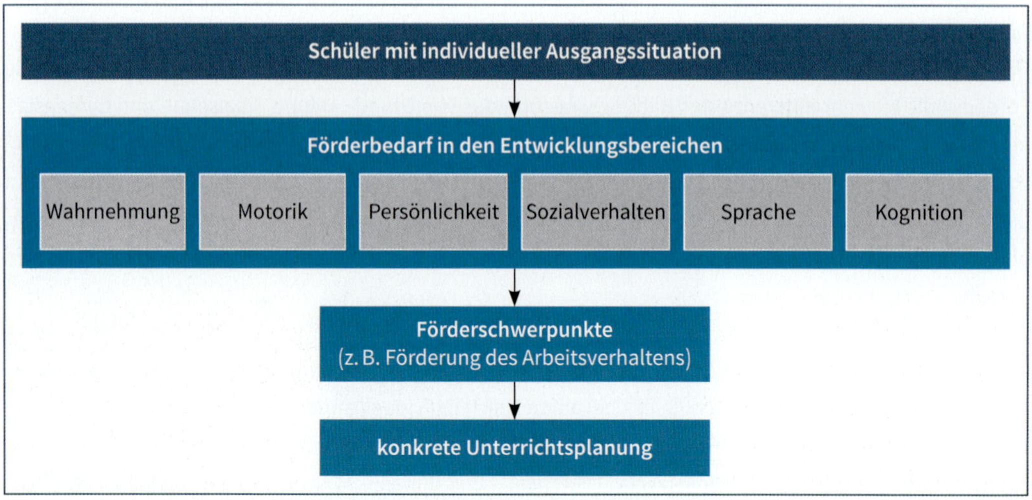

(Quelle: Hedderich, 2006[2], S. 102)

Hilfsmittel

Hilfsmittel ermöglichen vielen Menschen mit körperlicher Behinderung erst eine selbstständige Lebensführung und machen sie somit unabhängiger von ihrer Umwelt.

- **Rollstuhl:** Abhängig vom Antrieb werden drei Arten von Rollstühlen unterschieden: Rollstühle mit Greifreifen-, Hebel- und Elektroantrieb. Die Steuerung der Rollstühle wird den individuellen Möglichkeiten angepasst und kann über die Hand, den Fuß oder das Kinn erfolgen.
- **Geh- und Stehhilfen:** Die vielfältigen Geh- und Stehhilfen reichen von Gehstöcken, Unterarm- und Achselstützen bis hin zu Vierfußgehhilfen. Bestehen Probleme, das Gleichgewicht zu halten, oder sind die Kraftreserven gering, kommen Gehgestelle und Gehwagen (Rollator) zum Einsatz. Rollatoren erlauben eine gleichmäßige Gewichtsverteilung auf beide Arme und damit auch ein gleichmäßiges sicheres Gehen.
- **Fahr- und Dreiräder:** Zur Überwindung mittellanger Entfernungen dienen Fahr- und Dreiräder. Sie entsprechen gesellschaftlichen Vorstellungen über eine „gesunde" Fortbewegung und fördern die körperliche Fitness. Mithilfe von Stützrädern kann ein Fahrrad für Selbstfahrer so umgebaut werden, dass man das Gleichgewicht leicht halten kann und das Fahrrad über eine hohe Stabilität verfügt. Das Fahrrad kann je nach den individuellen Möglichkeiten und Erfordernissen mit Antrieb, Seiten- oder Rückenlehnen und einer spezieller Lenkung ausgestattet werden.
- **Alltagshilfen:** Auf die Behinderung abgestimmt sind die unterschiedlichen Gebrauchsgegenstände, mit denen beispielsweise selbstständig die Nahrung aufgenommen werden kann **(Ess- und Trinkhilfen)**. Verdickte Besteckgriffe, besonders geformte Trinkgefäße und Teller erleichtern Essen und Trinken. Auf Beeinträchtigungen der Handmotorik sind **Schreibhilfen** abgestimmt, die mit Verdickungsmaterialien (z. B. Moosgummischläuche, Noppengummi) den individuellen Bedürfnissen angepasst werden können. Bei Personen mit stark eingeschränkter Handfunktion und Personen mit nur einem Arm kommen **Haltehilfen** beispielsweise für Schreibunterlagen (Papierfixierplatten) zum Einsatz.

Therapie

Physiotherapie (Krankengymnastik)

Die Krankengymnastik ist bei allen Formen der Körperbeeinträchtigung angebracht, um die Bewegungsfähigkeit zu erhalten, zu verbessern oder wiederherzustellen. Neben den Verfahren von Bobath und Vojta werden behinderungsspezifische Behandlungsmethoden eingesetzt: Die **Doman-Delicato-Therapie** setzt bei der Verbesserung der Handmotorik an, fördert aber auch das Sprechen, die Fortbewegung und die Wahrnehmung. **Wasser- und Schwimmtherapien** dienen der Kräftigung der Muskulatur, erhöhen die Ausdauer und verringern die Spastik deutlich.

Die Physiotherapie setzt bereits bei der Frühbehandlung von Säuglingen mit Körperbehinderungen ein, um die Entwicklung des Nervensystems zu unterstützen. Je früher die Therapie beginnt, umso größer sind die erreichbaren Erfolge. In der Schule für Kinder mit Körperbehinderungen ist die Physiotherapie ein fester Bestandteil des Schulalltags und wird durch sportliche Angebote ergänzt.

Ergotherapie (Beschäftigungstherapie)

Die in der Physiotherapie aufgebauten Bewegungsgrundformen werden in der Ergotherapie vertieft. Die spielerische Art und lebenspraktische Übungen kennzeichnen das Vorgehen. In der Regel werden die Verfahren nach Kiphard, Ayres oder Frostig angewendet. In der Schule werden im Rahmen der Ergotherapie Arbeitstechniken (z. B. geplantes Handeln, Umgang mit Zeichengeräten) vermittelt. In Kooperation mit den Lehrkräften werden die Voraussetzungen für eine aktive Teilnahme der Schüler am Unterricht geschaffen, indem die notwendigen Hilfsmittel bereitgestellt werden bzw. die Ausstattung des Arbeitsplatzes auf die Erfordernisse des körperbeeinträchtigten Kindes abgestimmt wird.

Therapeutisches Reiten

Auf einer positiven Beziehung zu Tieren baut das therapeutische Reiten auf. Der Bewegungsablauf des Tieres erfordert vom Reiter eine entsprechende Anpassungsreaktion, die zu einer Förderung des Stütz- und Gleichgewichtssystems führt. Das Reiten bewirkt zudem eine Verbesserung der Gesamtkörperkoordination. Bei ängstlichen und bewegungsunsicheren Kindern ergeben sich deutliche psychische Verbesserungen.

4.1.1 Cerebrale Bewegungsstörungen

DEFINITION

Die cerebrale Bewegungsstörung (Infantile Cerebralparese – ICP) bezeichnet eine Störung der Muskelspannung, der Bewegungskoordination und der Ausdrucksbewegungen, die durch eine Hirnschädigung hervorgerufen wird.

Der Begriff „Cerebralparese" weist zum einen auf die hirnorganische Ursache (Cerebrum = Großhirn), die auch das Kleinhirn und den Hirnstamm betreffen kann, und zum anderen auf eine Störung von Funktionsabläufen (Parese = leichte bzw. unvollständige Form einer Lähmung, die zu einer Einschränkung der Bewegungsmöglichkeiten und des Krafteinsatzes führt) hin. Andere Bezeichnungen für die ICP sind ZP (Zerebralparese), ZKS (zentrale Koordinationsstörung), CP (Cerebralparese), Cerebrale Kinderlähmung und Littlesche Krankheit nach J. W. Little, der die Krankheit als Erster beschrieb.

Erscheinungsbild

Auf eine cerebrale Bewegungsstörung weisen folgende Auffälligkeiten im Verhalten des Säuglings hin und ermöglichen eine Früherkennung (vgl. Schmutzler, 2008[2]): Das Kind

- weist Atemstörungen auf,
- wimmert oder schreit schrill (verstärkt nachts),

- hat beim Saugen und Schlucken Schwierigkeiten,
- ist unruhig oder apathisch (Bewegungsüberschuss bzw. Bewegungsarmut);
- macht sich beim Baden sowie beim An- und Ausziehen steif,
- ist nur schwer zu wickeln (Abspreizhemmung der Beine),
- zeigt eine asymmetrische Haltung und reagiert (z. B. bei ausgelösten Reflexen) nur einseitig,
- überstreckt den Kopf bzw. Nacken,
- weist Krampfanfälle oder Zuckungen auf,
- entwickelt sich im motorischen Bereich verzögert,
- nimmt abnorme Körper- und Gliedmaßenhaltungen ein,
- hat Schwierigkeiten, Bewegungen zu koordinieren,
- weist Entwicklungsrückstände auch in anderen Bereichen auf (z. B. Kontaktaufnahme, Spielverhalten).

Kinder mit hirnbedingten Bewegungsstörungen nehmen ihr „Anderssein" im Alter von vier Jahren bewusst wahr. Die eingeschränkten Umwelt- und Sozialerfahrungen können zu einem geringen Selbstwertgefühl führen. Die reduzierten Bewegungsmöglichkeiten behindern den Erfahrungsraum des Kindes und stehen dem Expansionsbestreben des Kindes entgegen. Unbeholfene, unkontrollierte Bewegungen werden oftmals als peinlich erlebt und verstärken möglicherweise aufkommende Minderwertigkeitsgefühle. Wie von Loh (1990) berichtet, treten in der Pubertät Schwierigkeiten mit der Identifikation der Geschlechtsrolle auf. Mit zunehmendem Alter wird die individuelle Abweichung des Selbstbildes vom Idealbild bewusster. Rückzugstendenzen verstärken sich bei einigen Kindern und Jugendlichen.

Die Cerebralparese zeigt sich in recht unterschiedlichen Erscheinungsformen. Man unterscheidet vier Grundtypen der hirnbedingten Bewegungsstörung:

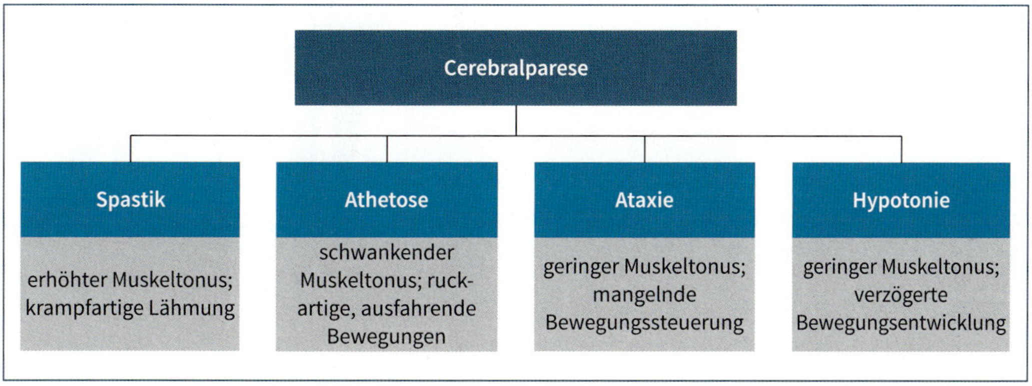

Spastik

Die Spastik (griech. spasmos = Krampf) beruht auf einer ständig zu hohen Muskelspannung, die sich in einer verkrampften, steifen Körperhaltung auswirkt und die Bewegungsabläufe verlangsamt. Die Anspannung entgegenwirkender Muskelgruppen führt zu einer steifen Lähmung mit höchster Anspannung. Die Muskeln können häufig nur mit therapeutischer Unterstützung entspannt werden. Als typisch gilt folgende spastische Körperhaltung: Die Arme werden mit gebeugten Ellenbogen und Händen an den Körper gedrückt, die Hüfte ist gestreckt und die Beine haben eine einwärtsgedrehte, bisweilen überkreuzte Stellung. Abhängig von der Verteilung der Bewegungsstörung werden drei Formen unterschieden: **Hemiplegie** (Halbseitenlähmung), **Diplegie** (symmetrische Lähmung beider Beine) und **Tetraplegie** (Lähmung aller vier Extremitäten.

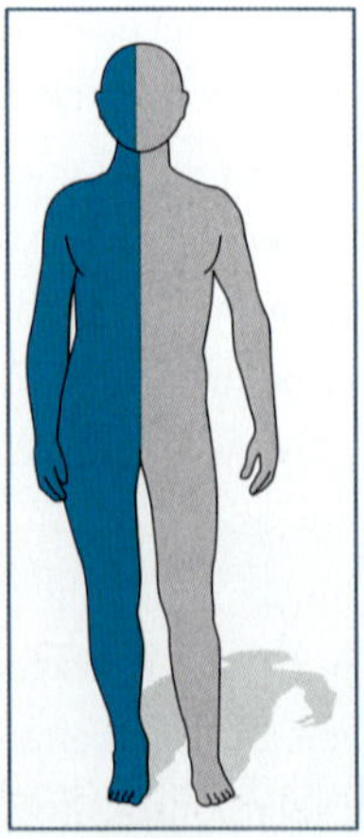

Hemiplegie

Die **Hemiplegie** (griech. hemi = halb, plege = Lähmung) bezeichnet die Lähmung einer Körperhälfte, die sich verstärkt auf die Beine auswirkt. Es kommt zu einer Schiefhaltung des ganzen Körpers. Die Arme werden abgespreizt weg vom Körper (in Abduktion) bewegt. Das Sitzen wird durch die Hüftstreckung behindert. Trotz häufig vorliegender Gleichgewichtsstörungen ist freies Gehen möglich. Die Person nimmt die Umwelt asymmetrisch wahr. Die Behinderung wird durch den nicht behinderten und den spastisch beeinträchtigten Körperteil bewusst erlebt. Die teilweise zu beobachtende Ablehnung des „kranken“ Körperteils beeinträchtigt die Persönlichkeitsentwicklung des Kindes.

Liegt eine beidseitige Lähmung des gleichen Körperabschnitts (z. B. Arme, Beine) vor, so spricht man von einer **Diplegie** (griech. dis = zweifach/doppelt, plege = Lähmung). Auch wenn die Lähmungen vorwiegend die Beine und den Beckengürtel betreffen, liegen zusätzlich Beeinträchtigungen der Arme vor, was sich u. a. in der Feinmotorik zeigt. Die Beine sind nach innen gedreht (Innenrotation). Ein freies Gehen (u. U. mit Hilfsmitteln) ist häufig möglich.

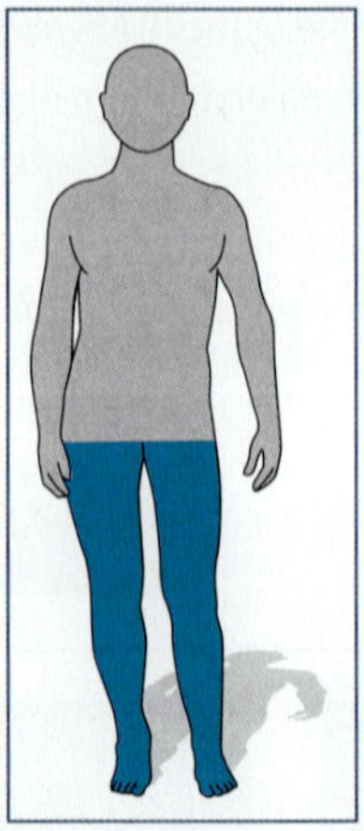

Diplegie

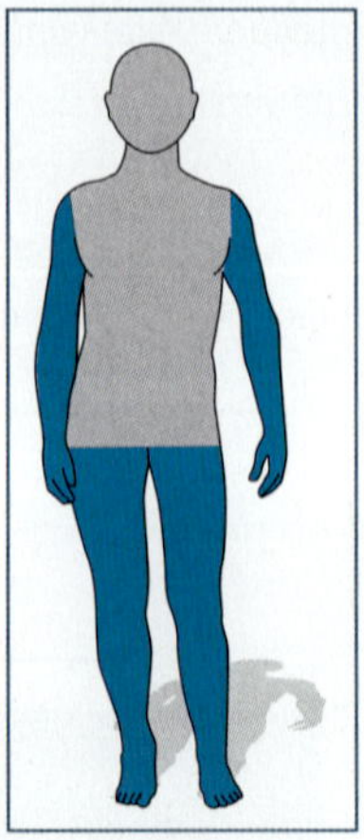

Tetraplegie

Die **Tetraplegie** (griech. tetra = vier, plege = Lähmung) kennzeichnet eine Lähmung fast aller Körperbereiche. Die Arme sind häufig in Beugestellung und die Hand ist einwärts gedreht, der Rumpf ist wegen der erhöhten Muskelspannung nach hinten gebeugt, die Beine verharren in gestreckter oder gebeugter Haltung. Bei einer starken Ausprägung der Tetraplegie liegt zudem eine Schluck- und Atemschwäche vor. Die Grob- und Feinmotorik sind massiv beeinträchtigt.

Athetose

Bei einer Athetose (griech. athetos = ohne festen Halt) wechselt ständig der Muskeltonus, sodass der Betroffene keine konstante Körperhaltung einnehmen kann (vgl. von Loh, 1990). Es kommt zu ruckartigen, unwillkürlichen Bewegungen, die vorwiegend an Händen und Füßen vorkommen. Der Betroffene hat starke Probleme, Kopf und Rumpf aufrecht zu halten. Artikulationsstörungen, Grimassieren sowie unwillkürliche Blickveränderungen sind weiterhin zu beobachten. Die Mimik vermittelt unberechtigterweise den Eindruck einer geistigen Behinderung. Die Steuerungsmöglichkeiten werden durch die Beeinträchtigung stark eingeschränkt. Die Reizaufnahme und -integration sind beeinträchtigt, sodass eine kontrollierte motorische Koordination verschiedener Körperbereiche erschwert ist.

Ataxie

Die Ataxie (griech. ataxia = Unordnung) beschreibt eine Störung der Willkürmotorik. Dies zeigt sich bei der Ausführung gezielter Bewegungen. Die Steuerung des Verhaltens gelingt kaum: Zittern, Verwackeln und Gleichgewichtsstörungen sind kennzeichnend. Der Aufbau unterschiedlicher Handlungsmuster wird durch die Ataxie stark eingeschränkt. Die mangelhafte Körperbeherrschung und die damit verbundene unkontrollierbare Fall- bzw. Verletzungsgefahr lösen bei einigen Kindern starke Ängste aus. Die Muskelspannung ist insgesamt niedrig, was zu einer schnellen Ermüdung der Muskulatur und einer allgemeinen Schwäche führt.

Hypotonie

Die Hypotonie (griech. hypo = unterhalb, tonos = Spannung) tritt äußerst selten als eigenständige Bewegungsstörung auf, sondern ist in der Regel als Begleitstörung von Spastik und Athetose zu beobachten. Die niedrige Muskelspannung und Schlaffheit erschweren und verlangsamen die Bewegungsentwicklung und den Erfahrungsraum des Kindes. Diese vier Grundtypen treten häufig als Mischformen auf.

Eine **infantile Cerebralparese** beeinträchtigt die gesamte Entwicklung des Kindes. Ihre Auswirkungen sind nachfolgend dargestellt:

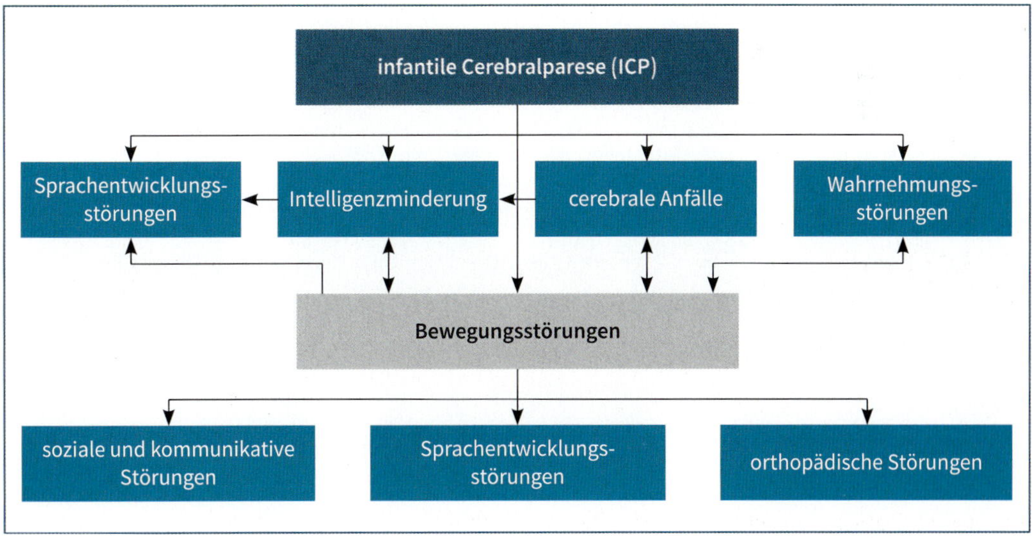

(Quelle: Hedderich/Dehlinger, 1998, S. 34)

Die infantile Cerebralparese (ICP) wirkt sich bei den Betroffenen sehr unterschiedlich aus. Daraus ergibt sich die Notwendigkeit einer differenzierten Diagnostik, um dem Kind in der Förderung und im Unterricht gerecht zu werden.

Bei den meisten Kindern mit einer Cerebralparese ist der kognitive Bereich besonders stark betroffen. Die Schädigung des Gehirns führt zu **zentralen Wahrnehmungsstörungen**, d. h., das Kind nimmt zwar Sinnesreize auf, kann aber kaum zwischen wesentlich und unwesentlich (Schwäche in der Figur-Hintergrund-Differenzierung) unterscheiden. Die Unterscheidungsleistung fällt den Kindern deshalb besonders schwer und erfordert intensives Üben. Die betroffenen Kinder weisen im Vergleich zu den **Intelligenzleistungen** von normalbegabten Kindern ein schwächer ausgeprägtes abstrakt-logisches Denken auf. Die Denk- und Lernprozesse verlaufen verlangsamt, unregelmäßig und schubweise. Neben den schrittweisen Verbesserungen treten auch Stillstände und Rückschläge auf. Den Kindern fällt es schwer, Erfahrungswissen zu aktivieren, um neue Aufgaben erfolgreich und schnell zu bewältigen. Offenbar wird durch die geringe Speicherkapazität das Gelernte zu wenig verankert. Die **sprachlichen Leistungen** liegen deutlich unter dem handlungsbezogenen Leistungsstand, d. h., dem Kind fehlen die sprachlichen Möglichkeiten, sein Können und Wissen zu verbalisieren.

Die Folgestörungen der Cerebralparese teilt von Loh in direkte und indirekte Folgestörungen ein:

Direkte Folgestörungen	Indirekte Folgestörungen
▪ Versteifungen ▪ Fehlstellung der Gelenke ▪ Verkürzung von Muskeln ▪ Schielen ▪ Sprechschwierigkeiten ▪ Speichelausfluss ▪ Schluck-, Kauprobleme ▪ veränderte Körperproportionen durch Wachstumsstörungen der gelähmten Gliedmaßen	▪ Störung der Fühl- und Tastfunktionen der betroffenen Gliedmaßen ▪ Schwierigkeiten der Lagezuordnung der betroffenen Gliedmaßen; dadurch geringe Bewegungskontrolle und Raumorientierung ▪ Wahrnehmungsbeeinträchtigungen (z. B. ungenaues Beobachten, eingeschränkte Begriffsbildung) ▪ vegetative Störungen wie Schlaf-, Kreislauf- oder Verdauungsprobleme ▪ Epilepsie ▪ verfrühter oder verspäteter Pubertätsbeginn ▪ Verhaltensstörungen infolge geringer Steuerung ▪ verschiedene kognitive Leistungsschwächen (z. B. Teilleistungsstörungen, Lernstörungen)

(Quelle: von Loh, 1990, S. 69 f.)

Feldkamp (1996) nennt folgende Häufigkeiten für die zusätzlichen Störungen:

65 %–75 %	Intelligenzverminderung
60 %–70 %	Gefühlsstörungen
ca. 50 %	Sehstörungen
ca. 50 %	Störungen des Spracherwerbs
20 %–30 %	Anfallsleiden
1 %–2 %	Hörstörungen

Häufigkeit

Etwa 1 bis 3 von 1 000 Neugeborenen weisen eine cerebrale Bewegungsstörung auf. In Deutschland sind ca. 20 000 bis 30 000 Kinder und Jugendliche betroffen. Die Cerebralparese wird häufiger bei Jungen diagnostiziert (Verhältnis Jungen zu Mädchen beträgt 60:40). Werden die verschiedenen Grundformen der Cerebralparese verglichen, ergibt sich folgende Verteilung (vgl. von Loh, 1990, S. 69):

- **Spastik:** 70 %–80 % (davon Hemiplegie ca. 40 %, Tetraplegie ca. 40 %, Diplegie ca. 20 %)
- **Athetose:** 8 %–20 %
- **Ataxie:** 5 %
- **Hypotonie:** keine Angaben (häufig eine Begleitstörung der anderen drei Formen)

Da die spastische Form am häufigsten auftritt, wird die Cerebalparese oft mit der Spastik gleichgesetzt.

Erfassung

Motorische Beeinträchtigungen können in neuen, unbekannten Bewegungssituationen erkannt werden, vor allem dann, wenn nicht geübte, alltagsfremde Leistungen gefordert sind. Werden geübte Alltagssituationen verlassen, sodass das Kind flexibel und variabel neue Bewegungsformen zeigen soll, werden die Beeinträchtigungen deutlich.

Eine differenzierte Erfassung der Bewegungsleistungen ermöglichen spezielle Verfahren, die in drei Gruppen eingeteilt werden:

1. **Motoskopie:** Beobachtungsverfahren zur strukturierten Erfassung der Motorik unter kontrollierten Bedingungen: **Motoriktest für vier- bis achtjährige Kinder (MOT 4–8)** von Zimmer (2009)
2. **Motometrie:** Testverfahren: **Körperkoordinationstest für Kinder (KTK)** von Kiphard und Schilling (2007²) und **Lincoln-Oseretzky-Skala (LOS KF 18)** von Eggert (1974²)
3. **Motografie:** Überprüfung von Bewegungsabläufen mithilfe der Analyse von Videoaufzeichnungen oder Fotografien; Testverfahren: **Hammer Motorik-Screening für Vorschulkinder (HamMot-Screen)** von Göbel und Panten (2002)

Der Körperkoordinationstest für Kinder (KTK) von Kiphard und Schilling ermöglicht eine genaue altersabhängige Überprüfung der motorischen Leistungsfähigkeit. Das Kind hat vier Aufgaben zu bewältigen:

1. rückwärts Balancieren (auf Balken unterschiedlicher Breite)
2. monopedales Überhüpfen (jeweils mit einem Bein mehrere übereinandergelegte Schaumstoffplatten überhüpfen)
3. seitliches Hin- und Herspringen (erfasst wird die Anzahl der Sprünge)
4. seitliches Umsetzen (dem Kind werden zwei Brettchen gegeben; das Kind steht auf einem Brettchen und versetzt das andere seitlich; in kurzer Zeit soll das Kind eine möglichst weite Strecke überbrücken)

Erklärungsansätze
Infektionen während der Schwangerschaft, eine Sauerstoffunterversorgung während der Geburt und Hirnblutungen bei Frühgeburten sowie entzündliche Erkrankungen des Gehirns bzw. der Hirnhäute führen zu **Schädigungen des Gehirns** (Cerebrum) und damit in der Folge zur **infantilen Cerebralparese**. Tritt die Hirnschädigung in der frühkindlichen Phase auf, dann werden die betroffenen Hirnzellen in ihrer Reifung beeinträchtigt. Die motorische Entwicklung wird verzögert, sodass Bewegungsmuster aus dem Säuglingsalter beibehalten werden.

Hirnschädigungen sowie Schädigungen des Rückenmarks können weiterhin auf Unfälle (Schädel-Hirn-Trauma) oder auf Hirntumore zurückgeführt werden. Bei einer **Schädigung des Rückenmarks** sind die Auswirkungen davon abhängig, in welcher Höhe und welchem Ausmaß die Schädigung erfolgte. Eine Verletzung (Läsion) des Rückenmarks im Halsbereich führt zur Tetraplegie, die sich auf Arme und Beine auswirkt. Liegt die Verletzung im Lendenbereich, wirkt sich dies in einer Diplegie mit einer schlaffen Lähmung der Beine aus. Befindet sich die Schädigung am unteren Ende der Wirbelsäule, sind die Steuerung der Funktion von Blase und Darm sowie die Sensibilität im Bereich der Oberschenkel und des Gesäßes eingeschränkt.

Hilfen
Die Cerebralparese ist zwar nicht heilbar, kann aber durch therapeutische Maßnahmen günstig beeinflusst werden. Die cerebrale Bewegungsstörung wird als Restsymptom einer vorangegangenen Hirnschädigung gesehen. Eine fortschreitende Verschlechterung ist zwar nicht zu erwarten, die Beweglichkeit wird sich aber deutlich verschlechtern, wenn eine Behandlung nicht rechtzeitig, intensiv und regelmäßig erfolgt. Der Therapieerfolg hängt wesentlich von der aktiven Mitarbeit des Betroffenen ab.

Frühförderung
Entscheidend für den Erfolg der Fördermaßnahmen ist die frühzeitige Diagnose der Cerebralparese und damit verbunden der frühzeitige Beginn der Förderung. Setzt die Frühförderung bereits innerhalb der ersten drei Lebensjahre ein, dann können die motorischen Leistungen deutlich verbessert und die Folgestörungen vermindert werden. Zum Einsatz gelangen spezielle Formen der Krankengymnastik (z. B. nach Bobath oder

Vojta) und Förderangebote im Wahrnehmungs- und Sprachbereich sowie zur Selbstständigkeits- und Sozialerziehung. Zudem werden die Eltern zur aktiven Mitarbeit angeleitet.

Therapie

- **Beschäftigungstherapie (Ergotherapie):** Die Maßnahmen der Ergotherapie setzen sich aus senso- und psychomotorischen Übungen zusammen. Die **sensomotorische Übungsbehandlung** beabsichtigt eine Verringerung der sensomotorischen Defizite. Es werden Sinnesübungen angeboten, die alle Wahrnehmungsbereiche ansprechen. Dazu gehören auch Übungseinheiten, die zur Raum-Lage-Wahrnehmung dienen. Maßnahmen zur Verbesserung der Grob- und Feinmotorik ergänzen das Übungskonzept. Die **psychomotorische Übungsbehandlung** baut auf der motorischen Förderung auf und zielt auf die Persönlichkeitsentwicklung des Kindes ab. Wie Leyendecker und Kallenbach (1989) herausstellen, sollen die Motivation und Lernbereitschaft erhöht, die Konzentrationsleistung verbessert, psychische Blockaden wie Ängste und Hemmungen abgebaut sowie die Kommunikations- und Kooperationskompetenz gesteigert werden. Das Selbstkonzept des beeinträchtigten Kindes wird durch die Behandlungserfolge verbessert.
- **Krankengymnastik (Physiotherapie):** Bei der Behandlung von Kindern mit Cerebralparese wird bevorzugt nach den Therapiekonzepten von Bobath und Vojta vorgegangen. Die **Behandlung nach Bobath** beruht auf der Reizung von Schlüsselreizen, die z. B. im Kopf-, Schulter- oder Hüftbereich zu finden sind. Gestörte Bewegungsformen werden dadurch unterdrückt und normale Bewegungsabläufe werden ausgelöst. Es handelt sich um ein neuromotorisches Bewegungstraining. Das **Konzept von Vojta** setzt bei den Reflexen an, die gezielt angesprochen werden, um z. B. die Fortbewegung des Kindes auszulösen. Wird auf bestimmte Körperzonen Druck ausgeübt, dann führt der Reiz zur Auslösung bestimmter Muskelbewegungen, auch gegen den Willen des Kindes.

Die Physiotherapie wird durch vielfältige **Hilfsmittel** unterstützt: Der **Gymnastik-Therapie-Ball** führt im nicht vollständig aufgeblasenen Zustand sowohl zur Bewegungsanregung als auch zur Körperentspannung und dient der verbesserten Körperwahrnehmung. Das **U-Form-Polster** bewirkt eine Lagestabilisierung und erleichtert die Kopfkontrolle des cerebralparetischen Kindes. Die **Nackenrolle** unterstützt die Kopfkontrolle. Die verschiedenen Hilfsmittel und ihre therapeutische Wirkung beschreibt Holtz (2004).

Die Krankengymnastik ist besonders bei jüngeren Kindern, deren Nervensystem noch nicht ausgereift ist, erfolgreich. Deshalb sollte die Krankengymnastik vor Schulbeginn einsetzen. In der Regel wird auch an Schulen mit dem Förderschwerpunkt körperliche und motorische Entwicklung die Physiotherapie als Einzeltherapie fortgeführt.

- **Bewegungsvorstellung (mentales Training):** Aus dem Leistungssport kommt als Trainingsverfahren das mentale Training, bei dem sich die Person bestimmte Bewegungsabläufe vorstellt. Das geistige Probehandeln kann dazu dienen, Handlungsabläufe zu gliedern und sie dadurch besser zu kontrollieren. Die vorgestellte Bewegung aktiviert die neurologischen Bahnen und bewirkt Veränderungen der Muskelpotenziale.

- **Entspannungstraining:** Zur Verminderung von Verspannungen und Verkrampfungen können Entspannungsverfahren wie **autogenes Training nach Schultz** oder die **progressive Muskelentspannung nach Jacobson** eingesetzt werden (siehe Kap. 2.4.8).

4.1.2 Gliedmaßenfehlbildung (Dysmelie und Amelie)

DEFINITION

Fehlbildungen der Gliedmaße umfassen Teilfehlbildungen sowie das völlige Fehlen von Gliedmaßen.

Erscheinungsbild

Die Fehlbildungen beziehen sich auf die Gliedmaßen. Neben dem völligen Fehlen einer Gliedmaße können auch Teile der Gliedmaßen betroffen sein (Verstümmelung). Missbildungen wie Verkürzungen oder Verkümmerungen betreffen die Ausbildung von Fingern, des Daumens, der Hand sowie des Fußes.

Erklärungsansätze

- **Angeborene Fehlbildung (Dysmelie):** Medikamente („Contergan-Katastrophe" 1959–1962) und Strahleneinwirkung können in der frühen Phase der Schwangerschaft Fehlbildungen von Gliedmaßen und inneren Organe bewirken.
- **Exogene (von außen wirkende) Ursachen:** Erkrankungen (z. B. Gelenkentzündungen) und Verletzungen wie Verkehrs- und Sportunfälle führen zu Schädigungen sowie zum Verlust von Gliedmaßen bzw. Körperteilen durch Amputation.

Hilfen

- **Medizinische Hilfen:** Neben der chirurgischen und orthopädischen Behandlung bekommt der Betroffene Prothesen, mit denen er Bewegungseinschränkungen zumindest teilweise ausgleichen kann. Betroffene hoffen auf Fortschritte der plastischen und Wiederherstellungschirurgie sowie auf die Möglichkeit der Transplantation von Gliedmaßen.
- **Krankengymnastik und Beschäftigungstherapie:** Im Zentrum der Maßnahmen steht die Verbesserung der Selbstständigkeit. Übungen zur Gleichgewichtskontrolle, Mobilitätstraining (Bewältigung von Alltagssituationen wie Busfahren oder Treppensteigen) oder therapeutisches Reiten werden durchgeführt.
- **Psychische Hilfen:** Zur psychischen Verarbeitung werden für die Betroffenen und deren Eltern psychotherapeutische Maßnahmen angeboten. Deutlich sichtbare Fehlbildungen führen häufig zu Stigmatisierungen und erschweren die Sozialisation der Betroffenen (vgl. Wellmitz, 2006).

4.1.3 Muskelschwund (progressive Muskeldystrophie)

DEFINITION

Der Muskelschwund (progressive Muskeldystrophie) bezeichnet eine den ganzen Körper betreffende Muskelerkrankung, die im frühen Erwachsenenalter zum Tode führt.

Erscheinungsbild

Etwa ein Drittel der verschiedenen Formen von Muskelerkrankungen führen zum Muskelschwund. Am stärksten ist die **progressive Beckengürtel-Muskeldystrophie vom Typ Duchenne (DMD)** verbreitet, auf die sich die folgenden Aussagen beziehen. Die Entwicklung des Muskelschwunds (Typ Duchenne) wird nach von Loh in fünf Stadien unterteilt:

Stadium	Alter	Kennzeichen
Stadium 1 keine Krankheitsanzeichen	bis ein Jahr	keine Krankheitsanzeichen erkennbar
Stadium 2 Frühstadium	1–3 Jahre	Bewegungsunsicherheiten wie Stolpern und Fallen beobachtbar; schnelles Laufen fällt schwer; bei Belastungen (z. B. Spaziergang) wird das Kind schnell müde; die motorische Entwicklung kann verzögert sein
Stadium 3 Beginn des typischen Krankheitsbildes	3–5 Jahre	Muskelschwäche und Muskelschwund werden vor allem an Becken und Oberschenkeln deutlich erkennbar; der Gang des Kindes ist watschelnd auf Zehenspitzen; das Treppensteigen ist erschwert; die Rückenkrümmung verstärkt sich
Stadium 4 starke Bewegungseinschränkungen	5–7 Jahre	aus der liegenden oder sitzenden Position kann sich das Kind ohne Hilfe nicht mehr aufrichten; Kinder ziehen sich z. B. an Möbeln mühsam hoch; Gehen erfolgt mit größter Anstrengung und das Treppensteigen gelingt nur mit Hilfe; der Muskelschwund im Arm- und Schulterbereich beeinträchtigt Armbewegungen; die fortschreitenden Bewegungseinschränkungen erfordern den Einsatz orthopädischer Gehhilfen
Stadium 5 Invalidität	ab 7 Jahre	Vier Phasen sind unterscheidbar: 1. Gehunfähigkeit (im Rollstuhl kann ohne fremde Hilfe der Alltag bewältigt werden) 2. Hilfsbedürftigkeit im Rollstuhl (aufrechtes Sitzen ist möglich) 3. begrenzte Rollstuhlfähigkeit (Sitzen nur mit Hilfe) 4. Bettlägerigkeit (Sitzen nicht mehr möglich)

(Quelle: von Loh, 1990, S. 86)

Bereits Kleinkinder erkennen ihre körperlichen Einschränkungen. Im Schulkindalter bis zum zehnten Lebensjahr verstärkt sich das Krankheitsbewusstsein, da die Bewegungsbeeinträchtigungen sowie die Klinikaufenthalte die sozialen Kontakte mit Gleichaltrigen und die Teilnahme am öffentlichen Leben erschweren. Auf das Bewusstwerden und die Auseinandersetzung mit den zunehmenden Verschlechterungen reagieren die Betroffenen mit einem verstärkten Rückzug und sozialer Isolation. Nach dem zehnten Lebensjahr werden die eigene Situation und der zu erwartende Krankheitsverlauf klarer erkannt. Wie von Loh betont, steht dem wachsenden Bedürfnis nach Selbstständigkeit und Autonomie die krankheitsbedingt zunehmende Pflegebedürftigkeit entgegen.

Häufigkeit

Die progressive Muskeldystrophie vom Typ Duchenne zählt zu den zweithäufigsten Erbkrankheiten. Sie tritt mit einer Häufigkeit von 1 : 3000 bis 1 : 5000 bei männlichen Neugeborenen auf. Jährlich betrifft dies ca. 120 neugeborene Jungen.

Erklärungsansätze

Der Muskelschwund wird durch Erbinformationen auf dem X-Chromosom übertragen. Es handelt sich um einen rezessiven Erbgang, bei dem nur Jungen betroffen sind. Frauen übertragen zwar die Erbinformationen, erkranken aber nicht am Muskelschwund. Unklar ist bislang, wie die Muskulatur abgebaut wird. Es wird vermutet, dass die Muskelzellwand fehlerhaft funktioniert und wichtige Enzyme nicht in der Muskelzelle gehalten werden können. Dadurch wird die Muskelzelle zerstört bzw. durch Fett- und Fasergewebe ersetzt.

Hilfen

Die Muskeldystrophie vom Typ Duchenne ist nicht heilbar. Die medikamentöse Behandlung kann vorübergehend zu einer Besserung führen. Wichtig sind krankengymnastische Übungen, die dem Muskelabbau entgegenwirken. Der Betroffene ist im 4. Stadium auf orthopädische Gehhilfen angewiesen, ab dem 5. Stadium benötigt er einen Rollstuhl.

Wichtig ist die psychische Unterstützung des Kindes und der Familie. Der Krankheitsverlauf mit der zunehmenden Verschlechterung und dem tödlichen Ausgang im frühen Erwachsenenalter stellt eine unvorstellbare Belastung dar. Hinzu kommt, dass andere Familienmitglieder ebenfalls betroffen sein können. Die Förderung im Vorschulalter und in der Schule ist wichtig, um der oft selbst gewählten sozialen Isolation der Betroffenen entgegenzuwirken. Die Perspektivlosigkeit des Handelns wirkt bisweilen lähmend und verstärkt die organisch mitbedingte Antriebsschwäche. Die Solidarisierung mit anderen beeinträchtigten Menschen kann zu einer aktiven Krankheitsverarbeitung beitragen.

Entwicklungsaufgaben

Ortmann ordnet den Altersbereichen folgende Entwicklungsaufgaben für Personen mit einer Muskeldystrophie Typ Duchenne zu:

Altersbereich	Entwicklungsverlauf und -aufgaben
frühes Kleinkindalter (0–3 Jahre)	▪ leichte Muskelschwäche ▪ Schwierigkeiten beim Laufenlernen und in der Koordinationsfähigkeit
Kleinkindalter (3–6 Jahre)	▪ vermehrtes Stolpern und Fallen ▪ Beeinträchtigung beim Spielen ▪ gestörte motorische Selbstkontrolle ▪ geringes Selbstwertgefühl ▪ Mitarbeit bei Therapien
Schulkindalter (6–11 Jahre)	▪ Aufbau eines positiven Selbstkonzepts trotz Funktions- und Bewegungseinschränkungen ▪ Akzeptanz der Pflegeabhängigkeit und Hilfsbedürftigkeit ▪ Akzeptanz des Rollstuhls zur Fortbewegung und technischer Hilfsmittel beim Schreiben und Arbeiten
Jugendalter (12–18 Jahre)	▪ Kennenlernen der Krankheit und des Erkrankungsverlaufs ▪ Akzeptieren des eigenen frühen Todes ▪ Sinnfindung für ein Leben mit Muskelschwund ▪ Ablösung vom Elternhaus trotz zunehmender Abhängigkeit ▪ Entwicklung der Geschlechtsidentität und Sexualität
Heranwachsende (18–21 Jahre)	▪ Akzeptanz der völligen Pflegeabhängigkeit und Hilfsbedürftigkeit ▪ behinderungsgerechte Berufswahlentscheidung ▪ Erhaltung einer optimistischen Lebenseinstellung ▪ aktive Unterstützung bei Therapien
frühes Erwachsenenalter (21–30 Jahre)	▪ Stabilisierung des Selbstkonzepts ▪ Erhaltung von Selbstvertrauen und Optimismus ▪ Akzeptieren des Sterbens und des Todes

(Quelle: Ortmann, 2006, S. 260–261)

4.1.4 Querschnittslähmung

DEFINITION

Querschnittslähmungen umfassen Lähmungen, Ausfälle von motorischen Funktionen oder Sensibilitätsstörungen, die auf eine Fehlbildung oder Verletzung des Rückenmarks zurückzuführen sind.

Erscheinungsbild

Als Fortsetzung des Gehirns setzt sich das Rückenmark aus Millionen von Nervenbahnen zusammen, über die Informationen vom und zum Gehirn gelangen. Das Rückenmark wird durch Häute, Flüssigkeit und die Wirbelsäule geschützt. Schädigungen des Rückenmarks führen zu unterschiedlichen Formen von Störungen, die von Beeinträchtigungen der Sensibilität bestimmter Körperregionen bis hin zu verschiedenen Lähmungsformen reichen. Entscheidend für das Erscheinungsbild sind die Lage des geschädigten Wirbelbereichs und der Grad der Zerstörung (siehe auch Kap. 4.1.1).

Abhängig vom Umfang der Zerstörung des Rückenmarks wird zwischen einer **inkompletten** und der **kompletten Querschnittslähmung** unterschieden. Liegt eine inkomplette Querschnittslähmung vor, ist das Rückenmark teilweise beschädigt, sodass einige Signale wahrgenommen werden können und eine eingeschränkte Weiterleitung zu den Muskeln noch möglich ist. Bewegungsmöglichkeiten sowie Gefühlswahrnehmungen sind dadurch teilweise gegeben. Die Wahrnehmung der Körpersignale kann als störend oder auch schmerzhaft erlebt werden. Durch die eingeschränkte Signalweiterleitung besteht die Gefahr, dass Druckstellen (Dekubitus) nicht wahrgenommen werden und erforderliche Lageveränderungen unterbleiben.

Die Art der Lähmung ist von der Schädigungshöhe abhängig. Eine Schädigung im Lendenwirbelbereich führt zu einer **schlaffen Lähmung,** da hier nicht das Rückenmark, sondern das periphere Nervensystem und die Reflexbögen betroffen sind. Der Muskeltonus ist verringert und die Muskeleigenreflexe sind geschwächt. Ist dagegen das Rückenmark geschädigt, so kommt es zu einer **plastischen Lähmung.** Da die Verbindung zum Gehirn unterbrochen ist, sind die Reflexe nicht mehr kontrollierbar, sodass die Reflextätigkeit sowie die Muskelspannung zunehmen und unwillkürliche Bewegungen wie Zittern verstärkt auftreten. Der erhöhte Muskeltonus bewirkt motorische Einschränkungen (vgl. Kampmeier, 2006). Viele Querschnittsgelähmte verspüren starke chronische Schmerzen in den gelähmten Körperbereichen oder in den stark überlasteten, nicht gelähmten Körperteilen, was zu massiven Einschränkungen der Lebensqualität führt, da sie an öffentlichen-sozialen, schulischen und beruflichen Aktivitäten nur begrenzt teilnehmen können.

Treten Querschnittslähmungen als Folge von Unfällen auf, so liegen **traumatische Querschnittslähmungen** vor. Eine angeborene Fehlbildung der Wirbelsäule ist die **Spina bifida** (siehe Kap. 4.1.5), die auch zu einer Querschnittslähmung führen kann.

Häufigkeit

In Deutschland waren 2013 ca. 17 000 Menschen querschnittsgelähmt. 4 % der Betroffenen sind Kinder.

Erklärungsansätze

- **Unfälle und Erkrankungen:** Infolge von Unfällen nimmt die Zahl der traumatischen Querschnittslähmungen zu. Bei den unfallbedingten Cerebralparesen von Kindern bis zum Alter von 15 Jahren ergibt sich folgende Verteilung (vgl. Kluger, 1995):

Verkehrsunfälle	42 %	Stürze	9 %
Sportunfälle	27 %	Sonstiges	1 %
Gewalttaten	21 %		

- **Erkrankungen:** Bei den Erkrankungen können Tumore des Rückenmarks sowie Infektionen und Entzündungen zu Querschnittslähmungen führen.

Hilfen

Ein wichtiges Ziel in der **Rehabilitation** von Querschnittsgelähmten besteht im selbstständigen Stehen und Gehen. Dadurch können sowohl körperliche als auch psychische Wirkungen erreicht werden. Müller und Nanz (1995) beschreiben folgende Auswirkungen:

Stehen und Gehen	
Wirkung im körperlichen Bereich	**Wirkung im psychischen Bereich**
▪ Verbesserung der Atmung ▪ Erhaltung der Beweglichkeit der Gelenke ▪ Verhinderung von Druckstellen ▪ Herabsetzung der Spastik ▪ Konditionsförderung ▪ Verdauungsförderung	▪ Erweiterung des Handlungsspielraums ▪ neue Raum- und Umwelterfahrungen werden ermöglicht ▪ Förderung von Selbstständigkeit und Unabhängigkeit ▪ Verbesserung der sozialen Integration ▪ Stärkung der Persönlichkeit des Kindes ▪ positive Beeinflussung des Selbstkonzepts

Abhängig von den vorhandenen Fähigkeiten (Muskel- und Gelenkfunktionstüchtigkeit) erfolgt die Anpassung einer geeigneten **Orthese**, um die Steh- und Gehfunktion zu unterstützen. Dazu gilt das Grundprinzip: so viel wie nötig, so wenig wie möglich. Die Orthese soll eine Fortbewegung mit möglichst geringem Kraftaufwand ermöglichen, leicht, stabil und unkompliziert vom Kind selbst anlegbar sein, wenig auffallen, variabel an die Entwicklung des Kindes anpassbar sein und die Verletzungsgefahr minimieren.

Die **medizinischen** Hilfen bestehen aus operativen und medikamentösen Maßnahmen und regelmäßiger Gymnastik.

Die Verarbeitung einer plötzlichen, z. B. durch einen Unfall verursachten, Querschnittslähmung erfordert eine umfangreiche **psychologische Unterstützung**. Die neue Situation löst einen Schock, Nicht-Wahrhabenwollen, Verzweiflung, Wut, Trauer, Depressionen oder Resignation aus. Mithilfe psychologischer Betreuung kann nach einer Auseinandersetzung mit der Querschnittslähmung die erforderliche Annahme der Gegebenheiten und eine Anpassung an die neue Lebenssituation erfolgen. Es können drei Phasen nach der Verletzung unterschieden werden (vgl. Kampmeier, 2006):

- **Phase der Abhängigkeit:** Die völlige Abhängigkeit von medizinischen, pflegerischen und therapeutischen Fachkräften wird von vielen Querschnittsgelähmten als unerträgliche Belastung erlebt.
- **Phase der Rollstuhlgewöhnung:** Die selbstbestimmte Mobilisierung beginnt mit der Möglichkeit der Rollstuhlnutzung (ca. zwei bis drei Wochen nach einem Unfall). Die eingeschränkten sensorischen

und motorischen Fähigkeiten sowie Einschränkungen im Halten des Gleichgewichts erfordern ein intensives Training. Die niedrige Sitzposition und die abhängig von der Schwere der Querschnittslähmung eingeschränkte Gestik vermitteln das Gefühl von Unterlegenheit und Minderwertigkeit.

- **Phase der Erweiterung des Lebensraums:** Die soziale Integration und die Erweiterung des Lebensraums beginnen, wenn der Querschnittsgelähmte die Klinik mit dem Rollstuhl selbstbestimmt verlassen kann.

4.1.5 Spina bifida

DEFINITION

Kinder mit Spina bifida (offener Rücken) weisen eine Wirbelsäulenspalte auf, sodass Nervengewebe weniger geschützt freiliegt. Abhängig vom betroffenen Wirbelsäulenabschnitt und der möglichen Ausstülpung von Rückenmarkshäuten und/oder Rückenmark, treten unterschiedlich starke körperliche Einschränkungen bis zur Querschnittslähmung auf.

Erscheinungsbild

Spina bifida tritt in zwei Formen auf:

1. **Spina bifida occulta** (lat. occultus = verborgen): Die Wirbelbögen sind zwar gespalten, das Rückenmark ist aber nicht betroffen, sodass diese verborgene Fehlbildung zwar im Röntgenbild erkennbar ist, aber meist ohne gesundheitliche Auswirkungen bleibt.
2. **Spina bifida aperta** (lat. apertus = offensichtlich erkennbar): Die Fehlbildung betrifft nicht nur die Wirbelbögen, sondern auch das Rückenmark und/oder die Rückenmarkshäute. Spina bifida aperta kann, abhängig vom betroffenen Wirbelsäulenabschnitt, in unterschiedlichen Formen und Schweregraden auftreten. Es kann das Gehirn (Enzephalon), das Rückenmark (Myelon) oder die Rückenmarkshäute (Meningen) betroffen sein. Etwa 80 % der Kinder mit Spina bifida haben Schwierigkeiten mit dem Hirnwasser-Kreislauf, was sich auf eine Erweiterung der Flüssigkeitsräume des Gehirns auswirkt (Hydrocephalus, Wasserkopf). Wölben sich lediglich die Rückenmarkshäute nach außen und bleibt das Rückenmark in seiner normalen Lage (Meningozele), sind die Auswirkungen weniger schwer. In gravierenden Fällen betrifft die Ausstülpung die Rückenmarkshäute und das Rückenmark (Meningomyelozele), was zu einer Störung der Rückenmarksfunktion, zu Lähmungen der Muskulatur und damit zu leichten Einschränkungen der Gehfähigkeit bis hin zur Querschnittslähmung und zum Verlust der Gefühls- und Schmerzempfindungen führen kann.

Folgende Einschränkungen können auftreten:

- Lähmung der Muskel-, Magen- und Darmfunktionen
- Entleerungsstörungen der Blase

- Verlust der Gefühls- und Schmerzempfindungen
- Fehlbildungen im Skelettsystem (z. B. Gelenkfehlstellungen der Füße, Beine)
- unterdurchschnittliche Körpergröße
- Erschwernis in der Bewegungskoordination der Hände

Erfassung

Bei den Ultraschalluntersuchungen während der Schwangerschaft ist Spina bifida bereits erkennbar. Mit dem Triple-Test sind ab der 16. Schwangerschaftswoche Spaltbildungen der Wirbelsäule feststellbar. Nach der Geburt können Röntgenaufnahmen, Ultraschalluntersuchungen und die Computertomographie zur Diagnose herangezogen werden.

Häufigkeit

Ein bis zwei von 1 000 Neugeborenen werden mit einer Spina bifida geboren.

Erklärungsansätze

Spina bifida entsteht am Ende des ersten Schwangerschaftsmonats, wenn beim Embryo das sogenannte Neuralrohr geschlossen wird. Am unteren Abschnitt des Neuralrohrs entwickeln sich das Rückenmark und die Wirbelsäule, und aus dem oberen Abschnitt werden das Gehirn und das Schädeldach ausgebildet. Die genaue Ursache hierfür ist ungeklärt. Genetische Einflüsse und Umweltfaktoren werden nicht ausgeschlossen. Ein Mangel an Folsäure (ein B-Vitamin) bzw. eine Störung des Folsäurestoffwechsels stellen einen Risikofaktor dar.

Hilfen

- **Prävention:** Vorbeugend wird die Einnahme von Folsäure mindestens vier Wochen vor der Zeugung bis zum dritten Schwangerschaftsmonat empfohlen. Dies sollte Bestandteil einer allgemeinen Prophylaxe von Frauen im gebärfähigen Alter sein.
- **Medizinische Maßnahmen:** Liegt eine ausgeprägte Spina bifida vor, bei der ca. 80 % der betroffenen Kinder erfolgreich behandelt werden können, ist eine lebenslange medizinische Betreuung erforderlich. In schweren Fällen muss ein operativer Eingriff innerhalb der ersten 24 Stunden nach der Geburt erfolgen. Erforderliche operative Maßnahmen sollten bis zur Einschulung abgeschlossen sein. Da umfangreiche, zeitintensive medizinische Behandlungen und Therapien (z. B. Krankengymnastik, Ergotherapie) erforderlich sind, besteht ein Unterstützungsbedarf, um die Entwicklung der Kinder mit Spina bifida nicht zu gefährden (vgl. Haupt, 2006).
- **Integration und Inklusion:** Kinder mit Spina bifida unterscheiden sich in ihren Intelligenzausprägungen, Interessen und Begabungen nicht von anderen Kindern. Haupt (2006) berichtet, dass von den untersuchten 6 bis 11-jährigen Kindern mit Spina bifida etwa zwei Drittel die Regelschule und ein Drittel die Förderschule besuchten. Für die erforderliche Betreuung (z. B. Wickeln, Katheterisieren) in der Regelschule besteht ein personeller und sachbezogener Unterstützungsbedarf, der meist nicht im

gewünschten Umfang erbracht werden kann. Ein Besuch der Förderschule mit dem Schwerpunkt körperliche und motorische Entwicklung wird häufig gewählt, da dort die speziellen Förder- und Pflegemöglichkeiten gegeben sind.

AUFGABEN

1. Erläutern Sie die Bedeutung der Vererbung und pränataler Einflüsse für die Entstehung einer Körperbehinderung.

2. In eine integrative Gruppe einer Kindertagesstätte wird ein Kind mit einer infantilen Cerebralparese aufgenommen. Sie wollen die Eltern der Kinder ohne Behinderung über die Beeinträchtigung informieren. Entwickeln Sie verschiedene Möglichkeiten zur Informationsvermittlung. Gehen Sie dabei auf das Erscheinungsbild, Ursachen und Hilfen für das Kind ein.

3. Erläutern Sie die Bedeutung der Frühförderung für die Arbeit mit körperbeeinträchtigten Kindern. Begründen Sie Ihre Aussagen.

4.2 Wahrnehmungsbeeinträchtigungen

Die Wahrnehmung umfasst folgende Prozesse:

- **Informationsaufnahme**, unterteilbar in:
  - > Informationsgewinnung durch die Sinnesorgane (sensorische Aufnahme)
  - > Informationssuche als aktiver Vorgang der Steuerung und Auswahl
  - > Strukturierung des Wahrnehmungsfeldes
- **Informationsweiterleitung** an das Zentralnervensystem
- **Informationsverarbeitung** im Zentralnervensystem

Der Mensch verfügt über 15 Sinne, denen ein eigenes Sinnesorgan mit bestimmten Funktionen zugeordnet werden kann: Gehörsinn, Tastsinn, Geruchssinn, Geschmackssinn, Lage- und Bewegungssinn, Drehbewegungssinn, Spannungssinn, Gesichtssinn, Berührungs- und Drucksinn, Temperatursinn, Schmerzsinn, Stellungssinn und Organempfindungssinn. Bei der Entwicklung der Wahrnehmung können vereinfacht fünf Entwicklungsstufen unterschieden werden.

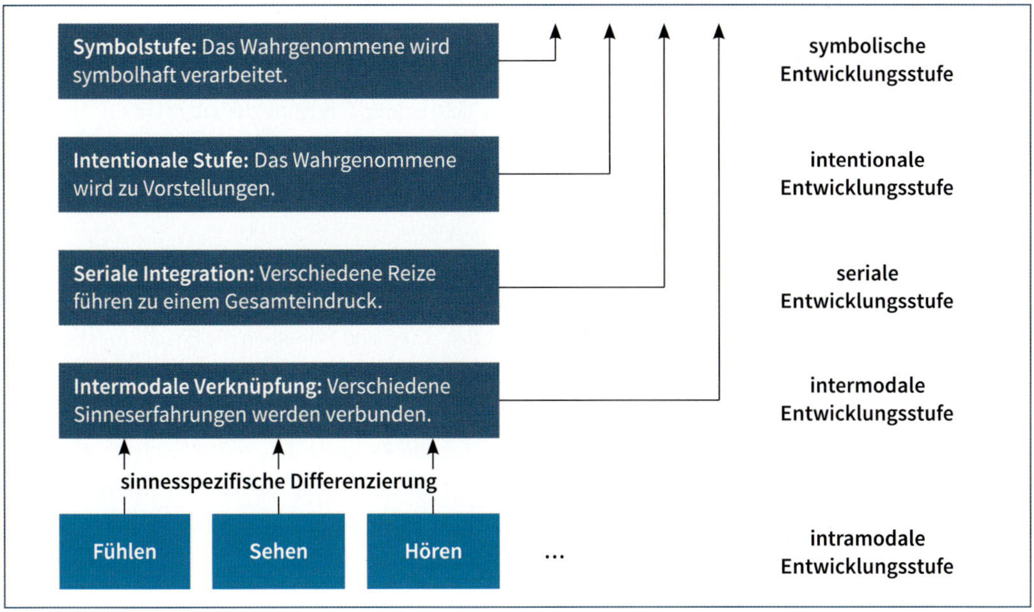

Schema der Wahrnehmungsentwicklung (vgl. Leyendecker, 1988, S. 40)

Die Abbildung verdeutlicht den Entwicklungsverlauf, wobei die parallel verlaufenden Pfeile darauf hinweisen, dass die verschiedenen Prozesse der Differenzierung, Verknüpfung und Integration weiterhin bestehen.

Die **intramodale Differenzierung** beginnt ab der Geburt und kennzeichnet die zunehmende Verbesserung der Wahrnehmungsleistung. Im Verlauf der Entwicklung wird beispielsweise die visuelle Leistung in der Form- und Farberfassung immer besser. In den ersten Lebensmonaten kann der Säugling lediglich die Empfindungen eines einzigen Sinnesorgans gleichzeitig auch verarbeiten.

Wie Sagi (2001[14]) herausstellt, muss das Kind folgende Fähigkeiten entwickeln:

- **Aufmerksamkeit** auf den Wahrnehmungsgegenstand richten (z. B. das Tier erblicken)
- **Fixieren** (z. B. den Blick bewusst auf das Tier richten)
- **Verweilen** (z. B. die Bewegungen des Tieres verfolgen)

Beeinträchtigungen der Sinnesorgane, z. B. Sehbehinderung oder Hörschädigung, führen zu einer Verminderung der intramodalen Differenzierung und schränken die Möglichkeiten der Wahrnehmungsentwicklung ein. Das Kind kann u. U. die Stufe der intermodalen Verknüpfung nicht erreichen. Liegt die Leistungsfähigkeit bei der Wahrnehmungsdifferenzierung trotz umfassender Förderung unter dem Stand eines zweijährigen Kindes, so spricht man von einer Person mit Schwerbehinderung.

Die **intermodale Verknüpfung** beginnt ab dem dritten Monat und beinhaltet die Verknüpfung der Informationen von verschiedenen Sinnesorganen. So muss beim Lesen der optisch wahrgenommene Buchstabe mit einem akustischen Laut gekoppelt und artikuliert werden. Eine Beeinträchtigung der intermodalen Verknüpfung besteht beispielsweise bei autistischen Personen, die verschiedene Sinneseindrücke nur eingeschränkt verknüpfen können. Liegen Störungen auf dieser Stufe vor, so zeigt sich dies etwa bei Schwierigkeiten in der Hand-Auge-Koordination.

Die **seriale Integration** beginnt ab dem achten Monat. Sie bedeutet, dass die Person Ordnungsprinzipien erkennt und in ihrem Verhalten berücksichtigt. So erfordert das Lesen und Schreiben die Beachtung der Buchstaben- bzw. Lautreihenfolge. Mathematische Aufgaben können oft nur dann gelöst werden, wenn in einer bestimmten Reihenfolge die Teilschritte zutreffend bearbeitet werden. Liegen seriale Störungen vor, dann bestehen Probleme beim Beachten der richtigen Reihenfolge von Reizen (z. B. Lese-Rechtschreibschwäche, Rechenschwäche). Kinder mit serialen Beeinträchtigungen sind mit der Vielfalt der auf sie einwirkenden Sinnesreize überfordert; sie können diese Informationsflut nicht angemessen strukturieren und in ein überschaubares System bringen. So wirken diese Kinder häufig unruhig und nervös.

Die **intentionale Stufe** erreichen die Kinder ab dem elften Monat. Sie ist durch die Entwicklung von inneren Vorstellungsbildern gekennzeichnet, eine Voraussetzung für die Sprachentwicklung. Das Kind erkennt Gegenstände, auch wenn sie leicht verändert sind, wieder.

Die **Symbolstufe** beginnt ab dem 18. Monat. Jetzt werden die inneren Vorstellungsbilder symbolhaft verarbeitet, beispielsweise fährt das Kind eine Puppe im Spielzeugauto spazieren. Auf dieser Stufe wird die Wirklichkeitserfassung von der Wahrnehmung unabhängiger.

Der **Aufbau des Körperschemas**, das sich innerhalb der ersten 18 Monate entwickelt, ist wichtig für die soziale, kognitive und motorische Entwicklung des Kindes. Es kann nun seinen eigenen Körper erfassen, seine Lage sowie seine Körperhaltung erkennen und seine Ausdehnung berücksichtigen. Behinderungen (z. B. Blindheit, spastische Lähmungen) beeinträchtigen die Entwicklung eines angemessenen Körperschemas. Motorische Unsicherheiten beim Greifen, Gehen usw. sind die Folge. Die Beeinträchtigungen werden von Leyendecker (1988) in drei Arten von Wahrnehmungseinschränkungen unterteilt:

1. Bei der **Sinnesbehinderung** kommt es zu Beeinträchtigungen in der sensorischen Reizaufnahme (z. B. Gehörlosigkeit, Blindheit).
2. **Zentrale Wahrnehmungsstörungen** umfassen Beeinträchtigungen in der Reizverarbeitung durch das Nervensystem (z. B. minimale cerebrale Dysfunktion, Störungen auf der intermodalen Stufe).
3. **Erfahrungs- bzw. soziokulturell bedingte Wahrnehmungseinschränkungen** sind Beeinträchtigungen der Wahrnehmung, die auf geringen Reizangeboten, niedriger Motivation oder Desinteresse beruhen.

4.2.1 Blindheit – Sehbehinderung

DEFINITION

Eine Person ist sehbehindert, wenn trotz Korrekturgläsern die Sehschärfe unter einem Drittel der Sehschärfe eines Normalsichtigen liegt oder trotz besseren Sehvermögens das Gesichtsfeld massiv eingeschränkt ist.

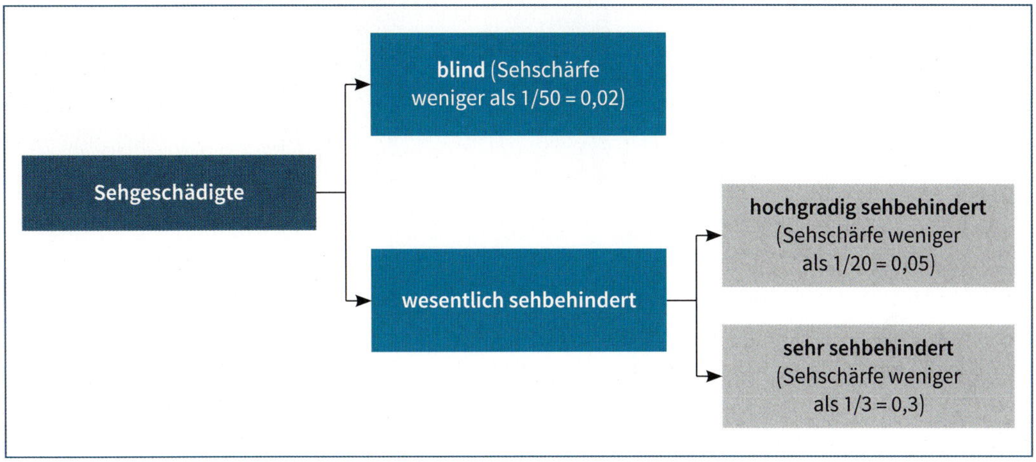

Formen der Sehbeeinträchtigung

In der Schweiz wird zudem unterschieden zwischen Personen, die

- **absolut blind** (auch keine Hell-/Dunkelunterscheidung),
- **praktisch blind** (trotz Lichtempfindungen wird Hilfe benötigt, um sich in einer fremden Umgebung zurechtzufinden) oder
- **sozial blind** (Personen mit starken Gesichtsfeldeinschränkungen) sind.

Erscheinungsbild

Auf eine Sehbeeinträchtigung weisen folgende Auffälligkeiten im Verhalten des Kindes hin. Das Kind

- hat Schwierigkeiten beim Sehen in die Ferne (z. B. im Unterricht beim Abschreiben von der Tafel, beim Fernsehen);
- „liest mit der Nase" (zu geringer Leseabstand);
- übersieht gesuchte Gegenstände, die offensichtlich zu sehen sind;
- beschwert sich über unscharfes, verschwommenes Sehen;
- sieht manchmal doppelt;
- zeigt Auffälligkeiten wie Augenzittern oder Augenrollen;
- schielt;

- kneift die Augenlider zusammen;
- reibt sich häufig die Augen;
- bohrt in den Augenhöhlen;
- verspürt ein Brennen in den Augen;
- weist Rötungen der Augen auf;
- hat häufig tränende Augen;
- klagt über Kopfschmerzen nach dem Lesen bzw. Ansehen eines Films;
- weist Blickauffälligkeiten auf, indem es z. B. an einem Objekt, auf das es sich konzentriert, vorbeisieht;
- nimmt keinen Blickkontakt auf;
- hat einen „verschlafenen" Blick;
- zeigt motorische Probleme, indem es häufig anstößt, stolpert, danebengreift, beim Gehen gegen Tische und Stühle stößt oder unsicher ist beim Sport;
- fällt in seinem Sehverhalten beim Fixieren durch eine schiefe Kopfhaltung auf;
- hält sich beim Sehen ein Auge zu;
- blinzelt;
- ist besonders lichtempfindlich (hohe Blendempfindlichkeit) und dunkelt den Lichteinfall durch den Arm oder die Hände ab;
- klagt über Augenschmerzen, die vom Licht ausgelöst werden;
- sieht manchmal Flecken vor den Augen.

Leyendecker unterscheidet fünf Gruppen von Beeinträchtigungen. Diese durch die Sehbeeinträchtigungen veränderte visuelle Wahrnehmung verdeutlichen Appelhans und Krebs (1995[3]) anhand von Bildern, die einen Eindruck von den Wahrnehmungsverzerrungen bei den verschiedenen Störungsformen geben.

Normales Sehvermögen

1. Störungen und Ausfälle im zentralen Sehen (Gesichtsfeldmitte)

Die Gesichtsfeldmitte wird nur unscharf abgebildet, während das periphere Sehen recht gut gelingt. Der Beeinträchtigte kann sich dadurch zwar im Raum gut orientieren und bewegen, doch das Lesen von normaler Schrift gelingt nicht.

Störungen und Ausfälle im zentralen Sehen (Makula-Erkrankung)

2. Störungen und Ausfälle im peripheren Sehen

Die Gesichtsfeldmitte wird scharf wahrgenommen, das periphere Sehen ist dagegen stark eingeschränkt. Da die Stäbchen, die für die Schwarz-Weiß-Wahrnehmung am Netzhautrand liegen, betroffen sind, ergeben sich starke Beeinträchtigungen beim Dämmerungssehen. Liegen schwere Ausfälle vor, ist das Sehen auf einen ringförmigen Bereich beschränkt.

Störungen und Ausfälle im peripheren Sehen

3. Störungen der Sehschärfe durch Brechungsanomalien

Weicht das Auge von der Idealform (Funktion der lichtbrechenden Medien sowie der Kugelform des Augapfels) ab, treten unscharfe Abbildungen auf. Bei der Kurzsichtigkeit (Myopie) wird das Nahe scharf wahrgenommen und bei der Weitsichtigkeit (Hyperopie) ist die Wahrnehmung des Fernen deutlich.

Störungen der Sehschärfe durch Brechungsanomalie hier: Kurzsichtigkeit

4. Störungen durch Trübung der brechenden Medien

Die Trübung von Hornhaut, Linse und Glaskörper bewirken, dass die Person wie durch Nebel oder eine beschlagene Scheibe sieht. Bei Trübungen kann es zudem zu Blenderscheinungen kommen.

Störungen durch Trübung der brechenden Medien (Blenderscheinung bei Linsentrübung)

5. Störungen durch inselförmige Gesichtsfeldausfälle und -verengungen

Störungen durch inselförmige Gesichtsfeldausfälle und -verengungen

Abhängig von Unregelmäßigkeiten der Horn- und Netzhaut sowie Schädigungen des Sehnervs können vielfältige Formen von Gesichtsfeldveränderungen, die als Skotome (Dunkelfelder) bezeichnet werden, auftreten. Beispiele hierfür sind inselförmiges Sehen, teilweise verschwommene Gesichtsfeldbereiche oder das Flintenrohrgesichtsfeld.

Weitere Beeinträchtigungen sind:

- **Augenzittern (Nystagmus):** Das Augenzittern ist bei Sehbeeinträchtigten recht häufig zu beobachten. Ausgelöst von den ruckartigen oder langsam und/oder rasch pendelnden Augenbewegungen ist die Sehschärfe herabgesetzt und es bestehen Beeinträchtigungen beim Fixieren. Häufig wackeln die Betroffenen mit dem Kopf.
- **Schielen (Strabismus) und funktionelle Sehschwäche:** Das Schielen führt zu einer Verminderung der Sehfähigkeit. Die Schielstellung eines Auges bewirkt, dass dieses Auge weniger trainiert wird und die Sehschärfe zurückgeht.

Die Auswirkungen der Sehbeeinträchtigung werden nach Ahrbeck und Rath (1999[3]) von folgenden Faktoren beeinflusst:

- **Umfang der verbliebenen Sehfähigkeit:** Die Möglichkeit, verbliebene Sehreste zu nutzen, wirkt sich vielfältig auf die Möglichkeiten und Grenzen der Förderung, auf die Orientierung im Alltag sowie auf die Selbstsicherheit bei der Bewältigung von lebenspraktischen Aufgaben aus.
- **Art der Sehbeeinträchtigung:** Liegt eine Störung im zentralen Sehen vor, dann kann sich die Person zwar gut orientieren, vermag jedoch nicht zu lesen. Umgekehrt verhält es sich bei Störungen im peripheren Sehen, wenn etwa bei einem Röhrengesichtsfeld die Person zwar lesen kann, sie aber orientierungsblind ist.
- **Zeitpunkt des Eintritts der Sehbeeinträchtigung:** Dieser Aspekt ist von Bedeutung, wenn es um visuelle Vorstellungen der Sehbeeinträchtigten geht. So unterscheidet man zwischen Geburtsblinden, Früherblindeten (vor dem vierten Lebensjahr), Jugendblinden (vor dem 18. Lebensjahr), Späterblindeten (bis zum 45. Lebensjahr) und Altersblinden.
- **Erblindungsmodus:** Die psychischen Auswirkungen sind erheblich davon abhängig, ob es zu einer plötzlichen Sehbeeinträchtigung, z. B. durch einen Unfall, kommt oder die Person allmählich erblindet.
- **Dauer der Sehbeeinträchtigung:** Tritt die Sehbeeinträchtigung recht früh ein, so kann die Betroffene umfassend und intensiv lernen, die anderen Sinne zu nutzen. Bei Späterblindeten sind die Erfolge bzw. Fortschritte in der Förderung begrenzter.

Die innere Verarbeitung der Beeinträchtigung hängt stark von den Ursachen und den daraus abgeleiteten Verantwortlichkeiten für die Behinderung ab. Ein selbstverschuldeter Unfall wird anders verarbeitet werden als eine unabwendbare Krankheit. Die Sehbeeinträchtigung wirkt sich vor allem auf folgende Bereiche aus (vgl. Solarová, 1995[15]):

- **Kognitiver Bereich:** Die Sehbeeinträchtigung führt im sprachlichen Bereich im geringen Umfang zu Verzögerungen des Sprachaufbaus. Das Lernen erfolgt verlangsamt und erfordert oft aufwendige Veranschaulichungshilfen. Häufig werden Konzentrationsstörungen beobachtet.
- **Sozialer Bereich:** Im Kontakt zu anderen können Schüchternheit und Unsicherheit auftreten. Mit zunehmendem Grad an Sehbeeinträchtigung nimmt die Tendenz zur selbstgewählten Isolation zu.
- **Motorischer Bereich:** Die fehlende visuelle Kontrolle führt vor allem zu motorischen Beeinträchtigungen. Die motorische Entwicklung verläuft verlangsamt und erreicht nicht das Niveau normalsichtiger Personen. Auffällig sind die Bewegungsunsicherheiten und die übervorsichtige Fortbewegung. Die körperliche Schonhaltung führt zu einer geringeren Kraftentwicklung und zu verminderter Ausdauer.

Erfassung

- **Medizinische Diagnostik:** Die grundlegende Diagnose stellt die Augenärztin, die die Art und das Ausmaß der Sehbeeinträchtigung überprüft. Die Untersuchung umfasst den äußeren Augenabschnitt und den Augenhintergrund. Daraus ergeben sich Aussagen zur Sehschärfe, zum Gesichtsfeld und zur Augenbeweglichkeit.

- **Funktionale Diagnostik:** Die funktionale Diagnostik überprüft, wie sich die Person in Alltagssituationen visuell orientiert. Diese Analyse ist wichtig, wenn es um den Einsatz von geeigneten Hilfsmitteln geht.

Wie Walthes (2005[2]) betont, kommt es durchaus vor, dass die beiden Überprüfungen zu unterschiedlichen Ergebnissen gelangen, wenn das sehbeeinträchtigte Kind in der ärztlichen Untersuchungssituation aufgrund des unbekannten Umfeldes, der unterschiedlichen Beleuchtungssituationen oder der körperlichen Verfassung anders reagiert als im Alltag. Schwierigkeiten bestehen bei der medizinischen Diagnostik vor allem bei Säuglingen, Kleinkindern und Personen mit Mehrfachbehinderungen.

Die Überprüfung des Gesichtsfeldes erfolgt mithilfe des **Perimeters**. Bei der Computerperimetrie wird auf einen halbkugelförmigen Schirm ein bestimmtes Lichtmuster projiziert. Die Lichtpunkte werden langsam heller bzw. größer (Schwellenwertbestimmung). Wenn der Untersuchte die Lichtpunkte wahrnimmt, drückt er einen Knopf. Die Auswertung berücksichtigt die Anzahl, die Lage, die Größe und die Lichtintensität, sodass eine differenzierte Erfassung des Gesichtsfeldes möglich ist. Der Sehausfall lässt sich gut bestimmen.

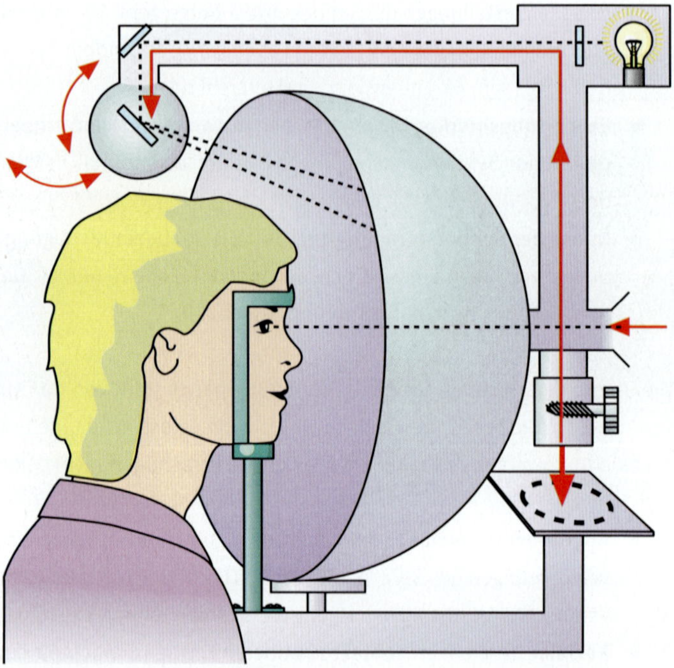

Perimeter

Bei der Überprüfung des Gesichtsfeldes werden folgende Bereiche unterschieden:

- Das **Gesichtsfeld** umfasst den Bereich des Raums, der sich mit einem unbewegten Auge überblicken lässt. Das Gesichtsfeld beider Augen zeigt im Überschneidungsbereich eine herzförmige Fläche, die sich durch ein besonders gutes Sehen auszeichnet.
- Das **Blickfeld** beschreibt den Raum, der durch das bewegte Auge erfasst werden kann. Der Kopf und der Körper bleiben dabei unbewegt. Durch die Augenbewegungen erhöht sich die Seitenschärfe und das Blickfeld deckt ca. 260° ab.
- Das **Umblickfeld** kennzeichnet den Raum, der durch das Drehen des Kopfes und das Bewegen der Augen überblickt werden kann.

Bei der Bestimmung der Leistungsfähigkeit des Auges wird auch die Augenstellung (z. B. Schielen), die Beweglichkeit der Augäpfel und die Pupillenreaktion berücksichtigt. Der **Sehtest** bestimmt den Sehwert ohne korrigierendes Brillenglas.

Häufigkeit

In einem Geburtsjahrgang schulpflichtiger Kinder liegt die Zahl der Kinder mit Sehbehinderung bei etwa 0,1 %, d. h., in Deutschland leben etwa 80 000 Personen mit Sehbehinderung. Die Zahl der schulpflichtigen Blinden beträgt 0,022 % (ca. 2 500). Hinzu kommen Personen, die aufgrund von Unfällen und Erkrankungen (ca. 5 000) sowie Kriegsfolgen (ca. 4 500) erblindeten.

Erklärungsansätze

Die Sehbeeinträchtigung kann auf drei Ursachenbereiche zurückgeführt werden:

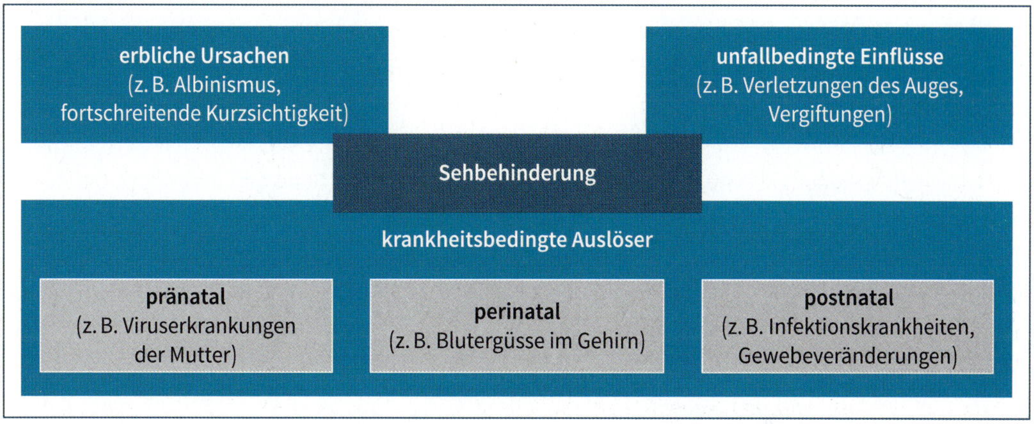

Unfallbedingte Einflüsse

- Gelangen laugenhaltige Stoffe oder Säuren (z. B. Reiniger, Kalkverbindungen) auf die Hornhaut, treten **Verätzungen** auf, die zu einer Eintrübung der Hornhaut bis hin zum Verlust des Auges führen können.
- Hornhautentzündungen, die eine Veränderung der Hornhaut bewirken, können durch UV-Strahlen ausgelöst werden. **Strahlenschädigungen**, z. B. Röntgenstrahlen, verursachen u. a. den grauen Star (Linsentrübung).
- **Fremdkörper**, die mit Wucht auf die Hornhaut treffen, können die Hornhaut durchstoßen bzw. zu Verletzungen mit häufig nachfolgenden Entzündungen führen.

Krankheitsbedingte Auslöser

- **Pränataler Bereich:** Eine Toxoplasmoseinfektion der Mutter während der Schwangerschaft, die von dieser oft unbemerkt bleibt, kann beim Fötus Entzündungen der Netz- und Aderhaut sowie Trübungen des Glaskörpers auslösen.

Nach **Rötelninfektionen** während der Schwangerschaft (Rötelnembryoapathie) kommt es bei etwa 10 %–15 % der Schwangerschaften zu Augenmissbildungen wie Trübungen der Linse und der Hornhaut, Entzündungen der Iris und einem erhöhten Augeninnendruck. Aber auch andere Infektionskrankheiten (z. B. schwere Grippe) haben eine schädigende Wirkung.

- **Perinataler Bereich:** Während der Geburt können die Druckbelastungen Schädigungen des Gehirns bewirken, die das Sehzentrum beeinträchtigen.
- **Postnataler Bereich:** Häufig setzt eine weniger gefährliche Form der fortschreitenden **Kurzsichtigkeit (Myopie)** zu Beginn der Schule im Alter von sechs Jahren ein. Mit dem 25. Lebensjahr kommt es in der Regel zu keinen weiteren schwerwiegenden Verschlechterungen. Andere Formen der Myopie treten bereits im Kleinkindalter auf und führen zu einer stetigen Verschlechterung mit einem Dioptrienbedarf, der über – 30 dpt liegen kann. Die Achsenverschiebung beruht auf einer Dehnung des Augapfels, die in der Netzhaut Einrisse und Blutungen auslöst.

Eine Deformation der Hornhaut (z. B. zu kleine oder vergrößerte Hornhäute), die nach Unfällen, Augenerkrankungen oder Operationen auftreten kann, bewirkt eine **Fehlwölbung (Astigmatismus)** und beeinträchtigt die Sehschärfe.

Eine krankhafte **Erhöhung des Augeninnendrucks** wird als **grüner Star (Glaukom)** bezeichnet. Der Augendruck wird durch Kammerwasser geregelt, das permanent dem Auge zugeführt und wieder abgeleitet wird. Je höher der Augendruck, desto stärker die Schädigungen. Aber auch ein geringer Augenüberdruck, der beständig wirkt, schädigt den Sehnerv; es kommt zu irreversiblen Ausfällen im peripheren Sehen. Der grüne Star kann z. B. durch Gefäßleiden, Augenerkrankungen, operative Eingriffe und Tumore verursacht werden.

Der **graue Star (Linsentrübung, Katarakt)** tritt mit zunehmendem Alter verstärkt ein. Die Linsentrübung verringert die Lichtdurchlässigkeit und das Bild wird kontrastarm bzw. wie durch einen Schleier wahrgenommen. Die Ursachen sind vielfältig und reichen von Vererbungseinflüssen und Stoffwechselstörungen bis hin zu alterungsbedingten Veränderungen der Linseneiweiße.

Erkrankungen des Glaskörpers werden mit zunehmendem Alter häufiger, da sich die Flüssigkeit von einem eher gallertartigen zu einem eher wässrigen Zustand verändert. Es kommt stellenweise zu Abhebungen des Glaskörpers von der Netzhaut, sodass die Betroffenen beispielsweise von Lichtblitzen oder beweglichen Trübungen („fliegenden Mücken") berichten.

Netzhauterkrankungen können bereits bei Frühgeborenen (Risikokriterium: Geburtsgewicht unter 2 500 g) auftreten, da die Ausbildung der Netzhaut zu diesem Zeitpunkt noch nicht abgeschlossen ist. Das Risiko der Schädigungen ist abhängig vom Entwicklungsstand des Frühgeborenen, dem Umfang der Neubildung der Netzhaut sowie der maschinellen Beatmung bei einem Atemnotsyndrom. Die Beeinträchtigungen der Sehleistung sind uneinheitlich. Eine Ablösung der Netzhaut, die mit einer Unterversorgung der Sehzellen verbunden ist, führt zu gravierenden, irreparablen Schädigungen. Neben Augenerkrankungen verursachen auch Löcher im Netzhautgewebe, durch die Flüssigkeit des Glaskörpers dringt, Ablösungen. Entzündungen der Netzhaut zerstören auch Sehzellen und Sehnervenfasern. Die Vernarbungen schränken die Sehleistung ein.

Liegen **Erkrankungen des Sehnervs** vor, ist die Weiterleitung der Informationen von ca. 125 Millionen Sehzellen über etwa 1 Million Nervenfasern zum Gehirn eingeschränkt. Als Ursache kommen beispielsweise Tumore, Entzündungen und Unfälle infrage.

Da sich mit zunehmendem Alter die Augenlinsen verhärten, lässt deren lichtbrechende Wirkung nach und es kommt zur **Alterssichtigkeit**. Nach dem 40. Lebensjahr setzt die altersbedingte Weitsichtigkeit ein, die durch eine Lesebrille ausgeglichen wird.

Sehbeeinträchtigungen treten auch in Verbindung mit Körperbehinderungen, die auf eine Schädigung des Gehirns zurückgehen, auf (cerebrale Sehschädigungen). Circa 20 % der Sehschädigungen beruhen auf Verarbeitungsstörungen im Gehirn. Bislang liegen dazu nur wenige Forschungsergebnisse vor. Walthes (2005²) weist darauf hin, dass Beeinträchtigungen im Bereich des Gesichtsfeldes, der Sehstärke, des Farb- und Kontrastsehens und der Raumwahrnehmung von cerebralen Schädigungen verursacht werden können.

Hilfen

Früherfassung und -förderung

Da die visuelle Wahrnehmung und Reizverarbeitung von außen nicht direkt erfassbar sind, werden Sehbeeinträchtigungen erst dann diagnostizierbar, wenn das Kind visuelle Vergleiche durchführen und über optische Eindrücke Auskunft geben kann. Frühförderstellen diagnostizieren die Sehbeeinträchtigung häufig erst zwischen dem dritten und sechsten Lebensjahr. Die oft mangelhafte Früherkennung führt dazu, dass die erforderliche Frühförderung zu spät einsetzt, obwohl Möglichkeiten bestehen, bereits beim Säugling Sehschädigungen augenärztlich zu erfassen.

Bedeutsam ist der Aufbau der Mutter-Kind-Beziehung, die durch die Sehbeeinträchtigung erschwert wird. Das Kind reagiert nicht auf die visuellen Signale der Mutter und die Mutter hat Schwierigkeiten, mit dem bisweilen teilnahmslos wirkenden Säugling umzugehen. Die Mutter muss lernen, die Signale des Kindes, wie z. B. aufmerksame Stille oder auch nur geringe Änderungen in der Mimik und in den Handlungen, zu erkennen und zu verstehen.

Frühförderprogramme setzen bei der Körper- und Bewegungserfahrung an und dehnen das Erfahrungsfeld auf unterschiedliche Materialien und den Raum aus. Das sehbeeinträchtigte Kind wird zum sozialen Handeln angeregt.

Pädagogische Hilfen

Das Fehlen des Blickkontaktes beim Säugling beeinträchtigt die Entwicklung der Beziehung zwischen dem Kind und den Bezugspersonen. Die aktivierenden Impulse durch visuelle Reize entfallen. Deshalb ist es wichtig, die anderen Sinne intensiv zu nutzen und den Säugling bzw. das Kleinkind zum Begreifen seiner Umwelt anzuregen. Der bereits bei Neugeborenen gut entwickelte Tastsinn kann durch gezielte Materialerfahrungen schon früh gefördert werden. Die Entwicklung des Gehörs kann durch das Bewusstmachen verschiedener Geräusche und Schallquellen unterstützt werden. Auf diese „Restsinne" (Tasten und Hören) baut die spätere Förderung im vorschulischen und schulischen Bereich auf.

Die Unsicherheit bei der Fortbewegung birgt die Gefahr einer Bewegungsarmut. Mithilfe von Übungsprogrammen und gymnastischen Übungen kann die Bewegungsfreude gefördert werden. Zur Entwicklung der Selbstständigkeit dient die lebenspraktische Erziehung der sehbeeinträchtigten Kinder, die sich u. a. auf die Verpflegung, Körperpflege, Kommunikation und Erledigung von Hausarbeiten bezieht.

Optische Hilfen

Brillen und Kontaktlinsen (Minus-Brillen bei Kurzsichtigkeit und Plus-Brillen bei Weitsichtigkeit) gleichen bestehende Brechungsfehler der Augenlinsen aus. Mit **Vergrößerungsgeräten** wird bei Kindern mit Sehresten die Textvorlage nach Bedarf auf einem Bildschirm in erforderlicher Größe wiedergegeben.

Taktile Hilfen

Die **Blindenpunktschrift**, die der blinde Franzose Louis Braille 1825 entwickelte, besteht aus 1–5 ertastbaren Punkten, die in zwei nebeneinanderliegenden Dreierreihen angeordnet sind. Die unterschiedliche Zahl der Punkte und die unterschiedliche Anordnung in den zwei Dreierreihen ergeben 63 Kombinationen zur Darstellung von Buchstaben, Zahlen und Zeichensetzung sowie Sonderzeichen zur Darstellung von mathematischen Funktionen, chemischen Symbolen und Noten.

Aufbauend auf der Blindenpunktschrift wurden Rechen- und Schreibmaschinen entwickelt, die eine Ergebnisausgabe auch in der Brailleschrift ermöglichen.

Mit der Blindenpunktschrift können auch Geräte wie Bügeleisen und Messgeräte wie Waagen, Messlöffel, Zeichengeräte und Metermaße versehen werden. Reliefdarstellungen von Karten und plastische Globen dienen der Veranschaulichung.

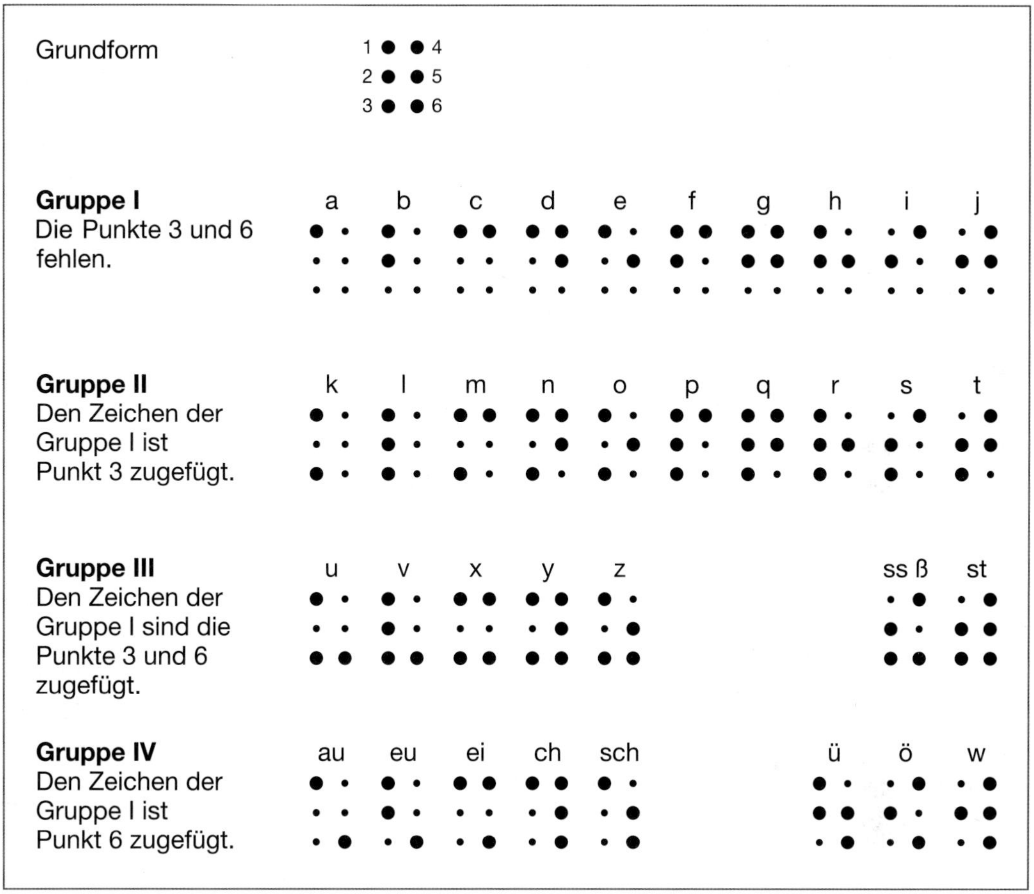

Brailleschrift

Akustische Hilfen

Mithilfe elektronischer Geräte können blinde Menschen akustische Informationen über Helligkeitsunterschiede (z. B. Beleuchtung des Zimmers, Lage der Fenster) oder über den Füllgrad von Gläsern erhalten. Die Weiterentwicklung der elektronischen Hilfen führte beispielsweise zum Laserblindenstock, der mit einem Infrarotstrahl Hindernisse entdeckt und rückmeldet.

Medizinische Hilfen

- Eine **medikamentöse Behandlung** erfolgt z. B. beim grünen Star. Bei dieser Augenkrankheit ist der Augeninnendruck gefährlich erhöht. Die häufigste Ursache ist eine Abflussbehinderung des Kammerwassers. Medikamente können den Zu- oder Abfluss des Kammerwassers beeinflussen. Der erhöhte Augeninnendruck kann somit verringert werden.

- Durch gezieltes **Augentraining** (orthoptische Übungen) können vor allem bei der Therapie des Schielens Verbesserungen erreicht werden.
- Mit der **Lasertechnik** kann eine Korrektur der Brechungsfehler erreicht werden, indem Hornhautgewebe abgetragen wird. Zu diesem noch umstrittenen Eingriff liegen keine Langzeitstudien vor, die eine abschließende Bewertung des Verfahrens zulassen.
- **Operative Eingriffe** werden z. B. beim grauen Star (Linsentrübung) durchgeführt. Die getrübte Linse wird durch eine Kunststofflinse ersetzt. Liegt eine Erkrankung des Glaskörpers vor, kann die getrübte Glaskörperflüssigkeit ausgetauscht werden. Operative Verfahren werden auch bei Netzhautablösungen oder bei der Korrektur des Schielens eingesetzt.

Schulische Hilfen

Der Unterricht erfolgt in Schulen mit dem Förderschwerpunkt Sehen. In die Schule werden Kinder aufgenommen, deren Sehvermögen so stark eingeschränkt ist, dass sie ihr Umweltverständnis nicht mehr optisch aufbauen können und auf ihr Hör- und Tastvermögen angewiesen sind. Aufgrund der geringen Anzahl der Schüler mit Sehbehinderung werden die Betroffenen in jedem Bundesland zentral in wenigen Schulen unterrichtet, sodass für viele Schülerinnen der Besuch der Förderschule mit einer Heimunterbringung während der Woche verbunden ist. Weiterführende Schulen und Berufsschulen werden bundeslandübergreifend angeboten. Die Klassen bestehen aus acht bis zehn Schülern.

Die Bildungsinhalte der Förderschule entsprechen den Anforderungen der allgemeinbildenden Regelschulen. Darüber hinaus wird auf die Verarbeitung der Lebenssituation von Blinden eingegangen und die Unterrichtsmittel und -methoden auf die Schülerinnen mit Sehbeeinträchtigung abgestimmt. Sind Sehreste noch nutzbar, werden die Texte im Großdruck wiedergegeben und es wird auf eine kontrastreiche Darstellung geachtet. Tastbare Modelle ergänzen die verbalen Informationen und ermöglichen eine bildhafte Vorstellung. Dies ist besonders wichtig in naturwissenschaftlichen Fächern, wenn der Einsatz von Bildern, Skizzen und Fotos nicht möglich ist.

Die Brailleschrift wird den blinden Kindern vermittelt, damit sie Texte selbst lesen oder verfassen können. Die Verwendung von Computerbraille (ein Computer für das Einstanzen der Brailleschrift) übt das blinde Kind bereits in den ersten Schuljahren ein. Das Kind lernt zunächst die Braillevollschrift und später die platzsparende Kurzschrift.

Eine systematische Bewegungsschulung erfolgt beim **Mobilitätstraining**. Der Sehbeeinträchtigte wird darin geübt, Reize der Umwelt gezielt zu nutzen, um sich darin zurechtzufinden. Von besonderer Bedeutung ist dabei die Gehörschulung. Ein blinder Mensch muss in der Lage sein, auch komplexe Geräuschsituationen aufzulösen, um die für ihn wichtigen Informationen zu nutzen. Er lernt, Gegenstände aufgrund der reflektierenden Schallwellen zu lokalisieren. Auch ein Geräuschschatten, der entsteht, wenn ein blinder Mensch durch ein parkendes Fahrzeug den Straßenlärm weniger laut wahrnimmt, gibt Informationen über die augenblickliche Situation.

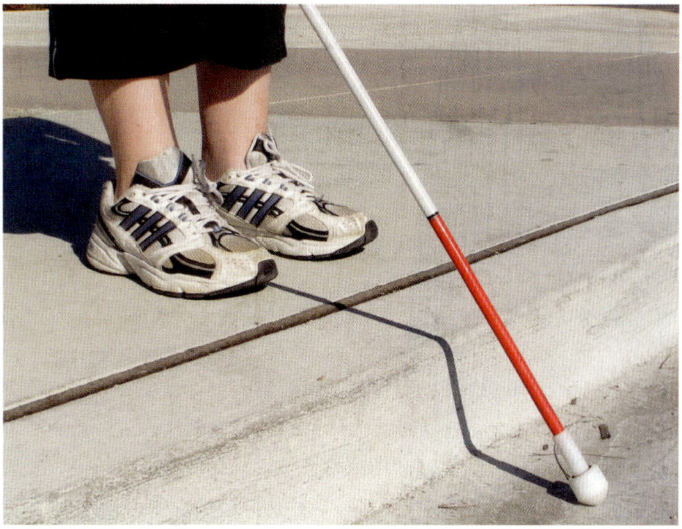

Mithilfe des **Langstocks** lernt der blinde Mensch, sich selbstständig fortzubewegen. Er wird mit gleitend rhythmischen Pendelbewegungen geführt. Der Langstock wird in ausgestreckter Armhaltung schräg vor dem Körper bewegt, sodass Hindernisse rechtzeitig entdeckt werden können. Das Langstocktraining umfasst ca. 80 Unterrichtsstunden und ist sehr personalintensiv, da Einzelunterricht erforderlich ist. Die ersten Übungen werden innerhalb des Gebäudes (z. B. Erkunden von Räumen, Treppensteigen) abgehalten, danach erfolgen Mobilitätsübungen im Freien mit steigenden Anforderungsgraden (z. B. ruhiges Wohnviertel, stark frequentierte Fußgängerzone).

Der Einsatz von **Führhunden** kann die Bewegungssicherheit erhöhen, da der Hund in seiner Ausbildung darauf trainiert wird, Hindernisse (z. B. niedrig angebrachte Schilder, Markisen, Radfahrer) zu erkennen, die mit dem Langstock nicht erfasst werden. Der ausgebildete Führhund zeigt zudem Treppen, Türen, Bänke oder den Ausgang aus einem Gebäude an. Die Anschaffungskosten für einen ausgebildeten Führhund sind jedoch hoch. Der Hundehalter muss zudem bestimmte Kriterien erfüllen (Tierliebe, artgerechte Hundehaltung sowie Bewegungsfreude, damit ein ausreichender Auslauf des Hundes gewährleistet wird).

Berufliche Möglichkeiten

Die Blindenwerkstätten, in denen vorwiegend die handwerklichen Berufe des Korbmachers, Strickers, Bürsten- und Pinselmachers zu finden sind, haben als traditioneller Arbeitsplatz an Bedeutung verloren; dies gilt auch für den Beruf des Telefonisten, der weitgehend von Telefonanlagen ersetzt wird. Zu den typischen Arbeitsfeldern für blinde Menschen führen folgende Ausbildungsberufe: Klavierstimmerin, Masseure und medizinischer Bademeister, Fonotypistin (Tonbanddiktate werden in Schreibmaschinenschrift übertragen), Programmierer, Instrumentalmusikerin sowie Lehrtätigkeiten in verschiedenen Bereichen.

AUFGABEN

1. Erläutern und veranschaulichen Sie die Auswirkungen einer Sehbeeinträchtigung und erklären Sie, mit welchen Hilfen diese Auswirkungen vermindert werden können.

2. Verdeutlichen Sie, welche Bedeutung die Bezugspersonen (Eltern, Freundeskreis, Erzieherinnen) für die Entwicklung des sehgeschädigten Kindes haben.

3. In eine Regeleinrichtung (z. B. Kindertagesstätte) wird ein blindes Kind aufgenommen. Entwickeln Sie ein Konzept, um die Aufnahme des blinden Kindes in die Einrichtung vorzubereiten. Berücksichtigen Sie beispielsweise die Raumgestaltung und die Vorbereitung der nicht beeinträchtigten Kinder auf den Umgang mit dem blinden Kind.

4.2.2 Hörbeeinträchtigung

Im Hinblick auf die unterschiedlichen Ursachen, Auswirkungen und Hilfen der Hörbeeinträchtigung wird zwischen gehörlosen und schwerhörigen Personen unterschieden. Diese Unterteilung ist nicht unproblematisch, da die beiden Begriffe genau genommen nur bestimmte Stufen der Hörfähigkeit beschreiben.

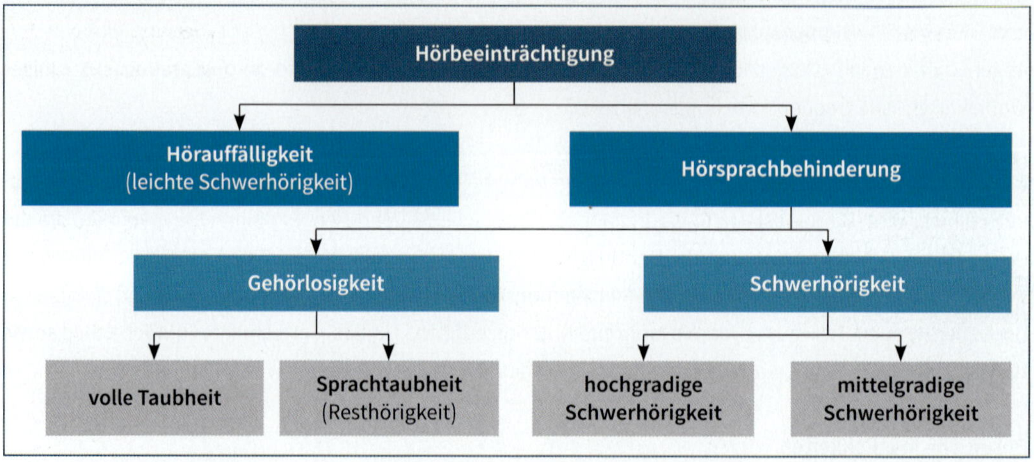

Formen der Hörbeeinträchtigung

4.2.2.1 Schwerhörigkeit

DEFINITION

Als schwerhörig gelten Menschen, die durch eine Schädigung ihres Gehörs in ihrer Hörleistung stark eingeschränkt sind. Die Wahrnehmung akustischer Reize sowie die Kontrolle des eigenen Sprechens sind mit Hilfen über das Ohr noch möglich. Der Hörverlust liegt zwischen 30 dB und 90 dB.

Die unterschiedliche Abstufung der Schwerhörigkeit erfolgt unter zwei Gesichtspunkten: **Hörweite** (Entfernungsbereich, in dem die normallautige Umgangssprache verstanden wird) und **Hörverlust** (Angabe in Prozent bzw. Angabe in Dezibel).

Grad der Schwerhörigkeit	Hörweite	Hörverlust	
		in Prozent	in Dezibel
Normalhörigkeit	mehr als 6,00 m	0–25 %	unter 25 dB
leicht oder geringgradig	4,00 m–6,00 m	15–45 %	25–40 dB
mittelgradig	1,00 m–4,00 m	35–65 %	40–70 dB
hochgradig	0,25 m–1,00 m	55–85 %	55–90 dB
an Taubheit grenzend	a. c.[1]–0,25 m	75–95 %	ab 90 dB
Taubheit	a. c.[1]	100 %	

[1] *a. c. = ad concham (an der Hörmuschel)*

Erscheinungsbild: Hinweise auf eine Hörschädigung

Abweichungen von der normalen Hörentwicklung sind zwar bereits im Säuglingsalter erkennbar, doch die Früherfassung innerhalb der beiden ersten Lebensjahre stellt eher die Ausnahme dar. Hinweise auf eine mögliche Hörschädigung lassen sich bei Abweichungen von der normalen Hörentwicklung ableiten, die im Folgenden für das erste Lebensjahr aufgezeigt wird (vgl. Löwe, 1992[3]):

Altersbereich	Hörleistungen
bis zum 2. Monat	Verhaltensänderung bei plötzlichem lauten Geräusch; Augenblinzeln sowie Augenbewegen bzw. langsames Öffnen der Augen bei Hörreizen; Stimme der Mutter wirkt beruhigend
3. bis 5. Monat	Kopfbewegung in Richtung auf eine Schallquelle; Lauschen auf den Ton einer Stimmgabel; Schreien wird eingestellt, wenn Musik ertönt
6. und 9. Monat	Reaktion auf Zuruf; Einsatz der Stimme, um Aufmerksamkeit zu erreichen; Lauschen der Unterhaltung von Erwachsenen; Lauschen auf das Ticken einer an das Ohr gehaltenen Taschenuhr
10. bis 12. Monat	stimmliche Reaktionen auf Musik; Reaktionen auf leise Ansprache; Wiederholung von Lautäußerungen (Echolalie) als Ausdruck der Zufriedenheit während des Alleinseins

Auf eine Hörschädigung weisen folgende Auffälligkeiten im Verhalten des Kindes hin: Das Kind

- reagiert auf Geräusche nicht oder nur schwach;
- beantwortet Fragen nicht;

- zeigt auf den gleichen Impuls (z. B. „Gib mir bitte den Ball.") unterschiedliche bzw. nicht angemessene Reaktionen;
- folgt mit einer angespannten Aufmerksamkeitshaltung den Hörreizen (z. B. legt die Hand hinter das Ohr, neigt den Kopf seitlich – „Horchhaltung");
- hat Lokalisationsprobleme bei der Identifikation von Geräuschquellen, der Blick schweift unsicher im Raum umher;
- differenziert nicht zwischen klangähnlichen Lauten;
- spricht in einer undeutlichen, verwaschenen Sprache;
- singt falsch und scheint unmusikalisch;
- spricht unpassend laut;
- hört normal laute Umgangssprache nur bis zu einer Entfernung von sechs Metern;
- spricht unmelodisch;
- scheint im Allgemeinen unaufmerksam und desinteressiert;
- vermeidet soziale Kontakte (Kontaktarmut).

Es gibt verschiedene Lokalisationsstellen, die zu einer Hörschädigung führen:

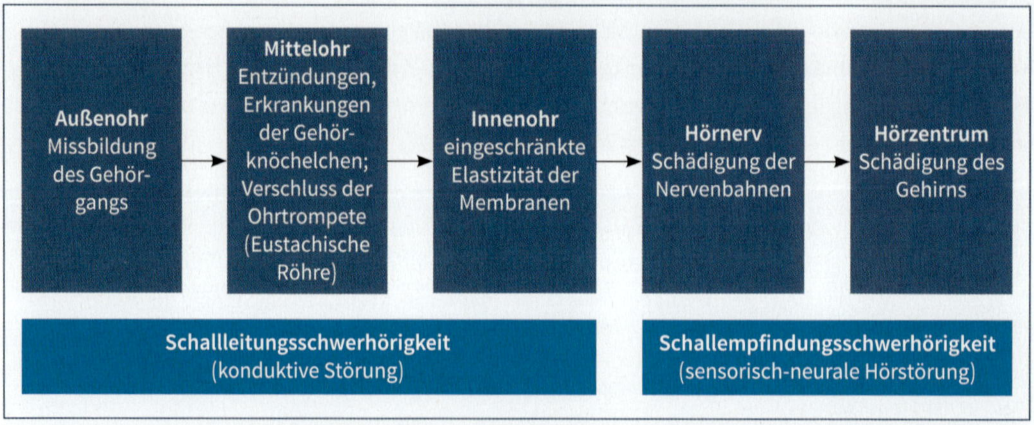

Schallleitungsschwerhörigkeit (konduktive Störung)

Es besteht eine Hörminderung, die auf einer gestörten Reizweiterleitung im äußeren, mittleren oder Innenohr beruht. Die Schallleitungsschwerhörigkeit bezieht sich gleichmäßig auf alle Frequenzbereiche und führt dazu, dass die Person leiser und weniger intensiv hört und dass sich die Hörweite verringert. Der Höreindruck ist jedoch nicht verzerrt oder entstellt, die Hörqualität bleibt erhalten. Vergleichbare Hörbeeinträchtigungen können zeitweise bei Erkältungskrankheiten auftreten, wenn im Ohr ein Verschluss der Ohrtrompete vorliegt und somit der erforderliche Druckausgleich zwischen Mittelohr und oberem Rachenraum fehlt. Die Schallweiterleitung wird dadurch eingeschränkt. Häufig ist die Schallleitungsschwerhörigkeit mit unangenehmen Reizgeräuschen wie Ohrensausen verbunden.

Schallempfindungsschwerhörigkeit (sensorisch-neurale Hörstörung)

Die Schallempfindungsschwerhörigkeit beruht auf der eingeschränkten Umwandlung von mechanischen Schallreizen in nervöse Impulse, die im Gehirn verarbeitet werden können. Dies führt im Vergleich zur Schallleitungsschwerhörigkeit zu schwerwiegenderen Einschränkungen: Die betroffene Person hört nicht nur schwächer, sondern auch anders. Die Wahrnehmungsverzerrung und -entstellung betreffen zumeist die höheren Frequenzbereiche. Die Unterscheidung von Sprachlauten wird erschwert. Die Wahrnehmungsverzerrungen beziehen sich teilweise auf die Differenzierung der Lautstärke: Laute und schwache Reize werden genauso laut empfunden. Betrifft die Hörstörung die beiden Ohren nicht im gleichen Ausmaß, kann es zum Doppelhören kommen.

Kombinierte Schwerhörigkeit

Die beschriebenen Auffälligkeiten treten auch in Kombination auf, bei denen sich die Merkmale beider Formen vermischen.

Lärmschwerhörigkeit

Als Folge massiver oder wiederholter sehr starker Schalleinwirkung kann die Lärmschwerhörigkeit auftreten. Neben dem Hören lauter Musik (z. B. Rockkonzert, MP3-Player, Diskotheken) können auch arbeitsplatzbedingte Ursachen dazu führen, dass zunächst eine kurzfristige Hörbeeinträchtigung auftritt. Es kommt zu einer gedämpften Hörempfindung und der Betroffene hat das Gefühl, Watte in den Ohren zu haben. Bei dauerhafter Lärmeinwirkung ohne ausreichende Pausen werden Sinneszellen zerstört und hohe Töne werden nicht mehr wahrgenommen. Die Wahrnehmung von Gesprächen wird dadurch nicht beeinträchtigt.

Einseitige Schwerhörigkeit (monoaurales Hören)

Ist nur ein Ohr von der Hörbeeinträchtigung betroffen, treten Schwierigkeiten bei der Lokalisation der Reizquellen auf. Das Sprachverstehen kann bei diffusen Hintergrundgeräuschen stark beeinträchtigt sein.

Auswirkungen auf die Entwicklung des Kindes

Hörstörungen führen zu vielfältigen **Folgestörungen**, die, wenn sie nicht im ersten Lebensjahr erkannt und behandelt werden, nur schwer korrigierbar sind. Fällt ein Wahrnehmungsbereich aus, dann ist oft auch die Entwicklung der anderen betroffen. Es kommt zu Ausfällen in anderen Entwicklungsbereichen sowie zu Entwicklungsverzögerungen. Löwe (1992^3) beschreibt in diesem Zusammenhang folgende Problemfelder:

Wahrnehmungsprobleme

Das Kind kann z. B. visuelle Reize nicht mit akustischen Informationen verknüpfen. Die Identifikation von Reizen anhand der Geräusche entfällt, was gerade im Straßenverkehr zu großen Problemen führen kann.

Sprechprobleme

Die Höreinschränkungen behindern die Sprachentwicklung. Die zentralen Auswirkungen können wie folgt unterschieden werden:

- **Beeinträchtigung der Sprachwahrnehmung:** Besonders bei der Schallempfindungsschwerhörigkeit führen die Höreinschränkungen zu Verzerrungen des Klangbildes und zu Einschränkungen in der differenzierten Lautwahrnehmung.
- **Mängel und Ausfälle in der Sprachverfügbarkeit:** Die Hörbeeinträchtigungen wirken sich hemmend auf die Sprachentwicklung aus. Die Lautbildung, die Entwicklung des Wortschatzes und der Aufbau der Grammatik werden verzögert und stark beeinträchtigt.
- **Veränderungen in der Sprachäußerung:** Die sprachliche Ausdrucksfähigkeit, z. B. saubere Lautbildung, Sprachmelodie oder Sprechrhythmus, verändert sich abhängig vom Umfang der Hörbeeinträchtigung.

Kommunikationsprobleme

Der Aufbau des Sprachverständnisses ist deutlich herabgesetzt. Das Kind kann sich mit den Kommunikationspartnern nur durch Gesten bzw. Verhaltenssignale verständigen. Die Teilnahme an Gesprächen ist zumeist nicht möglich.

Soziale Probleme

Der Erwerb sozialer Verhaltensweisen wird erschwert, da beispielsweise die emotionale Wahrnehmung des anderen anhand seiner Stimme entfällt. Die Vermittlung sozialer Verhaltensregeln beim Kleinkind wird durch die fehlende Sprache zur Erklärung der Regeln herabgesetzt. Das hörbeeinträchtigte Kind wird von anderen Personen beeinflusst und hat selbst kaum Möglichkeiten, auf das soziale Umfeld einzuwirken. Deshalb entwickelt das Kind Verhaltensrituale, mit denen es das Verhalten anderer beeinflussen kann.

Emotionale Probleme

Das Kind hat Probleme, anderen Personen die eigenen Gefühle zu vermitteln. Da das Verhalten anderer für das Kind nur schwer zu durchschauen ist, kommt es zu Verständigungsschwierigkeiten. Das Kind reagiert mit Unverständnis und Angst, die Entwicklung eines positiven Selbstkonzepts ist eingeschränkt.

Berufliche Probleme

Die Ausbildungssituation für hörbehinderte Jugendliche ist oftmals schwierig, ebenso die Erreichung eines Arbeitsplatzes am ersten Arbeitsmarkt. Aufgrund fehlender/mangelhafter Sprachkompetenz, begrenzter Kommunikationsmöglichkeiten und verminderter Lernmöglichkeiten ist die Berufsausbildung auf wenig Bereiche (nur ca. 10 % aller Lehrberufe) reduziert.

Intellektuelle Probleme

Die sprachliche Begrenzung verhindert den Zugang zu Informationen und damit zu der Entwicklung des Wissens. Fehlt die Sprache, so ist das Lernen an konkretes Handeln gebunden. Der Sprachentwicklungsstand eines hörbeeinträchtigten Kindes wird nicht nur vom Hörgrad, sondern auch vom Umfang der **Intelligenzleistung** des Kindes beeinflusst. Diesen Zusammenhang verdeutlicht Klinghammer bereits 1979 in einer Studie mit ca. 600 hörgeschädigten Kleinkindern. Die Einschränkung der Hörfähigkeit hat massive Auswirkungen auf die Sprachentwicklung. Abhängig von den geistigen Fähigkeiten des Kindes können die hörbedingten Einschränkungen im begrenzten Umfang kompensiert werden.

Erfassung

Im Hinblick auf die Frühförderung ist das Erkennen der Hörbeeinträchtigung im ersten Lebensjahr von besonderer Bedeutung. Eine audiologische Untersuchung des Neugeborenen ist angebracht, wenn die erste Untersuchung des Neugeborenen (Puls, Atmung, Muskulatur, Reflexe und Hautfarbe) deutliche Auffälligkeiten aufweist, Missbildungen erkennbar sind, während der Schwangerschaft Infektionskrankheiten oder Vergiftungen auftraten, familiäre Belastungen vorliegen, Geburtskomplikationen auftraten oder das Geburtsgewicht unter 1 500 Gramm lag.

Die Überprüfung der Hörbeeinträchtigung erfolgt mit **subjektiven Hörtests**, z. B. Audiometrie, die eine Mitarbeit des Geprüften erfordern, und über **objektive Hörtests**, z. B. Impedanzmessung und ERA, die unabhängig von den Reaktionen des Kindes das Ausmaß der Hörbehinderungen diagnostizieren. Liegen geistige Retardierungen oder Bewegungsstörungen vor, ist der Aussagewert der subjektiven Hörtests gering.

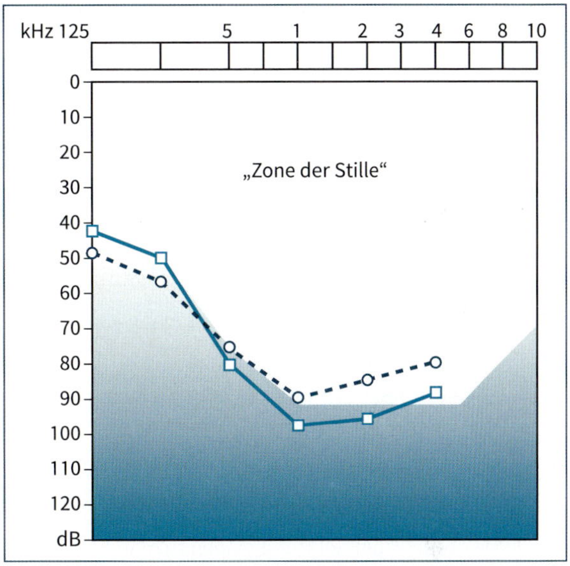

Audiogramm mit Hörleistung beider Ohren

Audiometrie

Mit dem Audiometer, einem Gerät, das reine Töne in unterschiedlichen Frequenzbereichen erzeugt, wird das Hörspektrum systematisch für jedes Ohr bestimmt und in einem Audiogramm festgehalten. Das Audiogramm enthält Aussagen über die Tonhöhe, gemessen in Hertz (Hz), und über die Lautstärke, gemessen in Dezibel (dB). Das menschliche Ohr kann Töne im Bereich von 16 Hz (tiefe Töne) bis 20 000 Hz (hohe Töne) wahrnehmen. Die Lautstärke des Flüsterns liegt bei 30 dB, normal laute Umgangssprache erfolgt bei 50 dB, der Lärm eines Presslufthammers entspricht einer Lautstärke von 110–120 dB. Bei der Audiometrie wird für jeden einzelnen Prüfton die Hörschwelle bestimmt, indem die Lautstärke, bei der der Ton gerade noch wahrgenommen wird, notiert wird. Verbindet man die Hörwerte der verschiedenen Frequenzen miteinander, so ergibt sich die Hörschwellenkurve. Die Aussagefähigkeit dieses subjektiven Messverfahrens ist von der Mitarbeit des Prüflings abhängig.

Zur Früherfassung sind Messungen der Hörfähigkeit bereits bei Säuglingen und Kleinkindern erforderlich. Dabei ist zu beachten, dass das Hörvermögen bis zum vierten Lebensjahr reift.

Abhängig vom Alter des Kindes lassen sich folgende Messverfahren unterscheiden:

- **Verhaltens-Beobachtungs-Audiometrie bzw. Ablenkungsaudiometrie:** Beim Säugling geben Beobachtungen zum Lauschverhalten – das Kind unterbricht seine Handlungen und wendet sich dem Hörreiz zu – sowie die Prüfung der ablenkenden Wirkung von Geräuschen erste Hinweise auf eine Hörbeeinträchtigung. Die Reaktionsstärke des Säuglings wird bewertet. Hierbei achtet man auf Reaktionen wie Augenblinzeln, Unterbrechung der Tätigkeit oder Kopfbewegungen. Bei Säuglingen ab dem siebten Lebensmonat kann mithilfe von akustischen Prüfsignalen der Orientierungsreflex ausgelöst und damit das wahrgenommene Hörspektrum bestimmt werden.
- **Spielaudiometrie:** Bei Kindern ab dem dritten Lebensjahr werden die verschiedenen Verfahren der Spielaudiometrie eingesetzt. Vor der eigentlichen Hörprüfung lernt das Kind, einen Ton als eine Handlungsaufforderung zu verstehen. Beim Kugelspiel darf das Kind zum Beispiel eine Kugel wegnehmen, wenn ein akustisches Signal gegeben wird. Die Verbindung Hörreiz – Handlung wird spielerisch eingeübt. Das Spiel sollte nicht länger als 15–20 Minuten dauern. Danach erfolgt die Hörschwellenermittlung mithilfe von Prüftönen, die dem Kind vorgegeben werden.

Impedanzmessung

Bei der Impedanzmessung wird die Reizweiterleitung im Mittelohr überprüft. Zunächst wird der Gehörgang durch einen speziellen Stopfen mit drei Öffnungen verschlossen. Durch eine Öffnung wird ein Testton zum Mittelohr abgestrahlt, der vom Trommelfell reflektierte Schall wird durch ein Mikrofon an der zweiten Stopfenöffnung gemessen. Der Druck im Gehörgang kann über die dritte Stopfenöffnung variiert werden. Diese Messung, die unter anderem für die Anpassung von Hörgeräten wichtig ist, kann auch bei Kleinkindern durchgeführt werden. Zur Bestimmung des Hörverlustes ist dieses Verfahren jedoch nicht geeignet.

ERA (Electric Response Audiometry)

Aufwendig ist die computergestützte Methode ERA, eine spezielle Form des EEG. Die Person erhält akustische Reize, die in bestimmten Gehirnbereichen zu messbaren Reaktionen führen. Die ausgelösten Reaktionen werden hinsichtlich der Dauer der Reizweiterleitung bis zum Gehirn und der im Gehirn aktivierten Bereiche ausgewertet. Die Überprüfung lässt diagnostische Aussagen über die Funktionstüchtigkeit des Innenohrs sowie der Hörbahnen (von den Haarzellen bis zur Hirnrinde) zu.

Häufigkeit

Der Anteil der Hörbeeinträchtigten liegt bei ca. 5 % der Gesamtbevölkerung. Davon kann ein Fünftel die Umgangssprache nicht verstehen. Genauere Angaben findet man bei Kindern und Jugendlichen, die schulpflichtig sind, während die Zahl derer, die alters- oder lärmbedingt eine Hörschädigung aufweisen, nur geschätzt werden kann. Etwa 0,25 % der schulpflichtigen Kinder sind förderschulbedürftig. Nach Jussen (1990) weisen 20 %–25 % der Kinder mit Mehrfachbehinderungen Hörbeeinträchtigungen auf. Die Anzahl der Personen mit einer Schallempfindungsschwerhörigkeit liegt um ein Drittel höher als die Zahl derer mit einer Schallleitungsschwerhörigkeit.

Untersuchungen zur Altersverteilung von Personen mit Hörschädigung (vgl. Günther, 2000, S. 114) zeigen folgende Verteilung:

bis 20 Jahre	5 %
20–40 Jahre	11 %
40–60 Jahre	40 %
über 60 Jahre	44 %

Zwei Drittel aller Personen mit Hörgeschädigung sind über 50 Jahre alt. Offenbar sind sich viele Menschen ihrer Hörbeeinträchtigung nicht bewusst, denn lediglich 17 % von ca. 15 Millionen Menschen mit Hörschädigung in der Bundesrepublik tragen ein Hörgerät.

Erklärungsansätze

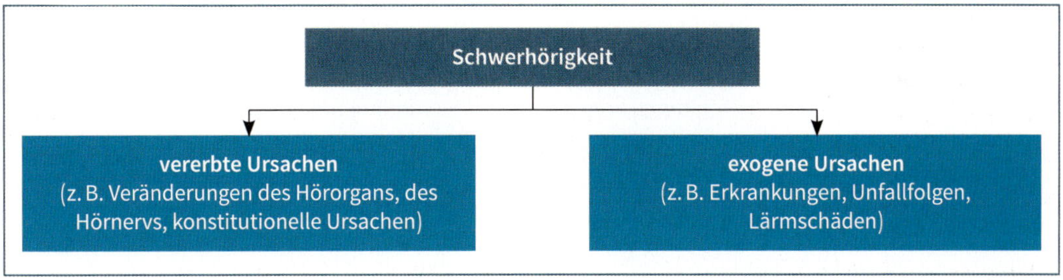

Bei den Ursachen der Hörbeeinträchtigung unterscheidet man den Ort der Störung und den Zeitpunkt des Eintretens. Die nachfolgenden Aussagen beziehen sich auf den Zeitpunkt des Eintretens.

- **Vererbte Ursachen:** Generkrankungen führen auch zu embryonalen Fehlbildungen oder Entwicklungsstörungen des Hörorgans sowie der Hörnerven. Häufig betreffen diese Generkrankungen auch andere Organe. So tritt die erbliche Schwerhörigkeit in Verbindung mit Wachstumsstörungen, Netzhaut-, Schilddrüsen- oder Nierenerkrankungen auf. Die exogenen (von außen kommenden Einflüsse) können bereits pränatal in der Schwangerschaft die Hörfähigkeit beeinträchtigen.
- **Exogene Einflüsse:**
  - **Pränatal:** Erkrankungen der Mutter während der Schwangerschaft wie Masern, Röteln, Toxoplasmose oder Keuchhusten sowie Alkohol-, Nikotin- und Drogenmissbrauch können organische Schädigungen hervorrufen, die spätere Hörbeeinträchtigungen begründen. Aber auch Medikamente können die Organentwicklung des Kindes während der Schwangerschaft schädigen.
  - **Perinatal:** Eine Hörschädigung können eine Sauerstoffunterversorgung, Schädelverletzungen sowie die entbindungsabhängige Neugeborenengelbsucht verursachen.
  - **Postnatal:** Hörbeeinträchtigungen im Kindesalter werden häufig von Infektionskrankheiten wie Hirnhautentzündung, Toxoplasmose, Mumps oder Diphtherie ausgelöst. Eine dauerhafte bzw.

extrem starke Lärmbelastung führt zu einer Lärmschwerhörigkeit. Eine extrem starke Lärmbelastung kann schon beim Besuch eines Rock- oder Technokonzerts vorhanden sein. Hörstörungen bei Erwachsenen treten beispielsweise infolge eines häufig stressbedingten Hörsturzes auf.

Bei ca. 40 % der hörgeschädigten Kinder können die Ursachen für die Schädigung nicht eindeutig festgestellt werden.

Hilfen

Wie die Geschichte der Hörgeschädigtenpädagogik zeigt, besteht ein dauernder Disput zwischen Vertretern, die eine lautsprachliche Position ohne den Einsatz von Gebärden einnehmen, und Pädagoginnen, die eine gebärdenorientierte Position vertreten. Ein Kompromiss zwischen diesen Extremen stellt die Forderung nach einer bilingualen Erziehung dar, die eine lautsprachliche und gebärdensprachliche Erziehung verbindet. Die Position einer lautsprachlichen Förderung der Kinder wird durch die neu entwickelten Hörprothesen, etwa das Cochlea-Implantat, die zu einer deutlichen Verbesserung der Hörwahrnehmung führen, gestärkt. Die hörgeschädigten Kinder können sich dadurch eher in einer sprechenden Welt zurechtfinden und lautsprachlich kommunizieren.

Frühförderung

Wird die Hörbeeinträchtigung frühzeitig erkannt, umfasst die Frühförderung die Anpassung einer Hörprothese, die hörakustische Behandlung und die Qualifizierung der Eltern zur Hör-Spracherziehung des Kindes in der Familie. Bedeutsam sind die Fördermaßnahmen in den ersten Lebensjahren, da sich in diesem Zeitraum die verschiedenen Sinnessysteme entwickeln und das Gehirn besonders form- und entwickelbar ist. Untersuchungen weisen darauf hin, dass in den beiden ersten Lebensjahren im Gehirn die neurologischen Voraussetzungen entwickelt werden, damit die Sprache akustisch wahrgenommen und verarbeitet werden kann. Erfolgt die Versorgung des Kindes mit einem Hörgerät bereits im ersten Lebensjahr, verbessert sich die Qualität der Sprechstimme nachhaltig.

Hörgeschädigte Säuglinge produzieren ebenso wie hörende Kinder innerhalb der ersten Lebensmonate eine Vielzahl unterschiedlicher Laute. Die fehlende Wahrnehmung der selbst gesprochenen Laute führt bei diesen Kindern jedoch zu einer Verstummung. Um der Verstummung entgegenzuwirken, sollte das Kind so früh wie möglich eine Hörprothese bekommen. Die Lautproduktion des Kindes sollte verstärkt werden, auch um der frühen Entwicklung einer Gebärdensprache beim Kleinkind vorzubeugen. Ein vorzeitiger Einsatz der Gebärdensprache verstärkt allerdings die Verstummung des Kindes.

Förderprogramme

Zur Frühförderung hörgeschädigter Kinder gibt es zahlreiche Programme (vgl. Löwe, 1992[3]). Der **ganzheitliche Ansatz** geht auf Schmid-Giovannini (1988[2], 1996) zurück, die sich vehement gegen den Gebrauch von Gebärden ausspricht („Die Gebärde ist der Tod der Lautsprache"). Sie legt zunächst besonderen Wert auf das Ansehen und Abtasten, wobei die Kinder den Sprechenden ansehen und die Hand auf dessen Kehlkopf legen. Bei diesem Vorgehen kommt es jedoch zu einer „Verstümmelung" bei der Wahrnehmung und beim Nachsprechen, da nur bestimmte Wörter deutlich erkenn- und unterscheidbar sind. Sie ergänzt deshalb ihr Vorgehen durch andere Verfahren, um dem Kind den Erwerb einer normalen Sprache zu ermöglichen.

Die **interaktionale Hör-Spracherziehung** entwickelte Clark (2009). Sie nutzt die durch Hörgeräte optimierten Hörreste zur hörgerichteten Erziehung und zur Entwicklung eines Lautbewusstseins. Ziel ist nicht nur der Spracherwerb, sondern auch eine Entwicklung von Hörpotenzialen, mit denen die Vielfalt der akustischen Reize aus der Umwelt erfahren werden kann.

Die **unisensorische Hörerziehung** bereitet das hörgeschädigte Kind gezielt auf die aktive Teilnahme am Leben der hörenden und sprechenden Mitmenschen vor. Dieses Vorgehen kennzeichnet die auditiv-verbale Therapie, bei der schwerhörige Kinder lernen zu hören, gehörlose Kinder zu sprechen und die Eltern, wie sie ihr hörgeschädigtes Kind im Alltag unterstützen können. Folgende Stufen der Hörerziehung sind zu unterscheiden (vgl. Löwe, 1992[3]):

- Schallereignisse bewusst machen
- Schallereignisse lokalisieren
- Entfernungshören entwickeln
- Unterscheidungsfähigkeit aufbauen
- mit der Stimme spielen
- Hörschema entwickeln
- auditive Reize rückkoppeln
- Funktionswörter erlernen
- symbolische Sprache aufbauen
- Hörgedächtnis entwickeln

Auch das Vorgehen von Estabrooks (1998) orientiert sich an den Entwicklungsstufen des hörenden Kindes.

Hörerziehung und -training

Die Therapie hörgeschädigter Kinder umfasst die **Hörerziehung**, die dem Sprachaufbau dient, und das **Hörtraining**, das auf der vorhandenen Sprache aufbaut.

Die Hörerziehung setzt bei der differenzierten Hörwahrnehmung an. Das hörbeeinträchtigte Kind soll lernen, die eigene Sprech- und Ausdrucksweise selbst zu kontrollieren und zu regulieren. Das Hören kann wie folgt abgestuft werden:

Empfindung	Der akustische Reiz wird wahrgenommen.
Differenzierung	Einzelheiten des akustischen Reizes werden unterschieden.
Identifikation	Akustische Reize wie Worte werden wiedererkannt und können wiederholt werden.
Verständnis	Sprachliche Informationen werden inhaltlich verstanden.

Der Aufbau der **Sprechfertigkeit** soll dem hörgeschädigten Kind ermöglichen, selbstständig und verständlich zu sprechen, sodass es in einer normalen sozialen Situation mit einem hörenden Gesprächspartner kommunizieren kann. Die Verständlichkeit des Gesprochenen ist von der Atmung, der Stimm- und Lautbildung, der Klangfarbe, der Lautstärke und dem Sprechtempo abhängig. Bei einem hörbeeinträchtigten Kind kann aufgrund der eingeschränkten Selbstkontrollmöglichkeiten des Gesprochenen eine gute Sprechfertigkeit nur dann erreicht werden, wenn die Förderung sehr früh einsetzt und durch intensives Üben mit entsprechenden Korrekturen gefestigt wird. Die Kinder lernen im Artikulationsunterricht, lautsprachlich zu kommunizieren, wobei die sprechtechnischen Aspekte wie Atmung, melodisch-rhythmische Akzentuierung, Stimmeinsatz und Stimmlage im Vordergrund stehen. Durch den Einsatz moderner Hörhilfen kann das verständliche Sprechen deutlich verbessert werden.

Ein weiterer Schwerpunkt besteht im Training des Absehens bzw. Lippenlesens (visuelle Lautsprachperzeption). Das hörgeschädigte Kind lernt, die Sprechbewegungen des Redenden zu analysieren. Diese Informationen ergänzen die häufig unzureichenden auditiven Wahrnehmungen, die oft durch Lärm überdeckt werden. Die Stellung der sichtbaren Artikulationsorgane wie Lippen, Unterkiefer und Zungenspitze gibt Hinweise auf die produzierten Laute bzw. Lautgruppen. Da der Vorgang der Lautbildung nur im begrenzten Umfang sichtbar ist, muss die Hörbeeinträchtigte die wahrgenommenen, oft mehrdeutigen Informationen interpretieren und mit anderen Informationen kombinieren, um das Gesehene zu verstehen. Ein vollständiges Sprachverstehen allein durch das Lippenlesen ist auch bei intensivem Üben kaum erreichbar. Damit das Ablesen gelingt, darf der Sprechende nicht zu weit entfernt stehen (max. 4 m), muss dem Lippenlesenden zugewandt sein und sollte mit natürlichem Mundbild in leicht verringertem Tempo sprechen.

Hilfsmittel für Schwerhörige

Zu den manuellen Hilfen gehören die Handzeichensysteme. Am weitesten verbreitet ist das **„internationale Fingeralphabet“**. Jeder Buchstabe wird mit einem Fingerzeichen symbolisiert. Das Fingeralphabet entspricht der **geschriebenen Sprache** und wird auch verwendet, um unbekannte Wörter, Eigennamen oder Fremdwörter zu buchstabieren.

Ein lautsprachbezogenes System geht auf Schulte zurück. Dieses System orientiert sich an der gesprochenen Sprache. Für jeden gesprochenen Laut gibt es ein Handzeichen, eine sogenannte Handgebärde.

Zu den **technischen Hilfsmitteln** gehören die **Hörgeräte**, die individuell angepasst werden. Beim HdO-Gerät (Hinter-dem-Ohr-Gerät) wird die Verbindung zum Ohr über einen kurzen Plastikschlauch hergestellt, der zu einem speziell angefertigten Ohrpassstück führt. Der technische Fortschritt, der es erlaubt, Bauteile kleiner anzufertigen, ermöglicht die Entwicklung von Im-Ohr-Geräten (IdO-Gerät). Alle technischen Bauteile, die im HdO-Gerät hinter der Ohrmuschel platziert waren, sind nun im Ohrpassstück integriert. Die Im-Ohr-Geräte vermitteln einen natürlicheren Höreindruck als die HdO-Geräte. Zudem wird das Richtungshören verbessert.

Im Unterricht werden **Höranlagen** eingesetzt. Die Lehrkraft spricht in ein Mikrofon, das mit einer Verstärkeranlage verbunden ist. Die Schüler kommunizieren ebenfalls über Mikrofone und über einen Audioausgang, der an die Hörgeräte der Schüler gekoppelt die akustischen Impulse optimal überträgt.

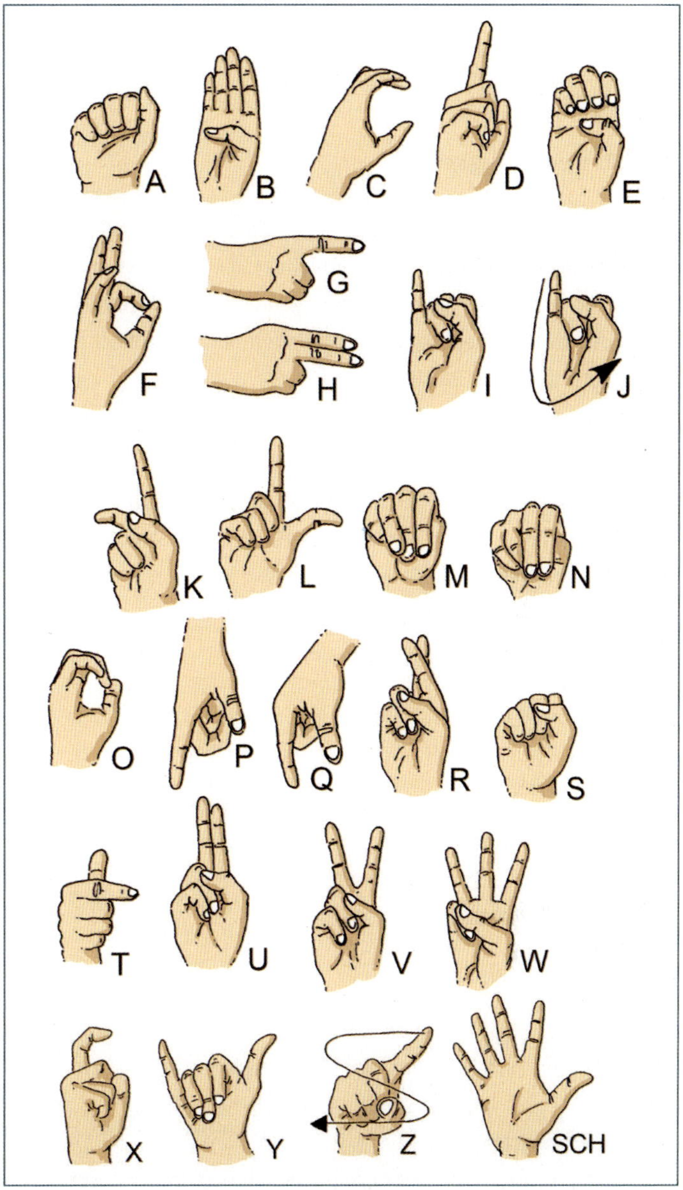

Fingeralphabet

Förderung im schulischen Bereich

Die Schule mit dem Förderschwerpunkt Hören nimmt Schüler auf, die wegen ihrer Hörschädigung im Unterricht der allgemeinbildenden Schulen nicht ausreichend gefördert werden können. Sie brauchen besondere sprachpädagogische Maßnahmen und können mit technischen Hörhilfen die Lautsprache erlernen. Die Förderschule geht auf die besondere Problematik, die sich vor allem in der geistig-sprachlichen Entwicklung zeigt, ein. Die Klassenstärke liegt bei ca. zwölf Schülern, die in Halbkreisform sitzen. So kann jeder Schüler den anderen und die Lehrkraft ansehen und von den Lippen lesen. Die Räume sind mit Hörhilfen wie Hör-Sprech-Anlagen ausgestattet und verfügen über eine gute Raumakustik. Schwerhörige Kinder mit Lernbehinderung werden in gesonderten Klassen unterrichtet.

Im Hinblick auf eine spätere Berufsausbildung ist es wichtig, die Schülerinnen auf die Eingliederung in das Berufsleben in einer hörenden Arbeitswelt vorzubereiten. An einigen Förderschulen sind Berufsschulsonderklassen eingerichtet, in denen der theoretische Unterricht auf die Hörschädigung abgestimmt ist. Außerdem bestehen bundesweit zentrale Berufsschulen bzw. Berufsbildungswerke für hörgeschädigte Menschen.

4.2.2.2 Gehörlosigkeit

DEFINITION

Als gehörlos werden Menschen bezeichnet, die infolge einer starken Schädigung des Gehörs selbst mit Hilfen keine oder nur eine sehr geringe auditive Wahrnehmung haben. Das Sprachverstehen und die Kontrolle des eigenen Sprechens gelingen nur mit optischer und kinästhetischer Unterstützung. Der Hörverlust liegt über 90 dB.

Erscheinungsbild

Die Gehörlosigkeit zählt zu den nicht sichtbaren Behinderungen, die dennoch die zwischenmenschliche Kommunikation massiv beeinträchtigen. Der Hörende schätzt die Auswirkungen der Hörbeeinträchtigung häufig falsch ein. Kobi kennzeichnet den Zustand wie folgt:

> „Der objektiv Gehörlose macht uns subjektiv taub, weil wir mit ihm in eine schalllose Welt versetzt werden."
>
> *(Quelle: Kobi, 2004[6], S. 35)*

Entscheidend ist, wann die Taubheit aufgetreten ist. Besteht die Taubheit bereits von Geburt an, treten erhebliche Probleme beim Erwerb der Sprache, des Denkens und der Kommunikation auf. Tritt die Gehörlosigkeit erst nach dem Spracherwerb ein, richtet sich die Hilfe auf den Erhalt des nicht mehr selbst kontrollierbaren Sprechens und der Vermeidung sozialer Isolation.

Häufigkeit

0,046 % der schulpflichtigen Kinder sind gehörlos, die Gehörlosigkeit betrifft etwa 1 % aller Kinder mit Behinderung. Weitere 0,16 % werden als hochgradig schwerhörig bzw. taub eingestuft.

Erklärungsansätze

Die Ursachen entsprechen weitgehend den im Kap. 4.2.2.1 beschriebenen vererbten und exogenen Faktoren. Die Gehörlosigkeit beruht nicht nur auf erblichen Ursachen. Häufig wirken sich weitere organische Beeinträchtigungen (z. B. Erkrankungen, Unfälle) auf die Gehörlosigkeit aus.

Hilfen

Die folgenden Aussagen ergänzen die im vorangegangenen Kapitel zur Schwerhörigkeit dargestellten Hilfsmöglichkeiten, die auch von Menschen mit Gehörlosigkeit genutzt werden.

Hörgerätetechnologie

Eine Möglichkeit, bei hochgradiger Schwerhörigkeit und Gehörlosigkeit eine auditive Sprachwahrnehmung zu erreichen, stellt das **Cochlea-Implantat** (CI) dar. Die Cochlea (Schnecke) ist ein spiralförmig gewundener Knochenraum im Innenohr, der die Sinnesrezeptoren für das Gehör enthält. Das CI ist nach Calcagnini Stillhard (1994) dann angebracht, wenn eine beidseitige Taubheit bzw. eine durch Hörgeräte nicht mehr nutzbare Resthörigkeit vorliegt bzw. die Cochlea-Hohlräume verknöchert sind und der Entwicklungsstand des Kindes unauffällig ist.

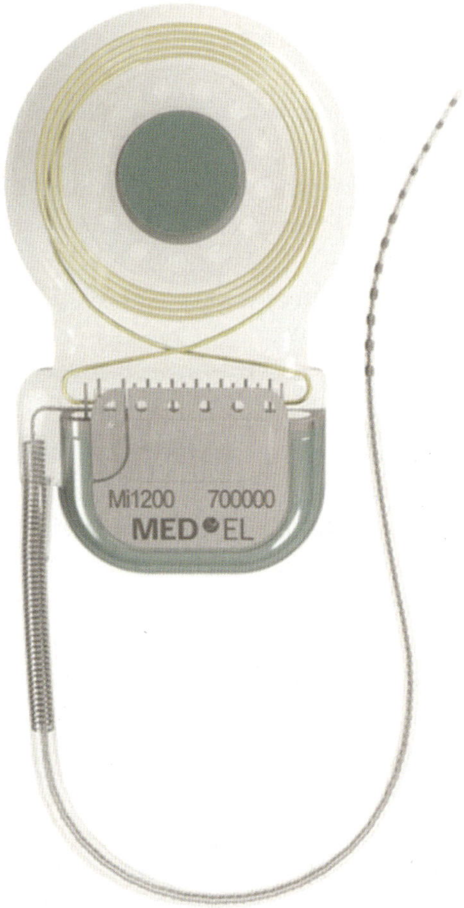

Cochlea-Implantat (CI)

Die Hörprothese ersetzt die gestörte Funktion der Haarzellen in der Schnecke (Cochlea). Mithilfe des CI werden physikalische Schallwellen in elektronervöse Impulse umgewandelt, die an das Gehirn weitergeleitet werden. Es ermöglicht den Gehörlosen zum ersten Mal bzw. wieder eine auditive Wahrnehmung. Die Wirksamkeit des CI und damit die Möglichkeit zur lautsprachlichen Wahrnehmung ist sehr unterschiedlich. Am aussichtsreichsten scheint die Wirkung nach einem intensiven Hörtraining bei Jugendlichen und Erwachsenen, die erst spät taub wurden. Untersuchungen (vgl. Günther, 2000) zeigen, dass ca. 20 % der Kinder mit einem Cochlea-Implantat nach einer mehrjährigen Trainingsphase gute bis sehr gute Leistungen bei der Spracherkennung erbrachten. Bei einem Drittel der Kinder konnten keine nennenswerten Fortschritte verzeichnet werden. Die besten Erfolge gab es, wenn die Kinder das CI bis zum vierten Lebensjahr erhielten. Bei von Geburt an gehörlosen Jugendlichen war das Cochlea-Implantat nur in Ausnahmen erfolgreich.

Gebärdensprache

Ruoß bezeichnete bereits 1994 die Auseinandersetzung um eine lautsprachliche oder gebärdenorientierte Richtung in der Hörbehindertenpädagogik als einen fruchtlosen Gebärdenstreit. Die Gebärdensprache ist für Ruoß die natürliche Sprache der gehörlosen Menschen, denn sie ermöglicht ihnen eine umfassende Kommunikation. Der Einsatz der Gebärden stellt keinen Notbehelf für die fehlende sprachliche Kommunikation dar, sondern beinhaltet ein umfassendes eigenständiges System, das Günther (vgl. 2000, S. 117 f.) wie folgt beschreibt:

- Die Gebärdensprache erfüllt alle Kriterien der Definition von Sprache hinsichtlich eindeutig definierbarer Zeichen, die sich aus der Kombination von Handform, Handstellung, Ausführungsstelle und Bewegung zusammensetzt. Die Gebärden werden nach bestimmten grammatikalischen Regeln gebildet.
- Die Gebärden werden, wie auch die Sprache, in der linken Hirnhälfte verarbeitet.
- Die Entwicklung der Gebärdensprache weist deutliche Parallelen zum normalen Spracherwerb (Ausformung der Gebärden, Aufbau der Grammatik) auf.
- Die Gebärdensprache lässt sich problemlos in die Lautsprache übertragen.

Dennoch ist es in einem von hörenden Menschen dominierten Umfeld erforderlich, dass neben der Gebärdensprache die Schriftsprache des jeweiligen Landes erlernt wird.

Inwieweit eine Vermittlung der Gebärdensprache in den Schulen erfolgen sollte, ist umstritten. Einige geben zu bedenken, dass durch die Gebärdensprache ein Getto aufgebaut und dadurch die Kommunikation mit der hörenden Umwelt erschwert wird. Zudem drängt der Einsatz der Gebärden den Sprachgebrauch zurück. Das Hamburger Zentrum für Gebärdensprache und Kommunikation Gehörloser entwickelte eine standardisierte deutsche Gebärdensprache, die als Muttersprache der Gehörlosen im Unterricht verwendet werden soll. Einige Gehörlosenpädagogen und Gehörlosenpädagoginnen wenden sich vehement aus den bereits genannten Gründen gegen diese Forderung. Neben der Deutschen Gebärdensprache (DGS) gibt es ein System lautsprachlich begleitender Gebärden (LBG), das die lautsprachliche Kommunikation unterstützt. Ein Problem besteht in der unterschiedlichen Geschwindigkeit der Lautsprache und Gebärden, sodass es kaum gelingt, die Gebärdensprache lautsprachbegleitend anzuwenden.

Frühförderung

Die Frühförderung orientiert sich häufig an der hörgerichteten Spracherziehung nach Diller (1988, 1991). Er baut sein Vorgehen auf physiologischen Hörresten auf, die bei nahezu allen gehörlosen Menschen nachweisbar sind. Mithilfe von Hörgeräten werden die Hörreste verstärkt. Um die sensiblen Phasen der Gehirn- und Hörnerventwicklung zu nutzen, ist eine Förderung im ersten Lebensjahr von entscheidender Bedeutung. Das gehörlose Kind soll lernen, auf akustische Reize seiner Umwelt zu achten. Die Eltern werden aufgefordert, gezielt und vermehrt mit dem Kind zu sprechen, um so die Aufmerksamkeit auf das Sprechen und Hören zu lenken.

Förderung im schulischen Bereich

In der Schule mit dem Förderschwerpunkt Hören werden Kinder und Jugendliche unterrichtet, die nur über geringe oder keine verwertbaren Hörreste verfügen, sodass die Lautsprache allein mit technischen Hörhilfen erlernbar ist. Die Schüler benötigen ständige, besonders starke sonderpädagogische Hilfen, da die Lautsprache trotz der Hörhilfen nur bruchstückhaft wahrgenommen werden kann. In einigen Schulen für Gehörlose wird die Deutsche Gebärdensprache (DGS) in den Unterricht miteinbezogen bzw. als Wahlfach angeboten.

AUFGABEN

1. Erläutern Sie die Auswirkungen einer Hörbeeinträchtigung auf die Entwicklung des Kindes. Begründen Sie Ihre Aussagen.

2. Die Verwendung der Gebärdensprache ist umstritten. Prüfen Sie die positiven und negativen Wirkungen des Einsatzes von Gebärden.

3. Kennzeichnen Sie die Bedeutung des Zeitpunktes einer Ertaubung für die Fördermaßnahmen.

4. Vergleichen Sie die Schwerhörigkeit und die Gehörlosigkeit im Hinblick auf das Erscheinungsbild und die Hilfen.

4.3 Kognitive Beeinträchtigungen

4.3.1 Lernbehinderung

In Deutschland wird in Fachkreisen kontrovers diskutiert, inwieweit die Lernbehinderung eine eigenständige Behinderungsform darstellt. Wie Heimlich (2016^2) herausstellt, sind in anderen europäischen Ländern weder der Begriff „Lernbehinderung" noch eine entsprechende Schulform zu finden. Um Anschluss an die internationale Entwicklung zu halten, schlägt er vor, die Bezeichnung „Pädagogik der Lernschwierigkeiten" zu verwenden, um deutlich herauszustellen, dass Lernschwierigkeiten nicht die Beschulung in Regelschulen betreffen, sondern auch außerhalb der Schule in unterschiedlichen Lebenssituationen auftreten können. Im Folgenden wird genauer auf diese Problematik eingegangen.

Begriffsbestimmung

DEFINITION

Eine **Lernbehinderung** ist dann gegeben, wenn der Schüler in seinem Lernen schwerwiegend, umfänglich und dauerhaft so stark beeinträchtigt ist, dass er aufgrund seiner Leistungs- und Verhaltensformen auch mit zusätzlichen Lernhilfen in der Regelschule nicht ausreichend gefördert werden kann und der Unterricht an der Schule mit dem Förderschwerpunkt Lernen erforderlich ist.

Diese Definition enthält drei Aspekte:

1. Es liegt eine starke, umfängliche und dauerhafte Lernbeeinträchtigung vor, die sich in einem deutlichen Intelligenzrückstand zeigt. Der Intelligenzquotient (IQ) liegt bei Personen mit einer Lernbehinderung zwischen 75 und 55.

2. Die vorliegenden Lernbeeinträchtigungen führen zu geringeren schulischen Leistungen, sprachlichen Einschränkungen, reduzierter Leistungsmotivation und Erschwernissen in der sozialen Entwicklung.
3. Um dem Schüler mit seinem Leistungspotenzial gerecht zu werden, reichen Förder- und Stützmaßnahmen in der Regelschule nicht aus und eine Umschulung in die Schule mit dem Förderschwerpunkt Lernen ist unumgänglich.

Problematik der Definition

Die Begriffsbestimmung geht davon aus, dass ein Schüler dann lernbehindert ist, wenn er in der allgemeinbildenden Schule versagt. Dieser Ansatz hält objektiven Überprüfungen und präzisen Bestimmungen der Grenzen der Lernbehinderung in keinster Weise stand. Die in Deutschland vorgenommene Ableitung der Lernbehinderung entspricht vor allem einem rechtlich-verwaltungsbezogenen Denken: Lernbehindert ist, wer in der Regelschule versagt. In den verschiedenen internationalen Klassifikationssystemen von psychischen Beeinträchtigungen ist der Begriff der Lernbehinderung nicht zu finden.

Die Bestimmung der Lernbehinderung über den Intelligenzquotienten führt zwar zu klaren Grenzen, ist aber ebenfalls mit zahlreichen Unsicherheiten versehen. Die Intelligenztestverfahren erfüllen die Gütekriterien, die an Testverfahren gestellt werden, wie Objektivität, Validität (Gültigkeit) und Reliabilität (Genauigkeit und Zuverlässigkeit) in der Regel mit geringen Einschränkungen, was zu einem geringen Messfehler führt, d. h., der „wahre" Intelligenzwert des Überprüften liegt in einem festgelegten Toleranzbereich. Die verschiedenen Intelligenztestverfahren erfassen die Leistungsfähigkeit auf unterschiedliche Weise, zum Beispiel sprachfreie/sprachgebundene Aufgaben, sodass sich bei den verschiedenen Intelligenztestverfahren unterschiedliche Intelligenztestwerte für eine Person ergeben. Die präzise und objektive Bestimmung der Lernbehinderung, vor allem im Grenzbereich, ist durch die Testverfahren nicht möglich.

Weiterhin ist es problematisch, von der Intelligenztestleistung als alleiniger Ursache des Schulversagens zu sprechen. Untersuchungen belegen, dass die Schulleistung im Wesentlichen von Einflüssen bestimmt wird, die nicht von der Intelligenz abhängen.

Die Lernbehinderung muss begrifflich von der **Lernstörung** (Synonyme: Schulleistungsschwäche, Lernschwäche, Lernschwierigkeiten, Schulversagen) abgegrenzt werden. Personen, die eine Lernstörung aufweisen, besuchen weiterhin eine allgemeinbildende Schule. Sie weisen vorübergehende oder weniger schwere Beeinträchtigungen in ihrer Lernfähigkeit auf, die sich beispielsweise isoliert auf bestimmte Leistungsbereiche als Teilleistungsstörungen wie Rechenschwäche oder Fremdsprachenschwäche auswirken können. Eine Lernstörung lässt sich wie folgt von der Lernbehinderung abgrenzen:

Lernbeeinträchtigung		
Ausprägungsgrade	**Lernstörungen**	**Lernbehinderungen**
Umfang	nur ein Schulfach	mehr als ein Schulfach
Schweregrad	normaler IQ	IQ kleiner als 85
Dauer	nur ein Schuljahr	mehr als ein Schuljahr

Lernstörungen → **allgemeinbildende Schulen**

Lernbehinderungen → **Schule mit Förderschwerpunkt Lernen**

Anstelle des Begriffs Lernbehinderung bzw. Lernstörung wird verstärkt der Begriff **Lernschwierigkeiten** gesetzt. Lernschwierigkeiten werden als Probleme bei der Auseinandersetzung mit Lernanforderungen aller Art verstanden, die sich z. B. in geringen Schulleistungen beim Lesen, Schreiben oder beim Rechnen zeigen (siehe Kap. 4.6.5). Darunter fallen auch langsame oder schwache Lerner (vgl. Gold, 2011). Heimlich ersetzt das traditionelle Verständnis mit der folgenden Klassifikation der Lernschwierigkeiten, in dem der Schweregrad einer Lernschwierigkeit über den Förderbedarf definiert wird.

Lernschwierigkeiten		
Umfang	**Schweregrad**	
	durch individuelle Förderung bewältigbar ↔	**sonderpädagogische Förderung erforderlich**
nur ein Lern- bzw. Entwicklungsbereich	Lernlücken bzw. individueller Lernrückstand in einem Unterrichtsfach ↕	Lese-Rechtschreibschwäche, Rechenschwäche, Hyperaktivität, andere isolierte Lernprobleme ↕
mehrere Lern- bzw. Entwicklungsbereiche	Lernlücken bzw. individuelle Lernrückstände in einem Unterrichtsfach	Lernbehinderungen bzw. generalisierte Lernprobleme

Dauer

durch individuelle Förderung bewältigbar → **inklusive Förderung in Regelschulen**

sonderpädagogische Förderung erforderlich → **pluralistisches sonderpädagogisches Fördersystem**

mobile sonderpädagogische Förderung (pluralistisches sonderpädagogisches Fördersystem → inklusive Förderung in Regelschulen)

(Quelle: Heimlich, 2016², S. 32)

Dieses Modell berücksichtigt die Möglichkeiten einer individuellen Förderung an allgemeinbildenden Schulen im Hinblick auf eine inklusive Beschulung. Die mobile sonderpädagogische Förderung beinhaltet eine sonderpädagogische Förderung in Kooperation mit einer inklusiven Schule. Das in der Abbildung aufgenommene Element Dauer weist darauf hin, dass Lernschwierigkeiten sich individuell verändern können, d. h., es gibt sowohl vorübergehende als auch dauerhafte Lernschwierigkeiten, für die ein sonderpädagogischer Förderbedarf besteht.

Erscheinungsbild

Der Kreis der Menschen mit Lernschwierigkeiten ist sehr heterogen. Eine umfassende Beschreibung des Erscheinungsbilds von Schülerinnen mit Lernschwierigkeiten gibt Kanter (vgl. 1995[15], S. 106):

- **Lernen:** Im Vergleich zum nicht beeinträchtigten Schüler sind die Lernprozesse beim Kind mit Lernschwierigkeiten verlangsamt. Der Umfang an Lernstoff, der bewältigt werden kann, ist deutlich reduziert und die Lernprozesse laufen auf einer einfacheren Ebene ab.
- **Konzentration:** Die Konzentration ist vor allem bei komplexen, für den lernbeeinträchtigten Schüler schwierigen Anforderungen vermindert. Die Konzentrationsleistung unterliegt deutlichen Schwankungen.
- **Intelligenz:** Die Gedächtnisleistungen sind gegenüber den Schülerinnen ohne Lernschwierigkeiten sowohl im Kurz- als auch im Langzeitgedächtnis geringfügig schlechter. Abstraktionen, Transferleistungen und die Begriffsbildung gelingen weniger gut. Der Ablauf der Denkprozesse ist verlangsamt und die Denkvollzüge sind in ihrer Beweglichkeit eingeschränkt.
- **Wahrnehmung:** Die Wahrnehmungsleistungen sind im Hinblick auf Differenziertheit und Genauigkeit vermindert.
- **Sprache:** Die Sprachleistungen des Kindes mit Lernschwierigkeiten liegen deutlich unter dem Leistungsstand des Kindes ohne Behinderung. Neben einer allgemeinen Sprachentwicklungsverzögerung sind Mängel in der differenzierten Lautbildung, im Wortschatz und in der Grammatik zu beobachten. Oft kommt es zu Sprachfehlern. Auffällig stark ist die Verwendung des Dialekts, was zu weiteren Sprachbarrieren in der Schule führen kann.
- **Motorik:** Im Bereich der Motorik zeigen sich Entwicklungsverzögerungen, die in Problemen bei der Koordination von Handlungsabläufen, in der Reaktionsgeschwindigkeit, in der Genauigkeit bzw. Präzision von Handlungen und im Krafteinsatz deutlich werden.
- **Sozialverhalten:** Das lernbeeinträchtigte Kind ist sozial weniger reif als nicht beeinträchtigte Kinder. Soziale Situationen werden im geringen Umfang analysiert und Konflikte können nur begrenzt bewältigt werden. Die Übernahme von sozialen Rollen fällt dem Kind mit Lernbehinderung schwer. Es bestehen Probleme, die angemessene soziale Distanz zum Sozialpartner einzuhalten. Die Kooperationsbereitschaft und -fähigkeit sind weniger gut entwickelt.
- **Selbststeuerung:** Die Selbstkontrolle und die eigenverantwortliche Selbststeuerung gelingen weniger gut. Das Kind mit Lernbehinderung wird stärker und unmittelbarer von seinen Bedürfnissen beeinflusst. Es lässt sich eher passiv treiben und gestaltet sein Leben nicht zielstrebig genug. Dadurch ist es für seine Umgebung leicht zu beeinflussen und übernimmt unkritisch das Verhalten anderer.

- **Selbstwahrnehmung:** Der Wechsel in eine Förderschule führt zu einer Stigmatisierung, die sich bis in das Erwachsenenalter fortsetzt.

In Anlehnung an Thimm und Funke (1980) soll der biografische Verlauf einer Stigmatisierung gekennzeichnet werden:

Folgen der Stigmatisierung		Institutionelle Identifizierung
	Grundschule	
Leistungsversager, Verhaltensgestörter, Intelligenzverminderter	↓	Schulunreife, schlechte Noten, Sitzenbleiben, Intelligenztest, Überweisung
	Schule mit dem Förderschwerpunkt Lernen	
stigmatisiert für andere Schüler (z. B. dumm, faul, unangepasst)	↓	öffentliches Ansehen der Förderschule (z. B. Lage, baulicher Zustand der Schule)
	Berufseinmündung	
niedriges Berufsniveau, Rollenverlust, beschädigte Identität	↓	Abschlusszeugnis der Schule mit dem Schwerpunkt Lernen, Jungarbeiter, Hilfsarbeiter, Randgruppen (z. B. Obdachlose, Nichtsesshafte), kriminelle Rollen
	Erwachsenenalter	

Dieser Stigmatisierungseffekt beeinflusst das Selbstkonzept des Kindes mit Lernbehinderung. Das Selbstkonzept bezieht sich auf die subjektive Bewertung der eigenen Person in Bezug auf Aussehen, Attraktivität, Leistungsfähigkeit oder Begabungen. Vergleiche mit erfolgreichen Schülern sowie Misserfolgs- und Stigmatisierungserfahrungen führen zu einer negativen Bewertung der eigenen Fähigkeiten; es entwickeln sich Minderwertigkeitsgefühle und das Vertrauen in die eigene Leistungsfähigkeit geht verloren. Die aufgeführten Defizite stellen eine unvollständige Sammlung von Auffälligkeiten dar, die bei vielen Personen mit Lernbehinderung vorhanden sind. Trainingsmaßnahmen können dazu führen, dass sich Mängel deutlich reduzieren.

Erfassung

Die Aufnahme eines förderschulbedürftigen Kindes in die Schule mit dem Förderschwerpunkt Lernen wird nach folgendem Grundschema vorgenommen.

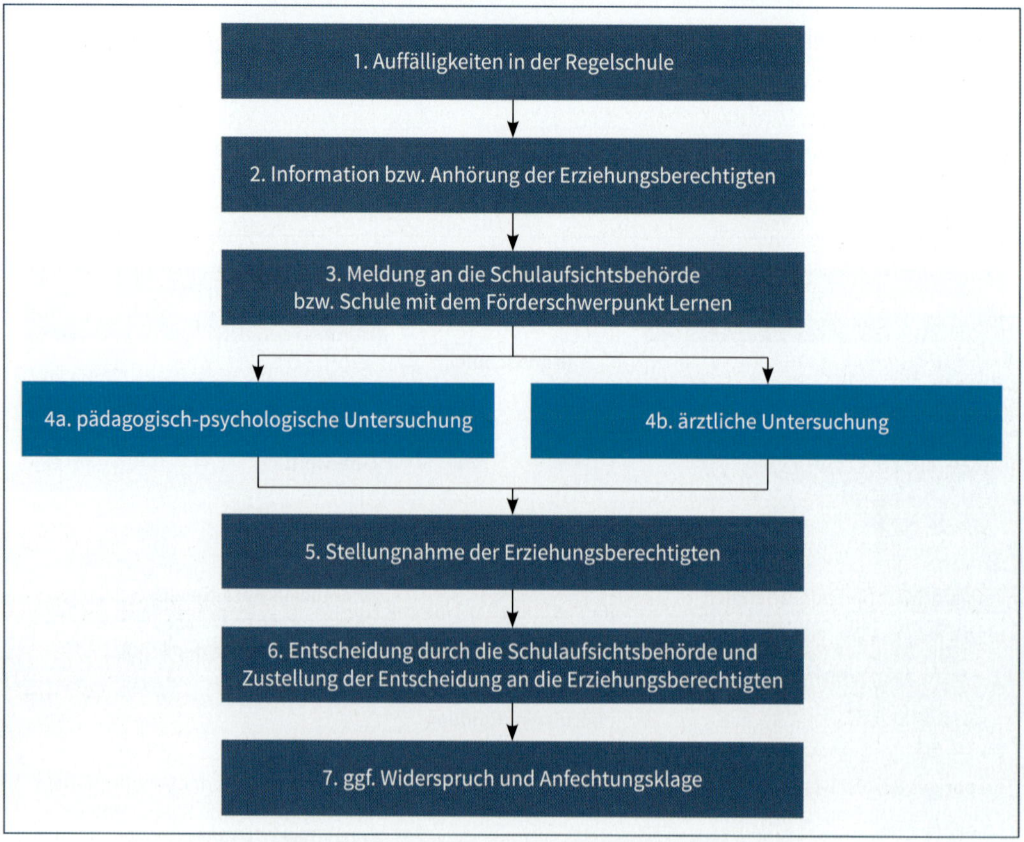

Es wird davon ausgegangen, dass eine Schülerin dann auffällig ist, wenn ihr Leistungsrückstand mehr als ein Jahr beträgt. Dieses Vorgehen widerspricht der Intention einer möglichst frühen Erfassung und Förderung der betroffenen Kinder. In den Bundesländern fehlen objektive Kriterien, die ein frühzeitiges und praktikables Vorgehen bei der Erfassung der Lernbehinderung ermöglichen. Bei der pädagogisch-psychologischen Untersuchung, die in den Bundesländern von Schulpsychologen sowie von Lehrkräften der Sonder- und Grundschule durchgeführt wird, werden differenzierte Beobachtungsverfahren und Intelligenz- bzw. Leistungstestverfahren angewendet. Die Funktionstüchtigkeit der Sinnesorgane, die körperliche Entwicklung und den allgemeinen Gesundheitszustand bewertet die Ärztin. Am gesamten Aufnahmeverfahren müssen die Erziehungsberechtigten beteiligt werden, die beim Erkennen der Förderschulbedürftigkeit und vor der Entscheidung der Sonderschuleinweisung gehört werden.

Bei der Diagnostik kann zwischen einer testbezogenen quantitativen Überprüfung und einer förderbezogenen qualitativen Erfassung unterschieden werden. Heimlich (2016^2) spricht sich gegen eine quantitative, auf Intelligenztestverfahren beruhende Erfassung aus, da sie vorwiegend defizitorientiert ist und die Lernbeeinträchtigung als stabiles Persönlichkeitsmerkmal kennzeichnet. Die Testdiagnostik dient dabei lediglich als objektiv begründbare Entscheidung für die Überweisung in die Schule mit dem Förderschwerpunkt Lernen.

Die Förderdiagnostik dagegen legt den Schwerpunkt auf die vorhandenen Entwicklungsmöglichkeiten und ist kompetenzorientiert. Der IQ variiert während des Entwicklungsverlaufs abhängig von den individuellen Fördereinflüssen, denen das Kind ausgesetzt ist. Daraus ergeben sich die Berechtigung und die Notwendigkeit einer möglichst früh ansetzenden Förderung des Kindes.

Das sonderpädagogische Fördergutachten fasst die förderdiagnostischen Ergebnisse zusammen und leitet aus den Befunden Förderempfehlungen ab. Nach Heimlich umfasst das Fördergutachten folgende Bereiche:

Bestandteile des Fördergutachtens	Leitkriterien
1. Untersuchungsanlass	▪ Veranlassung ▪ Problemstellung ▪ Ergebnisse aus Vorgesprächen
2. Vorgeschichte (Anamnese)	▪ Entwicklung des Kindes seit der Geburt ▪ Bildungsweg des Kindes ▪ bisherige Förder- und Therapiemaßnahmen ▪ vorliegende diagnostische Befunde ▪ Beschreibung der Lernschwierigkeiten durch Eltern und pädagogische Fachkräfte
3. Untersuchungsplanung	▪ Beschreibung der Untersuchungshypothesen ▪ Auswahl der Diagnoseverfahren ▪ zeitliche und räumliche Bedingungen
4. Untersuchungsdurchführung	▪ Störungen im Untersuchungsverlauf ▪ Einsatz der Untersuchungsverfahren
5. Untersuchungsergebnisse	▪ beschreibende Ergebnisdarstellung ▪ Zuordnung zu den einzelnen Verhaltens- und Entwicklungsbereichen
6. Interpretation	▪ Rückbezug auf Problemstellung und Hypothesen ▪ Einbeziehung lern- und entwicklungspsychologischer sowie fachdidaktischer Modelle
7. sonderpädagogischer Förderbedarf	▪ Entwicklung von Förderhypothesen ▪ erste Hinweise auf einen sonderpädagogischen Förderbedarf ▪ mögliche Fördermaßnahmen ▪ mögliche Fördermaterialien
8. Förderort	▪ Ressourcen für die Förderung ▪ Prüfung integrativer Fördermöglichkeiten in der allgemeinbildenden Schule ▪ Überblick über weitere mögliche Förderorte

(Quelle: Heimlich, 2016[2], S. 139)

Häufigkeit

Bereits die Bildungskommission des deutschen Bildungsrats unterschied 1973 drei Abstufungen der Lernbeeinträchtigungen und erwartete auf der Grundlage der Intelligenzverteilung bei Schulpflichtigen im Alter zwischen sechs und 13 Jahren folgende Häufigkeiten:

1. 2,5 % der Schüler sind **lernbehindert**. Die Vergleichsstatistik des statistischen Bundesamts für das Jahr 2016 weist einen Wert von 2,6 % aus.
2. 3 %–4 % der Schüler sind aufgrund ihrer Lernschwächen und Lernstörungen **von einer Lernbehinderung** bedroht.
3. Circa 10 % der Schüler weisen **zeitlich begrenzt Lernschwierigkeiten** auf.

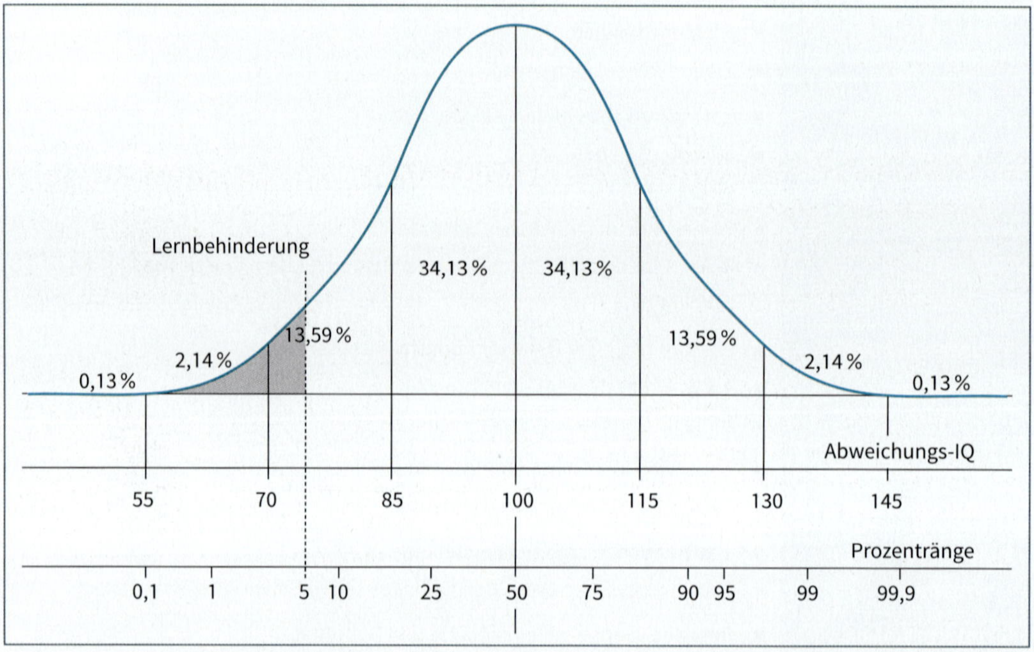

In einigen Bundesländern liegt der Anteil der Schülerinnen in der Schule mit dem Förderschwerpunkt Lernen unter 2 %. Das weist darauf hin, dass durch schulische Maßnahmen wie kleine Klassen oder gezielte Förderung auch lernschwache Schüler in den Regelschulen bestehen können.

Ausgehend von der Normalverteilung der Intelligenz fallen in den definierten IQ-Bereich von IQ 75 bis IQ 55 etwa 4 % der Vergleichsgruppe. Die Bundesstatistik von 2015 belegt, dass bei ca. 6 % der Schulabgänger ein Schulversagen vorliegt, da sie ohne Hauptschulabschluss die allgemeinbildenden Schulen verlassen. Im Durchschnitt wiederholen etwa 2 %–3 % der Schüler eine Schulklasse. (Jungen: 2,8 %; Mädchen: 1,8 %) Eine Lernbehinderung ist bei Jungen häufiger nachzuweisen als bei Mädchen (Verhältnis 2 : 1). Auffallend ist der hohe Anteil an ausländischen Schülern in der Förderschule (ca. 17 %) und beim Verlassen der allgemeinbildenden Schule ohne Hauptschulabschluss (ca. 18 %).

Erklärungsansätze

Die Lernbehinderung zählt zu den komplexen Beeinträchtigungen, die viele Ursachen haben. Ein heterogener Personenkreis mit recht unterschiedlichen Formen der Lernbeeinträchtigung wird mit dem Begriff „lernbehindert“ beschrieben.

Die Lernbehinderung ist – im Gegensatz zu anderen Behinderungsformen – in der Regel das Ergebnis von länger dauernden Prozessen, deren Auswirkungen bereits früh prognostizierbar sind. So kann durch eine rechtzeitige Einflussnahme die Lernbehinderung vermindert bzw. abgeschwächt werden.

Man unterscheidet vier Ursachenkomplexe bei der Entstehung einer Lernbehinderung:

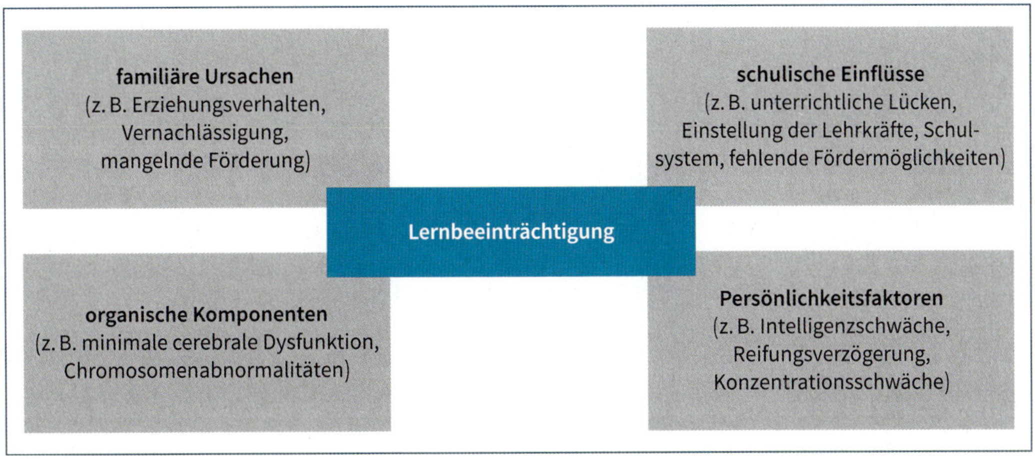

Familiäre Ursachen

Im Verlauf der Sozialisation erwirbt das Kind Verhaltensweisen, die auch die Lernprozesse im Hinblick auf Normvorstellungen, Werthaltungen, Einstellungen oder das Anspruchsniveau beeinflussen. Die meisten Kinder mit Lernbehinderung kommen aus sozial schwachen Schichten, die den Kindern in Bezug auf die späteren schulischen Anforderungen zu wenig Anregungen geben. Oft sind die Eltern mit der Erziehung überfordert und versorgen ihre Kinder nicht ausreichend. Gesundheitliche Mängel, Fehlernährung und erhöhte Krankheitsanfälligkeit führen zu körperlichen und geistigen Entwicklungsbeeinträchtigungen.

Defizite in der primären sozialen Umwelt wirken sich massiv auf die Entwicklung des Kindes aus. Eine mangelhafte Förderung des Kleinkindes („seelische Mangelernährung“) beeinträchtigt auch die Entwicklung der Hirnsubstanz. Geringe Ansprache des Kindes führt zu Entwicklungsverzögerungen in allen Bereichen, z. B. im **motorischen Bereich** (verspätetes Sitzen und Laufen) oder im **sprachlichen Bereich** (verzögertes Einsetzen der Sprachentwicklung mit verschiedenen Sprachstörungen, Verzögerungen der Wortschatzentwicklung). Die Einflüsse des sozialen Milieus führen dazu, dass sich der Leistungsstand der Kinder aus sozial schwachen Schichten gegenüber der Mittelschicht immer weiter auseinanderentwickelt, auch wenn die geistigen Voraussetzungen gleich sind (Schereneffekt).

Das pädagogische Verhältnis zwischen Eltern und Kind ist in vielen Fällen gestört. Die Erziehenden reagieren widersprüchlich auf das Kind, ihr Erziehungsverhalten schwankt zwischen Verwahrlosung bis zu einer alles gut machen wollenden Überbehütung mit übertriebener Verwöhnung. Eine erkennbare Erziehungsrichtung mit dem Einsatz von voraussagbaren Erziehungsmitteln erlebt das Kind nicht. Es wird nicht ausreichend zum spielerischen Lernen und Experimentieren angeregt und erfährt keine Lernverstärkung, die dem Kind signalisiert, was richtig oder falsch ist, und zum weiteren Lernen motiviert.

Das lernbeeinträchtigte Kind hat nur wenige Möglichkeiten, den sozial verträglichen Umgang mit Konflikten einzuüben. Die mangelhaften sozialen Erfahrungen führen im Schulkindalter zu Problemen, die richtige Distanz zum Sozialpartner zu finden. Es kommt zu oberflächlichen Kontakten, die jedoch nicht dauerhaft gehalten werden können. Die Kinder geraten schnell in eine Außenseiterposition, auf die sie depressiv bis aggressiv reagieren. Bei Leistungsanforderungen geben sie zu schnell auf und haben ein geringes Selbstvertrauen in ihre Leistungsfähigkeit.

Schulische Einflüsse

In der Schule fallen die Lerndefizite durch Lücken auf, die im Verlauf des schulischen Lernprozesses immer deutlicher hervortreten. Bereits bei Eintritt in die Schule liegen aufgrund der ungünstigen familiären Bedingungen oft Erfahrungs- und Informationsdefizite vor. In der Regel sind die Lerninhalte hierarchisch aufgebaut, d. h., vorhandene Lernlücken beeinträchtigen die nachfolgenden Lernprozesse, sodass sich die Defizite fortlaufend vergrößern. Der Schüler ist beim Schließen der Lernlücken auf Hilfe angewiesen. Die benötigte Hilfe vermag ihm in der Regel weder das Elternhaus noch die Schule im erforderlichen Umfang zu geben. Die Lerndefizite häufen sich dadurch immer mehr an.

Die Schule orientiert sich in der Vermittlung von Inhalten an einem imaginären normalen, durchschnittlichen Schüler. Schüler, die aufgrund ihrer Defizite oder organischen Beeinträchtigungen andere Formen der Informationsvermittlung brauchen oder andere Lernwege nutzen müssen, kommen in der Regelschule zu kurz.

Organische Komponenten

Da Lernbehinderungen und Lernstörungen in betroffenen Familien verstärkt auftreten, wird eine erblich-genetische Komponente nicht ausgeschlossen. Es wird davon ausgegangen, dass mit zunehmender Schwere der Lernbehinderung die organischen Ursachen an Bedeutung gewinnen, während bei leichten Formen der Lernbehinderung die soziokulturellen Einflüsse im Vordergrund stehen.

- Eine **Lernbehinderung ist genetisch nicht nachweisbar**, d. h., es kann kein genetischer Erbfaktor „Lernbehinderung“ isoliert werden. Das verstärkte Auftreten von Lernbehinderungen in einigen Familien kann ebenso auf ungünstige soziokulturelle Einflüsse zurückgeführt werden.
- Chromosomale Abweichungen wie das Klinefelder-Syndrom oder das Langdon-Downsyndrom vermindern häufig auch das geistige Leistungsvermögen.
- Stoffwechselstörungen (hormonelle Dysfunktionen) können, wenn sie nicht rechtzeitig erkannt und behandelt werden, bei Kindern zu geistigen und körperlichen Schädigungen führen.
- Das vegetative (autonome) Nervensystem steht in einem inneren Gleichgewicht, das sich bedingt durch Entwicklungsprozesse oder durch eine konstitutionelle Veranlagung in Disharmonie befinden kann. Solche Disharmonien führen zu zahlreichen Auffälligkeiten, die sich durch Übelkeit, Schweißausbrüche, blasses Aussehen, gestörten Wach-Schlaf-Rhythmus, mangelnde Konzentration oder schnelle Ermüdung äußern. Die Lernfähigkeit wird stark herabgesetzt; das Kind klagt über Kopfschmerzen, Übelkeit oder Bauchschmerzen und flieht in Tagträume. Auch beim Vorliegen eines zu niedrigen Blutdrucks (Hypotonie) kommt es zu einer Verringerung der Leistungsfähigkeit, die mit Schwindelgefühlen und Übelkeit sowie Antriebsschwächen am Morgen verbunden ist.
- Abweichungen in den organisch gesteuerten Reifungsprozessen wirken sich ebenfalls auf das Leistungsverhalten aus. Besonders eine Entwicklungsverzögerung (Retardierung der Reifung) kann zu körperlichen oder psychischen Verzögerungen führen. Das geistige Leistungsvermögen wird beeinträchtigt.
- Bei schizophrenen Erkrankungen fallen auch die geistigen Leistungen deutlich ab und es kommt zum Leistungsversagen in Fächern, deren Anforderungen bislang mit guten Leistungen bewältigt wurden.

Persönlichkeitsfaktoren

Untersuchungen belegen den Zusammenhang zwischen dem Intelligenzniveau und dem schulischen Leistungsvermögen. Zwar reicht das Intelligenzniveau als alleinige Ursache nicht aus, aber man kann kognitive Defizite als Risikofaktoren bezeichnen, die Schulschwierigkeiten wahrscheinlich machen.

Um ein angemessenes Erklärungsmodell für die Lernbehinderung zu entwickeln, muss der Lernvorgang näher analysiert werden. Das schulische Lernen umfasst verschiedene Handlungsschritte, die vom Schüler erfolgreich bewältigt werden müssen, damit der Lernvorgang erfolgreich abgeschlossen werden kann. Lauth (2000) verdeutlicht dies in folgendem Erklärungsmodell:

Ebene	Kennzeichnung
Planungsebene	„Wie kann ich hier vorgehen?“ Der Lernablauf wird organisiert, indem die Lernaufgabe in kleine leicht überschaubare Abschnitte unterteilt wird. Das Lernproblem muss erkannt und das Lernziel bewusst sein, um einen Lösungsplan entwickeln zu können. Der Lernende aktiviert Regeln und Strategien zur Problembewältigung.

Ebene	Kennzeichnung
Handlungs-steuerungs-ebene	„Was bedeutet dies jetzt eigentlich?“ „Kann das richtig sein?“ Hier erfolgt die Umsetzung des Lösungsplans mit entsprechender Kontrolle der Abläufe. Wichtig sind die Selbstbeobachtung und die Selbstkontrolle. Der Lernende überprüft und überwacht den Lernvorgang im Hinblick auf Unstimmigkeiten, Abweichungen von der Vorgabe und Plausibilität der Teilergebnisse.
Ausführungs-ebene	Auf dieser Ebene erfolgen die Ausführungsschritte, indem etwa Wörter geschrieben oder Zahlen verrechnet werden. Das Verhalten unterliegt der Überprüfung durch die beiden übergeordneten Instanzen (Handlungs- und Planungsebene).

Vergleiche zwischen guten und schlechten Lernern zeigen, dass Schüler mit Lernbeeinträchtigungen

- sich weniger Zeit für die Planungsphase nehmen;
- zu wenig Strategien (z. B. Lernstrategien, Bearbeitungsregeln, Strukturierungstechniken) haben, um Lösungswege zu entwickeln;
- die Aufgabenstellung nicht vollständig erfassen;
- keine überprüfbaren Ziele formulieren, die eine Überwachung des Lernens ermöglichen;
- das vorhandene Wissen nur ansatzweise aktivieren;
- in zu geringem Umfang einen Transfer zu früheren Lerntätigkeiten herstellen (sie lernen isoliert ohne Bezug zu früheren Erfahrungen) sowie
- die Lerntätigkeit zu wenig überwachen (z. B. Klassenarbeitstermine einplanen) und Abweichungen (z. B. bestehende Lerndefizite) zu spät bzw. nicht erkennen.

Fehlendes zielgerichtetes Verhalten äußert sich häufig durch ein Übermaß an ungeeigneten Verhaltensweisen wie Disziplinlosigkeit, motorischer Unruhe, Kasperverhalten, Aggressivität oder hoher Ablenkbarkeit. Daneben treten Vermeidungstendenzen auf, die mit sozialem Rückzug, erhöhter Ängstlichkeit und Resignation verbunden sind. Die Leistungsprobleme in der Schule zeigen sich vor allem in Fächern, in denen die „Kulturtechniken“ Lesen, Schreiben und Rechnen vermittelt werden. Dies weist darauf hin, dass bestimmte Intelligenzbereiche, z. B. Sprachverständnis, Rechengewandtheit und logisches Denken, für das Auftreten einer Lernbehinderung bedeutsam sind. Die größten Defizite sind in den sprachlichen Fähigkeiten zu finden. Diese Sprachmängel wirken sich in der Schule auf den Leistungsstand in fast allen Fächern leistungsmindernd aus.

Es fällt auf, wie Schüler den Erfolg bzw. Misserfolg in der Schule begründen. Die genannten Ursachenzuschreibungen (Kausalattribuierung) zeigen, dass niedrig motivierte Schülerinnen oft auch schwache Schülerinnen sind, die Misserfolge auf mangelnde Begabung zurückführen und Erfolge mit externen Einflüssen (z. B. Aufgabenschwierigkeit, Lehrkraft, Zufall) verbinden. Niedrig motivierte Schüler setzen sich viel zu hohe oder viel zu leichte Ziele, die entweder gar nicht oder ohne großen Aufwand zu erreichen sind. Aus dieser Erfahrung ziehen sie den Schluss, dass Anstrengung sich nicht lohnt. Leistungsschwache Schüler handeln eher impulsiv als reflexiv, d. h., sie entscheiden sich oft ohne ausreichende Prüfung der Vorgaben überwiegend schnell und fehlerhaft. Für diese impulsiven Verhaltensweisen wird neben konstitutionellen Faktoren (Anlagen) vor allem die Erwartung von Misserfolgen verantwortlich gemacht.

Die genannten Ursachenbereiche wirken im Einzelfall in einem komplexen Bedingungsgefüge zusammen. Die Ursachen können unterschiedliche Bedeutung für die Lernbehinderung haben: Als **Primärursachen** stellen sie den ursprünglichen Auslöser dar, als **stabilisierende Ursachen** halten sie die Lernbehinderung weiterhin aufrecht, als **auslösende Ursachen** bewirken sie das erstmalige Auftreten und Bewusstwerden der Beeinträchtigung und als **chronifizierende Ursachen** sorgen sie dafür, dass die Lernbehinderung zu einer dauerhaften, schwer veränderbaren Beeinträchtigung wird. Die Lernbehinderung könnte z. B.

> „*primär* durch zerebrale Wahrnehmungsstörungen bedingt sein, *stabilisiert* durch kleinkindhafte Mutterbindung ohne sprachliche Selbstständigkeit, *ausgelöst* durch einen frühen Schuleintritt, *chronifiziert* durch überfordernden Frontalunterricht".
> *(Quelle: Bleidick, 1988, S. 37)*

Hilfen

Die Maßnahmen zur Verringerung bzw. Verhinderung einer Lernbehinderung sind umso wirksamer, je früher sie einsetzen. Besonders wichtig ist die Frühförderung von Kindern, bei denen die Gefahr einer Lernbehinderung besteht.

Prävention

Präventionsebene	Personenkreis	Ziele	Maßnahmen
primäre Prävention	vorwiegend Kinder im Vorschulalter	▪ Stärkung der Resilienz ▪ Verminderung der Risikofaktoren ▪ Schaffung optimaler Entwicklungsbedingungen	▪ Bereitstellung eines umfassenden Bildungsangebots (z. B. Krippenplätze, Kindertagesstätten) ▪ anregende Spiel- und Lernumgebung ▪ Einstellung von heil- und sonderpädagogischen Fachkräften
sekundäre Prävention	Kinder und Jugendliche mit ersten Anzeichen von Lern- und Entwicklungsproblemen	▪ frühzeitiges Erkennen der Lern- und Entwicklungsprobleme ▪ Stärkung von Basiskompetenzen	▪ Durchführung von Screenings zur frühen Diagnose (Test- und Beobachtungsverfahren) ▪ gezielte Förder- und Therapieangebote ▪ Funktionstraining der Vorläuferfähigkeiten von Schulleistungen ▪ Kooperation mit Frühförderzentren

Präventions-ebene	Personen-kreis	Ziele	Maßnahmen
tertiäre Prävention	Kinder und Jugendliche mit starken Lern- und Entwicklungs-problemen	Vermeidung der Ausweitung der Lernprobleme auf weitere Bereiche	▪ Verhinderung der Ausweitung auf andere Lernbereiche bzw. zu Verhaltensauffälligkeiten ▪ Rückfallprophylaxe bei bereits überwundenen Lernschwierigkeiten ▪ Unterstützung bei Übergang (Kita/Grundschule, Grundschule/weiterführende Schule)

Frühförderung

Der Schwerpunkt der Hilfsbemühungen liegt in der Arbeit mit den gefährdeten Familien und in der möglichst ganzheitlichen Förderung des Kindes. Eine auf die drohende Lernbehinderung abgestimmte Frühförderung, z. B. in sozialen Brennpunkten, existiert in Deutschland nicht. In einigen Gemeinden und Städten werden in sozialen Brennpunkten Spiel- und Lernstuben eingerichtet, die sich neben der sozialpädagogischen Betreuung der Kinder auch um die Familien kümmern. Soweit keine spezifischen Förderprogramme vorhanden sind, müssen allgemeine pädagogische und medizinische Grundsätze beachtet werden.

- **Familiäre Unterstützung:** Die Hilfsmaßnahmen beginnen in sozial schwachen Familien bereits während der Schwangerschaft. Die werdende Mutter (und möglichst auch der Vater) sollen davon überzeugt werden, regelmäßig zu den Vorsorgeuntersuchungen zu gehen und in ihrer gesamten Lebensführung Rücksicht auf die bestehende Schwangerschaft zu nehmen. Nach der Geburt ist die ärztliche Betreuung von Mutter und Neugeborenem besonders wichtig.
- **Kindertagesstätte:** Das lernbeeinträchtigte Kind fällt in den Gruppen der Kindertagesstätte vor allem dann auf, wenn die Entwicklungsverzögerungen und Lerndefizite gravierend sind. Eine gering ausgeprägte oder eine sich erst entwickelnde Lernbeeinträchtigung wird in der Regel zu spät erkannt. Durch die Wahl von jüngeren Spielpartnern kann das beeinträchtigte Kind in der Gruppe adäquate Partner finden. Gerade deshalb ist es notwendig, durch eine systematische Langzeitbeobachtung die kognitive und psychomotorische Leistungsfähigkeit sowie das Sozialverhalten von gefährdeten Kindern zu dokumentieren. Bereits in der Kindertagesstätte fallen sprachliche Defizite wie Mängel in der Lautbildung, geringer Wortschatz und grammatikalische Probleme, geringe Sachkompetenz durch fehlende Erfahrungen, motorische Verzögerungen und geringe Sozialkompetenz auf. Die Hilfsmaßnahmen in der Kindertagesstätte sollten alle Defizitbereiche ansprechen. Zur Stärkung eines positiven Selbstkonzepts und zur Entwicklung einer positiven Einstellung zu Lernsituationen sollen dem Kind beim Lernen möglichst viele Erfolgserlebnisse vermittelt werden, die sich bereits auf kleine Fortschritte beziehen. Bei der Vermittlung sprachlicher Kompetenz und der Entwicklung kognitiver Strukturen kann auf zahlreiche Fördermaterialien zurückgegriffen werden, wie sie bereits von Maria Montessori erstellt und in unserer Zeit weiterentwickelt wurden. Zur Verbesserung der Wahrnehmungsleistung ist von Frostig ein Förderprogramm entwickelt worden.

- **Schulkindergarten:** In einigen Bundesländern gibt es Schulkindergärten, in denen Kinder, die schulpflichtig, aber noch nicht schulreif sind, auf die Einschulung vorbereitet werden. In dem Jahr vor der Aufnahme in die erste Klasse können die lernbeeinträchtigten Kinder systematisch auf die neue Situation Schule vorbereitet und bestehende Defizite zum Teil kompensiert werden.

Förderung im schulischen Bereich

- **Schule mit dem Förderschwerpunkt Lernen:** Die Schule mit dem Förderschwerpunkt Lernen umfasst in der Regel zehn Schuljahre und ist jahrgangsübergreifend angelegt. Zum Erwerb des Hauptschulabschlusses kann die Schulzeit um bis zu zwei Jahre (bundeslandabhängig) verlängert werden.

  Folgende Gliederung (mit bundeslandspezifischen Variationen) besteht:

Einteilung	Klassenstufe	Einteilung
Unterstufe	1, 2, 3	Fördergrundschule
Mittelstufe	4	Fördergrundschule
Mittelstufe	5, 6	Förderhauptschule
Oberstufe	7, 8, 9, (10)	Förderhauptschule

In der **Unterstufe** steht die Entwicklung der Schulreife und der positiven Einstellung zum schulischen Lernen im Vordergrund. Das Selbstvertrauen wird gestärkt und die Gruppenfähigkeit zum erfolgreichen Lernen im Klassenverband wird entwickelt. Die Schüler lernen Lesen und Schreiben und erweitern ihr Sach- und Umweltwissen.

Die Vertiefung und Festigung der Lese- und Schreibfähigkeit (z. B. Bestimmung von Wortarten, Inhaltsangabe, erzählende Texte) sowie der Sachkenntnisse erfolgt in der **Mittelstufe**. Die Grundrechenarten und grundlegende mathematische Kenntnisse werden vermittelt (beispielsweise Zahlenraum bis 1 000 000 sowie Sachaufgaben). Kreative Fähigkeiten sowie fein- und grobmotorische Fertigkeiten werden im Unterricht entwickelt.

Der Unterricht in der **Oberstufe** erweitert das Fächerspektrum im Bereich der politischen und gesellschaftlichen Kenntnisse. Im Fach Arbeitslehre werden vorbereitend auf die Berufsausbildung Grundkenntnisse vermittelt. Betriebspraktika und Betriebserkundungen können durchgeführt werden. Um das Sozialverhalten zu verbessern, werden Lernangebote unter dem Gesichtspunkt des sozialen

Lernens gestaltet. Im Rahmen von Arbeitsgemeinschaften können Fähigkeiten individueller gefördert werden. Hilfen zur selbstständigen Lebensführung werden in der Oberstufe angeboten.
Kanter nennt folgende didaktische und methodische Prinzipien, die zu berücksichtigen sind:

- **Individualisierung:** Die Unterrichtsgestaltung muss auf die individuellen Fähigkeiten und Kenntnisse der Schülerinnen abgestimmt werden. Im Unterschied zur Orientierung an der sozialen Bezugsnorm, z. B. der Klasse, erfolgen die Leistungsvergleiche eines Schülers zu verschiedenen Zeitpunkten. Die Leistungsanforderungen werden aus dem aktuellen Kenntnisstand abgeleitet.
- **Differenzierung:** Der Unterricht sollte in Gruppen mit ähnlichem Leistungsniveau durchgeführt werden, die klassenintern (innere Differenzierung) und klassenübergreifend (äußere Differenzierung) gebildet werden.
- **Konkretisierung:** Die Unterrichtsinhalte sollten so anschaulich wie möglich gestaltet werden und den Schülerinnen ein handelndes Lernen gestatten.
- **Gruppenbezogenheit:** Das Lernen sollte in Gruppen erfolgen, damit die Schüler soziale Kompetenzen entwickeln können.
- **Motivierung:** Schülerinnen mit Lernbehinderung verlieren schnell die Motivation. Das kann durch regelmäßige positive Reaktionen und motivierende Impulse während des Lernprozesses verhindert werden. Die Motivierung kann sowohl von der Lehrkraft (extrinsisch) als auch vom Lerninhalt (intrinsisch) ausgehen.
- **Kompensation:** Die soziokulturell bedingten Einschränkungen im Erfahrungsbereich der Schüler müssen durch zahlreiche, auch zum Teil über das schulische Lernen hinausgehende Angebote wieder ausgeglichen werden. Eine Kompensation kann beispielsweise im Schulkindergarten als schulvorbereitende Einrichtung vor der eigentlichen Aufnahme in die erste Klasse erfolgen.
- **Korrektion:** Unter Korrektion wird das Überwinden, Abbauen und Mindern von sekundären Beeinträchtigungen verstanden. Das ist z. B. die Persönlichkeitsentwicklung. Bestehende Fehlhaltungen und Defizite müssen durch geeignete Maßnahmen und Trainingsangebote korrigierend verändert werden. Bei der Fehlbildung einzelner Laute sollte dies ein Sprachtraining sein. Die Korrektion findet mehr oder weniger bewusst während des gesamten Unterrichts statt und führt im günstigsten Fall zur Änderung von Einsichten, Einstellungen und Gewohnheiten.

Für die Schule ist die Kooperation mit den Eltern eine wichtige Aufgabe. Einen Schwerpunkt stellt die **Schullaufbahnberatung** dar, da die Eltern oft nicht wissen, welche zahlreichen Fördermöglichkeiten nach Abschluss der Sonderschule bestehen. Durch regelmäßige Gespräche mit den Erziehungsberechtigten ist es möglich, das Lebensumfeld des lernbeeinträchtigten Kindes näher kennenzulernen. Die Lehrkraft wird versuchen, die Einstellung der Eltern zum Kind mit Lernbehinderung positiv zu beeinflussen. Außerdem werden die Eltern über ihre Möglichkeiten zur Unterstützung von schulischen Lernprozessen informiert. Im Rahmen der elterlichen Mitwirkung am schulischen Leben besteht die Möglichkeit, die Eltern auch mit in den Unterricht einzubeziehen.

- **Integrative Klassen:**
  Zur Integration lernbeeinträchtigter Schüler bestehen nach Heimlich (2016[2]) verschiedene Möglichkeiten:
  > **Integrationsklassen:** In Klassen mit einer auf ca. 22 Schüler verringerten Klassenstärke werden etwa zwei bis drei lernbeeinträchtigte Schüler mit einem sonderpädagogischen Förderbedarf im Schwerpunkt Lernen aufgenommen. Den Unterricht übernehmen parallel zwei Lehrkräfte, eine davon hat eine sonderpädagogische Ausbildung. Diese sehr personalaufwendige Betreuung führt zwar zu sehr guten Ergebnissen, wird aber in einigen Ländern wieder in der personellen Ausstattung zurückgefahren, sodass nur stundenweise eine Doppelbesetzung gegeben ist.
  > **Integrative Regelklassen:** Bei normaler Klassenstärke (bis 30 Schülerinnen) werden einzelne lernbeeinträchtigte Schüler aufgenommen. Die Erfolge fallen im Vergleich zu den Integrationsklassen deutlich geringer aus.

- **Lernen – Aneignungsverfahren:**
  Die nachfolgenden Hinweise sollen auch für Lernprozesse außerhalb der Schule, etwa in sozial- und sonderpädagogischen Institutionen, berücksichtigt werden.
  Um dem kognitiven Verarbeitungsstil des lernbeeinträchtigten Kindes (Verarbeitung von Reizen) zu entsprechen, sind bei der Gestaltung von Lernprozessen folgende Gesichtspunkte zu beachten, die auch für den außerschulischen Bereich bedeutsam sind:
  > Die Lernsituation sollte entspannt und so angelegt sein, dass eine positive Beziehung zum Lernen entstehen kann. Das Lernen vollzieht sich in einer angstfreien Lernumwelt, in der nicht der Konkurrenzkampf um die bessere Note im Mittelpunkt steht. Die Lernsituation wird neben dem Unterweisenden auch vom Lernmaterial bestimmt, das zum selbstgesteuerten Lernen anregen soll, z. B. Montessori-Material. Entscheidend ist auch, wie attraktiv, abwechslungsreich und bedürfnisgerecht der Lernprozess gestaltet wird.
  > Zum Auslösen von Lernprozessen ist eine besonders starke Einstiegsmotivation erforderlich.
  > In der Aneignungsphase müssen die Lerninhalte möglichst anschaulich gestaltet werden. Nur durch verstärktes Üben kann das Gelernte verankert werden.
  > Der Lernprozess ist in kleine, für den Schüler überschaubare Lernschritte zu unterteilen. Dadurch fühlt sich der lernbeeinträchtigte Schüler in der Lage, den Lernschritt erfolgreich zu beenden. Werden die Anforderungen danach allmählich gesteigert, kann das lernbeeinträchtigte Kind auch an komplexere Lernprozesse herangeführt werden. Bei der Bearbeitung dieser Lernschritte soll auf eine variable und kontinuierliche Wiederholung geachtet werden, um eine ausreichende Verankerung des Gelernten zu gewährleisten. Dieses Vorgehen eignet sich besonders für Lernstoffe, die hierarchisch strukturiert sind, d. h., wenn im Verlauf des Lernprozesses auf vorangegangenen Lernerfahrungen aufgebaut wird.
  > Lernerfolge (auch Teilschritte) sollten möglichst schnell durch Rückmeldungen und Belohnungen verstärkt werden.

> Komplexe Lern- und Denkprozesse setzen voraus, dass grundlegende Kenntnisse beherrscht werden. Deshalb müssen einfache grundlegende Lern- und Denkprozesse immer wieder intensiv geübt, wiederholt und vertieft werden, bevor auf einer höheren Lernstufe angesetzt wird.
> Im Vordergrund des Lernens steht das praktische Tun, das im Verlauf des Lernprozesses allmählich verinnerlicht wird. Für die lernbeeinträchtigte Schülerin ist das handelnde Lernen ein zentrales Lernprinzip. Der direkte Umgang mit dem Lerngegenstand führt zu einer anschaulichen Verankerung im Gedächtnis, erhöht den Lernanreiz und führt zu sprachlich anschaulichen Beschreibungen.
> Damit die häufig zu beobachtende Antriebsschwäche des Kindes mit Lernbehinderung überwunden werden kann, sollte das Lernen so gestaltet werden, dass durch die Möglichkeit des entdeckenden Lernens verbunden mit einer hohen Selbststeuerung die Einstiegs- und Verlaufsmotivation hoch gehalten wird.
> Durch die Vermittlung von Schlüsselbegriffen werden „Lernanker" aufgebaut, die für die Erschließung neuer Lerninhalte und den Transfer bekannter Lerninhalte von Bedeutung sind.
> Lernschwache Schüler orientieren sich stark an Vorbildern und übernehmen die Einstellung, das Verhalten und die Motivation von Bezugspersonen relativ unkritisch.
> Der lernbeeinträchtigten Schülerin ist die erforderliche Zeit zuzugestehen, in der sie den Lernvorgang bewältigen kann. Dazu kann es notwendig sein, in der Lerngruppe Differenzierungen vorzunehmen. Die **äußere Differenzierung** führt zu einer Auflösung des Gruppenverbandes und es werden aus verschiedenen Gruppen neue Lerngruppen gebildet, die sich in ihrem Leistungsniveau entsprechen. Bei der **inneren Differenzierung** bleibt die Lerngruppe erhalten und es werden innerhalb dieser Gruppe Untergruppen gebildet, die den Lernstoff bearbeiten. Die innere Differenzierung kann unter verschiedenen Gesichtspunkten erfolgen: Lerntempo der Gruppe, Umfang und Niveau der Anforderungen sowie Nutzung weiterer Arbeitsmittel.

- **Weitere Förderungen im schulischen Bereich:**
  Neben der Förderschule gibt es in der berufsbildenden Schule weitere Fördermöglichkeiten, die auf das Leistungsvermögen des Schülers mit Lernbehinderung abgestimmt sind. Zudem werden durch schulische Angebote und Maßnahmen in Berufsbildungswerken die Jugendlichen gezielt auf eine Berufsausbildung vorbereitet.

  Die Ausbildung wird für Menschen mit Lernbehinderung durch angepasste Formen der Berufsausbildung erleichtert (Regelungen nach § 48 Berufsbildungsgesetz und § 42b der Handwerkskammerordnung).

Förderung im außerschulischen Bereich

- **Stärkung der Persönlichkeit:** Lernerfahrungen sind für schwache Schülerinnen, die aus der Regelschule kommen, negativ besetzt und werden mit Misserfolgen, Niederlagen und schlechten Noten verbunden. Der sich daraus ergebenden negativen Selbstbewertung kann durch verschiedene Maßnahmen entgegengewirkt werden:

> Das Vertrauen in die eigene Leistungsfähigkeit soll durch Ermutigung und angemessene Belohnung für Lernfortschritte und Lernerfolge gestärkt werden.
> Zur Stärkung der Persönlichkeit und Erhöhung der Leistungsmotivation ist darauf Einfluss zu nehmen, wie der Schüler Erfolge und Misserfolge verarbeitet. Bei der Ursachenzuschreibung (Kausalattribuierung) von Erfolg und Misserfolg sollte dem lernschwachen Schüler vermittelt werden, dass Misserfolge durch erhöhte Anstrengung, für die er selbst verantwortlich ist, vermieden werden können. Lernerfolge sollte der Schüler auf die eigene Person beziehen und nicht auf externe Ursachen zurückführen, für die er keine Verantwortung trägt. Lernerfolge und die Verknüpfung mit der eigenen Leistungsfähigkeit erfolgen vor allem dann, wenn das Anspruchsniveau realistisch gesetzt wird. Durch Gespräche mit dem lernbeeinträchtigten Kind ist darauf hinzuarbeiten, dass die Anforderungen, die es an sich selbst stellt, dem Leistungsvermögen entsprechen und durch angemessene Anstrengungen erreichbar sind.

- **Erziehungsverhalten:** Gegenüber dem Kind mit Lernbehinderung ist es wichtig, im Sinne von Tausch und Tausch (1998) durch besonders starke Wertschätzung bzw. nach Gordon (1988) durch aktives Zuhören auf das Kind einzugehen. Das lernschwache Kind erfährt emotionale Wärme und Sicherheit. Es kann dann über seine Situation, seine Erlebnisse und Bewertungen mit anderen reden, ohne Vorwürfe, Ermahnungen und Kritik zu erfahren. Die emotionale Entlastung wirkt sich auf das Kind befreiend aus und stärkt sein Selbstbewusstsein.

- **Förderung der Motivation:** Die Hilfsmaßnahmen sollten sich auf den Prozess der Ursachenzuschreibung (Kausalattribuierung) konzentrieren. Die Eigenverantwortlichkeit für Erfolge und Misserfolge sollte der Schüler auf sich selbst beziehen. Der Schüler mit Lernbehinderung muss bei der Wahl des Anspruchsniveaus unterstützt werden. Die Leistungsansprüche sollten im oberen Leistungsbereich angesiedelt werden, damit sich durch angemessene Anstrengung Erfolgserlebnisse ergeben. Dadurch können Misserfolge auf mangelnde Anstrengung zurückgeführt werden und der Schüler ist bereit, sich in Zukunft mehr anzustrengen. Erfolge sollte der lernschwache Schüler auf seine eigenen Fähigkeiten zurückführen.

  Es kann bei der Erhöhung der Leistungsmotivation in der Anfangsphase durchaus sinnvoll sein, das lernbeeinträchtigte Kind vermehrt extrinsisch (also von außen, sachfremd) zu verstärken. Der Aufbau einer intrinsischen Motivation, die sich aus dem Lerngegenstand ergibt, sollte jedoch langfristig angestrebt werden. Um diesem Ziel näher zu kommen, ist es wichtig, die Lernsituation so zu gestalten, dass vom Lernmaterial ein starker Aufforderungscharakter ausgeht. Eigeninitiative und selbstgesteuertes Verhalten sollten bei der Initiierung von Lernprozessen im Vordergrund stehen, damit der Lernende sich selbst als Verursacher von Erfolgen und Misserfolgen erkennt.

AUFGABEN

1. Grenzen Sie die Lernbehinderung von der Lernstörung ab. Veranschaulichen Sie die Unterschiede.

2. Erstellen Sie eine Checkliste, die in Kindertagesstätten eingesetzt werden kann, um eine Lernbehinderung vor dem Schuleintritt zu erkennen.

3. Die Lernbehinderung führt häufig zu einer Stigmatisierung. Erläutern Sie Möglichkeiten, diesem Stigmatisierungseffekt entgegenzuwirken.

4. Entwickeln Sie für die verschiedenen Ursachen der Lernbehinderung Hilfsmöglichkeiten.

5. Stellen Sie Kriterien auf, wie die Hausaufgabensituation gestaltet sein sollte. Begründen Sie Ihre Vorgaben.

6. Entwickeln Sie Hilfen, mit denen das Selbstbild bzw. die Persönlichkeit des lernbeeinträchtigten Kindes im Fördergrundschulalter (6–10 Jahre) und im Förderhauptschulalter (11–16 Jahre) gefördert werden können.

4.3.2 Geistige Behinderung – schwere kognitive Behinderung

DEFINITION

Eine Person ist geistig behindert (Imbezillität), wenn ihr Lernverhalten wesentlich hinter dem Leistungsvermögen der Altersgruppe zurückbleibt und das Lernen sich vorwiegend auf das anschaulich-nachvollziehende Aufnehmen und Verarbeiten beschränkt. Der Intelligenzquotient liegt unter IQ 55.

Geistig behindert sind Personen, die

- in ihrem Lernverhalten dauerhaft wesentlich hinter der altersgemäßen Leistungsfähigkeit zurückbleiben,
- lediglich im praktisch-anschaulichen, lebenspraktischen Bereich lernen können,
- im sozialen Handlungsbezug deutlich eingeschränkt sind und
- eine unmittelbare, nicht aufschiebbare Bedürfnisbefriedigung anstreben.

In der Regel liegt der Intelligenzquotient unter IQ 55. Dabei ist zu beachten, dass der Intelligenzquotient nur eine erste Zuordnung erlaubt, aber für die endgültige Klassifizierung in die Kategorie „geistig behindert" nicht ausreicht. Die Intelligenzschwäche dient als Leitsymptom. Zur Bestimmung werden weitere Kriterien herangezogen, die sich auch auf folgende Aspekte beziehen:

- geringes Lerntempo
- geringe Ausdauer
- schwache Gedächtnisleistung
- Einengung des Lernfeldes auf räumlich oder zeitlich nahe Erfahrungsbereiche
- anschauliches Denken
- geringe Abstraktionsfähigkeit

Der Begriff „geistig behindert“ geht auf die Elternvereinigung „Lebenshilfe“ zurück, die sich gegen die diskriminierende Begrifflichkeit „Idiotie“ oder „Schwachsinn“ wendete. Inzwischen wird auch der Begriff „geistig behindert“ als problematisch angesehen, da er eine Stigmatisierung dieser Personengruppe erleichtert. Alternativbegriffe wie „praktische Bildbarkeit“ oder „lebenspraktische Bildungsfähigkeit“ stellen den förderbaren Entwicklungsbereich in den Vordergrund und nicht den Mangel; diese Begriffe haben sich jedoch nicht durchgesetzt. Im Sinne einer psychiatrischen Klassifikation der geistigen Minderleistungen (Oligophrenie) findet man die Begriffe „Oligophrenie schweren Grades“, „Imbezillität“ und „Idiotie“.

Erscheinungsbild

Pohl stellt bereits 1979 heraus, dass Menschen mit geistiger Behinderung wie andere wahrnehmen und auch das Lernen und Denken prinzipiell gleich abläuft, lediglich der Grad der Differenziertheit, das Leistungsniveau, die Abstraktionsfähigkeit sowie die Fähigkeit des Lerntransfers sind gegenüber Menschen ohne Behinderung eingeschränkt. Nachfolgende Besonderheiten kennzeichnen das Lernverhalten von Menschen mit geistiger Behinderung .

Beeinträchtigungen im Lernverhalten

- **Geringe Aufmerksamkeit:** Das Lernen wird vor allem durch Defizite bei der Aufmerksamkeit beeinträchtigt. Das Kind mit geistiger Behinderung erforscht seine Umwelt oberflächlich und wenig systematisch. Hinzu kommen Schwierigkeiten, Umweltreize zu verarbeiten und Informationen aus den verschiedenen Wahrnehmungskanälen zu integrieren. Es wird eine deutlich längere Zeit zur Analyse der Reize benötigt, sodass die Informationsverarbeitung verlangsamt erfolgt. Die Kinder entwickeln im geringen Umfang geistige Abbilder ihrer Umwelt. Die Probleme in der Reizunterscheidung werden deutlich, wenn das Kind mit geistiger Behinderung vorwiegend auf den stärksten Reiz in einer Situation massiv reagiert und schwächere Reize, die u. U. aber sehr wichtig sein können, unbeachtet lässt. Die mangelhafte Reizunterscheidung zeigt sich auch beim Wiedererkennen von Reizen.
- **Mangelhafte Aufgabengliederung:** Dem geistig beeinträchtigten Kind fehlt die Fähigkeit zur selbstständigen Aufgabengliederung, d. h., es kann bei der Lösung von Aufgaben nicht in selbstbestimmten Teilschritten vorgehen. Der Lernprozess muss von außen gesteuert werden.
- **Verlangsamung:** Lernprozesse verlaufen extrem langsam bei nur geringer Steigerung der Anforderungen und innerhalb eines recht geringen Zeitumfangs. Die geringe Ausdauer erfordert die Berücksichtigung von angemessenen Erholungspausen.

- **Geringes Neugierverhalten:** Bei geistig behinderten Kindern und Jugendlichen ist das natürliche, spontane Lerninteresse nur schwach ausgebildet. Von außen müssen zahlreiche Lernimpulse gegeben werden, um Lernprozesse in Gang zu setzen.
- **Speicherschwächen:** Die Gedächtnisleistungen (vor allem im Kurzzeitgedächtnis) sind recht schwach. Deshalb müssen auch einfache Lernprozesse häufig wiederholt und geübt werden.
- **Geringe Transferleistungen:** Lernerfahrungen, die in einer bestimmten Situation gewonnen wurden, werden kaum auf vergleichbare Situationen übertragen. Die Ähnlichkeit der Situation wird bereits bei geringen Abweichungen der Reize nicht erkannt. Dies betrifft u. a. den Spracherwerb. Transferleistungen werden beispielsweise benötigt, wenn das Kind einen Begriff in hochdeutscher Sprache dem mundartlichen Ausdruck zuordnen soll.
- **Einfache Lernprozesse:** Bei einer geistigen Behinderung sind vor allem einfache Lernprozesse auf der Ebene der klassischen Konditionierung sowie des Verstärkungs- und des Nachahmungslernens zu finden. Beim Lernvorgang ist die Rückmeldung durch Lob oder Zärtlichkeiten für das Kind mit geistiger Behinderung besonders wichtig.

Sarimski (vgl. 2003, S. 157) verdeutlicht die Probleme von Menschen mit einer geistigen Behinderung bei der Verarbeitung von Informationen wie folgt:

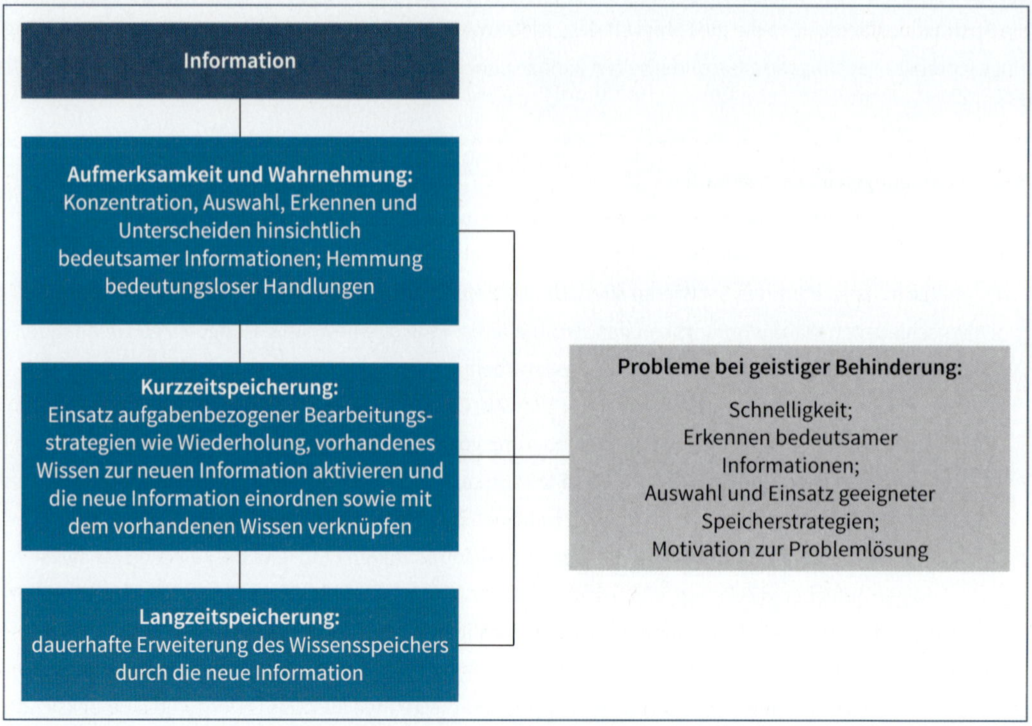

Beeinträchtigungen im Sprachverhalten

Das Ausmaß der Beeinträchtigungen im Sprachbereich wird vom Schweregrad der geistigen Behinderung bestimmt. Liegt eine schwere geistige Behinderung (IQ 20–34; ICD-10: F72) vor, weisen alle Kinder gravierende Sprachbeeinträchtigungen auf. Bei einer moderaten bzw. mittleren geistigen Behinderung (IQ-Bereich 35–49; ICD-10: F71) sind bei etwa 90 % der Betroffenen Sprachstörungen nachweisbar. Selbst bei einer leichten Ausprägung der geistigen Behinderung (IQ-Bereich 50–69; ICD-10: F70) hat etwa die Hälfte der Kinder sprachliche Beeinträchtigungen. Da die geistige Behinderung in der Regel mit anderen Beeinträchtigungen gemeinsam auftritt, können Hörbehinderungen, motorische Beeinträchtigungen der Sprechwerkzeuge sowie Sehbehinderungen die Sprachentwicklung zusätzlich hemmen.

Der Sprachaufbau erfolgt unregelmäßig und stark verzögert. Das Lallen setzt später ein oder bleibt völlig aus. Erst mit vier bis fünf Jahren beginnt der Spracheintritt. Die Artikulation der Laute zeigt Schwächen mit den Kennzeichen des Stammelns. Der Wortschatz ist im Vergleich zum Kind ohne Behinderung deutlich geringer, umfasst vorwiegend Bezeichnungen für Gegenständliches und ist durch einen eigenwilligen Wortgebrauch gekennzeichnet. Große Schwierigkeiten bereitet der Satzbau. Es kommt sowohl in der Grammatik als auch in der Syntax zu zahlreichen Fehlern mit den Merkmalen des Dysgrammatismus/der morphologisch-syntaktischen Störung. Der automatisierte Sprachgebrauch setzt das schnelle Erlernen und Speichern einzelner Sprach- und Sprechelemente voraus. Da Menschen mit geistiger Behinderung das Gehörte langsamer verarbeiten und analysieren, benötigen sie einen hohen zeitlichen Aufwand, um sich richtige Wortfolgen anzueignen.

Die Sprechbereitschaft und die Ausdrucksfähigkeit sind verringert. In diesem Zusammenhang ist auf den Unterschied zwischen dem Sprachverständnis und der Sprechfähigkeit des Menschen mit geistiger Behinderung zu verweisen. Die Sprechleistung des Betroffenen lässt nur im begrenzten Umfang einen Rückschluss auf das tatsächliche Sprachverständnis zu. Im Alltag werden Außenstehende immer wieder davon überrascht, wie viel der geistig beeinträchtigte Gesprächspartner versteht.

Die beschriebenen Probleme beruhen vor allem auf der Diskriminationsleistung, die in der sprachlichen Kommunikation gefordert wird. Speck (vgl. 2016[12], S. 137 f.) stellt vier Unterscheidungsleistungen heraus: Die Person muss erkennen, dass das Wort einen Gegenstand oder einen Vorgang repräsentiert; weiterhin muss das Sprachsystem mit seinen differenzierten Zuordnungen erlernt werden; geringe Unterschiede im Wort müssen beachtet werden, um beispielsweise zwischen „rund“ und „bunt“ unterscheiden zu können; die Abfolge der Wörter innerhalb des Satzes ist zum Verstehen der Aussage zu beachten. Diese unterschiedlichen Diskriminationsleistungen überfordern und verwirren Menschen mit geistiger Behinderung oft in ihrer Kommunikation. Wie Speck (2016[12]) betont, fehlt einem Menschen mit geistiger Behinderung bei der sprachlichen Kommunikation die Rückmeldung, inwieweit seine Sprechabsicht mit seiner tatsächlichen Sprachleistung übereinstimmt. Er erlebt beim Gesprächspartner häufig Verständnislosigkeit, Nachfragen, mangelndes Interesse oder gar Spott, was ihn verunsichert und ärgert.

Sprach- und Sprechstörungen zeigten sich bei Schülern der Förderschule mit dem Förderschwerpunkt geistige Entwicklung in folgendem Umfang (vgl. Speck 2016[12]):

32 %	Lautbildungsstörungen
20 %	Redeflussstörungen
46 %	Dysgrammatismus
21 %	andere Sprach- und Sprechstörungen

Beeinträchtigungen im Sozialverhalten

Nach Bach (vgl. Geistigbehindertenpädagogik, 1995[15]) variiert das Verhalten von Menschen mit geistiger Behinderung von einer ausgeprägten Gehemmtheit, die von Selbstunsicherheit und einer Übersteuerung der Selbstkontrolle gekennzeichnet ist, bis zu einem hemmungslosen Verhalten gegenüber den Sozialpartnern. Selbstbehauptung und Selbstkontrolle sind in einem geringen Ausmaß entwickelt (vgl. Empfehlungen der Kultusministerkonferenz, 1998).

Das Aufeinanderreagieren im Alltag ist durch ein komplexes System von der abgestuften Wahrnehmung des Gesprächspartners, der schnellen und angemessenen Verarbeitung der Informationen und der inneren Vorbereitung auf die eigene Reaktion gekennzeichnet. Ein Mensch mit geistiger Behinderung ist hier in mehrfacher Weise in der sozialen Interaktion (Wechselbeziehung zwischen Personen und Gruppen) beeinträchtigt. Es bestehen Schwierigkeiten, sich auf wechselnde Anforderungen in den verschiedenen Situationen einzustellen.

Geistig Behinderte haben Probleme, belastende Lebensereignisse wie den Auszug aus dem Elternhaus, Partnerprobleme, den Tod der Eltern und Konflikte im Betreuerteam angemessen zu bewältigen. Wüllenweber (2006) weist darauf hin, dass geistig Behinderte auf Krisen besonders häufig mit Abwehr und Vermeidung reagieren. So können beispielsweise Angstzustände, Zwangshandlungen, Selbstvorwürfe, selbstverletzendes Verhalten, Orientierungslosigkeit, Einnässen oder Einkoten beobachtet werden.

Beeinträchtigungen der Motorik

Die Motorik spielt für die Entwicklung der Intelligenz vor allem bei Personen mit geringer Begabung eine wichtige Rolle. Es besteht eine wechselseitige Beziehung zwischen Motorik und Intelligenz. Die Entwicklungsverzögerungen der Kinder mit geistiger Behinderung im sensomotorischen Bereich beeinträchtigen einerseits die Fähigkeit, Reize zu unterscheiden, sie zu analysieren und sie den bestehenden Erfahrungen zuzuordnen. Andererseits beeinträchtigt die geringe geistige Leistungsfähigkeit den Aufbau von motorischen Mustern.

Abhängig vom Schweregrad der geistigen Behinderung liegen der Verlauf und das Leistungsniveau der motorischen Entwicklung erheblich unter der Leistungsfähigkeit von Kindern ohne Behinderung. Anspruchsvolle, komplexe motorische Aufgaben können aufgrund der fehlenden Bewegungserfahrungen und der eingeschränkten Lernfähigkeit nicht bewältigt werden.

Häufig geht mit einer geistigen Behinderung eine hypotone (schlaffe) Muskulatur einher. Die motorischen Leistungsschwächen zeigen sich beispielsweise bei Koordinationsleistungen, in der Bewegungsgeschwindigkeit und in der Handgeschicklichkeit. Bei Kraftmessungen unterscheidet sich ein Mensch mit geistiger Behinderung kaum von Menschen ohne geistige Behinderung. Einschränkungen bestehen auch in der Reaktionszeit, der eigenen Körperwahrnehmung und der motorischen Flexibilität. Das motorische Lernen wird durch die selektive Wahrnehmung, durch Schwierigkeiten bei der Wahrnehmung bewegter Objekte sowie durch Probleme in der Zeit-, Raum- und Formerfassung erschwert.

Downsyndrom (Trisomie 21)

Das Downsyndrom (Trisomie 21) beruht auf einer Chromosomenanomalie beim Chromosomenpaar 21. Durch einen Fehler bei der Geschlechtszellenteilung (Meiose) entsteht ein überzähliges Chromosom, das bei dem Betroffenen dreimal (Trisomie) vorhanden ist. Die Kinder werden wegen ihrer besonderen Augenform auch als mongoloid bezeichnet. Wegen des damit verbundenen unterschwelligen Rassismus wird diese Bezeichnung in Fachkreisen nicht mehr verwendet und es wird empfohlen, die international übliche Bezeichnung „Kind mit Downsyndrom“ oder „Kind mit Trisomie 21“ zu verwenden. Die Bezeichnung „Downsyndrom“ geht auf den englischen Psychiater John Langdon Down zurück, der 1866 das Erscheinungsbild differenziert beschrieb.

Das Kind mit dem Downsyndrom weist typische Körpermerkmale auf: flach wirkende Nasenwurzel mit sattelförmigem Nasenrücken; schräg stehende Lidspalten und weiter Augenabstand; kurzer, gedrungener Körper; kurzer, breiter Hals; zu große Zunge für den kleinen Mund; hervorstülpende Zunge; Verformungen der Ohrmuschel; plumpe Finger und dünne, seidenweiche, spärliche, in der Regel glatte Haare.

Charakteristisch ist der herabgesetzte Muskeltonus (Hypotonie). Dies betrifft den gesamten Muskelapparat einschließlich der Gesichtsmuskulatur. Kinder mit dem Downsyndrom haben zudem häufig schwerwiegende gesundheitliche Beeinträchtigungen wie Lücken in der Herzscheidewand, Störungen der Schilddrüsenfunktion, Fehlbildungen im Magen-Darm-Bereich, eine Verengung der Speiseröhre, eine Immunschwäche oder eine erhöhte Infektionsanfälligkeit.

In einer Zusammenstellung von von Loh (1990) wird deutlich, dass die verschiedenen Symptome des Downsyndroms unterschiedlich häufig auftreten:

Entwicklungsverzögerungen	99 %	verformte Ohrmuschel	50 %
typische Gesichtszüge	90 %	vergrößerte Zunge	41 %
schräge Lidachse	86 %	weicher Muskeltonus	31 %
runder, kurzer Kopf	75 %	Schielen	20 %
offener Mund	65 %		

Jeltsch-Schudel verdeutlicht in der nachfolgenden Übersicht die Auswirkungen, die mit den körperlichen Veränderungen verbunden sind und in der pädagogischen Arbeit berücksichtigt werden sollten.

Veränderungen	Auswirkungen
verbreiterter Augenabstand	
kleine Nase	Atmung
hoher Gaumen, enger Mundraum, Tonusminderung auch von Lippen und Zunge	Probleme der Mundmotorik mit Auswirkungen auf die Nahrungsaufnahme und die Sprachentwicklung
abgeflachter Hinterkopf, Verkürzung des Schädels, kurzer Hals, Nackenfalte	
kurze, breite Hände und Füße	Grobmotorik (z. B. Gehen), Feinmotorik (z. B. Hand- und Fingergeschicklichkeit)
Hautfurchen	trockene, schuppige Haut; im Alter verstärkte Faltenbildung
muskuläre Hypotonie, die sich im Alter meist abschwächt	Motorik (insbesondere Feinmotorik und Bewegungsfreudigkeit)
unterdurchschnittliche Körpergröße	allgemeine Verrichtungen, Zugänglichkeit
anfänglich normal gewichtig, mit zunehmendem Alter übergewichtig	Problematik der Ernährung

(Quelle: Jeltsch-Schudel, 2007, S. 304)

Während im ersten Lebensjahr die Entwicklungsunterschiede zum nicht behinderten Kind relativ gering sind, vergrößert sich der Entwicklungsabstand mit zunehmendem Alter, was sich sowohl im körperlichen Bereich, z. B. Motorik, Kopf- und Körperwachstum, als auch im geistigen Bereich, etwa bei der Sprache und Lernfähigkeit, zeigt. Die nachfolgende Übersicht vergleicht Kinder mit Downsyndrom mit Kindern ohne Behinderung bezüglich der Meilensteine in ihrer psychomotorischen Entwicklung:

	Kinder mit Downsyndrom		Kinder ohne Behinderung	
	Durchschnitt	**Zeitraum**	**Durchschnitt**	**Zeitraum**
Sitzen	10 Monate	6 bis 26 Monate	7 Monate	5 bis 9 Monate
Stehen	20 Monate	11 bis 42 Monate	11 Monate	8 bis 16 Monate
Laufen	24 Monate	12 bis 65 Monate	13 Monate	8 bis 18 Monate
Sprechen (Worte)	16 Monate	9 bis 31 Monate	10 Monate	6 bis 14 Monate

	Kinder mit Downsyndrom		Kinder ohne Behinderung	
	Durchschnitt	**Zeitraum**	**Durchschnitt**	**Zeitraum**
Essen mit Fingern	12 Monate	8 bis 28 Monate	8 Monate	6 bis 16 Monate
Essen mit Besteck	20 Monate	12 bis 40 Monate	13 Monate	8 bis 20 Monate
Blasenkontrolle	48 Monate	20 bis 95 Monate	32 Monate	18 bis 60 Monate
Darmkontrolle	42 Monate	28 bis 90 Monate	29 Monate	16 bis 48 Monate
Kleider ausziehen	40 Monate	29 bis 72 Monate	32 Monate	22 bis 42 Monate
Kleider anziehen	58 Monate	38 bis 98 Monate	47 Monate	34 bis 58 Monate

(Quelle: Tolksdorf, 1994, S. 38)

Die Sprachentwicklung ist bei den meisten Kindern mit Downsyndrom verzögert. Sie verwenden kurze Sätze mit einfachen Wörtern, die wiederholt verwendet werden. Die Sprache kann undeutlich und verwaschen sein, sodass sie nur von den Angehörigen verstanden wird. Diese Beeinträchtigungen beruhen sowohl auf anatomischen Veränderungen im Nasen-Rachen-Bereich als auch auf Hörproblemen (Schallleitungsstörung, Innenohrschwerhörigkeit), die bei Kindern mit Downsyndrom häufig auftreten.

Kinder mit Downsyndrom sind besonders empfänglich für soziale Zuwendung und reagieren darauf mit ausgeprägter Anhänglichkeit. Im Vergleich zu Kindern mit anderen geistigen Behinderungsformen sind sie besonders sensibel gegenüber Strenge und Bestrafung. Die meisten Personen können als freundlich, hilfsbereit, kontaktfreudig, heiter, fröhlich, selbstständig und musikliebend, aber auch als eigensinnig, unkonzentriert und wenig ausdauernd beschrieben werden (vgl. Hensle/Vernooji, 2003[6]). Im Schulkindalter reagieren Kinder mit dem Downsyndrom auf ihre Umwelt offen und neugierig. Sie zeigen eine recht hohe Lernbereitschaft. Die Planung der Lern- und Entwicklungsförderung sollte differenziert auf den individuellen Entwicklungsstand abgestimmt werden. Auffällig sind ihre hohe Nachahmungsbereitschaft sowie ein ausgeprägter Ausordnungssinn.

Erfassung

Pränatale Diagnostik

Bereits während der Schwangerschaft kann eine Trisomie 21 anhand verschiedener Indikatoren relativ sicher diagnostiziert werden. Wird eine Trisomie 21 während der Schwangerschaft nachgewiesen, erfolgt in den meisten Fällen (ca. 80 %) ein Schwangerschaftsabbruch.

Postnatale Diagnostik

Die Diagnostik der geistigen Behinderung erfolgt mehrdimensional. Neben der Erfassung der kognitiven Leistungsfähigkeit mithilfe von standardisierten psychologischen Intelligenztests werden Beobachtungsverfahren angewendet. Eine erste Einschätzung, ob eine geistige Behinderung vorliegt, erlauben sogenannte Screeningverfahren. Der Denver-Suchtest erfasst sprachliche Fähigkeiten, soziales Kontaktverhalten sowie fein- und grobmotorische Fähigkeiten und kann bereits bei Kindern ab einem Alter von sechs Monaten eingesetzt werden.

Zur Erfassung des Intelligenzquotienten (IQ) werden spezielle Testverfahren eingesetzt, die im Intelligenzbereich zwischen IQ 80 und IQ 20 noch ausreichend differenzieren. Aus der Vielzahl von Testinstrumenten sei die **Testbatterie für geistig behinderte Kinder (TBGB)** von Bondy u. a. exemplarisch dargestellt. Die TBGB kann zur Überprüfung von Kindern im Alter von sieben bis zwölf Jahren durchgeführt werden und enthält Aufgaben zur Diagnose der Intelligenz, des Leistungsvermögens und des Entwicklungsstandes. Die Version für das Vorschulalter (TBGB-VA von Beulshausen u. a.) ermöglicht Aussagen zum Altersbereich von fünf bis sieben Jahren. Daraus ergeben sich ein Gesamt-IQ-Wert sowie Aussagen über die Persönlichkeitsmerkmale Intelligenz, Sprache, Merkfähigkeit und Motorik.

Die Zuordnung der IQ-Bereiche erfolgt in den verschiedenen Klassifikationssystemen uneinheitlich. Die Einteilungen der Weltgesundheitsorganisation (WHO), der American Association on Mental Deficiency (AAMD) und von Bach unterscheiden sich in den Grenzsetzungen und in ihrer Differenziertheit:

WHO		AAMD		Bach	
IQ 69–50	**Debilität;** „leichte Geistesschwäche“	IQ 67–52	mild mental retardation; „leicht“	IQ 80–55	**lernbehindert**
IQ 49–20	**Imbezillität;** „mittlere Geistesschwäche“	IQ 51–36	moderate mental retardation; „mäßig“	IQ unter 55/60	**geistig behindert**
IQ 19–0	**Idiotie;** „schwere Geistesschwäche“	IQ 35–20	severe mental retardation; „schwer“		
		IQ 19–0	profound mental retardation; „schwerst“		

Die Bestimmung des Intelligenzquotienten stößt auf verschiedene Probleme. Die IQ-Werte sind vom jeweiligen Intelligenztestverfahren abhängig; die Einteilungen gehen jedoch davon aus, dass eindeutige Intelligenzwerte zur Zuordnung bestimmt werden könnten. Die Intelligenzwerte verändern sich jedoch im Verlauf der Entwicklung und können Schwankungsbreiten von bis zu 20 IQ-Punkten aufweisen. Der Intelligenzquotient wird in verschiedenen Ländern unterschiedlich normiert. Das Messergebnis wird auch vom Verhalten des Testleiters, von der Uhrzeit und den Situationsbedingungen beeinflusst.

Zur Bestimmung der geistigen Behinderung wird unter Experten die Verwendung eines Doppelkriteriums, Intelligenzleistung und soziale Anpassungsfähigkeit, diskutiert (vgl. Kulig u. a., 2006, S. 121). Menschen mit einer geistigen Behinderung werden als Personen mit einer niedrigen Intelligenz und einer schwach ausgeprägten Sozialkompetenz definiert. Das Klassifikationssystem ICD-10 berücksichtigt bei den verschiedenen Abstufungen der geistigen Behinderung beispielsweise folgende Kennzeichen:

Klassifikation	IQ-Bereich	Anteil	Kennzeichen
leichte Intelligenzminderung	**IQ 50–IQ 69** (Intelligenzalter von 9 bis unter 12 Jahren)	**80 %**	▪ Verzögerung in der Sprachentwicklung ▪ ausreichende Sprachkompetenz für Alltagssituationen ▪ ansatzweise Lese- und Rechtschreibfertigkeit ▪ Selbstversorgung im häuslichen Bereich ▪ Probleme beim Erwerb des Lesens und Schreibens
mittelgradige Intelligenzminderung	**IQ 49–IQ 35** (Intelligenzalter von 6 bis unter 9 Jahren)	**12 %**	▪ Verlangsamung im Sprachverständnis und im Sprachgebrauch ▪ eingeschränkte sprachliche Fertigkeiten (in der Regel keine bzw. sehr geringe Lese- und Rechtschreibfertigkeit) ▪ Einschränkungen in der Selbstversorgung ▪ Notwendigkeit einer andauernden Unterstützung ▪ Ansätze für soziale Kompetenz (Kontaktaufnahme, Kommunikation, soziale Einbindung)
schwere Intelligenzminderung	**IQ 34–IQ 20** (Intelligenzalter von 3 bis unter 6 Jahren)	**7 %**	▪ deutliche motorische Schwäche ▪ keine Lese- und Schreibkompetenz
schwerste Intelligenzminderung	**unter IQ 20** (Intelligenzalter unter 3 Jahren)	**< 1 %**	▪ minimales Sprachverständnis ▪ stark eingeschränkte Bewegungsfähigkeit ▪ Ansätze nonverbaler Kommunikation ▪ Inkontinenz ▪ Erfordernis einer dauerhaften Hilfe und Überwachung

Kennzeichen der verschiedenen IQ-Bereiche (vgl. Meyer, 2003, S. 16)

Das angegebene Intelligenzalter als Durchschnittswert dient als Orientierungshilfe und gibt nur einen allgemeinen und ungenauen Hinweis auf den Entwicklungsstand und das Leistungsvermögen des Menschen mit geistiger Behinderung. Bei genauerer Betrachtung sind die Entwicklungsunterschiede in den verschiedenen Teilbereichen (z. B. Zeitvorstellung, Speichern von Geburtstagen, Ordnen von Gegenständen) sehr heterogen und reichen vom totalen Versagen bis hin zum gleichen Leistungsvermögen der normal begabten Kinder.

Der Entwicklungsverlauf in den verschiedenen Leistungsbereichen kann nicht als eine kontinuierliche Verzögerung gegenüber der Gruppe von Menschen ohne Beeinträchtigung gesehen werden. Senckel (vgl. 2003, S. 83) weist darauf hin, dass phasenweise Aufholprozesse und Entwicklungsschübe auftreten, aber auch Entwicklungsausfälle bis hin zum Entwicklungszerfall zu beobachten sind. Menschen mit einer geistigen Behinderung, die beispielsweise in Werkstätten für behinderte Menschen arbeiten, können Entwicklungsspitzen aufweisen, mit denen sie die Leistung nicht beeinträchtigter Menschen übertreffen. In einzelnen Fällen können ungewöhnliche Fähigkeiten (Leistungsinseln) ausgebildet sein, die zu beeindruckenden Leistungen führen. Aufgrund dieser Entwicklungsverläufe ist es erforderlich, das individuelle Leistungsvermögen differenziert zu verschiedenen Zeitpunkten zu erheben.

Mit standardisierten **Beobachtungs- und Beurteilungsskalen** können die Beobachtungsergebnisse quantifiziert werden, d. h., man kann feststellen, wie ausgeprägt der beobachtete Gesichtspunkt ist. Für die Beschreibung von Leistungen und Schwächen von Kindern und Erwachsenen mit geistiger Behinderung hat Gunzburg (2005) mit dem **Progress Assessment Chart (P-A-C)** ein standardisiertes Beobachtungsverfahren entwickelt, das auch in deutscher Form als Pädagogische Analyse und Curriculum (P-A-C) vorliegt. Dieses Verfahren führt zu einem Sozial- und Persönlichkeitsbild, das eine umfassende Übersicht über das Leistungsvermögen ermöglicht und bei wiederholter Anwendung die Entwicklung differenziert dokumentiert.

Ermittlung des Förderbedarfs

Zur Ermittlung des sonderpädagogischen Förderbedarfs ist interdisziplinär (pädagogische, psychologische und medizinische Aspekte) vorzugehen, d. h., alle, die an der Förderung beteiligt sind, dies gilt auch für die Eltern, sind einzubinden. Im Rahmen einer Kind-Umfeld-Analyse werden folgende Bereiche überprüft:

- Entwicklungsverlauf im sozial-kulturellen Umfeld
- Entwicklungsstand (kognitiver, motorischer, sozialer, motivationaler und kommunikativer Bereich)
- schulisches Umfeld
- medizinische Befunde
- Bewältigung des Schulweges

Auf der Basis dieser Analyse können Förderbedarfe in folgenden Bereichen abgeleitet werden:

- räumliche Orientierungsfähigkeit
- fein- und grobmotorische Bewegungsfähigkeit
- Fernsinne (Hören, Sehen) und Nahsinne (Schmecken, Riechen, Tasten)
- sensomotorische Koordination

- Zeitverständnis
- Interaktionsfähigkeit
- Ausdrucksfähigkeit
- Interessen und Neigungen
- Handlungskompetenz
- Selbstständigkeit
- räumlicher Bedarf und ggf. technische Ausstattung
- therapeutischer, pflegerischer und sozialpädagogischer Bedarf

Häufigkeit

Die Erhebungen zeigen, dass etwa 0,6 % der Kinder eines schulpflichtigen Jahrgangs geistig behindert sind (vgl. Kultusministerkonferenz, 2003). Diese Zahl stimmt mit dem entsprechenden Wert, der sich aus der Normalverteilung der Intelligenz ableiten lässt, in etwa überein.

Zahlreiche Untersuchungen belegen, dass die geistige Behinderung häufig mit anderen Beeinträchtigungen auftritt (vgl. Speck 2016[12], S. 71 f.):

Geistige Behinderung mit zusätzlich		Folgende zusätzliche Beeinträchtigungen werden beobachtet:	
1 Behinderung	26,1 %	Sprachbehinderungen	77,3 %
2 Behinderungen	39,3 %	Sehschädigungen	49,2 %
3 Behinderungen	19,8 %	Verhaltensstörungen	29,1 %
4 Behinderungen	2,6 %	motorische Störungen	16,9 %
ohne zusätzliche Behinderung	11,9 %	Anfallsleiden	14,2 %

Daraus ergibt sich: Menschen mit geistiger Behinderung sind in der Regel Menschen mit Mehrfachbehinderungen. Das Verhältnis von Mädchen zu Jungen beträgt 47 % zu 53 %.

Etwa 20 % der Schüler in der Schule mit dem Förderschwerpunkt ganzheitliche bzw. geistige Entwicklung wiesen 1980 das Downsyndrom auf. Im Jahr 2000 lag der Anteil nur noch bei 11 % (vgl. Jeltsch-Schudel, 2007, S. 307).

Erklärungsansätze

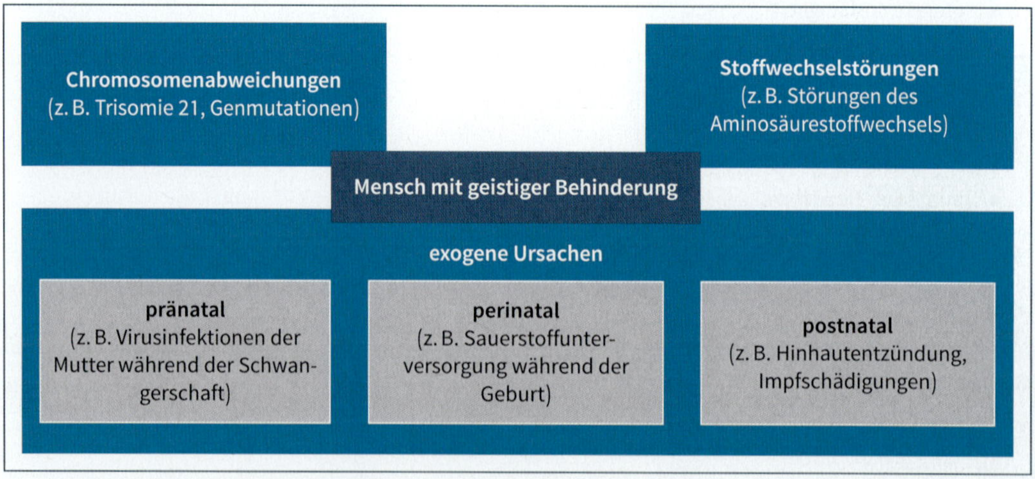

Chromosomenabweichungen

Der Chromosomensatz des Menschen als Träger der Erbinformationen besteht aus 23 Chromosomenpaaren, die sich aus insgesamt ca. 50 000 Genen zusammensetzen. Schädigungen der Chromosomen lösen in der Regel schwerste Schädigungen aus, die zu Fehlgeburten oder zu Mehrfachbehinderungen führen.

Abweichungen in der Zahl der Chromosomen können sich bei unvollständigen Zellteilungen in den Keimzellen ergeben, sodass bei der Trisomie 21 das Chromosom Nr. 21 dreifach vorhanden ist. Dies verursacht das Downsyndrom. Die Auftretenswahrscheinlichkeit erhöht sich mit zunehmendem Alter der Mutter. Ist die Mutter 35 bis 40 Jahre alt, so erhöht sich das Risiko um das Zehnfache; liegt das Alter der Mutter über 40 Jahre, steigt das Risiko sogar um das 20-Fache an. Mitentscheidend ist auch das Alter des Vaters. Die Trisomie 21 macht ca. 90 % aller genetischen Ursachen einer geistigen Behinderung aus. Andere Chromosomenanomalien treten sehr selten auf.

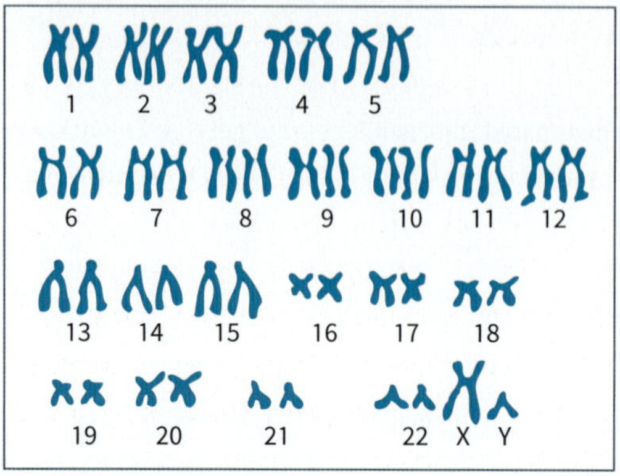

Menschlicher Chromosomensatz

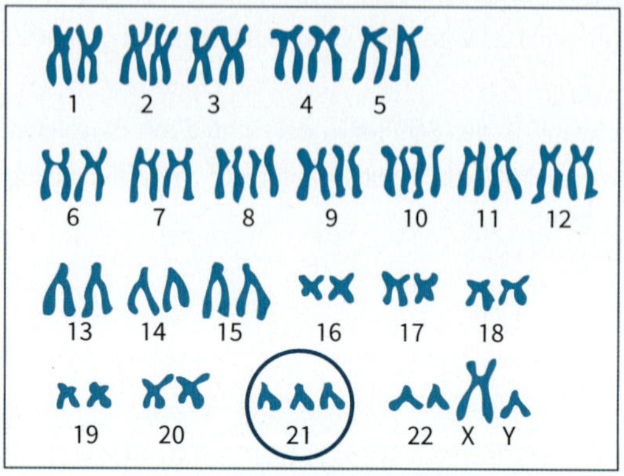

Menschlicher Chromosomensatz bei Trisomie 21

Abhängig vom Schädigungsort auf den Chromosomen können folgende Syndrome unterschieden werden, die sich erheblich auf das Verhalten der Betroffenen auswirken (vgl. Sarimski, 2001, S. 102 f.):

Syndrom	Ursache	Verhaltensmerkmale
Prader-Willi-Syndrom	Beschädigung des Chromosom 15 durch eine angeborene Genmutation	Essensdrang, zwanghaftes Verhalten, Passivität, Wutanfälle, selbstverletzendes Kratzen
Williams-Beuren-Syndrom	unvollständiges Chromosom 7 aufgrund einer spontanen Genmutation	ungehemmte Kontaktaufnahme, Mitteilungsdrang, Konzentrationsschwäche, ausgeprägte Schallempfindlichkeit
Fragiles-X-Syndrom	genetische Veränderung auf dem X-Chromosom	Reizüberempfindlichkeit, Aufmerksamkeitsdefizite, Impulsivität, selbstverletzendes Verhalten, soziale Ängste
Angelman-Syndrom	unvollständiges Chromosom 15	hyperaktives Verhalten, Ess- und Schlafstörungen, ausbleibende Sprachentwicklung

Stoffwechselstörungen

Derzeit sind über 120 Stoffwechselstörungen bekannt, die in zwei Drittel der Fälle zu einer geistigen Behinderung führen. Geistige Behinderungen werden häufig durch Störungen des Aminosäure-, Kohlehydrat- oder Lipidstoffwechsels verursacht (vgl. Muff, 2009).

Exogene Ursachen

Die exogenen Ursachen können im prä-, peri- und postnatalen Bereich liegen.

- **Pränataler Bereich:** Virusinfektionen der Mutter (z. B. Rötelerkrankung, Virusgrippe) können eine geistige Beeinträchtigung verursachen. Strahlen und Medikamente können zu Genmutationen führen, die sich in deutlichen Einschränkungen der Intelligenz niederschlagen. Außerdem kann eine Mangelernährung der Mutter zu einer Unterversorgung des heranwachsenden Kindes mit Auswirkungen auf das geistige Leistungsvermögen führen. Fehlentwicklungen des Nervensystems, die Fehlbildungen und Differenzierungsstörungen des Zentralnervensystems bewirken, sind weitere pränatale Ursachen.
- **Perinataler Bereich:** Während der Geburt kommt es, besonders wenn Zangen oder eine Saugglocke benutzt werden müssen, zu hohen Druckbelastungen des Kopfes. Dabei kann es zu Verschiebungen der Schädelknochen oder zu Gefäßrissen kommen, die Hirnblutungen auslösen. Eine weitere Ursache ist die Sauerstoffunterversorgung während des Geburtsvorgangs, die beispielsweise durch einen Nabelschnurvorfall oder eine Nabelschnurkompression, durch Placentakomplikationen, durch eine vorzeitige Ablösung der Placenta oder durch eine falsche Geburtslage des Kindes verursacht werden kann. Weiterhin können Erkrankungen des Neugeborenen (z. B. Atemstörungen, Hirnhautentzündung, Blutgruppenunverträglichkeit) geistige Beeinträchtigungen bewirken.

- **Postnataler Bereich:** Hirnhautentzündung (Meningitis und Enzephalitis) sowie Impfschädigungen können zu einer Beeinträchtigung der Intelligenz führen. Sauerstoffmangel kann auch nach der Geburt durch Erkrankungen und Verbrennungen auftreten und die Funktionsfähigkeit des Gehirns verringern. Als Folge von Unfällen mit Kopfverletzungen (Schädelhirntrauma) oder Bewusstlosigkeit treten manchmal schwere Einschränkungen der geistigen Fähigkeiten ein. Abhängig von der Schwere von Gehirnquetschungen werden deutliche Verringerungen der Hirnfunktionen beobachtet. Hirntumore sowie Hirnschädigungen aufgrund von Vergiftungen, Sauerstoffunterversorgung oder Stoffwechselerkrankungen können die Leistungsfähigkeit des Gehirns ebenfalls herabsetzen.

Vergleich der Schweregrade

Schwere geistige Behinderungen (IQ unter 50) und leichte geistige Behinderungen (IQ 50 bis 69) unterscheiden sich deutlich bezüglich der Ursachen, wie die nachfolgende Übersicht verdeutlicht:

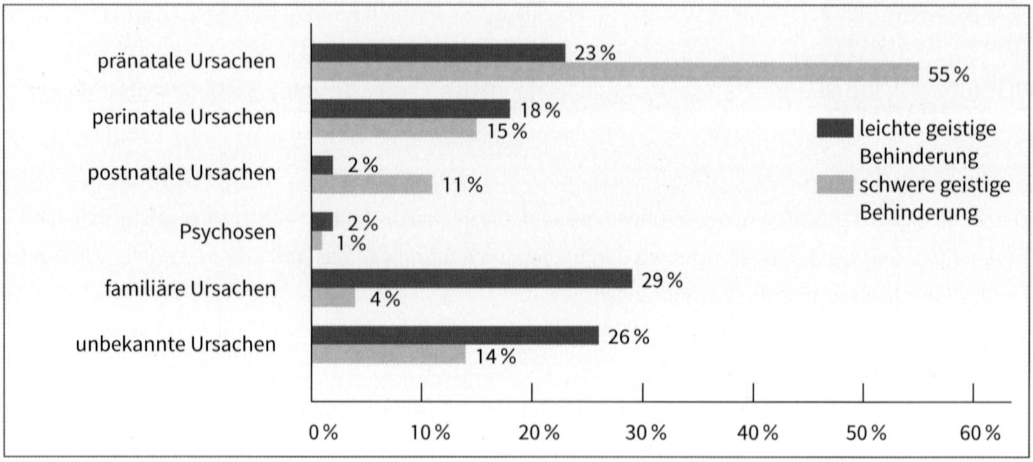

(Quelle: Neuhäuser und Steinhausen, 2003, S. 18)

Seidel (vgl. 2006, S. 162) weist auf folgende Faustregeln hin: Schwere Formen der geistigen Behinderung beruhen auf biologischen, somatischen Ursachen, während leichtere Formen der geistigen Behinderung auch auf psychosoziale Einflüsse wie beispielsweise Vernachlässigung und Verwahrlosung zurückgehen können. Komplexe Beeinträchtigungen (z. B. Mehrfachbehinderung) sind auf biologische Einflüsse zurückzuführen. Die Vererblichkeit wird, wie Speck (2005[10]) betont, häufig überschätzt. Lediglich 5 %–7 % der geistigen Behinderungen (vorwiegend Stoffwechselstörungen) sind erbbedingt.

Hilfen

Die pädagogischen Hilfen für Menschen mit einer geistigen Behinderung sind auf einer Vermeidung stigmatisierender und diskriminierender Zuschreibungen ausgerichtet, und zielen auf eine Integration/Inklusion sowie eine kulturelle und soziale Teilhabe ab (vgl. Fornefeld 2013[5]). Es gibt verschiedene Einrichtungen zur Förderung von Menschen mit geistiger Behinderung:

Bereich	Einteilung	Dauer	Alter	Zentrale Aufgaben
Frühförderung und Frühdiagnostik			bis 3 Jahre	▪ umfassende Diagnostik ▪ Förderung der Kommunikationsfähigkeit und Motorik ▪ Anregung der Lernfähigkeit ▪ Angebote für Eltern und Familie
Förderkindergarten			4–6 Jahre	▪ Gemeinschaftsfähigkeit ▪ Konzentration/Ausdauer ▪ Form- und Farberfassung, Aufbau einfacher Gewohnheiten, elementare Sprachbildung
Förderschule mit dem Schwerpunkt geistige Entwicklung	Vorstufe	1 Jahr	6–10 Jahre	▪ spielendes Lernen ▪ Vermittlung grundlegender Verhaltensweisen ▪ Entwicklung der Sozialfähigkeit
	Unter- oder Grundstufe	2 Jahre		
	Mittelstufe	2 Jahre	8–12 Jahre	▪ mitschaffendes Lernen ▪ fächerübergreifende Angebote ▪ Erwerb von elementaren Kulturtechniken ▪ Erweiterung der sprachlichen Kommunikation
	Ober- oder Hauptstufe	3 Jahre	10–15 Jahre	▪ werkgerichtetes Lernen ▪ Förderung der Selbstständigkeit ▪ Denken in komplexeren Bezügen ▪ projektorientierte Angebote ▪ Vertiefung von Kulturtechniken
	Abschluss- oder Werkstufe	3 Jahre	15–18 Jahre, Verlängerung bis 3 Jahre	▪ Berufsvorbereitung ▪ Hinführung zur Arbeitswelt (Werkstatt für behinderte Menschen) ▪ Durchführung von Arbeitsprojekten und Betriebspraktika ▪ Vorbereitung auf Wohnen außerhalb der Familie, Freizeitgestaltung usw.
Werkstatt für behinderte Menschen			ab 18 bzw. 21 Jahren	Erlernen und Ausüben einer angemessenen Tätigkeit

Frühförderung

Die frühe und gezielte Förderung der Lernfähigkeit ist für das Kind mit geistiger Behinderung von großer Bedeutung. Die Frühförderung umfasst kindbezogene Maßnahmen, Beratung und Unterstützung der Eltern bzw. Erziehungsverantwortlichen sowie Hilfen zur Integration und sozialen Teilhabe des geistig behinderten Kindes. Die Förderung der Motorik und Sinneswahrnehmung stehen dabei im Mittelpunkt. Vor allem bei Kindern mit Downsyndrom ist eine frühe Förderung schon in den ersten Lebenswochen im körperlichen Bereich erforderlich, um der Muskelschwäche entgegenzuwirken und Auswirkungen auf das Skelett und den Bewegungsapparat zu verhindern. Der Förderung der Feinmotorik kommt eine besondere Bedeutung zu, damit das geistig behinderte Kind seine Welt „begreifen" kann.

Die Hörfähigkeit sollte sehr früh überprüft werden, um auf Hörstörungen in der Frühförderung rechtzeitig und gezielt eingehen zu können. Hören und Sprachkompetenz sind eng miteinander verknüpft. Die Sprachanbahnung beginnt im Elternhaus (z. B. Aufmerksamkeit bei Lautäußerungen des Kindes, Sprechanreize, Singen), die gezielte Sprachförderung kann von Logopäden durchgeführt werden (z. B. Atmung, Stimmbildung, Artikulation von Lauten).

Prinzipien der Förderung

Die sozialpädagogische Förderung und Erziehung soll Menschen mit geistiger Beeinträchtigung befähigen, Verrichtungen des alltäglichen Lebens nach Möglichkeit ohne fremde Hilfe zu bewältigen (vgl. Kultusministerkonferenz, 1998). Dazu ist eine Orientierung an der Lebenswelt erforderlich. Die Förderangebote dienen dabei auch der Entwicklung von Selbstständigkeit zur Selbstversorgung. Ein Erfolg dieser Förderbemühungen ist vor allem von dem Engagement beständiger Bezugspersonen abhängig, die mit dem beeinträchtigten Menschen angemessen kommunizieren, ihn verstehen und in seiner Entwicklung unterstützen. Prinzipien stellen allgemeine Grundsätze dar, die in vielen Erziehungssituationen angewendet werden sollen und deshalb bei der Planung von Angeboten und der erzieherischen Gestaltung des Alltags zu berücksichtigen sind.

- **Prinzip der Entwicklungsgemäßheit:** Die Förderangebote sollen gestuft auf das sich entwickelnde Leistungsvermögen des Kindes abgestimmt werden. So sind die Lerngruppen nach dem Entwicklungsstand zu bilden und die Anforderungen am Entwicklungstempo des Kindes mit geistiger Behinderung zu orientieren.
- **Prinzip der Individualisierung:** Geistig behinderte Kinder unterscheiden sich erheblich im Leistungsvermögen und in ihren Interessen in den verschiedenen Leistungsbereichen. Durch innere Differenzierung bis hin zur gezielten Einzelförderung müssen die Lernarrangements auf die Leistungsfähigkeit der einzelnen geistig behinderten Kinder abgestimmt werden.
- **Prinzip der Differenzierung:** In der Schule mit Förderschwerpunkt geistige Entwicklung sind in den verschiedenen Altersgruppen Kinder mit Schwerstbehinderungen und Schüler, deren Leistungsvermögen im Grenzbereich zur Lernbehinderung liegt. Die Möglichkeiten der inneren Differenzierung (das Fördermaterial umfasst unterschiedliche Anforderungsstufen, sodass alle Kinder im Raum bleiben und sich mit dem gleichen Material beschäftigen) und der äußeren Differenzierung (Bildung von Interessens- und Fähigkeitsgruppen) sind dabei zu nutzen.
- **Prinzip des handelnden Lernens und der Selbsttätigkeit:** Im Vordergrund steht die Erziehung durch Erfahrung. Es handelt sich dabei um ein aktives Lernen, ein Auseinandersetzen mit dem Lerngegenstand, und nicht um ein passives Ansammeln von Informationen. Das Lernen sollte so organisiert werden, dass das geistig beeinträchtigte Kind zum selbstentdeckenden Handeln angeregt wird.
- **Prinzip der Anschaulichkeit:** Die Inhalte sind möglichst konkret zu vermitteln und das Kind sollte sie mit allen Sinnen erfassen können. So kann auf Alltagserfahrungen des Kindes, z. B. das Zähneputzen, im Bereich der Körperpflege aufgebaut werden, damit Handlungsabläufe verständlich und transparent gemacht werden können.
- **Prinzip der Ganzheitlichkeit:** Der Unterricht ist so anzulegen, dass die einfache Struktur eines Sachverhalts vom Kind als Ganzes erkannt werden kann. Wenn dem Kind der Sinn und der Sachverhalt als Ganzes erfassbar sind, dann wird einsichtiges Handeln möglich. Unterrichtsinhalte sollten einen Bezug zum täglichen Erfahrungsbereich des Kindes aufweisen.
- **Prinzip des handlungsbegleitenden Sprechens:** Das Handeln des Kindes sollte möglichst früh, intensiv und differenziert verbalisiert werden. Die Verwendung von klaren und gleichen Sprachmustern führt zu einer engen Verknüpfung des Handelns mit dem sprachlichen Zeichensystem. Das Kind sollte immer erkennen bzw. verstehen können, worüber gesprochen wird.
- **Prinzip des Übens und der Wiederholung:** Das Üben dient dem Aufbau von Gewohnheiten und dem Automatisieren von Abläufen (Funktionstraining). Dies ist bei geistiger Behinderung vor allem in den Bereichen wichtig, in denen das Lernen durch Einsicht nicht möglich ist. Zudem benötigt das Kind mit geistiger Behinderung wesentlich mehr Zeit als ein Kind ohne Behinderung, um einfache, oft grundlegende Techniken wie Unterscheiden, Strukturieren, Zuordnen, Vergleichen und Konzentration zu entwickeln. Es müssen deshalb recht lange Übungs- und Wiederholungsphasen eingeplant werden. Um einer nachlassenden Motivation entgegenzuwirken, muss auf eine starke Verlaufsmotivation und die Vermittlung von Erfolgserlebnissen geachtet werden.

- **Prinzip der Emotionalität:** Der Unterricht sollte nicht nur kognitiv ausgerichtet sein, sondern die positiven Gefühle der Lernenden ansprechen, damit sich Interesse und Lernfreude, Betroffenheit und Engagement, Zuversicht und Vertrauen entwickeln.

Methoden zur Förderung

Ausgehend von unterschiedlichen Unterrichtsmethoden können folgende Ausrichtungen in der Unterweisung von Menschen mit geistiger Behinderung, abhängig vom Grad der Beeinträchtigung, unterschieden werden (vgl. Fischer, 2008, S. 111):

Lehr- und Lernorientierung

Die Lehr- und Lernorientierung entspricht dem Vorgehen bei nicht beeinträchtigten Menschen und ist vor allem bei Menschen mit geringer geistiger Behinderung angebracht.

Handlungs- und Projektorientierung

Dieses Vorgehen entspricht in seinen Grundstrukturen dem Vorgehen im Regelbereich und muss auf die Menschen mit geistiger Behinderung abgestimmt werden. Das Handeln dient der Entwicklung von Handlungskompetenzen, die das Verstehen, Lernen und Transferieren auf neue Situationen beinhaltet. Die Selbststeuerung ersetzt die Anweisung. Mühl (1993) versteht unter Handeln ein motiviertes, zielgerichtetes, geplantes, regelmäßiges, kontrolliertes, bewusstes Verhalten. Das Lernen erfolgt ganzheitlich und ist in reale Sach- und Lebensbezüge eingebettet. Das Vorgehen ist auf die individuellen Fähigkeiten des Lernenden abgestimmt (z. B. Möglichkeiten der selbstständigen Mitarbeit). Die Handlungskompetenz umfasst die Wahrnehmung und Artikulation eigener Interessen und Bedürfnisse, das Einschätzen der Situation, planerische Fähigkeiten, die Interaktions- und Kommunikationsfähigkeit, psychomotorische Fertigkeiten sowie die Fähigkeit zur Selbstbewertung und Kontrolle. Bei der Verwirklichung des handlungsorientierten Vorgehens müssen die Interessen und Bedürfnisse der Menschen mit geistiger Beeinträchtigung berücksichtigt und die Personen so weit wie möglich in die Planung und Umsetzung eingebunden werden. Sie sind zu Beteiligten zu machen, die angemessene Aufgaben eigenständig und selbsttätig bearbeiten. Vier Phasen sind dabei zu beachten:

	Handlungs-orientierung	Handlungs-planung	Handlungs-ausführung	Handlungs-kontrolle
Kennzeichen	Bedürfnisse, Interessen, Zielfindung, Anlässe	Beachtung von Mitteln und Wegen	Umsetzung der Planung, Erkennen sachlogischer Bezüge	Verlaufs- und Ergebniskontrolle, Handlungsbewertung
Schülerbezogene Aktivitäten	eigene Interessen und Bedürfnisse äußern, Interessen und Bedürfnisse anderer berücksichtigen	Situationen einschätzen, Abläufe strukturieren, Bewertungsmaßstäbe entwickeln	psychomotorische Fertigkeiten und Techniken einbringen und weiterentwickeln	Maßstäbe anwenden, Handlungsergebnisse kontrollieren
Aufgaben von heil- und sonderpädagogischen Fachkräften	Neugierde wecken, Äußerungen initiieren, Dominanz einzelner vermindern	Planungsprozesse anregen, Vorschläge strukturieren und visualisieren, kreative Prozesse anstoßen, Entscheidungsprozesse begleiten	Materialien, Werkzeuge usw. bereitstellen; Verlaufskontrollen anregen	Bewertungen initiieren

Bei geistig beeinträchtigten Menschen haben gerade beim handlungsbezogenen Vorgehen Lernorte außerhalb der Einrichtung eine besondere Bedeutung. Aufgrund der handlungs- und erlebnisbezogenen Auseinandersetzung sind durch den Besuch von kulturellen Einrichtungen (z. B. Nutzung von museumspädagogischen Angeboten), durch Erkundungen in der Natur oder durch das Aufsuchen von Geschäften oder öffentlichen Einrichtungen lebenspraktische Erfahrungen „aus erster Hand“ möglich. Auf der Erfahrungsbasis von Begegnungen an Originalschauplätzen, die häufig starke emotionale Wirkungen auslösen, sind Handlungskompetenzen besser zu entwickeln. Dabei sollte darauf geachtet werden, dass durch Visualisierung (Bilder, Filme) die Besuche dokumentiert werden, um die Erfahrungen wieder präsent zu machen.

Die Durchführung von Projekten im engeren Sinne ist nur in eingeschränkter Form möglich. Fischer geht von einem projektorientierten Vorgehen aus und grenzt die beiden Begriffe „Projekt“ und „projektorientiert“ wie folgt voneinander ab:

	Projekt (im engeren Sinne)	Projektorientiertes Vorgehen
Themenwahl	Bewohner bestimmen Thema und Inhalte	Bewohner werden an der Themenauswahl und inhaltlichen Abgrenzung beteiligt
Ziele und Arbeitsschritte	Bewohner legen selbst Ziele und Arbeitsschritte fest	Bewohner und Betreuer bestimmen gemeinsam Ziele und Arbeitsschritte
Methoden	freie Wahl der Vorgehensweise	Auswahl an angebotenen Vorgehensweisen
Sozialformen	Bewohner entscheiden selbst, ob sie Einzel-, Partner- oder Gruppenarbeit praktizieren	Betreuer steuern Gruppenarbeit
Materialien	Bewohner besorgen die erforderlichen Materialien	Bewohner helfen bei der Besorgung der Materialien und wählen aus
Bewohnerrolle	Bewohner handeln selbstständig und selbsttätig; großer Entscheidungsspielraum	Bewohner sind phasenweise eigenaktiv; sie tragen Mitverantwortung
Betreuerrolle	Berater und Lernbegleiter	Helfer und Strukturierender; Übertragung von Verantwortungsbereichen an Bewohner

(vgl. Fischer, 2008, S. 139)

Abhängig vom Schweregrad der geistigen Beeinträchtigung können nicht alle Merkmale eines Projekts gegeben sein und eine Fremdsteuerung ist erforderlich. Fischer (2008) gibt zu bedenken, dass die Komplexität von Projekten zur Überforderung führen kann. In der Planungsphase, die auf entsprechende Vorerfahrungen aufbaut, sind Hilfestellungen erforderlich. Gerade bei schweren Behinderungsformen bestehen Probleme, Handlungsziele sowie die abgeleiteten Teilschritte auszuarbeiten.

Trainings- und Übungsorientierung

Die Trainings- und Übungsorientierung ist stark an lebenspraktischen Bereichen ausgerichtet und intendiert die Bewältigung von Alltagsanforderungen, um die angestrebte Selbstständigkeit zu unterstützen. Ein systematisches, kontrolliertes Verhaltenstraining zählt zu den häufig praktizierten Vorgehensweisen, um lebenspraktische Kompetenzen gezielt aufzubauen (z. B. Toilettentraining, das Zähneputzen, das An- und Ausziehen). Auf lernpsychologischer Grundlage basiert folgendes Vorgehen:

1. Erfassung des aktuellen Leistungsvermögens
2. Planung des Verhaltensaufbaus mit einer Zerlegung in kleinste Handlungsschritte
3. systematisches Training einzelner Handlungsschritte in Verbindung mit Verstärkung, Bestrafung und Löschung (Verhaltensaufbau)
4. Verknüpfung der Handlungsschritte
5. Transfer des Gelernten auf Alltagssituationen

Diese geschlossene Vorgehensweise ist lernzielorientiert und weist einen hohen Strukturierungsgrad auf.

Auf Stiehler (2009) gehen folgende Hinweise zum sinnvollen Üben zurück:

- Üben muss zum gewohnheitsmäßigen Handeln werden, ohne dass jeden Tag erneut Überzeugungsarbeit geleistet werden muss.
- Tägliche Übungsphasen von ca. 20–30 Minuten sind wesentlich wirksamer als intensives Üben an einem Tag.
- Nur regelmäßiges Üben führt deutlich erkennbar zu den gewünschten Fortschritten. Nach Unterbrechungen muss sich die Person erst wieder überwinden, neu zu beginnen. Rückschritte sind dabei aufzuholen. Dies verdirbt den Spaß am Üben.
- Üben ist eine Notwendigkeit und es stellt sich nicht die Frage, ob die Person dazu Lust hat oder Interesse verspürt.
- Ein dauerhafter Übungserfolg setzt voraus, dass die Person so lange übt, bis das Erworbene auch nach mehreren nachfolgenden Durchgängen fehlerfrei beherrscht wird. Nicht nach dem ersten Erfolg die Übungsanstrengungen aufgeben!
- Richtiges Üben setzt voraus, dass das Geübte auch verstanden wird. Nur dann ist erkennbar, ob Fehler auf mangelnder Übung oder unzureichendem Verständnis beruhen. Dies ist für eine sinnvolle Hilfe für den Übenden unerlässlich.
- Eine gute Gliederung und Visualisierung erleichtern den Aneignungsprozess und führen schneller zum Erfolg.
- Variationen beim Üben und die Vielfalt von Übungsaufgaben sichern den Übungserfolg, da unterschiedliche Strategien anzuwenden sind. Dies stellt sicher, dass der Übende nicht schematisch und unüberlegt an Übungsaufgaben herangeht.
- Eine ständige Kontrolle ist in der Übungsphase erforderlich, um zu vermeiden, dass sich Fehler einschleichen und verfestigen.
- Übungsinhalte müssen sich auf möglichst aktuelle Inhaltsbereiche beziehen.
- Übungsphasen sollen kontinuierlich sein und sind auch in Ferienzeiten beizubehalten.
- Übungsphasen und -erfolge beständig dokumentieren, um Fortschritte sichtbar zu machen.

Ein stark strukturiertes Vorgehen weist folgende Vor- und Nachteile (vgl. Fischer, 2008) auf:

Vorteile/Chancen	Nachteile/Gefahren
▪ klarer Handlungsrahmen ▪ Sicherheit und Stabilität für das Lernen ▪ planvolles Vorgehen ▪ Orientierung an gewohnten Abläufen ▪ Aufbau von neuen Gewohnheiten ▪ gute Überprüfbarkeit der Lernfortschritte ▪ eindeutige, hierarchisch strukturierte Vorgehensweise ▪ Vermeidung von Überforderung ▪ hohe Individualisierung ▪ hohe Zeitökonomie ▪ Hilfe für Leistungsschwache	▪ durch Zersplitterung in kleinste Schritte Beeinträchtigung im Erkennen von Gesamtzusammenhängen ▪ keine Spontaneität bzw. Flexibilität durch Starrheit des Vorgehens ▪ kein kindgemäßes Vorgehen ▪ kaum Mitspracherecht der Betroffenen durch hohe Fremdsteuerung ▪ Betroffene werden „abgerichtet" ▪ Langeweile ▪ ausgeprägte Lenkung ▪ rigides, autoritäres Vorgehen ▪ keine Selbstbestimmung und Teilhabe der Betroffenen

Behandlungs- und Therapieorientierung

Eine deutlich ausgeprägte geistige Behinderung erfordert eine Behandlungs- und Therapieorientierung, wie sie beispielsweise in der Basalen Stimulation® umgesetzt wird. Abhängig vom Schweregrad und von der Form der Beeinträchtigungen erfolgen beispielsweise physiotherapeutische Maßnahmen (siehe Kap. 2.4.6). Die Basale Stimulation® (siehe Kap. 2.5.1) nach Fröhlich umfasst eine ganzheitlich, dialogisch angelegte Förderung.

Beziehungs- und Kommunikationsorientierung

Bei Menschen mit schwersten geistigen Beeinträchtigungen steht die Beziehungs- und Kommunikationsorientierung im Vordergrund (z. B. basale Kommunikation). Die emotionale Bindung und das gegenseitige Vertrauen bilden die Grundlage für Erziehungs- und Bildungsprozesse. Auf die Verhaltensweisen, Eigenheiten und Bedürfnisse der Menschen mit schweren Behinderungen wird mit Wertschätzung und Empathie eingegangen, um dem individuellen Hilfebedarf gerecht zu werden.

Das In-Beziehung-Treten erfolgt auf basaler Ebene, d. h., die Betreuerin bedient sich einfachster, elementarer Möglichkeiten, um den Kontakt aufzubauen. Sensibel muss auf die Bedürfnisse und aktuelle Verfassung der beeinträchtigten Person eingegangen werden. Im Mittelpunkt können der Aufbau einer Objektbeziehung oder Umweltorientierung, das Auslösen emotionaler Reaktionen, die Vertiefung der Beziehung sowie die funktionale Ertüchtigung stehen. Die basale Aktivierung (vgl. Breitlinger/Fischer, 1981) und die basale Kommunikation (vgl. Mall, 2007) sind die geeigneten Verfahren, um den Möglichkeiten von Menschen mit schwerster Behinderung gerecht zu werden.

Fischer (vgl. 2008, S. 135 f.) kennzeichnet das Vorgehen wie folgt:

- **Individualisierung:** Alle Vorgehensweisen sind individualistisch, d. h., sie folgen keinem für alle gültigen Rahmenplan, sondern werden speziell für jede Person mit ihren Möglichkeiten, Interessen, Bedürfnis- und Bedarfslagen sowie Ausdrucks- und Kommunikationsmöglichkeiten erstellt.
- **Wahrnehmungsbezug:** Die Intensität der Wahrnehmungsreize ist auf die Person abzustimmen, damit die Person mit schwerster Beeinträchtigung mit der Umwelt in Beziehung tritt. Dabei sollte nicht ein reines Funktionstraining (z. B. Reizunterscheidung) im Vordergrund stehen, sondern mit den Reizen ein angemessener Bedeutungsgehalt verknüpft werden können.
- **Wohlbefinden:** Das körperliche Wohlbefinden ist Voraussetzung, damit der Mensch mit schwerer Behinderung auf Reize der Umwelt positiv reagiert. Eine energetische Grundversorgung (Atmung, Nahrung, Massagen) muss deshalb gegeben sein.
- **Körpererfahrungen:** Ausgangspunkt für die Erkundung der Umwelt sind basale Wahrnehmungserfahrungen.
- **Emotionalität und Verständnis:** Der verlässliche Kontakt zu Bezugspersonen und das damit verbundene Vertrauen ermöglicht eine kontinuierliche Arbeit, da die Bezugsperson die Besonderheiten, Eigenarten, Interessen, Bedürfnisse, Abneigungen und Verhaltensweisen kennt und Reaktionen versteht.
- **Dialogische Beziehung:** Zwischen Betreuer und Betreutem besteht eine dialogische Beziehung, die beispielsweise sensibel auf nonverbaler Ebene erfolgen kann.
- **Selbstbeziehung des Erziehers:** Die Interaktions- und Kommunikationsabläufe werden nicht nur durch Einschränkungen auf der Seite des beeinträchtigten Menschen erschwert, auch der Erzieher muss sein Kommunikationsverhalten reflektieren und sich seinen Begrenzungen bewusst sein, damit er sensibel auf Signale des anderen angemessen eingehen kann.

Fördermöglichkeiten

Die nachfolgende Übersicht gibt einen Überblick über die Ansatzpunkte der Förderung von Kindern mit geistiger Behinderung. Konkrete Trainingshinweise für die Förderung von Kindern mit Downsyndrom hat Ohlmeier (1997[3]) entwickelt.

- **Erziehung im kognitiven Bereich:** Die Entwicklung der geistigen Fähigkeiten beruht auf der Förderung einfacher Denkvorgänge und bezieht sich auf die folgenden Bereiche:
  - **Regelverständnis** (wiederkehrende Abfolgen in zeitlichen, räumlichen und sozialen Bezügen erkennen; Spielregeln einfacher Spiele einhalten; einfache kausale Zusammenhänge erfassen)
  - **Zeichenverständnis** (Signale und Symbole in ihrer Bedeutung voneinander unterscheiden; Bildergeschichten ordnen; Einzelheiten in Bildern erfassen; Entwicklung eines Symbol-, Buchstaben- und Begriffsverständnisses, das es ermöglicht, Schilder, Verkehrszeichen, Piktogramme und Wörter wiederzuerkennen; oft werden Signalwörter erlernt, die eine Orientierung in neuen Situationen ermöglichen; verschiedene Schriftarten bereiten Menschen mit geistiger Behinderung beim Erkennen Schwierigkeiten)

> **Zahlenverständnis** (kleine Mengen im Sinne von mehr/weniger, größer/kleiner vergleichen; Zahlenraum bis zehn, teilweise bis zwanzig; einfache zeitliche Unterscheidungen wie volle und halbe Stunde treffen)
> **Gegenstandsverständnis** (bereits im Säuglingsalter beginnt der Aufbau der Personen- und Objektunterscheidung sowie das Wiedererkennen, im Kleinkindalter erfolgt eine weitere Differenzierung)

- **Erziehung zur Selbstständigkeit:** Die Erziehung zur Selbstständigkeit umfasst sowohl die eigene Person als auch die Organisation des Umfeldes, in dem sich die geistig beeinträchtigte Person bewegt:
  > **Hygiene/Körperpflege** (die Toilette selbstständig benutzen; sich allein waschen; Zähne putzen; Haare kämmen; Rasieren; Nägel schneiden)
  > **Aus-/Ankleiden und Kleiderpflege** (sich allein ausziehen und einfache Kleidungsstücke anziehen; Verschlüsse wie Knöpfe oder Reißverschluss richtig nutzen; Kleider ordentlich aufbewahren; Kleidung schonen und säubern; Schuhe putzen, Knopf annähen)
  > **Essen und Trinken** (mit Besteck essen; sich selbst Getränke eingießen; Nahrung zerkleinern; Brot schmieren; Mahlzeiten gemeinsam beginnen und beenden; nicht mit vollem Mund sprechen)
  > **Raum- und Zeitorientierung** (sich in der Wohnung, im Haus bzw. im Wohngebiet zurechtfinden; Wohnadresse und Schule angeben; Tagesablauf zeitlich zuordnen)
  > **Verkehrssicherheit** (Bürgersteig nutzen; beim Überqueren der Straße Zebrastreifen und Ampeln berücksichtigen; einfache Verkehrszeichen beachten; öffentliche Verkehrsmittel nutzen; sich in den Verkehrsmitteln korrekt verhalten; Fahrschein lösen, sich festhalten, umsteigen)
  > **Alltagshandgriffe** (Türen leise schließen; Schlüssel nutzen; Wasserhahn, Lichtschalter und Radio/Fernseher bedienen; Telefonieren; Briefkasten leeren; Tisch decken und abräumen)
  > **Raum- und Wäschepflege** (Staubsaugen; Aufräumen; Müll entsorgen; Reinigung von Toiletten; Pflanzen gießen; Wege und Hof reinigen; Betten machen; bestimmte Wäschestücke waschen, zusammenlegen, bügeln und einräumen; Bedienung der Waschmaschine)
  > **Gartenarbeit** (Pflanzen bewässern; Rasen mähen; Unkraut entfernen; Pflanzen und Ernten)
  > **Nahrungszubereitung** (Brot schneiden; Kartoffeln schälen; etwas abkochen; Flaschen oder Büchsen öffnen; Getränke zubereiten)
  > **Einkaufen** (mit Zettel einkaufen; mündlichen Auftrag erledigen; in verschiedenen Geschäften einkaufen)

- **Spracherziehung:** Bereits in der Familie beginnt die häusliche Sprachaufbauhilfe. In Anlehnung an Bach (1995[15]) ergeben sich bei der Erziehung zur Sprachtüchtigkeit folgende Aufgaben:
  > **Übungen zur Lautbildung** (Maßnahmen der Hörerziehung, indem das Kind mit geistiger Behinderung lernt, Laute bewusst wahrzunehmen und differenziert wiederzugeben; Stimmübungen sowie Funktionsübungen zur Atemtechnik und zur Lippen- und Zungenstellung bei der Lautbildung)

> **Übungen zum Wortschatz bzw. zum Aufbau des Sprachverständnisses** (Entwicklung des Begriffsverständnisses, mit dem alltägliche Erfahrungen wiedergegeben werden können; Angaben zur eigenen Person und zur Familie; Erlernen von Liedern, Gedichten oder Sprichwörtern)
> **Übungen zum Satzbau** (Einwortsätze durch kommentierende Wiederholung vervollständigen; Hinführung zu mehrgliedrigen Aussagen)
> **Entwicklung der Sprachkompetenz** (Bereitschaft, anderen zuzuhören; Verminderung von Sprachfehlern; Bereitschaft, mit anderen zu kommunizieren)

- **Sozialerziehung:** Die Fördermöglichkeiten im sozialen Verhalten werden als sehr hoch eingeschätzt. Bach (1995[15]) nennt fünf Schwerpunkte:
  1. **Vermittlung von Umgangsformen** (Grüßen; Bitte-/Danke-Sagen; beim Gespräch Blickkontakt halten; keine Fremden ansprechen oder mit ihnen gehen; nicht betteln)
  2. **Einhalten von Anstandsregeln** (Mund schließen; ordentlich sitzen; keine Grimassen schneiden; Taschentuchnutzung; andere nicht beleidigen)
  3. **Rücksichtnahme** (andere nicht stören bzw. unterbrechen; nicht drängeln, schubsen, stoßen oder treten; fremden Besitz beachten; beim Niesen und Husten die Hand vor den Mund halten)
  4. **Hilfsbereitschaft** (Tür aufhalten; beim Tragen helfen; Platz anbieten; etwas Hingefallenes wieder aufheben; Schwächeren helfen)
  5. **Kontaktfähigkeit** (miteinander spielen und arbeiten; etwas abgeben; andere teilnehmen lassen; Teilen)

Aus einem anfänglichen Nebeneinander können sich Beziehungen entwickeln. Zuneigung und Hilfsbereitschaft werden als beglückendes Erlebnis erfahren. Die Bindungsdauer bleibt bei Kindern jedoch relativ kurz, erst mit zunehmendem Alter stabilisieren sich die Kontakte.

Ein wichtiger Aspekt ist die Vermittlung von Abstand und Nähe. Menschen mit geistiger Behinderung erleben ihre soziale Umwelt oft widersprüchlich. Einerseits wenden sich Menschen ab, andererseits reagieren sie zum Teil entwürdigend distanzlos, indem sie Menschen mit geistiger Behinderung duzen, sie berühren und ihnen keine Intimsphäre zugestehen. Aus diesen Reaktionsmustern der sozialen Umwelt ist für Menschen mit geistiger Behinderung kein Modell für sozial erwünschte Nähe bzw. Abstand ableitbar. Nur wenn selbst ein angemessener Umgang erlebt wird, kann sich ein Distanzgefühl entwickeln. Menschen mit geistiger Behinderung sind zur Übernahme sozialer Verantwortung fähig. So können intensive Freundschaften und Partnerschaften zwischen Frauen und Männern mit geistiger Behinderung entstehen.

- **Wahrnehmungsförderung**: Das Vorgehen bei der Förderung der Wahrnehmung ist auf die Entwicklungsphase des Kindes mit geistiger Behinderung abzustimmen. Ohlmeier (1997[3]) hat bei Kindern mit Downsyndrom drei Phasen der Wahrnehmung festgestellt:

1. Reizblockierung (trotz starker Reize erfolgt keine Reaktion)
2. Reizhunger (starke Reaktionen des Kindes auf Reize)
3. Reizüberflutung (Das Kind vermag die Vielfalt der Reize nicht zu differenzieren.)

Bei der Sinnesschulung sollten diese Phasen berücksichtigt werden.

Die Wahrnehmungsförderung umfasst folgende Bereiche:
> **visueller Bereich** (Übungen zur Erfassung von Unterschieden und Abstufungen im Farbbereich; Verfolgen von Bewegungsabläufen; Einschätzen von Entfernungen; Anregung zum Malen)
> **akustischer Bereich** (Differenzierung von Geräuschen; Erkennen und Unterscheiden von Lautstärken, Tonhöhen und Richtungen; Wiedergeben von Rhythmen und Melodien; Anregung zum Musizieren)
> **haptischer Bereich** (Erkennen und Unterscheiden von Formen, Oberflächenbeschaffenheit und Materialeigenschaften; Zulassen und räumliches Zuordnen von Berührungen; Anregungen zum Werken und formenden Gestalten mit Ton oder Knetmasse)
> **olfaktorischer Bereich** (Erkennen und Unterscheiden von verschiedenen Düften und Geschmacksformen; Anregung zum Kochen)
> **Raum-Lage-Wahrnehmung** (Erfassen der eigenen Bewegung; Körperschema bezüglich Körperlage und Gliederlage entwickeln; Angebote im sportlichen Bereich)

- **Motorische Förderung:** Menschen mit geistiger Behinderung sammeln durch ihr praktisches Tun Lernerfahrungen. Wie Schilling bereits 1979 herausstellt, lernen sie mit den Händen. Ihre Persönlichkeitsentwicklung wird von der körperlichen Leistungsfähigkeit bestimmt. Die Entwicklung und Förderung der Motorik eröffnet die Möglichkeit zur Umwelterfahrung und Kommunikation mit der Umwelt. Da bei geistiger Behinderung bedingt durch die hypotone Muskulatur die motorischen Leistungen eingeschränkt sind und häufig daraus eine Bewegungsarmut resultiert, ist die motorische Förderung besonders wichtig. Ein wichtiger Aspekt der motorischen Fördermaßnahmen ist die Verbesserung der Körperbeherrschung.
  > **Förderung der Bewegungsfreude** (entwicklungsabhängig werden die verschiedenen Bewegungsformen wie Krabbeln, Kriechen, Laufen, Treppensteigen, Balancieren, Klettern, Springen und Schwimmen spielerisch gefördert; zur Erhaltung der schnell nachlassenden Motivation ist ein kreatives und flexibles Üben notwendig)
  > **Kontrolle von Bewegungsabläufen** (Koordinierung des Körpers und der Extremitäten zur kontrollierten Ausführung von Bewegungen; Verbesserung des Gleichgewichts; zielgerichtetes Verhalten; Dosierung von Kraft und Geschwindigkeit; Entwicklung der Ausdauer; gemeinsames, aufeinander abgestimmtes Handeln mit einem Partner bei sportlichen Aktivitäten)

Das geistig behinderte Kind benötigt starke Bestätigung und Ermutigung, um sich entfalten zu können. Bereits kleinste Fortschritte und Erfolge sollten überschwänglich anerkannt und belobigt werden, um das Selbstwertgefühl des Kindes zu stärken. Eine Unterforderung, die auf Verwöhnung, Schonung, Mitleid oder

Gleichgültigkeit zurückgehen kann, verhindert die Entwicklung von Förderpotenzialen. Die Erziehenden benötigen Ausdauer und Geduld, um Entwicklungsfortschritte zu erreichen, die ein nicht beeinträchtigtes Kind in kurzer Zeit verwirklicht.

Inklusive Beschulung

Etwa 9000 Kinder mit geistiger Behinderung besuchten 2016 mit nicht beeinträchtigten Kindern gemeinsam allgemeinbildende Schulen. Dies entspricht einer Quote von ca. 11 % aller Kinder mit geistiger Behinderung. Eine Befragung der Eltern (vgl. Klemm, 2015) ergab, dass lediglich 36 % der betroffenen Eltern eine gemeinsame Beschulung von Kindern mit und ohne sonderpädagogischem Förderbedarf befürworten. Eine integrative Beschulung ist vorwiegend von Eltern mit Down-Syndrom-Kindern gewünscht, wenn zusätzliche personelle Hilfen zur Verfügung stehen. Die Vorteile einer gemeinsamen Beschulung werden in der besseren Integration in das soziale Umfeld, stärkeren Impulsen zur Entwicklung des beeinträchtigten Kindes und den besseren Beobachtungsmöglichkeiten gesehen. Eine unzureichende persönliche Betreuung, eine Überforderung und Entmutigung sowie negative Erfahrungen wie Ausgrenzung und Stigmatisierung werden dagegen befürchtet (vgl. Sarimski, 2001).

AUFGABEN

1. Erläutern und veranschaulichen Sie die Leistungsfähigkeit im Lern- und Sprachverhalten bei geistiger Behinderung.

2. Entwickeln Sie für die verschiedenen Ursachen Hilfsmöglichkeiten. Bewerten Sie die Wirksamkeit dieser Hilfen.

3. In einer integrativen Kindertagesstätte werden zwei Kinder mit geistiger Behinderung und zwölf Kinder ohne Behinderung betreut. Verdeutlichen Sie die Vorteile, die sich daraus für die geistig beeinträchtigten Kinder ergeben. Erklären Sie, welche erzieherischen Förderungen ein geistig beeinträchtigtes Kind im Vergleich zu einem Kind ohne Behinderung benötigt.

4. Ein Jugendlicher mit geistiger Behinderung soll lernen, den Weg von der Behinderteneinrichtung in die benachbarte Stadt eigenständig mit dem Bus zu bewältigen. Entwickeln Sie eine Strategie zur Gestaltung des Lernprozesses und begründen Sie Ihre Vorgehensweise.

5. In der Einrichtung soll die Entwicklung des geistig beeinträchtigten Kindes dokumentiert werden. Nennen Sie verschiedene Möglichkeiten zur Erfassung der Entwicklung. Bewerten Sie die ausgewählten Verfahren hinsichtlich ihrer Objektivität.

6. Stellen Sie die Unterschiede zwischen einem Kind mit Lernbehinderung und einem Kind mit geistiger Behinderung heraus. Begründen Sie Ihre Aussagen.

4.4 Emotionale Störungen

4.4.1 Angststörungen

DEFINITION

- **Angst** wird als unangenehmer Zustand bezeichnet, der dann auftritt, wenn eine Situation bedrohlich erscheint.
- **Furcht** beschreibt einen unangenehmen emotionalen Zustand, der auf einen bestimmten Reiz erfolgt; der Auslöser der Furcht ist der Person bewusst.
- **Phobie** bezeichnet eine übertriebene Angst- bzw. Furchtreaktion, die ständig auftritt und unangepasst ist. Bereits bei minimalen Reizen tritt eine massive Angstreaktion auf.

Die Begriffe „Angst" und „Furcht" werden in der Literatur z. T. parallel verwendet, da die Unterscheidung im Hinblick auf den Bewusstseinsgrad des Angst- bzw. Furchtreizes problematisch ist. Die physiologischen Reaktionen sind bei Angst und Furcht identisch.

Die Angst ist eine Grundbefindlichkeit des Menschen. Die Bereitschaft, Angst zu entwickeln, ist dem Menschen vererbt (Schutzmechanismus). Die Stärke der Reaktion sowie die Einstufung der Gefährlichkeit von Reizen dagegen werden sozial vermittelt und kulturell gelernt.

Eine **Angststörung** liegt vor (vgl. Morschitzky, 2009[4], S. 21), wenn die Ängste

- ohne Bezug zu einer realen Bedrohung sind (qualitativer Aspekt),
- sehr lange (über mehrere Monate) andauern (quantitativer Aspekt),
- auch nach der Beseitigung einer Bedrohung wirksam sind,
- unangemessen stark und häufig auftreten,
- massive unangenehme körperliche Reaktionen auslösen,
- zu starken Erwartungsängsten führen,
- wegen fehlender Bewältigungsstrategien nicht verringert werden können,
- die alterstypischen Handlungsmöglichkeiten erheblich einschränken,
- schulische, berufliche Entwicklungen und soziale Aktivitäten beeinträchtigen,
- einen hohen Leidensdruck auslösen.

Erscheinungsbild

Komponenten der Angststörung	
kognitive Komponente	das Erkennen der Gefahr (Wahrnehmung von Gefahrenreizen)
physiologische Komponente	körperliche Reaktionen wie Feuchtwerden der Hände, Herzschlagbeschleunigung, Blasendruck usw.
motorische Komponente	charakteristische Muskelreaktionen wie Flucht- und Abwehrhandlungen

Die Angst löst ein **Aktivierungssyndrom** mit folgenden Symptomen aus: Die Atmung und die Herztätigkeit beschleunigen sich, die Lungengefäße und die Pupillen erweitern sich, die Nebennierenrinden schütten das Stresshormon Adrenalin aus und die Schweißdrüsen werden aktiviert.

Man kann zwischen verschiedenen körperlichen Reaktionstypen unterscheiden. Der Magen-Darm-Typ reagiert in Angstsituationen mit Appetitlosigkeit, erhöhtem Harndrang, Durchfall usw. Der Herz-Kreislauf-Typ dagegen reagiert mit Zittern, Atembeklemmungen, Schweißausbrüchen, wechselnder Körpertemperatur, Kopfschmerzen, Schwindelgefühlen, Schlafstörungen usw. Jede Person entwickelt ein eigenes Reaktionsmuster, das durch Angstreize ausgelöst wird. Treten häufig Angstzustände (auch Stresssituationen) auf, kommt es zu einer dauernden Reizung bestimmter Körperbereiche, was zu krankhaften Veränderungen (psychosomatische Erkrankungen) führen kann.

Vernooij stellt die Reaktionsgrundformen bei einer Angststörung in folgender Übersicht zusammen:

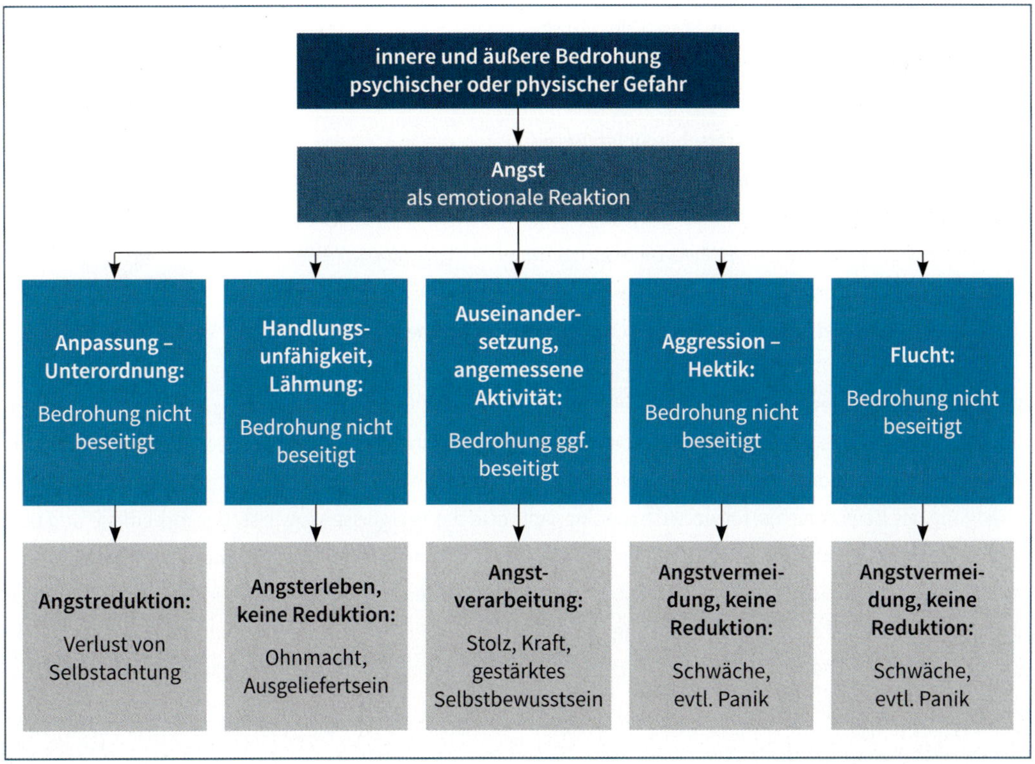

(Quelle: Vernooij, 2001[3], S. 135)

Ängste beeinträchtigen das Sozialverhalten. Ängstliche Menschen ziehen sich zurück und verringern den Kontakt zu Bezugspersonen und Gleichaltrigen.

Eine spezifische **Phobie** liegt dann vor, wenn folgende Kriterien nachzuweisen sind (Amerikanische Psychiatrische Vereinigung, Diagnostisches und Statistisches Manual Psychischer Störungen [DSM-5], 2015):

- Die Angst ist ausgeprägt, anhaltend und auf klar abgrenzbare Objekte bzw. Situationen bezogen.
- Die Angstreaktion tritt bei jeder Konfrontation mit dem Angstreiz auf.
- Die Betroffenen (Ausnahme: Kinder) bewerten ihre Angstreaktion selbst als übertrieben und unbegründet.
- Der Angstreiz löst Vermeidungsverhalten aus.
- Die Angst sowie die Angsterwartung und -vermeidung beeinträchtigen das alltägliche Verhalten, die Ausübung des Berufs oder das soziale Zusammenleben massiv.
- Erwachsene weisen die Symptome über einen Zeitraum von mehr als sechs Monaten auf.

Die Personen, die unter einer Phobie leiden, reagieren häufig mit **Panikattacken**, wenn sie mit dem Angstreiz konfrontiert werden und keine Fluchtmöglichkeiten erkennbar sind. Von Ohnmachtsanfällen wird bei der Blut-Spritzen-Verletzungs-Phobie berichtet. Das Ausmaß der Angstreaktion steht bei einer Phobie in einer unvorhersagbaren Beziehung zur Stärke des Angstreizes.

Die Phobie kann sich auf unterschiedliche Bereiche beziehen und in verschiedene Untergruppen aufgeteilt werden, z. B. Tierphobie; Umweltphobie bezogen auf Sturm, Wasser, Höhe; Blut-Spritzen-Verletzungs-Phobie oder situative Phobie (z. B. im Verkehrsmittel, Tunnel oder Fahrstuhl).

Süß oder fies?

Belastungssituationen wie Unfall, Naturkatastrophe, Unwetter, Erdbeben, Krieg, Mitansehen von Gewalttaten, plötzlicher Todesfall von Bezugspersonen, Folterung, Misshandlung oder Vergewaltigung stellen eine starke körperliche Bedrohung dar. In diesen Situationen treten in der Regel Betäubungsreaktionen mit einer Einengung des Bewusstseins, teilweise sogar einer Amnesie des Ereignisses sowie starke körperliche und psychische Reaktionen auf. Nach dem Ereignis kommt es fast immer zu einer **posttraumatischen Belastungsstörung**, die sich in einer ausgeprägten Furcht mit zielloser Überaktivität, Halluzinationen und Hilflosigkeit niederschlägt. Diese traumatische Erfahrung kann zudem zu starken Vermeidungsreaktionen, Ein- und Durchschlafproblemen, erhöhter Reizbarkeit, Schreckhaftigkeit, Konzentrationsschwierigkeiten, Niedergeschlagenheit und Lustlosigkeit führen.

Ein mittleres Maß an Angst verbessert in Leistungssituationen die Anstrengungsbereitschaft und die Leistung (Yerkes-Dodson-Gesetz).

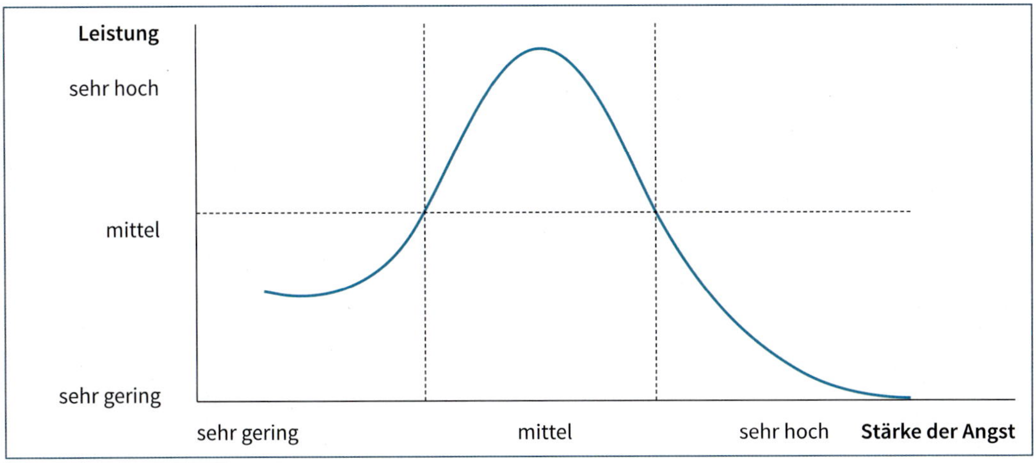

Zusammenhang zwischen Angst und Leistung

Bei **sehr starker Angst** werden zahlreiche körperliche Reaktionen ausgelöst, das Denkvermögen und die Konzentration verschlechtern sich deutlich und es kann zu Denkhemmungen, Angstblockaden und Kurzschlussreaktionen kommen. Die hochängstliche Person hat stark ausgeprägte Misserfolgserwartungen. Eine **mittlere Angststärke** setzt leistungsfördernde Kräfte frei. Die Person arbeitet konzentriert, nutzt ihre Ressourcen und erbringt dadurch hohe Leistungen. Ist die **Angst sehr gering ausgeprägt**, dann werden die Aufgaben unmotiviert und unkonzentriert bearbeitet. Es kommt zu Flüchtigkeitsfehlern und die Leistung fällt ab.

Häufigkeit

Eine erste Orientierung über die verschiedenen Ängste im Kindesalter mit einer Einschätzung ihrer Häufigkeit ergibt sich aus der Übersicht von Hennenhofer und Heil (1989) auf der nächsten Seite.

Angststörungen treten im Kindes- und Jugendalter recht häufig auf. Etwa 10,4 % der Kinder- und Jugendlichen weisen eine Angststörung auf. Untersuchungen belegen, dass im Jugendalter das Ausmaß an Ängsten zunimmt und recht stabil über einen Zeitraum von über acht Jahren nachweisbar ist. Im Vorschulalter sind Störungen mit Trennungsangst am häufigsten zu finden. In der Altersgruppe der Zwölf- bis 17-Jährigen treten verstärkt Phobien und Ängste nach posttraumatischen Belastungssituationen auf. Panikstörungen werden mit einer Auftretenshäufigkeit von 1 % im Kindes- und Jugendalter eher selten diagnostiziert. Angststörungen, die in der frühen Kindheit auftreten, sind therapeutisch erfolgreich behandelbar. Überängstlichkeit (generalisierte Angststörungen) und soziale Ängste dagegen treten dauerhaft bis in das Erwachsenenalter auf.

Im Kleinkindalter können keine geschlechtstypischen Unterschiede in den Ängsten nachgewiesen werden. Erst im Jugendalter zeigen Mädchen eine deutlich stärkere Ausprägung der Angst. So werden bei Mädchen im Jugendalter häufiger Panikattacken beobachtet als bei Jungen. Mädchen erleben Ängste intensiver und reagieren stärker auf Angstreize und Belastungssituationen als Jungen.

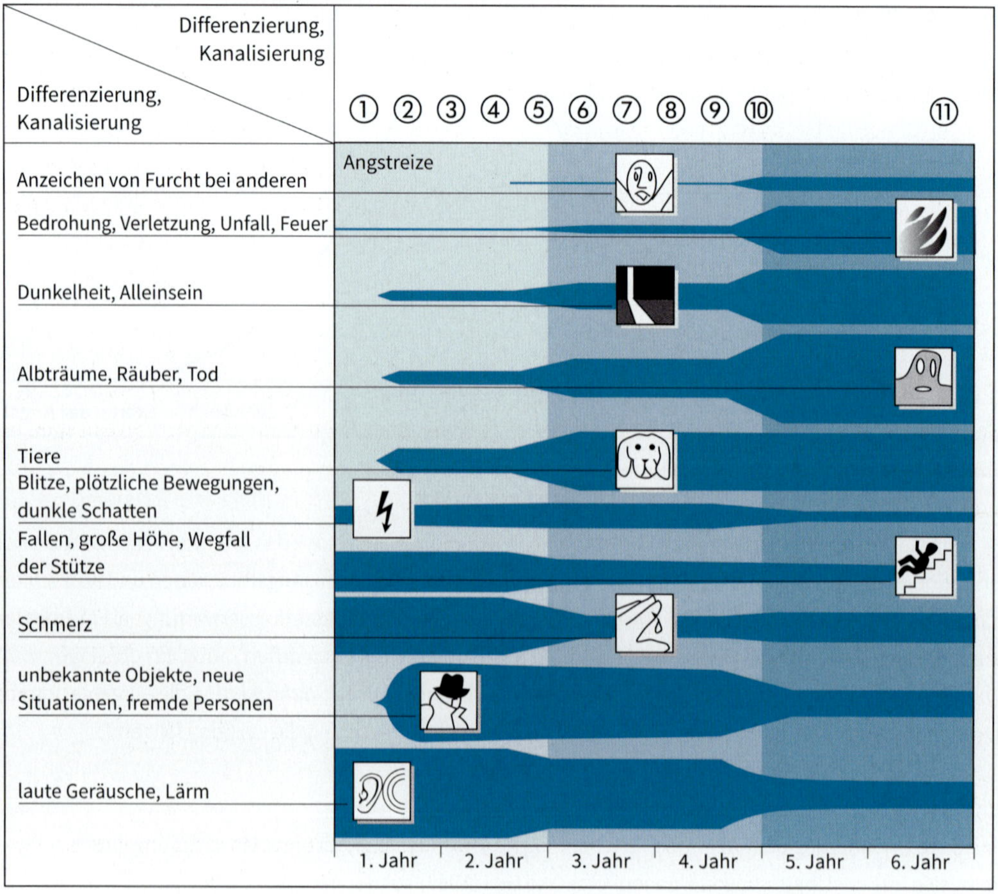

① Angstreaktionen
② Undifferenziertes Schreien
③ Klammern, Gesicht abwenden, spezifisches Schreien (je nach Angstreiz)
④ Weglaufen, sich wehren
⑤ Gezieltes Suchen der Sicherheit
⑥ Sprachliche Mitteilung
⑦ Gezieltes Vermeiden der Angstreize
⑧ Mimischer Ausdruck (gezielter Einsatz)
⑨ Unterdrücken der Angstreaktion (in Mimik)
⑩ Vorgaben von nichtexistenten Gefühlen
⑪ Kontrolle der Gefühle und Bedürfnisse (Integration)

(Quelle: Hennenhofer und Heil, 1995, S. 28)

Erfassung

Die Messung der Angst kann sowohl auf der physiologischen als auch der psychologischen Ebene durchgeführt werden.

Physiologische Messung

Angstreize lösen zahlreiche Reaktionen des autonomen Nervensystems aus. So können Blutdruck, Herz- und Atemfrequenz oder Veränderungen des Hautwiderstandes gemessen werden. Untersuchungen weisen jedoch auf zahlreiche Probleme bei der Messung physiologischer Veränderungen hin: Die Messinstrumente sind aufwendig und z. T. sehr störanfällig; die Messergebnisse können nicht eindeutig interpretiert werden, so ist die Stärke des Angstreizes nicht immer mit der Stärke der körperlichen Reaktion identisch, denn physiologische Werte unterliegen gewissen Schwankungen.

Psychologische Messung – projektive Testverfahren

Die projektiven Testverfahren beruhen auf der psychoanalytischen Theorie. Die Testperson wird mit mehrdeutigen unstrukturierten Reizen konfrontiert. Die Person beginnt dann, die Reize zu strukturieren und zu deuten. Dabei werden – mehr oder weniger bewusst – Persönlichkeitsaspekte deutlich, die von einer geschulten Auswerterin im Hinblick auf die Ängste einer Person interpretiert werden. Um die Antworten auf die mehrdeutigen Reize zu verstehen, müssen weitere Informationen über die Person und ihre Entwicklung bekannt sein.

Fragebögen

Weit verbreitet ist die Anwendung von Fragebögen, die sich auf unterschiedliche Altersbereiche und Erfahrungsfelder der Personen beziehen. In diesen Verfahren zur Selbsteinschätzung werden Angstreize bzw. angstbesetzte Situationen im Hinblick auf die erlebte Stärke der Angst auf einer Skala eingestuft.

Die verschiedenen Fragebögen erfassen neben allgemeiner Ängstlichkeit auch spezifische Ängste wie Schul-, Prüfungsangst und soziale Angst. Mit Fragebögen kann auch die Stärke von körperlichen Reaktionen oder Vermeidungsverhalten differenziert bestimmt werden. Die Abbildung zeigt, wie mit dem „Angstthermometer“ die Stärke der Angstreize verdeutlicht werden kann. Das Beispiel bezieht sich auf den elfjährigen Marc, der eine starke Furcht vor lauten Geräuschen (Phonophobie) aufweist.

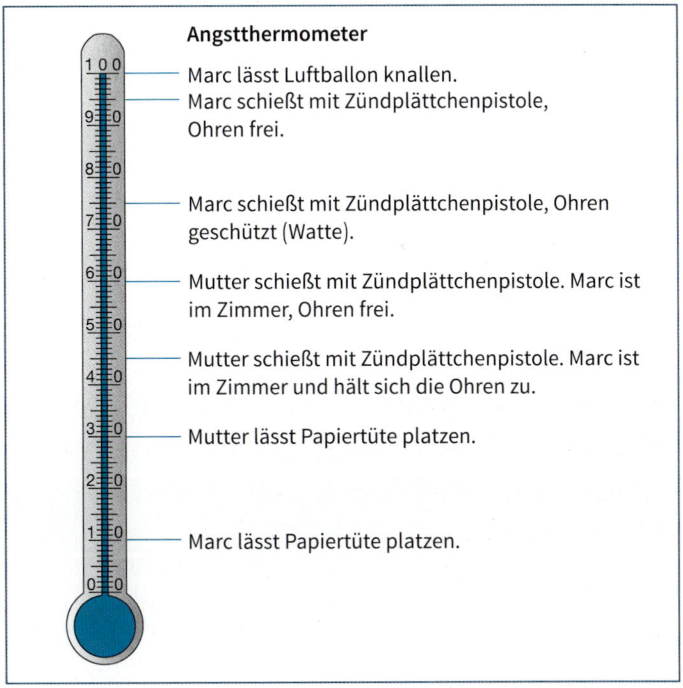

Verhaltensbeobachtung

Mit standardisierten Beobachtungsbögen können ausgewählte Ängste, z. B. in sozialen Situationen, recht gut diagnostiziert werden (z. B. **Beobachtungsbogen für sozial unsicheres Verhalten (BSU)** von Petermann/Petermann, 2010[10]). Die Beobachtung berücksichtigt neben Sprachäußerungen auch das nonverbale Verhalten (Mimik, Gestik und Bewegung), erkennbare körperliche Symptome der Angst, Selbstbehauptung und soziale Verhaltensweisen.

Erklärungsansätze

Lernerfahrungen – klassische Konditionierung

Wurde die Angst durch die klassische Konditionierung gelernt, dann werden die angstauslösenden Reize mit neutralen Reizen verbunden, sodass die früher neutralen Reize zu angstauslösenden Reizen werden. Erlebt das Kind beispielsweise bei einer Zahnbehandlung Schmerzen, die starke Ängste auslösen, dann können Reize, die während der schmerzhaften Zahnarztbehandlung wahrgenommen werden, wie der weiße Kittel, das Bohrgeräusch oder der typische „Zahnarztgeruch", zu gelernten Auslösern für Angst werden.

Ablaufschema der klassischen Konditionierung:

Stottern NS	→	? NR	NS = neutraler Stimulus/Reiz NR = neutrale Reaktion
Spott UCS	→	Angst UCR	UCS = unkonditionierter Stimulus UCR = unkonditionierte Reaktion
Stottern + Spott NS + UCS	→	Angst UCR	
Stottern CS	→	Angst CR	CS = konditionierter Stimulus CR = konditionierte Reaktion

Der klassisch konditionierte Auslöser „Stottern" für Angst wird in der nächsten Phase generalisiert. Das bedeutet, dass die stotternde Person vor Situationen, in denen sie vielleicht angesprochen werden kann, etwa beim Einkaufen oder in der Schule, ebenfalls Angst zeigt und daraufhin Vermeidungsverhalten aufbaut. Dieser Vorgang enthält als weitere Lernerfahrung eine operante Konditionierung: Wenn es nicht mehr spricht, wird das Kind nicht mehr ausgelacht. Die unangenehme Konsequenz wird somit vermieden. Das Nichtsprechen wird belohnt. Dieser Ablauf festigt die klassisch konditionierte Angst.

Instrumentelle Konditionierung

Die Wirkung der Bestrafung beruht auf ihrer angstauslösenden Wirkung. Das „Angstzeigen" kann jedoch auch gelernt werden, wenn das Kind in diesen Situationen Zuwendung und Verstärkung erfährt. Häufig verläuft parallel zur klassischen Konditionierung auch ein Verstärkungsprozess. Sagi (2001[14]) verdeutlicht dies am Beispiel eines stotternden Kindes: Dieses wird von anderen verspottet und nachgeahmt. Der Spott löst bei dem Kind sofort Angst aus, da der Spott als unmittelbare Bedrohung der sozialen Existenz bewertet wird.

Genetische Ursachen

Aufgrund von Beobachtungen und den Ergebnissen der vergleichenden Verhaltensforschung geht man davon aus, dass es zu Angstreaktionen kommen kann, die unabhängig von vorausgegangenen Erfahrungen sind. Das kann Furcht vor Dunkelheit, vor großen Höhen oder vor dem Eingeschlossensein in engen Räumen sein. Mit diesen Ängsten, die eine Schutzfunktion übernehmen, ist der Mensch von Geburt an ausgestattet. Wahrscheinlich wurden solche Gefahrenreize im Laufe der Evolution herausgebildet. Diese angeborenen Furchtreaktionen werden während der individuellen Entwicklung ausgeformt und erreichen erst in einem bestimmten Alter ihre volle Funktionsfähigkeit.

Kognitive Ursachen

Die kognitiven Angsttheorien erweitern die relativ einfachen lernpsychologischen Erklärungsansätze, indem sie die individuellen Erwartungshaltungen und Bewertungsvorgänge berücksichtigen. Lazarus geht von folgendem Modell aus (vgl. Lazarus, 1994; Lazarus-Mainka/Siebeneick, 2000):

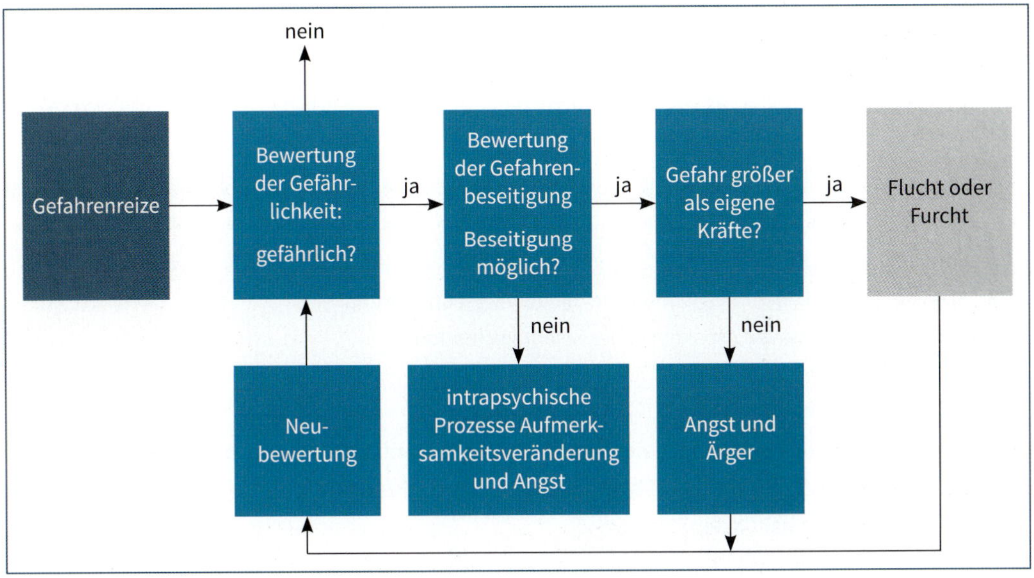

Das Modell enthält verschiedene kognitive Bewertungsvorgänge:

- **Situationsbewertung:** Die Situation wird wahrgenommen und mögliche Folgen werden überlegt. Es erfolgt eine Entscheidung bezüglich der Bedrohlichkeit der Situation.
- **Reaktionsbewertung:** Die Person prüft die Reaktionsalternativen (Angriff oder Flucht). Sind Angriff bzw. Flucht nicht möglich, treten intrapsychische Lösungsversuche auf.
- **Neubewertung der Situation:** Die Rückkopplungsschleifen verdeutlichen, dass die Gefahrenreize neu bewertet werden.

Epstein, ein Vertreter der kognitiven Angsttheorie, befasst sich verstärkt mit den Erwartungen einer Person in angstbesetzten Situationen. Er vertritt in seiner Theorie der Angsthemmung folgende Auffassung:

- Reaktionen des Organismus werden von der Person als Erregung interpretiert; jede Person ist bemüht, ein mittleres Erregungsniveau zu halten (Homöostaseprinzip).
- Kleinere Erregungssteigerungen verstärken die Aufmerksamkeit für diese Reize und führen zu ihrer Speicherung; ist die Erregung zu hoch, zeigt die Person Abwehrverhalten und reduziert ihre Aufmerksamkeit.
- Durch die Gewöhnung an Angstreize verringert sich die angstauslösende Wirkung und der Gefahrenreiz wird lediglich als Hinweisreiz registriert; es entstehen Erwartungen hinsichtlich des Erregungsanstiegs (beim Umgang mit einem Hund z. B. führt das Bellen zum Erschrecken und löst Angst aus; durch die Gewöhnung verliert das Bellen an Wirkung und andere Hinweisreize wie Körperhaltung und Ohrenstellung des Hundes werden wichtiger für die Einschätzung der Gefährlichkeit).
- Um sich gegen einen unangenehmen Erregungsanstieg zu wehren, setzt der Organismus Hemmungsmechanismen ein. Diese hemmenden Reaktionen werden schneller aufgebaut als die Erregung; somit wird das Erregungsniveau einer Person regulierbar.
- Zur Verminderung eines hohen Erregungsniveaus hat die ängstliche Person folgende Alternativen:
  - Verhaltensebene: Flucht
  - Psychologische Ebene: Abwehrmechanismen (z. B. Verleugnung)
  - Biologische Ebene: Notfallreaktion (z. B. Ohnmacht)

Nach Epstein wird Furcht bei einer aktuellen Bedrohung ausgelöst. Wenn die Flucht blockiert wird, tritt Angst (als ungelöste Furcht) auf. Die kognitive Angst-Furcht-Kontrolle einer Person zeigt sich wie folgt:

- Vermeidung von Hinweisreizen (Verleugnung der Gefährlichkeit, selektive Wahrnehmung)
- Erzeugung ablenkender Reaktionen, die mit der Angst unvereinbar sind
- Betonung von positiven Aspekten in der Gefahrensituation

Erziehungseinflüsse

Neben den angeborenen Ängsten entstehen zahlreiche Ängste durch das Verhalten der Erziehenden, die bewusst oder unbewusst durch ihre Einstellungen und Verhaltensweisen beim Kind Angst aufbauen. Besonders häufig sind folgende Fehlhaltungen:

- autoritäre Erziehung
- überbehütende Erziehung
- Wechsel des Erziehungsstils
- Überforderung
- Angst machen
- Überängstlichkeit der Eltern

Psychoanalytische Theorie

Eine Mischung aus kognitiven, erziehungsbedingten und gelernten Ursachen stellt die psychoanalytische Theorie dar. Freud bezeichnet Angst als einen Affektzustand, der mit körperlichen Abwehrreaktionen (motorische Unruhe, Schweißausbruch, Herz-/Atemrhythmusstörungen) verbunden ist. Dabei werden unterdrückte Triebregungen in Angst umgewandelt. Die Angst entsteht dann, wenn die Person unfähig ist, bestimmte Aufgaben zu bewältigen. Können die Aufgaben in der Umwelt der Person lokalisiert werden, so geht Freud von einer normalen Angst aus. Liegen die zu lösenden Spannungen in der Person selbst (meist sexuelle Spannungen), so entsteht eine neurotische Angst.

Im Hinblick auf sein Persönlichkeitsmodell differenziert Freud zwischen drei **Angstformen**:

1. **Neurotische Angst:** Sie geht auf Triebwünsche des Es zurück, die zu einer Beeinträchtigung der Person führen würden. Da die Kastration bzw. der Verlust des Liebesobjektes droht, wird die Angst unterdrückt bzw. der Triebimpuls verdrängt.
2. **Realangst:** Das Ich erkennt Umweltvorgänge, die den Organismus zu schädigen drohen. Die erwartete Bedrohung führt zu Flucht-, Angriffs- bzw. Suchreaktionen.
3. **Moralische Angst** (Über-Ich-Angst): Die Handlungen des Ichs stehen im Widerspruch zum Über-Ich (Verbote, Gebote, Idealvorstellungen). Moralische Bedenken gehen vom Über-Ich aus. Der drohende Verlust der Zuwendung von Bezugspersonen, die auf den Verstoß negativ reagieren, löst die moralische Angst aus.

Persönlichkeitsbezogene Einflüsse

Untersuchungen belegen, dass ein Zusammenhang zwischen der Persönlichkeit und der Angst besteht. Wie Eysenck empirisch nachwies, sind introvertierte Personen anfälliger für Ängste als extravertierte, weil introvertierte Personen für Außenreize sensibler und damit für Konditionierungsvorgänge empfänglicher sind. Introvertierte sind nach innen gewendet, sie verhalten sich sehr gewissenhaft, wenig gesellig, übervorsichtig und vermeiden Situationen, die mit starken und vielfältigen Reizen verbunden sind. Extrovertierte Personen dagegen suchen reizintensive Situationen auf, sie reagieren spontaner und suchen den Kontakt mit anderen.

Hilfen

Alltagsstrategien

Zumeist tritt die Angst zeitlich vor einer Situation (Erwartungsängste) und seltener in einer Situation auf. Die Alltagsstrategien konzentrieren sich auf das Umgehen der Gefahrenreize. Viele Personen setzen im Alltag verschiedene Ablenkungsmechanismen ein, um die von der Angst ausgelösten inneren Spannungen abzubauen. Einige beruhigen sich durch Musik (z. B. im dunklen Keller pfeifen, singen), durch Essen, Trinken oder Rauchen, durch Sich-Austoben, Sport treiben, ziellose Überaktivitäten oder Flucht in Tagträume. Können diese Stabilisatoren nicht ausreichend wirksam eingesetzt werden, dann entwickelt die Person intensivere Abwehrstrategien.

Die Psychoanalyse fasst die Alltagsstrategien zur Angstverminderung in Abwehrmechanismen zusammen:

- **Vermeidung:** Dieser Abwehrmechanismus ist eine „normale" Reaktion, mit der die Gefahrenreize umgangen werden sollen. Bei einer Hundephobie wird der Besuch von Personen, die einen Hund halten, vermieden. Die Vermeidung wird bewusst und unbewusst eingesetzt.
- **Verleugnung:** Wenn eine Vermeidung nicht möglich ist, wird in der Regel unbewusst die Verleugnung eingesetzt. Allen Menschen drohen ständig Gefahren wie Unfall, Krankheit oder Überfall. Würde man sich diese Gefahren ständig bewusst machen, so wäre das Individuum in einem Dauerzustand höchster Angst. Deshalb wird die Möglichkeit, selbst betroffen zu sein, bagatellisiert, d. h., man verhält sich so, als ob die Gefahren nicht existieren würden.
- **Verdrängung:** Die ängstliche Person setzt unbewusst einen Vergessensmechanismus ein, durch den das Ereignis bzw. der angstauslösende Reiz aktiv vergessen wird. Die Erinnerung an das Ereignis verblasst im Laufe der Zeit. Es wird jedoch angenommen, dass die verdrängten Erfahrungen, die unter der Bewusstseinsschwelle liegen, weiter wirksam sind und sich indirekt bemerkbar machen, wenn die Person in bestimmten Situationen „unerklärliche" Spannungen und Ängste verspürt.

Therapeutische Hilfen – Entspannungsverfahren

Das Ziel der Entspannungsverfahren, z. B. autogenes Training nach Schultz oder die progressive Muskelentspannung nach Jacobson, besteht im Aufbau von körperlichen Veränderungen, die mit dem Angstzustand unvereinbar sind. Die eingesetzten Entspannungsverfahren können zu einer Verlangsamung der Atmung oder zum Absinken der Herzfrequenz usw. führen.

Verhaltenstherapie

Aufbauend auf den verschiedenen Lerntheorien können von den diversen Möglichkeiten der Verhaltenstherapie (siehe Kap. 2.4.1) folgende Verfahren angewandt werden:

- **Systematische Desensibilisierung:** Die systematische Desensibilisierung wurde von Wolpe entwickelt und enthält folgendes Prinzip: Nachdem zunächst eine Angsthierarchie erstellt wurde, wird die ängstliche Person allmählich und abgestuft mit den Reizen konfrontiert. Die Wirkung kann gesteigert werden, wenn eine mit der Angst unvereinbare Reaktion (z. B. Entspannung) mit der dosierten Reizkonfrontation verbunden wird. Die entspannende Wirkung muss jedoch so stark sein, dass die Furchtreaktion unterdrückt wird. Die Verbindung von Angstreiz und Angstreaktion wird dadurch allmählich geschwächt und verliert an Wirkung.

- **Modelllernen:** Das Lernen am Modell kann in unterschiedlicher Form berücksichtigt werden: Zum einen kann die Therapeutin als angstfreies Modell eingesetzt werden, zum anderen kann sich beim „verdeckten Modelllernen" die ängstliche Person ein Modell vorstellen, mit dem die Angstreize und -situationen angstfrei bewältigt werden können.
- **Reizüberflutung:** Im Sinne einer Reizüberflutung (Implosionstechnik) soll sich die ängstliche Person über einen längeren Zeitraum den angstauslösenden Reizen, die real vorhanden sind, aussetzen. Bei der Implosionstherapie soll sich die Person möglichst unangenehme Situationen vorstellen. Es ist bei beiden Vorgehensweisen eine deutliche Verminderung der Angst nachzuweisen.

Kognitive Therapie

Die kognitiven Therapien setzen an den kognitiven Ursachen (Interpretations- und Aufmerksamkeitsverzerrungen sowie Erwartungshaltungen und Bewertungsvorgänge) an. Die Therapie beinhaltet folgende Aspekte (vgl. In-Albon, 2011; Mohr und Schneider, 2013):

- **Kognitive Umstrukturierung bei den Eltern:** Bearbeitung von unangemessenen Kognitionen der Eltern (z. B. Selbstvorwürfe, Schuldzuweisungen) bezüglich der Ängste ihres Kindes; der Realitätsgehalt der Gedanken kann überprüft und korrigiert werden.
- **Kognitive Umstrukturierung beim Kind:** Bearbeitung von unangemessenen Kognitionen des Kindes; Aufbau und Verstärkung von positiven und realistischen Einstellungen gegenüber den angstbesetzten Situationen; durch die kognitive Umstrukturierung verändert sich die emotionale Bedeutung des angstauslösenden Reizes (z. B. Spinnen, die zunächst eklig und abstoßend wirken, können als nützlich und klug gesehen werden).
- **Realitätsprüfung:** Durchführung von Realitätstests zur Überprüfung der Gefährlichkeit von realen Situation mit anschließender Veränderung der Bewertungen zur Bewältigung der angstbesetzten Situation
- **Entkatastrophisieren:** Auseinandersetzung mit dem Eintreten der befürchteten Katastrophen; Die Befürchtungen werden hinterfragt („Was wäre, wenn …"). Berechtigte Sorgen müssen dabei ernstgenommen werden.
- **Wahrscheinlichkeitseinschätzung:** Mit älteren Kindern können Schätzungen, mit welcher Wahrscheinlichkeit ein Ereignis eintritt, durchgeführt, reflektiert und der Realität angepasst werden.
- **Selbstinstruktion:** Erarbeitung von alternativen Gedanken durch Selbstinstruktion („Ich bin mutig! Ich melde mich im Unterricht!"), die dazu beitragen, dass das Selbstvertrauen und die Selbstwirksamkeitsüberzeugung verbessert werden.
- **Aufmerksamkeitssteuerung:** Für die generalisierte Angststörung ist eine unablässige gedankliche Auseinandersetzung mit den angstbesetzten Vorstellungsinhalten charakteristisch. In der Therapie lernt die ängstliche Person, die Aufmerksamkeit auf neutrale oder positiv besetzte Inhalte umzulenken.

- **Bewältigungsselbstkonzept:** Kinder und Jugendliche trauen sich nur im geringen Umfang zu, angstauslösende Situationen bewältigen zu können, sodass sie eine aktive Angstbewältigung nicht in Angriff nehmen. Deshalb stellen sie sich nicht den angstbesetzten Situationen, sondern entwickeln Vermeidungsstrategien, was zwar kurzfristig die Angst vermindern, aber langfristig zur Aufrechterhaltung der Angst führen kann. In der Therapie wird den Kindern und Jugendlichen das erforderliche Emotionswissen mit Strategien zur Bewältigung von angstbesetzten Situationen vermittelt.

Als besonders wirksam haben sich die Verhaltenstherapie und die kognitive Therapie beim Abbau von spezifischen Phobien und der Überängstlichkeit erwiesen. Liegen bei den Eltern ebenfalls Angststörungen vor, so sollten sie in die Therapie einbezogen werden.

In der Therapie kommt in der Regel eine Kombination von mehreren aufeinander abgestimmten Elementen verschiedener Therapieformen zur Anwendung. Welche Elemente ausgewählt werden, ist vom Entwicklungsstand des Kindes, den sozialen Einflüssen (z. B. Familie), dem Schweregrad und der Art der Angststörung abhängig.

Pädagogische Hilfen

Im erzieherischen Alltag sind folgende Grundsätze zu beachten:

- Der Erziehende sollte selbst ein angstfreies Modell sein.
- Zeigt ein Kind Angst, so sollten die Erzieherinnen das Kind in seiner Angst ernst nehmen.
- Ängste dürfen nicht bestraft oder lächerlich gemacht werden.
- Das Selbstvertrauen des Kindes ist zu stärken.
- Das Kind soll nicht überfordert werden.
- Beim systematischen Angstabbau sollten die Erzieher wie folgt vorgehen:

Situationen notieren, in denen das Kind Angst zeigt; Situationen/Reize nach der Stärke der ausgelösten Angst einstufen; mit der einfachsten Situation beginnend das Kind allmählich daran gewöhnen (selbst mithelfen); wird die Situation angstfrei beherrscht, mit der nächst stärkeren Situation den Ablauf fortsetzen; langsam vorgehen; zeigt das Kind Angst, auf eine leichtere Situation, die es schon bewältigt hat, zurückgehen.

AUFGABEN

1. Vergleichen Sie die Angst mit der Furcht und der Phobie. Welche Unterscheidungskriterien gibt es?

2. Erläutern Sie, wie Angst gelernt und mithilfe der Verhaltenstherapie wieder „verlernt" werden kann.

3. Erklären Sie, welche Ängste „normal" sind und welche Bedeutung diese Ängste für den Menschen haben.

4. In eine Kindertagesstätte wird ein dreijähriges Kind aufgenommen. Am ersten Tag zeigt es am Vormittag massive Ängste. Welche Ursachen könnten die Angst ausgelöst haben? Wie kann sie mithilfe der systematischen Desensibilisierung vermindert werden?

4.4.2 Krisen und traumatische Erfahrungen

Begriffsbestimmung

Psychosoziale Krisen liegen vor, wenn eine Person unfähig ist, ein Problem zu lösen und durch das bestehende Problem emotional so belastet wird, dass die Person aus dem seelischen Gleichgewicht gerät. Die Art oder das Ausmaß des Ereignisses überfordern die Person. Die in früheren Situationen entwickelten Fähigkeiten und erprobten Hilfsmittel reichen nicht aus, um die neue Lebenssituation angemessen zu bewältigen (vgl. Sonneck, 2012[2]). Häufig besteht ein Entscheidungszwang.

Akute Belastungsstörungen sind kurz dauernde, aber schwerwiegende psychische Störungen, die zu einem Zustand emotionaler Betäubung führen. Das traumatische Ereignis wird wiederkehrend (z. B. in Träumen, Flashbacks) wachgerufen. Die Person vermeidet Menschen, Orte oder Gegenstände, die mit dem traumatischen Ereignis in Beziehung stehen. Diese Symptome können im Zeitraum von wenigen Tagen bis zu mehreren Wochen auftreten.

Trauma bezeichnet eine psychische Beeinträchtigung aufgrund seelischer Belastungen, die so stark wirken, dass sie von der Person nicht bewältigt werden können und das seelische Gleichgewicht massiv und über einen längeren Zeitraum stören. Ein Trauma erschüttert die Grundannahmen über das Selbst und die Welt. Solche Grundannahmen sind beispielsweise die Gutartigkeit und Sinnhaftigkeit der Welt oder die Beherrschbarkeit von Ereignissen.

Posttraumatische Belastungsstörungen treten zeitlich verzögert auf das belastende Ereignis ein und werden durch folgende Symptome gekennzeichnet: sich aufdrängende Erinnerungen an das Ereignis (z. B. Albträume, Vorstellungen, Gedanken, Flashbacks), die Vermeidung von Personen, Orten und Gegenständen, die mit dem Ereignis in Verbindung stehen, und eine anhaltende innere Erregung, die sich beispielsweise in erhöhter Schreckhaftigkeit, Schlafstörungen, Wutausbrüchen und Irritierbarkeit zeigt.

Krisenintervention umfasst die psychosoziale Betreuung und Behandlung von Personen, die eine Unterstützung zur Bewältigung von Krisen benötigen. Durch die Krisenintervention sollen zumindest die unmittelbare Krise bewältigt und die Funktionsfähigkeit der krisenbelasteten Person wiederhergestellt werden.

Die Krisenintervention ersetzt keine psychotherapeutische Behandlung, sondern stellt zunächst eine Akutmaßnahme nach dem Ereignis dar. Eine erfolgreiche Krisenintervention erfolgt im Team.

Formen von psychosozialen Krisen
Gravierende Ereignisse und Lebensumstände verursachen psychosoziale Krisen. Die belastenden Ereignisse wie Kriegswirren, Unwetter und Erdbeben können eine Vielzahl von Personen betreffen oder auf individuellen Schicksalsschlägen beruhen. In der Literatur werden zwei Formen von psychosozialen Krisen unterschieden: die Entwicklungs- oder Veränderungskrisen und die plötzlichen traumatischen Krisen.

Die **Entwicklungs- oder Veränderungskrise** ist mit dem Übergang von einer Lebensphase in die nächste verbunden (z. B. Pubertät). Gewohnte Abläufe müssen verändert und an die neue Situation angepasst werden.

Plötzliche, traumatische Krisen werden durch unvorhersagbare Schicksalsschläge (z. B. Unfall, schwere Krankheit, Partnerverlust, lebensbedrohliche Erkrankungen, Misshandlung, sexuelle Übergriffe, plötzlicher Verlust vertrauter Menschen, Miterleben von Tod) ausgelöst, die eine hohe Anpassungsleistung erfordern und häufig zur Überforderung des Betroffenen führen. Die traumatische Erfahrung bedroht die psychische Existenz einer Person, ihre Sicherheit und die Lebenssituation fundamental. Beim Traumatisierungstyp I liegt ein einzelnes unerwartetes Ereignis mit massiver Intensität vor (z. B. Unfall, Naturkatastrophe), beim Traumatisierungstyp II ist die Person über einen längeren Zeitraum wiederholt den traumatisierenden Ereignissen (z. B. Misshandlungen) ausgesetzt.

Auf Sigrun-Heide Flipp (2010[3]) geht das Konzept der **kritischen Lebensereignisse** (z. B. Misshandlungen, Sitzenbleiben) zurück. Kritische Lebensereignisse sind unerwartete Einschnitte in den Lebenslauf, die in allen Altersphasen auftreten können. Diese Ereignisse führen zu vielfältigen Problemen und Verlusten, die entweder als Herausforderungen wahrgenommen werden oder Fehlanpassungen und Störungen auslösen können. Solche nicht vorhersehbaren Vorfälle erfordern eine umfassende Neuanpassung der Person. Die Auseinandersetzung mit einem kritischen Lebensereignis führt zu einem erhöhten Spannungszustand. Die kritischen Lebensereignisse stellen die ganze Person infrage: Das Selbstwertgefühl der Person ist bedroht und ihr Weltbild bricht zusammen. Ein zentrales Merkmal der Krise ist der Selbstzweifel. Die Wirkung und die Verarbeitung sind von Person zu Person sehr unterschiedlich.

Untersuchungsergebnisse zur Auftretenshäufigkeit in verschiedenen Altersgruppen verdeutlicht die nachfolgende Übersicht.

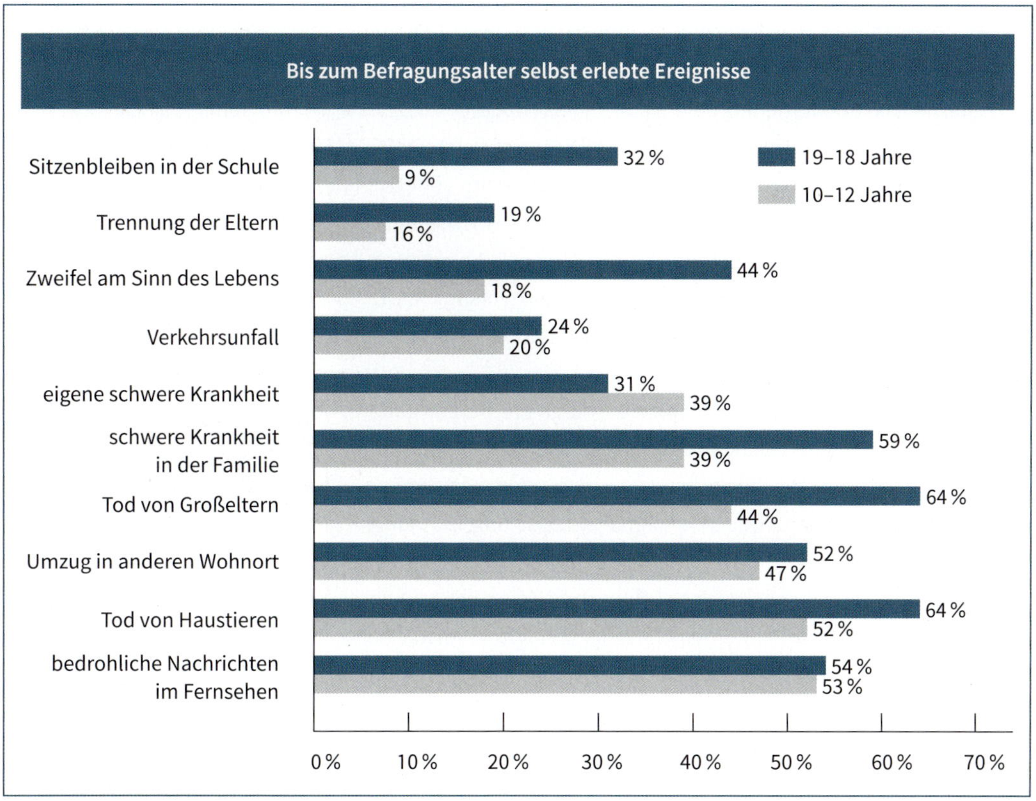

Kritische Lebensereignisse im Kindes- und Jugendalter

Das **Lebenslagenkonzept** dient als Grundlage für die Sozialberichterstattung; unberücksichtigt bleiben aber beispielsweise Einkommen, Wohnsituation, Gesundheit und Bildung. Krisen treten erhöht bei Personen auf, die beständig psychosozialen Belastungen ausgesetzt sind. Bezogen auf Kinder und Jugendliche werden folgende Faktoren genannt:

- psychiatrische Erkrankung eines Elternteils
- Scheidung der Eltern (verbunden mit häufigen Konflikten)
- Wiederverheiratung eines Elternteils (vor allem bei Mädchen)
- häufiger Streit in der Familie
- instabile Wohnsituation (häufiger Wohnungswechsel)

Krisenverlauf

Der Krisenverlauf ist abhängig von der Krisenform.

Die traumatische Krise

Bei der traumatischen Krise folgt auf den unerwarteten Schicksalsschlag zunächst der **Krisenschock**, der bis zu 24 Stunden andauern kann. Die Person, die äußerlich bisweilen gefasst wirkt, ist innerlich desorientiert und chaotisch. Das Handeln ist ziellos und schwankt zwischen Toben bzw. Aggression und sozialem Rückzug. Der Bezug zur Realität geht in dieser Phase verloren. Extrem ist das Gefühl der Hilflosigkeit. Diese Reaktionen verdeutlichen die Überforderung der Person und das dadurch ausgelöste „Notprogramm“, da die Reize nicht mehr angemessen verarbeitet werden können. Dies zeigt sich beispielsweise in einer Einengung des Blickfeldes (Tunnelblick). Neurophysiologische Prozesse im Gehirn können in der Schockphase dazu führen, dass klar im Gedächtnis verankerte Inhalte (z. B. Notrufnummern, Namen) nicht abgerufen werden können. Weiterhin kann es zur emotionalen Betäubung (Gefühlsschock) kommen, mit der eine Verlangsamung der Reaktionsfähigkeit, Gefühllosigkeit oder ein Dämmerzustand einhergehen. Der Schock verändert auch die Zeitwahrnehmung, sodass wenige Minuten als ein langer Zeitabschnitt empfunden werden („unendliche Gegenwart“).

In der darauf folgenden **Reaktionsphase** erfolgt die Konfrontation mit der Realität und den veränderten Lebensumständen. Diese Phase kann sich über mehrere Wochen erstrecken und ist mit starken emotionalen Reaktionen verbunden, die von Apathie, Verzweiflung, Hoffnungslosigkeit oder Trauer bis hin zu Aggression und Wut reichen können. Häufig treten Abwehrmechanismen auf, die sich beispielsweise im Verdrängen der Ereignisse, in Tendenzen der Verleugnung oder im Rückfall auf frühere Entwicklungsstufen zeigen. Diese Phase, in der die Person mit ihrem Schicksal hadert, ist durch ein ständiges Auf und Ab der Gefühle gekennzeichnet. In der Reaktionsphase besteht die Gefahr der Fehlanpassung, die sich beispielsweise im Alkohol-, Medikamenten- oder Drogenmissbrauch, in Erkrankungen oder in einem psychischen Zusammenbruch zeigen kann. Auch Suizidgedanken können in Situationen auftreten, die als ausweglos bewertet werden und den Sinn des Lebens infrage stellen.

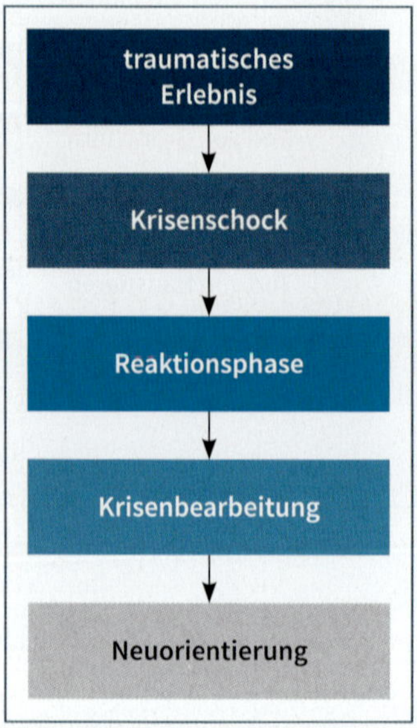

Die **Krisenbearbeitung** gelingt nur, wenn Abstand zu den Ereignissen gewonnen wird und der Blick wieder in die Zukunft gerichtet werden kann. Phasenweise kann es immer noch zu einem Rückfall in die Reaktionsphase kommen.

Die **Neuorientierung** ist mit der Wiederherstellung des Selbstwertgefühls verbunden. Die Person kann die veränderte Lebenslage neu strukturieren, ihren Standort finden und entwickelt neue Anpassungsstrategien. Auch diese Phase kann zeitweise durch einen Rückfall in die Reaktionsphase unterbrochen werden.

Misslingt die Verarbeitung der traumatischen Ereignisse, droht die Gefahr einer dauerhaften (chronischen) posttraumatischen Belastungsstörung. Die Ereignisse werden im Traumagedächtnis gespeichert, das automatisch negative Gedanken und damit emotionale und körperliche Reaktionen auslöst. So wird von den Betroffenen weiterhin von der bestehenden Bedrohung ausgegangen. Boos und Müller verdeutlichen diesen Zusammenhang in folgendem Schaubild:

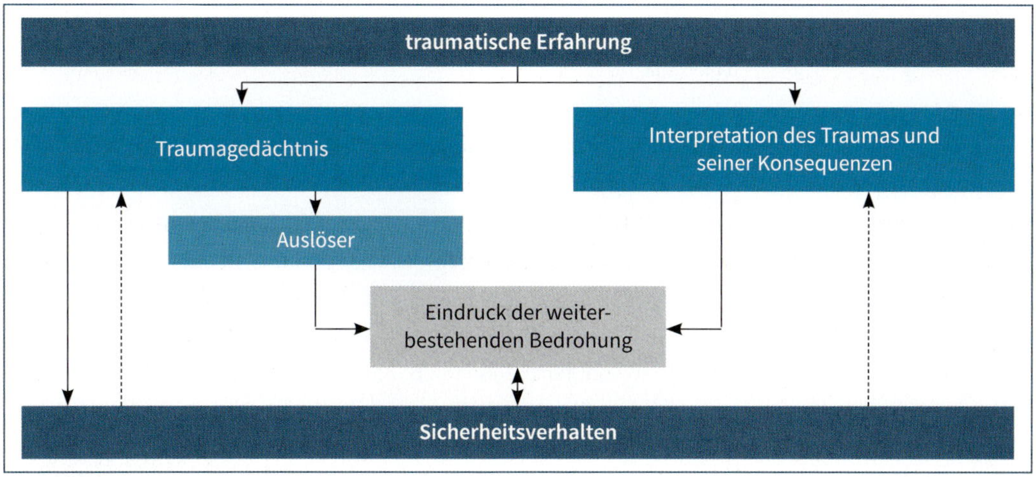

(vgl. Boos und Müller, 2006, S. 832)

Die im Traumagedächtnis gespeicherten Erinnerungen lösen weiterhin das Gefühl der Bedrohung aus und führen zu Reaktionen wie Schreckhaftigkeit, Angst oder Hilflosigkeit. Um die Bedrohung zu vermindern, aktiviert die Person Sicherheitsvorkehrungen (z. B. Vermeidungsverhalten, Schutzsuche bei anderen Personen). Die ständige Auseinandersetzung mit dem Trauma und der angenommenen Bedrohung führen zu dauerhaften Rückkopplungsprozessen, die eine Verminderung der traumabedingten Auswirkungen verhindern. Das Traumagedächtnis und die gelernten Furchtreaktionen bleiben weiterhin aktiv. Das Sicherheitsverhalten führt zwar kurzfristig zu einer Angstverminderung, bestärkt aber die Person darin, weiterhin aktiv gegen die vermeintliche Bedrohung vorzugehen.

Die Entwicklungs- oder Veränderungskrise

Diese Krisen sind Bestandteil im Lebensverlauf (z. B. Pubertät, Schulwechsel) und betreffen unterschiedliche Lebensbereiche wie Familie, soziale Beziehungen oder Beruf. Die Veränderungen in der Lebenssituation treten nicht plötzlich ein, sondern entwickeln sich über einen längeren Zeitraum. Die Auseinandersetzung mit den sich verändernden Lebensbedingungen wird von den Betroffenen recht unterschiedlich erlebt und verarbeitet. Folgender Verlauf kennzeichnet die Krisenverarbeitung:

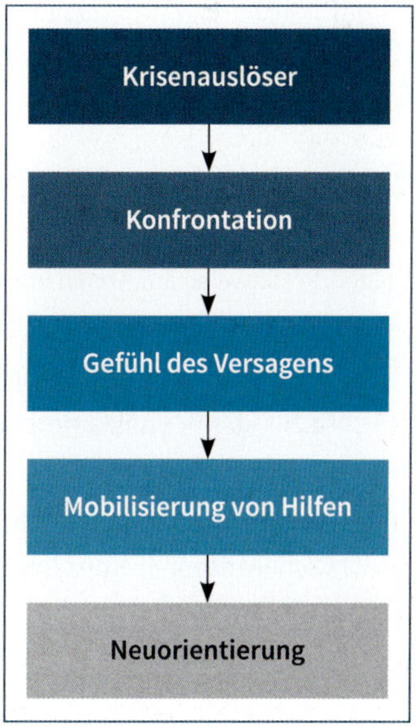

Die Konfrontation mit dem **Krisenauslöser** führt zu einer Spannungssituation in der Person, da bisherige Problemlösungen zur Bewältigung der Situation erfolglos blieben.

Die Person erlebt das **Gefühl des persönlichen Versagens** und das Selbstwertgefühl verringert sich. Dies gilt vor allem dann, wenn andere, die sich in einer vergleichbaren Situation befinden, die neuen Anforderungen offenbar problemlos bewältigen.

Der innere Spannungszustand bewirkt die **Mobilisierung von Hilfen**, da persönliche Bewältigungsmöglichkeiten nicht mehr ausreichen. Der Betroffene nimmt beispielsweise Kontakt mit Vertrauenspersonen auf oder wendet sich an Beratungseinrichtungen. Die Unterstützung kann entweder zur Bewältigung der Krise führen oder bei einer fehlenden Problembewältigung das Gefühl des Versagens und der Resignation verstärken. Sollte eine angemessene Problembewältigung nicht gelingen, besteht die Gefahr, dass sich die Krisensituation verstärkt und die Person, wie bei einer traumatischen Krise, innerlich zusammenbricht, orientierungslos wird und ziellose Aktivitäten zeigt, die sowohl nach außen (z. B. Aggressionen) als auch nach innen (z. B. Selbstvorwürfe, Suizid) gerichtet sein können. Phasenweise kann es zum sozialen Rückzug kommen.

Führt die Unterstützung zu einer angemessenen Bearbeitung des Krisenauslösers, kann die erforderliche **Neuorientierung** gelingen. Mit neuen Strategien kann die Person die veränderte Situation bewältigen.

Die psychosoziale Krise stellt eine Überforderung der Person dar, sich den veränderten Realitäten anzupassen. Im Vordergrund stehen Hilf- und Ratlosigkeit und starke innere Spannungszustände, die zu panischen Ängsten oder zu depressiven Zuständen führen können. In der Folge können folgende körperliche Beschwerden auftreten (vgl. Sonneck, 2012[2]):

Ausgangszustand	Ausgelöste körperliche Symptome
panische Angst	Herzbeschwerden, Atemnot/Erstickungsanfälle, Schweißausbruch, motorische Unruhe etc.
depressive Verstimmung	Erschöpfung, Appetitmangel/Gewichtsverlust, Durchschlafstörung, verlangsamte Motorik etc.
Spannungszustände	Kopfschmerzen, Kreislaufbeschwerden, Einschlafstörung, Verdauungsstörungen, Zittern etc.

Folgende Hinweise auf Krisen im Kindes- und Jugendalter sollten beachtet werden:

- **Kleinkind:** Essstörungen, Einnässen, Einkoten, Daumenlutschen, Sprachstörungen, trauriger Gesichtsausdruck, ausdrucksarmes Spielverhalten, starkes Bedürfnis nach körperlicher Nähe (z. B. extremes Anklammerungsbedürfnis), Trennungsängste, Angst vor Dunkelheit, Hyperaktivität, Wiederinszenierung der Ereignisse im Spiel, Rückfall in frühere Entwicklungsphasen
- **Schulkind:** Unlust, Apathie, rastloses Verhalten, plötzliches Nachlassen von schulischen Leistungen (Schulversagen), Konzentrationsstörungen, irrationale Ängste, Schlafprobleme, Albträume, erhöhte Reizbarkeit

- **Jugendalter:** Drogenkonsum, Risikoverhalten, Verweigerungshaltung, Aggressivität, sozialer Rückzug, Interessensverlust, Selbstwertprobleme, Schlafstörungen/Albträume, emotionale Abstumpfung, Depressionen, Suizidgedanken, Schulverweigerung, Nachlassen schulischer Leistungen

Krisenintervention

Eine Krisenbewältigung ohne fremde Hilfe wird nach Sonneck (2012[2]) durch folgende Einschränkungen erschwert:

- Unfähigkeit der Problemwahrnehmung und -erkennung
- falsche oder fehlende Strategien einer angemessenen Problembewältigung (z. B. Vermeidungsverhalten)
- schlechte psychische Verfassung
- fehlende oder mangelhafte Unterstützung durch das soziale Umfeld

Die Bewältigung von Krisen wird durch persönliche und soziale Ressourcen bestimmt. Zu den **persönlichen Ressourcen** zählen beispielsweise Gesundheit, kognitive Bewältigungsstrategien, Persönlichkeitsmerkmale und Motivation. Die **sozialen Ressourcen** umfassen Unterstützungsleistungen durch die Familie, Freunde, Erzieher oder Lehrkräfte, die zur Krisenbewältigung beitragen. Nachfolgend sind Bewältigungsstrategien bei kritischen Lebensereignissen aufgeführt:

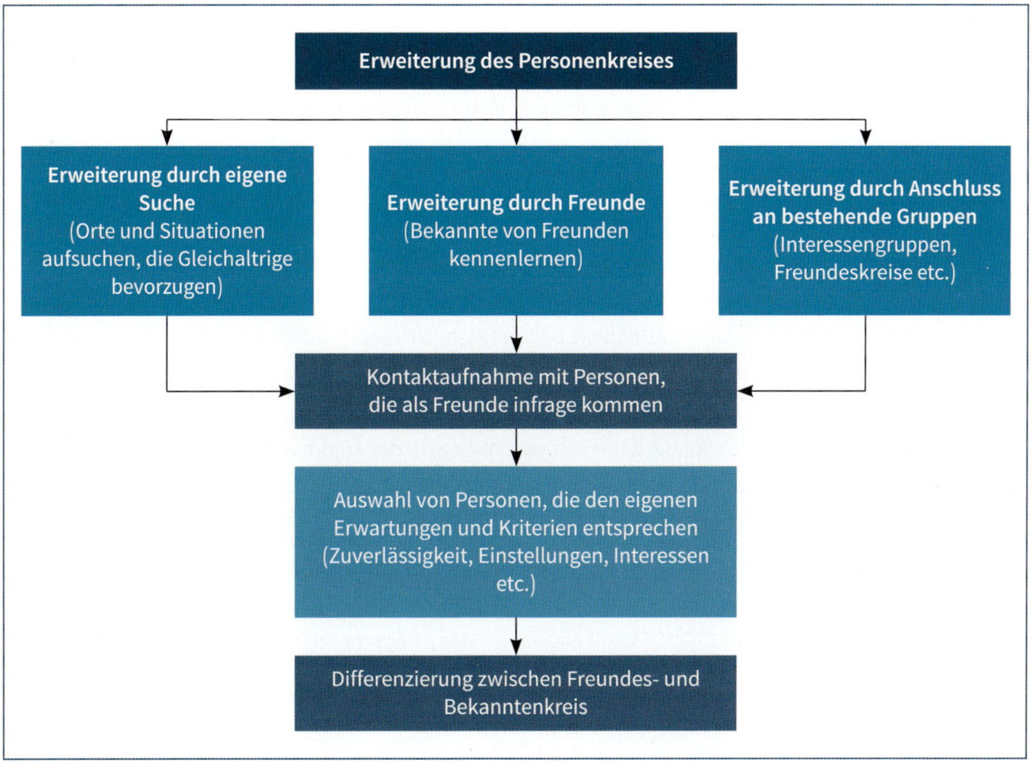

Zur Bewältigung von Krisen werden beispielhaft zwei Konzepte erläutert: das BELLA-Konzept von Sonneck (2012[2]) und das BASIS-Modell von Juen u. a. (2003).

BELLA-Konzept

Das BELLA-Interventionskonzept für aktuelle Krisensituationen umfasst nach Sonneck (2012[2]) folgende fünf Elemente:

1. **Beziehung aufbauen**
   Zunächst wird eine positive Gesprächsatmosphäre aufgebaut, indem dem Betroffenen aufmerksam und einfühlsam zugehört wird. Der Zuhörer macht deutlich, dass er die Probleme ernst nimmt. Er ermuntert den Gesprächspartner, über seine Schwierigkeiten zu reden.
2. **Erfassen der Situation**
   Der Zuhörende setzt sich mit den Beweggründen des Hilfesuchenden auseinander. Dabei werden die Auslöser der aktuellen Krise näher beleuchtet. Weiterhin werden aktuelle sowie zukünftige Auswirkungen der Krise auf seine Lebenssituation verdeutlicht (Seit wann geht es dem anderen so schlecht? Was hat dazu geführt? Wie geht er mit der schwierigen Situation um? Welchen Einfluss hat das Ereignis auf sein Leben?).
3. **Linderung von Symptomen**
   Zur Linderung der Symptome ist es erforderlich, auf die emotionale Situation des Betroffenen einzugehen, indem die Gefühle verbalisiert werden. Der Zuhörende ist um eine Entlastung des Gesprächspartners bemüht, indem die verschiedenen Einflüsse geordnet und bewertet werden. Abhängig von der Gefahr der Selbsttötung ist eine Ärztin einzubeziehen, um medikamentös zu helfen. In dieser Phase sollten Informationen gewonnen werden, um das Suizidrisiko einschätzen zu können.
4. **Personen einbeziehen, die unterstützen**
   Der Hilfesuchende sollte veranlasst werden, mit Personen Kontakt aufzunehmen, mit denen er über seine Situation sprechen kann. Neben den bestehenden sozialen Netzwerken können auch Selbsthilfegruppen oder institutionelle Beratungsstellen eingebunden werden.
5. **Ansatz zur Problembewältigung**
   Eine Problemlösung setzt voraus, dass die Person das Problem mit seinem Auslöser umfassend erkennt. Der Zuhörer sollte die Widersprüchlichkeiten in der Argumentation und in den Sichtweisen aufzeigen. Eine realistische Bewertung der Schwierigkeiten und die Entwicklung von Lösungsperspektiven werden durch den Zuhörer unterstützt. Der Hilfesuchende wird zur eigenverantwortlichen Umsetzung der erforderlichen Maßnahmen ermuntert.

Sonneck fasst den Ablauf der Sitzungen wie folgt zusammen:

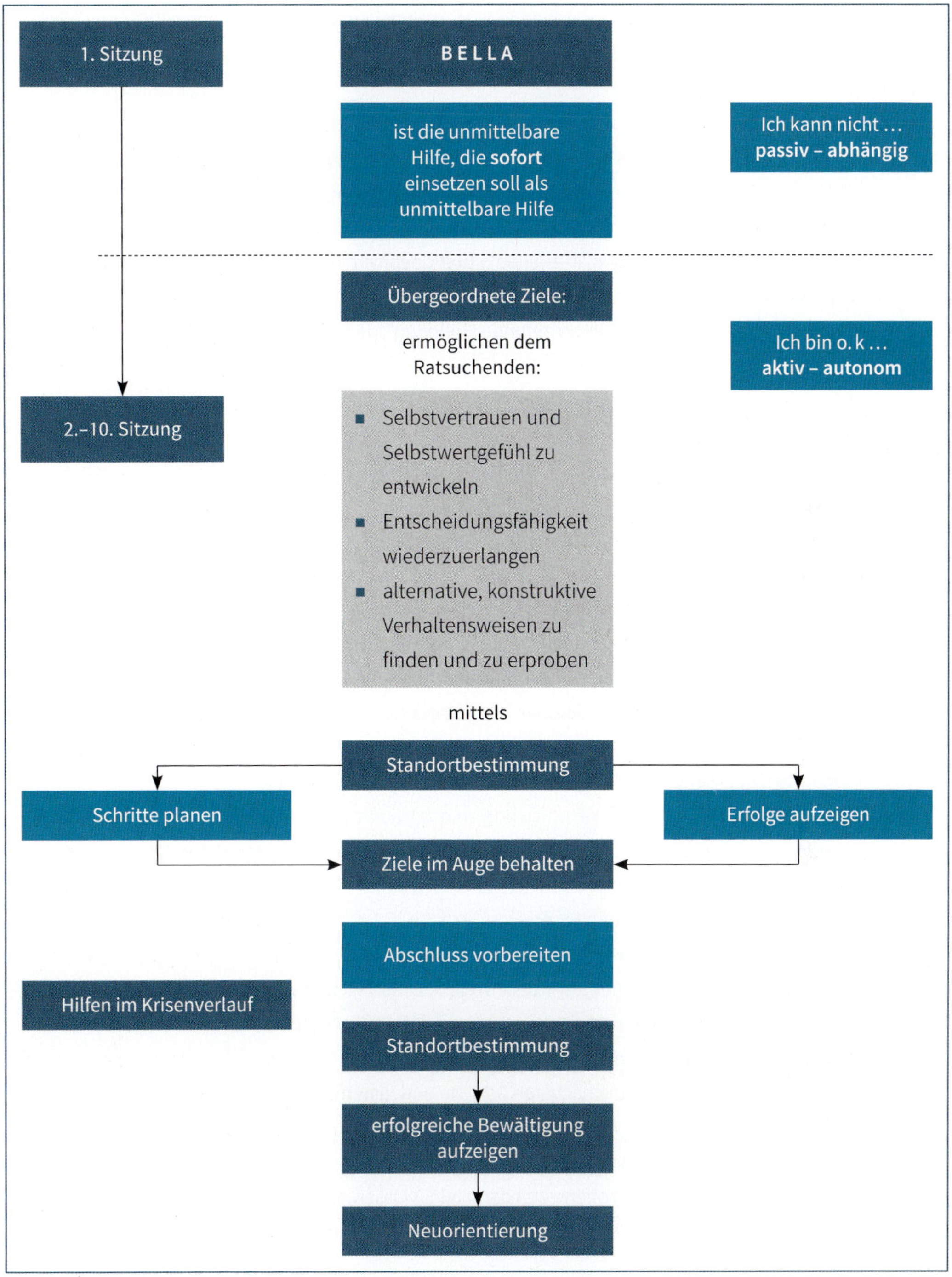

(Quelle: Sonneck, 2012², S. 106)

- **Krisenschock:** Der Betroffene darf nicht allein gelassen werden und benötigt einen Ansprechpartner, der betreuend auf die unter Schock stehende Person eingehen kann. Die Person sollte wertschätzend und beruhigend behandelt werden. Die Gefühle müssen dabei zugelassen und dürfen nicht unterdrückt werden.
- **Reaktionsphase:** Unterdrückte Gefühle (z. B. verwirrende Gefühle, Protest, Enttäuschungen, Wut) sollten akzeptiert werden. Bisweilen muss der Betroffene ermutigt werden, verdrängte Gefühle zu verbalisieren und zuzulassen. Behutsam muss die Person begleitet werden, um sich auf die veränderten Realitäten einzustellen. Wahrnehmungsverzerrungen und Verleugnungstendenzen sollten vom Helfenden nicht akzeptiert werden. In einigen Situationen wird der Helfer mit dem Vorwurf konfrontiert, dass er nicht helfen kann, da das Ereignis nicht mehr rückgängig zu machen sei. Helfende übernehmen die Funktion der „stellvertretende Hoffnung“, da professionelle Helferinnen im Umgang mit psychosozialen Krisen vertraut sind.

BASIS-Modell

Das BASIS-Modell von Juen u. a. (vgl. 2003, S. 14 f.) wurde speziell für die Akuthilfe vor Ort entwickelt und unterscheidet folgende fünf Elemente:

1. **Bindung herstellen**
   Vor Ort geht es zunächst um das Aufbauen von Vertrauen und das Wegführen der Betroffenen aus der Situation bzw. vom belastenden Inhalt. Die Betroffene wird zum Erzählen ermuntert, da durch die Wiedergabe des Ereignisses eine Strukturierung der Situation und die Kontrolle wieder aufgebaut werden können. Abwehrreaktionen der Betroffenen sind zu respektieren. Ein hohes Maß an Empathie fördert den Aufbau der Beziehung. Die Anwesenheit des Helfers gibt Sicherheit.
2. **Abschätzen der Handlungsfähigkeit und Erkunden der Bedürfnisse**
   Der Helfende muss die Betroffene umsichtig an das traumatische Ereignis heranführen und dabei prüfen, in welchem Umfang die Realität akzeptiert werden kann. Traumatische Kurzschlusshandlungen sollen verhindert werden.
3. **Struktur geben**
   Die Betroffene soll befähigt werden, die in der Situation erforderlichen Handlungsschritte zu erkennen (z. B. Wer muss informiert werden? Welche Unterlagen werden benötigt?). Der Helfer sollte die Betroffene unterstützen und sie so viel wie möglich selbst machen lassen.
4. **Informationen weitergeben**
   Die Helfer informieren über die nächsten Schritte und gehen auf Fragen der Betroffenen ein. Die Reaktionen der Betroffenen werden reflektiert. Das Informieren anderer erfolgt.
5. **Sicherstellen von Auffangnetzen**
   Der Akut-Helfer sollte die Betroffene erst dann allein lassen, wenn er sichergestellt hat, dass Auffangnetze (z. B. Verwandte, Beratungseinrichtungen) eingebunden sind, die eine weitere Unterstützung leisten.

Für den Helfenden ergeben sich folgende Fragen:

B: Wie und mit wem kann ich eine Bindung herstellen?
A: Wie erkenne ich die Bedürfnisse und die Handlungsfähigkeit der Betroffenen?
S: Wo muss ich beim Strukturieren bzw. Einordnen der Ereignisse unterstützen?
I: Worüber sind andere (z. B. Angehörige, Träger) zu informieren?
S: Woran erkenne ich, dass ich mich zurückziehen kann?

Grenzen der Krisenintervention

Der Helfende muss sich bei der Krisenintervention seiner Grenzen bewusst sein. Das erfahrene Leid (z. B. Verlusterfahrungen) können nicht ungeschehen gemacht werden, der Zustand vor der traumatischen Erfahrung nicht wieder herbeigeführt werden. Dem Leidtragenden kann der Helfer die Belastung nicht abnehmen.

Krisenhelfer

Eine professionelle Hilfe zur Krisenintervention setzt ein gutes fachliches Wissen sowie eine Auseinandersetzung mit eigenen Krisenerfahrungen voraus. Wer sich mit den Krisen anderer beschäftigt, wird zwangsläufig mit eigenen Krisen konfrontiert. Deshalb sollte in der Ausbildung von Krisenhelfern die Aufarbeitung eigener Entwicklungskrisen und traumatischer Erfahrungen erfolgen. Für Notfallsituationen stellen verschiedene Beratungszentren in unterschiedlicher Trägerschaft (z. B. Rotes Kreuz, Notfallseelsorge, Kriseninterventionszentren) Ärztinnen, Psychologen, Psychotherapeutinnen oder Seelsorger bereit, die auf solche Einsätze gezielt vorbereitet wurden.

4.3.3 Depression

Erst in den letzten Jahren wurden Depressionen bei Kindern und Jugendlichen näher untersucht. Zuvor bestand die Meinung, dass eine gewisse geistige Reife, über die Kinder noch nicht verfügen, für die Entstehung von Depressionen erforderlich ist. Verhaltensauffälligkeiten bei Kindern und Jugendlichen, die mit der Depression verbunden sind, wurden einer normalen Entwicklung zugeordnet (vgl. Essau und Petermann, 2002[5]).

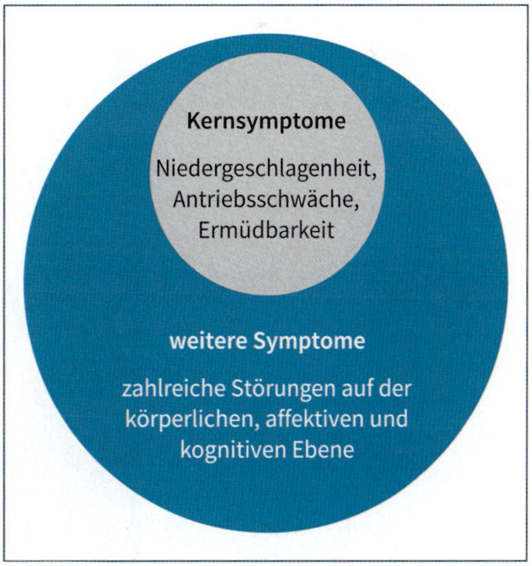

Begriffsbestimmung

Depressive Phasen als Reaktion auf negative Erfahrungen oder Enttäuschungen erleben viele Menschen als eine vorübergehende Stimmung, die wenige Augenblicke, Stunden oder Tage andauern kann. In der Regel ergeben sich daraus keine schwerwiegenden dauerhaften Beeinträchtigungen. Unter einer klinischen Depression (lat. deprimere = herunter-, niederdrücken, herabziehen) versteht man einen länger anhaltenden Zustand (mind. zwei Wochen) gedrückter Stimmung, die durch starke Traurigkeit und Niedergeschlagenheit, Interessenlosigkeit und Antriebsschwäche, Gefühle der Wertlosigkeit und Selbstvorwürfe sowie Ess- und Schlafstörungen gekennzeichnet sind. Die Person vermag weder durch Anstrengung noch durch Willenskraft die Depression zu kontrollieren (vgl. Essau, 2007[2]).

Das depressive Syndrom umfasst Veränderungen im äußeren Erscheinungsbild, im Sozialverhalten sowie verschiedene psychische und körperliche Beschwerden. Die Depression wird in der Psychiatrie den affektiven Psychosen zugeordnet.

Erscheinungsbild

Die Depression zeigt sich auf drei Ebenen:

1. **Körperliche Symptome:** Verdauungsstörungen, Appetitlosigkeit, Essstörungen, Schlaflosigkeit, Ein- und Durchschlafstörungen, Magen-Darm-Beschwerden, Schmerzen, Konzentrationsstörungen, Herzbeschwerden, schnelle Ermüdbarkeit, Schwindelgefühl
2. **Affektive Symptome:** sozialer Rückzug, Interessenslosigkeit, Phasen der Schwung- und Energielosigkeit sowie Phasen der inneren Unruhe, Getriebensein, Niedergeschlagenheit, innere Leere, Ängstlichkeit, Hoffnungs- und Hilflosigkeit, Gefühllosigkeit, geringes Selbstwertgefühl, Traurigkeit, Reizbarkeit
3. **Kognitive Symptome:** negative Gedanken, Konzentrationsstörungen, unbegründete Selbstvorwürfe und Selbstschuldzuschreibungen, Pessimismus, negatives Selbstbild, Verlangsamung von Denkprozessen, Suizidgedanken

Auf folgende Auffälligkeiten, die auf eine Depression hinweisen, sollten die Erzieher als Alarmzeichen achten:

- negative Grundeinstellung (Selbstzweifel, Pessimismus)
- sozialer Rückzug, Mangel an sozialer Unterstützung
- Selbstisolierung (auch von der Familie)
- unstrukturierter Tagesablauf
- Suizidankündigungen bzw. -versuche
- Essstörungen
- Rückzug von Hobbys
- Weglaufen von zu Hause
- starker Leistungsabfall in der Schule

- Drogen- und Alkoholmissbrauch
- Spielunlust
- schnelle Entmutigung

Die depressiven Symptome ordnen Eggers und Stage (1994) verschiedenen Altersbereichen zu:

Bereiche	Kleinkinder (1–3 Jahre)	Vorschulalter (3–6 Jahre)	Schulkindalter (6–12 Jahre)	Jugendalter (13–18 Jahre)
Gefühlsebene	Kind wirkt traurig, Überanhänglichkeit, Teilnahmslosigkeit, ausdrucksarmer Gesichtsausdruck	Reizbarkeit, Anhänglichkeit, Stimmungsschwankungen, Apathie, Umtriebigkeit, Traurigkeit, leichte Ablenkbarkeit	unterdrücktes, starkes Konfliktpotenzial, ausgeprägte Stimmungslabilität, Einsamkeit, Aggressionsunterdrückung, Ängstlichkeit, Suche nach Liebe und Anerkennung, unberechtigte Schuldgefühle	Gefühl der Leere, Lustlosigkeit, Müdigkeit, Sinnlosigkeit, Ekel, suizidale Tendenzen, Zukunftslosigkeit, Selbstzweifel, starke Stimmungsschwankungen
Verhalten und Fähigkeiten	Spielunlust, gestörtes Essverhalten, vermehrtes Weinen, selbststimulierendes Verhalten (z. B. Schaukelbewegungen, ausgeprägtes Daumenlutschen) Häufig sind Entwicklungsverzögerungen zu beobachten.	psychomotorische Auffälligkeiten, Essstörungen, Entwicklungsverzögerungen, Selbststimulation	aggressives Verhalten, selbstschädigendes Verhalten, Denkblockaden, Schulversagen, Stehlen, Selbststimulation, schlechte Beziehung zu Lehrkräften, Schulleistungsprobleme, sozialer Rückzug, verbale Aussagen über Traurigkeit	nachlassende Antriebskraft, verlangsamtes Denken und Handeln, Grübeln, nachlassendes Interesse, zielloses Verhalten, geringe Aufmerksamkeitsspanne, sozialer Rückzug, Leistungsstörungen, zunehmend Suizidgedanken und -versuche

Bereiche	Kleinkinder (1–3 Jahre)	Vorschulalter (3–6 Jahre)	Schulkindalter (6–12 Jahre)	Jugendalter (13–18 Jahre)
körperliche Befunde	Einschlaf- und Schlafstörungen	Gewichtsverlust, Magersucht, Schlafstörungen, Einnässen, Einkoten, Infektanfälligkeit	Einnässen, Einkoten, gestörtes Essverhalten, unklare Schmerzzustände (Bauchschmerzen, Kopfweh ...)	Druckgefühl im Brust- und Magenbereich, Appetitlosigkeit, Verstopfung, Schmerzempfindlichkeit, Schlafstörungen und Schlaflosigkeit, Unfähigkeit zur Entspannung

Häufigkeit und Verlauf

In Deutschland sind affektive Störungen weitverbreitet. Mit zunehmendem Alter treten Depressionen häufiger auf. Im Vorschulalter sind bei ca. 1 % der Kinder Depressionen nachweisbar; im Grundschulalter sind etwa 2 % der Schüler betroffen; im Jugendalter weisen bis zu 18 % aller Jugendlichen depressive Symptome auf. Jede fünfte Person macht in ihrem Leben eine depressive Episode durch. Bei etwa 15 % der depressiven Personen kommt es zum Suizid.

Bis zum 14. Lebensjahr sind keine geschlechtsspezifischen Unterschiede in der Auftrittshäufigkeit nachweisbar. Insgesamt sind Frauen zwei- bis dreimal häufiger betroffen als Männer. Dies ist u. a. auf geschlechtsspezifische Ursachen (z. B. Menstruationszyklus) zurückzuführen.

Depressive Störungen setzen vor allem zwischen dem 14. und 16. Lebensjahr ein. Werden vor diesem Zeitpunkt depressive Symptome sichtbar, so weist dies auf eine erhöhte Anfälligkeit hin, die auf genetische Ursachen bzw. depressionsspezifische Persönlichkeitsmerkmale zurückgeführt werden kann.

Treten Depressionen bereits im Kindes- und Jugendalter auf, so verläuft die Depression häufig chronisch. Im Durchschnitt dauern die depressiven Episoden ca. 30 Wochen an. Nach einer erfolgreichen Behandlung treten, wie Essau und Petermann (2002[5]) darlegen, häufig Rückfälle auf (ca. 50 % innerhalb eines Jahres, ca. 70 % innerhalb von zwei Jahren). Die Major Depression (schwere Form der Depression) steigt bei Mädchen mit zunehmendem Alter konstant an, während bei Jungen kein eindeutiger Trend zu verzeichnen ist (siehe Häufigkeit der Major Depression bei Mädchen und Jungen in nachfolgender Grafik).

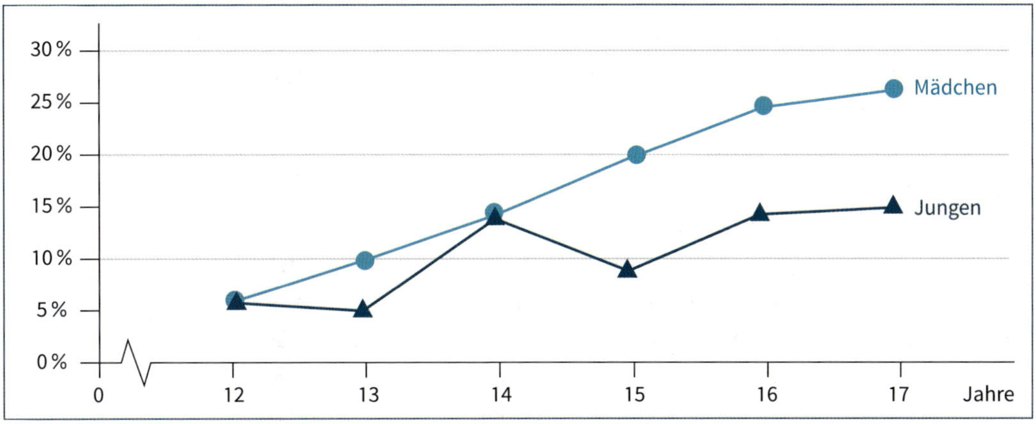

(Quelle: Essau, 2007², S. 59)

Depressionen können zu aggressivem Verhalten führen, wobei sich bei Mädchen die Aggressionen eher gegen die eigene Person richten, während Jungen eher nach außen oder gegen andere Person aggressiv auftreten (vgl. Groen/Petermann 2011², S. 49 f.). Depression und Aggression weisen gemeinsame Risikofaktoren auf (z. B. Schwierigkeiten bei der Emotionsregulation, negative Emotionalität).

Formen

Im Hinblick auf Depressionen sind verschiedene Unterteilungen zu finden. Die traditionelle Unterteilung unterscheidet, abhängig von den unterschiedlichen Ursachen, drei Formen der Depression:

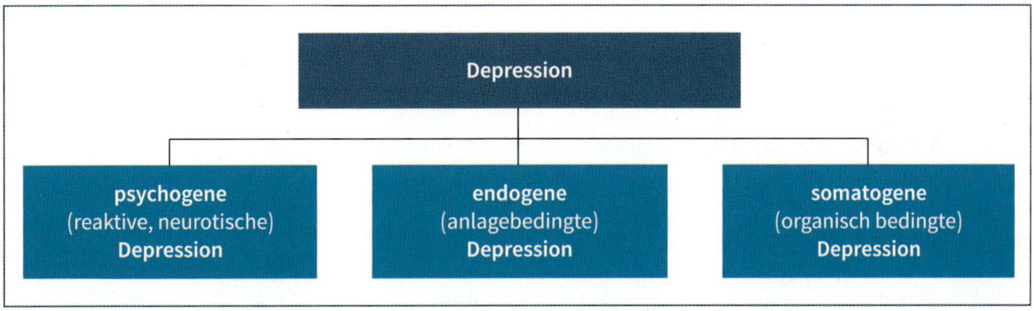

1. **Psychogene Depression:** Diese Depressionen werden von seelischen Vorgängen ausgelöst bzw. sind Reaktion auf die Lebensbedingungen. Auslöser sind gravierende Verlustereignisse (z. B. Tod einer nahestehenden Person, Arbeitslosigkeit, Vertreibung), die zu einer psychischen Überlastung führen.
2. **Endogene Depression:** Diese Depressionen werden vor allem durch erbliche Komponenten ausgelöst, wobei auch weitere Ursachen hinzutreten können.

3. **Somatogene Depression:** Als Folge einer Erkrankung treten die organischen oder somatogenen Depressionen auf. So können hormonelle Störungen, ein Herzleiden, Medikamente und Erkrankungen des Gehirns Depressionen auslösen.

Die psychogenen Depressionen unterscheiden sich von den endogenen Depressionen in folgenden Symptomen (vgl. Möller u. a., 2009[4]):

Endogene Depression	Psychogene Depression
▪ Durchschlafstörungen ▪ Gefühllosigkeit ▪ Selbstbeschuldigungen ▪ Phasenverlauf ▪ grundloses Auftreten ▪ Unabhängigkeit von Umwelteinflüssen	▪ Einschlafprobleme ▪ Stimmungsschwankungen ▪ Beschuldigung von anderen Personen ▪ kein Phasenverlauf ▪ Konflikte als Auslöser ▪ Abhängigkeit von Umwelteinflüssen

Die Unterteilung nach den Ursachen hat sich als problematisch erwiesen. In der Regel liegen mehrere Entstehungsfaktoren aus den verschiedenen Ursachenbereichen bei einer Depression vor.

In der Psychiatrie wird (siehe DSM-5 und ICD-10) die Unterscheidung zwischen uni- und bipolaren affektiven Störungen getroffen. Bei der bipolaren affektiven Störung treten neben Phasen der Depression **manische Phasen** auf, in denen sich die Person in einer intensiven, aber unbegründeten Hochstimmung befindet, die durch Hyperaktivität, Ideenflucht, Ablenkbarkeit, Geschwätzigkeit und unrealistische hochfliegende Pläne gekennzeichnet ist.

Bei Schulkindern sind beispielsweise Schuleschwänzen und Schulversagen zu beobachten. Möller u. a. kennzeichnen den Phasenverlauf einer unipolaren Depression wie folgt:

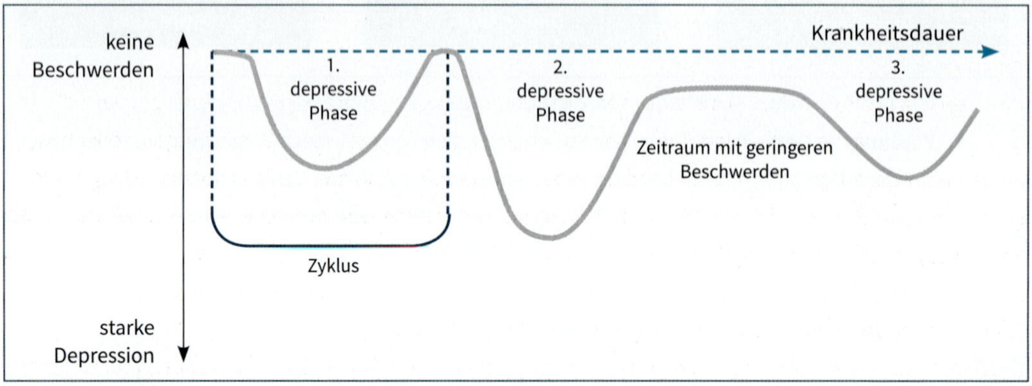

(vgl. Möller u. a., 2009[4], S. 83)

Nach der depressiven Phase erfolgt im Allgemeinen eine Phase der Beschwerdefreiheit, ohne dass es jedoch zu einer völligen Genesung kommt (Remission). Im Verlauf des Lebens treten bei depressiven Personen im Durchschnitt vier depressive Phasen (Episoden) auf. Die Major Depression (schwere akute Form der depressiven Störung) und die dysthyme Störung (chronische depressive Verstimmung) treten bei Kindern und Jugendlichen am häufigsten auf.

Affektive Störungen		
	Unipolare Form	**Bipolare Form**
Störungsform	**Major Depression bzw. depressive Episode**	**Manisch-depressive Störung**
Kennzeichen	Mind. fünf der nachfolgenden Symptome treten über mindestens zwei Wochen auf (vgl. DSM-5 1996): ▪ depressive Verstimmung über die meiste Zeit des Tages ▪ geringes Interesse oder Freude an Aktivitäten ▪ Schlaflosigkeit bzw. Einschlafschwierigkeiten ▪ Veränderungen des Antriebsverhaltens: Unruhe oder Verlangsamung ▪ Auffälliges Essverhalten: Appetitlosigkeit/ Gewichtsverlust oder gesteigerter Appetit/ Gewichtszunahme ▪ Müdigkeit, Energielosigkeit ▪ negatives Selbstbild; Selbstvorwürfe; Schuldgefühle ▪ verminderte Konzentrationsleistung; Entscheidungsunfähigkeit; Denkblockaden ▪ wiederkehrende Gedanken an den Tod oder Suizid	Neben den depressiven Symptomen treten Phasen auf, in denen die Person manische Symptome zeigt: ▪ erhöhtes Aktivitätsniveau ▪ Geschwätzigkeit, Redebedürfnis ▪ geringes Schlafbedürfnis ▪ Ideenflucht ▪ Überheblichkeit, übertriebenes Selbstwertgefühl ▪ hohe Ablenkbarkeit ▪ unüberlegtes Handeln, das später bereut wird (z. B. unbedachte Ausgaben) ▪ bisweilen Halluzinationen und Wahnvorstellungen

Diagnostik

Die Diagnose muss von einer Ärztin vorgenommen werden. Zur Erfassung der Depression kommen verschiedene Verfahren zum Einsatz. Neben der neurologischen und internistischen Untersuchung zur Abklärung organischer Erkrankungen werden Verhaltensbeobachtungen und Testverfahren (Selbstbeurteilungsfragebogen) sowie eine Exploration der Person durchgeführt. In der Anamnese wird u. a. erfasst, inwieweit in der Familie psychische Erkrankungen vorliegen.

Erklärungsansätze

Die Depression kann auf zwei Ursachenbereiche zurückgeführt werden: biologische Einflussgrößen und psychische Auslöser.

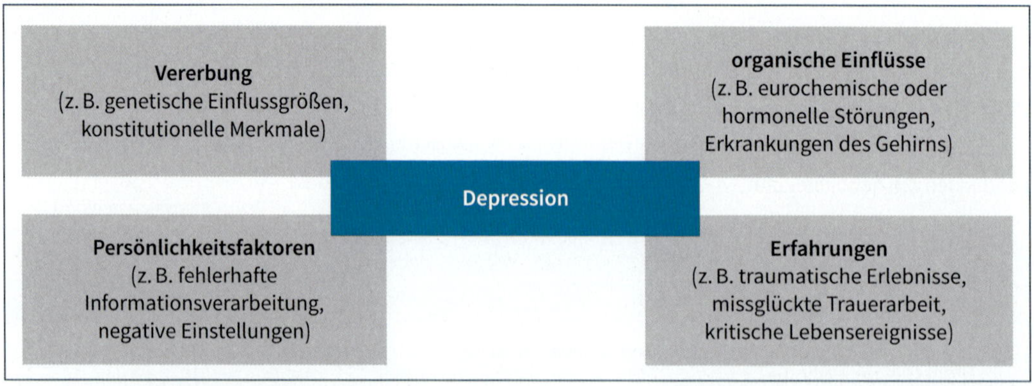

Biologische Einflussgrößen

- **Vererbung:** Die Zwillings- und Familienforschung gibt Hinweise auf genetische Faktoren. Die Auftretenswahrscheinlichkeit wird stark erhöht, wenn ein Elternteil unter Depressionen leidet. Weist die Mutter eine depressive Störung auf, so wirkt sich dies auf die Interaktion mit dem Kind aus. Die Mutter zeigt wenige positive Reaktionen auf das Verhalten des Kindes und reagiert vermehrt mit Kritik und Bestrafungen sowie mit negativen Gefühlsäußerungen (z. B. Feindseligkeit, Zurückweisung, Ablehnung, Gleichgültigkeit). Das Erziehungsverhalten der Mutter ist eher inkonsequent und für das Kind weniger gut durchschaubar. Es kann sich keine sichere Bindung zwischen dem depressiven Elternteil und dem Kind entwickeln.
- **Organische Einflüsse:** Bei depressiven Kindern sind einige biologische Besonderheiten zu finden. Es gibt jedoch keine eindeutigen Belege für den Zusammenhang zwischen neurochemischen Prozessen und der Depression. Offenbar liegt ein Mangel der Überträgersubstanzen im zentralen Nervensystem vor. Dies betrifft Noradrenalin, Dopamin und Serotonin. Die Wirksamkeit der medikamentösen Behandlung stützt offenbar diese These, wobei Placeboeffekte nicht ausgeschlossen sind. Allerdings sind die biochemischen Ursachen der Depression nicht eindeutig geklärt.

  Depressionen können zudem im Verlauf von Erkrankungen (somatogene Depression), die sich auf die Gehirnfunktion auswirken, auftreten. Hormonelle Störungen wie beispielsweise eine Unterfunktion der Schilddrüse, einige Medikamente (z. B. Cortison) oder eine Erkrankung des Gehirns (z. B. Hirntumor, Schädelhirntrauma) können ebenfalls Depressionen auslösen. In der Pubertät kommt es zu schnellen körperlichen Veränderungen mit starken Auswirkungen auf die Persönlichkeit und auf das soziale Umfeld. Essau (2007[2]) weist darauf hin, dass mit dem Pubertätsbeginn die Depressionen vermehrt auftreten. Der unterschiedliche Beginn der Pubertät bei Jungen und Mädchen ist ebenso bei der Depression zu beobachten, sodass Essau (2007[2]) von einem ursächlichen Zusammenhang von Pubertät und Depression ausgeht. Bei Mädchen tritt in der Pubertät die Depression häufiger auf als bei Jungen.

Psychische Auslöser

- **Persönlichkeitsfaktoren:** Der Psychoanalytiker Freud sieht die Depression als Folge einer missglückten Trauerarbeit. Die Person richtet die negativen Gefühle (z. B. Hass), die gegenüber der verlorenen Bezugsperson bestanden, gegen die eigene Person. Es treten Schuldgefühle auf. Die missglückte Trauerarbeit führt zu Selbstbeschuldigungen und Selbstverachtung und endet in einer Depression. Als weitere Ursache werden frühkindliche Mangelerfahrungen (vor allem in der oralen Phase) als Auslöser einer Depression genannt. Das Kind erlebt sich als nicht geliebt, minderwertig und unfähig. Dies führt zu einem geringen Selbstwertgefühl, das die Selbstverwirklichung beeinträchtigt.

  Vertreter der kognitiven Theorien der Depression gehen davon aus, dass Menschen aufgrund ihrer verzerrten Wahrnehmung und Schlussfolgerungen depressiv werden. Die Personen weisen negative Einstellungen gegenüber sich selbst, der Umwelt und der Zukunft (kognitive Triade) auf. Diese Einstellungen beruhen auf verzerrten, irrationalen Verarbeitungsmechanismen. Bei depressiven Menschen sind Über- und Untertreibungen, vorschnelle Übergeneralisierungen, selektive Wahrnehmung sowie Verallgemeinerungen und irrationale Schlussfolgerungen zu finden. Depressive Personen weisen beispielsweise folgende irrationalen Überzeugungen auf: „Ich kann von anderen keine Hilfe und Unterstützung erwarten.“, „Ich versage immer.“ und „Ich kann nichts verändern, ich bin zu schwach.“. Es kommt zu zirkulären Verstärkungen. Die Hilflosigkeit führt zum sozialen Rückzug und zur Verringerung von positiven Erfahrungen. Die negativen Erwartungen werden verstärkt. Resignation und weiterer Rückzug, verbunden mit Selbstvorwürfen und Selbstmissachtung, sind die Folge.

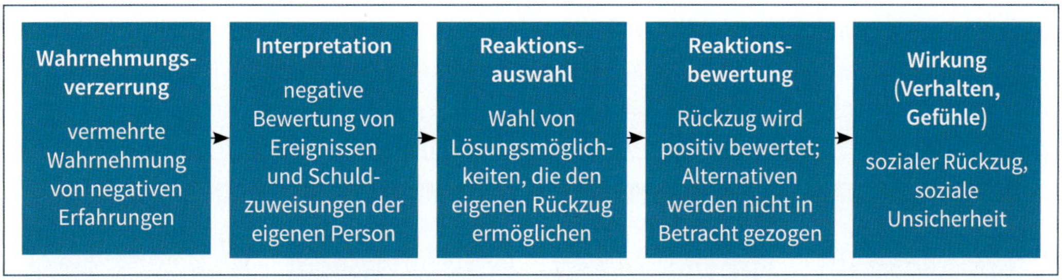

Informationsverarbeitung bei depressiven und sozial unsicheren Kindern und Jugendlichen (vgl. Groen und Petermann, 2011[2], S. 190)

Introvertierte Personen, die auf das Beziehungsnetz weniger Wert legen, neigen eher zu Depressionen.

- **Erfahrungen:** Unangenehme Erfahrungen werden von depressiven Personen nicht angemessen verarbeitet, Hoffnungs- und Hilflosigkeit, die zu Depressionen führen, sind erkennbar. Zu diesen Erfahrungen zählen beispielsweise der Verlust von wichtigen Bezugspersonen, der Verlust von Aufgaben, chronische Schmerzen, Misserfolge und Kränkungen. Dabei sind folgende Mechanismen unterscheidbar:

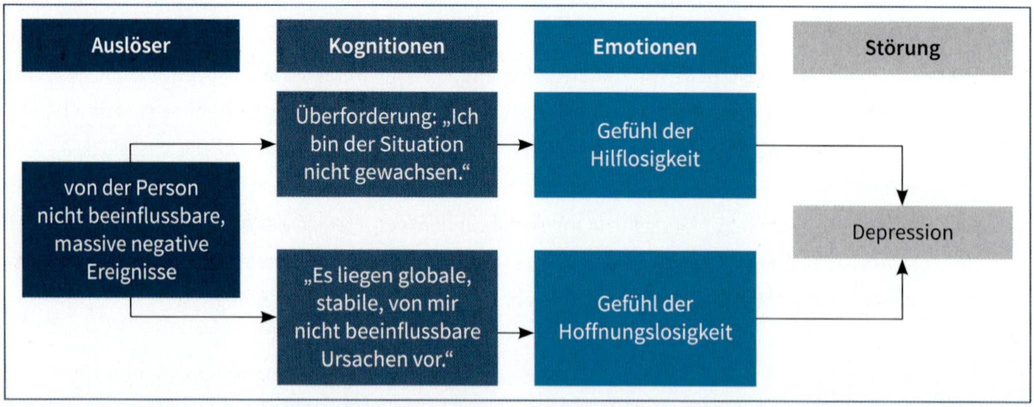

Negative Ursachenzuordnungen (depressiver Attributionsstil) verbunden mit einem geringen Selbstwertgefühl sind häufige Auslöser von Depressionen bei Kindern und Jugendlichen. Die Person nimmt die Lebenssituation als unbeeinflussbar wahr und fühlt sich der Situation hilflos ausgeliefert. Sie entwickelt einen depressionstypischen kognitiven Stil, der durch selektive, negativ verzerrte Wahrnehmung der Wirklichkeit gekennzeichnet ist. Die erwartete zukünftige Hilflosigkeit führt zu einer depressiven Stimmung, die sich auf ein aktives Handeln lähmend auswirkt. Depressive Personen sehen sich für negative Ereignisse persönlich verantwortlich. Verstärkend kommt hinzu, dass positive Erfahrungen heruntergespielt und negative Erfahrungen übertrieben stark erlebt werden.

Depressionen treten häufiger auf, wenn die Person mangelnde soziale Unterstützung erfährt, sich als von anderen Menschen abgelehnt erlebt, über geringe soziale Fertigkeiten verfügt und ihre ständige Suche nach Bestätigung erfolglos verläuft. Neben den genannten Ursachen sind auch physikalische Einflüsse wie Licht (z. B. Winterdepression) Auslöser für depressive Episoden.

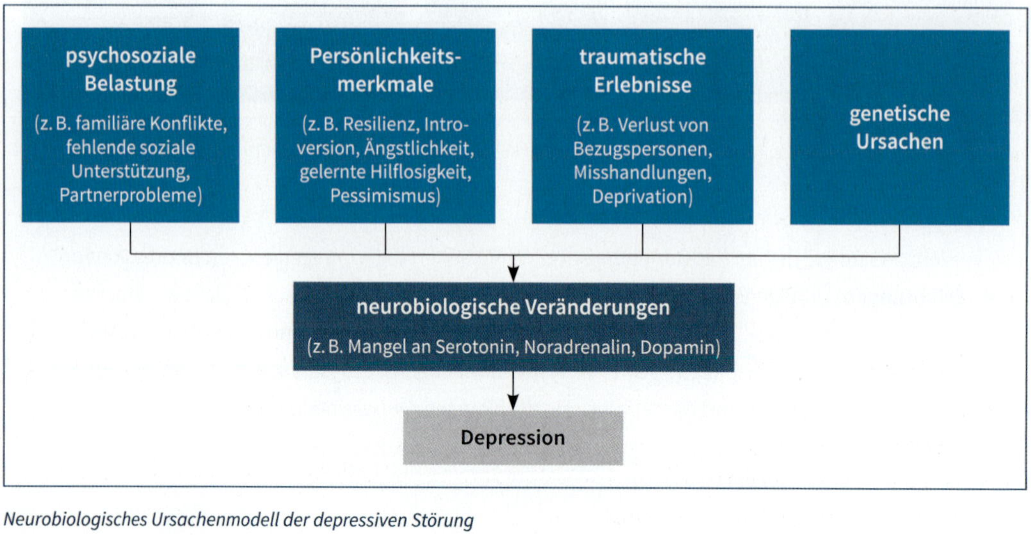

Neurobiologisches Ursachenmodell der depressiven Störung

Hilfen

Abhängig von den dargestellten Ursachenbereichen werden sowohl psychologische Therapieverfahren als auch somatische Verfahren (z. B. medikamentöse Behandlung) eingesetzt. Da die Ursachen sehr unterschiedlich sind, ist eine Kombination verschiedener Behandlungsverfahren sinnvoll.

Die verschiedenen Therapieverfahren unterscheiden sich in ihrer Wirksamkeit nur geringfügig. Beim Auftreten von leichten und mittelschweren Depressionen werden zunächst psychotherapeutische Verfahren eingesetzt, bei länger andauernden, schweren Depressionen werden zusätzlich Medikamente (Antidepressiva) verabreicht.

Häufig wird die Depression nicht rechtzeitig erkannt bzw. die Person hat Scheu, psychologische oder medizinische Hilfe in Anspruch zu nehmen. Eine frühzeitige Hilfe ist erforderlich, um Suizide zu verhindern. Während die Selbsttötung bei Kindern selten ist, nehmen im Jugendalter die Suizidhandlungen kontinuierlich zu.

Pädagogische Hilfen

Die pädagogischen Maßnahmen setzen zum einen an der Verbesserung der Beziehungsgestaltung und zum anderen an der Stärkung der Resilienz an.

- **Beziehungsgestaltung:** Die Erzieherin als Bezugsperson hat die Möglichkeit, die soziale Kompetenz des Kindes und Jugendlichen im pädagogischen Umfeld behutsam zu entwickeln. Dabei ist es wichtig, dass der Jugendliche bzw. das Kind Vertrauen in den Gesprächspartner entwickeln kann, sich angenommen und ernst genommen fühlt. Die Basis des Beziehungsaufbaus ist eine sichere Bindung. Zur Verbesserung von sozialen Kompetenzen kann das Training sozialer Fertigkeiten bei sozial unsicheren Kindern von Petermann und Petermann (2010[10]) berücksichtigt werden.
- **Stärkung der Resilienz:** Das Kind bzw. der Jugendliche muss Gelegenheit erhalten, Erfahrungen zu sammeln, die seine Selbstwirksamkeit verdeutlichen. In Reflexionsgesprächen kann zur Verbesserung der Selbstwahrnehmung beigetragen werden. So können beispielsweise positive Erfahrungen herausgestellt und in der Selbstwahrnehmung verankert werden. Der Attributionsstil, d. h., auf welche Ursachen die Person ihre Erfahrungen zurückführt, sollte gezielt verändert werden, um abwertende Gedanken und irrationale Überzeugungen (z. B. „Ich bin unfähig.“) abzubauen.

Beim Problemlösetraining erfahren depressive Personen Hilfen, um Situationen rechtzeitig zu erkennen, die depressive Episoden auslösen. Die Problemlösekompetenz der Kinder und Jugendlichen wird verbessert, um Hilfs- und Hoffnungslosigkeit gegenüber neuen Anforderungen abzubauen.

Folgende Empfehlungen sind im Umgang mit depressiven Kindern hilfreich (vgl. Groen und Petermann, 2011[2], S. 146):

- Gespräche anbieten,
- Leistungsdruck abbauen und Überforderung vermeiden (z. B. realistisches Anspruchsniveau aufbauen, erreichbare Ziele anstreben),

- auf Gefühle, Ideen und Gedanken sowie Alltagserfahrungen eingehen,
- Belastungen ernst nehmen und akzeptieren; Probleme nicht herunterspielen, bagatellisieren,
- positive Erfahrungen und Erfolgserlebnisse ermöglichen (z. B. bewältigbare Aufgaben auswählen, mit den Stärken des Kindes arbeiten, angenehme Aktivitäten anbieten),
- negative Kognitionen verändern (z. B. Erfolge und eigene Stärken verdeutlichen, Überbewertung von Fehlern oder Selbstbeschuldigungen realitätsprüfend hinterfragen),
- Eigenverantwortung und Selbstvertrauen stärken (z. B. Kind selbst Entscheidungen fällen lassen),
- Problemlösestrategien vermitteln (z. B. Ausbau sozialer Fertigkeiten, aktives Zuhören erlernen),
- dem Kind vermitteln, dass Depressionen behandelbar sind,
- bei akuter Suizidgefahr stationäre oder geschützte Unterbringung veranlassen.

Psychotherapeutische Maßnahmen

- **Psychoanalyse:** Die psychodynamische Therapie setzt an der nach innen gerichteten Wut und den Selbstvorwürfen an. Der verdrängte Konflikt wird wieder bewusst gemacht und mit den psychoanalytischen Verfahren bearbeitet. Zur Wirksamkeit dieses Vorgehens liegen widersprüchliche Ergebnisse vor.
- **Verhaltenstherapie:** Ausgangspunkt sind die sozialen Einflüsse auf die Depression. Dieser interpersonale Ansatz hat die Verbesserung der sozialen Beziehungen zum Ziel. So werden beispielsweise das Kommunikationsverhalten, der Umgang mit sozialen Anforderungen sowie die Verarbeitung von Informationen in der Therapie angesprochen. Durch das Training (z. B. Selbstsicherheitstraining) wird die soziale Kompetenz der depressiven Personen gestärkt. Der Aufbau neuer Aktivitäten und Beziehungen wird in der Therapie unterstützt. Mithilfe der **Gedankenstopp-Methode** können zirkulär kreisende Gedanken, die sinnlos durch den Kopf gehen, unterbrochen werden. Ihle u. a. (vgl. 2012, S. 132) schlagen vor, dass die depressive Person ein Gummiband am Handgelenk trägt und dieses Gummiband schnipsen lässt, um sich ein Signal zu geben, die Gedanken zu unterbrechen und an etwas anderes zu denken.
- Die kognitive Therapie nach Ellis oder Beck setzt an den problematischen, irrationalen Denkmustern an. Das Ziel der Therapie besteht in der kognitiven Umstrukturierung, indem die Problematik der Denkmuster aufgezeigt wird. Die **kognitive Verhaltenstherapie** unterstützt Kinder, ihre fehlangepassten Gedanken und Ursachenerklärungen zu verändern. Das kognitive Umstrukturieren umfasst nach Essau (2007²) folgende Schritte:

  1. depressionsfördernde Kognitionen erkennen und benennen
  2. Beziehungen zwischen Kognitionen, Gefühlen und Verhalten verstehen
  3. depressionsfördernde Gedanken anhand der Wirklichkeit überprüfen
  4. positive Kognitionen aufbauen

Angst und Depressionen treten häufig gemeinsam auf. Deshalb wird neben der kognitiven Verhaltenstherapie zumeist ein Entspannungstraining angeboten (z. B. progressive Muskelentspannung), um Ängste abzubauen. Da Depressionen sich auch aus der Hilflosigkeit gegenüber der Bewältigung von Problemen ergeben, kann bei depressiven Kindern ein Problemlösetraining durchgeführt werden. Die Kinder werden angeleitet, Problemsituationen angemessen zu analysieren, die Wirksamkeit von verschiedenen Problemlösungsstrategien zu erkennen und Fähigkeiten zu entwickeln, um neue Problemsituationen kompetent anzugehen (vgl. Ihle u. a., 2012, S. 25 f.).

Essau (2007[2]) stellt das PASCET-Programm (nach Weisz u. a., Primary And Secondary Control Enhancement Training Program) dar, das 14 Sitzungen (Dauer jeweils 45 Minuten) umfasst und auf Kinder im Alter von acht bis 14 Jahren abgestimmt ist. Neben Einzelsitzungen sind auch die Eltern eingebunden.

Sitzung	Inhalte
1 Einführung PASCET-Programm	▪ Beziehung zum Kind aufbauen ▪ Therapieverlauf darstellen ▪ über Depressionen (Gründe, Symptome, Auswirkungen) informieren
2 Handeln und Gefühle	▪ angenehme Gefühle beim Umgang mit Menschen, die man mag, bewusst machen ▪ Ablenkung von Problemen durch Aktivitäten außer Haus erreichen ▪ anderen Menschen helfen – sich selbst gut fühlen
3 Entspannungstraining	▪ Entspannung, um Gefühle positiv zu beeinflussen ▪ progressive Muskelentspannung gezielt erlernen und einsetzen
4 positive Selbstdarstellung	▪ im Umgang mit anderen sich selbst positiv und optimistisch darstellen ▪ Videoaufnahmen von negativem und positivem Verhalten analysieren und bewerten
5 Talente und Fähigkeiten	Kompetenzentwicklung in drei Schritten: 1. Ziele setzen 2. kleine Schritte zur Zielerreichung planen 3. so lange üben, bis Ziel erreicht ist
6 positiv Denken	negative Gedanken erkennen und durch positive Gedanken ersetzen
7 gute Dinge tun, wenn Schlechtes passiert	▪ positive und negative Seiten von Erfahrungen erkennen ▪ Bewusstsein aufbauen, dass meine Gefühle von meiner Einstellung abhängig sind, Erfahrungen zu bewerten

Sitzung	Inhalte
8 Ideen, um sich gut zu fühlen	▪ als Stimmungsdetektiv Ursachen von schlechten Stimmungen aufspüren ▪ Ursachen für gute Gefühle herausfinden ▪ schlechte Stimmungen in gute Stimmung umwandeln
9	Zusammenfassung der ersten acht Sitzungen
10–14	vertiefende Übungen und Stabilisierung erworbener Fähigkeiten

(Quelle: Essau, 2007², S. 170)

Medizinische Behandlung

Medikation: Bei einer starken Depression mit drohender Selbsttötung werden Antidepressiva verabreicht. Bei etwa 50%–70% der behandelten Patienten zeigen sich deutliche Verbesserungen. Die Medikamente, die erst nach zwei bis drei Wochen ihre Wirkung entfalten, führen nicht zur Abhängigkeit. Die Antidepressiva beruhigen den Patienten, stellen ihn aber nicht ruhig. Allerdings weisen einige Medikamente starke Nebenwirkungen auf (z.B. Schläfrigkeit, Übelkeit, Verstopfungen, Reizbarkeit). In der Regel reicht eine ambulante Behandlung aus. Eine stationäre oder teilstationäre Unterbringung ist erforderlich, wenn eine schwere Selbstvernachlässigung (z.B. Verwahrlosung, Unterernährung), das Risiko der fortgesetzten Misshandlung oder des sexuellen Missbrauchs oder eine Selbsttötungsabsicht bestehen.

AUFGABEN

1. Erläutern Sie die Unterschiede zwischen einer psychogenen, endogenen und somatogenen Depression.

2. Leiten Sie aus dem Verlauf einer unipolaren Depression Konsequenzen für den Umgang mit einer depressiven Person ab.

3. Verdeutlichen Sie an Beispielen, wie die Resilienz von depressiven Personen gestärkt werden kann. Begründen Sie Ihr Vorgehen. Bewerten Sie zudem Möglichkeiten psychotherapeutischer Maßnahmen in Hinblick auf den Umgang mit depressiven Personen und begründen Sie diese.

4.4.4 Zwangsstörungen und Tic-Störungen

Zwangs- und Tic-Störungen haben ähnliche Erscheinungsbilder und führen beide zu einer kurzzeitigen Entlastung und Entspannung. Die nachfolgende Übersicht verdeutlicht die Unterschiede zwischen Zwangs- und Tic-Störungen (vgl. Döpfner u.a., 2010, S. 61).

Zwangsstörungen	Tic-Störungen
▪ ritualisiert ▪ zielgerichtet ▪ kognitiv-emotionale Dissonanz ▪ angstbezogen ▪ willkürlich ▪ später Beginn (nach 10. Lebensjahr) ▪ geringe Änderungen im zeitlichen Verlauf ▪ nie während des Schlafs ▪ langfristige Unterdrückbarkeit möglich	▪ plötzlich auftretend ▪ ungerichtet ▪ sensomotorischer Drang ▪ ohne Angstbezug ▪ unwillkürlich ▪ früher Beginn (vor 10. Lebensjahr) ▪ große Schwankungen im zeitlichen Verlauf ▪ auch während des Schlafs ▪ kurzzeitige Unterdrückbarkeit möglich
▪ Verminderung bei Konzentration ▪ Anstieg bei Stress und Erregung	

Zwangs- und Tic-Störungen entwickeln sich recht unterschiedlich, wie die nachfolgende Abbildung zeigt:

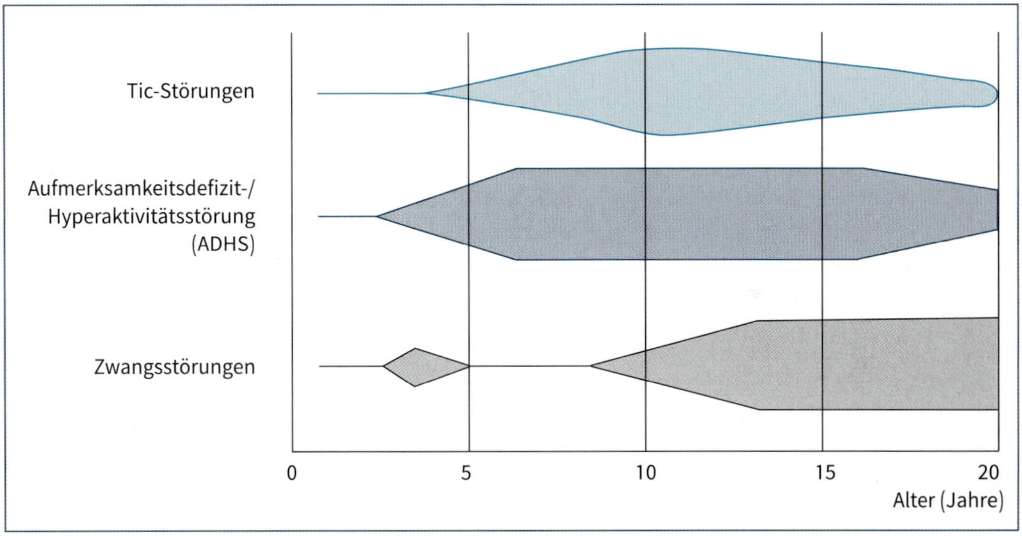

(Quelle: Döpfner u. a., 2010, S. 24)

Die Tic-Störungen und die Aufmerksamkeitsdefizit-Hyperaktivitätsstörung gehen im Erwachsenenalter zurück, während die Zwangsstörungen unverändert bleiben.

4.4.4.1 Zwangsstörungen

Im Alltagsleben sind zahlreiche Gewohnheiten und Rituale zu finden, die der Erleichterung und Entlastung des Individuums dienen. Im Kindesalter sind Rituale ein wichtiger Bestandteil der Erziehung, die dem Kind helfen, Abläufe in Gang zu setzen (z. B. Einschlafrituale) und den Alltag zu strukturieren. Gewohnheiten und

Rituale werden dann zu Zwangsstörungen, wenn sie das Alltagsleben der Person bestimmen und deutlich einschränken. Auch bei gesunden Menschen sind zwanghafte Elemente zu finden (z. B. Beharren auf festem Tagesablauf, abergläubisches Verhalten, Sauberkeit). Krankhafte Zwangsstörungen sind umfänglicher und engen die Person in ihrem gesamten Denken und Handeln sowie in den Sozialkontakten erheblich ein.

Begriffsbestimmung

Zwangsstörungen werden durch bedrohlich eingeschätzte Situationen ausgelöst. Die **Zwangsgedanken**, die aus Ideen, bildhaften Vorstellungen oder Impulsen bestehen, können vom Kind nicht kontrolliert werden und drängen sich gegen seinen Willen immer wieder auf. Sie sind quälend, weil sie Angst auslösen, und werden als sinnlos erlebt, da sich der Betroffene nicht dagegen wehren kann. **Zwangshandlungen** sind stereotyp wiederholte, absichtlich ausgelöste Verhaltensweisen. Die Betroffenen glauben, damit befürchtete negative Ereignisse abwenden zu können. Es besteht zwar eine grundlegende Einsicht in die Sinnlosigkeit der Gedanken bzw. Handlungen, doch sie können sich dem inneren Drang nicht entziehen. Die Zwangsstörungen stellen eine starke Belastung und Beeinträchtigung für den Betroffenen dar, da sie einen starken Leidensdruck verursachen und einen erheblichen Teil des Tagesablaufs (bis zu mehreren Stunden) beanspruchen. Ein massives Auftreten von Zwangsgedanken und -handlungen über einen Zeitraum von mehr als zwei Wochen weist auf eine Zwangsstörung hin.

Erscheinungsformen

Man unterscheidet drei Formen von Zwangsstörungen:

1. **Zwangsgedanken** beziehen sich auf reine gedankliche Vorstellungen (z. B. Beten, Zählen), auf Bilder (z. B. Darstellung von Unfällen, Naturkatastrophen) und Impulse (aggressive, sexuelle oder gotteslästernde Impulse). Zwangsgedanken beinhalten beispielsweise befürchtete Verunreinigungen/Vergiftung, pedantisches Ordnungsstreben, Glücks- und Unglückszahlen oder Furcht vor schrecklichen Ereignissen.
2. **Zwangsimpulse** versuchen sich zwanghaft gegen den Willen des Betroffenen durchzusetzen und lösen dabei starke Ängste aus, die problematische Zwangshandlung könne tatsächlich ausgeführt werden, was in der Regel nicht geschieht. Dies ist beispielsweise bei aggressiven Inhalten (jemanden verletzen oder töten), sexuellen Impulsen (jemanden begehren, ungewöhnliche sexuelle Handlungen) oder autoaggressiven Impulsen (sich selbst töten oder verletzen) zu beobachten.
3. **Zwangshandlungen** können zwei Bereichen zugeordnet werden: Wasch-, Reinigungs- und Putzzwänge sowie Kontroll- und Ordnungszwänge (vgl. Reinecker, 2009, S. 7) wie beispielsweise Sammel- und Zählzwänge, pedantisches Verhalten oder Wiederholungszwänge. Nach der Ausführung der Handlung tritt ein Spannungsabbau auf, der jedoch nur kurze Zeit anhält. Zwangshandlungen können auch aus komplexen **Ritualen** bestehen, die sich aus festen Handlungsabfolgen zusammensetzen. Bereits bei geringen Störungen dieses Ablaufs wird die Handlung erneut ausgelöst. Bei Frauen sind verstärkt Waschzwänge und bei Männern eher Ordnungszwänge zu beobachten.

Kinder und Jugendliche unterscheiden sich bezüglich der Inhalte von Zwangsgedanken und Zwangshandlungen (vgl. Heinrichs und Lohaus, 2011, S. 147):

Alter	Zwangsgedanken	Zwangshandlungen
eher Kindesalter	▪ Verschmutzung ▪ Vergiftung ▪ Ordnung/Symmetrie ▪ Glücks-/Unglückszahlen ▪ Katastrophen	▪ Waschzwänge ▪ Kontrollzwänge ▪ Ordnungszwang ▪ Zählzwänge ▪ Wiederholungszwänge ▪ Berührungszwänge
eher Jugendalter	▪ religiöse Vorstellungen ▪ Gewissen ▪ Aggressionen ▪ Sexualität ▪ zwanghaftes Zweifeln	▪ Betzwänge ▪ Kontrollzwänge ▪ Wiederholungszwänge

Häufigkeit

Die Verbreitung von Zwangsstörungen im Jugendalter liegt bei 1 %–3 %. Zwangsstörungen sind bei Jungen stärker verbreitet als bei Mädchen (Relation 2 : 1). Bei Jugendlichen sind die Zwangsstörungen stärker ausgeprägt als bei Erwachsenen. In der Regel vergehen 7 bis 10 Jahre, bis eine Zwangsstörung therapiert wird (Reinecker, 2009, S. 14). Bei 50 % der Erwachsenen mit Zwangsstörungen liegt ein Störungsbeginn in der Kindheit zwischen dem 10. und 12. Lebensjahr vor. Etwa 85 % der Betroffenen leiden im Verlauf der Zwangsstörung unter einem Waschzwang.

Die nachfolgende Übersicht stellt die Häufigkeit von Zwangsgedanken im Erwachsenenalter dar:

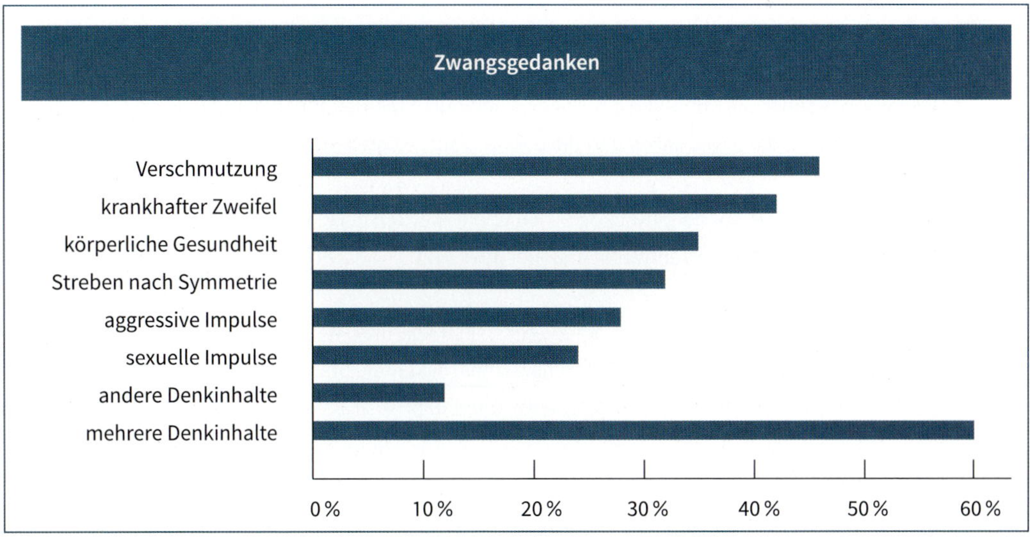

(Quelle: Deister, 2015a, S. 149)

Bei den Zwangshandlungen sind folgende Häufigkeiten zu beobachten:

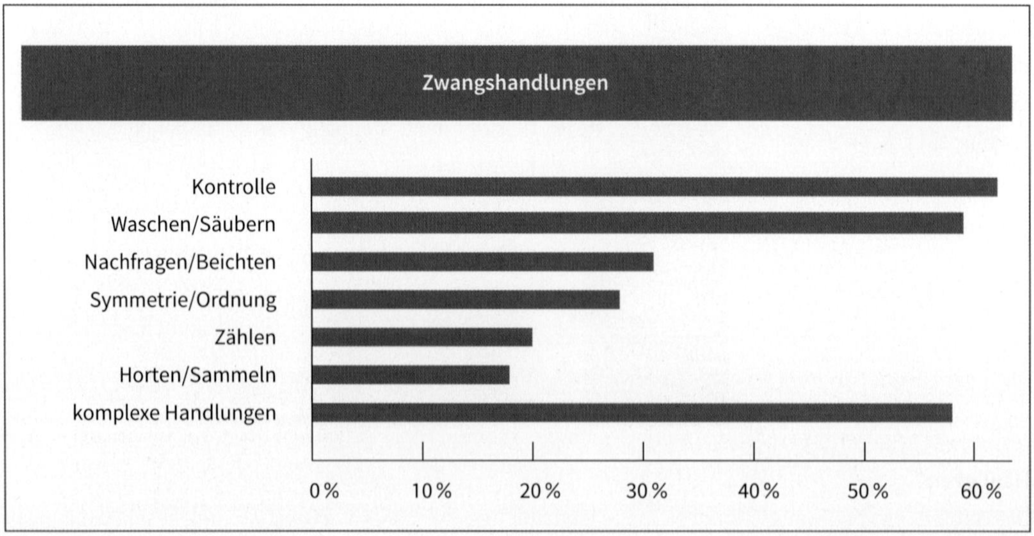

(Quelle: Deister, 2015[6], S. 150)

Erfassung

Es können zwar verschiedene Fragebögen (Selbst- und Fremdbeurteilungsverfahren) zur Erfassungen von Zwangsstörungen eingesetzt werden, aber aussagekräftiger ist die Durchführung einer **funktionalen Analyse**, die sich auf die Elemente der Verhaltensgleichung S – O – R – C (siehe dazu weiter unten) bezieht. Es werden dabei drei Ebenen beachtet: das Verhalten, die Kognitionen und die körperlichen Reaktionen.

1. **Verhaltensebene:** Die Dokumentation umfasst die Formen und die Dauer der Zwangshandlungen sowie die Häufigkeit der Wiederholungen.
2. **Kognitionsebene:** Die Erfassung der Kognitionen durch die Befragung der Person bezieht sich auf die Inhalte der Zwangsgedanken und die dadurch ausgelösten Ängste, Bewertungen und Befürchtungen.
3. **Körperliche Ebene:** Auf der physiologischen Ebene werden beispielsweise Unruhe, Erregung, Schlafstörungen oder Konzentrationsmängel überprüft.

Für die Therapie ist es wichtig, die Auslöser der Zwangsgedanken und -handlungen auf den verschiedenen Ebenen zu identifizieren und die bestehenden Mechanismen, die für die Stabilisierung und Aufrechterhaltung der Zwangshandlungen verantwortlich sind (z. B. kurz- und langfristige Verstärkung des Zwangsverhaltens), zu erkennen. Die gedanklichen Mechanismen, die das Problemverhalten verfestigen, werden in der kognitiven Therapie verändert.

Erklärungsansätze

Zwangsstörungen entstehen durch das Zusammenwirken von biologischer Anfälligkeit, psychobiologischen Einflüssen sowie Lernerfahrungen und den damit verbundenen Kognitionen. Fast alle Betroffenen können sich an den Beginn der Zwangsstörung und die Hälfte der Betroffenen an ein auslösendes Ereignis wie beispielsweise einen Todesfall, sexuelle oder Trennungserfahrungen erinnern (vgl. Döpfner, 2011[4], S. 275).

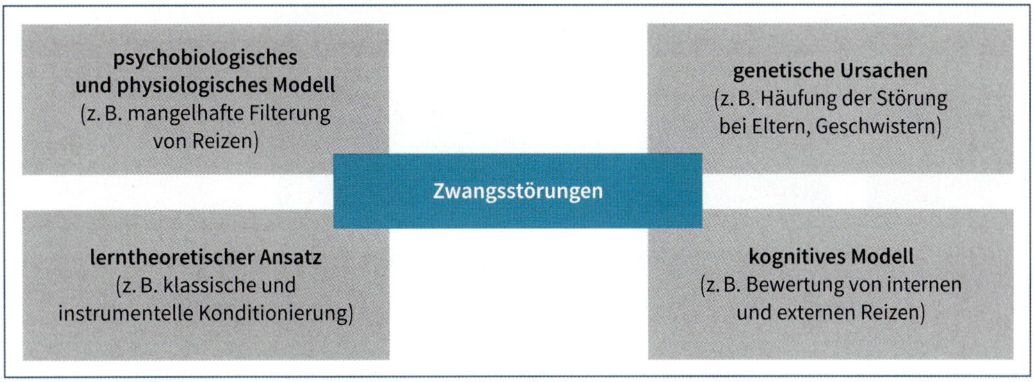

Genetische Ursachen

Bei ca. 25 %–30 % der Eltern von betroffenen Kindern sind ebenfalls Zwangsstörungen nachweisbar. Bei eineiigen Zwillingen sind im Durchschnitt 65 % beider Kinder betroffen, bei zweieiigen Zwillingen sind es nur 15 %. Man geht davon aus, dass eine biologisch bedingte Anfälligkeit (Vulnerabilität) für das Auftreten der Zwangsstörung vorliegt.

Lerntheoretischer Ansatz

Mithilfe der Klassischen Konditionierung kann man erklären, wie neutrale Reize zu Angstauslösern werden und damit Zwangsgedanken bzw. Zwangshandlungen verursachen. Die Klassische Konditionierung erklärt, wie Zwangshandlungen entstehen, und die Instrumentelle Konditionierung zeigt, wie das zwanghafte Vermeidungsverhalten verstärkt und damit aufrechterhalten wird. Zwangshandlungen stellen den untauglichen Versuch dar, angstauslösende Situationen zu bewältigen. Durch die Zwangshandlung erfolgt eine Verminderung der Angst, da die Befürchtungen nicht eintreten. Dies bewirkt vermehrte Zwangshandlungen.

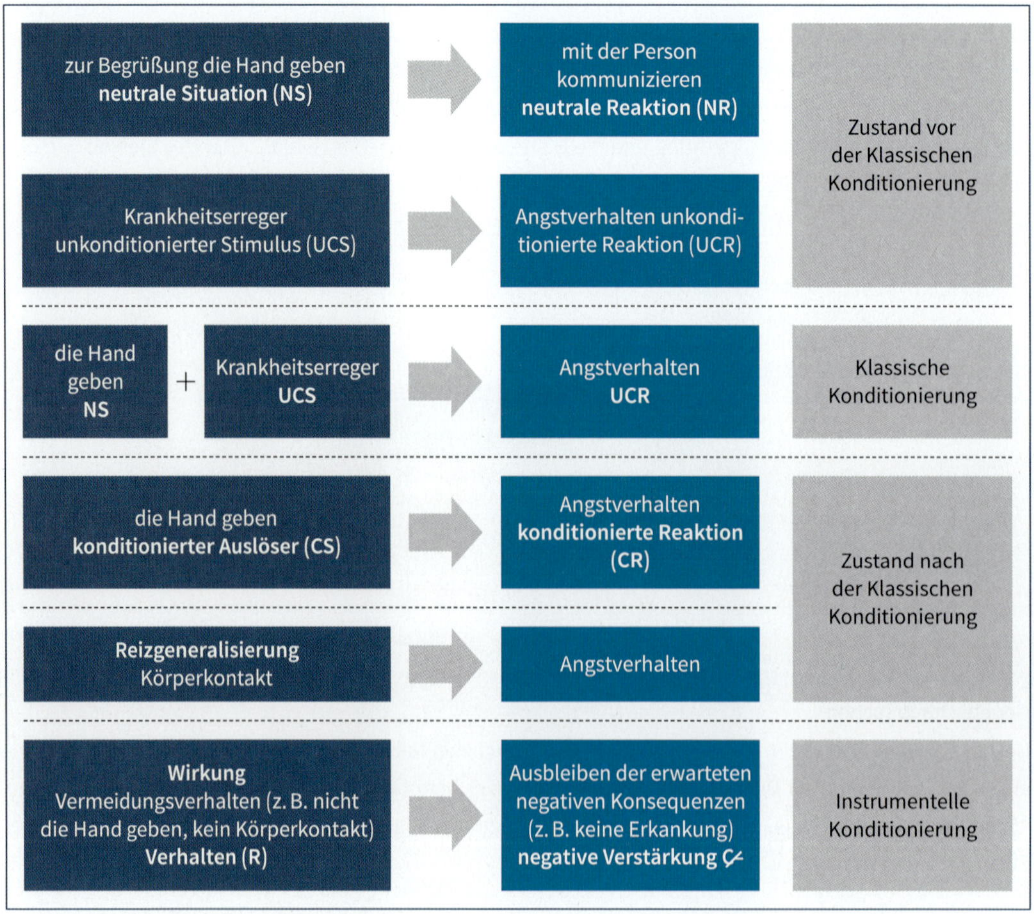

Konditionierungsvorgänge zur Erklärung für die Entstehung und Aufrechterhaltung von Ängsten/Zwangsstörungen

Aus dieser Lerntheorie kann die Entstehung von Zwangsgedanken nicht ausreichend abgeleitet werden, da bei Zwängen nicht die Ängste, sondern die innere Unruhe und Unsicherheit sowie das Gefühl der Anspannung im Vordergrund stehen (vgl. Reinecker, 2009, S. 16f.). Am lerntheoretischen Erklärungsansatz wird kritisiert, dass lediglich Reiz-Reaktion-Konsequenzen-Verbindungen Berücksichtigung finden und ausgelöste Kognitionen (z. B. Wahrnehmung, Bewertung von externen Reizen und von eigenen Überlegungen) unbeachtet bleiben.

Kinder, die unter Zwangsgedanken und -handlungen leiden, erfahren von ihren Eltern vermehrt Zuwendung, was die Störung stabilisiert. Zudem werden Eltern in kindliche, zwanghafte Rituale eingebunden, sodass das Kind in zunehmendem Umfang lernt, das Verhalten der Eltern zu kontrollieren (vgl. Döpfner und Goletz, 2013[7], S. 429).

Kognitives Modell

Die kognitive Verhaltenstherapie erweitert den lernpsychologischen Ansatz, indem die gedanklichen Prozesse, die zum Zwangsverhalten führen, analysiert werden.

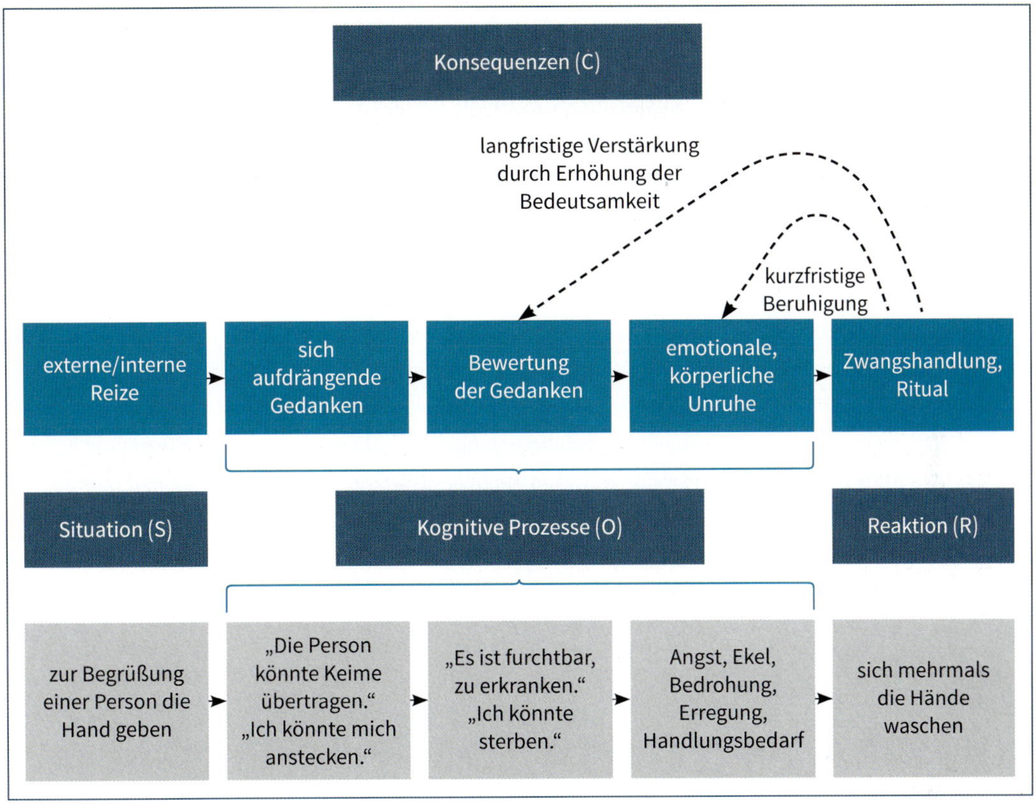

Kognitives Modell zur Erklärung für die Entstehung und Aufrechterhaltung von Zwangsstörungen (vgl. Reinecker, 2009, S. 19)

Das Modell berücksichtigt die Elemente S – O – R – C aus der Verhaltensgleichung. Die Auslöser (S) der Zwangsgedanken und -handlungen können sowohl externe Reize (z. B. Personen, Gegenstände, Situationen) als auch interne Reize (z. B. Gedanken, Ideen) sein. Im Organismus (O) werden zahlreiche kognitive Prozesse aktiviert. Die Reize lösen zunächst verschiedene Gedanken aus, die anschließend hinsichtlich ihrer Wirkung (z. B. Bedrohlichkeit) bewertet werden. Mit der Bewertung werden Gefühle und Handlungsbereitschaften hervorgerufen. Die ausgelöste Reaktion (R) führt zu kurz- und langfristig wirksamen Konsequenzen (C), die bewirken, dass die Handlung verstärkt und damit häufiger gezeigt wird. Kurzfristig erfüllt die Reaktion die Handlungserfordernis und vermindert die emotionale und körperliche Unruhe. Langfristig wirkt sich das Verhalten auf die Bewertungen der Gedanken aus, die ebenfalls verstärkt und häufiger auftreten werden.

Zwangsgedanken können durch den Betroffenen nicht neutralisiert werden. Je intensiver die Person versucht, die unangenehmen Gedanken zu unterdrücken, umso stärker bleibt der Gedanke im Bewusstsein und

wird stabilisiert. Auch die Verminderung von Ängsten bereitet Schwierigkeiten, da sich die Ängste der Person nicht auf reale Reize (z. B. Hund, Spritze, Bestrafung), sondern in Zukunft befürchtete Auswirkungen bezieht (z. B. „Ich könnte erkranken."). Das Eintreten der zukünftigen negativen Ereignisse wird unrealistisch überbewertet.
Die betroffene Person fühlt sich ständig für Ereignisse verantwortlich, die außerhalb ihres Kontrollbereichs (z. B. Unfall beim Autofahren) liegen. Die starke Unsicherheit wird vor allem bei Kontrollzwängen deutlich, wenn die zwanghafte Person immer wieder überprüft, ob die Tür und die Fenster abgeschlossen, die Schlüssel in der Handtasche oder der Herd ausgeschaltet sind. Menschen fühlen sich normalerweise für Handlungen, die sie aktiv ausführen, verantwortlich. Dagegen fühlen sich Personen mit Zwangsstörungen vermehrt für Handlungen, die sie unterlassen, verantwortlich (Inflation der Verantwortlichkeit).

Psychobiologisches und -physiologisches Modell
Wie Reinecker (vgl. 2009, S. 26 f.) verdeutlicht, sind bei Zwangsstörungen verschiedene neurologische Bereiche beteiligt. Offenbar liegen hirnorganische Störungen in der Filterfunktion von Reizen vor, die der Betroffene durch Zwangshandlungen zu beseitigen versucht. Die Verhaltenshemmung durch den Organismus funktioniert nicht, sodass es zu häufigen Handlungswiederholungen (z. B. Händewaschen, Herdkontrolle) kommt. Auf die Bedeutung der organischen Einflüsse weisen auch die Wirksamkeit von Medikamenten (Antidepressiva) sowie das Auftreten der Zwangssymptome bei neurologischen Erkrankungen, die das serotonerge System betreffen, hin. Psychobiologische und -physiologische Modelle alleine reichen zur Erklärung des Auftretens von Zwangsstörungen allerdings nicht aus.

Hilfen
Die Therapiekonzepte entsprechen den drei Erklärungsansätzen. Auf den lerntheoretischen Ansatz baut die Verhaltenstherapie auf, das kognitive Erklärungsmodell bildet die Grundlage für die kognitive Therapie und die medikamentöse Behandlung berücksichtigt die psychobiologischen und psychophysiologischen Prozesse. Wie bei den Erklärungsansätzen deutlich wird, sind lern- und kognitionstheoretische Ansätze miteinander verbunden. Dies gilt auch für die therapeutischen Maßnahmen.

Eine stationäre Unterbringung, bei der eine bessere Kontrolle der Zwangsstörung, eine fortlaufende Verhaltensanalyse und eine umfassende Behandlung möglich ist, ist erst dann angebracht, wenn weitere Störungen (z. B. Suizidgefahr, Depression, lebensbedrohliche Essensverweigerung, soziale Isolation) hinzukommen oder ambulante Therapiemaßnahmen gescheitert sind (vgl. Wewetzer u. a., 2008, S. 732).

Werden Zwangsstörungen nicht behandelt, verlaufen sie bei unterschiedlichem Schweregrad zumeist chronisch und es droht eine Ausweitung der Zwangsinhalte. Neben einer zunehmenden sozialen Isolierung können auch körperliche Schädigungen (z. B. bei Waschzwängen) hinzukommen.

Verhaltenstherapie

Als besonders wirksam hat sich die Technik der **Reizkonfrontation** verbunden mit der **Reaktionsverhinderung** erwiesen. Durch die Konfrontation mit dem zwangauslösenden Reiz steigt beim Betroffenen die Angst massiv an und er versucht zur Angstneutralisierung, seine Zwangshandlungen zu aktivieren. Der Betroffene lernt durch das Prinzip der Reaktionsverhinderung, die Vermeidungsrituale zu unterdrücken. Die Anspannung und Unruhe steigen zwar an, nehmen aber dann auch ohne Zwangshandlungen allmählich wieder ab. Der Betroffene erlebt, dass seine Befürchtungen nicht eintreten.

Kognitive Therapie

Bei dieser Behandlungsform liegt der Schwerpunkt auf der Therapie der Zwangsgedanken, die sich aus der Bewertung der Bedrohlichkeit von Situationen ergeben. Die kognitive Therapie ist hier sinnvoll, da die Zwangshandlungen von Kognitionen (Gedanken, Bewertungsvorgänge) ausgelöst werden. Leider führt nicht jede Veränderung der Kognition zu dem gewünschten Handlungsergebnis, deshalb ist die Einbeziehung des verhaltenstherapeutischen Vorgehens angebracht.

Die kognitive Therapie versucht, der Betroffenen Einsicht in ihr Problem zu vermitteln. Die angestrebte vollständige Kontrolle und damit absolute Sicherheit ist nie, auch nicht mit Zwangshandlungen und Ritualen, erreichbar. Das zentrale Problem der Betroffenen besteht darin, ihre Emotionen und Unruhe auszuhalten. Der Betroffenen muss klarwerden, dass lediglich die Gedanken und nicht die konkrete Situation, Personen oder Gegenstände die Angstgefühle und Unruhe auslösen. In der Therapie wird der Betroffenen vermittelt, zwischen Gedanken und Handlungen zu unterscheiden (vgl. Reinecker, 2009, S. 51) und zu lernen, dass Gedanken nicht zwangsläufig Handlungen auslösen müssen. Andere Strategien der kognitiven Therapie setzen sich mit den Bewertungen von Gedanken auseinander und vermitteln der Betroffenen Strategien, wie sie ihre Bewertungen verändern kann. Zudem zielt die kognitive Therapie auf eine Veränderung der Schuldgefühle und Verantwortlichkeit für erwartete negative Ereignisse ab.

Im Tagesverlauf nehmen Zwangsgedanken und -handlungen relativ viel Zeit in Anspruch. Bei einer erfolgreichen Therapie gewinnen die Betroffenen Freiräume, die mit alternativen Aktivitäten zu füllen sind, um zu vermeiden, dass Platz für neue Zwangsgedanken und -handlungen geschaffen wird. Da Zwangsstörungen häufig zu einem sozialen Rückzug führen, können soziale Aktivitäten aktiviert werden. Weiterhin sind Maßnahmen zur Verbesserung der Selbstsicherheit und der Stressbewältigung angebracht.

Medikamentöse Behandlung

Der alleinige Einsatz von Medikamenten zur Behandlung von Zwangsstörungen ist in der Regel nicht angebracht. Zur Unterstützung einer kognitiven Therapie kann der Einsatz von Medikamenten zeitlich befristet erfolgen.

Erzieherische Maßnahmen

Bei den therapeutischen Maßnahmen ist mit den Eltern ein angemessenes Vorgehen zu erarbeiten, um zu verhindern, dass die Zwangsstörung unbewusst verstärkt wird:

- keine Unterstützung des Zwangsverhaltens durch Zuwendung
- sich nicht in zwanghafte Rituale des Kindes einbinden lassen
- positive Verstärkung des Kindes bei angemessener Bewältigung von Situationen, die früher Zwangsverhalten auslösten
- Fortschritte verstärken
- alternatives Verhalten zum Zwangsverhalten anbieten (z. B. Freizeitaktivitäten, Hobbies)
- Überprüfung des eigenen Verhaltens (z. B. Perfektionismus, übertriebenes Kontrollverhalten)

Die Eltern werden gebeten, kontinuierlich das Auftreten von geäußerten Zwangsgedanken sowie Zwangshandlungen aufzuzeichnen.

Die langfristige Wirksamkeit der Hilfen bei Jugendlichen mit Zwangsstörungen ist eher gering. Bei Kontrolluntersuchungen, die zwei bis 15 Jahre nach der Therapie durchgeführt wurden, wiesen noch 30 %–70 % der Betroffenen Zwangsstörungen auf. Allerdings nahm der Schweregrad der Störung im Kontrollzeitraum mit zunehmendem Alter ab.

4.4.4.2 Tic-Störungen

DEFINITION

Tics sind stereotyp wiederholte, rasche, nicht-rhythmische, motorische Bewegungen oder Sprachäußerungen. Sie treten plötzlich und unwillkürlich auf.

Zu Beginn der Störung (Altersbereich zwei bis vier Jahre) treten einfache motorische Tics im Gesichtsbereich auf. Sprachliche Tics kommen zwischen dem 8. und 15. Lebensjahr hinzu (vgl. Döpfner u. a., 2010, S. 2).

- **Motorische Tics** bestehen aus Muskelzuckungen wie Augenblinzeln, Augenbrauen hochziehen, Mund verziehen, Nase rümpfen, Grimassieren, Kieferbewegungen, Zähne klappern, Kopfrucken, Schulterzucken, Klatschen, Fingerbewegungen, Beine strecken, Faust ballen, Hüpfen, Trippelbewegungen, an Kleidung zupfen, ausfahrenden Armbewegungen, Aufstampfen.
- **Sprachliche Tics** betreffen Lautäußerungen wie Räuspern, Husten, Pfeifen, Summen, Schnalzen, Bellen, geräuschvolles Ein- und Ausatmen, kurzen Aussagen bzw. Silben („na klar“, „o. k.“), dem Gebrauch obszöner Begriffe, der Wiederholung eigener Laute oder Wörter.

Das Kind kann, zumindest für kurze Zeit, Tics unterdrücken. Mit zunehmendem Alter fällt es leichter, die Ausführung der Tic-Handlung bewusst und willkürlich für einen Zeitraum von Minuten bis wenigen Stunden zurückzuhalten. Im frühen Stadium der Störung können Tics auch spontan für eine gewisse Zeit ausbleiben, treten dann aber wieder auf und breiten sich vom Kopf-Schulterbereich zu den Extremitäten aus. Im Alter ab zehn Jahren verspüren die Betroffenen vor dem Tic eine erhöhte innere Anspannung, Unruhe und ein Drang- und Druckgefühl. Die Ausführung des Tics führt zur kurzzeitigen Entspannung. Danach baut sich die Anspannung wieder auf. Betroffene, die das Auftreten der Tics nicht vollständig kontrollieren können, entwickeln Scham- und Versagensgefühle.

Äußere Bedingungen können sich auf Tics auswirken. So wird beobachtet, dass Kinder während der Schulzeit mehr Tics zeigen als in entspannteren Ferienphasen. Die Häufigkeit von Tics nimmt in emotionalen Situationen (z. B. bei Freude, Angst, Verärgerung) zu und kann bei Ablenkung oder Entspannung zurückgehen.

Erscheinungsformen

Man unterscheidet drei Formen der Tic-Störung:

1. **Vorübergehende Tic-Störung:** Diese Tic-Störung tritt vor dem 18. Lebensjahr auf und dauert maximal ein Jahr. Tics sind täglich über einen Zeitraum von mindestens vier Wochen zu beobachten. Die Störung wird von starker innerer Anspannung ausgelöst und führt zu massiven Beeinträchtigungen im sozialen, schulischen und beruflichen Bereich.
2. **Chronische motorische oder sprachliche Tic-Störung:** Der Beginn der Störung liegt vor dem 18. Lebensjahr. Die Tics treten mehrmals täglich im Verlauf eines Jahres auf. Tic-freie Phasen dauern weniger als zwei Monate an. Die Störung löst starken Leidendruck aus und beeinträchtigt alle Lebensbereiche.
3. **Tourette-Syndrom:** Das Tourette-Syndrom umfasst motorische und sprachliche Tics, die länger als ein Jahr und mehrmals täglich auftreten. Tic-freie Zeiten sind weniger als zwei Monate lang. Die Tic-Störung verschlechtert sich im Jugendalter und zeigt sich auch im Erwachsenenalter. Die sprachlichen Tics (z. B. Räuspern und Grunzen) werden explosionsartig und wiederholend gezeigt. Obszöne Ausdrücke werden häufig verwendet.

Häufigkeit

Döpfner u. a. (vgl. 2010, S. 6) gehen von folgender Häufigkeit von Tic-Störungen aus:

4 %–12 %	vorübergehende Tic-Störungen (im Grundschulalter)
3 %–4 %	chronische Tic-Störungen (in allen Altersgruppen)
ca. 1 %	Tourette-Syndrom (in allen Altersgruppen)

Die Häufigkeitsangaben sind abhängig von den Messverfahren. Das männliche Geschlecht ist 3- bis 4-mal häufiger betroffen als das weibliche. Circa 50 %–75 % der Kinder mit einer Tic-Störung weisen zusätzlich eine Aufmerksamkeitsdefizit-/Hyperaktivitätsstörung (ADHS) auf, die bereits zwei bis drei Jahre vor der Tic-Störung diagnostiziert wurde.

Erfassung

In der Anamnese werden beispielsweise der Verlauf der Tic-Störung, die Intensität und die bisherigen Vorgehensweisen zur Unterdrückung der Tics erfasst. Mithilfe von speziellen Frage- und Beobachtungsbögen zur Selbst- und Fremdbeurteilung können weitere Informationen über die Häufigkeit und Stärke sowie die Formen der Tic-Störung gewonnen werden.

Erklärungsansätze

Tic-Störungen beruhen auf einer vielfältigen Wechselwirkung zwischen genetischen, neurobiologischen, psychologischen und psychosozialen Einflussgrößen. Die Erforschung der Ursachenbereiche und deren Wechselwirkungen steht trotz verbesserter Untersuchungsmethoden noch am Anfang.

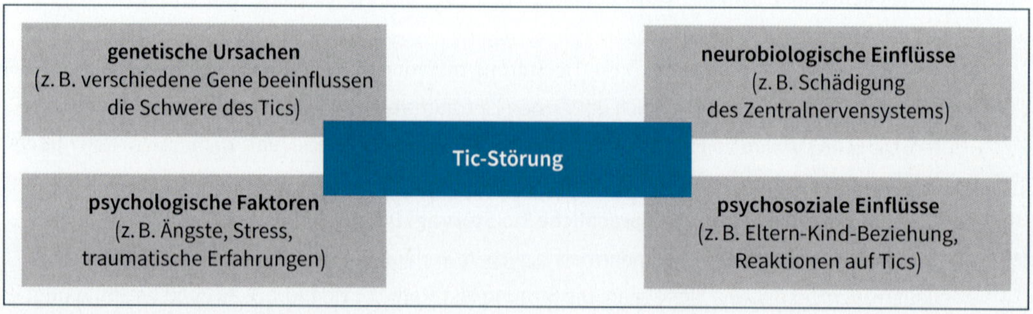

Genetische Ursachen

Die genetischen Untersuchungen bei betroffenen Familien und Geschwistern weisen auf verschiedene Gene hin, die für die Bereitschaft, Tic-Störungen zu entwickeln, verantwortlich gemacht werden. Andere Gene sind für die Ausdrucksformen und die Stärke der Tic-Störung verantwortlich. Bei 90 % der eineiigen Zwillinge weisen beide Geschwister Tic-Störungen auf. Bei zweieiigen Zwillingspaaren sind nur bei 20 % der beiden Geschwister Tic-Störungen nachweisbar.

Neurobiologische Einflüsse

Schädigungen des Zentralnervensystems während der Schwangerschaft (übermäßiger Koffein-, Nikotin- und Alkoholgenuss) und bei der Geburt (vorzeitige Geburt, Zangengeburt) können Tic-Störungen bewirken. Tics können als verstärkte Spontanentladung der Basalganglien aufgrund einer Störung der motorischen Eigenhemmung gesehen werden. Wenn der Dopaminhaushalt gestört ist, werden Informationen unzureichend weitergeleitet.

Psychologische Faktoren

Die Stärke der Tic-Störung nimmt unter Stress zu. Dauerhafte Stressbedingungen können die Entstehung von Tics begünstigen. Personen mit dem Tourette-Syndrom sind offenbar besonders stresssensibel. Ängste und traumatische Erfahrungen sind weitere Faktoren, die das Auftreten von Tics beeinflussen.

Psychosoziale Einflüsse

Die Einflüsse der sozialen Umwelt verursachen zwar keine Tic-Störungen, sind aber für den Schweregrad und den Verlauf der Störung von Bedeutung. Die betroffenen Kinder erfahren Kritik, Schuldzuweisungen und Ablehnung von den Bezugspersonen, weil sie die Tics nicht kontrollieren und zurückhalten können. Die Ausführung von Tic-Handlungen wird als Disziplinlosigkeit und Charakterschwäche gesehen.

Hilfen

Vorübergehende Tic-Störungen, die bei ca. 15 % der Schulkinder auftreten, sind in der Regel nicht behandlungsbedürftig. Zur Beseitigung des Tourette-Syndroms fehlen zurzeit geeignete Behandlungsmethoden. Die eingesetzten Verfahren führen lediglich zur Linderung der Störung.

Medikamentöse Behandlung

Aufgrund der starken Schwankungen beim Auftreten von Tics ist der Einsatz von Medikamenten schwierig. In der Regel sind Medikamente wirksam, die neurobiologische Vorgänge regulieren. Allerdings konnte noch kein Medikament entwickelt werden, das zu einem vollständigen Rückgang der Tic-Störung ohne schwerwiegende Nebenwirkungen führt.

Verhaltenstherapie

Zur Bewusstwerdung und zur Verminderung der Tic-Störung werden Selbstbeobachtungstechniken (tägliches Protokollieren der Tics) verwendet. Das **Selbstwahrnehmungstraining** zielt auf eine Sensibilisierung der Personen für ihre Tics ab. Zu Beginn werden die verschiedenen Tic-Reaktionen sowie die ausgelösten Emotionen so genau wie möglich erfasst und mit dem Therapeuten analysiert. Der Betroffene wird aufgefordert, seine Tics genau zu protokollieren, um die Häufigkeit der verschiedenen Tics bewusst zu machen und im Therapieverlauf Veränderungen zu erkennen. Die Personen werden in der Therapie für die Vorgefühle bzw. Signale vor dem Auftreten der Tics sensibilisiert (Training der Selbsterkennung). In der letzten Behandlungsphase wird der Betroffene darin trainiert, belastende, tic-auslösende Situationen und Bezüge zwischen den spezifischen Tics und den Situationen bzw. Personen zu erkennen. In der Regel nehmen in der Anfangsphase die Tics zwar zu, danach fällt eine Hemmung der bewussteren Tics allerdings leichter.

Die Verhaltenstherapie setzt an verschiedenen Punkten der Verhaltensgleichung S – O – R – C – K an. Die Verbindung von Reiz und Reaktion (Automatismus: Anspannung → Tic-Handlung) gilt es zu unterbrechen, indem der Betroffene beim Auftreten des Anzeichens ein gelerntes alternatives Verhalten, das im sozialen Umfeld weitgehend unauffällig ist, bewusst auslöst (**Reaktions-Umkehr**). Im Zentrum der Behandlung steht das Einüben von Gegenbewegungen, die mit dem Tic-Verhalten nicht vereinbar sind. Nachfolgende Tabelle zeigt mögliche Gegenbewegungen:

Tic	Mögliche Gegenbewegung
Motorische Tics	
Augenbrauen hochziehen	bei angespannter Stirnmuskulatur die Augenbrauen leicht herunterziehen, damit die Augenbrauen nicht hochgezogen werden können
Fingerbewegungen	Hände mit leicht gespreizten Fingern beim Sitzen auf die Oberschenkel drücken
obszöne Gesten zeigen	Hand zur Faust ballen und Ellenbogen an die Körperseite drücken
Sprachliche Tics	
Geräusche von sich geben	bei geschlossenem Mund eine Minute lang langsam durch die Nase ein- und ausatmen

Das Verfahren der Reaktions-Umkehr hat sich als besonders wirksam erwiesen. In Studien wird ein Rückgang der Tic-Störung von 60 % bis zu 90 % beschrieben (vgl. Döpfner u. a., 2010, S. 32). Die Wirksamkeit der Behandlung zeigte sich in Nachuntersuchungen auch noch nach einem Jahr.

Weitere Hilfen

Entspannungsverfahren wie progressive Muskelentspannung, autogenes Training oder Atemtechniken sind auf den Organismus bezogen. Tics können durch Entspannung zwar nicht abgebaut werden, aber das Kind lernt, wie es wieder zur Ruhe kommt. In dieser Ruhe-Phase treten deutlich weniger Tics auf. Als besonders wirksam hat sich ein kombiniertes Vorgehen erwiesen, bei dem Entspannungsverfahren, Reaktions-Umkehr und Verstärkungsverfahren zum Einsatz kommen.

Die Verfahren zur **Stressbewältigung** sind wichtige Vorgehensweisen, um die Entstehung und Entwicklung von Tic-Störungen zu beeinflussen.

Mithilfe eines **sozialen Kompetenztrainings** kann der Kontakt zu Gleichaltrigen gefördert und das Selbstwertgefühl sowie das Selbstvertrauen gestärkt werden.

Erzieherische Maßnahmen umfassen folgende Möglichkeiten:

- Vermeidung von Reaktionen wie Bestrafung oder häufige Aufforderungen zur Selbstkontrolle
- Verminderung von Belastungen bzw. besserer Umgang mit nicht vermeidbaren Stressoren
- positive Rückmeldungen für tic-freies Verhalten
- Einsatz von Entspannungsverfahren, damit das Kind zur Ruhe kommt
- dem Kind Schuldgefühle nehmen, indem man vermittelt, dass es schwer ist, Tics zu kontrollieren

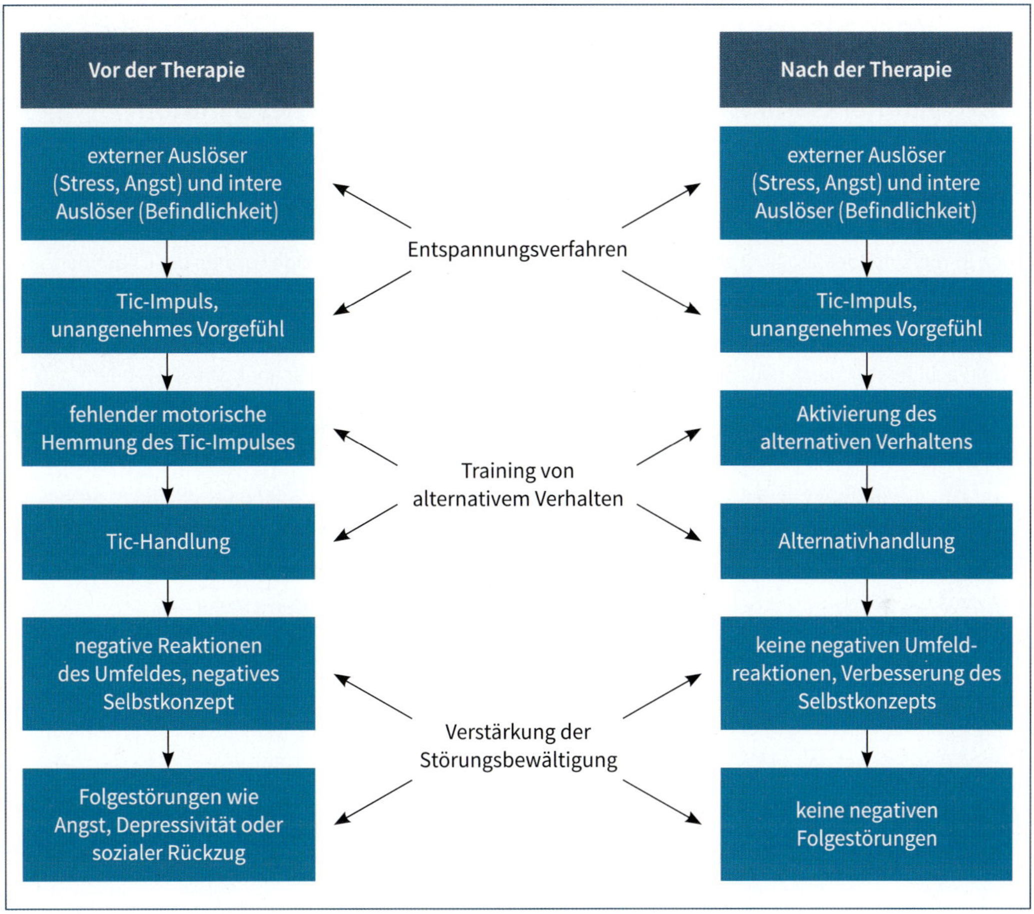

Verhaltenstherapeutisches Vorgehen bei Tic-Störungen

AUFGABEN

1. Viele Personen zeigen im Alltag Zwangsverhalten (z. B. Kontrolle, ob Fester verschlossen, Haustür oder Auto abgeschlossen wurden). Grenzen Sie alltägliches zwanghaftes Verhalten von der Zwangsstörung ab.

2. Inwieweit sind kindliche Rituale Zwangshandlungen?

3. In der Kindertagesstätte beobachten Sie bei einigen Kindern motorische Tics (z. B. Grimassieren, Mund verziehen). Wie sollte die Erzieherin darauf reagieren?

4.5 Verhaltensstörungen

4.5.1 Aufmerksamkeitsdefizit-Störung/Hyperkinetisches Syndrom

Beschreibungen über unruhige Kinder sind bereits im „Struwwelpeter“ von Heinrich Hoffmann (1845), einem Frankfurter Kinderarzt, zu finden. Der Zappelphilipp fällt durch sein unkontrolliertes und übermütiges Verhalten auf, das sich und anderen schadet. Als weitere Auffälligkeit beschreibt Heinrich Hoffmann den „Hans Guck-in-die-Luft“, der als leicht ablenkbarer Tagträumer beschrieben wird. Beide Formen der Unaufmerksamkeit kennzeichnen die Aufmerksamkeitsdefizit-Störung.

In der Fachliteratur werden für dieses Störungsbild zurzeit verschiedene Bezeichnungen verwendet:

<table>
<tr><th colspan="2">Bezeichnung</th><th colspan="2">Erläuterung</th></tr>
<tr><td>MCD</td><td>minimale cerebrale Dysfunktion</td><td colspan="2">ursprüngliche Bezeichnung, die auf der Annahme beruht, dass eine leichte hirnorganische Schädigung das hyperaktive Verhalten auslöst; Bezeichnung wird nicht mehr verwendet</td></tr>
<tr><td>HKS</td><td>hyperkinetisches Syndrom</td><td>Diagnose nach ICD-10 (Klassifikation der WHO)</td><td>Bezeichnung in Deutschland noch weit verbreitet</td></tr>
<tr><td>ADD</td><td>attention deficit disorder</td><td rowspan="4">Diagnose nach DSM-5 (amerikanisches psychiatrisches Klassifikationssystem)</td><td rowspan="4">Bezeichnung, die aus der amerikanischen Literatur übernommen wurde und sich im deutschen Sprachraum zunehmend durchsetzt</td></tr>
<tr><td>ADS</td><td>Aufmerksamkeitsdefizit-Störung</td></tr>
<tr><td>ADHD</td><td>attention deficit/hyperactivity disorder</td></tr>
<tr><td>ADHS</td><td>Aufmerksamkeitsdefizit-Hyperaktivitätssyndrom</td></tr>
<tr><td>POS</td><td>psychoorganisches Syndrom</td><td colspan="2">übliche Bezeichnung in der Schweiz</td></tr>
</table>

Die Aufmerksamkeitsdefizit-Störung (ADS) kennzeichnet Kinder, die durch erhöhte Ablenkbarkeit, schnell wechselnde Aktivitäten und fehlende Ausdauer auffallen. Dabei können nach DSM-5 drei Formen unterschieden werden:

1. ADS – vorwiegend unaufmerksamer Typ („Träumervariante“, „Hans Guck-in-die-Luft“)
2. ADHS – vorwiegend hyperaktiv-impulsiver Typ („Zappelphilipp“)
3. AD(H)S – kombinierter Typ (Mischtyp)

DEFINITION

Das hyperkinetische Syndrom (HKS), auch Aufmerksamkeitsdefizit-Hyperaktivitätsstörung (ADHS) genannt, ist eine Störung der Aufmerksamkeitsspanne, die zusammen mit hoher Ablenkbarkeit, Impulsivität, erhöhter Aggressivität, ungehemmter Überaktivität und starken Stimmungsschwankungen auftritt. In der Regel kommen soziale Auffälligkeiten und Entwicklungsstörungen in verschiedenen Fähigkeitsbereichen (Teilleistungsstörungen) hinzu.

Da von körperlichen Ursachen ausgegangen wird, wird das hyperkinetische Syndrom zu den Körperbehinderungen gezählt. Inwieweit eine Betreuung der Betroffenen in der Schule für Kinder mit Körperbehinderung erfolgen sollte, wird zurzeit kontrovers diskutiert. Wie der Begriff „Syndrom" zeigt, handelt es sich um ein uneinheitliches und umfängliches Erscheinungsbild. Die verschiedenen Kennzeichen des hyperkinetischen Syndroms werden in primäre und sekundäre Symptome unterteilt:

Primärsymptome	Sekundärsymptome
▪ Hyperaktivität ▪ Konzentrationsmangel ▪ Impulsivität/Erregbarkeit	▪ soziale Auffälligkeiten ▪ Teilleistungsstörungen

Das hyperkinetische Syndrom muss klar von anderen Formen hyperaktiven Verhaltens abgegrenzt werden. Häufig zeigen Kleinkinder entwicklungsbedingt eine ungebremste Überaktivität, die dennoch in der Verhaltensnorm liegt. Aber auch Erwachsene reagieren bei emotionaler Anspannung und in Stresssituationen situationsabhängig hyperaktiv.

Erscheinungsbild

Die nachfolgenden Symptome beschreiben die wichtigsten Kennzeichen des hyperkinetischen Syndroms:

- **Tätigkeitsdrang und übermäßige Aktivität:** Das Verhalten der Kinder scheint ziel- und rastlos. Sie bewegen sich unablässig, laufen im Raum umher und verhalten sich auch in Situationen, die Ruhe verlangen, übermäßig aktiv. Es mangelt ihnen an der Fähigkeit, den Bewegungsdrang willentlich zu steuern. Sitzen diese Kinder an ihrem Platz, so sind zumindest ihre Finger unruhig aktiv. Auffallend ist der starke Rededrang, der kaum zu bremsen ist. Andererseits zeigen diese Kinder bei einer starken individuellen Zuwendung über einen begrenzten Zeitraum (10–15 Minuten) ein ruhiges und kontrolliertes Verhalten, was bei den Erziehenden den Eindruck erweckt, dass sich das Kind kontrollieren kann, wenn es nur will.
- **Ablenkbarkeit und geringe Konzentration:** Bereits minimale Störreize lenken das Kind ab. Die geringe Aufmerksamkeit und die hohe Ablenkbarkeit weisen auf eine Schwäche in der Reizselektion hin. Das Kind kann wichtige Informationen nicht schnell genug von unwichtigen unterscheiden, sodass sich die Aufmerksamkeit zunächst auf jeden neuen Reiz richtet. Das Verhalten des Kindes ist durch einen sprunghaften Wechsel der Aktivitäten gekennzeichnet. Das Kind schließt einen Vorgang

nicht ab, sondern wendet sich ständig Neuem zu. So reicht die Zeit zur Bewältigung der Aufgaben (z. B. Erledigen der Hausaufgaben, Abschreiben von der Tafel, Aufräumen) nicht aus. Das Kind muss ständig zum Weitermachen aufgefordert und angeregt werden, denn es hört nicht ausreichend zu und vergisst erteilte Aufträge.

- **Impulsivität:** Das Kind handelt spontan ohne Rücksicht auf mögliche Folgen. Das Zurückstellen des aktuellen Handlungsimpulses gelingt nicht. Impulsives Verhalten führt häufig zu Unfällen und Verletzungen. Wenn etwas nicht schnell genug gelingt, führen bereits geringe Frustrationen zu starken Wutreaktionen und aggressivem Verhalten gegenüber Personen bzw. Gegenständen. Neue Situationen werden zu wenig analysiert und das Kind handelt deshalb planlos und unberechenbar für das soziale Umfeld. Auffällig ist die mangelhafte Ordnung. So werden beispielsweise Kleidungsstücke ziellos im Zimmer verteilt, wird vor der Erledigung der Hausaufgaben zunächst die Schultasche ausgeleert, das Spielzeug nicht mehr weggeräumt oder die Kleidung unordentlich getragen.
- **Wahrnehmungsprobleme:** Bei der Raum-Lage-Wahrnehmung bestehen Probleme; das Kind schafft es nicht, die eigene Position im Raum richtig einzuschätzen. Es kann Abstände schlecht einschätzen und stößt gegen Hindernisse oder stolpert. Die Probleme in der Raum-Lage-Wahrnehmung wirken sich auch auf das Abschreiben von der Tafel aus, da das Kind im Vergleich zu den Klassenkameraden wesentlich mehr Zeit benötigt, den Punkt wiederzufinden, an dem es zuvor gearbeitet hat. Diese ständige Neuorientierung führt zu einem verlangsamten Abschreiben.

  Weiterhin ist die Figur-Grund-Wahrnehmung beeinträchtigt. Dies erschwert z. B. das Erkennen von unterschiedlichen bzw. gleichen Zeichen (Buchstaben, Zahlen, Formen usw.). Beim Nachzeichnen einer Figur (siehe Abbildung) wird das hyperaktive Kind beispielsweise durch die Linien anderer Figuren abgelenkt und folgt beim Nachzeichnen den Konturen anderer Figuren. Die Wahrnehmungsprobleme zeigen sich auch in der Schwierigkeit, verschiedene Sinneserfahrungen ganzheitlich zu erfassen und sie im Hinblick auf eine schnelle Orientierung in der Situation zu verarbeiten.

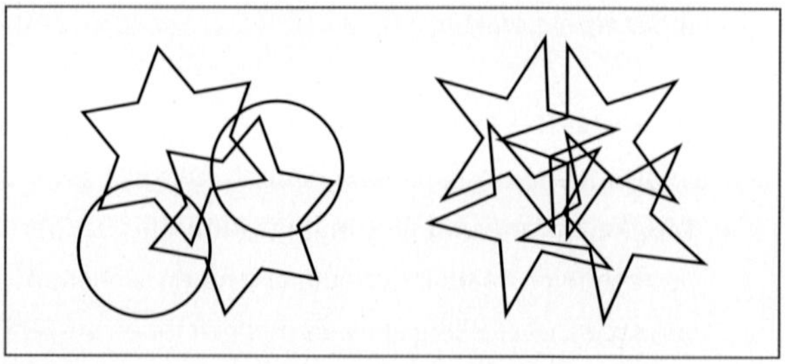

Versuchen Sie es einmal: Zeichnen Sie die inneren und äußeren Umrisse nach.

- **Leistungsstörungen:** Zwar ist die Intelligenzgesamtleistung unauffällig, aber in den verschiedenen Fähigkeitsbereichen bestehen auffallende Unterschiede. So sind die sprachlichen Leistungen deutlich besser als die Ergebnisse in den wahrnehmungsbezogenen Fähigkeitsbereichen (z. B. Zusammensetzen von Figuren, räumliches Vorstellen, Würfelaufgaben). Die Gedächtnisleistung unterliegt starken Einschränkungen, was vor allem im Langzeitgedächtnis deutlich wird. Das Kind kann sich Informationen nur kurzfristig merken oder hat Schwierigkeiten, sich an die richtige Reihenfolge von Abläufen zu erinnern. In der Schule zeigen sich Teilleistungsstörungen in verschiedenen Fächern. Bei einigen Kindern liegt beispielsweise eine Lese-Rechtschreib-Schwäche vor, andere haben Probleme beim Rechnen. Häufig werden Zahlen oder Buchstaben verdreht; es treten Fehler beim Abschreiben oder der Übernahme von Zahlen bei Rechenaufgaben auf. Bei den meisten hyperaktiven Kindern lassen sich starke Leistungsschwankungen nachweisen.

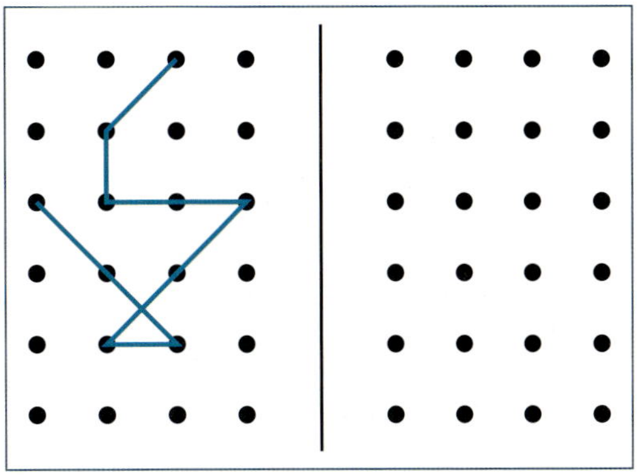

Das linke Muster soll auf die rechte Seite übertragen werden.

- **Koordinationsstörungen:** Über die Hälfte der Kinder mit einer Aufmerksamkeitsdefizit-Störung haben Probleme mit ihrer Koordination. Im feinmotorischen Bereich haben diese Kinder beispielsweise beim Erlernen des Schuhebindens, beim Zuknöpfen oder bei der Stifthaltung Schwierigkeiten. Auch die Hand-Auge-Koordination ist beeinträchtigt, was sich beim Werfen und Fangen zeigt. Gleichgewichtsstörungen werden beim An- und Ausziehen, Fahrradfahren, Inlineskaten, Stehen auf einem Bein, Balancieren, Treppensteigen usw. deutlich. Daraus ergeben sich Beeinträchtigungen bei der Ausübung der meisten Sportarten.
- **Störungen im Sozialverhalten:** Auffallend stark ist der Widerstand der Kinder gegenüber sozialen Forderungen. Sie widersetzen sich Geboten und Verboten, sie schließen sich bei sozialen Aktivitäten, z. B. gemeinsames Feiern in der Gruppe, aus. Dieses Verhalten führt häufig zu Auseinandersetzungen, die sich zu Aggressionen unterschiedlichster Form entwickeln. Das destruktive Verhalten zeigt sich beispielsweise im Necken, Ärgern und Stören anderer Kinder. Kinder mit ADS verhalten sich teilweise recht herrschsüchtig. Dieses auffällige Sozialverhalten führt bei den Gruppenmitgliedern zu starker Ablehnung, sodass die Kinder oft die Rolle des ungeliebten Außenseiters innehaben. Es gelingt den Kindern zwar schnell, Kontakte zu knüpfen, aber dauerhafte Freundschaften entwickeln sich kaum. Die Kinder scheinen unerziehbar, da die Disziplinierungsmaßnahmen wirkungslos bleiben. Dies gilt sowohl für den familiären als auch für den schulischen Bereich.
- **Stimmungsschwankungen:** Die Gefühlslage der Kinder mit ADS ist recht labil und kann durch geringe Anlässe aus dem Gleichgewicht gebracht werden. Starke emotionale Reaktionen wie Weinen oder Wut werden schnell ausgelöst.
- **Negatives Selbstbild:** Die Kinder erfahren häufig Kritik, Ermahnungen sowie Zurückweisungen. Dies kann zu einer niedrigen Selbsteinschätzung und einem geringen Selbstwertgefühl führen. Die Kinder trauen sich oft wenig zu und vermeiden Konkurrenzsituationen. Aufgrund der zahlreichen Misserfolge treten gehäuft Versagensängste auf, viele Kinder leugnen jedoch das Vorhandensein von Problemen. Diese Symptome bilden einen negativen Problemkreis, der die bestehenden Schwierigkeiten verstärkt.

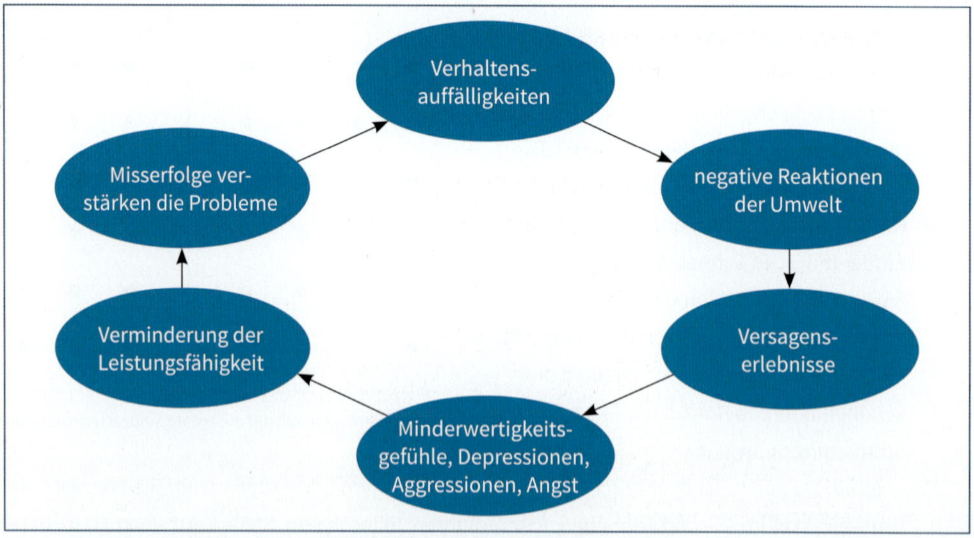

Teufelskreis der Hyperaktivität

Im Laufe der Entwicklung verändert sich das Erscheinungsbild der Aufmerksamkeitsdefizit-Störung. Im **Säuglingsalter** sind die betroffenen Kinder sehr reizbar. Schlafstörungen und Koliken treten vermehrt auf. Bereits in diesem Alter ist der starke Betätigungsdrang mit destruktiven Tendenzen erkennbar.

Das Kind zeigt im **Vorschulalter** ein unangemessenes Sozialverhalten. Andere Kinder werden geärgert und geneckt, von gemeinsamen Aktivitäten schließt sich das Kind aus. Auffallend ist die niedrige Frustrationstoleranz, sodass geringe Misserfolge zu starken Wutreaktionen und Aggressionen führen.

Im **Schulkindalter** fallen die motorische Unruhe und die Probleme beim Erlernen des Lesens, Schreibens und Rechnens auf. In Bewegung und Sport werden motorische Schwächen deutlich. Während die Klassenkameraden still sitzend arbeiten, ist das Kind mit ADS unruhig, steht unkontrolliert auf und stört den Unterricht durch sein Verhalten. Einige Kinder nässen noch ein.

Die beschriebenen Auffälligkeiten reduzieren sich bei einigen Kindern im **Jugendalter** und führen zu einem unauffälligeren Verhalten. Dennoch treten die beschriebenen Symptome oft unerwartet wieder zutage. Andere haben Techniken entwickelt, um mit ihren Problemen umzugehen, oder haben sich resignierend mit ihrer Situation abgefunden. Selbst im **Erwachsenenalter** zeigen etwa 30 % der Betroffenen, bei denen im Kindesalter eine Aufmerksamkeitsdefizit-Störung diagnostiziert wurde, noch in ausgeprägter Form die Leitsymptome.

Häufigkeit

Die Angaben zur Häufigkeit des hyperkinetischen Syndroms bzw. der Aufmerksamkeitsdefizit-Störung variieren abhängig von den eingesetzten Messmethoden (z. B. medizinische Untersuchung, Beobachtungsverfahren, Testverfahren) und den angewendeten Kriterien. Die Angaben zur Verbreitung in den verschiedenen Ländern sind deshalb kaum vergleichbar und unzuverlässig.

In einer umfangreichen Studie des Robert-Koch-Instituts zur Gesundheit von Kindern und Jugendlichen (vgl. Schlack u. a., 2014) wurden auch die Häufigkeit der Aufmerksamkeits-Defizit-/Hyperaktivitätsstörung, wenn sie von einem Arzt oder Psychologen diagnostiziert wurde, erfasst. Ein Vergleich der beiden Erfassungszeiträume (2003–2006 und 2009–2014) zeigt nur minimale Veränderungen.

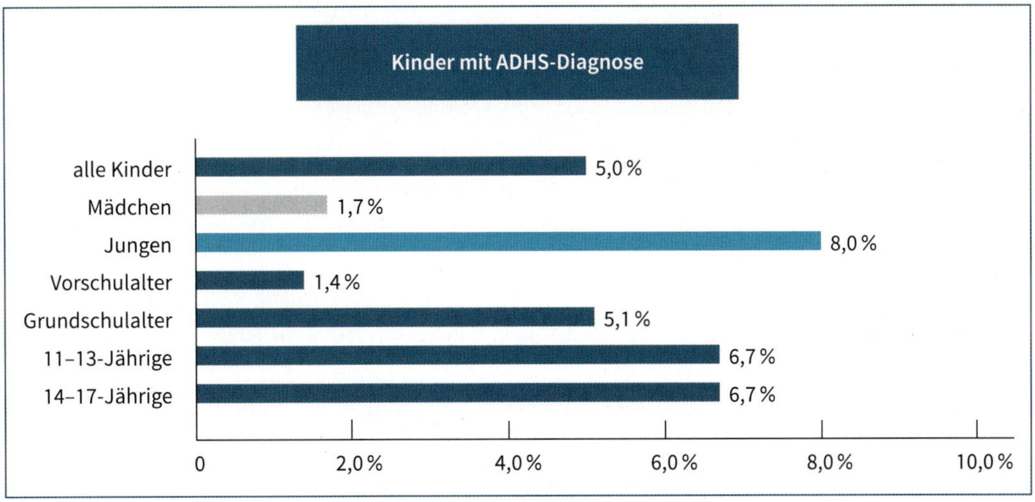

Der vorwiegend unaufmerksame Typ ist doppelt so häufig zu finden wie der vorwiegend hyperaktiv-impulsive Typ.

Übereinstimmend kommen die verschiedenen Studien zu dem Ergebnis, dass Jungen wesentlich häufiger betroffen sind als Mädchen (Relation: ca. 1 : 3). Bei Mädchen ist der unaufmerksame Typ und bei Jungen die hyperaktiv-impulsive Ausprägung verstärkt zu finden. Eine Aufmerksamkeitsdefizit-Störung kann relativ früh im Alter von etwa vier Jahren diagnostiziert werden. Bei etwa zwei Dritteln aller Kinder mit dem hyperkinetischen Syndrom sind weitere Störungen zu finden (z. B. Aggressivität, Ängste, Störungen des Sozialverhaltens, Teilleistungsstörungen und Depressivität).

Erfassung

Die Abgrenzung zu anderen Verhaltensauffälligkeiten ist für den Laien schwierig. Viele Kinder weisen verschiedene Symptome aus dem beschriebenen Störungsbild auf. Ihr Verhalten liegt dabei innerhalb der Norm, z. B. das Trotzverhalten. Die Feststellung „Das Kind ist hyperaktiv“ erfolgt oft zu schnell und erweist sich als Fehleinschätzung. Eine zuverlässige Diagnose beruht auf einer systematischen Beobachtung, die in mehreren Situationen (z. B. in der Familie, in der Klinik, im Kindergarten, in der Schule) durchgeführt wird. Im Mittelpunkt stehen die zentralen Auffälligkeiten, die bei der Darstellung des Störungsbildes aufgezeigt wurden.

Die charakteristischen Auffälligkeiten sollten

- bereits vor dem sechsten Lebensjahr eindeutig nachweisbar und
- in extremer Ausprägung sowie
- über einen längeren Zeitraum

aufgetreten sein.

Im Schulkindalter kann die Störung besser erkannt werden, da sich das Verhalten der Kinder deutlicher vom Verhalten anderer Kinder, die sich entwicklungsgemäß kontrollierter verhalten, unterscheidet. Das Vorliegen von Teilleistungsschwächen, wie z. B. Probleme beim Lesen, Schreiben, Rechnen oder Sport, reicht jedoch nicht aus, um auf das hyperkinetische Syndrom (ADS) zu schließen. Bei Erwachsenen wird das Vorliegen des hyperkinetischen Syndroms selten disagnostiziert. Mithilfe standardisierter Fragebögen für Kinder/Jugendliche, Lehrer/Erzieher und Eltern kann die Ausprägung der verschiedenen ADS-Symptome erfasst werden. Für die Überprüfung der Aufmerksamkeit stehen verschiedene Testverfahren für Kinder und Jugendliche zur Verfügung.

Zur systematischen Beobachtung liegen unterschiedliche Verfahren vor. Exemplarisch wird der von Conners (1997) entwickelte Lehrerfragebogen zur Erfassung des Verhaltens im Auszug wiedergegeben:

	Ausmaß der Aktivität			
	überhaupt nicht	ein wenig	ziemlich stark	sehr stark
Verhalten im Klassenraum				
ständig zappelig				
summt vor sich hin oder macht seltsame Geräusche				
schlechte Koordination				
ruhelos oder überaktiv				
erregbar, impulsiv				
unaufmerksam, leicht ablenkbar				
bringt angefangene Dinge nicht zu Ende				
kurze Aufmerksamkeitsspanne				
übermäßig ernst oder traurig				
Tagträumen				
verdrossen oder bockig				

	Ausmaß der Aktivität			
	über-haupt nicht	ein wenig	ziemlich stark	sehr stark
stört andere Kinder				
streitsüchtig				
schneller und ausgeprägter Stimmungswechsel				
geschicktes Auftreten				
Stehlen				
Lügen				
Wutausbrüche, unvorhersehbares Verhalten				
Gruppenverhalten				
isoliert sich von anderen Kindern				
scheint von der Gruppe nicht akzeptiert zu werden				
kein Gefühl für Fairplay				

Erklärungsansätze

Die Ursachen des hyperkinetischen Syndroms (ADS) können noch nicht endgültig bestimmt werden. Vier Hypothesen werden zurzeit vertreten:

1. **Hirnorganischer Erklärungsansatz**
   Frühe Studien von Lempp (1978[3]) und Müller-Küppers (1975[2]) belegten einen Zusammenhang zwischen einer frühkindlichen Hirnstörung und dem beschriebenen Störungsbild. Ausgehend von der Annahme, alle hyperaktiven Kinder weisen hirnorganische Abweichungen auf, wurde der Begriff „minimale cerebrale Dysfunktion (MCD)“ verwendet. Neuere Untersuchungen zeigen, dass eine hirnorganische Beeinträchtigung nicht zwangsläufig zum hyperkinetischen Syndrom führen muss. Es kann auch auf andere Ursachen zurückgeführt werden. Zahlreiche Kinder mit ADS sind hirnorganisch unauffällig.
2. **Neurochemischer Erklärungsansatz**
   Wie Wender bereits 1971 erkannte, beruht das hyperkinetische Syndrom auf fehlenden Neurotransmittern (chemische Botenstoffe, die Nervenimpulse übertragen). Im Nervensystem werde die Weiterleitung der Informationen erschwert, da die Neurotransmitter zur Überbrückung des synaptischen Spaltes in zu geringem Umfang vorlägen. Die zu geringe Weiterleitung der Impulse vermindere die erforderliche Aktivierung des Gehirns, was die Konzentrationsfähigkeit sowie die Selbstkontrolle des Kindes herabsetze. Als Beleg für die These wird die Wirksamkeit von Medikamenten,

die kurzfristig zu einer Erhöhung des Neurotransmitterspiegels führt, herangezogen. Nach der Medikamenteneinnahme erhöht sich für ca. 6–8 Stunden die Konzentration des Kindes und die beschriebenen Auffälligkeiten verringern sich deutlich. Eindeutige Nachweise, dass im Gehirn zu wenig Neurotransmitter freigesetzt werden, liegen nicht vor (vgl. Gerspach, 2014).

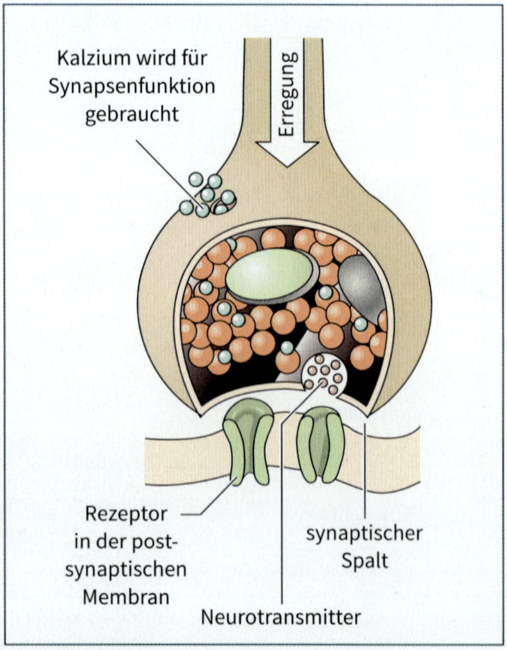

Modell einer Synapse: Darstellung der Reizweiterleitung und Neurotransmitter

3. **Ernährungsbedingter Erklärungsansatz**
   Künstliche Farbstoffe, Lebensmittelzusätze und Phosphate, die in vielen Lebensmitteln wie Wurst- und Backwaren, Marzipan, Schmelzkäse, Cola-Getränken oder Schokoküssen zu finden sind, stehen im Verdacht, hyperaktive Reaktionen auszulösen. Da keine Gefährdung durch Lebensmittelzusätze nachgewiesen werden konnte, wurde die Verwendung der Zusätze nicht untersagt. Die Befürworter der Theorie über die ernährungsbedingten Auslöser verweisen auf die Wirksamkeit von Diäten, bei denen auf Zusatzstoffe in den Nahrungsmitteln verzichtet wird.
4. **Lernpsychologischer Erklärungsansatz**
   Aus lernpsychologischer Sicht führen nach Barkley (vgl. Taßler, 2000, S. 730) drei Wirkmechanismen zum hyperkinetischen Syndrom (ADS):
   - **Verstärkerwirkung:** Die Kinder suchen nach einer starken, häufig gegebenen Verstärkung und vernachlässigen Reize, die zu einer geringen oder verzögerten Konsequenz führen. Daraus resultieren die kurze Ausdauer und das impulsive, wenig effektive Problemlösungsverhalten.
   - **Sättigungswirkung:** Die Konsequenzen haben nur eine kurzfristige Wirkung, da sehr schnell ein Sättigungseffekt eintritt und der Reiz des Neuen fehlt. Die soziale Verstärkung führt nur in eingeschränktem Umfang zu einer Verhaltenssteuerung. Daraus leiten sich die geringe soziale Kompetenz und die Akzeptanzprobleme bei Gleichaltrigen ab.
   - **Regelwirkung:** Das hyperaktive Kind berücksichtigt zu wenig Regeln und Hinweisreize, die ein bestimmtes Verhalten auslösen. Daraus ergibt sich eine geringe Anpassung an Situationen und Konflikte mit anderen.

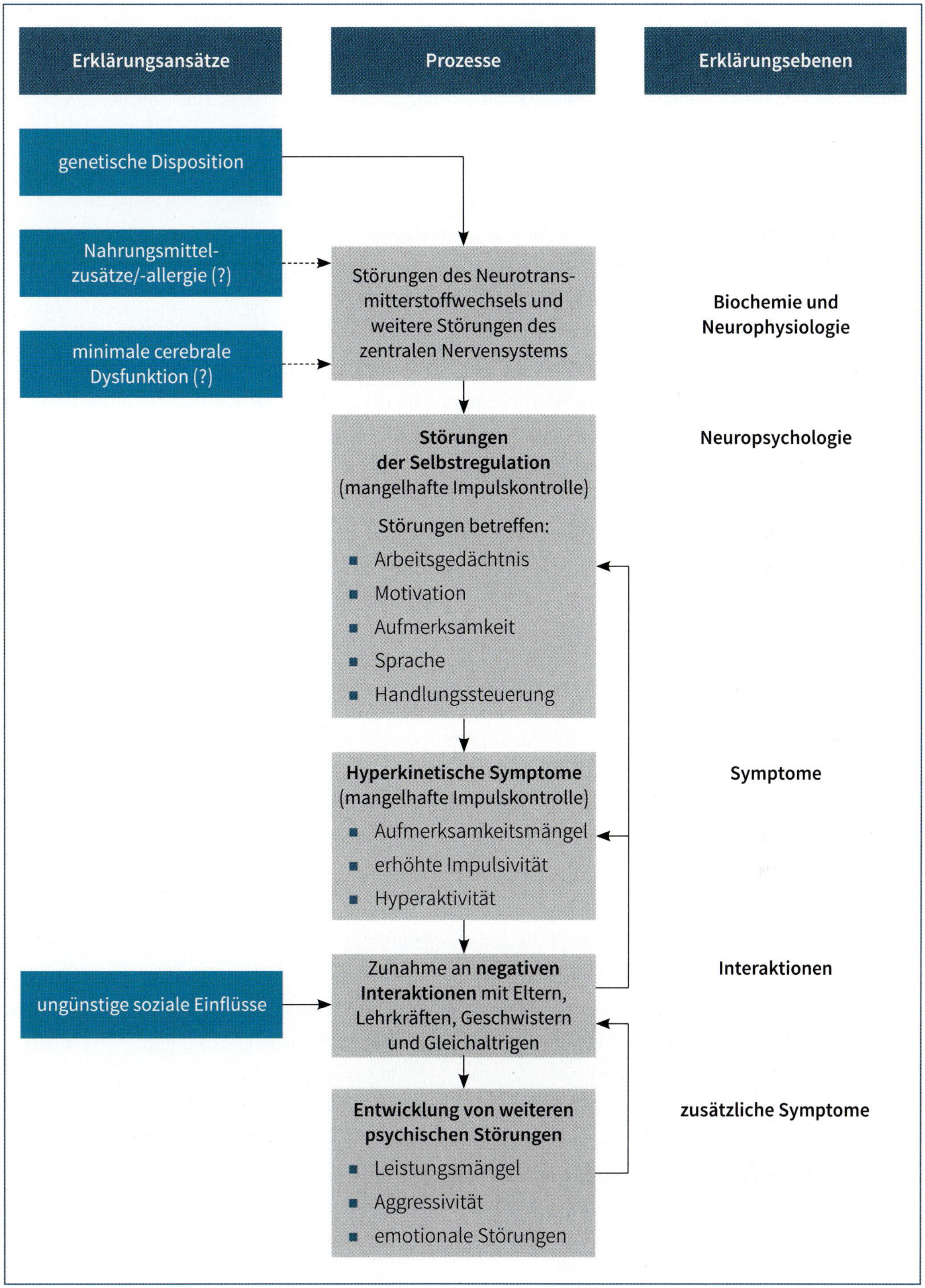

(vgl. Döpfner und Banaschewski, 2013[7], S. 275)

Darüber hinaus werden als mögliche Ursachen Erkrankungen wie eine Hirnhautentzündung des Kindes, eine Hirnanomalie, Unfälle, Schädigungen während der Schwangerschaft sowie Schädigungen während der Geburt genannt. Die Vermutung, die Aufmerksamkeitsdefizit-Störung sei vererbt, kann nicht eindeutig belegt werden.

In dem biopsychosozialen Modell zur Entstehung von Aufmerksamkeitsstörungen berücksichtigen Döpfner und Banaschewski unterschiedliche Erklärungsansätze. Da der Einfluss der allergischen Reaktion auf Nahrungsmittelzusätze sowie der Einfluss der minimalen cerebralen Dysfunktion nicht endgültig geklärt sind, werden diese Verbindungen durch eine gestrichelte Linie gekennzeichnet.

Hilfen

Die Problematik einer gezielten Hilfe besteht zum einen in der Unklarheit der Ursachen und zum anderen in der Vielzahl unterschiedlicher Symptome. Hinzu kommt, dass der Umfang und der Grad des auffälligen Verhaltens starken situativen Einflüssen unterliegen. Die Hilfsmaßnahmen sollten folgende Ziele verfolgen:

- Erhöhung der Daueraufmerksamkeit
- Kontrolle der Impulsivität
- Anpassung des Aktivierungsniveaus an die jeweilige Situation

Die Hilfsmöglichkeiten können fünf Bereichen zugeordnet werden: medizinische Behandlung, ernährungsbezogene Veränderungen, psychologische Maßnahmen, Funktionstraining und pädagogische Hilfen.

Medizinische Behandlung

Am häufigsten angewandt und durch zahlreiche Studien überprüft ist die Wirkung von stimulierenden **Medikamenten**, die die Zahl der Neurotransmitter erhöhen. Bei etwa 70 % bis 80 % der betroffenen Kinder tritt nach der Medikamenteneinnahme eine Normalisierung des Verhaltens ein, bei über 90 % der Kinder sind deutliche Verbesserungen zu beobachten. Die überschießende motorische Aktivität wird verringert, die impulsiven Reaktionen gehen zurück, die Selbstkontrolle erhöht sich, die Aufmerksamkeit und die Ausdauer verbessern sich deutlich. Die Wirkung zeigt sich jedoch oft nur kurzfristig und die Auswirkung auf die Sekundärsymptome ist gering: Die Schulleistungen steigen nur geringfügig an und die sozialen Schwierigkeiten bestehen weiterhin. Der Einsatz der Medikamente führt zu zahlreichen Nebenwirkungen. Häufig werden Appetitstörungen beobachtet, wird die Größenentwicklung gehemmt, treten Schlafstörungen und Einschlafprobleme auf. Eine Medikamentenabhängigkeit konnte auch bei längerer Einnahmezeit nicht nachgewiesen werden.

Ernährungsbezogene Veränderungen

Die **Feingold-Diät** verzichtet auf Lebensmittelzusätze wie Geschmacksverstärker, Farbstoffe oder additive Phosphate. In Untersuchungen weisen hyperaktive Kinder positive Veränderungen auf. Im Doppelblindversuch konnten diese Erfolgsergebnisse nicht bestätigt werden. Es liegt die Vermutung nahe, dass die Verbesserungen zum größten Teil auf einem Placeboeffekt beruhen.

Psychologische Maßnahmen

Ziel der **Verhaltenstherapie** bei Kindern mit ADS ist eine Erhöhung der Aufmerksamkeit und eine Verminderung der Verhaltensauffälligkeiten. Als erfolgreich erweisen sich Verstärkerprogramme (Kontingenzmanagement), bei denen erwünschtes Verhalten eindeutig definiert und dieses konsequent belohnt wird. Bei einigen Kindern treten bereits nach kurzer Zeit deutliche Verbesserungen auf, andere Kinder lehnen die Verstärkerprogramme ab. Eine langfristige Wirkung kann nur bei wenigen Kindern erreicht werden. Häufig bleibt der Erfolg auf die Therapiesituation, z. B. in der Klinik, beschränkt.

Auf Meichenbaum (1995[2]) und Wagner (2005[9]) gehen Verfahren zur **kognitiven Intervention** zurück. Der Schwerpunkt des Vorgehens besteht im Aufbau eines Handlungsaufschubs. Vor dem Handeln soll das Kind mit ADS zunächst die Situation analysieren, Handlungsalternativen erkennen und erst dann handeln, wenn der Bewertungsvorgang abgeschlossen ist. Der Therapeut zeigt modellhaft das erwünschte Verhalten und das hyperaktive Kind ahmt das Verhalten abgestuft nach. Das Verfahren hat folgenden Ablauf:

1. Phase: Modellverhalten der Therapeutin

- laute Verbalisierung der Aufgabe und der Problemstellung
- jeder Handlungsschritt wird laut reflektiert
- Verbalisierung der Gefühle
- Selbstverstärkung bei der Lösung der Aufgabe bzw. bei Teilerfolgen

2. Phase: Nachahmung

- 1. Schritt: Das Verhalten des Kindes wird vom Therapeuten laut verbalisiert.
- 2. Schritt: Das Kind verbalisiert selbst laut.
- 3. Schritt: Das Kind verbalisiert flüsternd.
- 4. Schritt: Das Kind verbalisiert innerlich ohne Lippenbewegungen.

Übungsaufgabe: Gleiche Bären erkennen

Dieses Verfahren führt langfristig zu einer deutlichen Verbesserung und ist dadurch den Verstärkerprogrammen überlegen. Die Wirksamkeit der kognitiven Intervention ist jedoch von der Begabung und dem Alter des Kindes abhängig.

Funktionstraining

Verbesserungen in Teilbereichen bewirken gezielte Funktionstrainings. Die Bewegungstherapie setzt an den psychomotorischen Defiziten an. Die Wahrnehmungsschwächen können durch ein Wahrnehmungstraining nach Frostig oder durch die sensorische Integrationsbehandlung nach Ayres angegangen werden.

Pädagogische Hilfen

Das Störungsbild führt zu einer starken Belastung aller an der Erziehung Beteiligten. Die Eltern scheinen an der „Unerziehbarkeit“ zu verzweifeln und sind häufig ratlos. Sie stoßen im sozialen Umfeld auf Ablehnung und Vorwürfe. Das Kind und auch die Eltern erleben das Stigma des Versagers. Bei Leistungsvergleichen im sportlichen und schulischen Bereich kommt es immer wieder zu unerklärlichen Misserfolgen, die das Kind als dumm, ungeschickt und tölpelhaft erscheinen lassen. In sozialpädagogischen Einrichtungen und in der Schule wird das Kind mit ADS zu einer starken Belastung, da Gruppenaktivitäten massiv gestört werden und die Zeit für eine individuelle Förderung des Kindes fehlt. Es fällt schwer, das Kind positiv anzunehmen. Gerade deshalb sind pädagogische Hilfen besonders wichtig:

- Das Verhalten verbessert sich, wenn ein Kind mit ADS in einer möglichst **strukturierten Umwelt** aufwächst, in der das Nichteinhalten von Regeln zu Konsequenzen führt. Werden Regeln überschritten, so sollte zunächst eine einmalige und eindeutige Warnung erfolgen, bevor **konsequent Maßnahmen** ergriffen werden. Übersichtlichkeit und Ordnung im Tagesablauf und ein strukturiertes Umfeld erlauben eine schnelle Orientierung.
- Um ein Eskalieren des Verhaltens zu verhindern, können **Wortsignale** eingesetzt werden, die das Verhalten stoppen. Es wird ein stereotyper Signalsatz verwendet (z. B. „Jetzt bist du überdreht.“) und das Kind mit ADS wird zeitlich begrenzt aus der Situation herausgenommen.
- Dem Kind sollten täglich **wechselnde oder dauerhafte Pflichten** übertragen werden, um die Selbstverantwortung des Kindes zu steigern und das Selbstbewusstsein zu erhöhen.
- Das Kind sollte in der Nähe der Erziehenden oder bei der Erledigung von Aufgaben (z. B. in der Schule, im Hort) neben einem ruhigen Kind sitzen. Wird in Gruppen gearbeitet, so sollte die **Gruppenstärke gering** gehalten werden.
- Bei der Hausaufgabenerledigung muss die **doppelte Arbeitszeit** eingerechnet werden. Die Erledigung sollte eigenständig erfolgen und durch nonverbale **Ermunterungen** der Erziehenden unterstützt werden.
- Untersuchungen zur Gestaltung der Lernsituation erbrachten ein überraschendes Ergebnis. Eine reizarme Lernsituation, die möglichst wenig ablenkt, verbessert das Verhalten des hyperaktiven Kindes kaum. Das hyperkinetische Syndrom beruht offenbar auf einer Reizarmut, da zu wenige Reize zum Gehirn weitergeleitet werden. Wenn Reize fehlen, wird das Kind aktiv, um sich eine ausreichende Reizmenge zu verschaffen. Eine reizintensive Situation steigert dagegen die Aufmerksamkeit. Die **Reizanreicherung** sollte außerhalb der Lernaufgabe, z. B. vor oder nach dem Lernen, oder der Raumgestaltung erfolgen.
- Durch erzieherische Maßnahmen ist das Kind davor zu schützen, dass es zum Außenseiter oder „Gruppenkasper“ wird. Gruppenaktivitäten, in die auch die hyperaktiven Kinder eingebunden sind, sollten durchgeführt werden. Besonders wichtig im Hinblick auf die Persönlichkeitsentwicklung ist die Vermittlung von **Erfolgserlebnissen** auch in sozialen Situationen.
- In Freiräumen (z. B. Pausen zwischen den Aufgaben) sollten dem Kind **Bewegungsmöglichkeiten** gegeben werden, die dem ausgeprägten Bewegungsdrang entgegenkommen.

AUFGABEN

1. Verdeutlichen Sie die Ursachen des hyperkinetischen Syndroms bzw. der Aufmerksamkeitsdefizit-Störung und ordnen Sie den Ursachen Hilfsmöglichkeiten zu.

2. Inwieweit hyperaktive Kinder in der Schule für Kinder mit Körperbehinderung aufgenommen und betreut werden sollen, ist umstritten. Bewerten Sie Vor- und Nachteile der Aufnahme in eine Förderschule.

3. Die Betreuung und Förderung von Schulkindern mit körperlichen Behinderungen wird von verschiedenen Helfern abgedeckt. Erklären Sie, wer beteiligt ist, welche Aufgaben wahrzunehmen sind und wie die Zusammenarbeit der Helfer koordiniert werden könnte.

4.5.2 Störungen des Sozialverhaltens

Der Begriff „Aggression" wird von dem lateinischen Wort „aggredi" abgeleitet, was „sich zubewegen auf" oder „angreifen" bedeutet. Die Definition berücksichtigt die Schädigungsabsicht, die hinter dem aggressiven Verhalten steht. Aus dieser Sicht können Eltern, die ein Kind schlagen, um das Verhalten des Kindes positiv zu ändern, nicht als aggressiv bezeichnet werden. Es ist eine wichtige Aufgabe, die Schädigungsabsicht, die für andere nicht direkt beobachtbar ist, zu ergründen. Offene, meist physische Formen starker Aggression wie Schläge werden als Gewalt bezeichnet. Auch ein System, das andere unterdrückt (= strukturelle Gewalt), führt zu vergleichbaren Beeinträchtigungen wie massiven Aggressionen.

Der häufigste Anlass für eine Behandlung in der Kinder- und Jugendpsychiatrie ist aggressiv-oppositionelles Verhalten. Folgende Symptome lassen gemäß DSM-5 auf eine Störung des Sozialverhaltens schließen:

- aggressives Verhalten gegenüber Menschen und Tieren
- Zerstörung von Eigentum
- Betrug oder Diebstahl
- schwere Regelverstöße

Kennzeichnend ist eine geringe soziale und emotionale Verantwortung für das Verhalten. Die Person bereut ihr aggressives Verhalten nicht und empfindet auch kein Schuldbewusstsein. Es fehlt ihr an Empathie gegenüber anderen Personen, denen sie mit Gefühlskälte begegnet. Die Kinder und Jugendlichen zeigen sich gegenüber ihren schulischen oder beruflichen Leistungen gleichgültig und machen andere Personen oder die Umstände für die Leistungsprobleme verantwortlich. Es fällt ihnen schwer, Gefühle zu zeigen. Die Gefühlsäußerungen sind oberflächlich und unaufrichtig und werden gezielt eingesetzt, um einen Vorteil zu erreichen bzw. um andere einzuschüchtern oder zu manipulieren. Man unterscheidet drei Schwergrade:

1. **Leicht:** geringes Auftreten eines gestörten Sozialverhaltens. Andere Personen werden in geringem Umfang (z. B. Lügen, Schulverweigerung) geschädigt, vereinbarte Regeln werden nicht eingehalten (z. B. verspätet nach Hause kommen).

2. **Mittel:** Die Anzahl der sozialen Auffälligkeiten liegt über dem leichten Schweregrad; die Regelverstöße sind gravierender (z. B. Vandalismus, Diebstahl ohne direkten Kontakt mit dem Bestohlenen).
3. **Schwer:** Das gestörte Sozialverhalten tritt sehr häufig auf, anderen Personen wird erheblicher Schaden zugefügt (z. B. erzwungene sexuelle Handlungen, Grausamkeiten, Waffenverwendung, Diebstahl in Konfrontation mit dem Opfer, Einbruchsdelikte).

Das bio-psycho-soziale Entwicklungsmodell dissozialen Verhaltens berücksichtigt die biologischen Risikofaktoren, die problematischen sozialen Einflüsse und die Umfeldbedingungen zur Erklärung abweichenden Sozialverhaltens:

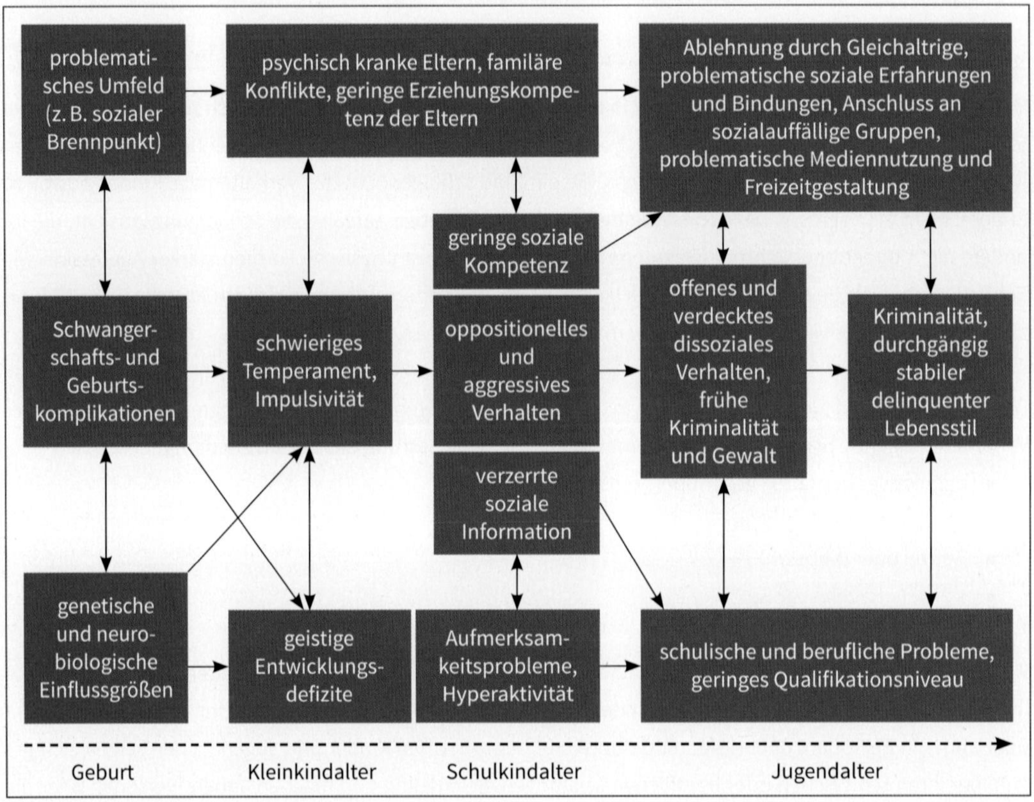

(Quelle: Beelmann und Raabe, 2007, S. 111)

Im Folgenden wird auf zwei Formen des gestörten Sozialverhaltens näher eingegangen:

- aggressiv-oppositionelles Verhalten im Kindesalter
- aggressiv-dissoziale Störungen

4.5.2.1 Aggressiv-oppositionelles Verhalten im Kindesalter

DEFINITION

Aggressiv-oppositionelles Verhalten oder oppositionelles Trotzverhalten beinhaltet eine generelle Verweigerungshaltung des Kindes, die im verbalen und nonverbalen Verhalten gegenüber Erwachsenen zum Ausdruck kommt.

Von einer Störung wird ausgegangen, wenn das Kind über einen Zeitraum von mindestens sechs Monaten das aggressiv-oppositionelle Verhalten in deutlicher Ausprägung zeigt (Symptome siehe Erscheinungsbild).

Erscheinungsbild

Gemäß DSM-5 kennzeichnen folgende Symptome das aggressiv-oppositionelle Verhalten im Kindesalter:

- **Ärgerlich, gereizte Stimmung:**
  - Das Kind wird schnell wütend.
  - Es ist häufig reizbar und lässt sich leicht ärgern.
  - Es ist schnell verärgert und reagiert beleidigt.
- **Streitsüchtiges, trotziges Verhalten:**
  - Das Kind streitet häufig mit Autoritätspersonen.
  - Es widersetzt sich aktiv den Anweisungen der Autoritätspersonen.
  - Es weigert sich, Regeln der Autoritätspersonen zu befolgen.
  - Es verärgert häufig absichtlich andere Personen.
  - Es schiebt die Schuld und Verantwortung für eigenes Fehlverhalten auf andere.
- **Rachsucht:** Das Kind ist boshaft und rachsüchtig.

Bei Kindern unter fünf Jahren geht man von einer Störung aus, wenn dieses Verhalten innerhalb von sechs Monaten an den meisten Tagen zu beobachten ist. Ist das Kind älter als fünf Jahre, spricht man von einer Störung, wenn die genannten Symptome an mindestens drei Tagen in der Woche auftreten. Die Störung des Sozialverhaltens führt zu einem Leidensdruck bei den Betroffenen selbst oder dem sozialen Umfeld (Familie, Kindertagesstätte, Schule).

Eine besondere Störungsform stellt die nach der Geburt des Geschwisterkindes beginnende und über mindestens vier Wochen andauernde **Geschwisterrivalität** dar. Ältere Geschwisterkinder können intensive negative Gefühle gegenüber den jüngeren Geschwistern entwickeln. Neben Wutausbrüchen und Schlafstörungen sind auch Regressionen (Rückfall auf frühere Entwicklungsstufen) zu beobachten. Ältere Geschwisterkinder versuchen, die Aufmerksamkeit der Bezugspersonen auf sich zu ziehen.

Häufigkeit

Über die Häufigkeit des aggressiv-oppositionellen Verhaltens liegen keine verlässliche Angaben vor. Petermann und Petermann (2013[7]) gehen davon aus, dass im Grundschulalter ca. 1 %–2 % der Mädchen und ca. 4 % der Jungen betroffen sind und sich im Jugendalter die Häufigkeit verdoppelt.

Längsschnittstudien belegen, dass aggressives Verhalten zu den stabilsten Auffälligkeiten zählt. Die Stabilität des aggressiven Verhaltens ist dann gegeben, wenn das aggressiv-oppositionelle Verhalten früh in der Kindheit beginnt, in verschiedenen Verhaltensbereichen sehr häufig auftritt und viele Lebensbereiche betrifft wie Peergroup, Schule, Familie (vgl. Petermann, Döpfner und Schmidt, 2007).

Erfassung

Zur Diagnostik des aggressiv-oppositionellen Verhaltens werden Explorationsverfahren (z. B. Explorationsschema für Psychische Störungen bei Kindern und Jugendlichen – EPSKI), Verhaltensbeobachtungen sowie spezielle Fragebögen und Testverfahren verwendet. Ergänzend kommen auch Entwicklungs-, Intelligenz- und Leistungstestverfahren zum Einsatz, um zu überprüfen, inwieweit Entwicklungsstörungen oder das Leistungsvermögen zu Überforderungen führen und in der Folge zu Auslösern für aggressiv-oppositionelles Verhalten werden.

Erklärungsansätze

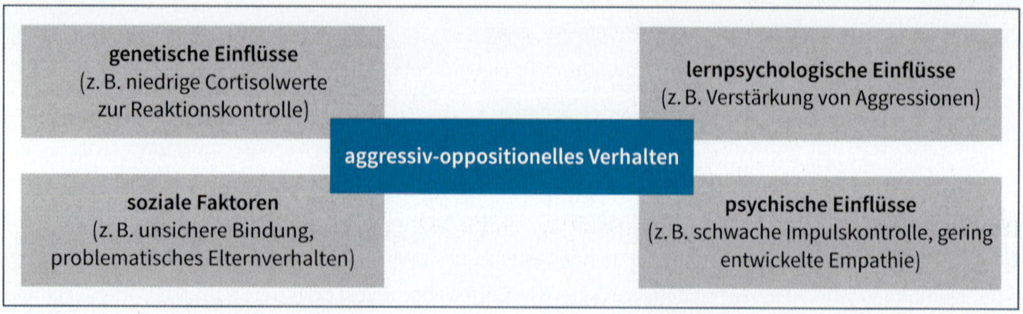

Genetische Einflüsse

Das recht stabil auftretende Aggressionsverhalten kann auch auf genetische Ursachen zurückgeführt werden. Zwillingsstudien belegen, dass direkte körperliche Aggressionen stärker genetisch bedingt sind als indirekte Aggressionen, die sich in verdeckten hinterhältigen Handlungen zeigen. Das Stresshormon Cortisol hat eine dämpfende Wirkung und führt u. a. auch zur Verhaltensunterdrückung. Bei Kinder mit einem aggressiv-oppositionellen Verhalten liegen niedrige Cortisolwerte vor.

Soziale Faktoren

Das Erziehungsverhalten der Eltern kann aus zahlreichen negativen Verhaltensmustern, die aggressionsfördernd sind, bestehen. Zum Beispiel werden Eltern-Kind-Konflikte ohne Empathie mit körperlichen Strafen aggressiv gelöst. Die Eltern nehmen ihre Erziehungsverantwortung unzureichend wahr und wissen beispielsweise nur ungenau, wo, wie und mit wem ihr Kind seine Freizeit verbringt. Auf die fehlende Aufsicht der Eltern reagieren Kinder mit Orientierungslosigkeit. Eine sichere Bindung zwischen Eltern und Kind kann nicht aufgebaut werden, wenn sich z. B. durch wechselnde Partnerschaften der Eltern die Bezugspersonen des Kindes ändern.

Häufig erfahren aggressive Kinder Ablehnung durch Gleichaltrige, die sie als Störenfriede ausgrenzen und nicht als Spielpartner akzeptieren. Die Ablehnung verstärkt die aggressiven Tendenzen des Kindes. Das Überschreiten von Regeln führt im schulischen Bereich zu Problemen mit Lehrkräften und Mitschülern. Die aggressiven Kinder fühlen sich häufig unfair und ungerecht behandelt, was zu Frustrationen führt, die sich wiederum in aggressiven Handlungen entladen.

Bei aggressiven Kindern liegen erhebliche soziale Defizite vor. Sie bewerten Situationen vorschnell als feindselig, da ihnen entsprechende Kompetenzen fehlen, um sozial geschickt zu handeln; sie setzen deswegen aggressive Handlungsmuster zur Problemlösung ein. Diesen Kindern fällt es schwer, sich in andere Personen hineinzuversetzen, um deren Gefühle und Handlungsabsichten zu erkennen.

Die soziale Kompetenz im Bereich der Kontaktaufnahme, der Selbstbehauptung und der Konfliktlösung weist erhebliche Defizite auf. Das Kind setzt schnell aggressives Verhalten ein, ist sozial unsicher oder zieht sich zurück.

Psychische Einflüsse

Die Kleinkinder haben Probleme mit der Selbstregulation und weisen einen unregelmäßigen biologischen Rhythmus auf (vgl. Petermann, Döpfner und Görtz-Dorten, 2016[3]). Sie werden durch neue Reize schnell irritiert, was eine unangemessene Überreaktion auslöst. Eine besonders intensive Wirkung haben negative Emotionen. Eine erhöhte Aggressivität wurde auch bei Kindern mit Sprachstörungen beobachtet. Die unzureichenden Fähigkeiten, Sprache zu verstehen, innere Prozesse sprachlich zu regulieren und angemessen sprachlich zu kommunizieren, beeinträchtigen die Entwicklung des Regelverständnisses und die Möglichkeiten einer sprachlichen Konfliktlösung.

Für die unzureichende Impuls- und Emotionskontrolle sowie niedrige Frustrationstoleranz bei aggressiven Kindern sind verschiedene Einflussgrößen von Bedeutung, wie beispielsweise schwieriges Temperament, geringes Intelligenzniveau, vernachlässigendes Erziehungsverhalten, belastende Umfeldeinflüsse, familiäre Konflikte oder psychische Erkrankungen der Eltern.

Weiterhin liegen Verzerrungen in der sozial-kognitiven Informationsverarbeitung vor:

Stufen der Informationsverarbeitung					
Stufe 1: Enkodieren	**Stufe 2:** Reiz-interpretation	**Stufe 3:** Zielklärung	**Stufe 4:** Reaktions-suche	**Stufe 5:** Hand-lungs-entschei-dung	**Stufe 6:** Handlungs-ausführung
Wichtige soziale Hinweisreize werden übersehen; neue Informationen werden nach bestehenden aggressiven Handlungsmustern strukturiert.	Aggressive Kinder bewerten neutrale Interaktionen als feindselig und bedrohlich; die unterstellte Bedrohung löst aggressive Abwehrreaktionen aus.	Es werden Ziele verfolgt, die zu einer unangemessenen Schädigung von Personen oder Sachen führen; kurzfristige Erfolge sind wichtiger als langfristige Nachteile (Ablehnung, Isolation)	Das aggressive Kind verfügt über eingeschränkte Verhaltensalternativen; da es von einer feindlich bedrohlichen Situation ausgeht, wählt es vermehrt konfliktverstärkende Lösungen.	Aggressive Handlungen werden bevorzugt gewählt, da sie als besonders erfolgreich und leicht umsetzbar bewertet werden.	Gewohntes aggressives Verhalten wird bevorzugt zur Konfliktlösung eingesetzt, was zur Verfestigung aggressiver Verhaltensweisen führt.

(Quelle: Petermann und Petermann, 2013[7], S. 305)

Das aggressive Kind wird von vorschnell ausgelösten emotionalen Blockaden (z. B. negativen Emotionen wie Ärger oder Wut) daran gehindert, eine angemessene kognitive Bewertung von Informationen durchzuführen. Aggressive Kinder weisen ein geringes Einfühlungsvermögen (Gefühlskälte) auf, was darauf zurückgeführt werden kann, dass sie Emotionen bei anderen schlecht erkennen. Die soziale Problemlösefähigkeit ist unterentwickelt. Dem Kind fehlen Strategien, um alternative Handlungsformen zu entwickeln und die jeweiligen Handlungskonsequenzen abzuschätzen.

Lernpsychologische Einflüsse

Das aggressiv-oppositionelle Verhalten des Kindes wird verstärkt, wenn das Kind dafür von anderen Anerkennung und Bewunderung erfährt oder es sich mit diesem aggressiven Verhalten durchsetzen kann (vgl. Petermann, Döpfner und Görtz-Dorten, 2016[2]).

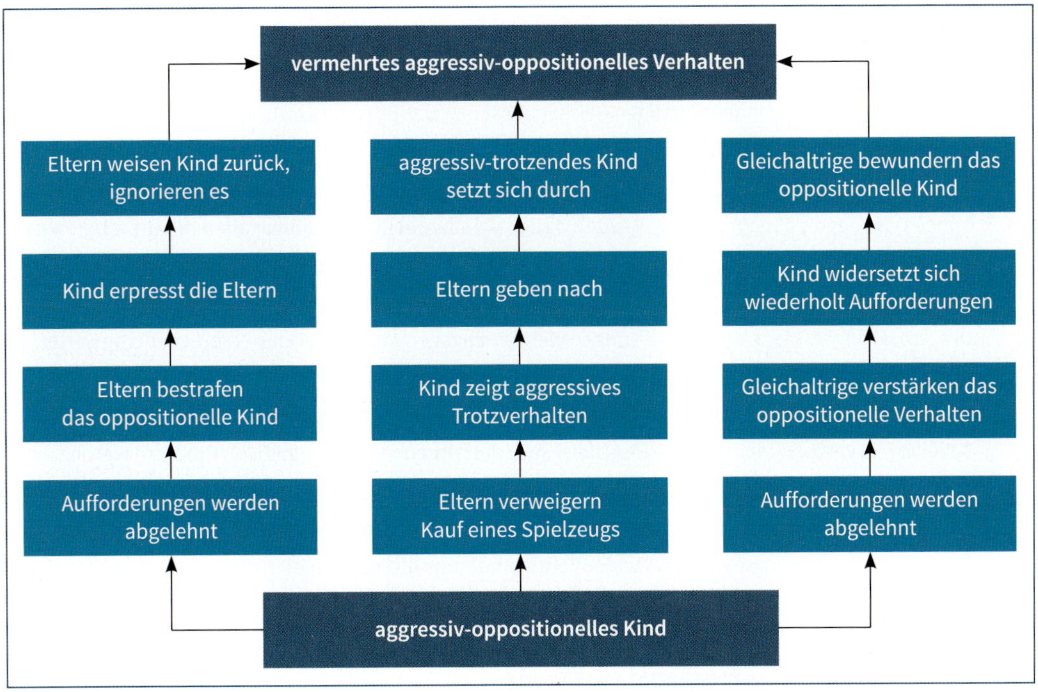

Verstärkung von aggressiv-oppositionellen Verhaltensweisen

Aggressive Kinder orientieren sich an aggressiven Vorbildern (in der Familie, bei Gleichaltrigen, im Fernsehen, bei Videospielen), die das Auftreten aggressiver Verhaltensweisen begünstigen (Lernen am Modell).

Hilfen

Als besonders wirksam haben sich das Elterntraining, die kognitive Verhaltenstherapie, soziales Kompetenztraining und das Ärger-Kontrolltraining erwiesen.

Elterntraining

Die therapeutische Behandlung setzt in der Regel am Erziehungs- und Interaktionsverhalten der Eltern an. Das elterliche Erziehungshandeln wird im Hinblick auf den Aufbau prosozialen Verhaltens des Kindes optimiert. Dadurch wird die Eltern-Kind-Interaktion verbessert und kooperativer ausgerichtet. Man achtet darauf, dass aggressives Verhalten des Kindes nicht unabsichtlich belohnt wird. Beim Elterntraining wird in Übungssituationen (z. B. Hausaufgabensituationen, Rollenspiele) schrittweise das angestrebte Erziehungsverhalten – wie gezielter Einsatz von Verstärkern, konsequentes Verhalten gegenüber dem Kind – reflektiert und eingeübt. Problematisch ist die hohe Abbruchquote bei der Behandlung (ca. 40 %–60 % der Familien).

Kompetenztraining für Kinder

Verschiedene Trainingsprogramme verbessern Kompetenzen in unterschiedlichen Bereichen:

- **Problemlösetraining:** Das Problemlösetraining setzt an der mangelhaften kognitiven Informationsverarbeitung und den sich daraus ergebenden Fehlinterpretationen in sozialen Situationen an, da aggressive Kinder nicht alle wichtigen Reize in diesen Situationen erfassen. So überhört z. B. ein aggressives Kind die Entschuldigung einer Person, nachdem es von dieser unabsichtlich angerempelt wurde. Zur Problemlösung kennt das Kind lediglich aggressive Handlungsalternativen. Die Auswirkungen der aggressiven Handlung werden dabei nicht bedacht. Dies gilt vor allem für die langfristigen Konsequenzen (z. B. soziale Isolation). Die aggressiven Handlungen, die in der Vergangenheit häufig zu vermeintlichen Vorteilen führten, werden als erfolgreiche Lösungsmöglichkeiten gesehen. Alternative, sozial angemessene Konfliktlösungen werden dagegen als nicht erfolgversprechend bewertet. Das aggressive Kind vertraut seiner aggressiven Kompetenz, um sich durchzusetzen. Aggressives Verhalten wird deshalb auch in der Zukunft in sozialen Situationen bevorzugt eingesetzt. Diesen Teufelskreis versucht das Problemlösetraining zu durchbrechen. Die kognitiven Prozesse werden durch gezielte Fragen (siehe Abbildung) überprüft. Die Situation wird genauer analysiert, um alle relevanten Informationen wahrzunehmen. Mit dem Kind werden alternative Möglichkeiten, die Situation zu bewerten, sowie unterschiedliche Handlungsalternativen erarbeitet. Neben den kurzfris-

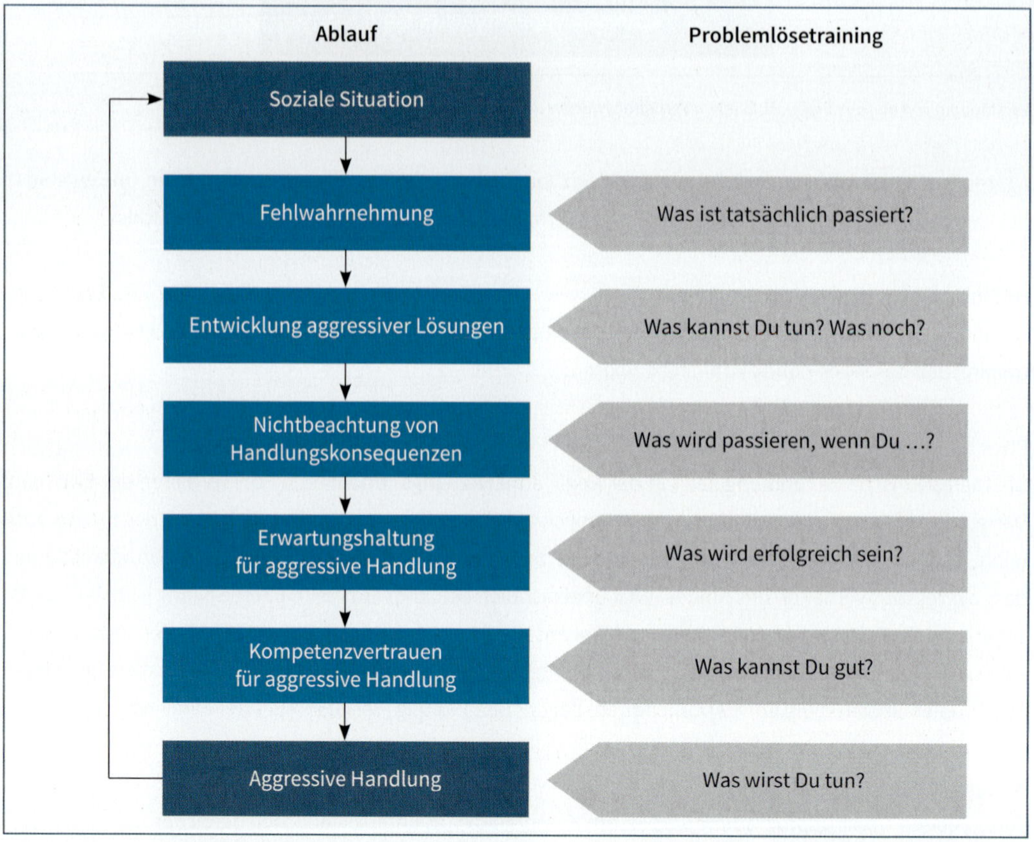

(Quelle: Petermann, Döpfner und Görtz-Dorten, 2016, S. 111)

tigen Auswirkungen werden auch die langfristigen Konsequenzen bewusst gemacht. Am Ende des Bewertungsprozesses soll das aggressiv-oppositionelle Kind reflektierter und kompetenter zwischen den Handlungsalternativen entscheiden können.

- **Soziales Kompetenztraining:** Die geringe soziale Kompetenz des aggressiven Kindes, die sich z. B. darin zeigt, aggressionsfreie Konfliktlösungen zu finden, Freundschaften zu schließen, Empathie für andere zu empfinden, sich in die Lage des anderen zu versetzen, kann durch verschiedene Übungen des sozialen Kompetenztrainings verbessert werden. So wird dem aggressiven Kind z. B. anhand von Vorbildern gezeigt, wie Konflikte gewaltfrei gelöst werden können. Im Rollenspiel mit Rollenwechsel (Perspektivenwechsel) wird das angemessene Verhalten in verschiedenen sozialen Situationen oder soziales Einfühlungsvermögen eingeübt. Mit gezielter Verstärkung und Token-Systemen werden Fortschritte systematisch belohnt.

Medikamentöse Behandlung

Der Einsatz von Medikamenten, um die unzureichende Handlungs- und Gefühlskontrolle und hohe Impulsivität (siehe auch Aufmerksamkeitsdefizit-/hyperaktive Störung) zu verbessern, ist umstritten. Die Medikamente setzen bei der Erhöhung von Transmittersubstanzen oder bei der Verhaltensdämpfung an.

Pädagogische Maßnahmen

Eltern und Erzieherinnen sollten im Umgang mit aggressiv-oppositionellem Verhalten (vgl. Petermann, Döpfner und Görtz-Dorten, 2016[2]) folgende Hinweise beachten:

- Es sollte eine **positive Beziehung** zum Kind aufgebaut, auf die liebenswerten Seiten des Kindes und seine Stärken geachtet sowie dem Kind positive Erfahrungen in sozialen Beziehungen vermittelt werden.
- Die Erzieherinnen sollten **klare, angemessene Grenzen** setzen, deren Einhaltung von allen Erzieherinnen eingefordert wird. Ältere Kinder können bei der gemeinsamen Festlegung von Grenzen eingebunden werden.
- Erfolgen trotz Ermahnung **Grenzüberschreitungen**, sind **angemessene negative Konsequenzen** angeraten.
- Dem Kind sollten **Hilfestellungen zur Bewältigung von Konflikten** angeboten werden. Um den Teufelskreis zu unterbrechen, können verbale oder nonverbale Signale (z. B. Finger auf den Mund legen) zum Innehalten mit dem Kind vereinbart werden. Weiterhin sollten mit dem Kind alternative Vorgehensweisen entwickelt und eingeübt werden.
- In Konfliktsituationen ist zunächst **beruhigend einzugreifen** und mit etwas Abstand zur Situation sind angemessene Konfliktlösungen anzugehen.
- Die **Gruppenzusammensetzung sollte** ggf. in Absprache mit den Eltern geändert werden, um ungünstige Einflüsse durch andere auffällige Kinder zu vermindern.

4.5.2.2 Aggressiv-dissoziale Störungen

DEFINITION

Aggressiv-dissoziales Verhalten bzw. aggressiv-asoziales Verhalten bezeichnet eine stabile Störung, die auf eine Schädigung von Personen, Tieren oder Gegenständen abzielt.

Erscheinungsbild

Man unterscheidet folgende Aggressionsformen:

Fremdaggression: Die Aggressionen sind gegen andere Personen bzw. Gegenstände gerichtet.	**Selbstaggression:** Die Person schädigt sich selbst bzw. stimuliert sich selbst durch die ausgelösten Schmerzreize. Diese Aggressionsform ist behandlungsbedürftig.
Individuelle Aggression: Eine einzelne Person handelt aggressiv und ist für das Verhalten allein verantwortlich.	**Kollektive Aggression:** Die Aggression geht auf das Verhalten einer Gruppe zurück. Die Verlagerung der Verantwortung auf die „anonyme" Gruppe erhöht das Aggressionspotenzial und die Aggressionshandlungen.
Offene Aggression: Die Aggressionen können offen beobachtet werden (z. B. Schlägerei). Das Verhalten tritt klar erkennbar, oft impulsiv und unkontrolliert auf.	**Verdeckte (hinterhältige) Aggression:** Die Aggressionen erfolgen versteckt, häufig geplant, ohne dass die Person identifiziert werden kann (z. B. Feuer legen, Gegenstände beschädigen bzw. stehlen).
Direkte Aggression: Der Verursacher der Verärgerung wird unmittelbar mit körperlichen Aggressionen angegangen, um ihn zu schädigen. Dies ist vor allem dann zu erwarten, wenn sich der Aggressor überlegen fühlt.	**Indirekte Aggression:** Ist der Verursacher der Verärgerung zu mächtig, kommt es in der Regel zu einer indirekten Aggression, bei der auf Ersatzobjekte bzw. -personen ausgewichen wird (z. B. Kind zerstört einen Gegenstand, der dem Frustrationsverursacher gehört).
Verbale Aggression: Die Aggressionen bestehen aus verbalen Angriffen, Beschimpfungen und Beleidigungen.	**Nonverbale Aggression:** Aggressionshandlungen werden gezeigt (z. B. Schlagen, Treten, Spucken).
Reaktive Aggression: Die Aggression tritt als Folge eines wahrgenommenen Angriffs, einer Provokation bzw. Bedrohung auf und beruht auf einer verzerrten Wahrnehmung in sozialen Situationen.	**Proaktive Aggression:** Die Handlungen werden ohne erkennbare Bedrohung des Aggressors ausgeführt. Aggressionen werden eingesetzt, um sich durchzusetzen.
Affektive Aggression: Impulsiv, unkontrolliert und ungeplant werden Aggressionen in einer emotionalen Erregung gezeigt.	**Instrumentelle Aggression:** Bei der instrumentellen Aggression wird die Handlung gezielt vorbereitet, um persönliche Vorteile zu erlangen.

Mobbing und Cybermobbing kennzeichnen ein aggressives Verhalten, bei dem eine systematische Erniedrigung, Drangsalierung bestimmter Personen durch Gleichaltrige erfolgt. In unserer medialen Welt erfolgt die Aggression unter Nutzung der Informations- und Kommunikationstechnik. Cybermobbing zeigt sich in folgenden Formen:

- **Belästigung:** Belästigende Informationen werden per Handy, E-Mail, SMS wiederholt gesendet.
- **Verunglimpfung:** Um das Ansehen einer Person herabzusetzen, ihren Ruf zu schädigen und die Person zu demütigen, werden gehässige, unwahre oder verletzende Texte, Bilder oder Videos versendet oder veröffentlicht.
- **Outing:** Die Geheimnisse einer Person werden verbreitet, um sie zu schädigen oder bloßzustellen.
- **Ausschluss:** Die gemobbten Personen werden von den Onlineaktivitäten und Onlinegruppen gezielt ausgeschlossen.

Im Hinblick auf die Bewertung der Behandlungsbedürftigkeit von Aggressionen ist zu überprüfen, wie beständig das aggressive Verhalten gezeigt wird, welche Aggressionsform vorliegt und wie stark die sozialen Beziehungen durch die Aggressionen beeinträchtigt werden.

Die Merkmalsliste des DSM-5 für die Störung des Sozialverhaltens umfasst folgende Symptome:

- **Aggressives Verhalten gegenüber Menschen und Tieren:**
  - häufige Bedrohung oder Einschüchterung anderer
  - Auslösen von Schlägereien
  - Einsatz von Waffen (z. B. Messer, Schlagstöcke, zerbrochene Flaschen, Gewehre)
  - körperliche Grausamkeit gegenüber Menschen
  - Tierquälerei
  - Diebstahl bei Anwesenheit des Opfers (z. B. Überfall, Taschendiebstahl)
  - Erzwingen von sexuellen Handlungen
- **Zerstörung von Eigentum:**
  - Brandstiftung
  - vorsätzliche Zerstörung fremden Eigentums
- **Betrug oder Diebstahl:**
  - Einbruch in Wohnungen, Gebäude oder Autos
  - Lügen bzw. Nichteinhaltung von Vereinbarungen
  - Diebstahl von wertvollen Gütern ohne Konfrontation mit dem Opfer (z. B. Ladendiebstahl)
- **Schwere Regelverstöße:**
  - Von-zu-Hause-Weglaufen (mindestens zweimal über Nacht)
  - häufiges Schwänzen

Häufigkeit

Ausgeprägt aggressiv-dissoziales Verhalten zeigen nach Aussagen der Eltern ca. 1,5 % der Mädchen und ca. 3 % der Jungen im Altersbereich 11 bis 18 Jahre. Bei einer Selbstbeurteilung liegt die Häufigkeit deutlich höher mit 3 % der Mädchen und 5 % der Jungen. Delinquentes (strafbares Verhalten) nimmt bis zum 21. Lebensjahr zu und geht danach deutlich zurück. Circa 60 %–80 % der Jugendlichen haben mindestens einmal delinquentes Verhalten gezeigt (z. B. Sachbeschädigung, Eigentumsdelikte, Schwarzfahren, Fahren ohne Führerschein). Während Mädchen eher indirekte Formen der Aggression bevorzugen (z. B. soziale Manipulation, verbale Angriffe), sind bei Jungen eher direkte Aggressionsformen zu finden.

Scheithauer und Petermann (vgl. 2002[5], S. 191) fassen die verschiedenen Untersuchungsergebnisse in vier Gruppen zusammen:

1. **Geschlechtsunterschiede:** Jungen zeigen mehr aggressiv-dissoziales Verhalten als Mädchen, die Emotionen besser regulieren können. Während Jungen eher offen aggressives Verhalten zeigen, können bei Mädchen verstärkt verdeckte Aggressionen beobachtet werden.
2. **Altersunterschiede:** Mit zunehmendem Alter erhöht sich das Ausmaß an Aggressivität. Tritt das aggressiv-dissoziale Verhalten erst relativ spät auf, dann setzt sich die Auffälligkeit bis in das Erwachsenenalter fort.
3. **Informanteneffekte:** Eltern nehmen das oppositionelle Trotzverhalten stärker wahr als die Kinder selbst. Das oppositionelle Trotzverhalten wird häufiger von den Eltern erkannt als die Symptome des gestörten Sozialverhaltens.
4. **Methodenunterschiede:** Die verschiedenen Erhebungsverfahren, die unterschiedlichen Kriterien sowie die unterschiedlich langen Erfassungszeiträume führen zu stark voneinander abweichenden Häufigkeitsangaben.

Die Aussagen der Kriminalstatistik können nur begrenzt herangezogen werden, da andere Kriterien (straffälliges Verhalten) zur Bestimmung festgelegt werden. Auffällig ist die Häufung von straffälligem Verhalten im Jugend- und Heranwachsendenalter, während im Erwachsenenalter die Zahl der straffälligen Verhaltensweisen geringer ist. Offenbar kommen Verhaltensmuster, die entwicklungsbedingt im Jugend- und Heranwachsendenalter verstärkt auftreten, zum Tragen: Sachbeschädigung (z. B. Graffitis sprühen), Diebstahl oder Verkehrsdelikte. Über die Hälfte der Straftaten im Jugendalter werden von lediglich 5 % der Jugendlichen begangen.

Essau und Conradt (2004) gehen auf Entwicklungsabfolgen bei der Entstehung von stark abweichendem Sozialverhalten ein. Drei Entwicklungspfade werden unterschieden:

1. **Offener Weg:** Auf leicht aggressives Verhalten folgen körperliche Aggressionen, die von gewalttätigem Verhalten abgelöst werden.

2. **Verdeckter Weg:** Im Alter von 15 Jahren treten zunächst geringfügige verdeckte Aggressionen auf, auf die Sachbeschädigungen wie Vandalismus oder Brandstiftung folgen und die später Formen von deutlicher Straffälligkeit annehmen.
3. **Weg über Autoritätskonflikte:** Mit der Pubertät beginnend treten verstärkt halsstarriges Verhalten, Trotzverhalten und Autoritätsvermeidung (z. B. Weglaufen, Schuleschwänzen) auf.

Die verschiedenen Entwicklungswege können auch gleichzeitig durchlaufen werden. Untersuchungen zeigen, dass vor allem Jungen, die mehrere Wege absolvieren, sehr häufig mit dem Gesetz in Konflikt geraten und zu ausgeprägtem gewalttätigen Verhalten neigen.

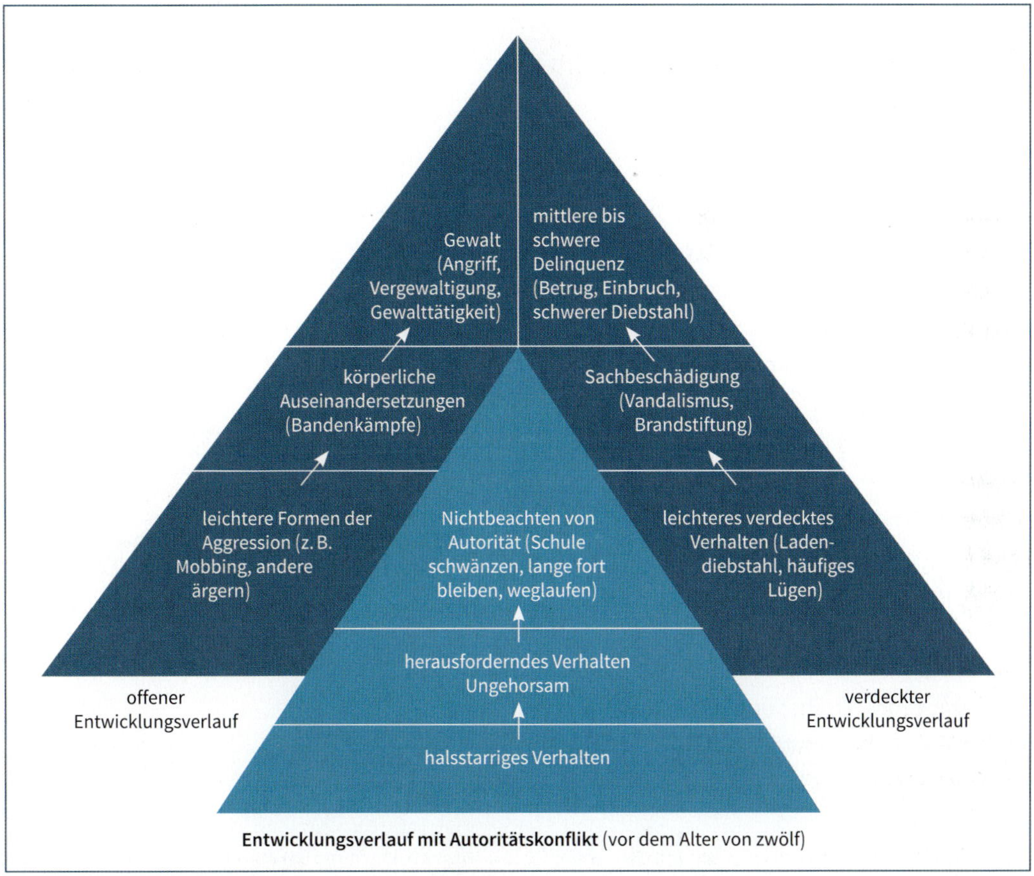

Entwicklungsverläufe von Aggressionen *(Quelle: Essau und Conradt, 2004, S. 92)*

Erfassung

Projektive Verfahren

Der **Thematische Apperzeptionstest (TAT)** von Murray erfasst die Reaktionen zu mehrdeutigen Bildern, zu denen der Befragte jeweils eine Geschichte entwickelt. Die Inhalte der Geschichte können auch hinsichtlich der Aggressivität oder der Verarbeitung von Frustrationserfahrungen ausgewertet werden. Eine entsprechende Version liegt auch für Kinder vor, in der die Personendarstellung des TAT durch Tierdarstellungen ersetzt wird (**Children-Apperzeptionstest (CAT)** von Bellak und Bellak).

Picture-Frustration-Test

Der **Picture-Frustration-Test** von Rosenzweig überprüft, in welche Richtung die Person Frustrationserlebnisse verarbeitet. Ein Kind wird im Bild mit einer Frustrationssituation konfrontiert. Der Befragte formuliert eine verbale Reaktion des frustrierten Kindes. Aufgrund der Antworten ist erkennbar, ob die Person mit Verharmlosung der Frustrationserfahrung reagiert, den Frustrator aggressiv angreift, ausweicht usw.

Beobachtungsverfahren

Zur Erfassung der aggressiv-dissozialen Störungen sollte eine strukturierte Beobachtung durchgeführt werden. Auf der Basis einer freien Beobachtung können Beobachtungseinheiten gewonnen werden, die zur Messung der Intensität und zur Dokumentation von Veränderungen im Therapieprozess dienen.

Mithilfe von Einschätzskalen (Rating-Verfahren) können Kinder, Eltern und Erzieher in ausgewählten Verhaltenskategorien ihre Einschätzung über die Stärke bzw. die Häufigkeit des Auftretens von aggressiven Verhaltensweisen bewerten. Die Ergebnisse verdeutlichen die subjektive Wahrnehmung der Störung.

Fragebögen

Es liegen zahlreiche Fragebögen vor, um unterschiedliche Formen aggressiven Verhaltens für verschiedene Altersgruppen aus unterschiedlichen Perspektiven (Kinder-, Eltern-, Erzieher-, Lehrer- oder Opfersicht) zu erfassen (vgl. Petermann und Petermann, 2015[2]). Der **Differentielle Aggressionsfragebogen (DAF)** von Petermann und Beckers (2014) überprüft reaktive und proaktive Aggressionen bei Kindern und Jugendlichen im Alter von zehn bis 17 Jahren. Der **Erfassungsbogen für aggressives Verhalten in konkreten Situationen (EAS)** wurde für die Altersgruppe neun bis 13 Jahre entwickelt und verwendet für Kinder leicht erkennbare Situationen mit aggressiven Inhalten (Bilder), zu denen die Kinder zwischen drei Handlungsalternativen wählen können (vgl. Petermann und Petermann 2000[4]). Der **Fragebogen zur Erfassung von Empathie, Prosozialität, Aggressionsbereitschaft und aggressivem Verhalten (FEPAA)** wurde von Lukesch (2006) für Schüler der 6. bis 10. Klasse entwickelt. Zu vorgegebenen Situationen ist zwischen Handlungsalternativen auszuwählen, für die Erfassung von Prosozialität und Aggressionsbereitschaft werden Selbsteinschätzungen herangezogen.

Erklärungsansätze

Die Entstehung von Aggressionen wird auf vier Ursachenbereiche zurückgeführt:

Triebtheorien

Die Annahme, dass aggressives Verhalten auf einem Aggressionstrieb beruht, wird von Vertretern einer mehr biologisch ausgerichteten Sichtweise herausgestellt. Die **vergleichende Verhaltensforschung** (z. B. Lorenz) weist nach, dass Aggressionen bei Tieren als Instinkt vorhanden sind und arterhaltende Funktion haben. Unter Artgenossen erfüllen Aggressionen die drei folgenden zentralen Funktionen:

1. **Verteidigung des Lebensraums:** Die Revierverteidigung stellt sicher, dass das Tier über eine ausreichend große Nahrungsbasis verfügt.
2. **Bestimmung der Rangordnung:** Im Hinblick auf die Organisation von Tiergemeinschaften sind Rangordnungen besonders wichtig, um die Gruppe schnell entscheidungs- und handlungsfähig zu machen.
3. **Auswahl des Partners zur Fortpflanzung:** Bei Rivalenkämpfen setzen sich die besten und stärksten Tiere für die Fortpflanzung durch (Selektionsfunktion).

Empirische Untersuchungen belegen diese Annahme jedoch nicht eindeutig. So scheint die kathartische Wirkung vor allem dann vorzuliegen, wenn durch die Aggression das Ziel, z. B. der Verursacher der Frustration, vollständig erreicht wird.

Lerntheorien

- **Lernen am Modell:** Mit der zunehmenden Verbreitung des Fernsehens – beginnend in den 1960er Jahren – beschäftigte man sich wissenschaftlich differenziert mit der Wirkung aggressiver Vorbilder auf Kinder. Dabei konnten zwei Effekte nachgewiesen werden: der **Modelliereffekt**, bei dem die Person vom Modell ein neues Verhalten in das Verhaltensrepertoire aufnimmt, und der **Aktivierungseffekt**, bei dem das aggressive Modell in der aktuellen Situation Aggressionen auslöst.

  Im Alltag wird das Kind aber nicht nur durch Medien mit aggressiven Modellen konfrontiert. Als Vorbilder wirken ebenso die **Eltern**, die in ihren aggressiven Bestrafungsmaßnahmen wie Schlägen, Anschreien oder Lächerlichmachen modellhaft wirken, die **Freunde und Gruppen**, deren Normen auch aggressive Verhaltensweisen umfassen, und die **Gesellschaft**, die auch aggressive Kampfsportarten fördert oder im Militärdienst aggressive Verteidigungstechniken toleriert.

  Die aggressionssteigernden Auswirkungen von gewaltverherrlichenden Video- und Computerspielen verdeutlicht das nachfolgende Schema, das auf Anderson und Bushman (2001) zurückgeht.

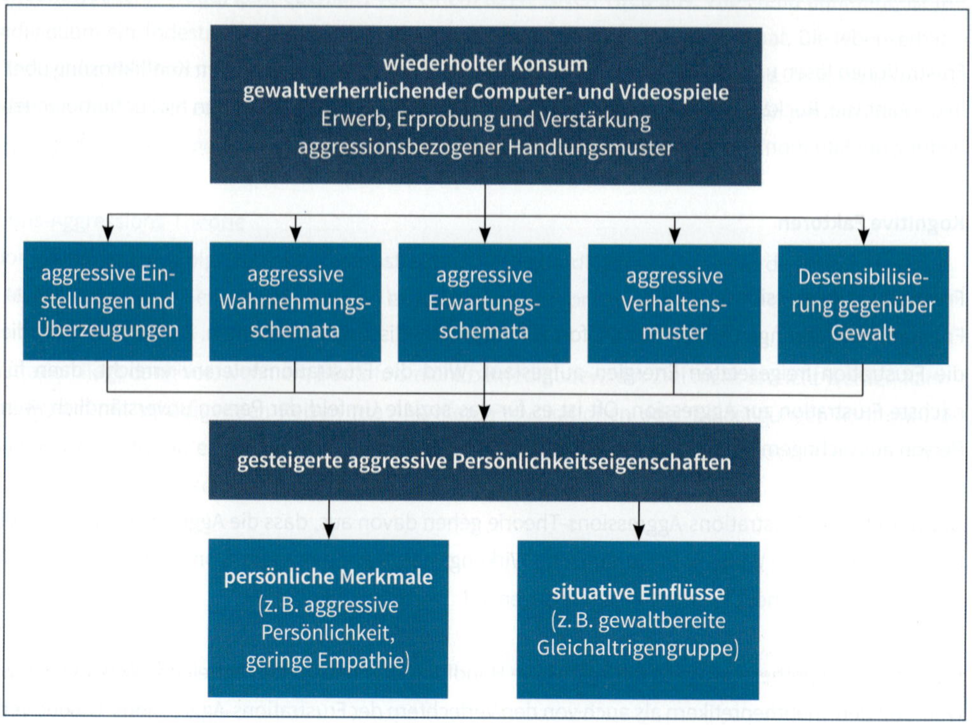

Der Konsum von Computer- und Videospielen mit aggressivem Inhalt verstärkt die aggressiven Kognitionen (z. B. Einstellungen, Bewertungen) sowie die aggressiv-emotionalen Empfindungen (z. B. Bedrohlichkeit von Situationen, Feindseligkeit).

- **Lernen am Erfolg:** Aggressionen führen im Alltag häufig zum Erfolg, indem sich der Aggressive durchsetzt oder von anderen Anerkennung und Beachtung erfährt. Mit diesen Erfahrungen erhöht sich das Selbstwertgefühl und die Person behält das erfolgreiche aggressiv-dissoziale Verhalten bei. In unserer Gesellschaft wird eine gewisse Grundaggressivität, die zur Durchsetzung führt, die mit Macht verbunden ist und dazu beiträgt, sich Respekt zu verschaffen, positiv bewertet. Moralvorstellungen des Einzelnen und gesellschaftliche Normen werden dabei sichtbar.

  Auch die negative Verstärkung erhöht aggressives Verhalten, wenn die Person mithilfe der Aggressionen unangenehme Situationen vermeiden kann. So löst der Aggressive bei anderen Personen Furcht aus und wird deshalb nicht angegriffen.

Das Individuum erlebt aggressiv-dissoziales Verhalten manchmal auch positiv, da es dadurch Spannungen abführen kann. Das „Dampfablassen" hat eine scheinbar reinigende Wirkung und die Person fühlt sich danach vermeintlich besser.

Soziale Einflüsse

Erziehungsverhalten

Aggressionsfördernd wirken sich **die überbehütende und die autoritäre Erziehungshaltung** aus. Durch die Überbehütung gerät das Kind in eine starke Abhängigkeit von der Bezugsperson und entwickelt eine geringe Frustrationstoleranz, sodass bereits geringe Misserfolge massive Aggressionen auslösen. Autoritäre Erzieher bewirken beim Kind vermehrt Frustrationen; zudem geben sie ihrem Zögling durch häufige Sanktionen ein aggressives Modell.

Von besonderer Bedeutung ist die **Eltern-Kind-Bindung**, die in den ersten beiden Lebensjahren entwickelt wird. Eine positive Eltern-Kind-Beziehung wirkt sich sowohl in einem besseren Umgang mit den eigenen Emotionen als auch in einer Stärkung der sozialen Kompetenz und einem höheren Selbstwertgefühl aus. Wird der Aufbau der Eltern-Kind-Beziehung beeinträchtigt, so erhöht sich die Aggressionshäufigkeit mit zunehmendem Alter der Person und die sozialen Beziehungen zu Eltern oder Gleichaltigen entwickeln sich negativ.

Das Verhalten der Eltern beeinflusst die **Moralentwicklung** und damit auch die Einstellung gegenüber den unterschiedlichen Aggressionsformen.

Sozial legitimierte Aggression

Jede Kultur hat spezifische Normen und Wertungen für Aggressionen entwickelt. Dies zeigt sich sowohl in der Bewertung des Verhaltens, das als aggressiv bewertet wird, als auch in den vorgesehenen Sanktionen. Wichtig ist die Situation, in der sich die Aggressionshandlung vollzieht. Das Verhalten „A schlägt B“ kann unterschiedliche Konsequenzen erfahren:

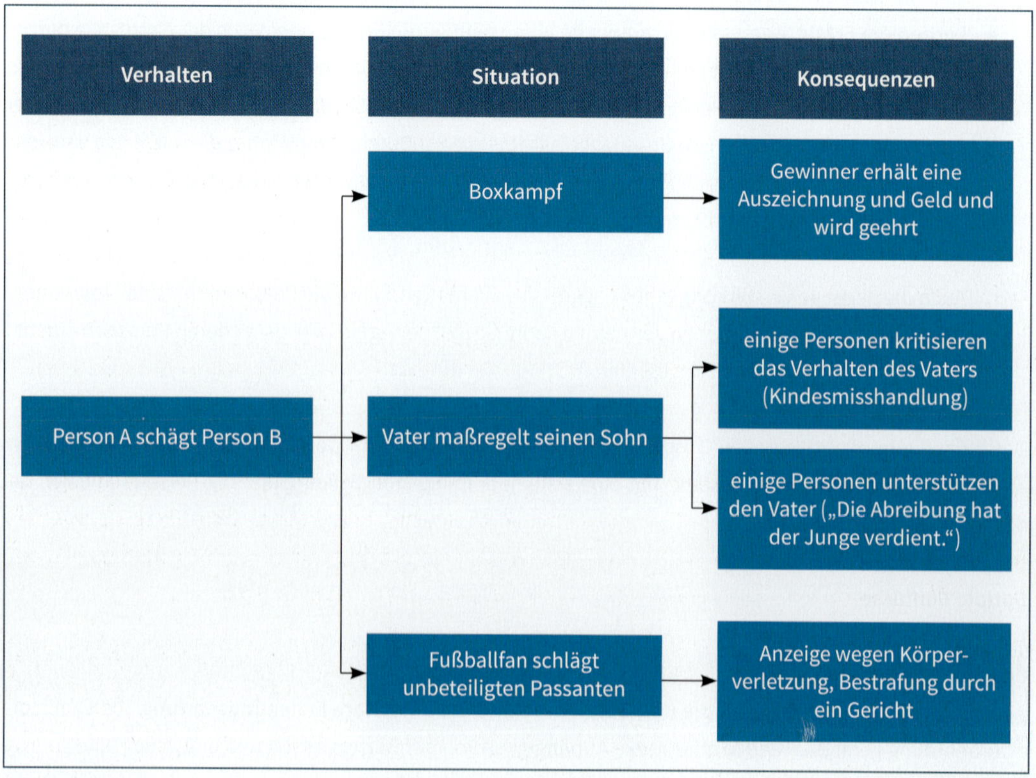

Wie Bandura nachweist, ist die Selbst- und Fremdbewertung des aggressiv-dissozialen Verhaltens im sozialen Umfeld von besonderer Bedeutung. Er unterscheidet sechs Formen der Selbstrechtfertigung bei aggressiven Handlungen:

1. Herunterspielen (z. B. durch den Vergleich mit aggressiven Handlungen anderer)
2. Rechtfertigung (Aggression im Dienst höherer Werte, z. B. Krieg, Opfer, Vergeltung)
3. Abschieben der Verantwortlichkeit (z. B. auf Befehlsgeber)
4. sich hinter der Gruppe verstecken (dadurch verschwindet die individuelle Verantwortlichkeit; es waren die anderen)
5. Entmenschlichen der Opfer (z. B. die Bezeichnung „Kollateralschaden“ für Zivilisten, die bei Kriegshandlungen getötet werden)
6. Abstumpfen gegenüber der Aggression

Die sozial-kognitiven Theorien überprüfen den Einfluss geistiger Faktoren auf das soziale Verhalten. Eine verminderte Intelligenz verringert die Aufmerksamkeit und kann schulische Schwierigkeiten verstärken. Schwache Schulleistungen verringern das Selbstwertgefühl und können die Aggressionsbereitschaft erhöhen.

Untersuchungen zur **sozial-kognitiven Informationsverarbeitung** decken folgende Defizite bei aggressiven Kindern auf: Aggressive Kinder haben Probleme, soziale Situationen zu entschlüsseln **(Kodierungsdefizite)**. Sie nehmen verstärkt Reize wahr, die für sie bedrohlich erscheinen **(selektive Wahrnehmung)**. Soziale Reize werden häufig als Angriff bzw. Bedrohung interpretiert **(Wahrnehmungsverzerrung)**. Aggressive Verhaltensweisen werden im Vergleich zu anderen Kindern positiver bewertet **(problematische Handlungsbewertung)**. In Konfliktsituationen verfügen aggressiv-dissoziale Kinder über eine geringe Zahl angemessener Problemlösungsmöglichkeiten und bevorzugen aggressive Formen der Konfliktbewältigung **(wenige Problemlösungsalternativen)**. Aggressiv-dissoziale Handlungen werden bevorzugt ausgewählt, da diese Kinder davon ausgehen, dass Aggressionen von den Gleichaltigen besonders positiv bewertet werden und damit ihr Ansehen in der Gruppe steigt.

Die Handlungen und Einstellungen der aggressiv-dissozialen Personen verletzen zwar allgemeingültige Regeln, können aber in bestimmten Untergruppen als normal akzeptiert werden. Um die Diskrepanz zwischen den allgemeingültigen Regeln und dem eigenen dissozialen Verhalten zu vermindern, werden Neutralisierungs- und Rationalisierungstechniken eingesetzt, die das gestörte Verhalten rechtfertigen:

Rationalisierungstechnik	Kategorie	Beispiel
Nichtanerkennung des Normbruchs	Ablehnung der Verurteilenden	„Die sollen ganz ruhig sein. Die machen es doch auch nicht besser."
	Ablehnung von Verantwortung für die Zukunft	„Nach mir die Sintflut."
Ausrede	Ablehnung der Verantwortlichkeit	„Es gab keine andere Möglichkeit. Ich konnte nicht anders."
	fehlende Absicht	„Ich war ganz in Gedanken."
Rechtfertigung	Ablehnung des Schadens	„So schlimm war es doch gar nicht."
	Ablehnung des Opfers	„Der hat es verdient."

Rationalisierungs-technik	Kategorie	Beispiel
Verweis	… auf eigene Faulheit	„Es ist viel zu anstrengend, jedes Mal darüber zu diskutieren."
	… auf Zwänge	„In dieser Situation muss jeder zuerst an sich denken."
	… auf Loyalität	„Ich musste meinen Freund aus dieser misslichen Lage befreien."
	… auf normkonformes Verhalten in der Vergangenheit	„War eine Ausnahme, sonst mache ich das nie."
	… auf versprochene Veränderung	„Das kommt nie mehr wieder vor."
	… auf Normverstöße anderer	„Das macht doch jeder so. Keiner hält sich an das Tempolimit."
	… auf Hilflosigkeit des Einzelnen	„Wenn keiner die Umwelt schützt, kann ich allein die Umwelt auch nicht retten."
Zugeständnis	Akzeptanz	„Ich war daran schuld."
	Wiedergutmachung	„Ich werde es wiedergutmachen."

(Quelle: Beelmann und Raabe, 2007, S. 77)

Theorie der sozialen Informationsverarbeitung

Crick und Dodge (2002[5]) analysierten die kognitiven Prozesse der Jungen, die ein aggressionsauslösendes Ereignis erlebten, und konnten dabei fünf Phasen unterscheiden:

1. Informationen aus der Umgebung zum Ereignis sammeln
2. Ereignis unter Berücksichtigung der Umweltereignisse interpretieren und mit den eigenen Zielen sowie den früheren Erfahrungen in Bezug setzen
3. mögliche Reaktionen auf das Ereignis suchen
4. Reaktionsmöglichkeiten bewerten und optimale Lösung auswählen
5. Entscheidung verwirklichen

Dodge konnte nachweisen, dass aggressiv-dissoziale Kinder anderen Personen häufig feindliche Absichten unterstellen. Das eigene gewalttätige Verhalten wird dadurch als gerechtfertigt angesehen (Vergeltung), da die anderen es „verdient" haben, aggressiv angegangen zu werden. Die nachfolgende Abbildung des Modells der verzerrten Zuschreibung verdeutlicht den Teufelskreis:

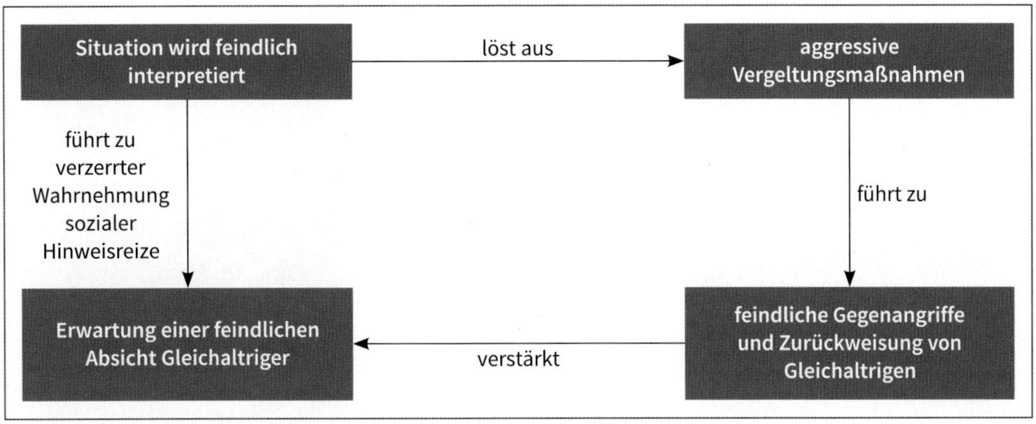

(Quelle: Essau und Conradt, 2004, S. 107)

Mehrdeutige Ereignisse werden von aggressiv-dissozialen Kindern verstärkt auf feindliche Ursachen zurückgeführt, sodass aggressive Reaktionen als gerechtfertigt angesehen werden. Weiterhin bevorzugen aggressive Kinder bei ihrer Entscheidung für Lösungsstrategien aggressive Vorgehensweisen. Auseinandersetzungen werden weniger verbal, sondern vermehrt mit körperlicher Gewalt ausgetragen.

- Aggressive Kinder gehen davon aus, dass sich aggressiv-dissoziales Verhalten lohnt, da sie damit feindseliges Verhalten anderer unterbinden können. Zudem stärkt dieser vermeintliche Erfolg ihr Selbstwertgefühl.
- Für aggressive Kinder ist es sehr wichtig, andere Kinder zu dominieren und zu kontrollieren. Mit aggressivem Verhalten glauben sie, dies verwirklichen zu können.
- Aggressive Kinder werden von anderen Kindern gemieden. Deshalb kommt es häufig zu einem Zusammenschluss aggressiver Kinder, was die Aggressivität zudem erhöht.
- Aggressionshandlungen werden von aggressiv-dissozialen Kindern positiv bewertet. Sie sind stolz auf ihre Fähigkeit, andere zu beeindrucken.

Risikoerhöhende Faktoren

Scheithauer und Petermann (2002[5]) verweisen auf risikoerhöhende Faktoren, die allein als Ursachen nicht ausreichen, aber die Entstehung und Beibehaltung der Aggressionen unterstützen.

Kindbezogene Faktoren weisen auf biologische und genetische Einflüsse hin, die sich beispielsweise im Temperament der Person niederschlagen. Dazu gehören Reizbarkeit, cholerisches Verhalten, erhöhte Impulsivität oder mangelhafte Selbstkontrolle. Geringe kognitive Fähigkeiten des Kindes beeinträchtigen die Verarbeitung von sozial-kognitiven Informationen, führen möglicherweise zu Fehleinschätzungen (z. B. Gefühl der Bedrohung) und begünstigen ebenfalls die Aggressivität.

Der Einfluss von Bezugspersonen (z. B. Eltern, Gleichaltrige) oder Medien kennzeichnet die **umgebungsbezogenen Faktoren**. Die Eltern-Kind-Beziehung und Eltern-Kind-Konflikte, das Erziehungsverhalten der Eltern,

die Vernachlässigung des Kindes und die Scheidung bzw. Trennung der Eltern zählen zu diesem Faktorenbereich. Der negative Einfluss von Gleichaltrigen kann ebenfalls die Aggressionsbereitschaft verstärken. Auch das soziale Umfeld (Wohnviertel mit hoher Gewaltbereitschaft, hohe Fluktuation der Nachbarn, fehlende Freizeitangebote für Kinder und Jugendliche, erleichterter Zugang zu Waffen und Drogen) verstärkt das Auftreten von aggressiv-dissozialen Verhaltensweisen. Das Zusammensein mit aggressiven Gleichaltrigen hat mit den höchsten Einfluss auf aggressives-dissoziales Verhalten beim Gruppenmitglied.

Im Verlauf der Entwicklung ergibt sich in Übergangsphasen wie Trotzphase oder Pubertät eine erhöhte Aggressivitätsbereitschaft **(entwicklungsbezogene Faktoren)**. Eine geringe Impuls- und Gefühlskontrolle ist von mehreren ungünstigen Entwicklungsbedingungen abhängig. Fehlen emotionale Unterstützung und Empathie im Elternhaus, stehen Kritik, Verbote und Bestrafung im Vordergrund, erhöht sich die innere Anspannung beim Kind und Jugendlichen und es kommt verstärkt zu aggressiven Handlungen.

Die Persönlichkeitsentwicklung wird sowohl von biologischen als auch psychosozialen Faktoren beeinflusst. Schwierige Kinder erfahren von den Eltern verstärkt Ablehnung und Zurückweisung, die Eltern verhalten sich wenig liebe- und verständnisvoll, sie verringern den Kontakt zum auffälligen Kind. Die mangelnde Zuwendung und Förderung beeinträchtigen beispielsweise die sprachliche Entwicklung, sodass verbale Möglichkeiten zur Konfliktlösung wenig ausgeprägt sind (z. B. Wünsche oder Gefühle, Unzufriedenheit und Ärger verbalisieren). Es kommt zu einer Fehlentwicklung, bei der die aggressiven Verhaltensweisen vermehrt auftreten.

Das Zusammenspiel der verschiedenen Risikofaktoren verdeutlicht die nachfolgende Übersicht (vgl. Scheithauer/Petermann, 2002[5]):

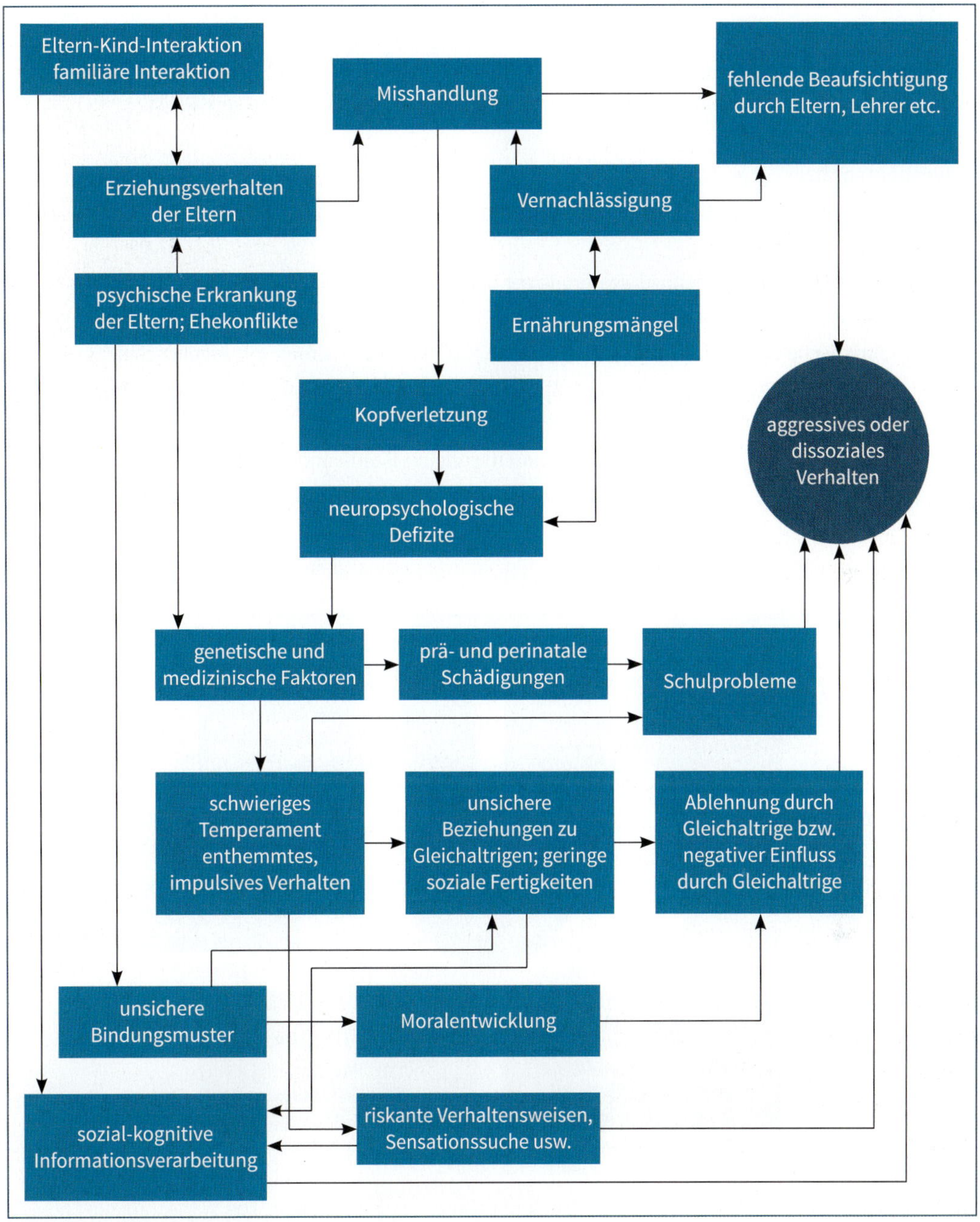

Risikofaktoren für das Auftreten von aggressiv-dissozialen Handlungen *(Quelle: von Gontard, 1998, S. 72)*

Hilfen

Als Voraussetzung einer Erfolg versprechenden Hilfe sehen Gasteiger-Klicpera und Klicpera (2000) die Entwicklung eines sozialen Umfelds, das durch emotionale Wärme und Anteilnahme geprägt ist.

Präventionsansätze

Die präventiven Maßnahmen bei aggressiv-dissozialem Verhalten können drei Ebenen zugeordnet werden:

1. **Politische Maßnahmen:** Verbesserung der Bildungsmöglichkeiten, gesetzlicher Betreuungsanspruch, Verminderung von Armut
2. **Juristische und polizeiliche Maßnahmen:** Kontrolle der Einhaltung von Jugendschutzbestimmungen, hohe Aufklärungsraten bei Straftaten, geringe Verfügbarkeit von Waffen, Verminderung von Gewaltdarstellungen in Medien
3. **Psychologisch-pädagogische Maßnahmen:** gezieltes Eltern- und Lehrertraining, Gewaltpräventionsprogramme in Kindertagesstätten und Grundschulen, Aufklärungskampagnen gegen Gewalt

Folgende Zielgruppen und Institutionen werden durch präventive Maßnahmen angesprochen:

Die vorbeugenden Verfahren setzen bei der Arbeit mit den Bezugspersonen an. Das Wissen um die Entwicklungsrisiken und die Vermittlung von effektiven Erziehungstechniken kann zu einer Verminderung aggressiver Handlungstendenzen führen. Je früher die Maßnahmen eingesetzt werden, desto stärker ist ihre präventive Wirkung. Im Mittelpunkt stehen Maßnahmen zur Risikoreduzierung. Zur Verbesserung der Eltern-Kind-Beziehung werden Sozialtrainings angeboten, die bereits während der Schwangerschaft beginnen und die beiden ersten Lebensjahre des Kindes umfassen.

Präventive Maßnahmen können auf verschiedene Entwicklungsübergänge (z. B. Kindertagesstätte – Grundschule; Grundschule – weiterführende Schule; Schule – Beruf) ausgerichtet sein, da in diesen Phasen eine erhöhte Belastung für das Kind und die Familie vorliegt. In diesen Belastungssituationen erhöht sich die Aggressionsbereitschaft. Das entwicklungsorientierte Vorgehen, das den Entwicklungsstand, das soziale Umfeld und die entwicklungshemmenden bzw. -fördernden Faktoren berücksichtigt, ist ein Erfolg versprechender Ansatz, da die Maßnahmen entwicklungsbegleitend erfolgen.

Im schulischen Bereich kann das **Sozialtraining** nach Petermann u. a. (2012[3]) angewendet werden. Das Training im Klassenverband fördert eine differenziertere Wahrnehmung sozialer Situationen, das bessere Erkennen und Ausdrücken von Emotionen, das Einüben kooperativer Verhaltensmuster, eine Verbesserung des Einfühlungsvermögens und den Aufbau einer sozial verträglichen Selbstbehauptung.

Sitzungsphase	Inhalte/Themen
Einleitungsphase	Am Anfang stehen ein Aufwärmspiel, das zum Thema hinführt, und einleitende Information zur Trainingseinheit.
Regelphase	In jeder Sitzung werden in der Klasse zwei Regeln erarbeitet und vereinbart. Eine Regel soll die ruhigeren Schüler ansprechen, die andere den aktiveren Schülern gerecht werden (z. B. „Jeder darf ausreden." und „Jeder darf etwas sagen.").
Entspannungsphase	Vor der nächsten Arbeitsphase wird eine Entspannungsübung eingesetzt.
Arbeitsphase	Die Arbeitsphase umfasst Rollen- und Interaktionsspiele zur Trainingseinheit sowie Bildmaterialien und Geschichten, die sich an der Klassensituation orientieren.
Abschlussphase	Die Schüler werden zur bewussten Selbst- und Fremdbeobachtung aufgefordert, indem sie die Unterrichtseinheit im Hinblick auf die Beachtung der erarbeiteten Regeln auswerten und ihre Beobachtungen den anderen Schülern mitteilen.
Ausklang	Die Trainingseinheit wird mit einem kurzen Spiel abgeschlossen.

Die Erziehungssituationen sollten möglichst klar strukturiert sein und Regeln enthalten, die für den Erziehenden und das Kind eindeutig bestimmt sind.

Eine wichtige Möglichkeit, um in Gruppen das Aggressionsverhalten zu verringern, beinhaltet ein **Deeskalationstraining**. Bei diesem Training erfolgt eine Auseinandersetzung mit den eigenen Normen und Einstellungen gegenüber Gewalt. In Rollenspielen und Übungen werden gewaltbezogene Situationen, z. B. die Provokation in der Straßenbahn, erfahren, analysiert und mit gewaltreduzierenden Maßnahmen verbunden.

FAUSTLOS, ein Gewaltpräventionsprogramm für Grundschulen und Kindertagesstätten, baut auf amerikanischen Präventionsprogrammen auf und wurde von Cierpka (2001) für Deutschland entwickelt. In diesem Trai-

det werden können Elterntrainings und soziale Fertigkeitstrainings. Die Eltern lernen, das negative Verhalten des Kindes frühzeitig und genau zu erkennen und die Wirkung ihres Verhaltens zu nutzen, um das Verhalten des Kindes positiv zu beeinflussen. Durch konsequente und gezielte Verstärkung, Anerkennung und Zuwendung statt dem Einsatz negativer Erziehungsmaßnahmen wird die erzieherische Kompetenz der Eltern gestärkt. In den Therapiesitzungen werden in Rollenspielen neue Verhaltensweisen eingeübt und die Wirkung unterschiedlicher Maßnahmen aus den verschiedenen Perspektiven (Eltern – Kind) reflektiert. Ziel ist es, das Wohlbefinden aller Mitglieder der Familie zu steigern. Das Kind soll lernen, mit eigenen und den Gefühlen anderer gut umzugehen. Es soll Regeln und Grenzen akzeptieren. Dadurch wird es befähigt, zunehmend unabhängig zu werden und gegebenenfalls auftretende Probleme eigen- und selbstständig zu lösen.

Ein Elterntraining ist besonders Erfolg versprechend, wenn Eltern sehr früh geschult werden und die Kinder noch jung sind. Die Wirksamkeit des Elterntrainings ist vom Durchhaltevermögen der Eltern abhängig. Die Abbrecherquote bei den Trainingsprogrammen liegt meist bei über 50 %.

Die verschiedenen Elterntrainingsprogramme weisen folgende Gemeinsamkeiten auf (vgl. Essau und Conradt, 2004, S. 146):

- Das Elterntraining wird zu Hause durchgeführt.
- Die Eltern werden angeleitet, auf das erwünschte, prosoziale Verhalten stärker zu reagieren als auf das aggressive Verhalten.
- Die Eltern erfahren Unterstützung, das häusliche Umfeld zu verändern, indem beispielsweise das Einhalten von Pünktlichkeit und Anwesenheit, das Erstellen von klaren Regeln und Erwartungen an das Kind sowie eine Beaufsichtigung und Kontrolle, die auf die kindliche Entwicklung abgestimmt sind, gegeben sind.
- Die Eltern werden ausführlich geschult. Dabei werden häufig Rollenspiele eingesetzt.

Problemlösungstraining

Petermann und Petermann (2010[10]) bieten Übungsreihen an, bei denen Jugendliche im Einzel- und Gruppentraining den Umgang mit ihrem aggressiv-dissozialem Verhalten verbessern sollen. Im Rahmen des Trainings werden folgende Schwerpunkte bearbeitet: Erkennen von problematischen Situationen, Festlegen von Zielen, Unterdrücken und Aufschieben von impulsiven Handlungen, Entwicklung von Handlungsalternativen sowie Bewerten von Konsequenzen.

Medikamentöse Behandlung

Eine medikamentöse Behandlung zeigt lediglich bei impulsiv-aggressivem Verhalten eine gute Wirkung. Bei einer Therapie kann eine niederschwellige medikamentöse Behandlung, die eine Steuerung der Gefühle erleichtert, unterstützend eingesetzt werden.

AUFGABEN

1. Fallbeispiel: Nach einem Fußballspiel kommt es zu einer handgreiflichen Auseinandersetzung zwischen den rivalisierenden Fangruppen. Der Polizeibericht verzeichnet Körperverletzungen und Sachbeschädigungen. Ordnen Sie diese Aggressionen den verschiedenen Formen der Aggression zu.

2. Diskutieren Sie an Beispielen den Einfluss des sozialen Umfelds (z. B. Gesellschaft, Freundeskreis, Familie) auf die Entstehung und das Aufrechthalten von Aggressionen.

3. Fallbeispiel: Häufig kommen Schüler aggressiv von der Schule in den Hort. Erläutern Sie mögliche Ursachen für die erhöhte Aggressionsbereitschaft der Schüler und entwickeln Sie Hilfe-Strategien, um die Aggressivität im Hort zu vermindern.

4.5.3 Selbstschädigendes Verhalten

Bei Kindern und Jugendlichen hat das selbstschädigende Verhalten in den letzten Jahren deutlich zugenommen. Selbstverletzendes Verhalten ist ein zentrales Kriterium zur Bestimmung der Borderline-Persönlichkeitsstörung (BPS). Aber nicht alle Jugendlichen, die sich selbst verletzen, weisen die BPS auf. Es gibt auch Jugendliche mit einer diagnostizierten BPS, die kein selbstverletzendes Verhalten zeigen.

Merkmal	Selbstverletzendes Verhalten	Borderline-Persönlichkeitsstörung (BPS)	Selbsttötung (Suizid)
selbstverletzendes Verhalten	immer	meistens (ca. 70 %–80 %)	Risikofaktor für Suizidversuche
Probleme bei der Regulation negativer Emotionen	immer	immer	häufig
Selbsttötungsabsicht	nicht vorhanden	ca. 70 % unternehmen Suizidversuche	immer
Auftretenshäufigkeit	ca. 4 %	ca. 1,5 %–2,0 %	ca. 2 % (Suizidversuche)
Verletzungsschwere	gering	gering	massiv

Vergleich verschiedener Formen selbstschädigenden Verhaltens

4.5.3.1 Selbstverletzendes Verhalten

DEFINITION

Nichtsuizidales selbstverletzendes Verhalten (NSSV) umfasst alle freiwilligen, selbstschädigenden Verhaltensweisen, die sozial nicht akzeptiert auf eine Verletzung oder Veränderung des eigenen Körpers abzielen, ohne dass eine Selbsttötungsabsicht besteht.

In der Definition wird das selbstverletzende Verhalten abgegrenzt von anderen selbstschädigenden Verhaltensweisen wie Rauchen, ungesunder Ernährung, Drogen, Alkoholkonsum oder einer riskanten Lebensweise. Weiterhin werden Piercings oder Tätowierungen, unter Jugendlichen verbreitetes Modeverhalten, nicht als Selbstverletzung bewertet. Das selbstverletzende Verhalten wird zurzeit nicht als eigenständige Störung in den Klassifikationssystemen geführt, wird aber seit 2013 als Forschungsdiagnose aufgenommen, d. h., man prüft, inwieweit es sich um eine vom Borderline-Syndrom unabhängige psychische Störung handelt.

Escheinungsbild

In-Albon u. a. nennen folgende prozentuale Verteilung von Selbstverletzungsmethoden und von betroffenen Körperbereichen:

Selbstverletzungsmethode	%	Verletzter Körperbereich	%
Schneiden/Ritzen	61,8 %	Arm- und Handgelenke	64,3 %
Kratzen/Kneifen	42,7 %	Hand/Finger	46,0 %
Beißen	29,4 %	Beine	36,9 %
Stechen	27,6 %	Kopf/Hals/Gesicht	26,4 %
Anschlagen/Selbstschlagen	26,5 %	Bauch	25,5 %
Abheilungsstörung	25,6 %	Unterleib/Genitalien	15,6 %
Verbrennen/Verbrühen	22,0 %	Brust	15,2 %

(Quelle: In-Albon u. a., 2015, S. 4)

Petermann und Achtergarde (vgl. 2013[7], S. 478 f.) unterscheiden folgende Formen selbstverletzenden Verhaltens:

- **Schwere Selbstverletzungen** umfassen massive körperliche Schädigungen wie z. B. Verstümmelungen, Zerstörung des Auges oder Vergiftungen, was auf schwere psychische Störungen hinweist und unter Jugendlichen selten vorkommt.
- **Stereotype Selbstverletzungen** liegen vor, wenn das selbstschädigende Verhalten über längere Zeit gleichförmig wiederholt wird (z. B. sich selbst schlagen oder beißen, Kopf anschlagen). Dieses Verhalten ist vorwiegend bei geistig behinderten Menschen zu finden.

- **Zwanghaftes selbstverletzendes Verhalten** bezeichnet häufig wiederholtes, ritualisiertes Verhalten wie Kratzen, Ausreißen von Haaren, Nägelbeißen, ohne dass eine geistige Behinderung oder eine Entwicklungsstörung besteht.
- **Impulsives selbstverletzendes Verhalten** tritt spontan bei starker emotionaler oder sozialer Belastung auf. Es ist bei Jugendlichen am häufigsten vorzufinden.

Erfassung

In der Anamnese wird neben dem Grund des selbstverletzenden Verhaltens (z. B. Beziehungsprobleme, Leistungsdruck, Stresssituationen, soziale Isolation) auch direkt die Gefahr der Selbsttötung angesprochen. Es wird empfohlen, auch die Bezugspersonen (Eltern, Erzieher bzw. Lehrer) zu befragen. Erfasst werden die Methode (ggf. verwendete Gegenstände), der Ort, die Häufigkeit, die Dauer, der Entwicklungsverlauf sowie das Schmerzempfinden. Weiterhin werden die sozialen Reaktionen (Familienmitglieder und Freunde) abgeklärt.

Häufigkeit

Etwa ein Viertel der Jugendlichen in Deutschland hat schon einmal selbstverletzendes Verhalten gezeigt. Bei ca. 4 % wird das Kriterium selbstverletzendes Verhalten an mindestens fünf Tagen im Jahr erfüllt. Im Durchschnitt liegt der Beginn des Verhaltens zwischen dem 12. und 14. Lebensjahr (vgl. In-Albon u. a., 2015). Bei Mädchen tritt das selbstverletzende Verhalten etwa zwei Jahre früher ein als bei Jungen. Inwieweit geschlechtsspezifische Unterschiede in der Häufigkeit des Auftretens bestehen, ist dagegen unklar. Das problematische Verhalten erfolgt in der Regel zu Hause. Auch in Haft oder Untersuchungshaft treten Selbstverletzungen vermehrt auf. Selbstverletzendes Verhalten tritt zyklisch auf und kann sich zum Erwachsenenalter fortsetzen. Das selbstschädigende Verhalten im Jugendalter ist vermehrt in Verbindung mit Depressionen, Ängsten, Alkohol- und Drogenkonsum zu beobachten.

Erklärungsansätze

Zu den Ursachen des selbstverletzenden Verhaltens liegen erste Erkenntnisse vor.

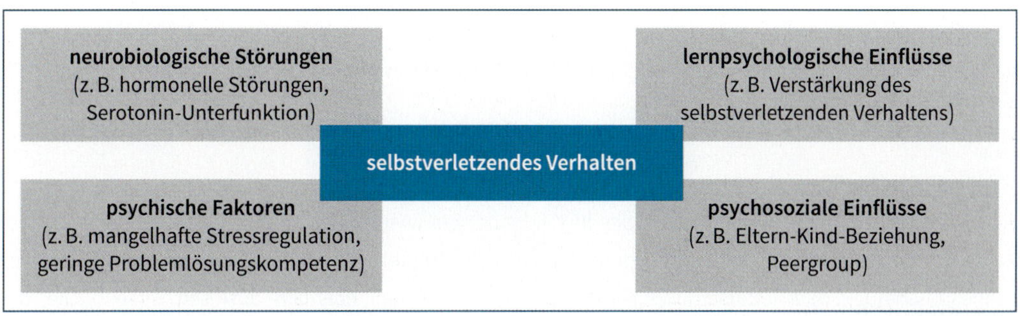

Neurobiologische Störungen

Eindeutige Beweise für eine genetische Veranlagung fehlen. Es gibt Hinweise auf hormonelle Auslöser, Serotonin-Unterfunktion oder Störungen des Dopamin-Systems.

Lernpsychologische Einflüsse

Das selbstverletzende Verhalten wird als gelerntes Verhalten gesehen, das durch Lernen am Modell übernommen und durch Selbst- sowie Fremdverstärkung aufrechterhalten und in seiner Intensivität erhöht werden kann. In-Albon u. a. (2015) verweisen auf das 4-Funktionenmodell nach Nock und Prinstein (2004).

	Intrapersonell (innerhalb der Person)	**Interpersonell (sozial, zwischen Personen)**
Positive Verstärkung C+ (Hinzufügung eines angenehmen Zustandes)	▪ selbstverletzendes Verhalten löst einen Kick aus ▪ Person fühlt sich nach der Selbstbestrafung besser	andere Personen zeigen Anteilnahme, kümmern sich vermehrt um die Person
Negative Verstärkung C- (Wegfall eines unangenehmen Zustandes)	▪ unangenehmer Gefühlszustand wird beendet ▪ unangenehme Zustände werden in ihrer Wirkung vermindert	Person kann sich aus einer negativ erlebten sozialen Belastungssituation herausziehen und Forderungen anderer abwenden

Psychische Faktoren

Das selbstverletzende Verhalten ist Ausdruck einer mangelhaften Stressregulation und deutet auf eine geringe Kompetenz bei der Lösung von Problemen hin. Petermann und Achtergarde (2013[7]) weisen darauf hin, dass selbstverletzendes Verhalten nicht zufällig erfolgt, sondern verschiedene Funktionen erfüllt. Die Betroffenen zeigen selbstverletzendes Verhalten, um beispielsweise Anspannungen und Angst zu bewältigen, sich bei wahrgenommenem Versagen selbst zu bestrafen, von traumatischen Erfahrungen abzulenken, Aufmerksamkeit und Zuwendung zu erhalten oder Druck abzulassen. Die meisten Jugendlichen fühlen sich nach der Selbstverletzung erleichtert.

Psychosoziale Einflüsse

Eine gestörte Eltern-Kind-Beziehung, bei der die Kinder beispielsweise Feindseligkeit und Abweisung erleben, kann zu selbstverletzendem Verhalten führen. Traumatische Erfahrungen wie Gewalt in der Familie, sexueller Kindesmissbrauch oder Verlusterfahrungen können das Verhalten ebenfalls auslösen. Jugendliche, die selbstverletzendes Verhalten zeigen, haben vermehrt Freunde, die sich ebenfalls selbst verletzen. In einigen Jugendgruppen kann durch selbstverletzendes Verhalten die Zugehörigkeit zur Gruppe zum Ausdruck gebracht werden.

Hilfen

Prävention

Die Präventionsansätze sollten Kinder und Jugendliche ab dem 12. Lebensjahr ansprechen. Lediglich 10 % der Betroffenen nehmen professionelle Hilfen in Anspruch und werden psychologisch oder medizinisch betreut. Die Jugendlichen stehen im Spannungsverhältnis, einerseits Hilfsbedürftigkeit und Abhängigkeit kategorisch abzulehnen und andererseits ihrer Hilflosigkeit durch erforderliche Unterstützung entgegenzuwirken. Viele misstrauen den Helfersystemen oder haben zu wenig Informationen über geeignete Anlaufstellen. Präventionsmaßnahmen richten sich sowohl an die Schüler, um die Inanspruchnahme zu verbessern, als auch an Lehrkräfte, die für den gesamten Bereich von selbstschädigendem Verhalten sensibilisiert und für die Beratung von Betroffenen geschult werden.

Therapie

Studien zeigen, dass die Mehrzahl der Betroffenen nicht ausreichend betreut wird, was darauf zurückgeführt wird, dass die Jugendlichen selten einen Leidendruck verspüren (vgl. In-Albon u. a., 2015). Für sie ist das selbstverletzende Verhalten eine Problemlösungsmöglichkeit, auf die sie nicht verzichten wollen. Häufig erfolgt die Kontaktaufnahme mit professionellen Helfern unfreiwillig auf Drängen von Eltern, Erziehern oder Lehrern. Im ersten Schritt muss der Therapeut mit dem Jugendlichen eine vertrauensvolle und therapeutisch tragfähige Beziehung aufbauen, um die Kooperation und die aktive Mitarbeit der Betroffenen sicherzustellen.

Da zurzeit keine speziellen Therapieverfahren zum selbstverletzenden Verhalten vorliegen, werden Methoden, die auch bei der Borderline-Persönlichkeitsstörung angewandt werden, eingesetzt. Dazu gehören Elemente der kognitiven Verhaltenstherapie sowie Achtsamkeits- und Entspannungstechniken. In der Therapie werden weiterhin alternative Problemlösungsstrategien vermittelt. Die **dialektisch-behaviorale Therapie** umfasst verschiedene direkte und indirekte Strategien, um selbstverletzendes Verhalten zu vermindern. Direkte Strategien wie z. B. das Vermeiden von typischen Auslösern oder von Verstärkern, die das unerwünschte Verhalten stabilisieren, setzen unmittelbar am problematischen Verhalten an. Die indirekten Strategien zeigen alternative Vorgehensweisen auf, um beispielsweise Probleme zu bewältigen. Bei einem Training von Fertigkeiten zum besseren Umgang mit problematischen Situationen werden bei einer dialektisch-behavioralen Therapie (DBT) folgende Bereiche bearbeitet:

- **Achtsamkeit:** Das wertfreie Erkennen und Wahrnehmen von Situationen und ausgelösten Gefühlen wird trainiert. Der Jugendliche lernt, eine größere Distanz zu den Situationen einzunehmen. Durch die verbesserte Bewusstheit fällt es leichter, Kognitionen und Emotionen in Einklang zu bringen.
- **Stresstoleranz:** Der Jugendlichen wird zunächst die Beziehung zwischen Stress und selbstverletzendem Verhalten verdeutlicht. Das Training vermittelt, innere Anspannungen bewusster wahrzunehmen, und gibt Hilfen, um Anspannungen zu kontrollieren und zu vermindern.
- **Umgang mit Gefühlen:** Der Jugendliche lernt, welche Bedeutung und verhaltenssteuernde Wirkungen Gefühle haben. Möglichkeiten, positive Gefühle durch angenehme Aktivitäten zu erhöhen und Techniken, unangenehmen Gefühlen entgegenzuwirken, werden systematisch vermittelt.

- **Zwischenmenschliche Fertigkeiten:** Die sozialen Kompetenzen werden gestärkt, um langfristige freundschaftliche Beziehung aufbauen und erhalten zu können. Die Jugendliche erfährt, wie sie ihre eigene Position (Gefühle, Wünsche, Meinungen) gegenüber anderen Personen vertreten kann, ohne die Beziehung zu diesen Menschen zu gefährden.
- **„Walking the Middle Path“:** Dem Jugendlichen wird vermittelt, wie er von seinem radikalen „Entweder-oder-Denken“, das für das Jugendalter typisch ist, zu einem sozial verträglicheren „Sowohl-als-auch-Denken“ gelangen kann.

Die dialektisch-behaviorale Therapie umfasst folgende Stufen:

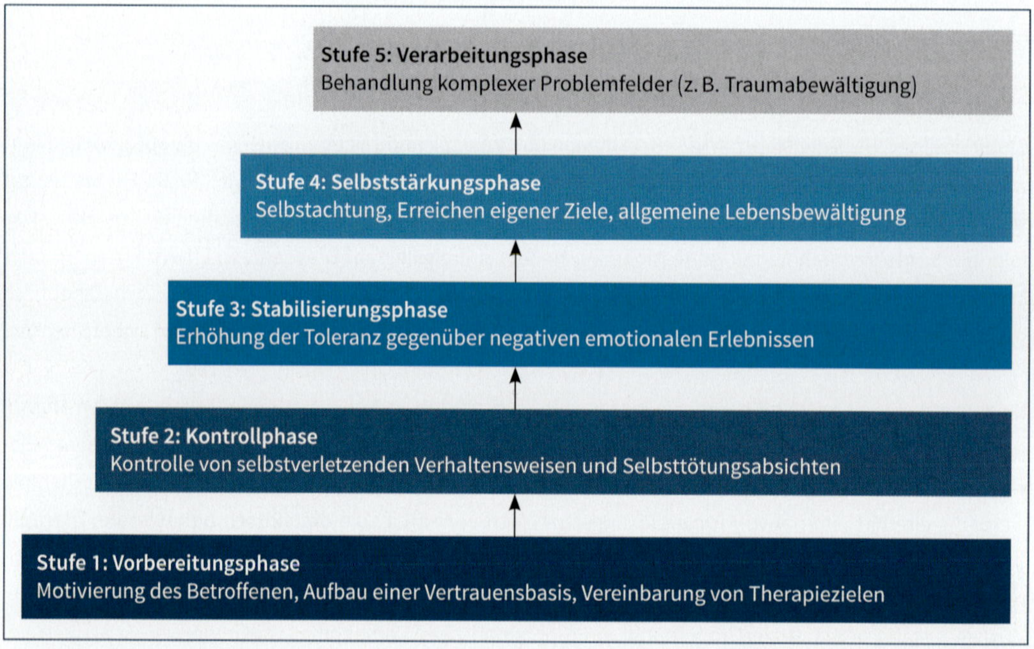

(vgl. Petermann und Achtergarde, 2013[7], S. 488)

Ein Einsatz von Medikamenten ist beim selbstverletzenden Verhalten nicht angebracht.

Pädagogische Hilfen

Folgende Empfehlungen sollten von Erzieherinnen und Lehrkräften im Umgang mit Jugendlichen, die selbstverletzendes Verhalten zeigen, berücksichtigt werden:

Hilfreiches Verhalten	Zu vermeidendes Verhalten
▪ Empathie zeigen ▪ Jugendlichen wertschätzen, auch wenn sein Verhalten missbilligt wird ▪ nicht (ver)urteilen ▪ Jugendlicher verdeutlichen, das sich andere Personen um sie Sorgen machen ▪ Betroffenen verdeutlichen, dass andere Jugendliche zum Nachahmen des Verhaltens angeregt werden, wenn zu offen darüber kommuniziert wird ▪ Verstehen, dass selbstverletzendes Verhalten ein Weg sein kann, um seelische Probleme zu verringern ▪ Bereitschaft zum Zuhören signalisieren	▪ in übertriebenen Aktionismus verfallen ▪ Panik aufkommen lassen, deutliche Ablehnung zeigen ▪ drohen ▪ durch interessiertes Eingehen auf das problematische Verhalten das Verhalten verstärken ▪ Jugendliche ermuntern, mit anderen Schülern über das selbstverletzende Verhalten zu sprechen ▪ der Jugendlichen zusichern, dass niemand über das selbstverletzende Verhalten informiert wird ▪ Gruppengespräche mit dem Betroffenen über selbstverletzendes Verhalten durchführen

(Quelle: In-Albon u. a. 2015, S. 52)

Es ist zu beachten, dass selbstverletzendes Verhalten von anderen Jugendlichen nachgeahmt wird, wenn zu offen über das Problemverhalten gesprochen wird. In-Albon (2015) empfiehlt, Einzelgespräche mit den Betroffenen durchzuführen und Großveranstaltungen, die über selbstverletzendes Verhalten informieren, zu vermeiden. Besteht der Verdacht einer akuten Selbsttötungsabsicht, sind die Eltern zu informieren, um eine psychiatrische Betreuung zu veranlassen.

4.5.3.2 Borderline-Persönlichkeitsstörung (BPS)

DEFINITION

Borderline (engl. = Grenzlinie) bezeichnet eine Persönlichkeitsstörung, die selbstschädigend ist und mit Problemen der Gefühlsregulation, der Impulskontrolle, in den zwischenmenschlichen Beziehungen und im Selbstbild verbunden ist.

Die Persönlichkeitsstörung ist durch Abweichungen im kognitiven, sozialen und emotionalen Bereich gekennzeichnet. Nach den diagnostischen Kriterien (DSM-5) wird dann von einer Borderline-Persönlichkeitsstörung gesprochen, wenn fünf der folgenden neun Kriterien erfüllt sind:

1. verzweifeltes Bemühen, ein tatsächliches oder vermutetes Verlassenwerden zu vermeiden
2. instabile, aber intensive zwischenmenschliche Beziehungen, die durch extreme Haltungen (Idealisierung – verächtliche Ablehnung) gekennzeichnet sind
3. Identitätsstörung: Instabilität des Selbstbildes oder der Selbstwahrnehmung

4. Impulsivität mit selbstschädigendem Charakter in mindestens zwei der nachfolgenden Bereichen: Geldverschwendung, Sexualität, Substanzmissbrauch, rücksichtsloses Fahren, Fressanfälle
5. wiederholte Selbstmordhandlungen, -andeutungen bzw. -drohungen oder Selbstverletzungsverhalten
6. starke Stimmungsschwankungen, Ängste, Verstimmungen
7. dauerhaftes Gefühl von Leere
8. unangemessene, heftige Wut bzw. Probleme, die Wut zu kontrollieren
9. vorübergehende belastungsbedingte paranoide Vorstellungen oder schwere dissoziative Symptome (Störung der normalen Integration von Bewusstheit, Gedächtnis und Identität)

Erscheinungsbild

Untersuchungen zeigen, dass mit der Borderline-Persönlichkeitsstörung in der Regel weitere Auffälligkeiten auftreten. Nahezu alle Betroffenen weisen Depressionen und Angststörungen auf. Ein Substanzmittelmissbrauch (z. B. Alkohol, Medikamente, Drogen) liegt bei etwa der Hälfte der Betroffenen vor. Bei Frauen sind zudem verstärkt Essstörungen zu beobachten. Circa 70 % der Betroffenen unternehmen Suizidversuche. Selbstschädigendes Verhalten (Schneiden, Ritzen) tritt häufig zu Hause auf, um Erleichterung in einem unerträglichen seelischen Zustand zu erreichen.

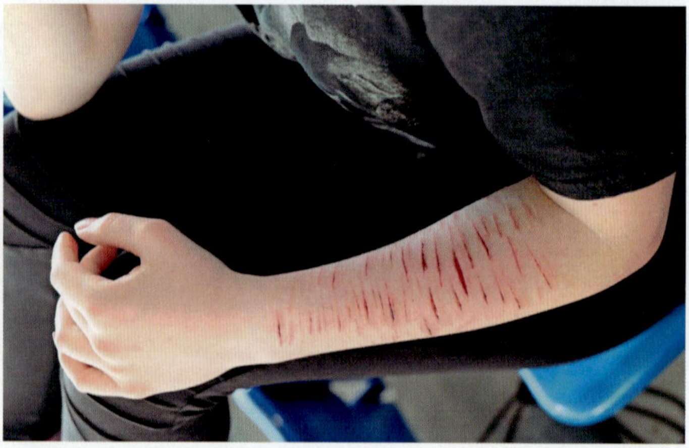

Vernarbte Rasiermesserschnitte: Selbstverletzung gehört zu den Symptomen einer Borderline-Persönlichkeitsstörung.

Aufgrund der unterschiedlichen Symptome kann die Borderline-Persönlichkeitsstörung nach verschiedenen Symptomschwerpunkten unterteilt werden:

	Symptom-schwerpunkt	Kennzeichen (Beispiele)
Borderline-Persönlichkeitsstörung mit dem Schwerpunkt	**Angst**	▪ massive, diffuse Ängste (Vernichtungs-, Verlassenheits-, Trennungsangst) ▪ Gefühl und Fantasie von starker Hilflosigkeit ▪ Vermeidung alltäglicher Gefahrensituationen ▪ Übertragung der Lebensverantwortung auf andere

	Symptom-schwerpunkt	Kennzeichen (Beispiele)
Borderline-Persönlichkeitsstörung mit dem Schwerpunkt	**Hysterie**	▪ Tagträume, Dämmerzustände ▪ übertriebene Gefühlsreaktionen ▪ Egoismus ▪ leichte Beeinflussbarkeit ▪ Selbstverletzung ▪ antisoziales Verhalten ▪ Arroganz
	Depression	▪ depressive Zustände ▪ ohnmächtige Wut mit dem Gefühl der Hilflosigkeit ▪ Wunsch nach Abhängigkeit ▪ Freud- und Lustlosigkeit ▪ Autoaggressionen (Selbstverletzung)
	Zwänge	▪ Zwangshandlungen und -denken ▪ Rituale ▪ frühzeitiges und starres Vorausplanen ▪ Gefühlsarmut
	Narzissmus	▪ innere Leere ▪ grandioses Selbstbild ▪ Unfähigkeit zu einer aktiven, liebevollen Beziehung ▪ Selbsttötungsabsicht ▪ Substanzmissbrauch (z. B. Alkohol, Medikamente, Drogen)
Borderline-Persönlichkeitsstörung mit dem Schwerpunkt	**psychosomatische Erkrankung**	▪ Essstörungen ▪ Magersucht ▪ Bulimie
	Psychose	▪ Halluzinationen, Wahnvorstellungen ▪ irreale Ängste ▪ Aggressivität ▪ Selbstverletzung

Erfassung

Das diagnostische Interview für das Borderlinesyndrom (**DIB**-R) von Gunderson (1990[2]) ist ein halbstrukturiertes Befragungsverfahren, um die charakteristischen Symptome der Störung zu erfassen. Im Interview werden fünf Bereiche abgeklärt: soziale Anpassung, Impulsivität, Affektivität, Psychose und zwischenmenschliche Beziehungen. Zu jedem Bereich sind mehrere Aussagen formuliert, die zu einer Einschätzung der Ausprägung dieser Persönlichkeitsstörung herangezogen werden.

Häufigkeit

Bei ca. 1,5 %–2 % der Bevölkerung ist die Borderline-Persönlichkeitsstörung nachweisbar. Etwa 60 %–70 % der Betroffenen sind Frauen. Der Verlauf der Borderline-Persönlichkeitsstörung variiert von Person zu Person. Der Höhepunkt der Störung liegt im frühen Erwachsenenalter. Mit fortschreitendem Alter nimmt die Zahl der Betroffenen ab und die Krankheit verschwindet bei vielen. Inwieweit und welche Selbstheilungskräfte und -mechanismen wirksam sind, ist noch unklar.

Erklärungsansätze

Bei etwa 60 %–70 % der Erkrankten kann die Störung auf vier Ursachenbereiche zurückgeführt werden:

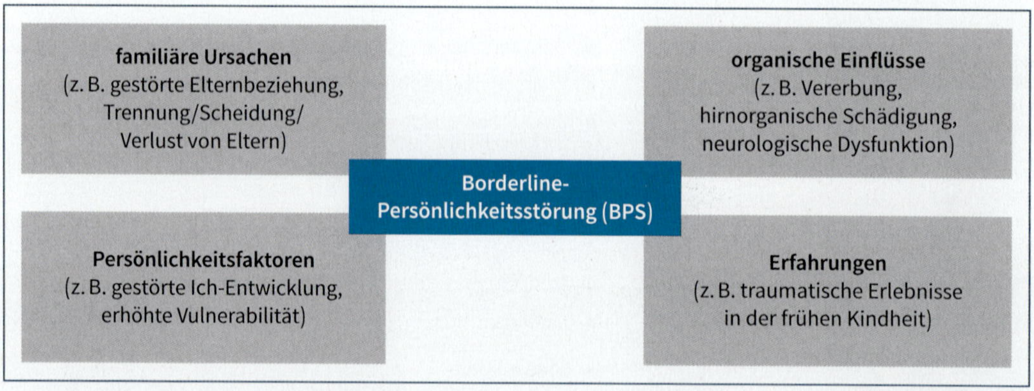

Die Ursachen sind noch nicht eindeutig geklärt. Es ist davon auszugehen, dass diese Persönlichkeitsstörung auf dem Zusammenwirken unterschiedlicher Ursachen (Persönlichkeitsmerkmale, negative Kindheitserfahrungen und organische Faktoren) beruht.

Familiäre Ursachen

Die familiären Beziehungen sind widersprüchlich. Zum einen besteht das Bedürfnis nach Bindung und zum anderen eine ausgeprägte Feindseligkeit und Ablehnung. Bei vielen Betroffenen liegen unglückliche Kindheitserfahrungen (z. B. Trennung/Scheidung der Eltern in frühster Kindheit, verbale und körperliche Misshandlung, Vernachlässigung, geringe gegenseitige Achtung der Eltern, geringe emotionale Unterstützung des Kindes) vor. Die Beziehung zwischen der Mutter und dem Boderlinepatienten ist häufig konfliktbeladen oder distanziert. Die Betroffenen erleben ihre Familie als chaotisch und instabil.

Organische Einflüsse

Eine genetische Disposition ist für Persönlichkeitsstörungen typisch und kann für die Borderline-Persönlichkeitsstörung nicht ausgeschlossen werden. Es bestehen häufig familiäre Neigungen zu psychiatrischen Störungen. Bestimmte psychiatrische Störungsformen sind in den Familien verstärkt nachweisbar. Störungen in der Gefühlskontrolle können auf neurobiologischen Fehlfunktionen beruhen. Untersuchungen belegen, dass genetische Einflüsse zu etwa 50 % die Borderline-Persönlichkeitsstörung verursachen (vgl. Fleischhaker/Schulz 2010).

Persönlichkeitsfaktoren

Psychoanalytikerinnen verweisen auf Störungen in der frühen Kindheit (zwischen dem zweiten und vierten Lebensjahr), die sich negativ auf die Entwicklung des Ichs auswirken und die Entwicklung der eigenen Identität beeinträchtigen. Dem Kind gelingt es nicht, die positiven und negativen Seiten bei sich selbst und bei anderen (z. B. Bezugspersonen) zu integrieren.

Der Einfluss der Familie nimmt bei der Persönlichkeitsentwicklung mit zunehmendem Alter des Kindes ab und der Einfluss der Gleichaltrigen zu. Bei der Borderline-Persönlichkeitsstörung entstehen bei geringsten kritischen Erfahrungen Zweifel am Selbstbild, sodass die Identitätsentwicklung im Jugendalter unzureichend gelingt. Die Betroffenen sind der Überzeugung, dass sie wertlos, nicht intelligent und für diese Welt unattraktiv sind, da sie von anderen Personen wenig Anerkennung und Zuwendung erfahren. Der Einfluss der Familie und der Gleichaltrigen auf die Persönlichkeitsentwicklung stellt sich wie folgt dar:

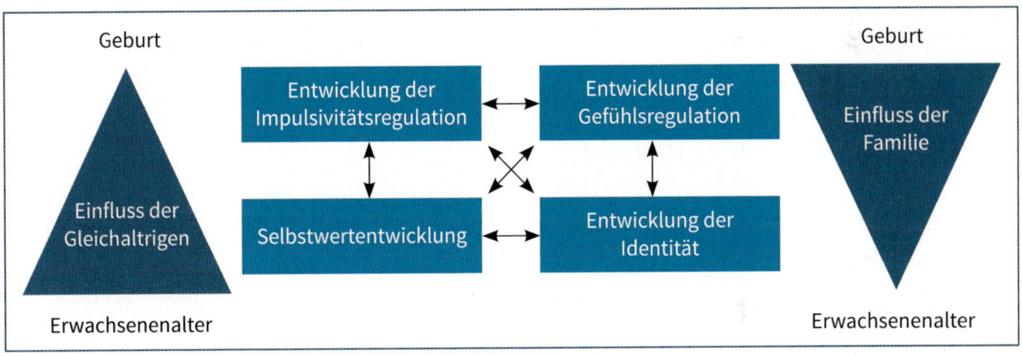

(Quelle: Fleischhaker und Schulz, 2010, S. 5)

Bei Jugendlichen mit einer Borderline-Persönlichkeitsstörung sind die verschiedenen Entwicklungsprozesse gestört, was zu einem instabilen, negativen Selbstkonzept führt. Das geringe Vertrauen in die eigenen Fähigkeiten zeigt sich z. B. im häufigen Schulwechsel oder in Schul- und Ausbildungsabbrüchen.

Erfahrungen

Traumatisierende Kindheitserfahrungen (z. B. Misshandlungen, sexueller Missbrauch, gestörte Eltern-Kind-Beziehung; siehe auch familiäre Ursachen) kommen häufig vor.

Hilfen

Für den Behandlungserfolg bei Borderlinepatienten ist die vertrauensvolle Beziehung zwischen dem Klienten und dem Therapeuten von besonderer Bedeutung. Sie vermittelt dem Betroffenen Sicherheit und Zuversicht, die Störung selbst zu bewältigen.

Medizinische Behandlung

Etwa 20 % der Borderlinepatienten benötigen vorübergehend eine stationäre psychiatrische Behandlung. Dies gilt vor allem bei einer starken Selbstgefährdung und massiven Problemen im sozialen Umfeld. Sie dient ebenfalls zur Vorbereitung auf eine ambulante Psychotherapie. Häufig lehnen die Betroffenen eine stationäre Behandlung ab.

Psychotherapeutische Behandlung

Die Psychotherapie zielt bei Borderlineerkrankten auf eine stärkere Selbstregulation und eine Stärkung der individuellen Entwicklung ab. Als Erfolg versprechend hat sich die „dialektische-behaviorale Therapie" von Marsha Linehan erwiesen, die in den 1980er-Jahren für die Behandlung von Borderlinepatienten entwickelt wurde und ambulant durchgeführt wird. Diese Therapieform berücksichtigt Elemente der Verhaltenstherapie, Psychoanalyse und Gestalttherapie. Sie umfasst die Behandlung durch ein Team, das mit Ärztinnen, Psychologen, Physiotherapeutinnen und speziell qualifiziertem Pflegepersonal besetzt ist. Die dialektische Sichtweise weist auf das Wechselspiel von Verändern und Annehmen sowie von Freiheit und Kontrolle hin.

Folgende Therapiephasen sind unterscheidbar:

- Auseinandersetzung mit der Selbsttötungsabsicht
- Bewusstmachen von therapiegefährdendem Verhalten
- Verdeutlichen, wie das Verhalten die Lebensqualität vermindert
- Verbesserung von Verhaltensfertigkeiten

Die Therapie setzt die aktive Mitwirkung des Patienten und seine Bereitschaft zur Veränderung voraus. Zwischen dem Patienten und der Therapeutin wird eine Vereinbarung getroffen, die sich auf die Therapiedauer, die Abbruchbedingungen, die Verpflichtung zur Anwesenheit bzw. Mitarbeit und das Selbsttötungsverhalten bezieht. Diese ambulant durchgeführte dialektisch-behaviorale Therapie umfasst vier Therapiebausteine:

Therapiebaustein	Zeitraum/Umfang	Kennzeichen
Einzeltherapie	1. und 2. Jahr; wöchentlich 60–120 Minuten Sitzung	Abbau ungünstiger Verhaltensweisen; Aufbau positiver Verhaltensansätze
Fertigkeitstraining	1. Jahr; wöchentlich 120–150 Minuten Sitzung in der Gruppe	innere Achtsamkeit; zwischenmenschliche Fertigkeiten; Umgang mit Gefühlen; Bewältigung von Stresssituationen; Vermeidung von Extremreaktionen und „walking the middle path"
telefonische Beratung	während der gesamten Therapie	Kontakt mit dem Therapeuten auch zwischen den therapeutischen Sitzungen zur Stabilisierung der Maßnahmen; Patient soll lernen, um Hilfe zu bitten

Therapiebaustein	Zeitraum/Umfang	Kennzeichen
stützende Gruppentherapien und begleitende Therapien	während und nach Abschluss der Einzeltherapie	Teilnahme an stützenden Gruppentherapien, um dauerhafte Therapiewirkungen zu sichern; auch Teilnahme an Selbsthilfegruppen ist möglich

4.5.3.3 Selbsttötung (Suizid)

Begriffsbestimmung und Abgrenzung

Unter **Suizid** (= selbst und caedere = töten) werden Handlungen verstanden, die darauf abzielen, das eigene Leben mit bewusster Absicht zu beenden.

Der **Suizidversuch** umfasst alle Handlungen zur absichtlichen Selbstschädigung mit der Möglichkeit des tödlichen Ausgangs. Der **erweiterte Suizid** beinhaltet die Einbeziehung anderer Personen in die eigenen Suizidhandlungen. Der **Parasuizid** beinhaltet Handlungen mit nicht tödlichem Ausgang, bei denen sich die Person absichtlich Verletzungen zufügt.

Nicht unter Suizid fallen der tödliche Ausgang bei Magersucht, ein riskanter Lebensstil (z. B. Ausübung von Extremsportarten), der chronische Substanzmittelmissbrauch (z. B. Drogen) sowie die politisch oder religiös motivierten Opfertode.

Häufigkeit

In Deutschland sterben mehr Menschen durch Selbsttötung (2015: 10 078 Personen) als durch Autounfälle (2015: 3 573 Personen). Etwa drei Viertel der Personen sind männlich und ein Viertel ist weiblich. In den letzten Jahren ist die Zahl der Selbsttötungen rückläufig. Bei Kindern und Jugendlichen ist die Selbsttötung die zweithäufigste Todesursache nach dem Unfalltod.

Zwar kommt es bei wenigen Kindern, die jünger als zehn Jahre sind, zu Selbsttötungen. Wissenschaftler gehen aber davon aus, dass Kinder vor dem 10. Lebensjahr keinen Suizid im eigentlichen Sinne begehen können. Erst bis zum 10. Lebensjahr hat sich ein umfassendes Verständnis vom Tod entwickelt und das Kind kann erkennen, welche Konsequenzen Suizidhandlungen haben.

Altersgruppe	Insgesamt	Männlich	Weiblich
Insgesamt	10 078	7 397	2 681
10–15 Jahre	19	6	13
15–20 Jahre	196	133	63
20–25 Jahre	316	243	73

Anzahl der Selbsttötungen 2015 (Statistisches Bundesamt, 2017)

Bei etwa 8 % der Durchschnittsbevölkerung sind Suizidgedanken nachweisbar und ca. 2 % der Bevölkerung unternehmen zu irgendeinem Zeitpunkt Suizidversuche. Die Suizidversuche sind etwa 10- bis 30-mal häufiger als Suizide. Bei depressiven Personen steigt die Anzahl beträchtlich.

Untersuchungen zum Suizid in verschiedenen Ländern weisen darauf hin, dass kulturelle und soziale Einflüsse für die Selbsttötung von Bedeutung sind. In Europa bringen sich in Griechenland am wenigsten Menschen um (3,5 Personen auf 100 000 Einwohner) und in Ungarn ist die höchste Quote mit 38,6 Selbsttötungen auf 100 000 Einwohner nachweisbar. Deutschland liegt mit 17,5 Selbsttötungen auf 100 000 Einwohner im europäischen Mittelfeld. Zur Zeit der NS-Diktatur lag in Deutschland die Quote der Selbsttötungen bei 28,3 Personen.

Die Untersuchungsergebnisse zur Selbsttötung widerlegen weitverbreitete Einschätzungen (vgl. Sonneck, 2012[2]):

Irrglaube	Wirklichkeit
Wer darüber redet, der tut es nicht.	75 %–80 % kündigen Suizid an (WHO) und geben der Umwelt eine Chance zur Hilfe.
Wer es erfolglos versucht hat, unternimmt keinen weiteren Suizidversuch.	Über 80 % der Suizide erfolgten nach vorherigen Selbsttötungsversuchen.
Wenn man Personen auf Suizid anspricht, erhöht sich die Bereitschaft zur Selbsttötung.	Gespräche über Suizid erhöhen die Bereitschaft zur Selbsttötung nicht.
Suizidversuche sind Erpressungsversuche.	Suizidversuche setzen zwar das soziale Umfeld unter starken Druck. Sie sind aber Notrufe mit der Aufforderung um Hilfe.
Die meisten Suizide ereignen sich in der Weihnachtszeit und zu Neujahr.	Im Dezember ist die Suizidhäufigkeit am geringsten.
Suizid ist vererbbar. In bestimmten Familien treten Suizidhandlungen gehäuft auf.	Suizid beruht nicht ausschließlich auf genetischen Ursachen. Lern- und Imitationseffekte sind nicht auszuschließen. Das gehäufte Auftreten in Familien kann auf der Zugehörigkeit mehrerer Familienmitglieder zu bestimmten suizidgefährdeten Gruppen (z. B. Drogenabhängige, Depressive) zurückgeführt werden.
Wenn sich jemand umbringen will, dann kann dies nicht verhindert werden.	Selbsttötungen erfolgen zumeist in Krisen. Eine rechtzeitige Krisenintervention kann den Selbstmord verhindern.

Irrglaube	Wirklichkeit
Nur wer einen „ernsthaften“ Selbstversuch unternimmt, der ist auch weiterhin gefährdet.	Die individuelle Suizidgefährdung ist jeweils neu zu bewerten und kann nicht aus dem vorausgegangenen Versuch abgeleitet werden.

Formen

In der Psychiatrie wird zwischen den „harten Methoden“ (z. B. Erhängen, Erschießen, Erstechen, Sprung aus der Höhe, Strom, Ertrinken) und den „weichen Methoden“ (z. B. Einnahme von Substanzen wie Medikamente oder Drogen, Schnittverletzungen) unterschieden. Bei Kindern und Jugendlichen kommen am häufigsten Erhängen und Sprung aus großer Höhe vor. Jungen führen den Suizid häufig durch Feuerwaffengebrauch herbei. Vergiftungen kommen seltener vor (vgl. Warnke, 2008).

Bezüglich des Schweregrads werden drei Abstufungen vorgenommen (vgl. Deutsche Gesellschaft für Kinder- und Jugendpsychiatrie und Psychotherapie, 2007[3]):

Schweregrad	Kriterien
hoher Schweregrad	▪ Es werden harte Methoden oder die Einnahme einer hohen Dosierung von Substanzen angewendet. ▪ Subjektiv wird das gewählte Verfahren als sehr sicher bewertet; auch objektiv ist das Vorgehen sehr gefährlich. ▪ Lebensrettende Entdeckung und Maßnahmen sind unwahrscheinlich. ▪ Die Person richtet kaum Appelle an die soziale Umwelt.
mittlerer Schweregrad	▪ Vorwiegend werden weiche Methoden ausgewählt bzw. eine mittlere Dosierung von Substanzen. ▪ Subjektiv wird das Vorgehen als sehr gefährdend eingeschätzt; objektiv ist das Vorgehen weniger gefährlich. ▪ Eine lebensrettende Entdeckung ist möglich. ▪ Es liegen Appelle an die soziale Umwelt vor.
leichter Schweregrad	▪ Es werden weiche Methoden bzw. eine niedrige Dosierung von Substanzen gewählt. ▪ Die Substanzen weisen eine niedrige Gefährdung auf. ▪ Eine lebensrettende Entdeckung ist wahrscheinlich. ▪ Es werden zahlreiche Appelle an die soziale Umwelt gerichtet.

Unterschieden wird zwischen folgenden Formen des suizidalen Verhaltens:

- **Latente Suizidalität:** Es treten gelegentlich Selbsttötungsgedanken und -fantasien auf. Über 40 % der Jugendlichen zweifeln am Sinn des Lebens und ca. 10 % spielen mit dem Gedanken der Selbsttötung.

- **Akute Suizidalität:** Es werden Vorbereitungen zur Durchführung der Selbsttötung getroffen.
- **Rezidivierende Suizidalität:** Es liegen bereits mehrere Selbsttötungsversuche (Parasuizid) vor.
- **Chronische Suizidalität:** Es besteht eine dauerhafte Suizidgefährdung; die Person hat ständige Suizidgedanken und trifft häufig Vorbereitungen zum Suizid.
- **vollendeter Suizid**

Verlauf

Vor der Selbsttötung können suizidale Krisen mit einem drohenden Angriff auf die eigene Person beobachtet werden (Selbsttötungsversuche oder Selbstbeschädigungen/Selbstverletzungen).

Pöldinger (1998) unterscheidet drei Phasen. In der **Phase der Erwägung** wird die Selbsttötung als Lösung und Überwindung von aktuellen Problemen erwogen. Dies gilt insbesondere für Jugendliche, die über wenig Lebenserfahrungen und Strategien zur Krisenbewältigung verfügen. Zwischen der ersten Erwägung und der Suizidhandlung liegt eine länger andauernde **Phase der Unschlüssigkeit** (Ambivalenz). In dieser Phase kann durch äußere Einflüsse die weitere Entwicklung aufgehalten oder beschleunigt werden. Deshalb sind therapeutische Maßnahmen in dieser Phase besonders wichtig. In der letzten Phase ist der **Entschluss zur Selbsttötung** gefasst. Es kommt zu einer Phase der Ruhe (Ruhe vor dem Sturm), in der die Person gefasst, selbstsicher und klar denkend erscheint. Das soziale Umfeld interpretiert dieses Verhalten fälschlicherweise als ein Überwinden der Krise.

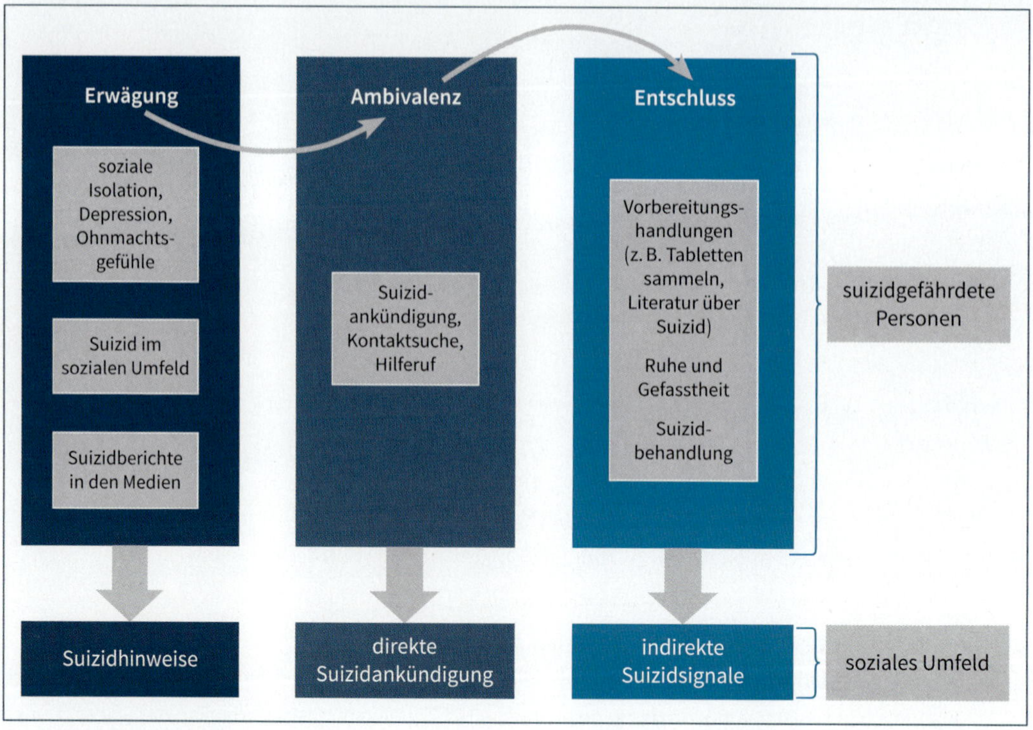

Wie der Ablauf verdeutlicht, sind Suizidhandlungen von verschiedenen Entwicklungsfaktoren abhängig: Die Person muss

- über eine gewisse Reflexionsfähigkeit verfügen,
- die Wesensmerkmale von Leben und Tod eindeutig erkennen,
- die Gefährlichkeit der verschiedenen Suizidmethoden unterscheiden.

Daraus ergibt sich, dass Selbsttötungen bei Kindern selten und abhängig von dem Entwicklungsstand erst im Jugendalter vermehrt auftreten. Hinzu kommt, dass sich im Jugendalter auch die psychischen Störungen (z. B. Depression) ausprägen.

Diagnostik

Im Zentrum der diagnostischen Verfahren steht das Gespräch, um das Suizidrisiko abzuschätzen. Die Suizidankündigungen können mehr oder weniger direkt erfolgen. Häufig weisen Umschreibungen („Alles ist sinnlos.", „Ich weiß nicht mehr weiter.") auf den Suizid hin. Im Gespräch können darüber hinaus Hinweise abgeleitet werden, inwieweit die Person einer Risikogruppe zugeordnet werden kann.

Als besonders gefährdet gelten folgende Risikogruppen:

- Alkohol-, Drogen- und Medikamentenabhängige
- Personen mit traumatischen Erfahrungen (z. B. Vernachlässigung, Misshandlung)
- chronisch Kranke und Schmerzpatienten
- Menschen in Haft
- depressive Menschen
- Menschen in Beziehungskrisen

Die weitverbreitete Annahme, dass Personen, die eine Selbsttötung ankündigen, keinen Suizidversuch unternehmen, ist falsch. Etwa 80 % der Personen, die Suizidhandlungen durchführen, kündigen ihre Selbsttötungsabsicht vorher an. Deshalb ist es wichtig, eine Suizidgefährdung frühzeitig zu erkennen. Nachfolgende Hinweisreize sollten beachtet werden.

- **Suizidverhalten:**
  - langandauernde Suizidgedanken
  - Mitteilung einer beabsichtigten Selbsttötung
  - Betroffener spricht ruhig, gelassen über seine Selbsttötungsabsicht
  - Nach der Suizidankündigung tritt eine ungewöhnlich lange Zeit der Ruhe ein.
  - Selbsttötungsversuche in der Vergangenheit
  - mehrere Selbsttötungsversuche mit zunehmend massiveren Methoden
  - Vorbereitungshandlungen (z. B. Abschiedsbrief, Tabletten sammeln)
  - Betroffener sucht nach Anleitung zur Selbsttötung (Literatur, Internet)
  - konkreter Handlungsplan
  - Argumente zur Selbsttötung sind stärker als lebenserhaltende Argumente.

- **Körperliche Signale:**
  - Suchterkrankungen, Alkohol-, Medikamenten-, Drogenabhängigkeit
  - körperliche Beschwerden ohne medizinische Erklärung
  - Vernachlässigung des eigenen Aussehens (z. B. Kleidung)
  - Depressivität
  - Personen mit psychischen Beeinträchtigungen (z. B. Depressionen, Schizophrenie, Borderlinesyndrom)
  - unheilbare Krankheiten oder Krankheitswahn
- **Verhaltenshinweise:**
  - Abkapselung, sozialer Rückzug bzw. soziale Isolation
  - Abwenden von der Familie und Freunden
  - Abschied nehmen
  - ausgeprägtes selbstgefährdendes Verhalten
  - Verschenken von persönlichen Wertgegenständen
  - Ablehnung von Hilfsangeboten
  - Änderung der Alltagsgewohnheiten
  - Schule schwänzen, Leistungsschwankungen
- **Kognitive Hinweise:**
  - Selbstvorwürfe
  - kränkende Lebensereignisse
  - starke psychische Belastungen, schicksalhafte Lebensereignisse
  - Neigung zur Selbstentwertung
  - Fehlen von Lebenszielen
  - Flucht in eine Traumwelt
- **Emotionale Hinweise:**
  - Stimmungsumschwung: plötzliche gehobene Stimmung bei einer bis dahin sehr depressiven Person
  - ausgeprägte Schuldgefühle
  - vergebliche Suche nach Lösungen, Ausweglosigkeit, Hoffnungslosigkeit
  - Gefühl der Lebensunfähigkeit, Sinnlosigkeit des Lebens
  - Gefühle von Hoffnungslosigkeit und Ohnmacht

Um körperliche Ursachen zu erfassen, werden vom Arzt Laboruntersuchungen durchgeführt, die Aussagen über mögliche organische Erkrankungen und den Substanzmittelmissbrauch erbringen. Neben den medizinischen Untersuchungen kommen auch Persönlichkeitsfragebögen zum Einsatz (z. B. Depressionsinventar für Kinder und Jugendliche). Bei Kindern geben die kindlichen Ausdrucksmittel wie Zeichnungen oder Spiele Hinweise auf eine Auseinandersetzung mit dem Suizid. Allerdings bestehen erhebliche Probleme, zwischen den symbolischen Darstellungen und der tatsächlichen suizidalen Tendenz eindeutig zu unterscheiden (vgl. Orbach, 1997[2]).

Erklärungsansätze

Häufig sind folgende Motive für einen Suizidversuch zu finden:

- Erlösung von seelischem und körperlichem Leid
- Entlastung von Schuldgefühlen
- Hilferuf und Appell
- Suche nach Ruhe
- Wendung der Aggression gegen die eigene Person
- Erpressung des sozialen Umfeldes
- Racheakt, um andere damit zu strafen bzw. Schuldgefühle zu vermitteln
- Entscheidung nach Bewertung persönlicher Erfolge und Niederlagen (Bilanzsuizid)

Als **auslösende Ereignisse** bei schweren Suizidversuchen 13- bis 24-Jähriger nennen 27 % zwischenmenschliche Probleme, 24 % die Beendigung einer Partnerschaft. Schulische Probleme sind bei 6 % der Jugendlichen Auslöser von schweren Suizidversuchen.

Suizid ist multifaktoriell bedingt, d. h., es besteht eine Wechselbeziehung zwischen psychologischen, soziologischen und biologischen Faktoren.

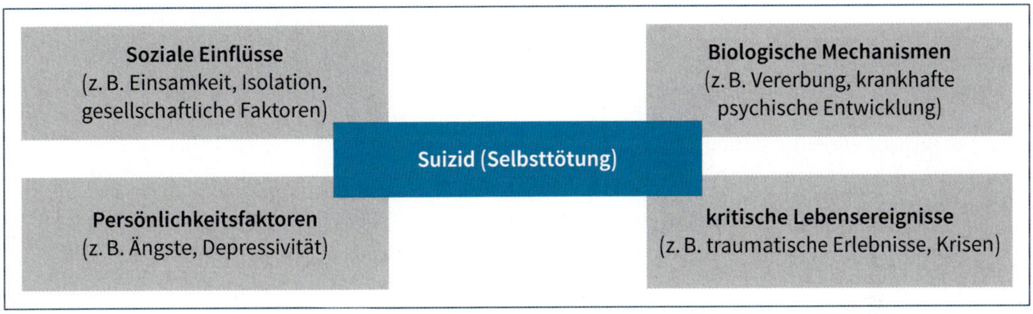

Soziale Einflüsse

Auf Durkheim geht die These zurück, dass der Suizid die Folge einer nicht gelungenen Anpassung des Menschen an verschiedene Gesellschaftsformen ist. Die Suizidraten nehmen mit höherem sozialen Status zu. Kommt es zu einem sozialen Abstieg (z. B. durch Verlust des Arbeitsplatzes), steigt das Suizidrisiko.

Biologische Mechanismen

Als Ursache kommt ein Mangel der zerebralen Transmitter (z. B. Serotonin bzw. Noradrenalin) infrage. Auf genetische Ursachen weist auch die Häufung von Selbsttötungen in bestimmten Familien hin. Der Transmitter Serotonin ist auch für die Kontrolle impulsiver und aggressiver Verhaltensweisen verantwortlich. Die wissenschaftlichen Befunde sind jedoch nicht eindeutig. Neurobiologische Ursachen können als alleinige Ursache ausgeschlossen werden.

- **Psychische Erkrankungen:** Der Suizid ist auch von psychischen Erkrankungen abhängig. Circa 95 % aller Personen, die Suizid bzw. Suizidversuche begehen, weisen eine psychiatrische Störung auf.
- **Depression:** Es besteht bei depressiven Personen ein erhöhtes Suizidrisiko. Bei ca. 15 % der depressiven Personen kommt es zur Selbsttötung. Bei einer Depression treten folgende Symptome auf: Selbstvorwürfe, sozialer Rückzug, Verbitterung, Aggressionen und Selbsttötungsabsichten, da die Aggressionen nicht nach außen abgeleitet, sondern gegen die eigene Person gerichtet werden. Depressive Menschen sind stark suizidgefährdet.
- **Präsuizidales Syndrom:** Suizid wird als Abschluss einer krankhaften psychischen Entwicklung gesehen (präsuizidales Syndrom). Die Person erlebt die Außenwelt bedrohlich und übermächtig und sich selbst als schwach, hilflos und ohnmächtig diesen Einflüssen ausgeliefert. Auftretende Aggressionen werden gegen sich selbst gerichtet. Es entstehen Selbsttötungsfantasien mit einer meist konkreten Vorstellung über den Ablauf des Suizids.

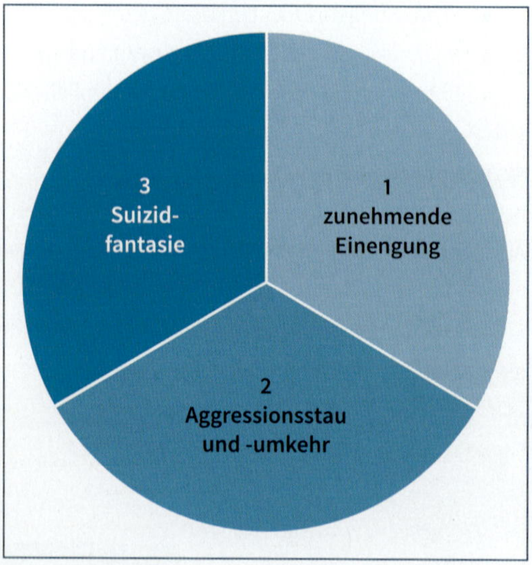

Persönlichkeitsfaktoren

- **Autoaggression:** Im Verständnis der Psychoanalyse ist die Selbsttötung die Folge der Aggressionen, die gegen das eigene Ich gerichtet sind. Jede Person verfügt über einen angeborenen Destruktionstrieb, der gegen die eigene Person gerichtet ist. Diese Triebenergie wird normalerweise nach außen abgeleitet. Wenn die regulierende Instanz des Über-Ichs zu schwach ist, erhöht sich das Suizidrisiko.
- **Angst vor Trennung bzw. Partnerverlust:** Die Selbsttötungsabsicht wird zum Appell an den anderen, die Beziehung bzw. Bindung nicht aufzugeben. So führt ein **Partnerverlust** (z. B. Tod eines nahestehenden Menschen, Beendigung einer intensiven Beziehung) zu Kurzschlusshandlungen, die für das soziale Umfeld oft nicht vorhersehbar sind.

Kritische Lebensereignisse

Werden belastende Lebenssituationen nicht bewältigt und kommt es zu krisenhaften Zuspitzungen, dann erhöht sich das Suizidrisiko. Die bisherigen Bewältigungsmechanismen versagen und es kommt zu einer subjektiv wahrgenommenen Überforderung. Wenn sich lang andauernde, stark belastende Krisen zuspitzen und die Person das Gefühl der Ausweglosigkeit und der Ohnmacht hat, erhöht sich die Bereitschaft zur Selbsttötung. Die gefährdete Person möchte zwar die Situation bewältigen, sieht für sich aber keine Möglichkeiten und Auswege. Nur eines steht fest: So möchte sie nicht weiterleben.

Die Entwicklung des Menschen verläuft nicht gleichmäßig, sondern ist mit sprunghaften, raschen Veränderungen versehen (kritische Phasen). Übergänge im Entwicklungsverlauf (z. B. Pubertät) führen zu einer intensiven Auseinandersetzung mit neuen Anforderungen und zu einer Neuorientierung. Die Bewältigung dieser Übergänge ist mit einem inneren Wachstum und einer Reifung der Persönlichkeit verbunden. In diesen Übergangsphasen sind psychosoziale Krisen möglich.

Eine hohe Krisenanfälligkeit ist in der Pubertät gegeben, wenn sich der Jugendliche mit genitalen Reifungsprozessen, Sexualität und der Orientierung an neuen Werten auseinandersetzt. Die erfolgreiche Bewältigung wird von vielen Einflussgrößen (z. B. Verhalten der Eltern, der Peergroup oder der Vorbilder) bestimmt. Das Bedürfnis nach Gruppenzugehörigkeit und Orientierung kann zu einem Risikofaktor werden (vgl. Sonneck, 2012[2]), wenn sich der Jugendliche problematischen Gruppen anschließt (z. B. Sekten, Drogenszene). Die Auseinandersetzung mit der Erwachsenenwelt bringt die Auseinandersetzung mit gesundheitsgefährdenden Einflüssen wie Alkohol, Nikotin, Drogen sowie Konsum- und Suchtverhalten. Die Bewältigung von Krisen ist im erheblichen Maße von der Resilienz des Jugendlichen abhängig (siehe Kap. 1.4.3).

Psychosoziale Krisen zeigen sich bei Jugendlichen in körperlichen Beschwerden wie Mattheit, Schlafstörungen, Magen- und Darmbeschwerden oder Kopfschmerzen, in Verhaltensänderungen wie Appetitlosigkeit, starken Gewichtsveränderungen, Konzentrationsschwierigkeiten, sozialem Rückzug, Interessenlosigkeit, Leistungsschwankungen und Leistungsversagen, Drogenkonsum sowie Flucht in eine Traumwelt. Häufig ist ein Rückfall auf frühere Entwicklungsstufen (z. B. Nägelkauen, Fingerlutschen) zu beobachten. Bisweilen treten Kurzschlusshandlungen auf, die beispielsweise zu starken Aggressionen, zu Vandalismus oder zum Weglaufen führen.

Hilfen

Nach einem Suizidversuch ist eine intensive Behandlung erforderlich, um die Ursachen zu analysieren und geeignete therapeutische Maßnahmen zu ergreifen. In der Akutphase nach einem Suizidversuch zeigt die Person eine hohe Mitwirkungsbereitschaft bei therapeutischen Maßnahmen. Beruht der Suizidversuch auf einer psychiatrischen Erkrankung, ist eine stationäre psychiatrische Versorgung angezeigt.

Folgende Ziele werden mit den Hilfsangeboten verknüpft:

- Förderung der Autonomie und Eigenverantwortlichkeit
- Aufbau eines positiven Selbstbildes
- Verbesserung der Problemlösefähigkeit
- Einbindung in soziale Netze (Familie, Schule, Freunde)
- Verminderung der selektiven Wahrnehmung und Bewusstmachen der Wahrnehmungsfilter
- Entwicklung eines realistischen Attributionsstils

In die Maßnahmen sind wichtige Bezugspersonen, soweit sie nicht problemverursachend wirken (z. B. depressive Familienmitglieder), einzubinden.

Erklärungsmodell zum suizidalen Verhalten

Ein Erklärungsmodell zum suizidalen Verhalten geht auf Möller zurück:

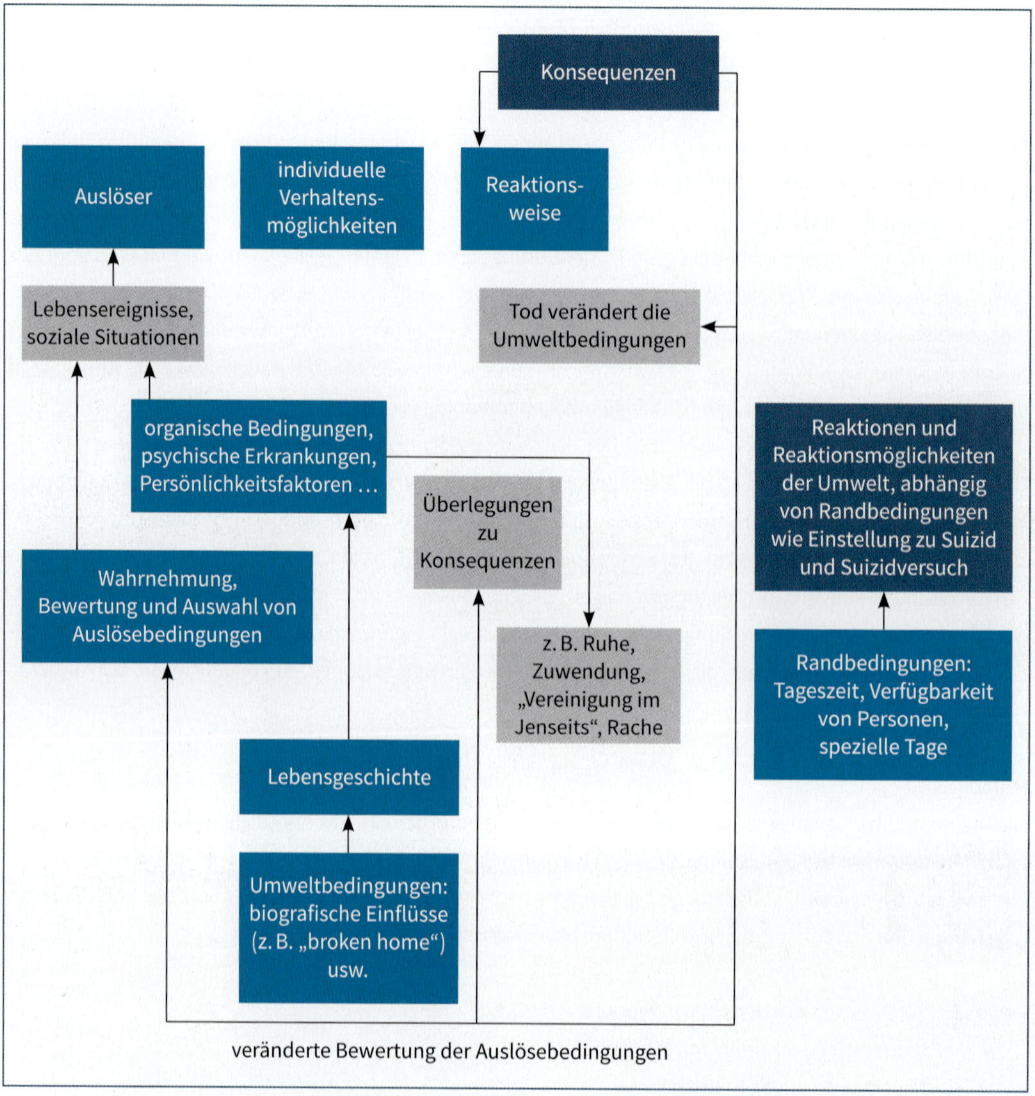

(Quelle: Möller, 2015, S. 415)

Den Ablauf einer Behandlung verdeutlichen Holtkamp und Herpertz-Dahlmann in folgendem Flussdiagramm:

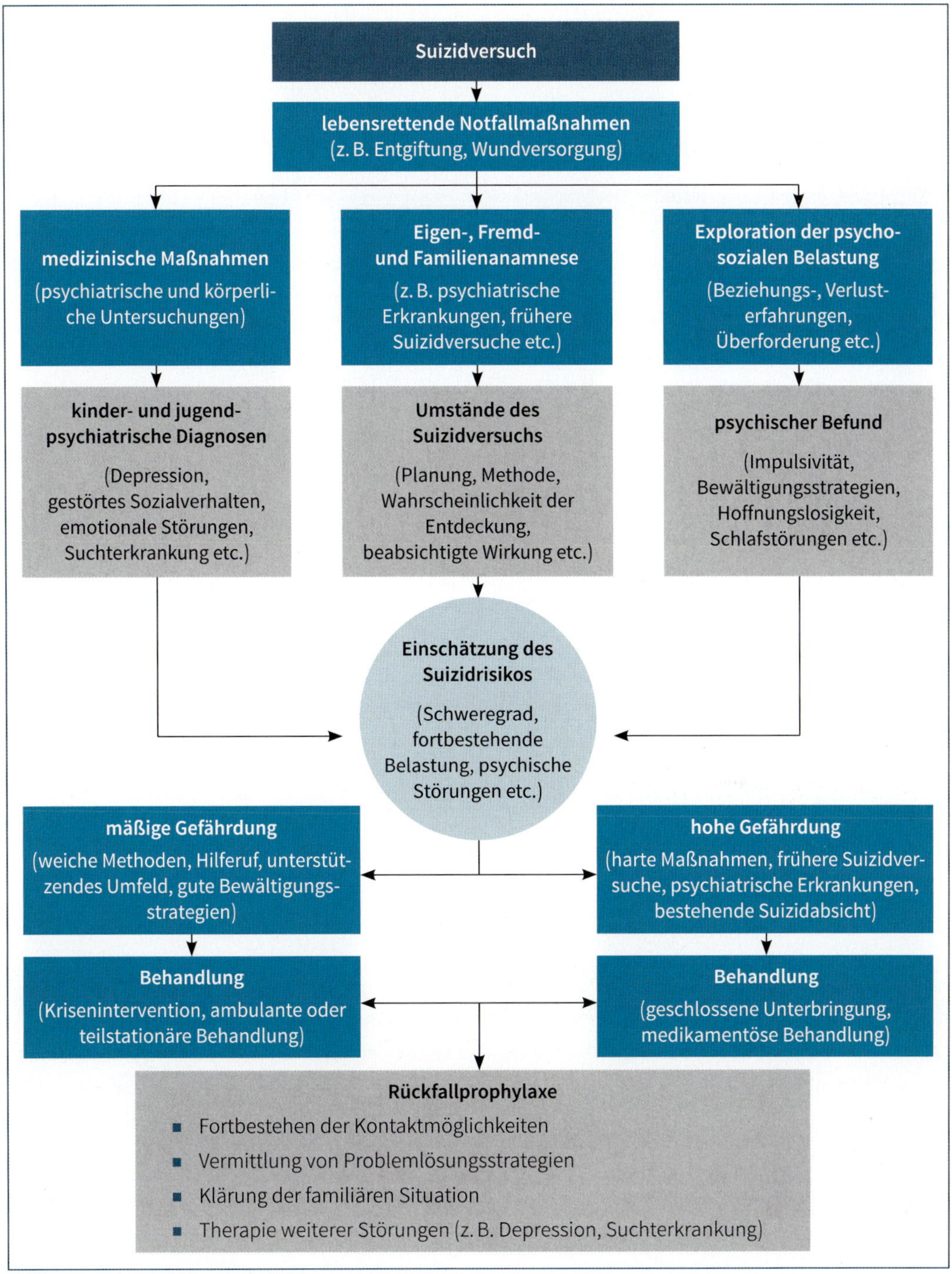

(Quelle: Holtkamp und Herpertz-Dahlmann, 2001, S. 724)

Pädagogische Hilfen

Das wichtigste Mittel zur Krisenbewältigung bei Suizidgefährdung ist das Gespräch zwischen dem Betroffenen und der Erzieherin als Helferin. Erst wenn es gelingt, eine vertrauensvolle Beziehung aufzubauen, ist die Möglichkeit einer wirkungsvollen Hilfe gegeben. Im Gespräch sollten auch die Suizidabsichten des Betroffenen angesprochen werden. Besteht das Gespräch vorwiegend aus Ablenkungen, Trost spenden und Übergehen der Problematik, dann fühlt sich der Betroffene nicht ernst genommen.

Negative Wirkung	Positive Wirkung
▪ vorschnell trösten	▪ den anderen annehmen, wie er ist
▪ verallgemeinern	▪ anfangen, wo der andere steht
▪ Ratschläge geben	▪ Kontaktbereitschaft signalisieren
▪ belehren	▪ tragfähige Beziehung aufbauen
▪ Problem herunterspielen	▪ Gefühle, die bei mir selbst ausgelöst wurden, verbalisieren
▪ beurteilen und kommentieren	▪ gescheiterte Bewältigungsversuche bearbeiten
▪ nachforschen, ausfragen, analysieren	▪ zur Wiederherstellung von wichtigen Beziehungen ermutigen
▪ vorschnelle Aktivitäten entwickeln	▪ Problemlösungen gemeinsam entwickeln
▪ eigene Maßstäbe anlegen	▪ alternatives Vorgehen bei zukünftigen Krisen erarbeiten

Umgang mit Suizidgefährdeten (vgl. Sonneck, 2012[2])

Das vom Wiener Kriseninterventionszentrum entwickelte Kriseninterventionskonzept BELLA (siehe Kap. 4.4.2) umfasst folgende Elemente:

- Beziehung aufbauen
- Erfasse die Situation
- Lindere die Symptome
- Leute einbeziehen
- Ausweg aus der Krise suchen

Ankündigungen einer Selbsttötung sollten nicht verharmlost bzw. beschwichtigt werden, sondern sind ernst zu nehmen. Es ist zwar sinnvoll und notwendig, auf den Gefährdeten einzugehen und mit ihm Hilfsmöglichkeiten zu entwickeln, doch es besteht die Gefahr, dass diese Maßnahmen nur oberflächlich wirken. Die Erzieher müssen professionelle Hilfsmöglichkeiten einbeziehen und eine Behandlung des Betroffenen durch eine Fachärztin bzw. psychiatrische Kliniken oder Kriseninterventionsstelle anbahnen. Es sollte beobachtet werden, inwieweit der Betroffene die Hilfsmöglichkeiten wahrnimmt. Die Erzieher sollten zudem die Hilfssysteme des Betroffenen (Familienangehörige, Freundeskreis) aktivieren.

Therapeutische Maßnahmen

Liegt eine präsuizidale Krise vor, dann sind in Beratungsstellen (ambulante Hilfe) oder in Kliniken (stationäre Hilfe) psychotherapeutische Maßnahmen erforderlich, um die akuten Spannungen abzubauen und Betroffenen Selbstvertrauen zur Lösung ihrer Probleme zu vermitteln. Die Betroffene benötigt ausreichend Zeit, um ihre Situation zu überdenken und positive Zukunftsperspektiven zu entwickeln. Eine ambulante Behandlung ist dann angezeigt, wenn keine psychiatrischen Erkrankungen vorliegen, die Person zur aktiven Mitarbeit bereit ist und der Schweregrad als „mittel" oder „leicht" eingestuft wird.

Eine Überwindung der Krise erfolgt in mehreren Therapiesitzungen, die rasch erfolgen, um die aktuelle Problematik zu bearbeiten. Dabei sollten mögliche Konfliktpartner einbezogen werden. In der Behandlung können verhaltenstherapeutische, gesprächspsychotherapeutische und psychoanalytische Verfahren zum Einsatz kommen. Häufig wird zwischen der Therapeutin und dem Betroffenen ein **Suizidpakt** abgeschlossen, in dem der Betroffene das Versprechen gibt, bis zum Zeitpunkt des nächsten Behandlungstermins keine Selbsttötungshandlungen vorzunehmen.

Eine stationäre Einweisung ist erforderlich, um den Betroffenen zu helfen, bei denen psychische Erkrankungen vorliegen. Im medizinischen Bereich werden neben therapeutischen Gesprächen auch Medikamente eingesetzt, die eine beruhigende, dämpfende Wirkung aufweisen. Eine medikamentöse Therapie wird vor allem bei Personen mit psychischen Erkrankungen eingesetzt. Der Einsatz von Medikamenten wird jedoch auch unter Medizinern kontrovers bewertet, da die Einnahme nicht überwacht werden kann und die Substanzen nicht ungefährlich sind.

Das verhaltenstherapeutische Vorgehen bei suizidgefährdeten Personen umfasst nach Dorrmann (2003) sieben Phasen:

1. **Rapport bekommen:** Eine tragfähige, intensive Beziehung wird hergestellt. Der Suizidgefährdete wird ernst genommen und es wird auf seine Situation wertschätzend eingegangen. Gesprächstherapeutische Techniken werden eingesetzt. Durch Komplimente (z. B. Durchstehvermögen, Zähigkeit, positive Bewertung der Selbsttötung als mutige Entscheidung) wird versucht, einen Zugang zur gefährdeten Person zu erreichen.
2. **Risikoabschätzung:** Es erfolgt eine umfassende Sammlung von relevanten Informationen zur Einschätzung der aktuellen Suizidgefährdung. Unklarheiten werden direkt angesprochen. Dabei wird auch abgeklärt, inwieweit die Person Risikogruppen (z. B. Depressive, Süchtige) zuzuordnen ist. Der Therapeut arbeitet mit Metaphern, Bildern und Analogien zur Verdeutlichung der Situation. Zur Risikoabschätzung wird beispielsweise abgeklärt, inwieweit Suizidversuche unternommen wurden, wie intensiv die Suizidgedanken sind, ob depressive Phasen oder extreme Schuldgefühle vorliegen oder wie stark der soziale Rückzug bereits erfolgt ist. Auf Hinweise, die auf eine akute Suizidgefährdung (Planung, Vorbereitung des Suizids) hindeuten, wird besonders geachtet.

3. **Zeit gewinnen:** In der Therapie wird auf das Thema „Zeit" eingegangen und die Therapeutin versucht zu erreichen, dass der Suizidgefährdete seine Entscheidung für eine bestimmte Zeit zurückstellt.
4. **Selbstkontrolle:** Der Suizidgefährdete soll in dieser Phase befähigt werden, seine Suizidimpulse für eine gewisse Zeit unter Kontrolle zu halten. Zur Absicherung wird ein Vertrag zwischen dem Therapeuten und der suizidgefährdeten Person geschlossen. Den Vertrag verfasst der Gefährdete handschriftlich. Diese Selbstverpflichtung kann bei der nächsten Sitzung verlängert werden. Um die Autonomie und das Selbstmanagement des Gefährdeten zu betonen, wird von dieser Abmachung keine Kopie erstellt. Der Therapeut unterschreibt nicht.
5. **Kognitive Dissonanz:** Der Therapeut versucht, den Suizidgefährdeten im Hinblick auf die Folgerichtigkeit seiner Entscheidung zu verunsichern. Dazu erfolgt eine Konfrontation mit rationalen Argumenten und mit der Realität.
6. **Fokussierung auf vermiedene Emotionen:** Ist der Gefährdete rational nicht erreichbar, werden emotionale Aspekte, die bislang unterdrückt wurden, herausgestellt (z. B. Wie werden Sie sterben? Wie viele Menschen werden zu Ihrer Beerdigung kommen?). In der Sitzung werden beispielsweise innere Vorgänge verbalisiert und es wird auf die Körpersprache eingegangen.
7. **Freiwillige stationäre Unterbringung:** Der Gefährdete soll von der Sinnhaftigkeit und Notwendigkeit eines vorübergehenden stationären Aufenthalts überzeugt werden. Dazu kann folgende Metapher dienen: „Wenn wir jetzt die Therapie beenden, dann wäre das so, als wenn ein Schiff, das nicht seetüchtig ist, wieder auf das Meer raus muss. Dort aber tobt ein Sturm und das Schiff kann auf hoher See nicht repariert werden. In dieser Situation muss man einen ruhigen Hafen ansteuern, in dem man in aller Ruhe überlegen kann, was gemacht werden muss. Dafür werde ich jetzt sorgen!"

Präventive Einflüsse

Präventive Maßnahmen in Form von schulbezogener Aufklärung gestalten sich schwierig. Häufig wird über Suizid erst dann offen gesprochen, wenn eine Selbsttötung im Umfeld der Personen vorliegt oder in den Medien dargestellt wird. Die Resilienz des Kindes und Jugendlichen verstärken folgende Einflussbereiche:

- guter familiärer Zusammenhalt
- Religiosität
- Vermittlung von positiven Problemlösungsstrategien
- Realitätssinn
- Erhöhung der Lebenszufriedenheit

Die präventiven Programme, die in den USA entwickelt wurden, wenden sich an Risikogruppen bzw. sprechen direkt Jugendliche mit erhöhtem Suizidrisiko an und werden von den entsprechenden Forschungs- und Therapieeinrichtungen angeboten.

Die deutsche Gesellschaft für Suizidprävention entwickelt seit einigen Jahren ein Suizidpräventionsprogramm für Deutschland. Aufgrund der Erfahrungen in anderen Ländern werden von der deutschen Gesellschaft für Suizidprävention folgende Grundsätze formuliert:

- **Suizidprävention ist möglich:** Die präventiven Maßnahmen in verschiedenen Ländern konnten zu einem Rückgang der Suizidquoten beitragen.
- **Suizid ist ein komplexes Problem:** Deshalb müssen bei der Entwicklung der präventiven Maßnahmen unterschiedliche Fachrichtungen kooperieren. Neben den medizinisch-biologischen, soziologischen und psychologischen Aspekten sind rechtliche, religiöse, literarische und medienbezogene Gesichtspunkte zu beachten.
- **Suizidprävention ist auf verschiedenen Ebenen nötig:** Die Forschungsaktivitäten sollten intensiviert werden und regionale Anlaufstellen aufgebaut werden, um eine frühzeitige Erkennung und Behandlung sowie eine angemessene Versorgung nach einem Suizidversuch sicherzustellen.
- **Suizidprävention muss die Angehörigen einbeziehen:** Bei einem Suizid oder Suizidversuch sind in der Regel Angehörige betroffen, die selbst Hilfe benötigen.
- **Suizidprävention ist eine gesellschaftliche Aufgabe:** Die Prävention setzt an der Enttabuisierung der Selbsttötung an und hat einen Einstellungswandel in der Gesellschaft zum Ziel, damit suzidgefährdeten Personen und deren Angehörigen frühzeitig Hilfe angeboten werden kann. Das Thema „Suizid" wird in der Gesellschaft tabuisiert, da es vielen schwerfällt, über Selbsttötung zu sprechen. Dadurch fehlen für suizidgefährdete Personen Ansprechpartner und es nimmt die Kontaktaufnahme mit Suizidforen im Internet zu. Solche Internetplattformen werden kontrovers bewertet. Zum einen wird als Vorteil gesehen, dass Suizid enttabuisiert wird, was eine entlastende Wirkung hat. Die suizidgefährdeten Personen fühlen sich unter Personen mit ähnlichen Gedanken angenommen und verstanden. Zudem erleichtert die Anonymität im Internet die Kontaktaufnahme. Zum anderen spricht gegen solche Suizidforen, dass gefährdete Personen sich gegenseitig hineinsteigern und professionelle Hilfe unterbleibt. Suizidforen verbreiten zudem Hinweise auf Suizidmethoden und Beschaffungsmöglichkeiten. Eine Befragung unter Teilnehmern in Suizidforen ergab, dass die Suizidforen von den meisten eher konstruktiv und unterstützend erlebt wurden und sich die Suizidgedanken verringerten.

  Im Rahmen eines nationalen Suizidpräventionsprogramms sollen verstärkt Aufklärungskampagnen (vor allem in den Schulen) durchgeführt werden. Eine suizidverherrlichende Mediendarstellung ist zu vermeiden. Weiterhin wird vorgeschlagen, dass die Bahn die Strecken mit Zäunen absichert und an Brücken Schilder angebracht werden, die Hinweise auf Hilfsorganisationen geben.

AUFGABEN

1. Sie beobachten im Hort bei einem 13-jährigen Mädchen selbstzugefügte Schnittverletzungen am Unterarm. Was sollten Sie unternehmen?

2. Erläutern Sie Kriterien, wann eine stationäre Betreuung von Personen, die selbstschädigendes Verhalten zeigen, notwendig ist.

3. Grenzen Sie den Suizidversuch vom Parasuizid ab.

4. Zeigen Sie auf, wie das soziale Umfeld bezogen auf die drei Phasen (Erwägung, Ambivalenz und Entschluss) auf suizidbereite Personen reagieren sollte.

5. Verdeutlichen Sie, unter welchen Bedingungen kritische Lebensereignisse für Kinder und Jugendliche zur Selbsttötung führen können.

6. Erläutern Sie Möglichkeiten und Grenzen der pädagogischen Hilfe bei suizidgefährdeten Personen.

4.6 Entwicklungsstörungen

4.6.1 Regulationsstörungen

Die ersten Lebensjahre werden von einer ungeheuren Entwicklungsdynamik bestimmt. Umfangreiche Reifungsprozesse (z. B. Hirnwachstum) und physiologische Anpassungsvorgänge können zu Überlastungen und damit zu Regulationsstörungen führen (vgl. Bolten u. a., 2013).

Die erste Kommunikationsaufnahme mit der sozialen Umwelt erfolgt über das **Schreien**, um auf Bedürfnisse wie beispielsweise Hunger, Frieren und Schmerzen oder Erkrankungen aufmerksam zu machen. Das Schreien motiviert die Betreuungspersonen, die Ursache des Schreiens herauszufinden und für Abhilfe zu sorgen. Da das exzessive Schreien eines Kindes auf Probleme bei der angemessenen Verarbeitung von Reizen beruht, ordnet man das Schreien dem Störungsbild „Regulationsstörungen der sensorischen Verarbeitung“ zu.

Das relativ hohe **Schlaf**bedürfnis des Säuglings und Kleinkindes zeigt sich in gleichmäßig über den Tag verteilten Schlafphasen. Während das Neugeborene täglich bis zu 18 Stunden schläft, liegt am Ende des ersten Jahres die Schlafdauer bei ca. zwölf Stunden. Zu diesem Zeitpunkt schlafen die meisten Säuglinge auch durch. Das kindliche Schlafverhalten weist einige Besonderheiten auf. Säuglinge zeigen beim Einschlafen rhythmische Kopf- und Körperbewegungen, die einschlaffördernd wirken, aber keine krankhafte Ursache haben. Bisweilen kommt es zu Einschlafzuckungen der Arme und Beine.

Die benötigte Energie kann der Säugling in den ersten sechs Monaten z. B. durch die Muttermilch abdecken. Danach erfolgt eine schrittweise Umstellung auf feste **Nahrung** (Flüssigkeit → Brei → feste Nahrung). Kleinkinder entwickeln Vorlieben für bestimmte Geschmacksrichtungen, wobei sie sich im Allgemeinen bei der Nahrungsaufnahme an das soziale Umfeld anpassen.

Häufig treten im Säuglings- und Kleinkindalter mehrere Regulationsstörungen gleichzeitig auf.

Begriffsbestimmung

Exzessives Schreien als Form der sensorischen Regulationsstörung tritt anfallartig ohne ersichtlichen Grund bei einem körperlich gesunden Kind auf. Es versteift die Gliedmaße oder überstreckt Kopf und Rumpf, läuft hochrot an, stößt hohe schrille Schreie aus und lässt sich nicht beruhigen. Das Schreien ist dann auffällig, wenn es nach dem 3. bis 6. Lebensmonat beständig auftritt.

Schlafstörungen werden in Einschlaf- und Durchschlafstörungen unterteilt. Der Schweregrad reicht von der Auffälligkeit (perturbation) über die Störung (disturbance) bis zur Krankheit (disorder). Von einer Störung wird ausgegangen, wenn zwei bis vier Vorfälle in der Woche auftreten.

Fütter- und Essstörungen beschreiben Nahrungsverweigerungen oder extrem wählerisches Essverhalten bei einem angemessenen Nahrungsangebot ohne Vorliegen organischer Erkrankungen. Man differenziert hier zwischen Problemen beim Füttern und Essstörungen. Die Fütterstörung weist auf Probleme in der Kind-Bezugsperson-Beziehung hin, da das Kind nicht selbstständig essen kann. Bei Essstörungen kann dagegen das Kind selbstständig die Nahrungsaufnahme regulieren.

Erscheinungsformen

Bei den **Schlafstörungen** wird zwischen der Einschlaf- und der Durchschlafstörung unterschieden.

- Eine **Einschlafstörung** liegt dann vor, wenn das Einschlafen nur mit Unterstützung der Eltern (Herumtragen, Streicheln, Singen usw.) erfolgt und die Einschlafdauer mehr als 30 Minuten beträgt. Die Kinder setzen unterschiedliche Techniken (Weinen, Klammern, Rufen, nach Essen oder Getränken verlangen) ein, um das Einschlafen hinauszuzögern.
- Wenn das Kind nachts mehrmals wach wird und nicht mehr selbst einschläft, spricht man von einer **Durchschlafstörung**. Folgende Kriterien müssen dabei erfüllt sein: Der über sechs Monate alte Säugling wacht in der Nacht mindestens drei Mal auf, er benötigt elterliche Unterstützung zum Einschlafen und die nächtlichen Aufwachphasen dauern länger als 20 Minuten.

Ein- und Durchschlafstörungen treten häufig gemeinsam auf. Für die Betreuungspersonen bestehen starke psychische Belastungen.

Folgende **Fütter- bzw. Essstörungen** werden differenziert:

- Eine **Regulations-Fütterstörung** tritt auf, wenn das Kind während des Fütterns zu abgelenkt, zu unruhig oder zu schläfrig ist.
- **Interaktionsbedingte Fütterstörungen** beruhen auf einer Vernachlässigung des Kindes bzw. Verhaltensdefiziten der Eltern beim Füttern. Die Eltern gehen zu wenig auf die Signale des Kindes ein, wirken abwesend und ohne Interesse an der Interaktion mit dem Kind, füttern zu schnell oder brechen den Fütterprozess zu früh ab.
- Auf eine **frühkindliche Magersucht** weisen Nahrungsverweigerung, geringer Appetit oder mangelndes Interesse am Essen hin. Diese Form der Essstörung kann beim Übergang von flüssiger auf feste Nahrung auftreten (9. bis 18. Monat). Häufig versuchen die Eltern das Kind bei der Nahrungsaufnahme durch Spielen abzulenken oder setzen Belohnungen ein, um das Kind zur Nahrungsaufnahme zu bewegen.
- **Wahrnehmungsbedingte Nahrungsverweigerung** wird aufgrund bestimmter Nahrungsmittel, des Geschmacks, des Geruchs, der Farbe oder der Konsistenz ausgelöst. Häufig sind diese selektiven Nahrungsverweigerungen bei der Einführung von Breikost oder fester Nahrung (6. bis 10. Monat) zu beobachten. Das Kind besteht auf bestimmten Nahrungsmitteln und weigert sich, vor allem neue, empfohlene Nahrung aufzunehmen.

Häufigkeit

Exzessives Schreien tritt innerhalb der ersten drei Monate bei 16,3 % der Säuglinge auf. Im Alter zwischen drei und sechs Monaten sind es noch 5,8 % und über den 6. Lebensmonat hinaus 2,5 % der Säuglinge.

Schlafstörungen kommen im Kindes- und Jugendalter häufig vor. Bis zu 40 % der Klein- und Schulkinder haben nach Angaben der Eltern Schlafstörungen. Am häufigsten sind Albträume, Schlafwandeln und schlafbezogene Atmungsstörungen die Auslöser. Die Häufigkeit der Schlafstörungen geht mit zunehmendem Alter kontinuierlich zurück (vgl. Fricke-Oerkermann u. a., 2007, S. 3 f.).

Fütter- und Essstörungen sind bei ca. 2,5 % bis 3,0 % der Säuglinge nachweisbar. Betroffene Säuglinge weisen bis zum Jugendalter vermehrt Essstörungen auf (vgl. Bolten u. a. 2013, S. 25). Ess- und Fütterprobleme treten entwicklungsbedingt bei ca. 25 % aller Kinder auf. Liegen Behinderungen und Entwicklungsstörungen vor, erhöht sich das Auftreten auf bis zu 80 %.

Erfassung

Die Diagnostik umfasst drei Schwerpunkte: Beurteilung des Schweregrads der Regulationsstörung, Erfassung der Entwicklungsgeschichte und die Bestimmung von Einflussgrößen, die zur Aufrechterhaltung der Störung beitragen.

Zur **Beurteilung des Schweregrads** werden Schrei-, Schlaf und Füttertagebücher eingesetzt sowie die Ergebnisse der Anamnese herangezogen. Die **Entstehung der Störung** kann durch Beobachtung der Eltern-Kind-

Interaktion, medizinische Untersuchungen sowie die Anamnese abgeklärt werden. Die **störungsaufrechterhaltenden Einflussgrößen** werden mithilfe von Fragebögen und Einschätzskalen zur Eltern-Kind-Beziehung und zur Bewertung des kindlichen Temperaments sowie durch Beobachtungen im häuslichen Umfeld erfasst.

Bei Schlafstörungen werden die Schlafgewohnheiten (Dauer der Durchschlafphasen, Aufwachhäufigkeit, Rituale, Beruhigungshilfen) anhand von speziellen Schlaftagebüchern protokolliert. Außerdem kommen Wochenprotokolle und Videoaufzeichnungen zum Einsatz.

Zur Ursachenabklärung sind bei Fütter- und Essstörungen medizinische Abklärungen unerlässlich, da Mangelernährung und drohendes Untergewicht zu vermeiden sind. Deshalb sollten Gewichts- und Wachstumsprozesse zur Verlaufskontrolle dokumentiert und Ernährungsprotokolle erstellt werden, um Entwicklungsstörungen frühzeitig zu erkennen. Die Diagnostik bei interaktionsbedingten Fütterstörungen erfolgt durch Beobachtungsverfahren und Fragebögen.

Erklärungsansätze

Bei der Entstehung und Aufrechterhaltung von Regulationsstörungen spielen das Zusammenwirken von mangelnder Verhaltensregulation des Kindes, die psychosoziale Überlastung der Eltern, die an ihrer Erziehungskompetenz zweifeln, und die elterlichen Verhaltensweisen eine große Rolle.

Trias der frühkindlichen Regulationsstörungen

Sensorische Regulationsstörung „exzessives Schreien“

Säuglinge sind nicht in der Lage, innere Erregungszustände eigenständig zu regulieren. Sie reagieren sehr empfänglich und sensibel auf Reize, sind aber nicht fähig, diese zu filtern. Dadurch können sie nicht abschalten und sind schreckhaft. Im Durchschnitt schlafen diese Säuglinge 1,5 Stunden weniger als jene ohne Schreiproblematik. Die verkürzte Schlafdauer führt zu Übermüdung, deshalb treten die Schreiphasen verstärkt in den Abendstunden auf (vgl. Bolten u. a., 2013). Innerhalb der ersten drei Monate stehen bei dem Säugling physiologische Anpassungsprozesse an die Umwelt wie Wärmeregulation oder Nahrungsaufnahme im Vordergrund, sodass exzessives Schreien auf Anpassungsprobleme hinweist. Erst wenn das exzessive Schreien nach dem sechsten Monat weiterhin besteht, sind gezielte Hilfen angebracht. Störungen im Magen- und Darmbereich als Auslöser des exzessiven Schreiens, sog. Kolikschreien, konnten lediglich bei 10 % der betroffenen Säuglinge nachgewiesen werden.

Schlafstörungen

Die Erklärungsansätze zu den Schlafstörungen sind sehr vielfältig und reichen von organischen Ursachen, kindlichen Temperamentseigenschaften bis hin zum Fehlverhalten der Eltern (z. B. fehlende Einschlafrituale). Betroffene Kinder zeigen Widerstand gegen das Zubettgehen, da dieses für das Kind eine Trennung bedeutet, durch die Verlassenheitsgefühle und Ängste ausgelöst werden. Auch ungünstige Umgebungseinflüsse und Wohnbedingungen wie Licht- und Lärmbelästigungen oder Hitze können Schlafstörungen auslösen. Zusätzlich sind bei ca. 50 % der Kinder mit einer Aufmerksamkeitsdefizit-/Hyperaktivitätsstörung (ADHS) Ein- und Durchschlafstörungen zu beobachten, was darauf hinweist, dass beiden Störungsformen neurophysiologische Ursachen zugrunde liegen.

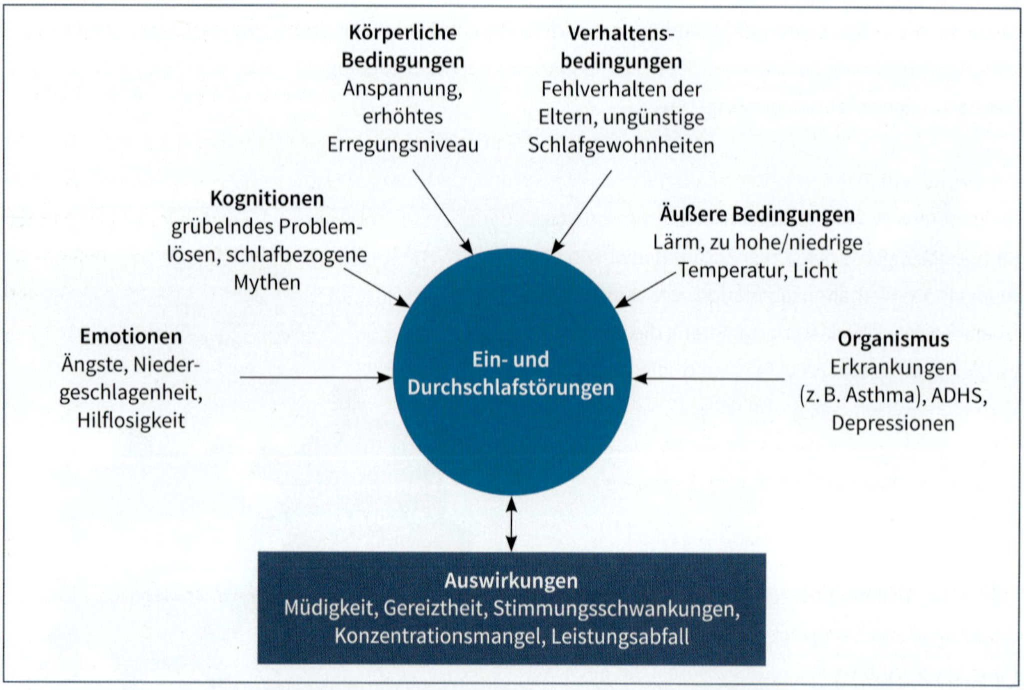

Entstehung und Aufrechterhaltung von kindlichen Schlafstörungen *(Quelle: Fricke und Lehmkuhl, 2006, S. 33)*

Fütter- und Essstörungen

Kind- und elternbezogene Auslöser sind meist organisch bedingt. Vor allem der Rückfluss von Magenflüssigkeit in die Speiseröhre (Reflux), Saugstörungen und Fehlbildungen des Nasen- und Rachenraums verursachen Fütterstörungen, seltener sind Nahrungsmittelallergien auslösend. Auf Elternseite beeinflussen psychische Erkrankungen (z. B. Depressionen), mütterliche Essstörungen und eine schwierige Eltern-Kind-Beziehung die Störungen bei der Nahrungsaufnahme. Problematisches Elternverhalten wie Laufenlassen des Fernsehers beim Essen, Spielen und strafende Maßnahmen (Entzug des Nachtisches, Drohen, dass Kind zum Essen zwingen oder gar Schlagen) verfestigen Fütterstörungen.

Hilfen

Die verhaltenstherapeutischen Hilfen zielen auf ein besseres Regulationsverhalten des Kindes, ein positives Interaktions- und Beziehungsverhalten der Bezugspersonen und somit auf deren Entlastung ab.

Exzessives Schreien

Hier unterscheidet man verschiedene Möglichkeiten wie Entwicklungsberatung, Hilfen zur Entlastung der Eltern, die Verminderung des Reizangebots für das Kind und den Aufbau von geregelten Tagesstrukturen sowie Maßnahmen zur Durchbrechung negativer Eltern-Kind-Interaktionsmuster (vgl. Bolten u. a., 2013, S. 47 f.).

Durch familienentlastende Hilfen, sozialpädagogische Familienhilfe oder Möglichkeiten zur Erholung sollten die Eltern die erforderliche Entlastung erhalten. Hier werden Eltern angeleitet, einen regelmäßigen, altersentsprechenden Wach-Schlaf-Rhythmus in einem klar strukturierten Umfeld aufzubauen. Um eskalierende Interaktionsmuster zu vermeiden, werden ihnen wirksame Beruhigungsstrategien vermittelt, d. h., das Kind erhält weniger Aufmerksamkeit, wenn es schreit und quengelt, und verstärkt Zuwendung für angemessenes Verhalten. Die Eltern werden für das frühzeitige Erkennen von Schmerzen, Hunger, Langeweile, Überreizung und Übermüdung sensibilisiert. Ansätze zur Selbstregulierung vonseiten des Kindes (z. B. an den Fingern saugen) werden positiv verstärkt.

Bei exzessivem Schreien sind folgende Maßnahmen angebracht:

- Den Säugling durch körperliche Nähe beruhigen.
- Selbst ruhig und dem Kind zugewandt bleiben; wenn dies nicht möglich ist, andere Personen hinzuziehen, die auf das Kind eingehen.
- Überreizung (z. B. Schaukeln, Hüpfen, Lärmquellen einschalten) vermeiden, da unruhige Säuglinge über eine geringe Reizschwelle verfügen. Eine reizarme Umgebung herstellen.
- Den Säugling nicht schütteln, da das Kind ruckartige Kopfbewegungen nicht ausgleichen kann. Die Nackenmuskulatur ist zu wenig ausgebildet und es besteht die Gefahr, dass es zu Rissen in den feinen Blutäderchen kommt.
- Strukturierte Tagesabläufe mit festen Ritualen und Zeiten schaffen.

Schlafstörungen

Die von dem Schlafforscher Richard Ferber (2006) entwickelte „Ferber-Methode“ enthält Einschlafrituale, die sowohl eine Reizverminderung in der Einschlafsituation als auch eine Konditionierung des Kindes auf die Schlafsituation umfassen. Beginnt das Kind zu schreien, wird mit ihm in festgelegten Abständen unabhängig von der Schreiintensität Kontakt aufgenommen (Dauer: 15 Sekunden bis eine Minute), um ihm die Sicherheit zu geben, dass die Bezugsperson anwesend ist. Wacht das Kind nachts auf, wird mit ihm zwar Kontakt aufgenommen, aber es wird nicht aus dem Bett genommen und das Licht bleibt aus. Der Tagesablauf wird rhythmisiert und damit für das Kind übersichtlich organisiert. Tagsüber wird darauf geachtet, dass das Kind nicht überreizt wird. Entspannungsverfahren, die auch zum Angstabbau beitragen, können bei Ein- und Durchschlafstörungen eingesetzt werden. Angstreduzierend sind allgemeine Maßnahmen wie ein Nachtlicht.

Bei der Methode „faded bedtime" wird das Kind erst zu einem späteren Zeitpunkt zu Bett gebracht. Die Schlafenszeit wird jeweils schrittweise um jeweils 15 bis 30 Minuten nach vorne verlegt; tagsüber soll das Kind nicht schlafen.

Zum Aufbau eines angemessenen Schlafverhaltens geben Fricke-Oerkermann u. a. (vgl. 2007, S. 126 f.) folgende Empfehlungen:

- Einführung eines Einschlafrituals (maximale Dauer: 30 Minuten)
- Herstellen einer angenehmen Schlafsituation (angenehme Raumtemperatur, Abschirmung von störenden Licht- und Lärmquellen im Schlafbereich)
- Einhalten eines geregelten Tagesablaufs
- kein Abendessen direkt vor dem Zubettgehen
- Vermeidung von nächtlichem Essen
- keine Einnahme von koffein- oder teinhaltigen Getränken (z. B. Cola) am Nachmittag und Abend
- Mittagsschlaf nicht nach 15:00 Uhr
- Schlafen und Zubettgehen nie als Bestrafung
- kein Fernsehgerät, Computer oder Videogerät im Zimmer
- Bett ausschließlich als Schlafplatz, Schlafengehen und Bett als Einheit miteinander verbinden
- Vermeidung von Überreizung vor dem Zubettgehen (z. B. körperlich anstrengende Tätigkeiten oder aufwühlende Reize wie Krimis, Gespenstergeschichten)
- kein Rauchen im Kinderzimmer

Fütter- und Essstörungen

Da Fütter- und Essstörungen sehr komplex sind und ihre Behandlung sehr langwierig ist, kommen verschiedene Therapieverfahren zum Einsatz. Im Säuglingsalter werden Still- und Ernährungsberatung angeboten, die sich auf das Erkennen von kindlichen Signalen, Haltepositionen oder die Koordinationsprobleme beim Saugen und Atmen beziehen. Das Einhalten von folgenden allgemeinen Essensregeln nach Bernard-Bonnin (2006) wird den Eltern nahegelegt:

- feste Mahlzeiten in einem rhythmisierten Tagesablauf möglichst gemeinsam mit anderen Familienmitgliedern (Lernen am Modell, soziale Verstärkung) einnehmen
- außer Wasser und (ungesüßtem) Tee kein Nahrungsangebot zwischen den Mahlzeiten zulassen
- Einnahme der Mahlzeiten sollte maximal 30 Minuten dauern
- entspannte, angenehme Essensatmosphäre herstellen
- kein Essen erzwingen oder schnelle Nahrungsaufnahme einfordern
- Essen nie als Belohnung oder Essensentzug als Bestrafung einsetzen

- kleine Portionen mit Nachschlagmöglichkeit anbieten
- das Kind bestimmen lassen, ob und wie viel es isst
- zuerst feste Nahrung und später Flüssigkeiten anbieten
- aktives Essen des Kindes unterstützen
- den Mund nur nach Ende der Mahlzeiten abwischen
- das Essen nach 5–10 Minuten wegräumen, falls das Kind am Tisch spielt
- die Mahlzeiten sofort beenden, wenn das Kind das Essen in Wut umherwirft

Ein auf den Entwicklungsstand des Kindes orientiertes und individuell mit den Eltern abgestimmtes Vorgehen wird festgelegt.

Tiefenpsychologische Erklärungsansätze gehen davon aus, dass durch die Überforderung eigene Kindheitserfahrungen der Eltern wachgerufen und dadurch ungünstige Verhaltensweisen ausgelöst werden. In der Therapie wird deshalb Zugang zu inneren Konflikten gesucht, die sich auf die Eltern-Kind-Beziehung negativ auswirken. Diese inneren Konflikte und unbewussten Phantasien werden wieder aktualisiert und aufgearbeitet.

4.6.2 Sprach- und Sprechstörungen

Bei Eltern und pädagogischen Fachkräften hat sich die Sensibilität gegenüber Sprach- und Sprechauffälligkeiten bei Kindern in den letzten Jahren erhöht. Es besteht ein zunehmendes Interesse an einer Früherkennung, um Fehlentwicklungen rechtzeitig entgegenzuwirken. Da Kinder jedoch in ihrer Sprachentwicklung sehr unterschiedlich sind, kann erst ab dem vierten Lebensjahr eine Sprach- und Sprechstörung eindeutig bestimmt werden. Die Grenzen zwischen einer normalen und einer gestörten Sprachentwicklung sind fließend. Es ist häufig unklar, inwieweit die Sprach- und Sprechauffälligkeiten alters- und entwicklungsbedingt normal sind oder bereits gezielte Fördermaßnahmen erforderlich werden.

Erscheinungsbild

Die verschiedenen Formen von Beeinträchtigungen, die im Folgenden differenziert dargestellt werden, können bei sprachbeeinträchtigten Kindern nicht immer eindeutig klassifiziert werden. Die sprachliche Entwicklung und die sprachlichen Beeinträchtigungen sind sehr personenspezifisch, sodass die Hilfen und Fördermaßnahmen für die Person mit Sprachauffälligkeiten individuell zu gestalten sind.

Folgende Anzeichen weisen auf eine Sprachbeeinträchtigung hin (vgl. Buschmann und Jooss, 2011, S. 22):

Altersbereich	Anzeichen
Säuglingsalter (bis ein Jahr)	▪ Säugling schreit nicht ▪ geringes Interesse an Sprache ▪ selten Interaktionen über Blickkontakt ▪ keine Reaktionen auf Hören des eigenen Namens
frühes Kleinkindalter (1–3 Jahre)	▪ **Sprachverständnis:** > scheinbares Nichtzuhören bei direkter Ansprache > keine oder vorschnelle Reaktion auf Anweisungen > starke Beachtung der Mimik und Gestik des Sprechenden ▪ **Phonetik:** undeutliche, schwer verständliche Aussprache ▪ **Semantik:** > später Sprechbeginn (erste Wörter nach 18. Lebensmonat) > verlangsamter Aufbau des Wortschatzes ▪ **Syntax:** keine Bildung einfacher Sätze
Kleinkindalter (3–6 Jahre)	▪ **Sprachverständnis:** > geringes Interesse am Vorlesen oder an Bilderbuchbetrachtung > scheinbares Nichtzuhören bei direkter Ansprache > Orientierung an Mimik und Gestik des Sprechenden > Ja-Sage-Tendenz im Gespräch auch beim Nichtverstehen des Gehörten > keine oder vorschnelle Reaktion auf Anweisungen > Probleme bei der Lauterkennung, bei Lautfolgen und bei der Unterscheidung ähnlich klingender Laute ▪ **Phonetik:** > unsaubere Artikulation; Kind wird nicht von Fremden verstanden > Echolalie – schnelles, direktes Wiederholen des Gehörten ▪ **Semantik:** > Verwendung von „Passe-Partout-Wörtern“ (Platzhaltewörter) wie „das“, „da“, „dort“, „dings“, die ungenau bleiben und vielfältig einsetzbar sind > verlangsamter Aufbau des Wortschatzes ▪ **Syntax:** > einfache Sätze mit fehlerhafter Satzstruktur > Verwendung von „inhaltsleeren“, floskelhaften Sätzen mit starren Wortkombinationen („tun wir“, „komm mit“, „mach mal“)

Altersbereich	Anzeichen
Schulkindalter (6–12 Jahre)	▪ **Sprachverständnis:** > visuelle Orientierung statt sprachlicher Aufmerksamkeit > ungenaue Antworten auf Fragen > Probleme beim Verstehen von schwierigen Satzstrukturen bzw. komplexen Anweisungen > Ja-Sage-Tendenz bei mangelhaftem Verständnis des Gehörten ▪ **Semantik** > geringer Wortschatz > Wortfindungsprobleme ▪ **Syntax:** > stereotype Verwendung einfacher Sätze mit fehlerfreier Satzstruktur > seltene Bildung von Nebensätzen

Kinder entwickeln verschiedene Strategien, um ihre sprachlichen Schwächen zu kompensieren. Sie achten bei der Kommunikation verstärkt auf Gestik und Mimik des Sprechenden und haben gelernt, den Kontext beim Verstehen des Gehörten zu berücksichtigen. Bei Verständnisproblemen signalisieren sie Zustimmung (Ja-Sage-Tendenz), verwenden Floskeln oder Platzhaltewörter wie „dings“, „das“ (Passe-Partout-Wörter). Sie vermeiden Sprechsituationen, indem sie sich nicht an Gesprächen beteiligen oder in der Schule keine Fragen des Lehrers beantworten.

Es besteht eine deutliche Wechselbeziehung zwischen Sprachstörungen und Verhaltensauffälligkeiten. Je stärker die sprachlichen Fähigkeiten eingeschränkt sind, umso größer ist die Wahrscheinlichkeit, dass Störungen im Sozialverhalten oder soziale Unsicherheiten auftreten. Die Sprach- und Sprechstörungen haben soziale Konsequenzen, da Interaktionen vermieden werden. Beeinträchtigungen der Sprach- und Sprechfähigkeiten führen zu Kommunikationsbehinderungen. Um negative Konsequenzen zu vermeiden, ziehen sich die betroffenen Kinder zurück. Sie vermeiden Situationen, in denen ihre Sprachauffälligkeiten deutlich werden. Sie beteiligen sich nicht an Gesprächen, vermeiden Gruppenaktivitäten oder melden sich nicht in der Schule. Die eingeschränkte Kommunikation beeinflusst die soziale Einstellung der Peer-Beziehungen. Kinder mit Sprachauffälligkeiten sind vermehrt in einer Außenseiterposition zu finden und werden häufiger gemobbt als andere Kinder.

Eine Einordnung der verschiedenen Formen von Sprachbeeinträchtigungen erlaubt das System von Peuser, das zwischen zentralen und peripheren Störungen des Sprachbesitzes und Spracherwerbs unterscheidet:

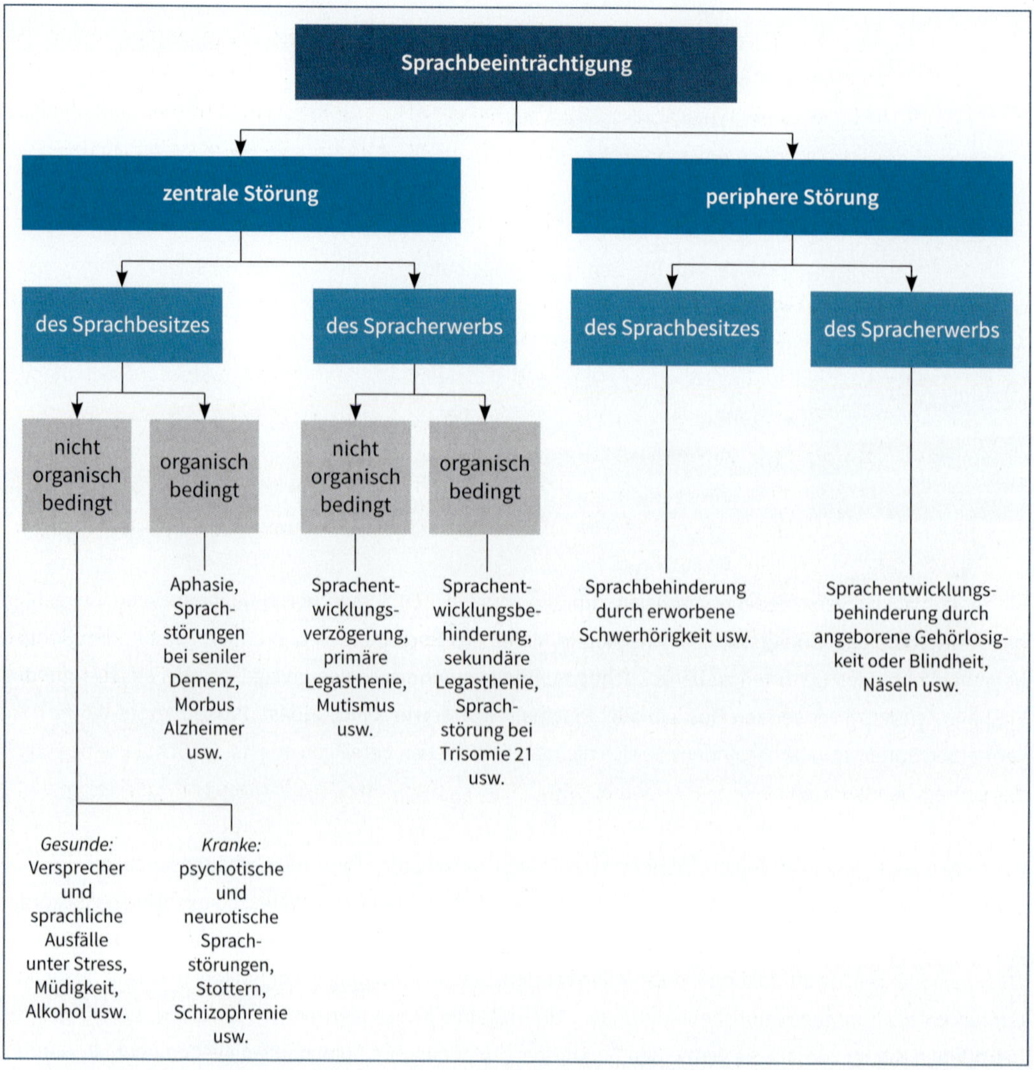

(Quelle: Peuser, 2000, S. 12)

Häufigkeit

Die Angaben zu dem Ausmaß von Sprachbeeinträchtigungen sind sehr ungenau, da sich die Bestimmung schwierig gestaltet. Homburg und Teumer weisen bereits 1989 auf folgende Probleme hin:

- Sprachauffälligkeiten sind altersabhängig.
- Häufigkeitsangaben sind stark von den Erhebungsinstrumenten abhängig (z. B. Befragung von pädagogischen Mitarbeiterinnen, Auswertung von Statistiken der Erziehungsberatungsstelle, Untersuchungen in Schulen).

- Ausmaß und Umfang der diagnostizierten Sprachstörung werden von den Bezugsnormen des jeweiligen Untersuchers bestimmt.
- Die Stärke der Kommunikationsbeeinträchtigung kann nicht objektiv bestimmt werden, da sich die Kommunikationspartner an die Sprachauffälligkeit gewöhnen und andere Kommunikationswege nutzen.
- Das Ergebnis wird nicht zuletzt von der Intention der Befragung bestimmt.

Unter Berücksichtigung dieser Einschränkungen gelangen die Autoren zu folgenden Einschätzungen über das Ausmaß der Sprachstörungen in verschiedenen Altersbereichen:

- 30 % der Kinder bis zum vierten Lebensjahr weisen behandlungsbedürftige Symptome auf.
- 8 %–13 % der Kinder im Vorschul- und Einschulungsalter bedürfen sprachheiltherapeutischer Hilfe.
- 1,5 % der schulpflichtigen Kinder sind therapiebedürftig.
- 1,5 % der Erwachsenen können als sprachgestört eingestuft werden. Mit zunehmendem Alter geht die Zahl der entwicklungsabhängigen Störungen zwar zurück, doch es kommen organisch und psychisch bedingte Sprachauffälligkeiten hinzu.

Ein Drittel der Schulanfänger ist sprachauffällig. Im Alter von sechs Jahren waren 2005 ca. 18 % der Jungen und 12 % der Mädchen in logopädischer Behandlung. Im Jahr 2010 stieg die Zahl der sprachtherapeutisch behandelten Jungen auf 23 % und die der Mädchen auf 16 % an (vgl. Suchodoletz, 2013).

Für die verschiedenen Sprachstörungen nennt Bleidick (vgl. Schmutzler, 2005[6]) folgende Häufigkeiten:

23,4 %	Sigmatismus bzw. Lispeln
5,6 %	Stammeln
2,5 %	Stottern
2,1 %	Stimmstörungen
1,6 %	Näseln

Die Sprachbeeinträchtigungen treten bei Jungen häufiger auf als bei Mädchen. Besonders starke Unterschiede bestehen beim Stottern: Das Verhältnis von Jungen zu Mädchen liegt bei 3 : 1.

Erfassung

Zur Diagnostik der Sprachbeeinträchtigung ist ein interdisziplinäres Vorgehen unerlässlich, das die medizinischen und psychosozialen Aspekte sowie eine möglichst umfassende und objektive Erfassung der Sprachbeeinträchtigung berücksichtigt. Die nachfolgende Übersicht verdeutlicht die verschiedenen Ansatzpunkte der Diagnostik und nennt die Zuständigkeiten bei der Überprüfung:

Diagnosebereich	Verfahren	Zuständigkeit
Organischer Bereich: Funktionstüchtigkeit ▪ des Gehirns ▪ des Hörens ▪ der Sprechorgane Sprachschwächetyp	 EEG Hörprüfung Untersuchung Anamnese	 Facharzt für Neurologie Facharzt für Hals-Nasen-Ohren-Heilkunde (HNO)
Soziokulturelle Einflüsse: Sprachmodelle, -anregung traumatische Erlebnisse	 Anamnese, Hausbesuch, Beobachtung Anamnese, Test	 z. B. Psychologe, Heilpädagoge, Sprachheiltherapeut
Situative Komponenten: Sprechsituation	 Beobachtung	 z. B. Psychologe, Heilpädagoge, Sprachheiltherapeut
Persönlichkeitsfaktoren: Ängstlichkeit, Impulsivität, Introversion Intelligenz, Lernfähigkeit	 Test, Anamnese Test	 Psychologe Psychologe
Sprachbeeinträchtigung: Stottern, Stammeln etc.	 Beobachtung Test	 Psychologe Logopäde Sprachheiltherapeut

Die jeweiligen Fachärzte überprüfen die **organische Leistungsfähigkeit**. Neben der Untersuchung des Zentralnervensystems erfolgen Hör- und Sehprüfungen, eine Untersuchung der Artikulationsorgane, die Erfassung der Sensomotorik und die Überprüfung von organischen Veränderungen wie Wucherungen oder eine Gaumenspalte. Probleme bestehen bei der Bestimmung des Sprachschwächetyps. Aufgrund der Anamnese gibt es zwar Anhaltspunkte für eine sprachliche Schwäche bei anderen Familienmitgliedern, eine eindeutige Zuordnung zum organischen Bereich kann daraus jedoch nur mit Einschränkungen abgeleitet werden. Die Trennung von vererbter Sprachschwäche und ungünstigen Sozialisationsbedingungen durch das schlecht sprechende Familienmitglied gelingt kaum.

Die **Anamnese** gibt zahlreiche diagnostische Hinweise auf die Entwicklung der sprachlichen Auffälligkeiten, auf mögliche Entstehungsbedingungen und -zeiträume sowie auf die familiäre Situation, in der das Kind aufwächst. Die Anamnese lässt auch Aussagen über das Erziehungsverhalten und die Erziehungseinstellung der Eltern zu. Von besonderer Bedeutung sind die Fragen: Wie gehen die Bezugspersonen mit der Sprachauffälligkeit des Kindes um? Wie kommuniziert das Kind? Welche Maßnahmen wurden bislang ergriffen? Welche Veränderungen, Verbesserungen oder Verschlechterungen sind daraufhin eingetreten?

Mit speziellen **Testverfahren** kann festgestellt werden, wie stark die Sprachbeeinträchtigung ist. Mithilfe der Patholinguistischen Diagnostik bei Sprachentwicklungsstörungen (vgl. Kauschke/Siegmüller, 2010[2]) und der Pyrmonter Aussprache-Prüfung (vgl. Babbe, 2003) können die Artikulation und phonologische Aussprachestörungen diagnostiziert werden. Der Marburger Sprachverständnistest für Kinder (vgl. Elben/Lohaus, 2000) ermöglicht Aussagen zum sprachlichen Entwicklungsstand eines Kindes. Auditive Testverfahren überprüfen das akustische Diskriminationsvermögen. Zur Erfassung der Intelligenz und des Leistungsvermögens liegen zahlreiche Verfahren vor, die auch eine sprachfreie Messung der Intelligenz erlauben. Persönlichkeitstestverfahren (projektive Tests und Fragebogenverfahren) geben Auskunft über die Persönlichkeitsstruktur, Ängstlichkeit und traumatische Erlebnisse der Befragten. Diese Testverfahren setzen in der Regel ein bestimmtes Mindestalter voraus, sodass sich der Diagnostiker bei der Überprüfung von Kleinkindern auf Beobachtungsergebnisse beschränken muss.

Sprachauffälligkeiten können mit strukturierten Beobachtungsinstrumenten genau erfasst werden. So kann durch das Nachsprechen von Prüfwörtern das Ausmaß der Beeinträchtigung abgeleitet werden. Die Beobachtung kann in verschiedenen Sprechsituationen wie einem Telefongespräch, dem Ablesen eines Textes, Spontansprache oder dem Sprechen vor anderen erfolgen und Hinweise dafür geben, in welchen Situationen es zu Sprachauffälligkeiten kommt. Mithilfe von Sprachscreenings können bei Vorsorge- oder Einschulungsuntersuchungen Risikokinder frühzeitig erkannt werden. Bei einem Verdacht auf eine Sprachstörung sollten genauere sprachdiagnostische Untersuchungen eingeleitet werden, um möglichst früh eine Behandlung durchführen zu können. Sprachentwicklungsverzögerungen können durch Sprachscreenings bereits am Ende des zweiten Lebensjahres zuverlässig erkannt werden. Sprachbeobachtungen sollten auch die Erzieher in der Krippe und der Kindertagesstätte in den pädagogischen Alltag integrieren, indem sie den Spracherwerbsverlauf kontinuierlich verfolgen und dokumentieren, um auf Abweichungen und Risikofaktoren frühzeitig reagieren zu können.

Erklärungsansätze

Die verschiedenen Einflussbereiche können in vier Feldern zusammengefasst werden:

organische Ursachen
(z. B. Funktionstüchtigkeit des Zentralnervensystems, der sensorischen Bahnen und der motorischen Steuerung; Sprachschwächetyp)

soziokulturelle Einflüsse
(z. B. Sprachvorbilder der Person, Sprachanregung und -förderung, Schule, Dialekt, Verhalten von Bezugspersonen, traumatische Erlebnisse)

Sprachbeeinträchtigung

situative Komponenten
(z. B. Sprechanlass und Sprechsituation, Erwartungen an den Sprechenden)

Persönlichkeitsfaktoren
(z. B. allgemeine Ängstlichkeit, Impulsivität – Reflexivität, Introversion – Extraversion, Lernfähigkeit, Intelligenz)

Organische Ursachen

Die Entwicklung und der Einsatz der Sprache sind von der organischen Reizaufnahme, der Reizverarbeitung im Gehirn und der Steuerung der Sprechmotorik abhängig. Die Verarbeitung von sprachlichen Informationen erfolgt in einer der beiden Hirnhälften. Bei rechtshändigen Personen entwickelt sich das Sprachzentrum in der linken Hirnhälfte (Hemisphäre).

Linke Hemisphäre	Rechte Hemisphäre
sequenzielle, serielle Sprachverarbeitung	gleichzeitige, parallele Sprachverarbeitung
▪ Analyse der Laute und Grammatik ▪ Erfassen von Wörtern mit abstrakter Bedeutung ▪ Analyse von Wortbedeutungen ▪ sprachliches Gedächtnis ▪ sprachliches Bewusstsein ▪ Planung von und Kontrolle über sprechmotorische Abläufe ▪ Analyse zeitlicher Abläufe ▪ Detailanalyse	▪ Analyse von Schriftzeichen ▪ Erfassen von Wörtern mit konkreter Bedeutung ▪ Analyse des stimmlichen Ausdrucks ▪ nicht sprachliches Bewusstsein ▪ zeitliche Integration von parallelen Abläufen ▪ Erfassen von Emotionen und Interaktionsprozessen ▪ ganzheitliches Erkennen und Verarbeiten

Soziokulturelle Einflüsse

Die Sprachentwicklung wird von den Bezugspersonen und Medien beeinflusst. Die Lautdiskriminierung wird erschwert, wenn beispielsweise dialektbedingt klangähnliche Laute nicht differenziert sowie Endungen verschluckt und undeutlich gesprochen werden. Wichtig sind die sprachlichen Impulse und Korrekturen, die das sprachauffällige Kind in der Familie, in der Kindertagesstätte und in der Schule erfährt. Für die Entstehung von Sprachbeeinträchtigungen sind manchmal auch traumatische Erlebnisse, die das Kind nicht angemessen verarbeiten kann, verantwortlich.

Situative Komponenten

Das Auftreten bestimmter Auffälligkeiten wie Stottern und Mutismus verändert sich in verschiedenen Situationen. Die Anwesenheit von fremden oder vertrauten Personen, die Bedeutung des Sprachbeitrags in verschiedenen Sprechsituationen (z. B. Vortrag vor einer fremden Gruppe, Erzählen eines Witzes) oder die erwarteten Reaktionen auf mögliche Fehler verursachen Anspannungen, die zu einer erhöhten Fehlerquote, zum Stottern oder zum Schweigen führen können.

Persönlichkeitsfaktoren

Untersuchungen belegen den Zusammenhang zwischen einigen Sprachauffälligkeiten und der Persönlichkeit des Sprechenden. Ängstliche Personen entwickeln teilweise ausgeprägte Erwartungs- und Versagensängste. Die dadurch ausgelöste innere Anspannung kann zu Blockaden und im Sinne der sich selbst erfüllenden Prophezeiung zum Auftreten von Sprachproblemen führen. Impulsive Personen neigen zum Überstürzen der Rede, was sich zum Poltern verfestigen kann. Von besonderer Bedeutung sind die Leistungsfähigkeit und die Intelligenz. Sprachliche Leistungen (z. B. Erkennen und Anwenden von grammatikalischen Regeln, Umfang des Wortschatzes, fehlerfreie Rechtschreibung) stehen in direkter Beziehung zum geistigen Entwicklungsstand und Denkvermögen einer Person.

Mehrsprachigkeit

Häufig wird die Mehrsprachigkeit als Verursacher von Sprachbeeinträchtigungen genannt, was sich aber wissenschaftlich nicht belegen lässt. Besondere Beachtung soll auf den gleichzeitigen (simultanen) Spracherwerb gelegt werden, da in Deutschland ein Drittel der Kinder mehrsprachig aufwächst (Alter unter 5 Jahren: 35 %, Alter 5–10 Jahre: 32 % mehrsprachige Kinder). Folgende **Fehleinschätzungen** sind zu finden und zu korrigieren (vgl. Wendlandt, 2006[5]; Scharff Rethfeldt, 2013):

- **„Mehrsprachigkeit begünstigt Sprachstörungen“:** Die Mehrsprachigkeit verursacht keine Sprachstörungen. Mehrsprachig Aufwachsende, die ein besseres Sprachbewusstsein entwickeln, unterscheiden sich hinsichtlich Sprachstörungen nicht von einsprachig Aufwachsenden.
- **„Mehrsprachigkeit führt zu Sprachentwicklungsverzögerungen“:** Alle Kinder unterscheiden sich in ihrem Sprachbeginn. Mehrsprachig aufwachsende Kinder beginnen nicht später zu sprechen und unterscheiden sich hinsichtlich der Geschwindigkeit in der Sprachentwicklung nicht von anderen Kindern.
- **„Sprachauffälligkeiten bei mehrsprachigen Kindern verlieren sich mit zunehmendem Alter“:** Kinder, die mehrsprachig aufwachsen, sollten die dominierende Sprache altersgerecht beherrschen. Mit Abwarten verhindert man eine frühzeitige Diagnose und Behandlung bei Sprachbeeinträchtigungen, die auch mehrsprachig Aufwachsende betreffen können.

- **„Sprachauffälligkeiten in der Zweitsprache weisen auf eine allgemeine Sprachschwäche hin":** Diese Vermutung lässt sich nicht bestätigen. Sprachstörungen zeigen sich in der Regel gleichermaßen in der Erst- und Zweitsprache.
- **„Mit dem Kind muss Deutsch gesprochen werden":** Diese Forderung ist, wenn die Zweitsprache Deutsch ist, unsinnig. Die gute Beherrschung der Erstsprache ist eine Voraussetzung, damit auch die Zweitsprache unproblematisch erworben werden kann. Die Eltern sollten deshalb ermuntert werden, dem Kind die fremdsprachliche Muttersprache zu vermitteln.
- **„Das Kind wird durch mehrere Sprachen verwirrt":** Studien belegen, dass Mehrsprachigkeit nicht zu Verwirrungen führt. Ein Mehrsprachiger lernt nicht zwei Einzelsprachen, sondern entwickelt ein ganzheitliches Sprachsystem, in dem beide Sprachen integriert sind. Mehrsprachige Kinder zeigen dabei mehr Sprachaufmerksamkeit, sind flexibler bezüglich Kommunikation und Denkstrukturen und zeigen sich offen gegenüber anderen Sprachen und Kulturen. Das „Zeitfenster Spracherwerb" wird bei der Mehrsprachigkeit gut genutzt.
- **„Die Zweisprachigkeit sollte ausgewogen sein":** Die beiden Sprachen sind in der Regel nicht gleich stark. Eine Sprache dominiert, wobei sich die dominierende Sprache bei mehrsprachigen Menschen im Verlauf des Lebens mehrmals ändern kann.

Hilfen bzw. Fachdienste

Im Hinblick auf eine abgestimmte und erfolgreiche Behandlung von Sprachbeeinträchtigungen ist die Kooperation mit den speziellen Fachdiensten unbedingt notwendig. **Logopäden** gehören zur Gruppe der nicht ärztlichen Heilberufe. Sie beschäftigen sich mit allen Störungsformen der Stimme, der Sprache, des Sprechablaufs und des Hörens. In Zusammenarbeit mit dem behandelnden Arzt werden diagnostische und therapeutische Maßnahmen ergriffen. Die dreijährige Ausbildung zum/-r staatlich anerkannten Logopäden/Logopädin erfolgt an Fachschulen. Danach ist eine freiberufliche Tätigkeit in der eigenen Praxis oder eine Anstellung in einer Klinik möglich.

Der/die diplomierte **Sprachheilpädagoge/Sprachpädagogin** arbeitet sowohl im klinischen Bereich, in Sprachheilzentren, in sonderpädagogischen Einrichtungen als auch freiberuflich in einer eigenen Praxis.

Nach einem mindestens achtsemestrigen Universitätsstudium beschäftigt er/sie sich mit der Rehabilitation von sprachbeeinträchtigten Klienten.

Eine Ausbildung zum **Sonderschullehrer/zur Sonderschullehrerin für Sprachbehinderte** erfolgt in Verbindung mit einer Lehrerausbildung. Neben der Unterrichtstätigkeit an entsprechenden Sonderschulen können Sonderschullehrerinnen auch im Bereich der Früherfassung und Frühbetreuung in Beratungsstellen oder Schulkindergärten eingesetzt werden.

In einigen Bundesländern besteht die Möglichkeit, zur **Atem-, Sprech- und Stimmlehrkraft** ausgebildet zu werden (Dauer: drei Jahre). Sie arbeiten in Kliniken oder in freiberuflicher Praxis. Darüber hinaus können sie auch an Musikhochschulen und Schauspielschulen tätig sein. Die Ausbildung zum **Sprachtherapeut/zur Sprachtherapeutin** wird in Niedersachsen angeboten und dauert zwei Jahre. Das Einsatzgebiet entspricht dem des Logopäden.

Innerhalb der Ausbildung zum Facharzt/zur Fachärztin für Hals-Nasen-Ohren-Heilkunde (HNO) besteht die Spezialisierungsmöglichkeit zum **Facharzt/zur Fachärztin für Sprach- und Stimmheilkunde (Phoniater/-in).** Zu den ärztlichen Aufgaben gehören vor allem die Diagnostik und die Kooperation mit Logopäden.

Eltern und Erzieherinnen haben durch ihren sprachfördernden Umgang mit dem Kind eine wichtige Funktion für die Sprech- und Sprachentwicklung ihres Kindes. Es geht sowohl um die sprachliche Vorbildwirkung der Eltern als auch um das Schaffen von Sprechanlässen, die das Kind zum Sprechen anregen. Die Eltern sollten entwicklungsgemäß mit dem Kind sprechen, d. h. geringfügig über dem Sprachleistungsstand des Kindes liegen, ohne es zu unterfordern (Verwendung der Babysprache, kleinkindhafte Sprachformen) oder zu überfordern. Suchodoletz (2013) gibt folgende Anregungen zur **Unterstützung des Sprachverständnisses**:

- **Maßnahmen zur Erleichterung der Entschlüsselung von Sprache:**
  - Störgeräusche vermeiden (z. B. Radio, Fernseher)
  - das Kind von vorn ansprechen, damit es die Mundbewegungen sehen kann
  - deutlich und langsam sprechen
  - wichtige Wörter betonen
  - zwischen den Informationen Pausen einlegen
  - entwicklungsgemäß formulieren
  - Mimik und Gestik zur Unterstützung einsetzen
- **Maßnahmen zur Erhöhung des Sprachangebotes:**
  - eigene Tätigkeiten sowie Handlungen des Kindes sprachlich begleiten
  - Geschichten erzählen oder vorlesen
  - eigene Gefühle und die Gefühle des Kindes verbalisieren, um das Kind anzuregen, Emotionen adäquat zu benennen

- **Maßnahmen zur Unterstützung sprechproduktiver Fähigkeiten:**
  - > Alltagssituationen (z. B. Essens-, Spielsituationen) zur sprachlichen Interaktion nutzen
  - > offene Fragen, die vielfältige und umfangreiche Antwortmöglichkeiten zulassen, formulieren
  - > dem Kind ausreichend Zeit zum Antworten geben
  - > das Kind beim Sprechen nicht unterbrechen
  - > auf kindliche Sprachäußerungen eingehen, um einen Dialog in Gang zu bringen
  - > dialogisches Vorlesen, bei dem das Kind eingebunden wird, praktizieren
  - > Reim- und Sprachspiele anbieten
  - > Die Sprechfreude des Kindes kann erhöht werden, wenn auf seine Äußerungen mit Interesse eingegangen wird und es positives Feedback erfährt. Fehler des Kindes sollten nicht durch Aufforderungen zum richtigen Wiederholen korrigiert, sondern durch ein richtiges Wiedergeben des Satzes durch die Erziehenden aufgegriffen werden. Werden Aussagen nicht richtig verstanden, sollte man dem Kind rückmelden, was verstanden wurde, und es nicht auffordern, das Gesagte noch einmal zu wiederholen.

4.6.2.1 Sprachentwicklungsverzögerung (SEV)

DEFINITION

Von einer verzögerten Sprachentwicklung spricht man, wenn die Sprachentwicklung verzögert (bis zum 36. Monat), aber regelhaft verläuft. Die Sprachentwicklung kann zunächst ausbleiben, verspätet einsetzen oder verlangsamt ablaufen. Die Abweichung von der Altersnorm nach unten beläuft sich auf mindestens sechs Monate.

Erscheinungsbild

Wirth (vgl. 2000[5], S. 165) gibt folgende Leitsymptome für eine verzögerte Sprachentwicklung an:

- phonematisch-phonologische Störungen (Dyslalie, Lautbildungsstörung)
- Störungen des morphologisch-syntaktischen Systems (Dysgrammatismus)
- semantisch-lexikalische Störungen (Störungen des Wortschatzes und der Begrifflichkeiten)

Die Ausprägungen auf die einzelnen Bereiche können sich äußerst differenziert gestalten.

Das Hauptkriterium ist die Abweichung von der normalverlaufenden Sprachentwicklung. Deshalb werden hier die altersgemäßen Entwicklungen hinsichtlich Sprachverständnis und Sprachgebrauch kurz erläutert:

Alter	Sprachverständnis	Sprachgebrauch		
		Phonetik	**Semantik**	**Syntax**
0;1	▪ Reaktion auf Geräusche ▪ Lautwahrnehmung ▪ Empfindlichkeit für Rhythmus	Schreien (reflexartig)		
0;2		▪ beginnende vokale Differenzierung ▪ Lallen, Quietschen ▪ Kehllaute und Gurrlaute		
0;3–0;6	Einordnung und Verarbeitung von akustischen Reizen Erkennen von Silben Bevorzugung der Babysprache Erkennen des eigenen Namens Unterscheidung von Stimmen	▪ Lallen ▪ Nachahmung von Umweltklängen		
0;6	▪ erstes Wortverständnis (z. B. sehen Person an, die benannt wird) ▪ Bevorzugung von Wörtern der Muttersprache ▪ Verknüpfung von Sinneswahrnehmungen ▪ Erkennung sprachlicher Abgrenzungen	▪ Silbenproduktion ▪ Plappern ▪ Variation der Tonhöhe und Lautstärke		
0;9		Doppelsilben		

Alter	Sprachverständnis	Sprachgebrauch		
		Phonetik	**Semantik**	**Syntax**
0;10–1;0	▪ Entstehung des Symbolbewusstseins	▪ Echolalie ▪ bewusste Lautäußerung	erstes Wort	
1;0–1;3	▪ Aufbau der Lautstruktur ▪ Erkennen und Verstehen von Wörtern	Vokale werden gesprochen (a, e, i, o, u) und Verwendung der Konsonanten m, n, p, t, k, f, l		
1;3–1;6	▪ Passiver Wortschatz: 100–150 Wörter ▪ Verstehen von einfachen Sätzen und Aufforderungen		▪ 15–30 Wörter ▪ vorwiegend Substantive, selten Verben	▪ Einwortsatz ▪ erste Fragen
1;6–2;0	▪ Passives Wortverständnis: ca. 200 Wörter ▪ „Wortschatzexplosion“: täglich 5–10 neue Wörter ▪ Erkennen von Wortkategorien ▪ Verstehen von Beziehungen (z. B. Wort und absichtlich ausgeführte Handlung)	▪ alle Vokale und Umlaute werden erlernt ▪ richtiges Silbensprechen bei ein- und zweisilbigen Wörtern ▪ bei mehrsilbigen Wörtern werden die dritte und weitere Silben weggelassen	▪ mit 2 Jahren ca. 300 Wörter ▪ Erkennen von Eigenschaften ▪ erste Adjektive ▪ keine Artikel ▪ Possessivpronomen (mein, dein) und Fragewörter (wer, wo, was)	Zwei- und Dreiwortsätze verschiedene Verbformen (Imperativ, Infinitiv etc.) Telegrammstil (unwichtige Teile fehlen)

Alter	Sprachverständnis	Sprachgebrauch		
		Phonetik	**Semantik**	**Syntax**
2;0–3;0	■ Doppelaufträge werden verstanden ■ funktionale Aufträge werden verstanden („Zeig mir die blauen Steine.") ■ Verstehen von zunehmend komplexeren Sätzen	■ Bildung komplizierter Laute wie „ch", „r" ■ Lautentwicklung fast vollständig abgeschlossen ■ Probleme mit s-Lauten ■ Lautverbindungen (z. B. erste Doppelkonsonanten) ■ richtige Unterscheidung zwischen stimmlosen und stimmhaften Lauten	■ Aktiver Wortschatz mit 3 Jahren: ca. 900 Wörter ■ Verwendung von „Ich" ■ Hilfsverben kommen hinzu ■ Reflexivpronomen (sich, mich) und Possessivpronomen (mein, dein, sein) ■ Zeitverständnis (Tag/Nacht etc.) ■ erste Oberbegriffe ■ Fragewörter (wann, warum, wozu, wie)	■ einfache und einfach erweiterte Sätze ■ häufig Satzverbindungen mit „und", „aber", „oder" ■ Genus wird nicht unterschieden ■ verschiedene Zeitformen

Alter	Sprachverständnis	Sprachgebrauch		
		Phonetik	**Semantik**	**Syntax**
3;0–4;0	■ Mehrfachaufträge und Alternativfragen werden verstanden ■ Erzählfertigkeit des Kindes: einfache Geschichten erzählen und verstehen können	Probleme treten bei Lautverbindungen wie „schw“, „schr“, „schl“, „pf“ und „pfl“ auf und der Konsonant „k“ bereitet in Verbindung mit anderen noch Schwierigkeiten	■ Aktiver Wortschatz mit 4 Jahren: ca. 1 500 Wörter ■ eigene Wortschöpfungen treten auf ■ Bildung von Gegensatzpaaren (groß/klein) ■ Fragewörter (weshalb, woher, wohin, was, wie viel)	■ Festigung der Syntax ■ indirekte Rede („Mama hat gesagt, dass ...“) ■ Deklinationen und Konjugationen festigen sich ■ richtiger Gebrauch der Zeitform ■ Artikel werden zutreffend zugeordnet ■ Passiv („Zimmer wird geputzt“) ■ richtige Dativ- und Akkusativbildung ■ Plusquamperfekt und Imperfekt werden gebildet

Alter	Sprachverständnis	Sprachgebrauch		
		Phonetik	**Semantik**	**Syntax**
4;0–5;0	▪ längere Geschichten werden verstanden ▪ Verständnis für Zeiträume (Morgen, Abend)	bis auf Zisch-Laute und Fehlern bei Verbindungen mit „r" ist die Lautbildung abgeschlossen	▪ Präpositionen (am, neben, in, auf etc.) ▪ Zahlverständnis bis vier	▪ Verwendung von Nebensätzen, Vergangenheits-, Steigerungsformen ▪ Futur I wird verwendet ▪ Pluralbildung fehlerfrei ▪ Genitiv-Bildung
5;0–6;0	Passivkonstruktionen werden verstanden („Das Kind wird angezogen.")	Lautbildung abgeschlossen: alle normgerechten Laute werden beherrscht	▪ Aktiver Wortschatz mit 5 Jahren: ca. 2 000 Wörter ▪ Zahl- und Ordnungswörter bis 10	▪ Grammatik prinzipiell vorhanden ▪ noch Fehler bei Partizipien (gekauft), Steigerungsformen ▪ noch Fehler bei Deklinationen der Artikel
nach 6	Passiver Wortschatz bei Einschulung: bis ca. 20 000 Wörter bezieht sich bei „wir" mit ein	▪ Erkennen von Reimwörtern ▪ Bestimmen von Lauten in Wörtern	Aktiver Wortschatz bei Einschulung: ca. 2 500 bis 3 000 Wörter	Beherrschung der Umgangssprache

Ein Drittel der Kinder mit Sprachentwicklungsverzögerungen (SEV) hat **Sprachverständnisprobleme**, die sich beim Wortverstehen (eingeschränktes und ungenaues Verstehen vieler Wörter), beim Satzverstehen (Schwierigkeiten bei langen und verschachtelten Sätzen, Passivformen) und beim Textverstehen (Probleme bei satzübergreifenden Beziehungen, schlussfolgernden Fragen) zeigen (vgl. Schönauer-Schneider, 2014).

Häufigkeit

Liegt der Wortschatz im Alter von 24 Monaten unter 50 Wörtern, dann spricht man von „spät Sprechenden" **(Late Talkers)**. Nach diesem Kriterium sind ca. 20 % der Jungen und 10 % der Mädchen sprachentwicklungsverzögert. Circa die Hälfte der Late Talkers holt den sprachlichen Rückstand im dritten Lebensjahr wieder auf und ist mit drei Jahren unauffällig. Diese Kinder werden als „Late Bloomer" (spät Erblühende) bezeichnet. Bei 3-Jährigen weisen 6,9 % Lautbildungsstörungen auf, bei 5-Jährigen erhöht sich die Häufigkeit auf 11,8 %. Jungen sind etwa doppelt so häufig betroffen wie Mädchen. Sprachverzögerungen ohne Lautbildungsprobleme treten im Alter von drei Jahren bei 2,6 % der Kinder und im Alter von fünf Jahren bei 6,8 % der Kinder auf.

Erfassung

Zur Überprüfung von Sprachentwicklungsstörungen kann der Sprachentwicklungstest für zweijährige (SETK-2 – Grimm, 2016[2]) und der Sprachentwicklungstest für drei- bis fünfjährige Kinder (SETK 3–5 – Grimm, 2015[3]) eingesetzt werden. Die Untertests erfassen beispielsweise das Satzverständnis, das Erkennen von sprachlichen Beziehungen, die Gedächtnisspanne für Wortfolgen. Zur Früherkennung von Sprachentwicklungsstörungen können Elternfragebögen eingesetzt werden.

Erklärungsansätze

Prinzipiell können bei der verzögerten Sprachentwicklung alle Faktoren eine Rolle spielen, die für die normale Sprachentwicklung von Bedeutung sind.

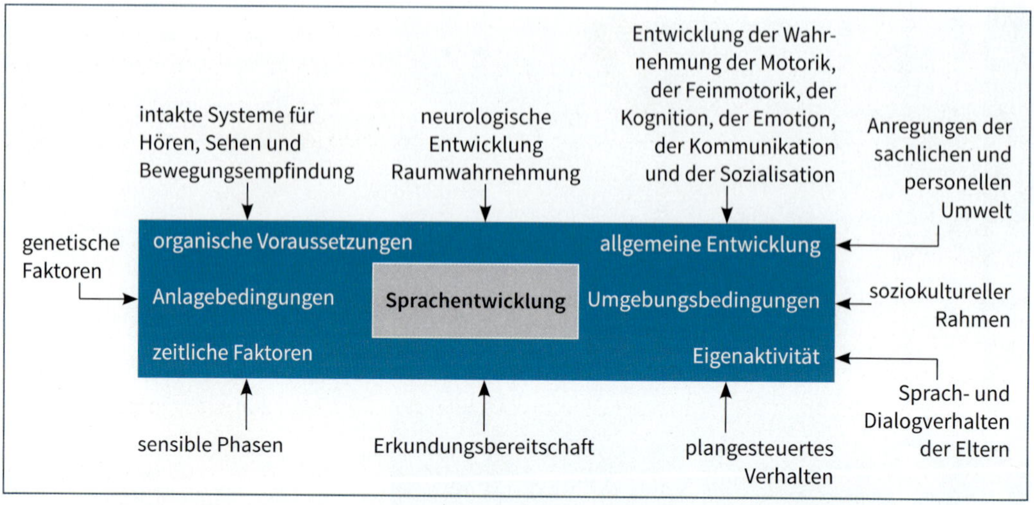

(Quelle: Homburg und Teumer, 1989, S. 105)

Familiärer Sprachschwächetyp

Eine von den Eltern vererbte Sprachretardierung umschreibt der Begriff „familiärer Sprachschwächetyp". Die Bedeutung der Vererbung wird von verschiedenen Wissenschaftlern kontrovers eingeschätzt.

Stoffwechselerkrankungen

Eine Verzögerung der Sprachentwicklung kann durch (angeborene) Stoffwechselstörungen verursacht werden.

Geistige Funktionsschwächen

Es konnten aufgrund von neurophysiologischen Untersuchungen Schwächen in der phonologischen Merkfähigkeit nachgewiesen werden. Noch nicht endgültig geklärt ist, inwieweit auditive Verarbeiitungs- und Wahrnehmungsstörungen die Sprachentwicklung verzögern.

Frühkindliche Hirnschädigung

Schädigungen des Zentralnervensystems, die auch die sensomotorische Regulation betreffen, führen in der Regel ebenfalls zu Sprachverzögerungen.

Wahrnehmungsbeeinträchtigungen

Liegen Sehbeeinträchtigungen vor, dann beeinflusst dies die gesamte Sprachentwicklung. Das Kind kann die Sprechbewegungen, die Sprechmimik und -gestik, nicht mit der Lautbildung verbinden.

Erkrankungen der Sprechwerkzeuge

Abweichungen der verschiedenen Artikulationsorgane wie Wucherungen oder eine Lippen-Kiefer-Gaumenspalte können Sprachverzögerungen bewirken.

Mangelnde sprachliche Anregung

Erfährt das Kind keine ausreichende Ansprache, wirkt sich dies auf die gesamte Persönlichkeit (Hospitalismus-Syndrom) und auf die Sprachentwicklung negativ aus. Sprachentwicklungsverzögerungen beruhen auch auf geringer sprachlicher Anregung durch die Eltern, die Kinder nicht ausreden lassen oder sie vorschnell korrigieren.

Hilfen

Abgestimmt auf die verschiedenen Störungsursachen ist ein umfangreiches Hilfeprogramm, das sowohl die körperlichen, sensorischen als auch die sozialen Aspekte berücksichtigt, erforderlich. Zur Verbesserung der Artikulation und Verminderung von sprachlichen Auffälligkeiten wie Stammeln, Stottern, Poltern und Störungen auf der morphologisch-syntaktischen Ebene sollte schon recht früh eine sprachheilpädagogische Hilfe einsetzen.

Für die Verbesserung der Sensomotorik wird das Wahrnehmungstraining nach Frostig empfohlen, das im vorschulischen Bereich seinen Schwerpunkt hat. Eine Verbesserung der Sprachentwicklung kann durch Übungsmaterial zur Sprachförderung sowie zum Sprach- und Intelligenztraining erreicht werden (z. B. Elliott, Amanda: Mi-Ma-Mundmotorik: Kartenset mit 50 Übungen für Aussprache, Atmung und Sprachförderung; Heuß, Gertraud E./Wernhard, Hermann: Sehen – Hören – Sprechen, 1999; Stöcklin-Meier: Sprechen und Spielen, 2008; Bush/Giles: Psycholinguistischer Sprachunterricht, 1995[2]).

Folgende Grundsätze sollten bei der Sprachförderung beachtet werden:

- möglichst kleine Lernschritte
- vielseitiges und variables Motivieren (z. B. Medienwechsel, spielerische Übungsformen, handlungsbezogenes Vorgehen)
- vielfältige Veranschaulichungshilfen (z. B. Einsatz von Tonband, Spiegel, Bilderserien oder Stummfilm)
- mehrwegiges Lernen (Sprechen und Motorik verbinden)
- deutliches Differenzieren, um sprachliche Nuancen deutlicher hervorzuheben
- häufiges Wiederholen mit Variationen in spielerischer Form
- kurze Lernabschnitte gestalten, in denen intensiv gelernt wird
- anspornende Verstärkung für Lernfortschritte, die am Anfang häufiger gegeben und allmählich zurückgenommen werden

Ausgangspunkt für die Therapie bei Sprachentwicklungsverzögerungen ist ein Training der **basalen Fähigkeiten**. Gefördert werden (vgl. Suchodoletz, 2013):

- **Auditive Wahrnehmungsförderung:** Zum Training der Differenzierungsfähigkeit (Tonhöhe, Lautstärke und Tonfolgen) stehen neben dem Horch-, Richtungshör- und Ohrdominanztraining auch Computerprogramme zur Verfügung.
- **Ordnungsschwellentraining:** Wenn Kinder zu schnell aufeinanderfolgende akustische Signale nicht verarbeiten, kann ein Ordnungsschwellentraining durchgeführt werden, bei dem die schnellen Sprachteile gedehnt ausgesprochen werden. Die Ordnungsschwelle bezeichnet den minimalen Zeitabstand, der gegeben sein muss, damit die richtige Reihenfolge von zwei Signalen erkannt werden kann.
- **Verbesserung des Rhythmusempfindens und der -produktion:** Der Hörende unterteilt Sprachsignale in rhythmische Einheiten und kann dadurch einen regelmäßigen Taktschlag in der gesprochenen Sprache wahrnehmen. Der Rhythmus kommt durch die Betonung von Silben zum Ausdruck. Beim Training wird sowohl auf das Erkennen des Sprachrhythmus als auch auf ein rhythmisches Sprechen geachtet.
- **Verbesserung der Mundmotorik:** Die Lautbildung kann durch ein gezieltes Training der Mundmotorik deutlich verbessert werden.

4.6.2.2 Stottern (Balbuties)

DEFINITION

Als Stottern wird eine Störung des Redeflusses bezeichnet, bei der es zu einer Fehlfunktion im sprechmotorischen Ablauf kommt.

Erscheinungsbild

Verschiedene **Warnsignale** weisen auf das Stottern bereits im frühen Stadium hin (vgl. von Schwerin, 2000[12], S. 59 f.):

- **Mehrfache Wiederholung:** Wörter (vorwiegend die erste Silbe) und Satzteile werden wiederholt. Die Person benötigt Starthilfen bei der Wortbildung.
- **Primärvokal:** Das Kind setzt einen im Alltag häufig verwendeten Vokal (z. B. e) betont ein, sodass der normale Sprechablauf, in dem dieser Vokal unbetont vorkommt, unterbrochen oder entstellt wird. Der Redefluss verzögert sich, er wird unterbrochen. Wenn das Kind das Wort „Fliege“ mit „Fli-fli-fliege“ bildet, ist es noch nicht problematisch; wenn dagegen das Wort mit der Silbenwiederholung „Fle-fle-fle-fliege“ artikuliert wird, dann ist dies ein Warnsignal.
- **Verlängerung:** Der Anfangslaut wird wiederholt, so wird das Wort „Tante“ zu „T-t-t-t-t-t-tante“.
- **Tremor:** Wenn das Kind an einem Laut oder Wort hängenbleibt, beginnen die Muskeln im Mund- und Kieferbereich zu zittern oder zu vibrieren. Das weitere Sprechen wird dadurch erschwert.
- **Anstieg in Tonhöhe und Lautstärke:** Beim Versuch, den „festgeklemmten“ Laut zu lösen, hebt das Kind die Tonhöhe bzw. die Lautstärke an, bevor das Wort beendet wird.
- **Anstrengung und Spannung:** Die Anstrengung beim Sprechen zeigt sich in einer Verkrampfung der Sprechorgane. Diese Anspannung ist in verschiedenen Situationen unterschiedlich stark vorhanden und kann phasenweise sogar verschwinden.
- **Furcht und Vermeidungsverhalten:** Das Hängenbleiben bei bestimmten Lauten oder Wörtern ist dem Kind bewusst, sodass es das Stottern bereits erwartet. Das Kind entwickelt Furcht vor der Sprechsituation und baut Vermeidungsverhalten auf. Das Vermeiden kann sich sowohl auf bestimmte Wörter (das Kind verwendet Alternativbegriffe, die problemlos gesprochen werden können) als auch auf das Vermeiden von Sprechsituationen beziehen.

Folgende Formen des Stotterns lassen sich unterscheiden (vgl. Braun, 2006[3]):

- **Physiologisches Stottern:** Etwa zwei Drittel aller Kinder stottern zwischen dem dritten und sechsten Lebensjahr. Beim Stottern entwickelt sich aus dem harmlosen Silben- und Lautestottern ein angespanntes Herauspressen der Wörter. Das entwicklungsbedingte Stottern tritt bei Jungen häufiger auf als bei Mädchen.
- **Klonisches Stottern** (griech. klonos = heftige Bewegung): Kennzeichnend sind kurze, schnell aufeinanderfolgende verkrampfte oder gepresste Laut- und Silbenwiederholungen, die auf einem raschen Wechsel von An- und Entspannung der Sprechmuskulatur beruhen (z. B. ma-ma-manchmal, T-t-t-tasse).

- **Tonisches Stottern** (griech. tonos = Spannung): Typisch sind verkrampfte oder gepresste Laut-und Silbenblockierungen sowie Dehnungen bzw. Verlängerungen, die auf recht lang anhaltende Kontraktionen der Sprechmuskulatur zurückgehen; der Laut scheint festzusitzen (z. B. M-ama).

Das Stottern tritt verstärkt in Situationen auf, bei denen es besonders auf das Sprechen ankommt, etwa bei feierlichen Anlässen, bei Gesprächen mit Höhergestellten, gegenüber Fremden oder beim Telefonieren. Es tritt aber auch auf, wenn die Person müde und unkonzentriert ist. Leichter fallen Gespräche mit vertrauten Gesprächspartnern, beim Wiederholen von Texten, beim Singen, beim Vortragen von Texten, beim Flüstern sowie beim Sprechen unter der Kontrolle der verzögerten Sprachrückkopplung.

Beim chronischen Stottern sind, wie Braun (2006[3]) herausstellt, neben der Störung des Redeflusses weitere Auffälligkeiten zu beobachten (Sekundärsymptome):

- **Atemauffälligkeiten:** flache Atmung, Kurz- oder Schnappatmung, gestörte Koordination von Bauch- und Brustatmung, Glucksen, Hauchen im Wort
- **Stimmauffälligkeiten:** monotone Stimme, harte Stimmeinsätze, Flüstern, zu kurzes Halten der Stimme, Pressstimme, zittrige Stimme
- **Sprechauffälligkeiten:** Monotonie, auffällige Betonungen, ausdrucksarmes Sprechen, unangemessenes Sprechtempo
- **Mitbewegungen:** grimassierende Mund- und Zungenbewegungen, auffällige Lippen- und Kieferbewegungen, ruckartige Kopfbewegungen, Armschleudern, Schulterheben, Stirnrunzeln
- **Vermeidungsverhalten:** Blickkontakt vermeiden, Abwenden, unsteter Blickkontakt, geringe Sprechbereitschaft, Schweigen, Redefloskeln, Redeabbruch, Umschreibungen (Wortfindungsprobleme), Einsilbigkeit
- **Vegetative Reaktionen:** Erröten, Zittern, Erblassen, Schwitzen

Eine Analyse des Stotterns zeigt folgende Regelmäßigkeiten (vgl. Braun, 2006[3]):

- Das Stottern tritt vermehrt bei Anfangslauten auf, seltener in der Wortmitte (Inlaute) oder am Wortende (Auslaute).
- Am Anfang eines Satzes ist das Stottern häufiger zu beobachten als am Satzende.
- Konsonanten lösen verstärkt das Stottern aus; Vokale sind unproblematischer.
- Je länger das Wort ist, desto eher wird gestottert.
- Lange Wörter mit einem hohen Informationsgehalt führen eher zum Stottern als lange Wörter mit geringem Informationsgehalt.
- Bedeutungsvolle Wörter (z. B. Substantive, Verben, Adjektive) werden eher gestottert als bedeutungsarme Wörter (z. B. Funktionswörter).

Häufigkeit

Die meisten Kinder durchlaufen während ihrer Sprachentwicklung Phasen, in denen sie nicht flüssig sprechen. Bei ca. 5 % tritt das Stottern über einen längeren Zeitraum auf. Stottern setzt überwiegend zwischen dem 2. und 6. Lebensjahr ein. Zum einen gibt es Kinder, die sehr früh (2. oder 3. Lebensjahr) zu stottern beginnen, und zum anderen fangen Kinder, die bereits flüssig gesprochen haben, im 4. und 5. Lebensjahr an zu stottern. Bei 60 %–80 % der stotternden Kinder im Vorschulalter verliert sich die Sprachstörung ohne therapeutische Maßnahmen. Noch etwa 1 % der Erwachsenen sind Stotterer. Bei kleinen Kindern sind keine geschlechtsspezifischen Unterschiede beim Auftreten des Stotterns zu erkennen. Mit zunehmendem Alter stottern Jungen häufiger als Mädchen (Verhältnis von 3 : 1), bei Erwachsenen liegt das Verhältnis bei 4 : 1.

Erfassung

Sprechunflüssigkeiten sind in der Sprachentwicklung von Kindern phasenweise zu beobachten. Bosshardt (2010) gibt zur Unterscheidung der Sprechunflüssigkeiten bei unauffällig sprechenden und bei stotternden Kindern folgende Hinweise:

	Sprechunflüssigkeiten	
	bei normal sprechenden Kindern	**bei stotternden Kindern**
Anzahl der unflüssigen Worte	weniger als 10 % der Worte werden unflüssig gesprochen	mehr als 10 % der Worte werden unflüssig gesprochen
Wiederholungen	Laute/Silben werden einmal, selten zweimal wiederholt	häufiges, schnelles und unregelmäßiges Wiederholen von Lauten/Silben
Verspannungen	Unflüssigkeiten erfolgen ohne Verspannungen	Unflüssigkeiten erfolgen mit Verspannungen
Lautdehnungen	Lautdehnungen sind kürzer als eine Sekunde	Lautdehnungen dauern länger als eine Sekunde bei mehr als 1 % der Worte
Beachtung und Emotionen	Unflüssigkeiten bleiben unbeachtet und lösen keine Emotionen aus	Unflüssigkeiten werden beachtet und lösen u. a. Ärger oder Frustrationen aus
Vermeidungsverhalten	es tritt kein Flucht- und Vermeidungsverhalten auf	Flucht- und Vermeidungsverhalten kommen häufig vor

Um eine Fixierung des frühkindlichen physiologischen Stotterns zu vermeiden, sollten die Diagnostik und Hilfe möglichst früh einsetzen. Das Stottern des Kindes wird in unterschiedlichen Situationen beobachtet. Dabei wird besonders auf die Atmung, die Stimmgebung, die Artikulation und die körperlichen Reaktionen (Mimik und Gestik) geachtet. Weiterhin wird abgeklärt, in welchen Situationen das Stottern verstärkt bzw. weniger ausgeprägt auftritt.

Erklärungsansätze

- **Biologische Ursachen:** Als Ursachen werden sowohl die Vererbung als auch Schädigungen des vegetativen Nervensystems (übersteigerte Reaktionsbereitschaft und eine geschwächte Kontrolle durch das Gehirn) genannt. Frühkindliche Hirnschädigungen können ebenfalls das Stottern bedingen.

- **Genetische Ursachen:** Zwillingsstudien weisen auf einen erblichen Anteil des Stotterns hin. Entsprechende Gene auf den Chromosomen 7 (bei Jungen) und 21 (bei Mädchen) konnten identifiziert werden.
- **Psychische Ursachen:** Innerhalb der psychischen Erklärungsansätze werden folgende Positionen vertreten:
  - **Psychoanalytischer Erklärungsansatz:** Das Stottern weist auf innere, ungelöste Konflikte hin. Das Aussprechen bestimmter Wörter wird durch verdrängte Konflikte erschwert. So können Verbote in der Erziehung zu sich widersprechenden Impulsen führen und das Sprechen beeinträchtigen. Im Hinblick auf den „Krankheitsgewinn" führt das Stottern zu einer Flucht vor Anforderungen; die stotternde Person erlebt Schonung und bleibt bei bestimmten Anforderungen unbehelligt.
  - **Lernpsychologischer Erklärungsansatz:** Im Sinne der Lerntheorien wird das Stottern durch Lernerfahrungen aufgebaut. Die klassische Konditionierung verdeutlicht die Bedeutung von Signalwörtern und Lauten, die als Auslöser des Stotterns gelernt werden. Die instrumentelle Konditionierung stellt die verstärkende Wirkung der Konsequenzen wie Rücksichtnahme, Schonung und Zuwendung heraus, durch die das Stottern verfestigt wird. Auch die Wirkung bestimmter Situationen als auslösender Reiz für das Stottern ist zu beachten.
  - **Persönlichkeitsbezogener Erklärungsansatz:** Das unflüssige Sprechen ist eine Folge von erwarteten Sprechschwierigkeiten bei Lauten, Wörtern oder in bestimmten Situationen. Die erwarteten Probleme führen bei dem Kind zu vermehrten Sprechanstrengungen, die zu weiteren Sprechunflüssigkeiten führen und die Erwartungen bestätigen.
- **Familiäre Ursachen:** Als Auslöser werden die Vernachlässigung des Kindes (Hospitalismus) sowie Geschwisterkonflikte genannt und in empirischen Studien nachgewiesen. Das Stottern verstärkt auch die negativen nonverbalen Reaktionen der Eltern wie Wegsehen, Erstarren, Ignorieren und deren verbale Strategien im Umgang mit ihrem stotternden Kind (z. B. neues Thema beginnen, dem Kind ins Wort fallen, für das Kind das stotternd angefangene Wort zu Ende sprechen).

Die dargestellten Einflussgrößen stehen in Wechselbeziehung. Die biologisch-genetischen Ursachen begründen die Störanfälligkeit, die psychischen Ursachen sind die auslösenden und aufrechterhaltenden Einflussgrößen, auf die die Stärke der Symptomatik zurückzuführen ist. Die Bedeutung der verschiedenen Einflussgrößen variiert zwischen den stotternden Kindern.

Hilfen

Je früher die Therapie des Stotterns einsetzt, um so schneller stellen sich Erfolge ein. Der Stotterer hat zu diesem Zeitpunkt nur wenige Vermeidungsstrategien aufgebaut, die zu einer Verfestigung des Stotterns führen. Stotternde Kinder können recht erfolgreich therapiert werden, während erwachsene Stotterer als nahezu therapieresistent zu bezeichnen sind.

Gegenüber dem stotternden Kind sollte sich der Erwachsene mit Kritik, Ermahnungen und gut gemeinten Ratschlägen zurückhalten. Wichtiger ist es, dem Kind ruhig zuzuhören, es aussprechen zu lassen, beim Sprechen

Blickkontakt zu halten und die anfängliche Auffälligkeit nicht zu dramatisieren. Wenn es dagegen durch starkes Pressen, Ängstlichkeit oder Vermeidungsverhalten zu einer Verschärfung der Auffälligkeit kommt, sollten therapeutische Maßnahmen ergriffen werden. Dort werden in einer entspannten Atmosphäre Konfliktsituationen aufgearbeitet, und die Therapeutin wird in spielerischen, humorvollen Übungen das Stottern angehen.

Entspannungsverfahren, z. B. Atemgymnastik, autogenes Training oder progressive Muskelentspannung, können unterstützend durchgeführt werden.

Eine Sprachübungsbehandlung wird bei fixierten Redeablaufstörungen mit Fehlatmung empfohlen, da sich in diesen Fällen die Stottererproblematik schon stark verselbstständigt hat und durch allgemeine Maßnahmen nicht mehr zu beheben ist. Das Stottern sollte bei älteren Kindern offen angegangen und auch in der Gruppe der Gleichaltrigen, etwa im Kindergarten, angesprochen werden. Es empfiehlt sich, gegenüber anderen Teammitgliedern und den Bezugspersonen auf die Situationsabhängigkeit des Stotterns hinzuweisen.

In der Gruppe sollte ein möglichst entspanntes Klima hergestellt werden. Es ist dabei auf gegenseitige Akzeptanz und auf Vertrauen zu achten; auf falsches Mitleid und Überbehütung ist zu verzichten. Stotternden muss genügend Zeit gelassen werden, ihre Aussagen zu Ende zu bringen. Die Zuhörer sollten den Stotternden nicht die Worte aus dem Mund nehmen und für sie sprechen. Das stotternde Kind sollte zum Sprechen angeregt werden, indem man es z. B. auffordert, von eigenen Erlebnissen zu berichten. Unterstützend kann ein Elterntraining eingesetzt werden. Die Eltern können ihre Erfahrungen, Ängste und Probleme austauschen und unter Anleitung von Therapeuten kann der Umgang mit dem stotternden Kind verbessert werden.

Therapie

Die therapeutischen Ansätze sind in der Regel symptombezogen und berücksichtigen kaum die Ursachen des Stotterns. Erste Therapiemethoden wurden bereits vor 200 Jahren erprobt (z. B. Sprechen im Takt eines Metronoms oder lautes Flüstern). Prolongiertes Sprechen, bei dem einzelne Wörter nicht voneinander getrennt gesprochen, sondern durch die Stimme miteinander verbunden werden, Atemübungen sowie verhaltenstherapeutische Methoden können in der Behandlung von stotternden Menschen erfolgreich eingesetzt werden.

Erzieherische Hilfen

- Sprechsituationen mit hohem sozialem Druck vermeiden (z. B. öffentlicher Redebeitrag)
- das Kind zum Weitersprechen ermuntern, wenn es flüssig spricht
- perfektionistische Erwartungen an die Sprechleistung des Kindes vermindern

Therapeutische Sprechhilfen

- Therapeut spricht gleichzeitig bzw. leicht verzögert mit (Simultan- bzw. Schattensprechen)
- rhythmisiert sprechen (Metronomsprechen)
- Sprechrückmeldungen unterbinden, indem dem stotternden Kind über Kopfhörer ein weißes Rauschen eingespielt wird
- zeitlich verzögerte akustische Rückkopplung des Gesprochenen (Sprachverzögerungsgerät)
- Verspannungen vermindern, indem das Kind mithilfe von Biofeedbackgeräten über Muskelanspannungen z. B. im Kehlkopfbereich informiert wird

4.6.2.3 Aussprachestörungen (Stammeln, Dyslalie)

DEFINITION

Bei Aussprachestörungen handelt es sich um Störungen auf der phonetisch-phonologischen Sprachebene, die auch als Stammeln oder Dyslalie bezeichnet werden. Darunter versteht man die Fehlaussprache eines Lautes, eines Lautzeichens oder einer Lautzeichenverbindung, wobei

- **ein Laut nicht gebildet werden kann,**
- **ein Laut falsch gebildet wird oder**
- **ein Laut durch einen anderen Laut ersetzt wird.**

Folgende Formen der Aussprachestörungen (Dyslalie) können unterschieden werden:

- **Partielle Dyslalie:** Das Sprechen ist bei einer partiellen Dyslalie noch verständlich. Nur ein Laut oder eine Lautgruppe ist betroffen, z. B. s-Laute. Dabei bestehen zwei Fehlermöglichkeiten:
  - > **Lautausfall:** Einzelne Laute fehlen (z. B. Affee statt Kaffee, Bume statt Blume, Inderarten statt Kindergarten).
  - > **Lautersatz:** Der Laut wird durch einen Ersatzlaut, der korrekt gebildet werden kann, ersetzt (z. B. Dabel statt Gabel).
- **Multiple Dyslalie:** Werden zwei oder mehr Mitlaute oder Lautverbindungen nicht gebildet, liegt eine multiple Dyslalie vor. Das Sprechen ist nur schwer verständlich.
- **Universelle Dyslalie:** Bei der universellen Dyslalie ist der Großteil des Lautbestandes von der Störung betroffen. Das Kind ist für andere kaum noch verständlich. Es werden fast alle Konsonanten durch Vokale ersetzt.

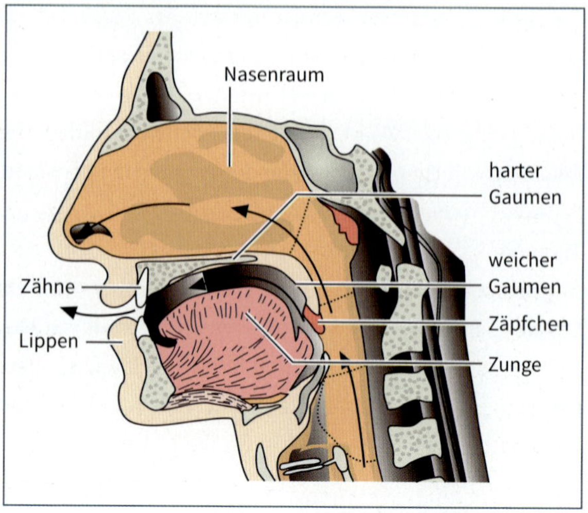

Sprechwerkzeuge, die bei der Bildung von Konsonanten beteiligt sind

Zum Verständnis der Aussprachestörung oder Dyslalie ist es wichtig zu wissen, wie die Sprechwerkzeuge (Lippen, Zunge und Gaumen) bei der Lautbildung zusammenwirken. Man unterscheidet drei Artikulationsgebiete:

Entstehungsort der Konsonanten	1. Artikulationsgebiet		2. Artikulationsgebiet		3. Artikulationsgebiet	
	mit Stimme	ohne Stimme	mit Stimme	ohne Stimme	mit Stimme	ohne Stimme
Verschlusslaute (Explosivlaute)	b	p	d	t	g	k
Reibelaute	w	f, v	s, j (frz.), th (engl.)	s, ss, ß, sch	j	ch
r-Laute (Zitterlaute)	Lippen-r		Zungen-r		Gaumen-r	
Nasallaute	m		n, l		ng	
x = ks, Z = ts, h entstehen im Kehlkopf						

(Quelle: Schramm, 1996, S. 134)

Weiterhin wird differenziert, an welcher Stelle im Wort der Konsonant gebildet wird. Am Wort**anfang** wird der Laut als **An**laut, in der Wort**mitte** als **In**laut und am Wort**ende** als **Aus**laut bezeichnet. Eine besondere Rolle innerhalb der Aussprachestörungen bilden die s-, k- und g-Laute sowie die r-Laute. Die Fehlbildung von s-Lauten (Lispeln) wird als Sigmatismus bezeichnet, bei k-Lauten spricht man vom Kappazismus, die Probleme bei der Bildung von g-Lauten nennt man Gammazismus und bei fehlerhafter Bildung von r-Lauten wird von Rhotazismus gesprochen. Auf den besonders häufig auftretenden Sigmatismus wird am Ende des Kapitels gesondert eingegangen.

Häufigkeit

Die verschiedenen Laute sind unterschiedlich häufig von Artikulationsstörungen betroffen. Möhring hat bereits 1938 dazu eine Lauttreppe entwickelt, in der die Laute nach der Häufigkeit der Fehlbildung treppenförmig bildhaft aufgelistet werden. In der unteren Hälfte werden den einzelnen Lauten entsprechende Prüfwörter zugeordnet. Es ergeben sich nach Möhring drei Schwierigkeitsgruppen mit folgenden Fehlerquoten:

Fehlerquote	Lautbereich
1,5 %–11,1 %	m, b, h, n, d, p, l, t, f, w
17,9 %–28,0 %	ch (ach), j, Zäpfchen-r, ng, k, g
33,5 %–54,5 %	ch (ich), sch, stimmloses s, stimmhaftes s, Vorderzungen-r

Erfassung

Zur Erfassung der problemhaften Laute und Lautverbindungen können die Prüfwörter der Lauttreppe nach Möhring herangezogen werden. Das Kind wird in ungezwungenen Spielsituationen zunächst beobachtet, bevor der Untersucher zur gezielteren Erfassung der Sprachauffälligkeiten übergeht. Bei der Beobachtung achtet man auf die Atmung und Stimmgebung, die Luftführung und begleitende Motorik. Eine audiometrische Untersuchung durch die Fachärztin erfasst die Hörschärfe des Kindes. Weiterhin wird die Funktionstüchtigkeit der Artikulationsorgane, z. B. Zahnstellung, Lippen, Kiefer, Gaumen oder Gaumensegel, sowie der Gesamtmotorik und der (sprachfreien) Intelligenz überprüft.

Erklärungsansätze

Organische Ursachen

Bei organischen Aussprachestörungen liegen Störungen der Wahrnehmungsbahnen der Sprache oder im Zentralnervensystem vor. Zudem können Anomalien der Sprechwerkzeuge (Gaumen = Dyslalia palatalis, Zähne = Dyslalia dentalis, Zunge = Dyslalia lingualis, Lippen = Dyslalia labialis) zu Dyslalien führen. Organische Schädigungen können jedoch nur bei wenigen stammelnden Personen nachgewiesen werden.

Entwicklungsbedingte Ursachen

Die fehlerhafte Aussprache von Lauten ist in der Lautentwicklung des Kindes eine normale Phase, die als physiologisches Stammeln bezeichnet wird. Die fehlende Kontrolle über die Sprechwerkzeuge führt im gewissen Umfang bei jedem Kind für einen begrenzten Lernabschnitt zum Stammeln. Doch bis zum Ende des fünften Lebensjahres sollte das Kind die unterschiedlichen Laute sauber artikulieren können.

Weitere Erklärungsansätze

Neben den genannten organischen Ursachen können Entwicklungsstörungen zu einer Dyslalie führen. Spezifische Intelligenzdefizite können sie ebenso verursachen. Auch ein konstitutionell bedingter Sprachschwächetyp und schlechte Sprachvorbilder begünstigen die Aussprachestörungen. Angeborene Hörstörungen führen häufig zu fehlerhaften Lautbildungen.

Hilfen

Die Behandlung sollte möglichst früh einsetzen, um Nebenwirkungen wie die Ausgrenzung der Betroffenen, aggressives Verhalten und Beeinträchtigung der weiteren Sprachentwicklung zu verhindern.

Abhängig von den Ursachen sind folgende Hilfsmaßnahmen erforderlich:

- zahnärztliche Behandlung bei Problemen der Zahnstellung
- Abbau von Sprechängsten
- Schärfung des Hörens, indem die Unterscheidung klangähnlicher Laute und Lautverbindungen geübt wird
- Training der Artikulationsorgane

- Einüben neuer Laute durch gezielte Lautanbahnung und Lautfixierung; der neu gebildete Laut muss als Aus-, In- und Anlaut dosiert trainiert werden. Später wird der Laut in mehrsilbigen Wörtern und zunehmend komplexeren Sätzen systematisch eingefügt. Am Ende des Trainings sollte dieser Laut auch bei spontanen Lautproduktionen richtig gebildet werden.
- Erfahrungsgemäß ist es wenig hilfreich, wenn man die betroffenen Personen auffordert, die fehlerhaft gesprochenen Wörter zu wiederholen. Aus dieser Aufforderung resultiert möglicherweise ein verstärktes Störungsbewusstsein und die Betroffenen vermeiden die fehlerhaft gebildeten Laute, um negativen Reaktionen ihrer Umgebung zu entgehen.

Fehlbildung der s- bzw. z-Laute (Sigmatismus)

Sigmatismus kann als eine Störung der Bildung bzw. Aussprache von s- bzw. z-Lauten bezeichnet werden. Das richtige Bilden von s- bzw. z-Lauten gestaltet sich als schwierig, daher ist die Verbreitung dieser Artikulationsstörung relativ häufig. Manche Kinder lernen auch erst am Ende der Sprachentwicklung, diese Laute korrekt zu bilden. Bereits geringe Abweichungen führen zu einem völlig falschen Klang. So kann man die Probleme bei den s- und z-Lauten auch bei Erwachsenen (selbst bei Personen des öffentlichen Lebens) finden. Bei der Bildung von „s“ und „z“ müssen die Lippen leicht geöffnet und breit gezogen werden, muss die Stellung der Zahnreihen zueinander beachtet werden, ist die Zungenspitze zu senken und in korrekter Position zu den unteren Schneidezähnen zu bringen und muss die richtige Führung des Luftstroms bei gehobenem Gaumensegel beachtet werden. Die s-Laute können zudem stimmhaft oder stimmlos sein. Aufgrund dieser schwierigen Lautbildung werden die s-Laute erst recht spät fehlerfrei artikuliert.

Erscheinungsbild

- **Parasigmatismus:** s- bzw. z-Laute werden durch andere Laute ersetzt (z. B. Dose statt Soße).
- **Sigmatismus interdentalis (Lispeln):** Am häufigsten tritt das Lispeln auf. Dabei liegt die Zunge bei der Bildung des s-Lautes zwischen den Zähnen.
- **Sigmatismus lateralis:** Der Luftstrom wird nicht durch die Zungenrille nach vorne gebracht, sondern entweicht, bedingt durch die Wölbung der Zunge, seitlich mit einem schlürfenden Geräusch.

Erklärungsansätze

Organische Ursachen: Anomalien des Kiefers, Abweichungen in der Zahnstellung oder Zahnlücken können die fehlerhafte s- bzw. z-Lautbildung begünstigen. Auch Hörschädigungen, die Unfähigkeit, Laute zutreffend zu unterscheiden sowie ein familiärer Sprachschwächetyp wirken sich auf die fehlerhafte Lautbildung aus.

Hilfen

Die Erarbeitung des Lautes erfolgt schrittweise von einfachen Blasübungen bis zur abgestuften Bildung von s-Lauten in der Spontansprache. In Leseübungen kann die Sicherheit bei der Bildung von s-Lauten gut gestärkt werden.

4.6.2.4 Poltern (Tumultus sermonis)

DEFINITION

Poltern ist eine überhastete Rede, die zum Verschlucken, Verstellen und Verstümmeln von Lauten, Silben und Wörtern führt. Polternde Personen stoßen mehrere Silben und Wörter heraus und entstellen damit die Laute und Lautverbindungen, sodass die Verständlichkeit stark herabgesetzt ist. Das Poltern ist eine Redeflussstörung.

Erscheinungsbild

Poltern kann als Syndrom mit verschiedenen Erscheinungsbildern bezeichnet werden, das folgende Symptome aufweist:

- Beschleunigung der Sprechproduktion in Form eines schussartigen Abladens des Sprachmaterials (impulsives Drauflosreden), ruckartige, schnelle Sprechansätze
- Erhöhung des Sprechtempos innerhalb langer Wörter
- keine Zwischenräume zwischen Wörtern
- Überspringen von unbetonten Silben
- Auslassen von Lauten, Silben und ganzen Wörtern
- Entstellen von Lauten, Vereinfachen von Konsonantenhäufungen sowie Verdrehen von Laut- und Silbenfolgen (z. B. Elekrität statt Elektrizität)
- Vertauschen bzw. Verwechseln von Lauten (z. B. Schutz und Schmund statt Schmutz und Schund)
- sich versprechen bei Konsonantenhäufungen und langen Wörtern
- Montonie in der Satzmelodie
- Wiederholungen von Lauten, Silben, Wörtern, Satzteilen und Sätzen
- Abbruch, Umstrukturierung und Neubeginn von Sätzen
- Auffälligkeit der Atmung (unrhythmische Atmung, Einatmen mitten im Satz)
- Setzen von Pausen, die nicht der Satzstruktur entsprechen

Studien belegen, dass Polterer auch in der Handschrift auffällig sind. Sie schreiben, wie Braun (2006[3]) herausstellt, unstrukturiert, hastig und zerfahren; das Schriftbild ist unvollständig. Die Sprechproblematik zeigt sich auch beim Schreiben.

Diese Auffälligkeiten werden besonders bei mehrsilbigen oder komplexen Wörtern, bei fremdsprachlichen Begriffen und langen Sätzen deutlich. Das Poltern tritt verstärkt beim freien Sprechen in ungewohnter Umgebung auf. Das hastige Vorgehen zeigt sich auch beim Lesen (Laute, Silben, Wörter und Satzteile werden ausgelassen, hinzugefügt bzw. umgestellt), beim Schreiben (undeutliches schnelles Schreiben mit unvollständigen Endungen) und im motorischen Bereich (Ungeschicklichkeit im Sport).

Häufigkeit

Etwa 2 % der Schüler in den ersten beiden Schuljahren weisen Poltern als Sprachstörung auf. Poltersymptome sind in der Regel ab dem 7. Lebensjahr zu beobachten. Jungen sind deutlich stärker betroffen als Mädchen (Relation 4 : 1). Etwa ein Drittel der stotternden Menschen weist zugleich Poltersymptome auf (vgl. Bosshardt, 2010).

Erfassung

Wichtig für die Erfassung der Sprachbeeinträchtigungen bei polternden Kindern ist die Beobachtung des Sprechens in verschiedenen Situationen (z. B. freies Sprechen, Lesen von vorgegebenen Texten). Bei neurologischen Untersuchungen wird die Funktionstüchtigkeit des Gehirns untersucht. Mithilfe von Persönlichkeitstestverfahren (Fragebogen bzw. projektive Tests) wird die Persönlichkeit im Hinblick auf Impulsivität, Grad der Reflexivität und Stimmungsschwankungen erfasst. Polternde und stotternde Personen reagieren unterschiedlich auf die Verwendung von Geräten mit verzögerter Sprachrückkopplung, bei denen der Sprecher Bruchteile von Sekunden über Kopfhörer die eigene Sprache wieder vorgespielt bekommt. Bei Stotternden verringert die verzögerte Sprachrückkopplung die Sprachauffälligkeit, bei Polternden dagegen verändert diese Rückkopplung das Ausmaß des Polterns nicht.

Erklärungsansätze

Psychogene Einflüsse

Offenbar sind Personen, die recht nervös, ungesteuert und überhastet handeln, anfällig für das Poltern. So findet man das Poltern auch bei hyperaktiven Kindern sowie bei Kindern mit starken Konzentrationsschwächen. Polternde Kinder beginnen überhastet zu sprechen, bevor der Satz gedanklich ausreichend vorbereitet ist, sodass der Satz unvermittelt unterbrochen wird. Das Kind startet ebenso unvorbereitet und unstrukturiert einen weiteren Versuch. Poltern kann als Denk-Sprechstörung bezeichnet werden, die auf der mangelhaft entwickelten Fähigkeit beruht, strukturierte Gedanken sprachlich zu formulieren.

Biologische Ursachen

Die mangelnde Regulation und Koordination wird von einigen Autoren auf neurologische Ursachen (Auffälligkeiten im Großhirn) zurückgeführt. Vor allem bei stark polternden Personen lassen sich Unregelmäßigkeiten im EEG nachweisen.

Vererbung

Der Einfluss der Vererbung beim Poltern wird im Sinne eines Poltersyndroms bzw. eines Sprachschwächetyps gesehen. Die Vererbung spielt auch bei der Unfähigkeit zur Rhythmisierung und der geringen Musikalität, ebenfalls Ursachen des Polterns, eine Rolle.

Hilfen

Zunächst muss die Sprechweise langsam korrigiert werden. Dazu sollte eine Rhythmisierung und Verlangsamung des Sprechens erfolgen. Geeignete Hilfsmittel sind Metronome oder das gemeinsame Sprechen mit der Therapeutin. Um das Ausmaß der Sprachauffälligkeit bewusst zu machen, können mit Jugendlichen Tonbandaufnahmen zur eigenen Sprechweise ausgewertet werden. Im Verlauf der Therapie wird von strukturierten Situationen mit festgelegten Texten auf freies Sprechen übergegangen. Eine besondere Schwierigkeit bei der Behandlung besteht darin, dass polternde Kinder und Jugendliche kaum einen Leidensdruck verspüren und daher die Therapie als nicht notwendig erachten.

Durch Sprechformeln wie „Zuerst überlegen, dann sprechen“ kann der Polterer in seiner Impulsivität gebremst und zu einem bewussteren Sprechen veranlasst werden. Ein wichtiger Aspekt ist die Selbststeuerung. Die Hilfsmaßnahmen müssen letztendlich dazu führen, dass Polternde Techniken und Strategien kennen, mit denen sie sich selbst bremsen und das Sprechverhalten steuern können. Eine medikamentöse Behandlung, bei der die motorische Unruhe des Polternden gebremst wird, kann zwar die Hilfsmaßnahmen unterstützen, bleibt aber zweifelhaft.

Wichtig für den Therapieerfolg ist die Elternberatung. Eltern werden angeleitet, mit dem Kind langsam zu sprechen, sauber zu artikulieren und (abhängig vom Entwicklungsstand des Kindes) kurze Sätze zu formulieren. Die Sprechenden sollten nicht unterbrochen werden. Wenn das Kind deutlich spricht und Sprechpausen einhält, sollte es von den Eltern verstärkt werden. Im Hinblick auf die bestehenden Ähnlichkeiten zwischen Stottern und Poltern werden in der nachfolgenden Übersicht die wesentlichen Unterschiede genannt:

	Poltern	Stottern
Ursache	mangelnde Reife des Zentralnervensystems	neurovegetative Fehlfunktion
Bewusstsein der Störung	meist fehlt das Bewusstsein	Bewusstsein der Störung; der Stotternde leidet unter der Störung
Redegeschwindigkeit	meist schnell; bei langsamem Sprechen verringern sich die Symptome	recht langsam
Satzbau	oft fehlerhaft	meist fehlerfrei
Furcht vor bestimmten Lauten	fehlt; das Sprechen ist nie bei bestimmten Lauten gestört; es liegt keine Sprechangst oder krampfartige Hemmung vor	vorhanden; das Sprechen ist oft bei bestimmten Lauten gestört; ausgeprägte Sprechangst mit starken Sprechhemmungen

	Poltern	Stottern
Erhöhte Aufmerksamkeit beim Sprechen	dies verbessert das Sprechen; Korrekturen verbessern die Sprechleistung; der Betreffende spricht besser, wenn er sich konzentrieren muss	verschlechtert das Sprechen; Korrekturen beim Sprechen verstärken das Stottern; wenn sich der Betreffende stark kontrolliert fühlt (z. B. in der Schule, in Gesellschaft anderer), verstärkt sich das Stottern
Verringerte Aufmerksamkeit beim Sprechen	verschlechtert das Sprechen	verbessert das Sprechen
Fremdsprachen	bessere Sprechleistung	schlechtere Sprechleistung
Lautes Lesen bekannter Texte	schlechter	besser
Lautes Lesen unbekannter Texte	besser	schlechter
Schulischer Leistungsstand	weniger gut	gut bis sehr gut
EEG-Befund	oft Abweichungen, pathologischer Befund	im Allgemeinen keine Auffälligkeiten
Persönlichkeitseigenschaften	aggressiv, mitteilsam, aufbrausend, extrovertiert, impulsiv, unkontrolliert, hastig, überbeschäftigt	schüchtern, verschlossen, zurückhaltend, introvertiert, gehemmt, zögerlich, langsam handelnd
Therapie	Hinlenken der Konzentration auf Einzelheiten	die Konzentration von den Einzelheiten weglenkend

4.6.2.5 Dysgrammatismus

DEFINITION

Der Dysgrammatismus ist eine Störung auf der morphologisch-syntaktischen Sprachebene und bezeichnet die Unfähigkeit, gedankliche Inhalte in grammatikalisch (Wortbeugung) und syntaktisch (Wortstellung) richtiger Form mündlich oder schriftlich auszudrücken.

Da Fehler in der Grammatik und Syntax entwicklungsbedingt auftreten, geht man erst ab dem fünften Lebensjahr von einer eindeutig nachweisbaren Störung auf der morphologisch-syntaktischen Sprachebene aus.

Erscheinungsbild

Störungen in der Grammatik und beim Satzbau können unterschiedliche Ausprägungen haben:

- **Leichtgradiger Dysgrammatismus/leichtgradige morphologisch-syntaktische Störung:** Der Aufbau der Spontansprache ist weitgehend korrekt. Es treten Fehler beim Deklinieren und Konjugieren sowie Verwechslungen des Geschlechts auf.
- **Mittelgradiger Dysgrammatismus/mittelgradige morphologisch-syntaktische Störung:** Das Kind spricht einfache, kurze Sätze korrekt nach, bildet aber selbst spontan keine Sätze. Die Wörter werden nicht gebeugt und Verben werden im Infinitiv eingesetzt. Der Ich-Begriff ist noch nicht gebildet (z. B. „Justus bauen" statt „ich baue").
- **Hochgradiger Dysgrammatismus/hochgradige morphologisch-syntaktische Störung:** Das Kind bildet keine Sätze und spricht keine Sätze nach. Die Wörter werden bezugslos aneinandergereiht. Die Sprache ähnelt dem Telegrammstil. Begleitende Mimik und Gestik werden zum Verständnis des Sprachinhalts benötigt. Diese Form ist verstärkt bei Aphasikern (siehe Kap. 4.6.2.6) und bei Kindern mit geistiger Behinderung zu finden. Man bezeichnet diese starke Ausprägung des Dysgrammatismus auch als Agrammatismus.

Erfassung

Im Rahmen einer systematischen Sprachprüfung wird festgestellt, welche Satzstrukturen in der Spontansprache auftreten und welche Fehlerformen bestehen. Die Überprüfung erfasst das Ausmaß an Auslassungen, Umstellungen und Formfehlern bei Spontanäußerungen sowie beim Nachsprechen von Sätzen. Dazu liegen Prüfsätze für die verschiedenen Altersstufen vor.

Erklärungsansätze

Der vererbte Sprachschwächetyp kann sich auch im Dysgrammatismus zeigen. Als Ursache kommt eine Hirnschädigung in Betracht, die neben einer allgemeinen Verzögerung der Sprachentwicklung vor allem zu einer fehlerhaften Satzbildung führt. Hörschädigungen führen ebenfalls zu morphologisch-syntaktischen Störungen, da die grammatikalischen Formen häufig in unbetonten Vor- und Endsilben zum Ausdruck gebracht werden. Die Hörbeeinträchtigung erschwert das Erkennen und führt zu Verwechslungen mit klangähnlichen Silben bzw. Wörtern. Wenn bei den Bezugspersonen des Kindes Sprachmängel vorhanden sind, führt dies auch bei dem nachahmenden Kind zu Sprachfehlern.

Hilfen

Um die Spontansprache zu fördern und das Kind zur sprachlichen Kommunikation anzuregen, werden zunächst kontaktanbahnende und -unterstützende Spiele durchgeführt. Ausgehend von einfachsten grammatikalischen und syntaktischen Regeln (Zweiwortsatz mit Variationen) wird der Satzbau systematisch komplexer (Hinzufügen von Ergänzungen „Der Hund gehört dem Mann." und Beifügungen „Der große Hund ..."). Die Sprachförderung umfasst verschiedene Aufbaustufen. Empfehlenswert sind Bildmaterialien wie Stummfilm oder Bilderserien, die das Kind „vertont".

4.6.2.6 Aphasie (Dysphasie)

DEFINITION

Eine Aphasie liegt dann vor, wenn nach der erfolgten Sprachentwicklung die Fähigkeit, sprachliche Informationen aufzunehmen (rezeptive Dysphasie) oder zu geben (expressive Dysphasie), blockiert ist.

Erscheinungsbild

Personen mit Aphasien haben häufig weitere Auffälligkeiten. So können Probleme bei der Artikulation, der Satzbildung sowie beim Nachsprechen und Lesen beobachtet werden. Die verminderte Konzentration verstärkt die Probleme im Sprachbereich. Bei Personen mit Aphasien kann ein psychogenes Schweigen auftreten, um Sprechsituationen auszuweichen. Das eigene Schuldbewusstsein, etwa nach mitverschuldeten Unfällen, kommt dabei zum Ausdruck. Die frustrierende Erfahrung mit den Sprachausfällen, das Bewusstsein der sprachlichen Darstellungsnot und die Reaktionen des sozialen Umfeldes führen bei einigen Betroffenen zu einem lethargischen und depressiven Verhalten; sie lassen sich treiben und wirken antriebsschwach. Man unterscheidet folgende Formen der Aphasie:

- **Motorische Aphasie:** Beeinträchtigungen in den motorischen Gehirnzentren führen zu Artikulationsstörungen.
- **Sensorische Aphasie:** Störungen des Sprachverständnisses bewirken Fehlleistungen bei der Bildung und Erkennung von Lauten, Wörtern und Sätzen.
- **Amnestische Aphasie:** Es bestehen Probleme, bekannte Namen bzw. gebräuchliche Wörter zu finden. Die Begriffe werden zum Teil umschrieben. Diese Schwierigkeiten, die sicher jeder auch selbst kennt, sind bei Personen mit amnestischer Aphasie ausgeprägt und dauerhaft.

Erfassung

Im Mittelpunkt steht die neurologische Untersuchung, bei der die Funktionstüchtigkeit der motorischen und sensorischen Funktionszentren im Gehirn überprüft wird. Psychologische Testverfahren werden zur Erfassung der Intelligenz, des Sprachverständnisses und der Persönlichkeit herangezogen.

Erklärungsansätze

In der Regel liegen Schädigungen im Zentralnervensystem vor, die durch Hirngefäßerkrankungen (ca. 87 %), Hirnverletzungen (ca. 8 %) oder Hirntumore (ca. 4 %) verursacht werden.

Hilfen

Die Hilfen beim Sprachaufbau müssen auf den Einzelfall mit den spezifischen Ausfällen abgestimmt werden. Die Förderung sollte möglichst früh, am besten schon am Krankenbett, beginnen. In der Anfangsphase wird die nonverbale Kommunikation zum Aufbau einer sozialen Beziehung mit entsprechender Sprechbereitschaft herangezogen. Ausgehend vom Interessensbereich des Aphasikers wird allmählich steigernd auf andere Wortfelder eingegangen und mit kurzen, abwechslungsreichen Übungen vertieft.

4.6.2.7 Stimmstörungen

DEFINITION

Stimmstörungen umfassen Beeinträchtigungen beim stimmlichen Teil der Artikulation.

Erscheinungsbild

Die Stimme klingt heiser oder gepresst, wobei die Schleimhäute überreizt werden. Die Stimme ist nicht mehr so flexibel. Die Klangfarbe, die Tonhöhe und die Lautstärke können vom Betroffenen nur im geringen Umfang variiert werden. Der Sprechende fühlt sich unwohl; er hat das Gefühl von Trockenheit im Mund oder der Kehle und räuspert sich zwanghaft. Dieser erhöhte Stimmdruck verstärkt die Stimmbeeinträchtigungen. Bei dauerhafter Überbeanspruchung durch falsches Sprechverhalten kann es zur Knötchenbildung auf den Schleimhäuten sowie zu Stimmbandpolypen kommen. In schweren oder sehr hartnäckigen Fällen tritt eine Stimmlosigkeit (Aphonie) auf. Stimmstörungen sind häufig vorübergehend und harmlos als Folge von Infektionen der oberen Luftwege.

Häufigkeit

Die Angaben zur Häufigkeit von Stimmstörungen im Kindes- und Jugendalter schwanken zwischen 5 % und 25 %. Ein deutlicher Stimmbruch ist bei ca. 20 % der männlichen Jugendlichen zu verzeichnen.

Erfassung

Durch computergestützte Stimmfeldmessungen können Stimmumfang, -stärke und -belastung erfasst und auf dem Bildschirm visualisiert werden. Zur Abklärung organischer Ursachen ist eine Untersuchung des Kehlkopfes erforderlich.

Erklärungsansätze

Stimmstörungen können organische und psychische Ursachen haben. Von besonderer Bedeutung ist der von Muskeln und Bändern gehaltene Kehlkopf. Die psychische Verfassung beeinflusst die Lockerheit und Festigkeit der Muskulatur und damit der Stimme. Traumatische Erlebnisse können sich in dem Verlust der Stimme niederschlagen. Infektionserkrankungen und Entzündungen, Lähmungen sowie Kehlkopfverletzungen und -krebs sind als organische Ursachen zu nennen. In seltenen Fällen liegen angeborene Fehlbildungen des Kehlkopfes vor.

Stimmveränderungen treten auch bei hormonellen Veränderungen auf, z. B. in der Pubertät oder Menopause, und sind in gewissem Umfang normal. Beruflich bedingte Überanstrengungen können bei störungsanfälligen Stimmorganen ebenfalls zu Stimmveränderungen führen. Dabei spielt auch das falsche Sprechverhalten eine Rolle.

Hilfen

Eine Verbesserung von starker Heiserkeit kann erreicht werden, wenn die Stimmbänder feucht gehalten werden, indem man die Luftfeuchtigkeit im Raum erhöht oder durch Getränke dem Austrocknen entgegenwirkt. Unterstützend können auch Lutschtabletten eingesetzt werden. Diese Maßnahmen mildern zwar die Symptome, bekämpfen jedoch nicht die Ursachen. Falschem Sprechverhalten ist durch eine gezielte Stimmerziehung entgegenzuwirken. Petermann (1996) berücksichtigt bei der Stimmerziehung mit jüngeren Kindern die Körperhaltung und Atmung sowie die Hördifferenzierung und Stimmmotorik. Der Stimmeinsatz sollte mit möglichst wenig Kraftaufwand geübt werden.

Eine Therapie der kindlichen Stimmstörungen sollte durch Logopäden erfolgen und umfasst nach Hermann-Röttgen (1997) folgende Aspekte:

- **Psychotherapeutischer Aspekt:** Die Stärkung des Selbstbewusstseins des Kindes ist eine wichtige Voraussetzung für eine erfolgreiche Behandlung der Stimmstörung. Auch die Eltern sind bei diesen Maßnahmen einzubeziehen.
- **Verhaltenstherapeutischer Aspekt:** Das Kind hat gelernt, dass es mit Schreien zum Erfolg gelangt und seine Bedürfnisse befriedigt werden. Es werden nun neue Verhaltensweisen aufgebaut, die ohne eine Überanstrengung der Stimme erfolgreich sind. Das Kind soll zum gewünschten Kommunikationspartner gehen statt nach ihm zu schreien.
- **Entspannungstherapeutischer Aspekt:** Das Kind lernt, seine Energien zu steuern. Ein Wechsel zwischen Anspannung und Entspannung (z. B. Arbeit/Leistung und Spiel) wird in den Tagesablauf eingebettet.
- **Atemtherapeutischer Aspekt:** Bereits beim Kleinkind wird durch gezielte Übungen das Körperbewusstsein verbessert. Durch Übungen zum richtigen Atmen kommt es zur besseren Artikulation. So kann durch Zwerchfellübungen die reflektorische Atmung unterstützt werden.

4.6.2.8 Rhinophonien (Näseln)

DEFINITION

Rhinophonie (Näseln) bezeichnet eine Veränderung des Sprach- bzw. Stimmklanges, bei der eine verminderte Resonanz bei den Nasallauten (die Laute klingen dumpf) bzw. eine vermehrte Resonanz im Nasenrachenraum bei den anderen Lauten vorliegt.

Die meisten deutschen Laute sind Mundlaute, die einen nahezu vollständigen Abschluss des Mundraumes verlangen. Lediglich die Nasallaute (m, n, ng) erfordern eine verstärkte Resonanz in den Nasenräumen.

Erscheinungsbild

Man unterscheidet ein offenes und ein geschlossenes Näseln.

- Beim **offenen Näseln** (Rhinolalia aperta) spricht die Person alle Laute durch die Nase, da der Abschluss der Mundhöhle nicht erfolgt; zu viel Luft kann entweichen.

- Beim **geschlossenen Näseln** (Rhinolalia clausa) fehlt jegliche Resonanz in den Nasenräumen, auch bei den Nasallauten, weil eine Blockierung des Luftstroms im Nasen- und Rachenbereich vorliegt; es kann keine Luft über den Nasenraum entweichen.

Erfassung
Es können zwei Vorgehensweisen unterschieden werden:

1. Bei der auditiv-perzeptiven Analyse der Resonanz wird das Kind aufgefordert, die Vokale zu bilden, und man hält zum Lautvergleich die Nase des Kindes zu. Verändert sich trotz zugehaltener Nase der Klang der Vokale nicht, dann kann nicht vom offenen Näseln ausgegangen werden.
2. Bei der Hauchspiegelmethode nach Czermak wird eine speziell ausgeformte Metallplatte dem Kind horizontal unter die Nasenlöcher gehalten. Danach werden systematisch alle Laute isoliert und auf Silben-, Wort- und Satzebene abgefragt. Liegt ein offenes Näseln vor, dann beschlägt der Spiegel durch die austretende Feuchtigkeit.

Der geübte Diagnostiker kann schon durch eine Hörprobe unterscheiden, ob es sich um offenes oder geschlossenes Näseln handelt. Beim geschlossenen Näseln führt die Blockierung des Luftstroms im Nasen- und Rachenbereich zu einer Verdumpfung der Sprache (Stockschnupfensprache).

Erklärungsansätze
Das offene Näseln kann durch organische Veränderungen, etwa eine Lippenspalte, Kieferspalte oder Gaumenspalte, verursacht werden. Bei einigen Kindern findet man Verkürzungen des Gaumens bzw. Gaumensegels sowie krankhafte Veränderungen im Gaumenbereich. Ebenso kann es nach Operationen im Gaumen- oder Mandelbereich auftreten, wenn das Näseln zunächst als Schonhaltung auftritt und dann beibehalten wird. Das geschlossene Näseln dagegen kann organisch auf Verengungen im Nasenmuschelbereich, auf Polypen oder Entzündungen sowie Wucherungen der Rachenmandeln zurückgeführt werden. Zudem können falsche Sprechgewohnheiten das geschlossene Näseln bedingen.

Hilfen
Neben operativen Eingriffen, bei denen die organischen Abweichungen verringert werden, können folgende Behandlungsmethoden angewandt werden:

- Bewusstmachen des Luftstroms, indem ein Spiegel oder der Handrücken zur Kontrolle der Nasenatmung eingesetzt wird
- Atemverstärkung bei Reibelauten durch den Einsatz von Blasspielen mit Watteballchen und Seifenblasen
- Verstärkung der Hörkontrolle
- Lippen-, Zungen- und Gaumensegelübungen zur Verbesserung der Funktionstüchtigkeit der Sprechwerkzeuge
- Bei massiven Auffälligkeiten ist eine sprachheilpädagogische Behandlung unbedingt erforderlich.

4.6.2.9 Pragmatisch-kommunikative Störungen

DEFINITION

Die pragmatisch-kommunikativen Störungen umfassen Auffälligkeiten im Sprachverhalten von Kindern und Jugendlichen, die ihre Sprachverwendung nicht an die jeweilige Situation anpassen.

Erscheinungsbild

Folgende Auffälligkeiten kennzeichnen die pragmatisch-kommunikativen Störungen (vgl. Achhammer, 2014):

- ungebremster, unangemessener Rededrang
- Schwierigkeiten bei Sprecherwechsel (turn taking), z. B. wechselnde Beiträge der Kinder im Stuhlkreis
- Wortfindungsprobleme und fehlerhafter Wortgebrauch
- Verständnisprobleme bei ironischen Aussagen, indirekter Rede oder Witzen
- Probleme beim Erkennen von wortübergreifenden Bezügen und Schlussfolgerungen
- geringes Textverständnis
- geringe Verwendung von unterstützenden, nonverbalen Kommunikationsmitteln
- rigides Festhalten an bestimmten personenspezifischen Themen
- Wiederholungen, unangemessene Verwendung fester Redewendungen
- Sprunghaftigkeit in den Themen
- falsche Einschätzung des Gesprächspartners im Hinblick auf Wissen bzw. Kenntnisstand zum Sachverhalt

Diese Auffälligkeiten haben weitrechende soziale Konsequenzen. Kinder mit pragmatisch-kommunikativen Störungen erfahren Ablehnung von Gleichaltrigen und können zu Außenseitern werden. Erzieherinnen und Lehrkräfte reagieren auf die Auffälligkeiten negativ und schätzen die Kinder als sprachlich unreifer ein. Die Kinder entwickeln ein geringes Selbstwertgefühl.

Erfassung

Zur Bestimmung des Störungsgrades werden Beobachtungen in unterschiedlichen sozialen Situationen durchgeführt. Anhand von Ratingskalen und Checklisten erfolgt eine Einschätzung von Störungsumfang und -stärke.

Häufigkeit

Es fehlen zurzeit noch genaue Angaben für Deutschland. Etwa 20 % der Kinder, die in Sprachförderung sind, weisen eine pragmatisch-kommunikative Störung auf, die gehäuft im Schulkindalter auftritt.

Erklärungsansätze

Pragmatisch-kommunikative Störungen können auf eine Sprachentwicklungsverzögerung zurückgeführt werden. Diese Sprachstörung ist bei Personen mit der Autismus-Spektrum-Störung zu finden.

Hilfen

Therapien setzen beispielsweise Elemente des Improvisationstheaters ein (z. B. Blickkontakt, Sprecherwechsel, Fremd- und Eigenwahrnehmung), die auf die pragmatisch-kommunikative Störung bezogen sind und eine Steigerung der kommunikativen Kompetenz bewirken. Im Rollenspiel werden Sprachkompetenzen aufgebaut, die dann in Realsituationen eingesetzt und geübt werden. Den Kindern und Jugendlichen werden sprachliche Strategien vermittelt, um ihr Erzählverhalten, ihre Beiträge in Diskussionen und ihre sprachliche Flexibilität zu verbessern.

4.6.2.10 Mutismus

DEFINITION

Der Mutismus (freiwilliges Schweigen) beschreibt eine Sprech- bzw. Sprachverweigerung bei offenbar vorhandener Sprech- und Sprachfähigkeit. Zahlreiche Autoren ordnen den Mutismus den psychoneurotischen Störungen zu.

Erscheinungsbild

Unterschieden wird zwischen dem totalen und elektiven Mutismus:

- Der **elektive Mutismus** (auch partieller oder selektiver Mutismus) bezeichnet eine Sprech- und Sprachverweigerung gegenüber bestimmten Personen bzw. in bestimmten Situationen. Das Kind spricht ungezwungen mit Bezugspersonen und Freunden, verstummt aber, wenn andere Personen anwesend sind. Eltern berichten, dass ihr Kind zuhause sehr redselig ist, in der Kindertagesstätte oder in der Schule sich allerdings nie äußert.
- Beim **totalen Mutismus** verweigert der Mutist den Sprachkontakt in allen Situationen und gegenüber allen Personen. Diese Form tritt im dritten bzw. vierten Lebensjahr (Frühmutismus) und zu Beginn der Schule (Spät- oder Schulmutismus) verstärkt auf.

Mutistische Kinder werden als unsicher, mit geringer Mimik und Gestik sowie als körperlich retardiert beschrieben.

Erfassung

Neben der medizinischen Untersuchung durch Neurologen, Psychiaterinnen und Kinderärzte steht die Analyse der Persönlichkeit im Mittelpunkt. Mithilfe von systematischen Verhaltensbeobachtungen sowie (projektiven) Zeichen- und Spieltests verschafft sich die Diagnostikerin einen Überblick über mögliche Fehlentwicklungen. Da Kopplungen mit anderen Behinderungsformen, z. B. geistige Behinderung, Hörstörungen, Autismus oder Schizophrenie, nicht auszuschließen sind, werden Leistungs- und Intelligenztests sowie Persönlichkeitstests herangezogen.

Häufigkeit

Der Mutismus beginnt zumeist in der frühen Kindheit und ist häufig beim Eintritt in die Kindertagesstätte zu beobachten. Etwa eines bis sieben von 1 000 Kindern sind betroffen. Mädchen weisen den Mutismus etwas häufiger auf als Jungen (Relation 1,5 : 1).

Erklärungsansätze

Psychoanalyse

Psychoanalytikerinnen interpretieren die Sprechverweigerung als Ausdruck von Störungen in der oralen Phase, in der das Kind zu wenig Zuwendung erfahren hat. Die mangelnde Zuwendung führt zudem zu apathischem und depressivem Verhalten der Kinder. Auch traumatische Erlebnisse können den Mutismus auslösen.

Erziehungseinflüsse

Der Mutismus kann auch auf Fehlerziehung zurückgeführt werden und wird bei Kindern beobachtet, die eine starke Überbehütung (Overprotection) erleben. Die fürsorgliche Bezugsperson liest dem Kind alle Wünsche von den Lippen ab. Sprachliche Leistungsanforderungen in der Kindertagesstätte führen dann zu Sprechblockaden.

Persönlichkeitseigenschaften

Zu den Risikofaktoren für das Auftreten eines selektiven Mutismus zählen die soziale Ängstlichkeit, Selbstunsicherheit, Trotzverhalten. Mutistische Reaktionen können Frustrationserfahrungen in neuen sozialen Situationen auslösen.

Organische Schädigungen

Inwieweit eine hirnorganische Schädigung zum Mutismus führt, ist wissenschaftlich umstritten. Hörstörungen sowie Fehlbildungen der Sprechwerkzeuge können den Mutismus mitbedingen.

Hilfen

Die therapeutische Arbeit mit mutistischen Kindern baut auf Situationen auf, in denen das Kind ein Kommunikationsbedürfnis hat. Die Situation wird spielerisch aufgegriffen. So kann das gemeinsame Ansehen von lustigen Bildergeschichten der Anfang einer zunehmend stärkeren verbalen Kommunikation sein. Der Therapeut versucht, die Lautproduktion des Kindes durch das Nachahmen von Tierstimmen, kurze Ausrufe bis hin zu einfachen Sätzen gezielt zu steigern. Dabei können auch Gruppenübungen durchgeführt werden.

Neben der Sprachanbahnung ist es wichtig, die familiäre Situation zu bearbeiten, die unter Umständen die Problematik ausgelöst hat. Die Familie ist in den therapeutischen Prozess einzubeziehen, um die den Mutismus fördernden und stützenden Verhaltensweisen durch ein gezieltes Verhaltenstraining ggf. zu verändern. Die Aufarbeitung traumatischer Erlebnisse steht im Mittelpunkt der psychoanalytischen Behandlung, die anhand von projektiven Testverfahren Ansatzpunkte zur Therapie ableitet.

AUFGABEN

1. Vergleichen Sie die Beeinträchtigungen auf pragmatisch-kommunikativer Ebene (Stottern und Poltern) mit Beeinträchtigungen auf der phonetisch-phonologischen Ebene. Zeigen Sie die Unterschiede an Beispielen auf.

2. Entwickeln Sie Grundsätze, die bei der Behandlung von Beeinträchtigungen auf der phonetisch-phonologischen bzw. pragmatisch-kommunikativen Sprachebene zu beachten sind. Begründen Sie das unterschiedliche Vorgehen.

3. Analysieren Sie die Bedeutung der Intelligenz für die Entstehung von Sprachbeeinträchtigungen.

4. In der Kindertagesstätte wird ein dreijähriges Kind aufgenommen. Das Kind spricht nicht mit den Erzieherinnen. Beim Rollenspiel spricht es gelegentlich mit den anderen Kindern. Entwickeln Sie Hilfen, um die Sprechverweigerung abzubauen.

5. Der fünfjährige Johann hat massive Probleme, s-Laute zu bilden. Erarbeiten Sie einen Beobachtungsbogen mit Prüfwörtern, um das Ausmaß des Sigmatismus genauer zu bestimmen.

4.6.3 Störungen der Ausscheidung

Störungen der Ausscheidung (Einnässen/Enuresis und Einkoten/Enkopresis) zählen zu den häufigsten Störungen im Kindesalter. Eine behandlungsbedürftige Störung liegt erst dann vor, wenn das Einnässen bzw. Einkoten eintritt, nachdem das Kind die Kontrolle über die Schließmuskeln aufgrund von biologischen Reifungsprozessen erlangt hat.

4.6.3.1 Einnässen (Enuresis)

DEFINITION

Enuresis bedeutet das wiederholte Einnässen des organisch gesunden Kindes nach dem fünften Lebensjahr über einen Zeitraum von mindestens drei Monaten.

Die Definition enthält drei Voraussetzungen:

1. **Wiederholtes Einnässen:** Welche Auftretenshäufigkeit vorliegen muss, um eine Enuresis zu diagnostizieren, wird in den Klassifikationssystemen unterschiedlich angesetzt und schwankt von zweimal in der Woche (DSM-5) bis zu zweimal pro Monat (ICD-10). In der Praxis hat sich als Kriterium einmal pro Woche durchgesetzt. Die Mindestdauer, in der das problematische Einnässen auftritt, liegt bei drei Monaten.

2. **Organisch gesundes Kind:** Ausgeschlossen wird ein Einnässen aufgrund organischer Ursachen, z. B. Harnwegsinfekt oder Epilepsie.
3. **Mindestalter fünf Jahre:** Bis zum fünften Lebensjahr (Entwicklungs- bzw. Intelligenzalter) entwickelt sich aufgrund biologischer Reifungsprozesse die Fähigkeit, die betreffenden Schließmuskeln bewusst zu kontrollieren. Die Altersangabe reicht bei einigen Klassifikationssystemen bis zum siebten Lebensjahr (ICD-10).

Als normal ist zu bezeichnen, wenn ein Kind vereinzelt bis zum achten Lebensjahr in Belastungssituationen, Krisen oder bei Erkrankungen einnässt. Die Enuresis wird abgegrenzt von der **Harninkontinenz**, die auch ein unwillkürliches Einnässen am falschen Ort und zur falschen Zeit bedeutet, aber auf einer Blasenentleerungsstörung beruht.

Erscheinungsbild

Man unterscheidet vier Formen der Enuresis: Bei der **primären Enuresis** (auch Enuresis persistens genannt) haben die Kinder noch nie die Blasenkontrolle erreicht. Wenn das Kind über einen längeren Zeitraum (mindestens sechs zusammenhängende Monate) trocken ist und dann wieder einnässt, liegt eine **sekundäre Enuresis** (Enuresis acquisita) vor. Das Einnässen am Tage wird als **Enuresis diurna** und das nächtliche Einnässen als **Enuresis nocturna** bezeichnet. Beim nächtlichen Einnässen (Bettnässen) kommt es in der Regel im ersten Drittel der Nacht zur Blasenentleerung. Tritt das Einnässen tagsüber und nachts auf, so wird von einer **Enuresis diurna et nocturna** gesprochen. Beim nächtlichen Einnässen kann die Blasenentleerung recht regelmäßig und vollständig zu einem bestimmten Zeitpunkt beobachtet werden. Wird dagegen tagsüber eingenässt, dann erfolgt die Blasenentleerung unregelmäßig und unvollständig, sodass es häufig zu einem mehrfachen Einnässen kommt.

Auswirkungen auf die Familie und die Persönlichkeit des Kindes

Das Einnässen ist mit vielfältigen psychischen Belastungen für das Kind und die Familie verbunden. Die Eltern reagieren auf das Nicht-Trockenwerden oft mit Unverständnis, Wut, Verzweiflung und Vorwürfen. Das häufige Wäschewechseln und Waschen, der kostenintensive Verbrauch von Windeln sowie das häufige nächtliche Kontrollieren sind eine starke Belastung. Die Eltern setzen das Kind unter Druck, verwenden Bestrafungen und Verbote. Die ausgeprägte Angst des Kindes vor dem Bekanntwerden der Enuresis schränkt seine sozialen Kontakte ein. Ein Übernachten bei Freunden oder die Teilnahme an mehrtägigen Klassenfahrten werden vermieden. Wird die Enuresis trotz aller Geheimhaltungsversuche bekannt, kommt es häufig zu einer Stigmatisierung und weiteren psychischen Belastungen, die behandlungsbedürftig werden können. Das Kind erlebt Versagensängste und entwickelt Minderwertigkeitsgefühle, denn die Kontrolle der Blase, die offenbar jeder problemlos bewältigt, gelingt nicht. Es entwickelt sich ein negatives Selbstbild. Die selbst gewählte soziale Isolation ist ein weiteres Belastungselement.

Häufigkeit

Im Alter von fünf Jahren nässen ca. 10 % der Kinder (7 % Jungen und 3 % Mädchen) ein. Im Alter von zehn Jahren liegt die Quote bei ca. 5 % (3 % Jungen und 2 % Mädchen). Werden die Häufigkeiten für die verschiedenen Formen der Enuresis ermittelt, so gelangt man zu folgenden Werten:

primäre Enuresis	80 %
sekundäre Enuresis	20 %
Enuresis diurna	5 %
Enuresis diurna et nocturna	15 %
Enuresis nocturna	80 %

Zwar geht die Enuresis mit zunehmendem Alter zurück, dennoch nässt etwa 1 % der Jugendlichen noch ein. Die nachfolgende Grafik verdeutlicht die Häufigkeit des nächtlichen Einnässens im Altersbereich drei bis zehn Jahre:

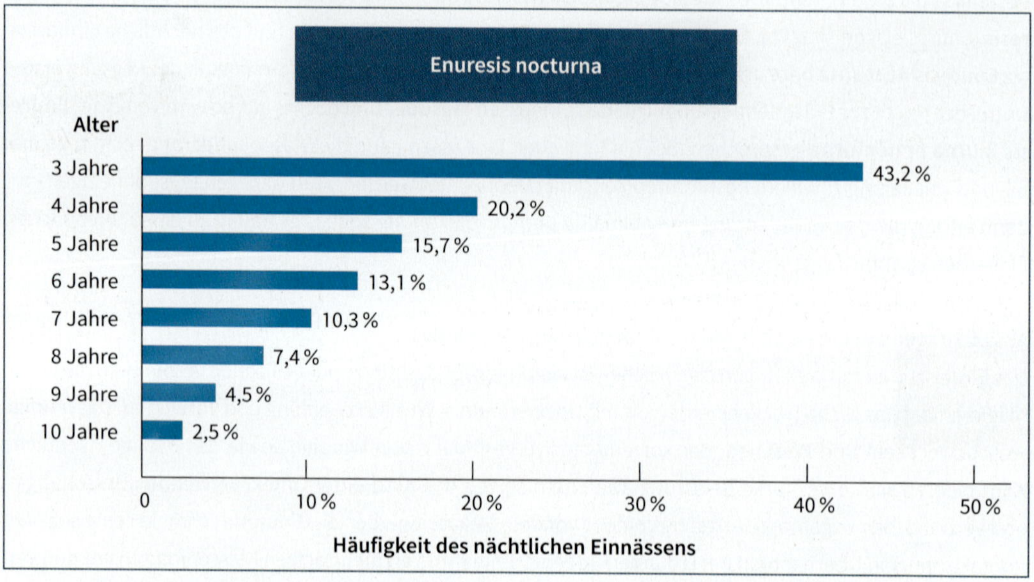

(Quelle: von Gontard und Lehmkuhl, 2009², S. 10)

Enuresis tritt bei Jungen zweimal häufiger auf als bei Mädchen. Eine Ausnahme stellt das Einnässen während des Tages dar: Die Enuresis diurna wird häufiger bei Mädchen beobachtet.

Erfassung

Bei der **Anamnese** wird besonders auf das Auftreten der Enuresis im familiären Bereich geachtet. **Körperliche Untersuchungen** müssen durchgeführt werden, damit organische Ursachen ausgeschlossen bzw. medizinisch behandelt werden können. Mithilfe von Ultraschalluntersuchungen kann abgeklärt werden, ob Fehlbildungen und Veränderungen im Bereich der Nieren und Harnwege vorliegen.

Die systematische Erfassung der psychosozialen Ursachen sowie der Einnässsituation kann durch psychologische Tests und Beobachtungsverfahren erfolgen. Eine Bewertung der Belastungsfaktoren, der situativen Komponenten und der Verstärkungsmechanismen ergibt sich aus der **Verhaltensanalyse** (siehe Kap. 2.4.1). Eine Überprüfung des geistigen und sozial-emotionalen Entwicklungsstandes erfolgt mit **Intelligenztestverfahren**. Die familiäre Situation sowie weitere Belastungsfaktoren können durch **Persönlichkeitsfragebögen** oder **Spieltests**, wie den Scenotest, abgeklärt werden. Zur genaueren Erfassung der Einnässsituation, z. B. Häufigkeit, Zeitpunkt, Menge, Verlauf, Wachzustand des Kindes, belastende Tagesereignisse, werden Eltern zu einer **systematischen Beobachtung** anhand von Protokollbögen angeleitet. Dieses Vorgehen nennt man auch Miktionsanalyse (Miktion: das Harnlassen). Die Beobachtungsergebnisse dienen ebenfalls zur fortlaufenden Überprüfung des Behandlungserfolgs.

Erklärungsansätze

Die Enuresis wird auf vier Ursachenbereiche zurückgeführt:

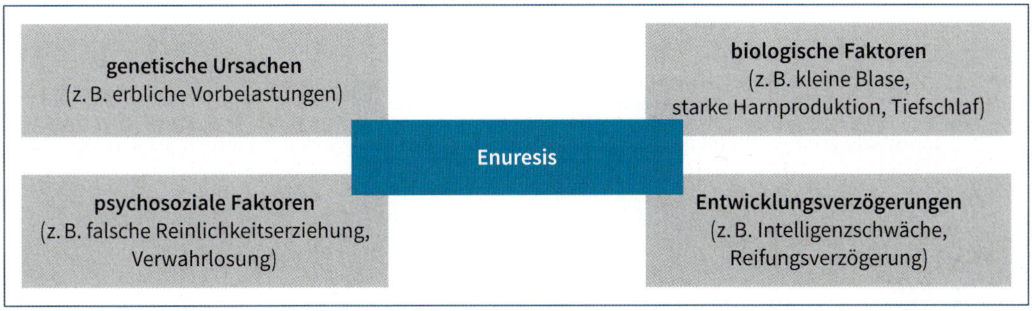

Genetische Ursachen

Beim nächtlichen Einnässen liegt eine genetisch bedingte Reifungsstörung des zentralen Nervensystems vor, die durch Umwelteinflüsse (z. B. belastende Lebensereignisse) im geringen Umfang beeinflusst werden kann. Untersuchungen von Eltern oder nahen Verwandten des einnässenden Kindes weisen auf einen deutlichen Vererbungseinfluss hin. Bei eineiigen Zwillingen waren in 68 % der Fälle beide Zwillinge Enuretiker, bei zweieiigen Zwillingen war lediglich in 36 % der Fälle bei beiden Kindern die Enuresis aufgetreten. Wie Petermann und Petermann (2002[5]) belegen, konnten für das Einnässen bislang drei „Genorte“ auf den Chromosomen identifiziert werden. Ein weiterer Hinweis auf die Vererbung kann aus der familiären Vorbelastung abgeleitet werden. Waren beide Elternteile Enuretiker, ist bei 77 % der Kinder ebenfalls das Einnässen zu beobachten. Wenn ein Elternteil vorbelastet ist, liegt die Auftrittshäufigkeit bei den Kindern bei 44 %. Sind keine Vorbelastungen vorhanden, nässen etwa 15 % der Kinder ein.

Biologische Faktoren

Bei einigen Kindern sind organische Ursachen vorhanden, wie z. B. eine **geringe Blasenkapazität** oder eine **übermäßig hohe Harnproduktion**, wenn die Niere nachts nicht hormonell gesteuert die Harnproduktion drosselt. Eine Störung der Harnentleerung liegt bei einer **Harninkontinenz** vor, wenn z. B. der Harndrang zu spät wahrgenommen oder die vollständige Harnentleerung unterbrochen wird. Bei vielen Enuretikerinnen konnte ein sehr **tiefer Schlaf** nachgewiesen werden, bei dem die Wahrnehmung von Wecksignalen erschwert ist. Allerdings ergaben sich bei einer Analyse der EEG-Muster in der Schlafphase keine Besonderheiten. Das Einnässen kann auch keiner typischen Schlafphase zugeordnet werden, sondern erfolgt vorwiegend im ersten Drittel des Schlafs in allen Phasen. Es besteht auch kein Bezug zu Traumphasen.

Psychosoziale Faktoren

Eine zu frühe oder zu strenge **Reinlichkeitserziehung** kann das Auftreten der Enuresis begünstigen. Vor allem dann, wenn die Sauberkeitserziehung Misshandlungscharakter hat und das Kind beispielsweise an den Topf gebunden wird. Wichtig sind auch die Reaktionen der Eltern beim gelegentlichen Einnässen. Wird zu streng, inkonsequent, zu nachgiebig oder zu fordernd auf das Missgeschick reagiert, dann fühlt sich der Enuretiker unter Druck gesetzt, ungerecht behandelt und unverstanden. Das Einnässen verstärkt sich. Das Einnässen kann auch ein Anzeichen für **Verwahrlosung und Vernachlässigung** sein und auf problematische Familienverhältnisse hinweisen.

Kritische Lebensereignisse wie die Scheidung der Eltern, die Trennung von den Eltern, Schulprobleme oder Geschwisterrivalität können ebenfalls das Einnässen auslösen. Die Häufigkeit des Einnässens korrespondiert mit den sich täglich ändernden Belastungsfaktoren. Das Kind „weint" mit der Blase. Diese Form des Einnässens wird auch als **Konfliktnässen** bezeichnet. Beim **Spieleifernässen** befindet sich das Kind in der Übergangsphase zwischen unkontrollierter Harnabgabe und der bewussten Blasenkontrolle. Es hält den Harn

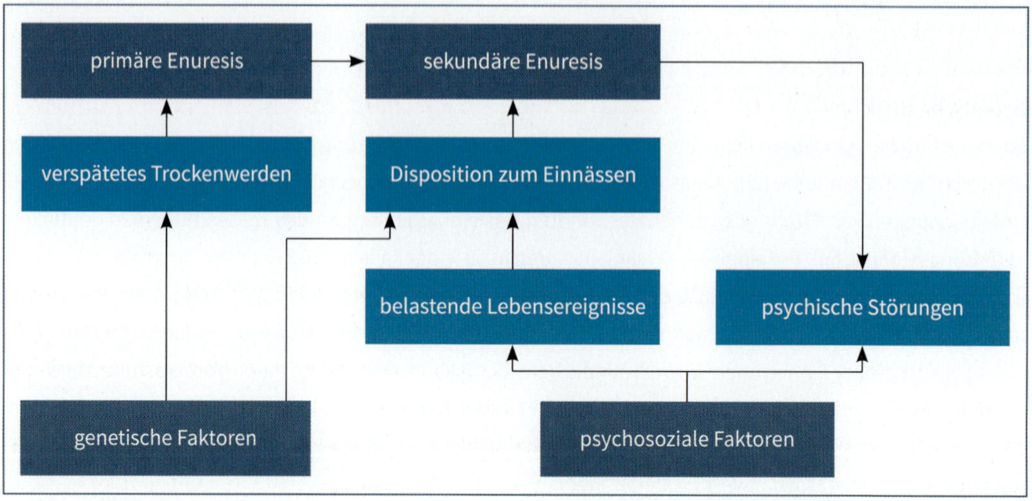

(Quelle: von Gontard und Lehmkuhl, 2009², S. 20)

körperlich angespannt (z. B. Schenkel zusammenpressen, auf der Stelle trippeln, Hockhaltung) zurück, um das Spiel oder einen anderen interessanten Vorgang abschließen zu können. Die Entleerung der übervollen Blase kann dann nicht mehr zurückgehalten werden und es kommt zur für das Kind peinlichen und unangenehmen Blasenentleerung.

Die Ursachenbereiche des Einnässens beziehen von Gontard und Lehmkuhl (2009[2]) auf verschiedene Formen der Enuresis. Ihr Modell verdeutlicht den Zusammenhang zwischen der primären und der sekundären Enuresis.

Entwicklungsverzögerungen
Liegen Störungen der Reifungsentwicklung im Zentralnervensystem vor, dann wirkt sich dies auch auf die Wahrnehmung des Harndrangs und die Steuerung der Blasenmuskulatur aus. Das Trockenwerden erfolgt, wie die Entwicklung anderer Bereiche, zeitlich verzögert.

Hilfen

Wie Untersuchungen zeigen, kommt es in etwa 13 % der Fälle pro Jahr zu „Spontanheilungen“, ohne dass eine professionelle Hilfe erforderlich ist.

Medizinische Behandlung
Bei der medizinischen Behandlung werden **Medikamente** verschrieben, die eine Hemmung der Harnproduktion in der Niere bewirken. Zwar treten bei etwa der Hälfte der behandelten Kinder während der Behandlungszeit deutliche Erfolge ein, doch nach dem Absetzen des Medikaments kommt es in der Regel zu einem Rückfall und die Kinder nässen wieder ein.

Psychologische Maßnahmen
Ziel der psychologischen Veränderungsmaßnahmen ist eine bessere Verarbeitung der belastenden Lebenssituation und eine **verhaltenstherapeutische Behandlung** des Einnässens. Im Rahmen eines familienbezogenen Vorgehens setzt sich die Therapeutin mit den Einstellungen der Familienmitglieder zum Einnässen auseinander und versucht, die oft negative Einstellung zum einnässenden Kind zu verändern und die Familienmitglieder zur verantwortungsvollen Mitarbeit bei der Behandlung zu bewegen.

Klingelapparat
Als besonders erfolgreich hat sich der Einsatz eines Klingelapparates bewährt (vgl. Stegat, 2004[4]). Verhaltenstherapeuten verwendeten früher das Klingelkissen, bei dem im Bett zwei Metallmatten liegen, die durch ein Leintuch voneinander getrennt sind. Die beiden Matten sind mit einem Klingelapparat verbunden, der bereits bei kleinsten Flüssigkeitsmengen aktiviert wird und einen lauten Schreckreiz produziert. Das Harnlassen wird dadurch sofort unterbrochen, das Kind wird wach und geht zur Toilette. In einem Protokollbogen (Enuresis-Kalender) wird am nächsten Morgen festgehalten, ob es in der Nacht zum Einnässen kam (Symbol: Wolke) oder die Nacht trocken verlief (Symbol: Sonne). Weiterhin wird festgehalten, wann es zum Einnässen kam und

wie groß die Harnmenge war. Eine Weiterentwicklung stellt die Klingelhose dar, die mit Druckknöpfen in der Unterhose befestigt wird.

Bei etwa 75 % der behandelten Kinder treten innerhalb eines Zeitraumes von vier Wochen Erfolge ein. Die Einschränkungen in der Wirksamkeit werden auf Fehler bei der Durchführung zurückgeführt, z. B. wenn die Eltern als Kotherapeuten Anweisungen nicht einhalten, zu tolerant reagieren oder nachlässig handeln. Die Behandlung wird spätestens nach sechs Monaten eingestellt, wenn sich keine deutliche Verbesserung gezeigt hat. Nach dem erfolgreichen Abschluss der Behandlung kommt es bei vielen Kindern zu einem Rückfall. Wird der Klingelapparat dann für kurze Zeit nochmals eingesetzt, führt dies in der Regel zu einem dauerhaften Behandlungserfolg.

Blasentraining
Um die Blasenkapazität des Kindes zu vergrößern, wird das Blasen- oder Einhaltetraining durchgeführt. Wenn das Kind den Harndrang verspürt, soll es die Harnentleerung bewusst zurückhalten. Nach der Harnentleerung trinkt das Kind eine bestimmte Menge Flüssigkeit und meldet sich, sobald es Harndrang verspürt. Das Kind wird aufgefordert, die Harnentleerung so lange zurückzuhalten, bis es nicht mehr geht, und beim Toilettengang die Harnmenge in einem Messbecher festzuhalten. Wenn sich die Zeiträume vom Auftreten des Harndrangs bis zum Toilettengang verlängern, erfolgt eine Verstärkung des Kindes.

Dry-Bed-Training
Als sehr erfolgreich erweist sich das Dry-Bed-Training, bei dem ein Behandlungserfolg von ca. 75 % innerhalb eines Zehnwochentrainings nachgewiesen wurde. Dieses Verfahren wurde zunächst bei Kindern mit geistiger Behinderung erfolgreich praktiziert. Das Training ist eine Kombination verschiedener Vorgehensweisen: Klingelapparat, Blasentraining, Weckplan und Verhaltensübung (vgl. Stegat, 2004[4]). Die Verhaltensübung beabsichtigt den Aufbau eines angemessenen Toiletten- und Sauberkeitsverhaltens und wird wie folgt durchgeführt: In der ersten Nacht erfolgt ein **Intensivtraining**. Wenn das Kind im Bett liegt, geht es nach einer Minute auf die Toilette, entleert die Blase und legt sich wieder hin. Dieses Trockentraining wird mindestens viermal hintereinander wiederholt. Das erfolgreiche Zurückhalten des Harns wird jeweils positiv verstärkt. Wenn das Kind einnässt, wird das Trockentraining fünfmal hintereinander durchgeführt. Das Reinlichkeitstraining umfasst das Wechseln des Schlafanzugs, das eigenständige Wechseln der Bettwäsche und die Aktivierung des Klingelapparates. Das Einnässen wird dadurch negativ besetzt. In den folgenden Nächten erfolgt die **Überwachungsphase**, in der das Kind im Bett die Klingelhose trägt und auf die Wichtigkeit des Trockenbleibens hingewiesen wird. Kommt es trotzdem zum Einnässen, wird das Trockentraining fünfmal vor dem Zubettgehen wiederholt. Nach zwei Stunden wird das Kind geweckt und gelobt, wenn es noch trocken ist. Wenn das Kind an fünf aufeinanderfolgenden Tagen trocken bleibt, erfolgt die **Routinephase**, in der das Kind nicht mehr zwischendurch geweckt wird. Kommt es zum Einnässzwischenfall, setzt wieder das Trocken- und Reinlichkeitstraining ein.

Wirksamkeit der Maßnahmen

Die Behandlungsmaßnahmen verlaufen dann besonders positiv, wenn die Eltern das Vorgehen unterstützen und sich an die Absprachen halten. Die Änderungsbereitschaft des Kindes (Leidensdruck) spielt für den Erfolg eine wichtige Rolle. Als ungünstig hat sich erwiesen, wenn das Kind kein eigenes Zimmer hat, die familiäre Unterstützung fehlt, die Toilette für das Kind ungünstig liegt und das Kind in der Nacht mehrmals einnässt. Die Wirksamkeit der verschiedenen Behandlungsmethoden verdeutlicht die nachfolgende Übersicht:

Behandlungsmethode	Prozent trocken am Behandlungsende	Prozent trocken 20 Wochen nach Behandlungsende
Klingelapparat (apparative Verhaltens-therapie)	66	51
Verhaltenstherapie (z. B. Belohnungs-/Bestrafungsplan, Weckpläne)	33	30
verbale Therapieformen wie Spiel- und Gesprächspsychotherapie	21	11
Medikamente	18–40	10–22

(Quelle: von Gontard und Lehmkuhl, 2009[2], S. 35)

Am erfolgreichsten ist der Einsatz des Klingelkissens beim nächtlichen Einnässen, bei welchem die Hälfte der behandelten Kinder trocken bleibt. Ein Rückfall nach Behandlungsende ist bei medikamentöser Behandlung und verbalen Psychotherapien am häufigsten. Wird eine Verhaltenstherapie durchgeführt, ist ein Drittel der Enuretiker wieder trocken und die Rückfallquote ist relativ gering. Als ungeeignet haben sich Einschränkungen in der Flüssigkeitszufuhr, nächtliches Wecken, Bestrafung beim Einnässen oder „Hausmittel" wie Johanniskrautöl, homöopathische Mittel, Teemischungen erwiesen (vgl. von Gontard und Lehmkuhl, 2009[2], S. 84).

4.6.3.2 Einkoten (Enkopresis)

DEFINITION

Enkopresis (Stuhlinkontinenz) bezeichnet das wiederholte in der Regel unwillkürliche Absetzen von Stuhl an unpassenden Orten bei Kindern, die entwicklungsgemäß die Sauberkeitserziehung abgeschlossen haben (biologisches und kognitives Entwicklungsalter: mindestens vier Jahre), über einen Zeitraum von mindestens drei Monaten.

Ausgeschlossen wird in dieser Definition das Einkoten bei körperlichen Erkrankungen wie chronischer Diarrhoe oder Magen-Darm-Infekten, Stuhlblockaden oder nach einer ärztlich verordneten Einnahme von Abführmitteln. Um eine Störung zu diagnostizieren, sollte die Auftrittshäufigkeit (nach dem DSM-5) bei mindestens einmal in der Woche liegen.

Erscheinungsbild

Eine **primäre Enkopresis** liegt vor, wenn das Kind eine Kontrolle der Stuhlentleerung noch nicht erreicht hat. Kotet das Kind wieder ein, nachdem es über einen längeren Zeitraum (etwa ein Jahr) sauber war, wird von einer **sekundären Enkopresis** gesprochen. Unterschieden wird weiterhin die **Überlaufenkopresis** bzw. **retentive Enkopresis**, bei der schleimartiger oder halbfester Kot unwillkürlich in geringen Mengen abgesondert wird. Das Überlaufen des Kots tritt häufig in Verbindung mit Verstopfungen auf. Erfolgt eine direkte Darmentleerung in die Wäsche, ohne dass ein Zurückhalten des Stuhls besteht, dann liegt eine **nicht retentive Enkopresis** vor.

Häufig liegen Verstopfungen (Opstipation) vor. Das Kind hat selten Stuhlgang (z. B. nur jeden zweiten oder dritten Tag) und hält die Darmentleerung willkürlich zurück (z. B. Po zusammenkneifen, die Beine überkreuzen, hin und her hüpfen). Schmerzhafter und harter Stuhlgang treten bei Verstopfungen verstärkt auf, da durch die lange Verweildauer im Darm dem Stuhl Wasser entzogen wird. Von Gontard (vgl. 2010, S. 8 f.) unterscheidet zwischen einer Enkopresis mit Verstopfung (Symptome: seltener Stuhlgang, geringer Appetit, große Stuhlmengen, Schmerzen bei der Darmentleerung, Bauchschmerzen) und der Enkopresis ohne Verstopfung (Symptome: täglicher Stuhlgang, kleine Stuhlmengen, normale Stuhlhärte, guter Appetit, seltenes Einkoten). Die Ausprägung des Einkotens kann vom gelegentlichen Kotschmieren mit Streifenspuren in der Wäsche bis zum Einkoten größerer Stuhlmengen reichen.

Häufigkeit

Im Alter von acht Jahren koten etwa 2,3 % der Kinder ein, bei den 13-Jährigen liegt die Quote bei lediglich 0,6 %. Normalerweise ist bis zum 16. Lebensjahr die Kontrolle des Stuhlgangs bei nahezu allen erfolgreich vorhanden. Lediglich bei Personen mit einer starken geistigen Behinderung kann das Einkoten weiterbestehen. Die Enkopresis wird drei- bis viermal häufiger bei Jungen als bei Mädchen diagnostiziert. Viele Kinder, die einkoten, nässen auch ein.

Erfassung

Die **Anamnese** klärt folgende symptombezogene Aspekte ab: praktiziertes Sauberkeitstraining, Entwicklungsverlauf des Einkotens, Toilettenrituale, Ernährungs- und Trinkgewohnheiten, körperliche Beeinträchtigungen (etwa Neigung zu Verstopfung) sowie das Auftreten von Einkotproblemen im Familienbereich.

Bei der **medizinischen Untersuchung** werden organische Auffälligkeiten wie Verengung bzw. Erweiterung des Dickdarms, Funktionsfähigkeit der Schließmuskeln oder Verstopfung abgeklärt. In **psychologischen Untersuchungen** (z. B. Exploration, Fragebogen, Spieltests) werden die psychosozialen Ursachen überprüft. Erfasst wird auch die Einstellung der betroffenen Familie und des Kindes zum Einkoten mithilfe von speziellen Elternfragebögen. Bei einem Toilettenprotokoll, das sich über einen Zeitraum von 48 Stunden erstreckt, werden Stuhlhäufigkeit und -menge, Urinmenge sowie Trinkmenge erfasst.

Erklärungsansätze

Das Einkoten wird von biologischen und psychosozialen Faktoren beeinflusst.

biologische Faktoren		psychosoziale Faktoren
(z. B. organische Auffälligkeiten, Darmerweiterung)	Enkopresis	(z. B. Ängste, kritische Lebensereignisse)

Biologische Faktoren

Bei den einkotenden Kindern ist offenbar die Wahrnehmung des Stuhldrangs beeinträchtigt. Es ist eine sehr große Stuhlmenge erforderlich, bis der Stuhldrang wahrgenommen wird, sodass der Stuhl übermäßig lang zurückgehalten wird. Das häufige Zurückhalten des Stuhls führt bei einer großen Stuhlmenge zu einem starken Druck auf die Schließmuskeln und einer Erweiterung des Dickdarms. Wenn diese Dauerspannung über einen längeren Zeitraum vorliegt, verliert das Kind die Körpersensibilität für den Darmdruck und es kommt zu einem unwillkürlichen Einkoten (Überlaufenkopresis).

In wenigen Fällen liegen organische Beeinträchtigungen vor. Das können Risse im Afterbereich sein, die bei der Darmentleerung zu starken Schmerzen führen und deshalb ein Zurückhalten des Stuhls auslösen. Eine genetische Verursachung konnte kaum festgestellt werden. Lediglich eine selten zu beobachtende vererbte Verengung des Dickdarms (Morbus congentium oder Morbus Hirschsprung) kann den genetischen Ursachen zugeordnet werden.

Psychosoziale Faktoren

Eine übertrieben strenge Sauberkeitserziehung begünstigt das Auftreten des Einkotens. Einige Kinder entwickeln starke Ängste beim Toilettengang und halten deshalb den Stuhl zurück. Dies kann verstärkt auftreten, wenn Kinder öffentliche Toiletten aufsuchen sollen, die wegen der Verschmutzung und des Geruchs Ekelgefühle auslösen. Einige Kinder weigern sich, die Toilette aufzusuchen, wenn keine Türen als Sichtschutz vorhanden sind. Das Zurückhalten führt zu Verstopfungen und langfristig zu Erweiterungen des Enddarms. Die sekundäre Enkopresis wird häufig durch kritische Lebensereignisse wie Misshandlungen, sexuellen Missbrauch oder schwere Familienkonflikte ausgelöst.

Hilfen

Medizinische Behandlung

Eine medikamentöse Behandlung kann an verschiedenen Punkten ansetzen. Einige Medikamente fördern die Darmbewegungen, andere erhöhen den Darmdruck, sodass die Wahrnehmung des Stuhldrangs verbessert wird. Bei einer Enkopresis mit Verstopfung werden Abführmittel verordnet, um Verstopfungen entgegenzuwirken und den Stuhl zu verflüssigen. Die Darmentleerung fördert die nachfolgende Verdauung. Eine dauerhafte Beseitigung des Einkotens kann mit einer medikamentösen Behandlung jedoch nur selten erreicht werden.

Diätische Maßnahmen

Bei einer einseitigen ballaststoffarmen Ernährung sind Änderungen der Ernährungsgewohnheiten angebracht. Neben der Ernährungsumstellung auf ballaststoffreichere Lebensmittel ist in der Regel auch eine Steigerung der Trinkmenge erforderlich.

Psychologische Maßnahmen

Die verschiedenen Behandlungsmethoden gleichen sich im Ablauf. Häufig werden medizinische, ernährungsbezogene und psychologische Maßnahmen miteinander kombiniert:

Phase	Vorgehen
Vorbereitungsphase	▪ Auseinandersetzung mit den Krankheitsvorstellungen der Betroffenen ▪ Informationen über Enkopresis ▪ Beseitigung von Schuldgefühlen ▪ Einführung in die Behandlungskonzeption
Reinigungsphase	▪ Dickdarmreinigung mithilfe von Abführmitteln ▪ Verknüpfung bestimmter Situationen mit der Stuhlentleerung (etwa nach dem Aufstehen, nach dem Essen) ▪ Belohnung nach dem Stuhlgang ▪ auch stationäre Behandlung möglich
Erhaltungsphase	▪ Entwicklung eines Toilettenrituals und fester Zeitpunkte ▪ Ernährungsumstellung auf ballaststoffreiche Nahrungsmittel ▪ Abführmittel oder Gleitmittel werden bei Bedarf verabreicht ▪ Der erfolgreiche Toilettengang wird belohnt.
Nachkontrollphase	▪ tritt ein Rückfall ein, werden kurzzeitig wieder Abführmittel eingesetzt ▪ bisherige Fortschritte werden verdeutlicht ▪ ggf. werden zusätzlich familientherapeutische Maßnahmen eingeleitet

Erfolgreich sind auch Behandlungskonzepte, die sich auf ein **Gruppentraining** für Eltern und Kinder beziehen. Im Verlauf der Sitzungen werden Ernährungsumstellungen, Toilettentraining mit Verstärkerprogramm sowie der Einsatz von Abführmitteln thematisiert. Verlaufsstudien zum Einkoten belegen, dass etwa die Hälfte der Betroffenen trotz Therapie weiterhin einkotet bzw. unter Verstopfungen leidet (vgl. von Gontard, 2010).

AUFGABEN

1. Verdeutlichen Sie die Auswirkungen der Enuresis und Enkopresis auf die Persönlichkeitsentwicklung des Kindes.

2. Erläutern Sie, wie die Erzieherinnen in einer Wohngemeinschaft auf das Einnässen eines siebenjährigen Jungen, der neu in die Gruppe aufgenommen wurde, reagieren sollten. Begründen Sie Ihre Vorgehensweisen.

4.6.4 Ess- und Gewichtsstörungen

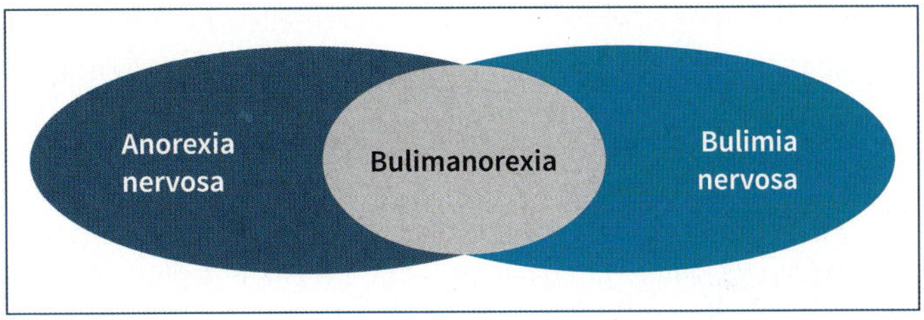

Ess- und Gewichtsstörungen treten in den letzten Jahrzehnten häufiger auf. Die Furcht vor dem Dickwerden sowie die Verwirklichung des schlanken Schönheitsideals wirken sich auf das Essverhalten aus. Beide Essstörungen, Magersucht (Anorexia nervosa) und die Ess-Brech-Sucht (Bulimia nervosa), können auch zusammen auftreten (Bulimanorexia).

Ein nicht unerheblicher Teil der Kinder weist ein zu hohes Gewicht (Adipositas) auf und ist ebenfalls behandlungsbedürftig. Während die Essstörung zu den psychischen Erkrankungen zählt, wird die Adipositas zu den körperlichen Erkrankungen gerechnet. Da auch zahlreiche Kinder übergewichtig sind, soll diese Form der **Gewichtsstörung** ebenfalls erläutert werden. Eine Einordnung der Gewichtsstörung lässt der Body-Mass-Index (BMI) zu. Bei der Bestimmung wird das Körpergewicht (in Kilogramm) auf die Körpergröße (in Metern) mit folgender Berechnungsformel bezogen:

$$\text{BMI} = \frac{\text{kg}}{\text{m}^2} \qquad \text{Beispiel:} = \frac{54}{(1{,}67 \cdot 1{,}67)} = 19{,}36$$

Als normal werden bei Männern BMI-Werte zwischen 19 und 25 und bei Frauen zwischen 18 und 24 bezeichnet. Folgende Klassifizierung wird getroffen:

Untergewicht	BMI 15,0–18,9
Normalgewicht	BMI 19,0–24,9
Übergewicht	BMI 25,0–29,9
Fettsucht (Adipositas)	BMI 30,0–39,9

4.6.4.1 Magersucht (Anorexia nervosa)

DEFINITION

Bei der Magersucht (Anorexia nervosa) bewirkt die bewusst herbeigeführte extreme Gewichtsabnahme (übertrieben strenge Diät bis hin zur Nahrungsverweigerung) ein deutliches Untergewicht (weniger als 85 % des Normalgewichts) und führt zu einer Störung der eigenen Körperwahrnehmung (Körperschema).

Erscheinungsbild

Die selbst herbeigeführte Gewichtsabnahme liegt im Durchschnitt ca. 45 % unter dem Ausgangsgewicht und ca. 15 % unter dem Normalgewicht. Das Essverhalten weist Besonderheiten auf: Kleinste Mengen von Nahrung werden extrem langsam aufgenommen, das Essen wird zerpflückt und auf bestimmte Nahrungsmittel wird ganz verzichtet. Die Mahlzeiten werden am liebsten allein zu sich genommen, um einer Kontrolle und dem Druck anderer zu entgehen.

Die Gewichtsabnahme wird häufig exakt überwacht und protokolliert. Die Nahrungsaufnahme erfolgt ebenfalls unter strenger Kontrolle, indem täglich niedrige Kalorienhöchstmengen selbst festgelegt und die Einhaltung konsequent anhand von Kalorientabellen überprüft wird. Viele Betroffene sind körperlich aktiv (z. B. Joggen, Fahrrad fahren, Gymnastik), um die Gewichtsabnahme zu beschleunigen. Die Gewichtsabnahme erfolgt mit unterschiedlicher Geschwindigkeit. Einige nehmen kontinuierlich und langsam ab, während andere in nur wenigen Wochen ihr Körpergewicht um 25 % vermindern. Bei einer schnellen Gewichtsabnahme sind körperliche Veränderungen und Schädigungen am stärksten (vgl. Herpertz-Dahlmann und Hebebrand, 2008).

Der extreme Gewichtsverlust kann bis zur lebensbedrohlichen Kachexie (Auszehrung, hochgradige Abmagerung) führen, wenn das Körpergewicht nur noch 25 bis 35 kg beträgt. Langzeitstudien über einen Zeitraum von bis zu 20 Jahren zeigen, dass die Magersucht in ca. 9 % der Fälle zum Tode führt.

Die Wirksamkeit von Hilfsmaßnahmen setzt einen Leidensdruck bei den Betroffenen voraus, der jedoch häufig fehlt. Die geringe Einsicht in den bisweilen lebensbedrohlichen Krankheitszustand bewirkt oft eine Therapieverweigerung. Selbst bei einem abgemagerten Zustand besteht das Gefühl, zu dick zu sein.

Häufigkeit

Die Magersucht tritt vor allem bei jungen Frauen und Männern im Alter von elf bis 20 Jahren (Risikogruppe) auf, wobei die Frauen zehn- bis zwölfmal häufiger betroffen sind als Männer. Untersuchungen weisen einen Erkrankungsgipfel im 14. Lebensjahr auf. In der Risikogruppe liegt die geschätzte Verbreitung bei ca. 1 %–3 %. Aufgrund der hohen Dunkelziffer kann die tatsächliche Verbreitung allerdings nur geschätzt werden. Die Essstörung tritt häufiger in der mittleren und gehobenen sozialen Schicht auf und ist weniger in den sozial schwächeren Schichten zu finden.

Erfassung

Die eingesetzten Fragebögen und Beurteilungsskalen dienen der Beurteilung des Essverhaltens, der Körperwahrnehmung und des Körperbildes sowie der Abklärung von begleitenden Verhaltensabweichungen (z. B. Depressionen, Zwangsstörungen). Zur Dokumentation des Essverhaltens werden die Betroffenen dazu angeleitet, mithilfe von Selbstbeobachtungskarten ihr Essverhalten festzuhalten. Fichter und Warschburger erfassen dabei folgende Aspekte:

Name: ______________ Vorname: ______________

Tag	Zeit	Ort	**Situation** Beschreibung der Situation, meine Gedanken und Gefühle **vor** dem Essen	**Essen** Zusammensetzung und Menge	**Reaktionen** meine Gedanken und Gefühle **nach** dem Essen	**Gegenmaßnahmen** Welche Gegenmaßnahmen habe ich eingeleitet?

(Quelle: Fichter und Warschburger, 2002[5], S. 569)

Erklärungsansätze

Die Magersucht wird von verschiedenen Ursachenbereichen, die zusammenwirken, beeinflusst:

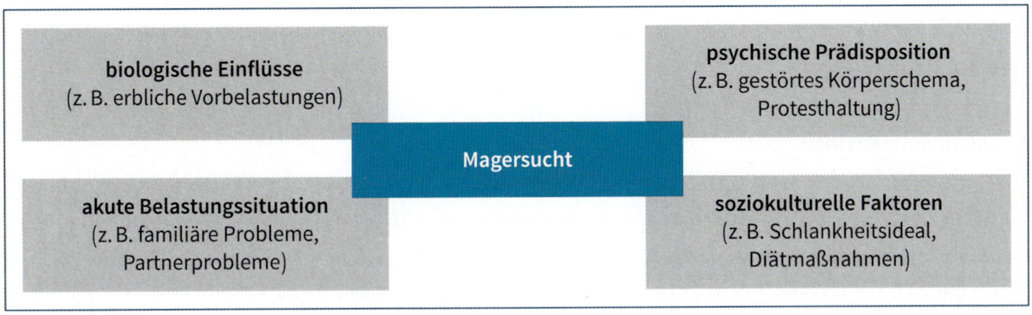

Biologische Einflüsse

Bei Essstörungen können **Störungen der Sättigungswahrnehmung** vorliegen, wobei unklar ist, inwieweit dies eine Ursache oder eine Folge der Störung ist. Die Wahrnehmung der Sättigung wird im Organismus von verschiedenen Systemen beeinflusst: vom Hypothalamus, weiteren Gehirnzentren sowie Substanzen (Peptide), die im Verdauungstrakt bei der Nahrungsverarbeitung freigesetzt werden. Es werden Störungen etwa im Hypothalamus als Ursache vermutet, der Hunger, Sättigung, sexuelle Aktivität, Gewicht und Menstruation regelt. Zwillingsstudien geben Hinweise auf **genetische Faktoren**, die bislang jedoch noch nicht eindeutig belegt sind.

Psychische Prädisposition

Die negative Einstellung zu den pubertätsbedingten körperlichen Veränderungen kann auch zu Essstörungen führen. Das Erwachsenwerden, vor allem die sexuelle Reifung, löst Ängste und Konflikte aus. Die körperlichen Entwicklungsprozesse verunsichern den Heranwachsenden und führen zu **Vermeidungsreaktionen**. Der starke Gewichtsverlust bewirkt beispielsweise das Ausbleiben der Menstruation. Neben den körperlichen Aspekten kann die Ablehnung der Erwachsenenrolle, die mit einem Mehr an Selbstverantwortung und Entscheidungskompetenz verknüpft ist, eine Rolle spielen. Das Gefühl der Unzulänglichkeit bestimmt das Fühlen, das Denken und das Handeln. Die Selbstwertproblematik zeigt sich im negativen Selbstbild. Das Körpergewicht wird eng mit dem Selbstwertgefühl verknüpft.

Zum Störungsbild der Magersucht zählt auch die **Störung des Körperschemas**, bei der die eigene Körperwahrnehmung nicht mehr realistisch ist. Die Betroffenen erleben sich, oft trotz deutlicher Unterernährung, als zu dick und überschätzen den Bauch-, Hüft- oder Oberschenkelumfang. Magersüchtige empfinden persönliche Zufriedenheit und Stolz, wenn sie erleben, dass durch ihren Willen körperliche Veränderungen wie der Verlust des Appetits oder die Gewichtsreduzierung gesteuert werden können.

Akute Belastungssituation

Familiäre Konflikte oder Partnerprobleme führen bei den Betroffenen zu Appetitlosigkeit und Essstörungen. Vor allem gestörte Mutter-Kind-Beziehungen verstärken die Magersucht. Auslösende Ereignisse sind zudem beispielsweise Trennungs- und Verlusterfahrungen, neue Umfeldanforderungen oder eine Bedrohung des Selbstwertgefühls.

Soziokulturelle Faktoren

Häufig steht am Beginn der Magersucht die Unzufriedenheit mit der körperlichen Erscheinung, die zu **Diäten** führt. Wie Untersuchungen zeigen, haben mehr als die Hälfte der Elf- bis 18-Jährigen bereits Diäterfahrungen. Etwa ein Fünftel in dieser Altersgruppe hält Diät trotz bestehenden Untergewichts. Die Unzufriedenheit mit dem eigenen Körper wird durch das **Schlankheitsideal der Gesellschaft**, wie es in den Medien herausgestellt wird, verstärkt. Um in der Gruppe der Gleichaltrigen akzeptiert zu werden, sind das Aussehen und die schlanke Figur oft wichtiger als alles andere.

Zusammenwirkung der Ursachen

Das Zusammenwirken der verschiedenen Ursachenbereiche auf den Verlauf der Magersucht verdeutlicht folgender Teufelskreis:

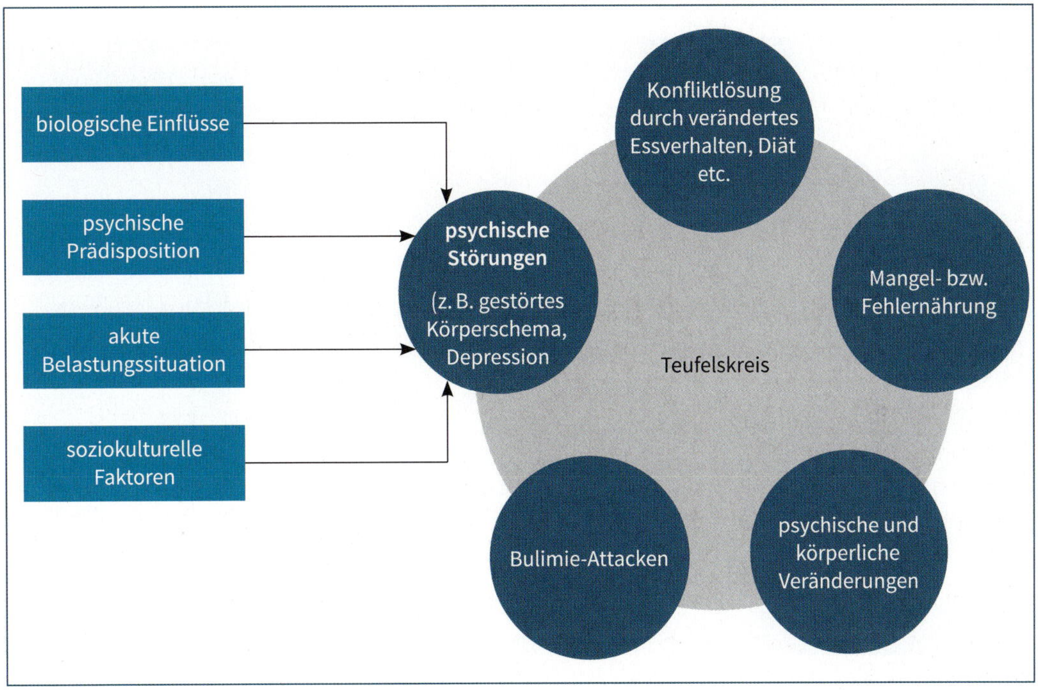

(Quelle: Fichter und Warschburger, 2002[5], S. 567)

Hilfen

Für den Therapieerfolg ist das Ausmaß des Leidensdrucks entscheidend. Deshalb steht am Anfang der Maßnahmen der Aufbau einer Therapiemotivation und die Einbindung des Betroffenen in das Ziel der Therapie. Die Ursachen und Auswirkungen der Essstörung sowie der Behandlungsverlauf werden mit den Betroffenen besprochen.

Stationäre Behandlung

Die häufig fehlende Einsicht in den Krankheitszustand und die damit verbundene Ablehnung einer Therapie macht bei einem **lebensbedrohlichen Körperzustand** einen stationären Aufenthalt erforderlich. Die stationäre Behandlung ist vor allem dann unerlässlich, wenn das Körpergewicht unter 75 % des Normalgewichts liegt, schwerwiegende körperliche Folgeschäden wie Veränderungen des Blutbildes, Störungen im Elektrolythaushalt, Schädigung der Nieren und des Herzens auftreten, sowie in depressiven Phasen die Gefahr der Selbsttötung besteht. Oft ist es auch sehr wichtig, den Betroffenen durch einen stationären Aufenthalt aus seinem krankheitsverursachenden bzw. -unterstützenden Umfeld herauszunehmen.

Der Ablauf einer stationären Behandlung hat langfristig drei Ziele: die Normalisierung der Essgewohnheiten, die Veränderung des Körperschemas und die Stärkung des Selbstwertgefühls. In der Klinik können in Problemlösegruppen Erfahrungen mit anderen Magersüchtigen aufgearbeitet werden. Der stationäre Aufenthalt umfasst vier Phasen (vgl. Möller u. a., 2009[4], S. 252; Meermann, 2011[7]):

Phasenverlauf		Vorgehen
1. Phase	**Anhebung des Körpergewichts**	▪ in lebensbedrohlichen Situationen erfolgt eine Zwangsernährung über Magensonde ▪ Isolation vom belastenden Umfeld (z. B. Familie)
2. Phase	**Fremdsteuerung**	▪ Erstellung eines Essensplans, drei Mahlzeiten pro Tag und Registrierung der Nahrungsmenge ▪ therapeutische Maßnahmen (Gruppentherapie, Gesprächspsychotherapie, körperbezogene Therapie, Entspannungsübungen)
3. Phase	**Selbststeuerung**	▪ Psychotherapie (Familien-, Einzel-, Gruppen- und körperbezogene Therapiemaßnahmen) ▪ Selbstverstärkung, positive Erfahrungen niederschreiben ▪ Auseinandersetzung mit eigenem Körperschema, Sensibilisierung für Körpersignale (Hunger, Sättigungsgefühl)
4. Phase	**Vorbereitung auf Entlassung**	▪ Familientherapie ▪ Maßnahmen zur Integration in das frühere Lebensumfeld

Ambulante Behandlung

Eine ambulante Therapie ist angebracht, wenn die Magersucht noch kein lebensbedrohliches Ausmaß hat. Die ambulanten Maßnahmen erleichtern die Einbeziehung des sozialen Umfeldes (z. B. Familiengespräche) und verhindern, dass die Betroffenen die problematischen Symptome anderer magersüchtiger Patienten übernehmen. Bei einer erfolgreichen Behandlung verringert sich die Rückfallwahrscheinlichkeit.

Verhaltenstherapie

Im Rahmen eines verhaltenstherapeutischen Vorgehens werden das **Kontingenzmanagement**, **Zielvereinbarungen** sowie **Verfahren der Selbstkontrolle** eingesetzt. Das Training zielt aber auch auf eine Stärkung der Persönlichkeit ab und umfasst z. B. ein Selbstsicherheitstraining. Langzeitstudien zum Behandlungserfolg bei Magersucht erbrachten nach Meermann (2011[7]) folgende Ergebnisse: In ca. 40 % der Behandlungsfälle kam es zur vollständigen Heilung, ungefähr 30 % der Patienten erholten sich beträchtlich, bei etwa 20 % ergaben sich keine Veränderungen oder weitere Verschlechterungen und ca. 9 % der Patienten verstarben an der Magersucht.

Die Eltern sind in die therapeutischen Maßnahmen immer einzubeziehen. Beim Krankheitsbeginn erfolgen Informationen über die Magersucht, die auch dazu dienen, den Eltern ihre Schuldgefühle zu nehmen. Wenn familiäre Probleme zur Magersucht beitragen, sind Familien- oder Partnertherapie erforderlich (vgl. Steinhausen, 2005).

Medikamentöse Behandlung

Psychopharmaka werden zur Behandlung der Magersucht kaum eingesetzt, da ihre Wirksamkeit recht gering und die Nebenwirkungen sehr groß sind.

Wirksamkeit der Therapie

Langzeitstudien zeigen, dass nach fünf bis sechs Jahren der Therapie immer noch die Hälfte der Behandelten magersüchtig sind. Circa 2 % der Magersüchtigen versterben im Verlauf der Erkrankung an den Folgen der Anorexia nervosa oder durch Selbsttötung (vgl. Jacobi/Paul/Thiel, 2004).

4.6.4.2 Bulimie (Bulimia nervosa)

DEFINITION

Bei der **Bulimie** (Bulimia nervosa) bzw. Ess-Brech-Sucht folgt unmittelbar auf eine Heißhungerattacke mit einer übermäßigen Nahrungsaufnahme ein selbst herbeigeführtes Erbrechen. Das Körpergewicht liegt noch im Normalbereich.

Erscheinungsbild

Die Person beschäftigt sich übertrieben stark mit ihrem Aussehen, ihrer Figur und ihrem Gewicht. Im Rahmen einer Diät wird auf ein möglichst konstantes Gewicht geachtet. Bei oft täglichen Heißhungerattacken entsteht eine ungeheure Gier nach Nahrungsmitteln und es werden größere, oft kalorierenreiche Nahrungsmengen hastig heruntergeschluckt. Die fehlende Kontrolle über die Nahrungsaufnahme löst Depressionen sowie Schuld- und Versagensgefühle aus, die ein schnelles Eingreifen erfordern, um die drohende Gewichtszunahme zu verhindern. Es kommt zum anfangs manuell und später reflexartig ausgelösten Erbrechen. Das Erbrechen kann langfristig zu körperlichen Schädigungen wie Herzrhythmusstörungen oder Nierenversagen führen.

Das aktuelle Gewicht liegt bei den meisten Betroffenen im Bereich des Normal- und Idealgewichts. Nur wenige liegen über, einige unter dem „Normgewicht“. Die meisten fühlen sich dennoch übergewichtig. Etwa ein Viertel der Betroffenen nehmen Abführmittel oder Appetitzügler ein, um ihr Gewicht zu vermindern (vgl. Potreck-Rose, 1987).

Eine besondere Form der Essstörung stellt die **Binge-Eating-Störung** dar. Sie wird diagnostiziert, wenn zusätzlich zu den Phasen der „Fressanfälle" mindestens drei der folgenden Symptome auftreten:

- schnelles Essen
- unangenehmes Völlegefühl
- Nahrungsaufnahme ohne Hungergefühl
- allein essen, damit andere die Essensmenge nicht sehen
- Schuldgefühle

Diese Essattacken mit Kontrollverlust, unter denen die Betroffenen leiden, treten in der Woche mindestens an zwei Tagen über einen Zeitraum von sechs Monaten auf. Im Gegensatz zur Bulimie werden keine Gegenmaßnahmen ergriffen (z. B. Erbrechen, Fasten, extreme sportliche Aktivitäten).

Häufigkeit

Da Essstörungen oft vor der Umwelt verborgen werden, fehlen zuverlässige Häufigkeitsangaben. Für die Bulimie liegen die Schätzungen über die Auftretenshäufigkeit für die Altersgruppe der Mädchen von 14–18 Jahren bei etwa 1 %. Die Bulimie tritt (im Gegensatz zur Magersucht) erst nach dem 14. Lebensjahr bzw. im frühen Erwachsenenalter auf. Häufig ist die Bulimie im Altersbereich zwischen dem 18. und 35. Lebensjahr zu finden. Es sind wesentlich mehr Frauen (85 %–90 %) als Männer (10 %–15 %) betroffen. Wird eine Bulimie diagnostiziert, dann liegen häufig depressive Verstimmungen, Angststörungen (vorwiegend soziale Ängste), Substanzmissbrauch und -abhängigkeit sowie Zwangsstörungen vor. Bei etwa der Hälfte der Betroffenen sind bereits vor der Bulimie Phasen der Magersucht zu beobachten. Eine Binge-Eating-Störung liegt bei 3 % der Mädchen und 1 % der Jungen vor.

Erklärungsansätze

Die Ursachen entsprechen in weiten Bereichen denen der Magersucht. Ergänzend können psychosoziale Einflüsse zur Entstehung der Bulimie herangezogen werden:

Eine gestörte Eltern-Kind-Beziehung ist bei Jugendlichen mit Essstörungen gehäuft vorhanden. Das Verhalten der Eltern wird als starr, überbehütend und konfliktvermeidend beschrieben. Dies gilt im besonderen Maße für die Bulimie. Untersuchungen zur Persönlichkeit der Bulimiepatienten zeigen, dass die Betroffenen emotional labil sowie depressiv sind, eine geringe Selbstakzeptanz und Störungen der Impulskontrolle aufweisen.

Die Wechselwirkung der verschiedenen psychosozialen Faktoren verdeutlicht Potreck-Rose in der nachfolgend dargestellten Übersicht:

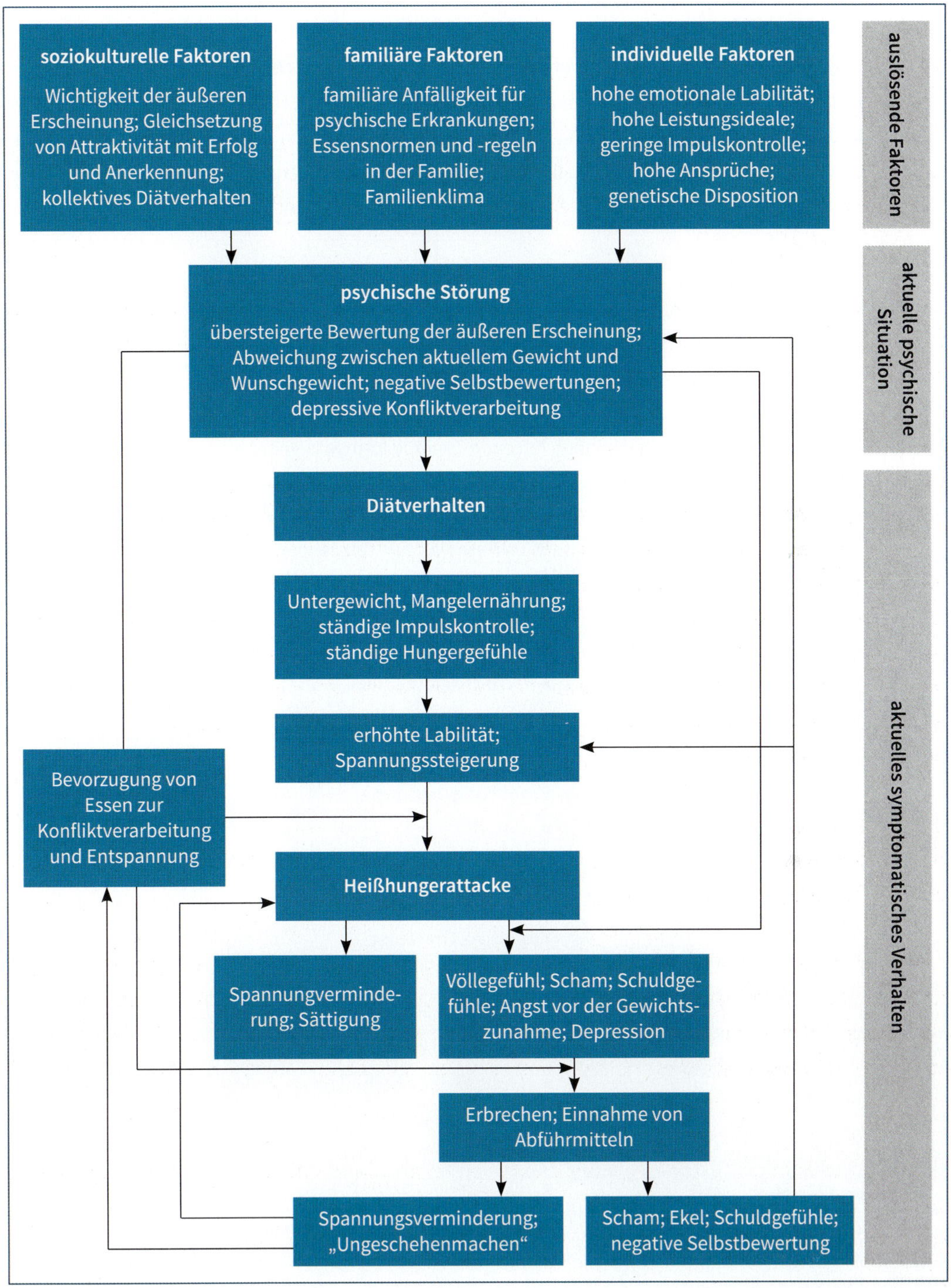

(Quelle: Potreck-Rose, 1987, S. 72 f.)

Hilfen

Die Behandlung der Bulimie ist recht langwierig. Im Durchschnitt erfolgt die Therapie über einen Zeitraum von fünf Jahren; bei etwa einem Drittel der Patienten erfolgt die Behandlung über mehr als zehn Jahre. Die Überprüfung des Behandlungserfolgs (Befragung der Patienten zwei Jahre nach einer stationären Therapie) erbrachte folgende Ergebnisse: 40 % deutliche Besserung, 20 % teilweise Besserung, 40 % chronisches Weiterbestehen der Bulimie. Circa 80 % der Betroffenen werden niemals gezielt behandelt (vgl. Deister, 2015[6], S. 308).

Medikamentöse Behandlung

Zur Verminderung der Heißhungerattacken werden auch Psychopharmaka eingesetzt, die der depressiven Verstimmung entgegenwirken.

Psychologische Therapieansätze

Den unterschiedlichen Auffälligkeiten können folgende Therapieformen zugeordnet werden:

Behandlungsbedürftige Bereiche	Interventionen
Informationsdefizite	**Informationsvermittlung:** ▪ *Stressreaktion* ▪ *Ernährung* ▪ *Möglichkeiten und Grenzen der Therapie* ▪ *Selbsthilfe* ▪ *Rückfallprophylaxe* ▪ *Folgen bulimischen Verhaltens*
pathologisches Ernährungsfehlverhalten	**Ernährungsberatung:** ▪ *Anti-Diät-Kurs* ▪ *geordneter Plan für Mahlzeiten* ▪ *Zusammenhang Stress und pathologisches Essverhalten*
dysfunktionale, irrationale Gedanken, Überzeugungen und Wirkungen	**Kognitive Therapie:** ▪ *Aufdeckung und Infragestellung* ▪ *Reframing (= kognitive Umbewertungsprozesse)*
Störung der interozeptiven und emotionalen Wahrnehmung	**Wahrnehmungstraining:** ▪ *körperbezogene Übungen (z. B. Sport)* ▪ *Schulung der interozeptiven Wahrnehmung* ▪ *Schulung der emotionalen Wahrnehmung* ▪ *Entspannungsverfahren*
Störung des emotionalen Ausdrucks	**Training des emotionalen Ausdrucks:** ▪ *differenzierter Ausdruck von Emotionen* ▪ *Katharsisübungen* ▪ *Kompetenz im Rollenspiel*

Behandlungsbedürftige Bereiche	Interventionen
chronische Belastung im sozialen Umfeld und ineffiziente Interaktion	**Einbeziehung des sozialen Umfelds:** ▪ *Partnertherapie* ▪ *Familientherapie*
Passivität und Mangel an Übernahme von Verantwortung und unzureichendes Vertrauen in die eigenen Fähigkeiten	**Aktivierung eigener Initiativen und Verantwortung:** ▪ *aktive Teilnahme an Selbsthilfegruppen* ▪ *Selbstregulation*
Angst vor Rückfall	**„Maintenance-Training“:** ▪ *Antizipation von Problemen* ▪ *relevante Belastungen herausstellen* ▪ *Planung weiterer Behandlungen und Teilnahme an Selbsthilfegruppen* ▪ *Umgang mit Medikamenten*

(Quelle: Fichter und Warschburger, 2002[5], S. 571)

4.6.4.3 Übergewicht (Adipositas)

DEFINITION

Ein krankhaftes Übergewicht (Adipositas) liegt vor, wenn eine gesundheitsgefährdende Vermehrung des Fettgewebes besteht. Als Schätzgröße zur Bestimmung des Übergewichts dient der Body-Mass-Index, der vom Gesamtgewicht ausgeht und nicht den Körperfettanteil erfasst. Der Körperfettanteil verändert sich abhängig vom Alter und dem Geschlecht (Warschburger und Petermann, 2008). Liegt der Body-Mass-Index im Erwachsenenalter über 25,0, besteht ein Übergewicht. Adipositas als krankhafte Form des Übergewichts beginnt bei einem Body-Mass-Index über 30,0.

Bei Erwachsenen wird das Übergewicht anhand des BMI wie folgt differenziert (vgl. WHO, Obesity, 2000):

Bezeichnung		BMI	Risiko für Begleiterscheinungen des Übergewichts
Übergewicht		≥ 25,0	
	Präadipositas	25,0–29,9	gering erhöht
	Adipositas Grad I	30,0–34,9	erhöht
	Adipositas Grad II	35,0–39,9	hoch
	Adipositas Grad III	≥ 40,0	sehr hoch

Aufgrund der Wachstumsprozesse und der damit verbundenen Veränderungen in der Körperzusammensetzung wird im Kinder- und Jugendalter die Bestimmung des Übergewichts auf die Gewichtsverteilung der jeweiligen Altersgruppe bezogen. Die nachfolgende Grafik zeigt den Kurvenverlauf für Mädchen. Perzentile beziehen sich auf die Verteilung von Messwerten in einer Gruppe. Bezogen auf die Gewichtsverteilung besagt ein Perzentil von P90, dass 90 % der Gleichaltrigen leichter und 10 % der Gleichaltrigen schwerer sind als die Person. Liegt das Perzentil bei Kindern und Jugendlichen über P90, besteht ein Übergewicht; übersteigt der Prozentrang den Wert P97, liegt Adipositas vor.

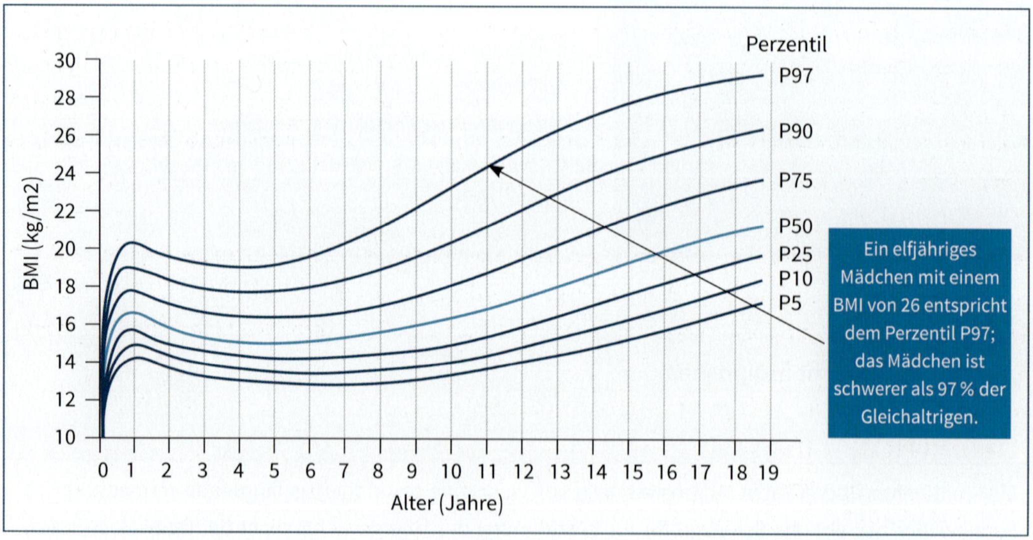

Perzentile für den Body-Mass-Index für Mädchen im Alter von 0 bis 18 Jahren (vgl. Kromeyer-Hauschild u. a., 2001)

Die Notwendigkeit, beim BMI Alter und Geschlecht zu beachten, verdeutlicht folgender Vergleich:

	10-jähriges Mädchen	Erwachsener
Gewicht	48 kg	76 kg
Größe	1,43 m	1,80 m
BMI	23,5	23,5
Bewertung	**Adipositas**	**Normalgewicht**

Im Hinblick auf die Folgebelastungen sind auch die Fettverteilungsmuster bedeutsam. So hat der „Apfeltyp" (Fettkonzentration in der Bauchregion) ein höheres medizinisches Risiko als der „Birnentyp" mit einer Fettkonzentration an den Hüften und Oberschenkeln (vgl. Lehrke und Laessle, 2009[2]).

Erscheinungsbild

Die Adipositas tritt relativ stabil über einen langen Zeitraum auf. Beträgt das Geburtsgewicht mehr als 4 500 g, so ist die Wahrscheinlichkeit, dass es langfristig zum Übergewicht kommt, zwei- bis dreimal höher als bei anderen Säuglingen. Betroffene Kinder leiden an Übergewicht bis zum Erwachsenenalter.

Die deutliche Abweichung vom schlanken Schönheitsideal in unserer Gesellschaft beeinflusst bei übergewichtigen Menschen das Selbstkonzept negativ. Das Versagen bei der eigenverantwortlichen Regulation des Körpergewichts wird den Betroffenen im sozialen Umfeld negativ angelastet. Schuld- und Schamgefühle, Selbsthass, Minderwertigkeitsgefühle, Depressionen oder sozialer Rückzug sind zu beobachten. Das Übergewicht verhindert in vielen Bereichen sportliche Erfolge und damit bei Kindern und Jugendlichen die Anerkennung durch Gleichaltrige, was gerade bei Jungen das Selbstwertgefühl untergräbt. Schon dreijährige Kinder bewerten gleichaltrige übergewichtige Kinder als dumm, faul und hässlich und lehnen diese Kinder als Spielkameraden ab (vgl. Munsch und Hilbert, 2015).

Adipositas führt bereits bei Kindern und Jugendlichen zu organischen Folgeschädigungen wie Bluthochdruck, Fettstoffwechselstörungen, Zuckerstoffwechselstörungen (Diabetes melitus Typ 2), einer Einschränkung der Lungenfunktion oder orthopädischen Erkrankungen (z. B. Gelenkschäden, Gelenkfehlstellungen).

Bei adipösen Personen sind folgende Merkmale zu beobachten:

- schnelles, hastiges Essen
- Essen ohne Hungergefühl
- fehlendes Sättigungsgefühl
- Essen, bis sich ein unangenehmes Gefühl einstellt
- Essen als Ausgleich für negative Gefühle
- Verknüpfung des Essens mit externen Reizen (z. B. Fernsehen)
- hohe Sensibilität für Essenreize (Aussehen, Geschmack, Geruch)
- Essen als Belohnung oder Trost

Häufigkeit

In der „Studie zur Gesundheit von Kindern und Jugendlichen in Deutschland“ (KiGGS Welle 2; Erfassungszeitraum 2014 bis 2017; zu diesem Zeitpunkt noch Kinder- und Jugendsurvey genannt) zeigte sich, dass ca. 15 % der Kinder bzw. Jugendlichen in Deutschland übergewichtig sind. Bei etwa 5,9 % liegt eine Adipositas vor. Jungen und Mädchen sind in gleichem Umfang betroffen. Im Vergleich zum Erfassungszeitraum 1985 bis 1999 hat sich die Zahl der übergewichtigen Kinder und Jugendliche um 50 % erhöht. Die Zahl der adipösen Kinder und Jugendlichen hat sich verdoppelt. Bezogen auf verschiedene Altersgruppen ergibt sich folgendes Bild:

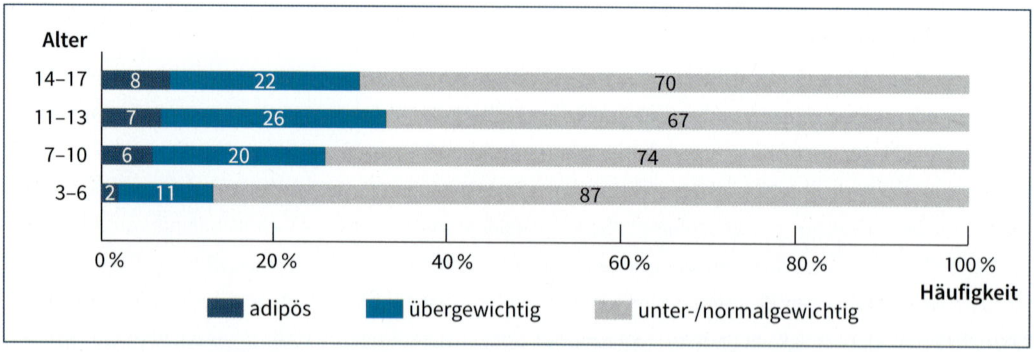

Häufigkeit der übergewichtigen Kinder und Jugendlichen (vgl. Schienkiewitz, Damerow, Schaffrath Rosario, 2018, S. 67)

Erklärungsansätze

Es kommt dann zum Übergewicht, wenn die individuelle Energie- bzw. Nährstoffbilanz nicht ausgeglichen ist und die Person mehr Nahrung aufnimmt, als sie verbraucht. Für dieses Ungleichgewicht sind familiäre sowie gesellschaftliche Einflüsse und die veränderten Lebensbedingungen, die das Bewegungs- und Freizeitverhalten beeinflussen, verantwortlich.

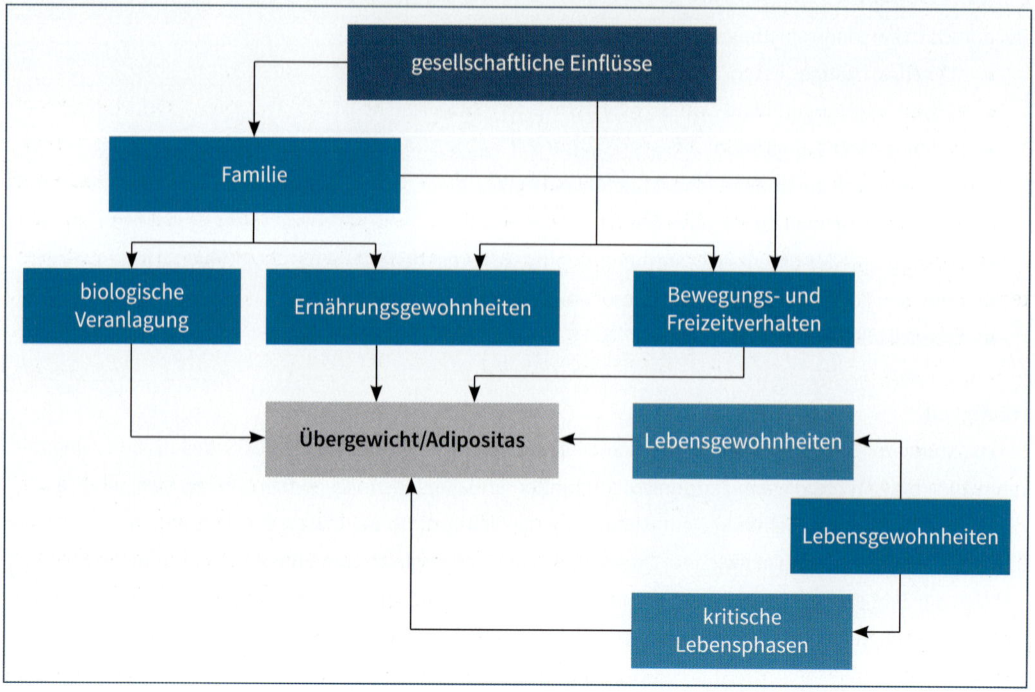

Biologische Veranlagung

Eine Veranlagung zum Übergewicht kann erblich bedingt sein. Zwillingsstudien legen nahe, dass ca. 60 %–80 % des Körpergewichts genetisch bedingt sind. Eineiige Zwillinge weisen nur geringe Gewichtsunterschiede auf. Genetisch bedingt ist nicht das Übergewicht, sondern es sind die biologischen Prozesse (z. B. Verbrennung im Fettgewebe, Appetitregulation oder Insulinintensivität), die auf die Entstehung von Adipositas Einfluss nehmen.

Der unterschiedliche **individuelle Energiebedarf** ist eine Einflussgröße, die das Übergewicht beeinflusst. Der Energiebedarf wird von folgenden drei Faktoren beeinflusst:

1. Grundumsatz (Gesamtenergie, die zur Aufrechterhaltung der Körperfunktionen benötigt wird; 50 %–70 % des gesamten Energieverbrauchs)
2. thermogenetischer Nahrungseffekt (Menge der Körperwärme, die durch die Nahrung erzeugt wird; ca. 6 %–10 %)
3. körperliche Aktivität (Energieverbrauch aufgrund körperlicher Tätigkeiten; ca. 20 %–40 %)

Übergewichtige weisen einen geringeren Grundumsatz auf als Normalgewichtige und benötigen deshalb eine geringere Nahrungsmenge. Bereits eine normale Essensmenge führt zur Gewichtszunahme.

Ernährungsgewohnheiten

Veränderte Ernährungsverhalten und -gewohnheiten wirken sich direkt auf die Entstehung des Übergewichts aus. Aus dem Überangebot an Nahrungsmitteln werden bei übergewichtigen Personen verstärkt fett- und zuckerhaltige Lebensmittel ausgewählt. An die Stelle von frisch zubereiteten Mahlzeiten treten Fast-Food-Gerichte mit einem hohen Fett-, Salz- und Zuckergehalt. Die Essensaufnahme erfolgt nebenher (z. B. beim Fernsehen, Lesen) oder aus Langeweile. Weiterhin führen Frust oder Stresssituationen zu einer unkontrollierten Nahrungsaufnahme, die nicht am Hunger orientiert ist und das natürliche Sättigungsgefühl übergeht. Übergewichtige Kinder essen in der Regel unbewusst mehr als normalgewichtige und werden zudem von Eltern verstärkt zum Essen angehalten.

Bewegungs- und Freizeitverhalten

Übergewichtige bewegen sich weniger als Normalgewichtige und meiden körperliche Anstrengungen. Etwa ein Drittel des Fettgewebes bei Übergewichtigen ist auf Bewegungsmangel zurückzuführen. Das Freizeitverhalten adipöser Kinder wird stärker als bei normalgewichtigen durch Fernsehen und Computer bestimmt.

Kritische Lebensphasen

Kritische Lebensphasen, die sich auf das Übergewicht auswirken, sind beispielsweise der Schuleintritt, der Schulwechsel oder die Pubertät.

Lebensgewohnheiten

Adipöse Kinder zeigen verstärkt Unselbstständigkeit (z. B. sich aus- und anziehen lassen), bevorzugen Spielaktivitäten, die sitzend ausgeführt werden können (z. B. Brett-, Videospiele), sind antriebsschwach und benötigen starke Aufforderungsreize, um aktiv zu werden. Zudem treten Ängste vor Kontakten auf und die Gefahr der sozialen Isolation nimmt zu.

Hilfen

Da das Übergewicht in der Regel auf das Zusammenwirken mehrerer Faktoren zurückzuführen ist, sollten auch die Behandlungsmaßnahmen möglichst vielfältig angelegt sein. Der Einsatz von Medikamenten oder operative Verfahren (z. B. Verkleinerung des Magens) sind nur dann in Erwägung zu ziehen, wenn eine ausgeprägte Adipositas (BMI über 40) vorliegt und alle anderen therapeutischen Maßnahmen wirkungslos bleiben.

Verhaltenstherapie

Ein Verhaltenstraining umfasst u. a. Selbstkontrolltechniken, bei denen die Übergewichtige ihr Gewicht täglich überprüft und in einer Gewichtskurve vermerkt. Erfolge werden positiv verstärkt. Eine soziale Unterstützung verstärkt den Therapieerfolg. Das Essverhalten wird stärker kontrolliert und verändert, indem das Essen bewusster erfolgt und von anderen Aktivitäten (z. B. Fernsehen) getrennt wird. Die Nahrungsmenge, die Zusammensetzung des Essens sowie die Geschwindigkeit der Nahrungsaufnahme werden gezielt verändert. Verhaltenstherapeutische Maßnahmen führen zwar relativ schnell zu deutlichen Gewichtsverlusten (bis zu 20 %), die aber langfristig häufig nicht gehalten werden. Deshalb ist ein Rückfallmanagement angebracht, um die neu erlernten Verhaltensmuster zu stabilisieren.

Kognitive Strategien

Die Eltern sollten über Ursachen des Übergewichts und über eine gesunde Ernährung und Lebensweise informiert werden. Zudem sollen Kinder und Jugendliche ihre eigene Verantwortung für das Körpergewicht wahrnehmen. Bei einer systematischen Vorgehensweise steht die kritische Selbstreflexion am Anfang des Veränderungsprozesses. Auf die Problematik von einseitigen Diäten und Alternativen zu den bisherigen, übergewichtsfördernden Essgewohnheiten wird zunächst hingewiesen. Die übergewichtigen Kinder und Jugendlichen werden mit den Grundsätzen einer gesunden Ernährung vertraut gemacht und können somit die Zusammensetzung der Mahlzeiten bewerten und ggf. verändern. Das zumeist fremdgesteuerte Essverhalten (z. B. Aussehen der Nahrung, Geruch, Geschmack sowie Kopplung des Essens an andere Aktivitäten) soll von einem selbstgesteuerten Essverhalten, das von inneren Prozessen (z. B. Hungergefühl, Sättigungsgrad) beeinflusst wird, abgelöst werden.

Adipositastraining

Eine Verknüpfung von kognitiven Ansätzen mit der Verhaltenstherapie stellt das von Fichter und Warschburger entwickelte Adipositastraining mit übergewichtigen Kindern und Jugendlichen dar. In sechs Sitzungen werden folgende Inhalte bearbeitet:

Sitzung	Leitthema	Schwerpunkte
1	Was du essen und trinken kannst, um fit zu sein.	▪ Motivationsaufbau ▪ Ernährungswissen
2	Warum du dick geworden bist und wie du das ändern kannst.	▪ Informationen über Ursachen ▪ Behandlungswissen
3	Warum du dich bisher ungünstig ernährt hast und wie du es besser machen kannst.	▪ Analyse des Essverhaltens ▪ positive und negative Konsequenzen
4	Wie du es schaffen kannst, nur bei wirklichem Hunger zu essen.	▪ günstiges Essverhalten ▪ Auslöser des Essverhaltens
5	Wie du deine Stärken nutzen kannst, um dich wohler zu fühlen.	▪ Stärken ▪ Selbst- und Fremdbild ▪ sozial kompetentes Verhalten
6	Wie es für dich nach diesem Training weitergehen kann.	▪ Umsetzung im Alltag ▪ Vermeidung eines Rückfalls ▪ Wissensfestigung

(Quelle: Fichter und Warschburger, 2002[5], S. 577)

Auf den Erfolg des Trainings hat die Mitwirkung der Eltern großen Einfluss.

Ernährungsverhalten

Eine langfristige Ernährungsumstellung, die das gesamte Umfeld einbeziehen sollte, umfasst mehrere Stufen. Zunächst steht eine Verringerung der Fettaufnahme (ca. 60 g pro Tag) im Vordergrund; in der zweiten Phase wird der Verzehr von Kohlehydraten und Eiweiß systematisch verringert und der Verzehr von pflanzlichen Produkten, die eine geringe Energiedichte aufweisen, erhöht.

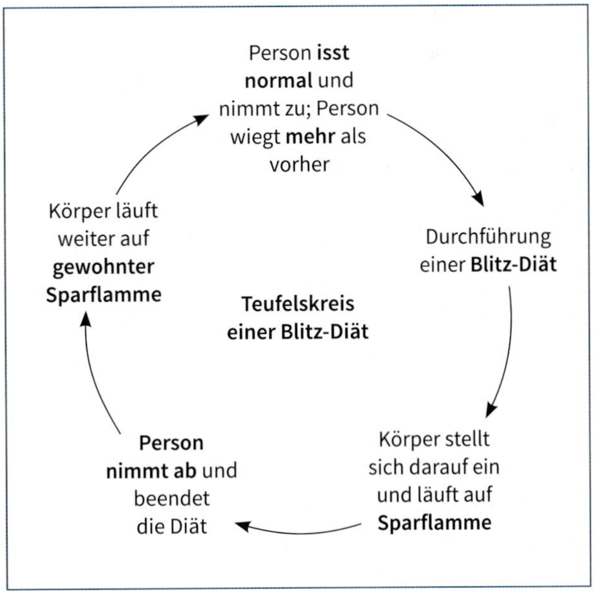

Extrem einseitige Diäten weisen ein hohes medizinisches Risiko verbunden mit einer geringen Langzeitwirkung auf und sind deshalb abzulehnen. Blitz-Diäten lösen zudem einen Teufelskreis („Jo-Jo-Effekt") aus, der nach einer kurzfristigen Gewichtsreduzierung zu einer Gewichtszunahme führt (vgl. Warschburger und Petermann, 2008, S. 27). Die Gewichtszunahme wirkt deprimierend und verringert die Motivation für eine sinnvolle Behandlung des Übergewichts.

Körperliche Aktivität

Soll das Gewicht stabil reduziert und langfristig gehalten werden, dann ist eine vermehrte körperliche Betätigung von ca. fünf Stunden zusätzlicher Bewegung pro Woche erforderlich. Im Mittelpunkt steht der Aufbau einer positiven Einstellung zur Bewegung und die körperliche Betätigung in Bereichen, die dem Betroffenen Spaß bereiten (Bewegungsspiele). Die Erzieherin sollte adipöse Kinder und Jugendliche spielerisch an Bewegungsangebote heranführen und verschiedene Sportarten anbieten. Die sportlichen Aktivitäten können langfristig stabilisiert werden, wenn sich der Betroffene einer Gemeinschaft (z. B. Sportverein, Fitnessstudio, Lauftreff) anschließt. Bei der Auswahl von geeigneten Sportarten ist darauf zu achten, dass das Übergewicht nicht als stark hemmend erlebt wird und die Körpermasse positiv eingesetzt werden kann (z. B. Kraftsport, Seilziehen). Ungeeignet sind dagegen Ausdauer- und Schnelligkeitsübungen.

Langzeitwirkung der Hilfen

Eine Langzeitwirkung ist nur dann sicherzustellen, wenn

- ein Rückfall zum früheren Essverhalten verhindert werden kann,
- die Essensumstellung (z. B. fettreduzierte Kost) verinnerlicht wurde und die alltägliche Nahrungsaufnahme (unbewusst) bestimmt,
- durch körperliche Aktivitäten der Energieverbrauch erhöht und der Erhalt der Muskelmasse gesichert wird,
- das soziale Umfeld unterstützend wirkt.

AUFGABEN

1. Beurteilen Sie den Einfluss des gesellschaftlichen Schlankheitsideals auf die Magersucht an Beispielen aus den Medien (z. B. Zeitschriften oder Werbung).

2. Sie möchten den Teufelskreis der Magersucht durchbrechen. Ordnen Sie deshalb die verschiedenen Möglichkeiten der Hilfe den Elementen des Teufelskreises zu.

3. Erläutern Sie, warum Magersucht und Bulimie verstärkt bei Mädchen auftreten und Jungen weniger betroffen sind.

4. Fallbeispiel: Sie arbeiten in einer Institution, in der Kinder mit Magersucht und Übergewicht betreut werden. Verdeutlichen Sie, welche Hilfen für die verschiedenen Gruppen mit Ess- und Gewichtsstörungen gemeinsam angeboten werden können. Begründen Sie Ihre Vorschläge.

4.6.5 Teilleistungsstörungen

Die Teilleistungsstörungen gehören zu den umschriebenen Entwicklungsstörungen, die Leistungsmängel in begrenzten Funktionsbereichen kennzeichnen (vgl. Esser und Wyschkon, 2002[5]). Teilleistungsstörungen können in allen Leistungsbereichen auftreten. Die Leistungsabweichungen sind nicht auf Intelligenzschwächen oder körperliche bzw. seelische Beeinträchtigungen zurückführbar. Die Teilleistungsschwächen führen zu massiven Problemen innerhalb der schulischen Leistungen und in der Folge auch zu psychischen Störungen.

4.6.5.1 Lese-Rechtschreib-Schwäche (Legasthenie)

DEFINITION

Die Lese-Rechtschreib-Schwäche (Legasthenie) bezeichnet eine Lernstörung beim Erlernen von Lesen, Schreiben und Rechtschreiben, die weder auf eine geistige Beeinträchtigung noch auf unzulänglichen Unterricht zurückgeführt werden kann.

Der Begriff Legasthenie setzt sich aus dem lateinischen Wort „legere" (= lesen) und dem altgriechischen Wort „asthenia" (= Schwäche) zusammen, sodass sich die Übersetzung „Leseschwäche" ergibt.

Das Klassifikationssystem für psychische Störungen DSM-5 unterscheidet zwischen einer Lesestörung, die sich in der Lesefertigkeit, -genauigkeit und -geschwindigkeit zeigt, und der Störung des schriftsprachlichen Ausdrucks (Schreibfertigkeit). Bei beiden Störungsformen liegen die Lese- und Schreibfertigkeit deutlich unter der Leistung, die aufgrund des Alters und der Intelligenz zu erwarten sind. Im DSM-5 werden drei Schweregrade unterschieden:

- **leicht:** einzelne Schwierigkeiten in wenigen Bereichen, die bei ausreichender Förderung in einem Schuljahr ausgleichbar sind,
- **mittelgradig:** deutliche Schwierigkeiten in wenigen Bereichen, die einer intensiven, auf die Schwierigkeiten abgestimmten Förderung bedürfen und über einen längeren Zeitraum (mehrere Schuljahre) ausgleichbar sind,
- **schwer:** sehr starke Schwierigkeiten in mehreren Bereichen, die trotz intensiver, spezialisierter, individueller Förderung über mehrere Jahre nicht ausgleichbar sind.

Zum Verständnis der Lese-Rechtschreib-Schwäche sind die Prozesse der phonologischen Informationsverarbeitung von Bedeutung. Sie beschreibt, wie sprachliche und schriftsprachliche Inhalte mithilfe der Lautstruktur (Phoneme = kleinste sprachliche Einheiten im Lautsystem) verarbeitet werden:

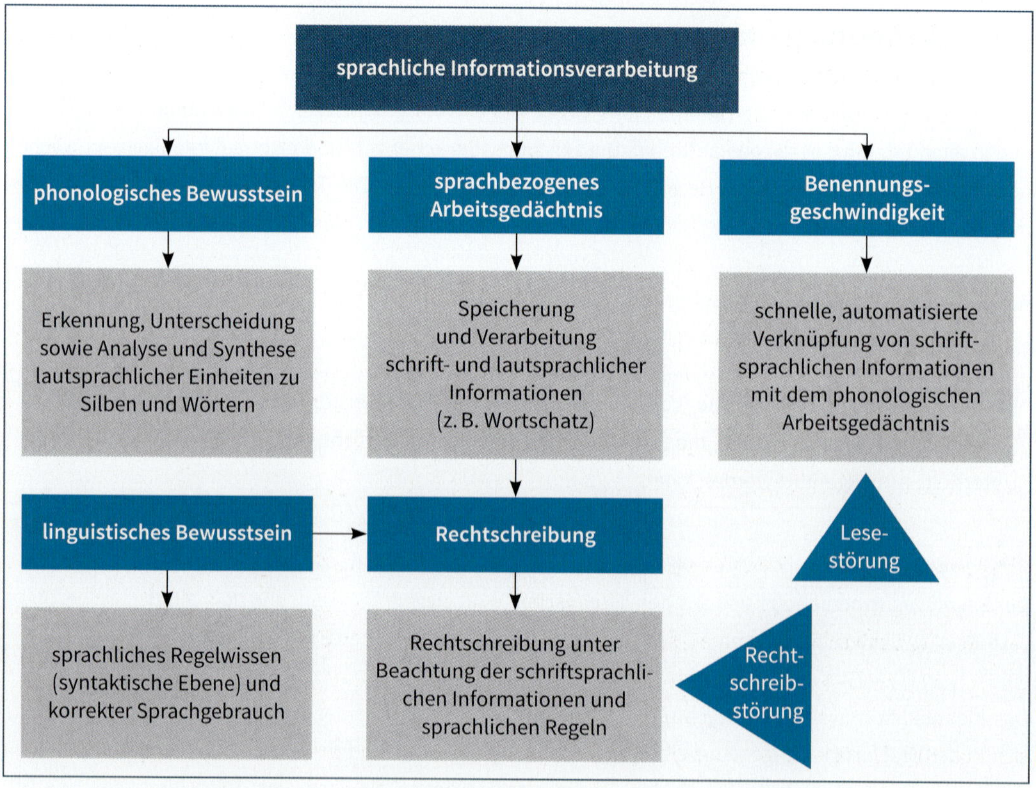

(Quelle: Mayer, 2016, S. 65)

Die Leseschwäche beruht bezogen auf die phonologische Informationsverarbeitung auf Problemen bei der Erkennung (Auswirkung von Wahrnehmungsdefiziten) und Analyse bei der Verarbeitung von schnell aufeinanderfolgenden sprachlichen Reizen. Weiterhin bestehen Defizite im sprachbezogenen Arbeitsgedächtnis, sodass sich eine Lesebeeinträchtigung (Benennungsdefizite) ergeben. Die Rechtschreibschwäche resultiert aus der fehlerhaften Anwendung der sprachlichen Regeln auf die gespeicherten sprachlichen Informationen.

Folgende drei Bereiche sind bei einer **Lesestörung** betroffen (vgl. Warnke u. a., 2004, S. 3):

1. **Lesegenauigkeit:** Das Kind beherrscht die gelernten Buchstaben nicht sicher. Es hat Schwierigkeiten, die gelernten Buchstaben in neuen Wörtern zu erkennen. Laute zu unterscheiden, bereitet Probleme (z. B. „o“ und „u“). Das Kind kann die Buchstabenfolgen nicht zu einem Wort zusammenfassen.
   - Worte und Wortteile auslassen, ersetzen, verdrehen oder hinzufügen
   - Wörter im Satz vertauschen
   - Buchstaben im Wort vertauschen
   - Wörter werden geraten
   - geübte Wörter werden falsch gelesen

2. **Lesefluss:** Die Schwierigkeiten bei der Erkennung von Buchstaben und die Probleme, Buchstaben in Worte zu integrieren, wirken sich auf den Lesefluss aus.
   - verlangsamtes Lesetempo
   - stockendes Lesen
   - Textzeilen werden nicht eingehalten
   - nicht sinnhaftes Betonen
   - Startschwierigkeiten beim Vorlesen

3. **Leseverständnis:** Bei einer Lesestörung bestehen erhebliche Probleme, das Gelesene zu verstehen, da Informationen aus verschiedenen Sätzen unzureichend aufeinander bezogen werden.
   - Unfähigkeit, das Gelesene wiederzugeben
   - keine Zusammenhänge im Text erkennen
   - keine Schlussfolgerungen aus dem Gelesenen ableiten

Bei einer **Rechtschreibstörung** können drei Fehlergruppen unterschieden werden:

1. **Merkfehler:** Das Kind kann sehr häufig vorkommende Wörter nicht richtig schreiben, z. B. ist, der, ein, Mutter, Auto.

2. **Regelfehler:** Das Kind verstößt gegen die orthografischen Regeln, schreibt aber lautgetreu. Folgende Fehler treten auf:
   - fehlerhafte Groß- und Kleinschreibung
   - Fehler bei der Getrennt- und Zusammenschreibung
   - Verwechslung von klangähnlichen Lauten (d/t, g/k, w/b, i/ü)
   - Verstöße gegen Dehnungs- und Schärfungsregeln (z. B. Libe statt Liebe, ermanen statt ermahnen, sameln statt sammeln)

3. **Wahrnehmungs- und Gliederungsfehler:** Liegen Wahrnehmungs- und Gliederungsfehler vor, kommt es zu Verstößen gegenüber der lautgetreuen Schreibweise, die akustisch feststellbar sind.
   - Einzelbuchstaben, Silben, Wörter und ganze Satzteile werden ausgelassen oder hinzugefügt (z. B. San statt Sandra, Kmel statt Kamel, samen statt zusammen).
   - Verstümmelungen liegen vor, wenn das Wort nicht mehr identifizierbar ist oder in einem Wort mehr als drei Fehler vorliegen.
   - Ersetzen von Wörtern: Bekannte Wörter werden für das zu schreibende bzw. zu lesende Wort eingesetzt; dies können auch Wörter mit ähnlicher Bedeutung sein.
   - Umstellen von Buchstaben (z. B. Teir statt Tier).
   - Buchstaben werden optisch gedreht oder gespiegelt (b/p, p/q, M/W, n/u, b/q, d/p).

Die Lese-Rechtschreib-Schwäche wirkt sich im schulischen Bereich deutlich auf die Persönlichkeitsentwicklung der Betroffenen aus. Dies kommt in der Einstellung zu den Anforderungen der Schule, in der individuellen Ursachenzuschreibung der Misserfolge und damit in der geringen Leistungsmotivation zum Ausdruck. Knörzer (1984) fasst diese Entwicklung in einem „Teufelskreis" zusammen:

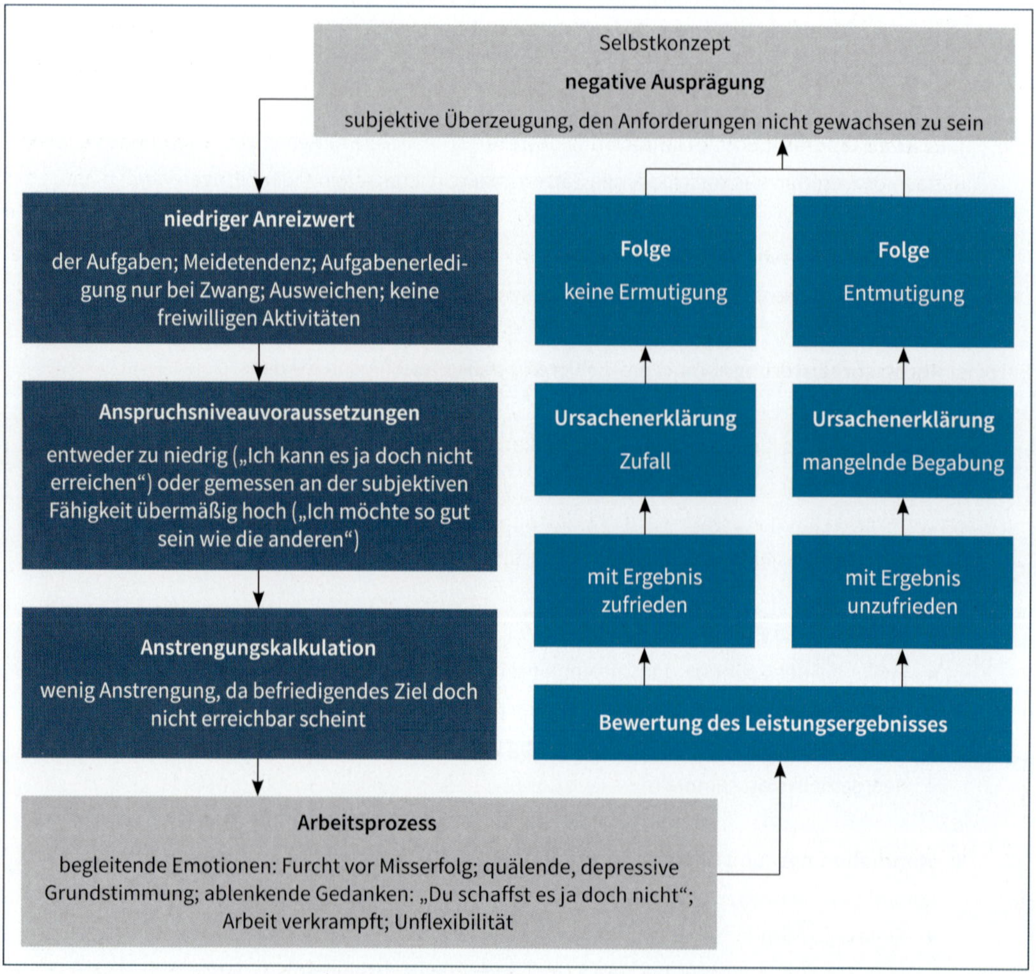

Häufigkeit

Für den deutschen Sprachraum wird davon ausgegangen, dass 3 %–5 % der Schüler eine Lese-Rechtschreib-Schwäche aufweisen. Im Grundschulalter sind ca. 10 %–15 % der Schüler betroffen (vgl. Warnke u. a., 2004, S. 4 f.). Bei Jungen ist die Störung dreimal häufiger zu finden als bei Mädchen. Im Erwachsenenalter erreichen 4 %–6 % nicht das Lese-Rechtschreibniveau von Schülern der 4. Klasse.

Erfassung

Aus der Definition kann folgender Erfassungsmodus abgeleitet werden:

- **Überprüfung der Intelligenzleistung:** Die Intelligenzleistung sollte gemäß der Definition mindestens durchschnittlich sein. Eine durchschnittliche Intelligenz liegt bis zu einem IQ-Wert von 90 und unter Berücksichtigung von Messfehlern bei IQ 85 vor. Folgende Testverfahren können zur Feststellung der Intelligenz herangezogen werden: **AID II (Adaptives Intelligenzdiagnostikum II), HAWIK-III (Hamburger-Wechsler-Intelligenztest für Kinder)** und **K-ABC (Kaufmann-Assessment Battery for Children)**.
- **Erfassung der Lese-Rechtschreibleistung:** Mithilfe von klassenbezogenen Testverfahren (z. B. **SLRT II, HSP – Hamburger Schreibprobe**) wird die Lese-Rechtschreibleistung gemessen. Zum Erfassen der Leseleistung können die Lesegeschwindigkeit, das Leseverständnis (z. B. **Züricher Lesetest oder Hamburger Lesetest, SLS 1–4, Würzburger Leise-Lese-Probe**) auf unterschiedlichen Schwierigkeitsstufen sowie die von Kindern gewählte Lesestrategie abgeklärt werden. Zur Erfassung des phonologischen Bewusstseins werden beispielsweise folgende Aufgaben gestellt:
  - Silbentrennen: Wie klatscht man beim Wort „Blumenkohl"?
  - Reime erkennen: Reimen sich „gehen" und „stehen"?
  - Anlaut erkennen: Welchen Laut hört man am Anfang von „Ball"?

Ein Vorschlag zur Bestimmung der Legasthenie lautet: Eine Legasthenie liegt dann vor, wenn die Intelligenzleistung über IQ 85 liegt und die Lese-Rechtschreibleistung mindestens 10 T-Punktwerte schlechter ist.

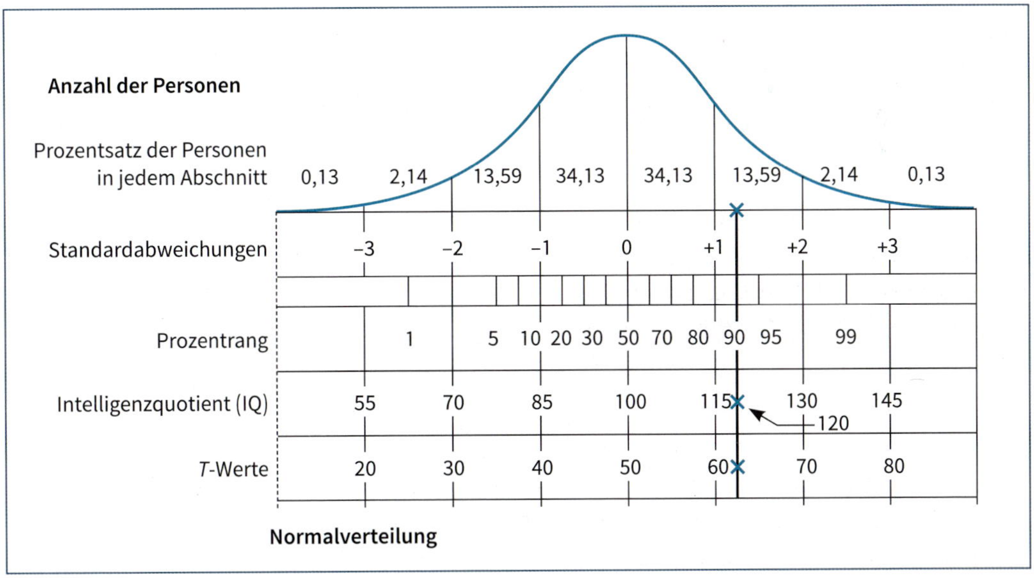

Normalverteilung mit Eintragung IQ-Wert, T-Wert und Prozentrang

Diese Vorgehensweise führt jedoch auch dazu, dass hochbegabte Schüler im Gymnasium mit einem IQ von 130 (T-Wert = 80) selbst bei überdurchschnittlichen Leistungen im Rechtschreibtest (z. B. T-Wert = 65) als Legastheniker eingestuft werden. Es wird deshalb gefordert, eine Legasthenie nur dann zu diagnostizieren, wenn tatsächlich Schwierigkeiten beim Lesen und Schreiben auftreten.

Die Überprüfung kann erst am Ende des ersten Schuljahres durchgeführt werden und setzt voraus, dass eine synthetische Lesemethode angewandt wurde. In der ersten Klasse können ein Buchstabendiktat und ein Wortdiktat mit bekannten und geübten Wörtern durchgeführt werden. Erst ab der zweiten Klasse ist eine sichere Diagnose möglich, wenn die Lese- und Rechtschreibleistungen differenzierter überprüft werden können.

Neben der Intelligenz und der Lese-Rechtschreibleistung werden Überprüfungen der visuellen Wahrnehmung (Figur-Grund-Unterscheidung, Erfassen von räumlichen Beziehungen und Formkonstanz) vorgenommen und die Handdominanz sowie die Persönlichkeit (z. B. Angst) überprüft.

Erklärungsansätze

Die Lese-Rechtschreib-Schwäche beruht auf einer vielfältigen Wechselwirkung von genetischen, organischen, psychischen und psychosozialen Einflussgrößen.

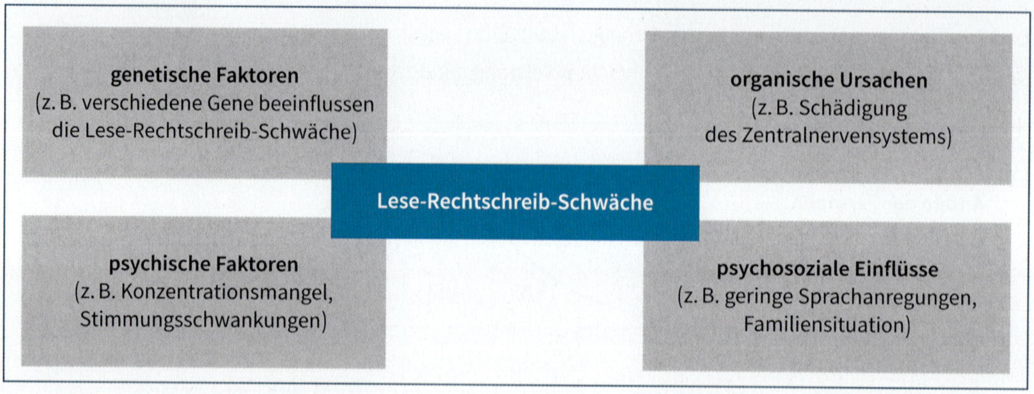

Psychosoziale Einflüsse

- zu geringe Sprachanregungen und zu wenig Sprachtraining mit dem Kind verbunden mit unzureichenden Hilfsmaßnahmen
- geringes sprachliches Niveau
- fehlende Unterstützung, auf Lernprobleme wird nicht eingegangen
- konfliktreiche Familiensituation
- geringes Bildungsniveau der Eltern
- belastendes emotionales Klima in der Familie

- geringe Vorbereitung des Kindes auf die Schule
- schwacher elterlicher Einfluss auf die Entwicklung der Leistungsmotivation
- fehlender ruhiger Arbeitsplatz
- Freizeitgewohnheiten (hoher Fernsehkonsum)
- hohe Geschwisterzahl wirkt sich vor allem negativ auf jüngste Geschwisterkinder aus

Organische Ursachen

Zahlreiche organische Störungen führen zu Beeinträchtigungen bei der Reizaufnahme und der Reizverarbeitung:

- Die minimale cerebrale Dysfunktion (MCD) führt häufig zu Teilleistungsstörungen mit Schwierigkeiten beim Erfassen der Raum-Lage-Beziehung, der Raumorientierung, der optischen und akustischen Reizdifferenzierung und der Gedächtnisleistung.
- Sprachschwächetyp
- unpräzise Wahrnehmung, z. B. Unfähigkeit zur akustischen Lautdifferenzierung, sodass es zu Verwechslungen von Umlauten und Konsonanten kommt
- Störung in der Wahrnehmung zeitlicher Abfolgen (Reihungsschwierigkeiten)
- Probleme, akustische und visuelle Reize zu integrieren
- andere Sprachbeeinträchtigungen (z. B. Stammeln, Poltern)
- mangelhaftes Kurzzeitgedächtnis (Speicherschwäche)
- geringe Wortgliederungsfähigkeit, d. h., die Legasthenikerin hat Schwierigkeiten, in einem Wort die Vor- und Stammsilbe sowie die Endung klar zu unterscheiden

Psychische Faktoren

Folgende psychische Faktoren verstärken die Ausprägung der Lese-Rechtschreib-Schwäche:

- Labilität und Stimmungsschwankungen
- motorische Unruhe
- Konzentrationsmangel und geringe Ausdauer
- fehlende Lesereife im ersten Schuljahr

Genetische Faktoren

Untersuchungen belegen, dass genetische Konstellationen auf verschiedenen Wegen das Entstehen der Legasthenie begünstigen. So besteht eine Beziehung zwischen der Dominanz der beiden Hirnhälften (Hemisphären), die sich häufig auch in der Linkshändigkeit zahlreicher Legastheniker zeigt. Während bei Rechtshändern die linke Hirnhälfte als Sprachzentrum dominiert, ist bei Linkshändern keine der beiden Hirnhälften eindeutig auf die Sprachverarbeitung spezialisiert, was die Störungsanfälligkeit beim Spracherwerb erhöht. Für die erworbene Disposition für eine Lese-Rechtschreib-Schwäche spricht auch das verstärkte Auftreten der Legasthenie in bestimmten Familien.

Zurzeit wird untersucht, welche Gene für die Entstehung von Lese- und Rechtschreibschwierigkeiten von Bedeutung sind. Gene auf den Chromosomen 15, 6 und 3 wurden bereits identifiziert. Die Vererbung ist für die Rechtschreibung bedeutsamer als für das Lesen. Die Wahrscheinlichkeit, dass ein Junge Legastheniker wird, beträgt ca. 40 %, wenn bereits der Vater Lese-Rechtschreibschwierigkeiten aufwies, und liegt bei 36 %, wenn die Mutter Legasthenikerin war. Bei Mädchen liegt die Wahrscheinlichkeit, Legasthenikerin zu werden, wenn ein Elternteil Lese-Rechtschreibschwierigkeiten hatte, bei etwa 20 % (vgl. Klicpera u. a., 2010[3]).

Der genetische Einfluss spielt für das frühe Erkennen von Risikokindern eine Rolle. Bereits vor der Einschulung sind sprachliche Defizite bei der Satzbildung und im Umfang des Wortschatzes erkennbar. Die Kinder weisen ein geringeres phonologisches Bewusstsein auf. Nach Schenk-Danzinger (1991) besteht folgender genetischer Zusammenhang mit Legasthenie:

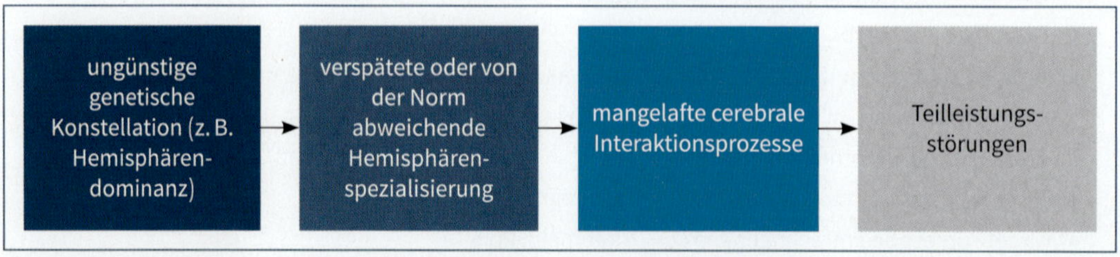

Hilfen

Die gezielte Hilfe für Kinder mit Lese-Rechtschreib-Schwächen umfasst folgende Bereiche:

- Funktionstraining
- Lesetraining
- Rechtschreibtraining
- allgemeines Sprachtraining
- Korrektur oder Verhinderung einer psychischen Fehlentwicklung
- Elterntraining
- schulische Maßnahmen

Das **Funktionstraining** besteht in einem gezielten Üben, bei dem beispielsweise die Raum-Lage-Sicherheit des Kindes erhöht wird. Die genaue Position von abgebildeten Gegenständen ist vom Kind zu erkennen und zu beschreiben. Um sequenzielle Ordnungen besser zu unterscheiden, wird der Legastheniker aufgefordert, Abfolgen wie Wochentage oder Zahlenreihen zu analysieren und diese sinnvoll zu ergänzen. Zur Erhöhung der Konzentration liegen verschiedene Übungsprogramme vor. Die Merkfähigkeit kann durch Spiele wie Memory® vielfältig gefördert werden. Ergänzend können computergestützte Übungen durchgeführt werden, bei denen das Kind selbstständig arbeiten und die Fehler überprüfen kann. Ein integriertes Verstärkersystem belohnt dabei Lernfortschritte.

Das **Lesetraining** beginnt mit dem Einprägen von Buchstaben. Durch Buchstabenleseübungen (z. B. b b p p d d b b d d p p ...) wird die Verbindung von Zeichen und Laut systematisch aufgebaut und vertieft. Mit Kartenspielen oder Lotto kann dieser Vorgang kindgemäß geübt werden. Die Verbesserung der Silbendiskriminierung wird erreicht, wenn das Kind aus vorgegebenen Vor- und Stammsilben sowie Endungen Wörter bilden soll.

Das **Rechtschreibtraining** setzt an der mangelhaften Zuordnung von Lauten zur schriftlichen Darstellung an. Dazu zählt das Lautunterscheidungstraining, das mithilfe von Einsetzübungen (z. B. die Mu__er, das Au_o) Einzellaute und Lautverbindungen bewusst macht.

Das **allgemeine Sprachtraining** bezieht sich auf die Erweiterung des Wortschatzes, die Verbesserung der Satzbildung, das Training kognitiver Funktionen (Bildung von Oberbegriffen, Überschriften finden), die Differenzierung von Lauten und die Verbesserung der Grammatik (Zeitformen, Deklinationen, Konjugationen, Nebensatzbildung). Darüber hinaus sollten verschiedene **Grundsätze zur Förderung** legasthenischer Schüler beachtet werden, um deren Motivation zu erhöhen und Widerstände zu verringern:

- Eine gezielte Behandlung setzt eine differenzierte Fehleranalyse voraus.
- Das Vorgehen ist individuell auf das jeweilige Kind abzustimmen (Medien, Interessensgebiete, Übungsdauer).
- Die Übungen sind variabel zu gestalten und spielerisch durchzuführen.
- Es sollten Assoziationshilfen (Bewegung, Farben, Symbole) eingesetzt werden.
- Die Anforderungen (Schwierigkeitsgrad und Lerngeschwindigkeit) sollten an das Kind angepasst werden.
- Das Selbstwertgefühl des Kindes wird gestärkt, indem Fortschritte herausgestellt und anerkannt werden.

Bei einer ausgeprägten Lese-Rechtschreib-Schwäche drohen **psychische Fehlentwicklungen**, die bei den Hilfen zu berücksichtigen sind. Die zahlreichen Misserfolge können schulische Ängste auslösen, das Selbstwertgefühl und Selbstvertrauen des Kindes herabsetzen und ein negatives Selbstkonzept (Überzeugung: „Ich bin unfähig.") hervorrufen.

Die familiäre Unterstützung des Kindes wie beispielsweise bei der Hausaufgabenbetreuung ist für die Lese- und Rechtschreibentwicklung von großer Bedeutung. Als besonders wirksam hat sich ein gezieltes **Elterntraining** erwiesen, bei dem die Eltern zur regelmäßigen Durchführung eines Rechtschreibtrainings mit ihrem Kind befähigt werden (vgl. Schulte-Körne und Mathwig, 2000, Marburger Rechtschreibtraining). Die größten Lernfortschritte wurden dabei erreicht, wenn die Betreuungsperson über gute Rechtschreibkenntnisse verfügte und nicht erwerbstätig war.

Die **schulischen Maßnahmen** umfassen in einigen Bundesländern Förderprogramme, bei denen in Kleingruppen unter Berücksichtigung der Lernvoraussetzungen des Kindes Übungen durchgeführt werden. Länderspezifische Erlasse zur anerkannten Lese-Rechtschreib-Schwäche regeln, wie ein Nachteilsausgleich gewährt werden kann (z. B. keine Benotung von Diktaten, Zeitzuschläge bei schriftsprachlichen Prüfungen, stärkere Gewichtung der mündlichen Leistungen, Regelungen zum Sitzenbleiben oder Übergang in weiterführende Schulen).

Im vorschulischen Bereich setzen bereits erste Förderkonzepte an, um das Auftreten von Lese- und Rechtschreibproblemen zu verringern. Zur Förderung der phonologischen Bewusstheit wurde das Würzburger Trainingsprogramm von Schneider u. a. 1999 entwickelt. Dieses Förderkonzept vermittelt dem Kind Einblicke in die Struktur der Sprache und ist auf elf Wochen mit Fördereinheiten von jeweils zehn Minuten angelegt.

Zeitraum	Trainingseinheiten	Inhalte
1. Woche	I: Lausch- und Flüsterspiele	Geräusche hören
2. Woche	II: Reimspiele	Reime nachsprechen und Reimwörter finden
3./4. Woche	III: Satz und Wort	Sätze und Wörter zerlegen, Wörter verbinden
5./6. Woche	IV: Silben	Silbenklatschen, -tanzen; Wörter in Silben zerlegen (Analyse) und Silben zu Wörtern zusammensetzen (Synthese)
7. – 10. Woche	V: Anlaute	Anlaut im Wort erkennen und variieren
11. Woche	VI: Phoneme	Wörter in Laute zerlegen (Analyse) und Wörter aus Lauten bilden (Synthese)

Das Würzburger Trainingsprogramm zur Förderung sprachlicher Bewusstheit nach Schneider u. a., 1999 (vgl. Klicpera u. a., 2010³)

Psychoanalytikerinnen (z. B. Grüttner, 1996) interpretieren die Legasthenie als Notsignal, das auf Geschwisterrivalität, die Weigerung, sich mit bestimmten Inhalten auseinanderzusetzen, oder freudsche Fehlleistungen hinweist. Entsprechend enthält die Therapie eine Mischung von Funktionstraining und Aufarbeitung verdrängter Prozesse. Die Lese-Rechtschreib-Schwäche ist eine recht stabile Störung. Durch Training kann vor allem die Leseleitung gesteigert werden. Die Rechtschreibschwäche zeigt sich häufig noch im Erwachsenenalter.

4.6.5.2 Rechenschwäche (Dyskalkulie)

Begriffsbestimmung und Abgrenzung

DEFINITION

Die Rechenschwäche (Dyskalkulie, griech. dys = schlecht, schwierig, lat. calculus = Rechensteinchen) ist eine Teilleistungsstörung im Bereich des Verständnisses für Mengen und Zahlen sowie im Umgang mit elementaren Rechenoperationen bei mindestens durchschnittlich intelligenten Kindern (vgl. ICD-10 der WHO).

Wissenschaftlich umstritten ist die Definition, da sie lediglich auf die Diskrepanz zwischen Intelligenzniveau und Rechenleistung abhebt (vgl. Gaidoschik, 2010[5]). Dieses Diskrepanzkriterium ist willkürlich. Legt man es an, dann würde keine Förderung bei Kindern erfolgen, bei denen die Rechenschwäche und die Intelligenzleistung miteinander korrespondieren. Eine Förderung sollte aber nach dem pädagogischen Verständnis der Kritiker allen rechenschwachen Kindern zukommen. Von den geistigen Fähigkeiten der zu fördernden Schüler ist lediglich die Auswahl der Förderinstrumente und Hilfen abhängig.

Vor diesem Hintergrund liegt eine Rechenschwäche dann vor, wenn trotz angemessener Förderung die fehlerhaften Denkweisen und mangelhaften Vorstellungen zu ungeeigneten Lösungsmustern für mathematische Aufgabenstellungen führen.

Häufigkeit

In Deutschland weisen ca. 6 % der Schulkinder Rechenstörungen auf. Der Förderbedarf liegt bei mindestens 15 % der Kinder. Mädchen sind geringfügig stärker betroffen als Jungen. Die Rechenschwäche zeigt sich vermehrt bei Kindern, die Angst und depressive Symptome sowie Aufmerksamkeitsdefizit-Störungen aufweisen.

Formen

Die Rechenschwäche zeigt sich individuell recht unterschiedlich. Es besteht kein einheitliches Bild der verschiedenen Schwächen. Eine Zuordnung der verschiedenen Fehlerformen kann über die grundlegenden Rechenoperationen erfolgen.

Grundlagenbereiche	Kennzeichnung	Probleme und Auswirkungen	Beispiele
Klassifizieren	Erkennen der gemeinsamen Merkmale von Elementen	Fehler beim Zusammenfassen (Mengenbildung) und Benennung der Anzahl	Probleme, die Gegenstände nach ihrer Form (z. B. rund, oval, eckig), Größe (klein, groß) oder Farbe zu sortieren
Serialität	Ordnen nach bestimmten Abfolgen wie größer/kleiner, länger/kürzer	falsche Mengenbestimmung im Zahlenraum	Fehler beim Ordnen von Gegenständen nach ihrer Größe oder Länge

Grundlagen-bereiche	Kennzeichnung	Probleme und Auswirkungen	Beispiele
Mengen-invarianz	Beim Umordnen von Elementen bzw. beim Gliedern in Teilmengen bleibt die Gesamtzahl der Elemente erhalten.	Das Kind muss jeweils nachzählen, um zu erkennen, dass die Gesamtmenge gleich geblieben ist.	
Eins-zu-eins-Zuordnung	Jedem Element muss jeweils **ein** Zahlwert zugeordnet werden.	Beim Abzählen werden Elemente ausgelassen oder doppelt gezählt; ein Vergleich von Mengen ist dadurch nicht möglich.	△△△△ ▼▼▼▼▼ Beim Vergleich der beiden parallel liegenden Dreiecke muss das Kind zählen, um die Unterschiedlichkeit der Mengen zu erkennen.
Simultan-erfassung von Mengen	Zuordnung von Menge und Zahlwort	Die Simultanerfassung gelingt nur begrenzt.	Probleme bei der simultanen Erfassung (auf einen Blick) im Zahlenraum bis 5; die Quasi-Simultanerfassung der Mengen von 6 bis 10 gelingt nicht; das rechenschwache Kind zählt
Verständnis von mathematischen Begriffen	Erkennen der Bedeutung von Begriffen wie größer/kleiner, mehr/weniger, halb/doppelt, plus/minus, mal/geteilt, Gleichheitszeichen	die Begriffe werden nicht korrekt verstanden und es kommt zu fehlerhaften Handlungen; fehlerhafte Zuordnung von Zahl und Menge, von Zahlwort und Ziffer	Verwechslung von plus und minus, Bedeutung von Gleichheitszeichen wird nicht verstanden

Grundlagenbereiche	Kennzeichnung	Probleme und Auswirkungen	Beispiele
einseitiges Zahlenverständnis	Unterscheidung zwischen Ordinal- und Kardinalzahlen: Ordinalzahl beschreibt die Position der Zahl im Zahlenraum, die Kardinalzahl gibt die Menge (Mächtigkeit) an.	Zahlen werden nur als Positionen verstanden und nicht als Mengenangaben; es liegt eine ordinale Verwechslung vor, das Kind versteht nicht die mengenbezogene Mächtigkeit von Zahlen.	Die Zahl 4 wird nicht mit der Gesamtheit von vier Elementen verbunden; das Kind ordnet die Zahl 4 dem vierten Element in der Reihe zu. △△△△△△△△  „Das ist vier!“ ——— Das Kind erkennt nicht, dass 27 kleiner ist als 48. Überschlagsrechnungen gelingen nicht.
zählendes Rechnen	Nur zu Beginn des Rechnens wird das zählende Rechnen verwendet; später ist das zählende Rechnen unerwünscht, da es komplexere Rechenoperationen behindert; Vorgehen in Einerschritten bei Addition und Subtraktion; später werden abstrakte Operationen verwendet.	Das rechenschwache Kind berücksichtigt bis in die 3. Klasse das zählende Rechnen als einzige Lösungsstrategie.	Da das zählende Rechnen im Unterricht unerwünscht ist, zählt das rechenschwache Kind heimlich mit den Fingern oder im Kopf.
Zehnersystem	Die Beherrschung des Zehnersystems ist die Voraussetzung, um den Stellenwert der Zahlen zu verstehen.	Der Stellenwert der Zahlen wird nicht erkannt; Verwechslungen in der Zahlenfolge passieren.	Das Kind schreibt die Zahlen lautgetreu: 2 451 wird als 2000400501 geschrieben. 25 + 12 = 46 Zum Zehnerwert der ersten Zahl wird der Einer der zweiten Zahl addiert.

Grundlagen-bereiche	Kennzeichnung	Probleme und Auswirkungen	Beispiele
operativ-mathematisches Verständnis	Beherrschung der verschiedenen Rechenverfahren; Anwendung der erforderlichen Lösungsstrategien	Rechenhandlungen werden ohne Verständnis für die Operationen durchgeführt; die Bedeutung der Rechenoperationen wird nicht verstanden.	Verwechslung von Vorzeichen: Das Kind merkt den Fehler nicht, auch wenn das Ergebnis erkennbar falsch sein muss (bei der Subtraktion ist das Ergebnis größer als der Ausgangswert); wenn das rechenschwache Kind die Zahl nicht mit der entsprechenden Menge verknüpft, dann ist das Hinaufzählen bei plus und das Rückwärtszählen bei minus ein leicht störbarer Vorgang.

Folgende Störungen in der Anwendungssituation kommen vor:

- **Mangelnde Flexibilität:** Wird das Rechentraining durchgeführt, ohne dass der Rechenvorgang verstanden wird, kommt es zu einer mechanischen Anwendung. In der Folge führt dies zu einer geringen operativen Flexibilität beim Kind.
- **Richtungsstörungen im Umgang mit Ziffern:** Das Kind gerät in Konflikt mit dem Erwerb des Lesens. Beim Lesen wird konsequent die Leserichtung von links nach rechts eingehalten. Werden zweistellige Zahlen gelesen, dann verändert sich die Leserichtung von rechts nach links. So treten Vertauschungen als Zahlendreher auf.
- **Textaufgaben:** Die Lösung von Textaufgaben gehört zu den schwierigsten Aufgaben, da vielfältige Abstraktions- und Denkschritte erforderlich sind. Zur Bewältigung müssen die Begriffe korrekt verstanden werden; bisweilen sind räumliche bzw. zeitliche Beziehungen mathematisch umzusetzen und Überschlagsrechnungen erforderlich. Das geringe bzw. fehlerhafte Verständnis von mathematischen Begriffen beeinträchtigt die Umsetzung in die geforderten Rechenoperationen.

Daneben sollten weitere Hinweise auf eine Rechenschwäche beachtet werden:

- Umgang mit der Uhr und mit Geld fallen schwer
- vermehrtes Üben bleibt ohne Erfolg
- spielbildliches Schreiben von Zahlen

Diagnose

Die Diagnostik umfasst folgende Bereiche: Zur **Erfassung der Lernvoraussetzungen** werden Intelligenztestverfahren und Persönlichkeitsfragebögen eingesetzt. Die Intelligenztestverfahren werden benötigt, um hinsichtlich der Diskrepanzvoraussetzung den Abstand zwischen der Rechenleistung und der Intelligenz bestimmen zu können. Die Diagnostik des **sozialen Umfeldes** erfolgt im Rahmen der Anamnese. So wird neben der Familiensituation erfasst, welche Förderanregungen in der Familie gegeben sind und wie auf die Rechenschwäche reagiert wird.

Eine differenzierte Beurteilung der Rechenschwäche lassen **spezielle Leistungserfassungen** (z. B. Rechentestverfahren zur Fehleranalyse) zu. Zum Einsatz gelangen z. B. KALKULIE – Diagnose- und Trainingsprogramm für rechenschwache Kinder von Fritz u. a. (2007), der Eggenberger Rechentest – Klassentest zur Früherkennung von rechenschwachen Kindern; ERT 1+ und 2+ von Schaupp u. a. (2007, 2008), das Rechenfertigkeits- und Zahlenverarbeitungs-Diagnostikum für die 2. bis 6. Klasse (RZD 2–6) von Jacobs und Petermann (2005). Der deutsche Mathematiktest (DEMAT) erfasst für die vier Grundschulklassen (DEMAT 1+, DEMAT 2+, DEMAT 3+ und DEMAT 4) den Leistungsstand.

Erklärungsansätze

Die Rechenschwäche ist multifaktoriell, d. h., es liegen immer mehrere, miteinander verknüpfte Ursachen vor, wobei es schwer fällt, den Einflussgrad der verschiedenen Ursachen zu bestimmen. Die Rechenschwäche beruht auf verschiedenen Störungen (vgl. Milz, 2004[6]):

- visuelle Wahrnehmungsstörungen
- Störung der Koordination von visueller Wahrnehmung und Bewegung (z. B. Auge-Hand-Koordination)
- Gedächtnisstörungen beim visuellen Erfassen von Abfolgen
- Störungen bei Reihenfolgeanalysen
- Störungen des abstrakten Denkens
- Störungen des Sprachverständnisses (z. B. bei Textaufgaben)

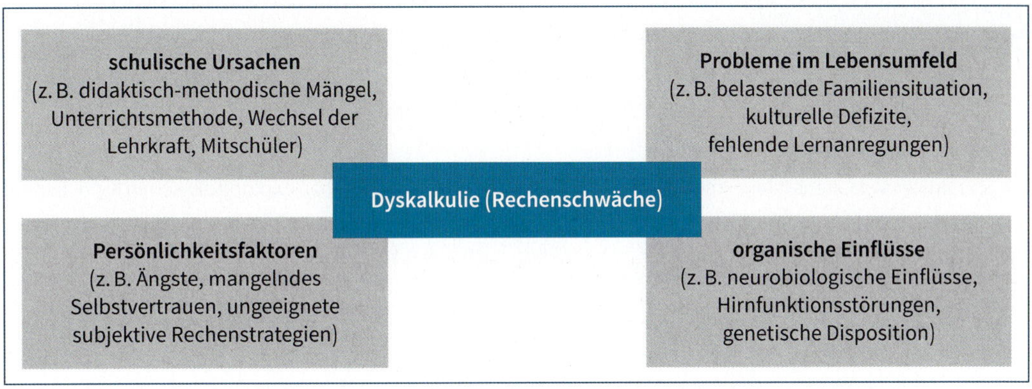

Daraus ergeben sich Probleme bei folgenden Prozessen: Dekodieren von Symbolen, (Ab)schreiben von Zahlen, Unterscheiden und Anordnen von Zahlen, Verstehen von mathematischen Regeln, Speichern von mathematischen Größen, Behalten und Anwenden von erfolgreichen Lösungsschritten sowie Verstehen von Textaufgaben.

Schulische Ursachen

Im schulischen Bereich können bei einigen Schülerinnen der Wechsel des Rechenlernverfahrens oder Unsicherheiten der Lehrkraft bei der Vermittlung der Rechenmethoden die Entstehung von Rechenschwächen begünstigen. Ist der Leistungsstand in der Klasse sehr heterogen, kann die Förderung der Schüler mit Rechenschwächen zu kurz kommen. Die Lehrkraft orientiert sich an der Leistungsfähigkeit des Klassendurchschnitts. Werden grundlegende Mängel jedoch nicht frühzeitig erkannt und beseitigt, dann ist das Verstehen darauf aufbauender Verfahren beeinträchtigt.

Nach Hans Aebli, einem Schüler von Piaget, kommt es zu folgenden Störungen beim Aufbau und bei der Verinnerlichung von Zahlbegriffen bzw. mathematischer Operationen:

Ablauf	Kennzeichnung	Störfaktoren
1. konkrete Handlungen	Einerwürfel, Zehnerstangen, Hunderterfeld	geringe anschaulich-praktische Leistungsfähigkeit bei der Erfassung von Mengen
2. bildliche Darstellung	Mengenzuordnung als Zeichnungen, Operationen durch grafische Zeichen	Schwäche des anschaulichen Gedächtnisses
3. symbolische Darstellung	Darstellung als Ziffern, Rechenzeichen, Gleichungen	symbolische Zuordnungen werden nicht exakt differenziert und gespeichert
4. Automatisierung im Symbolbereich	vielfältige Übungen zu den verschiedenen Aufgabenbereichen	Schwäche bei der mechanisch-assoziativen Verknüpfung und Speicherungsprobleme

Probleme im Lebensumfeld

Die Spirale des Versagens (siehe nachfolgende Grafik) verdeutlicht die Wechselwirkung zwischen Kind, Schule und Elternhaus. Um die Versagensspirale zu durchbrechen, muss möglichst früh die Rechenschwäche erkannt werden.

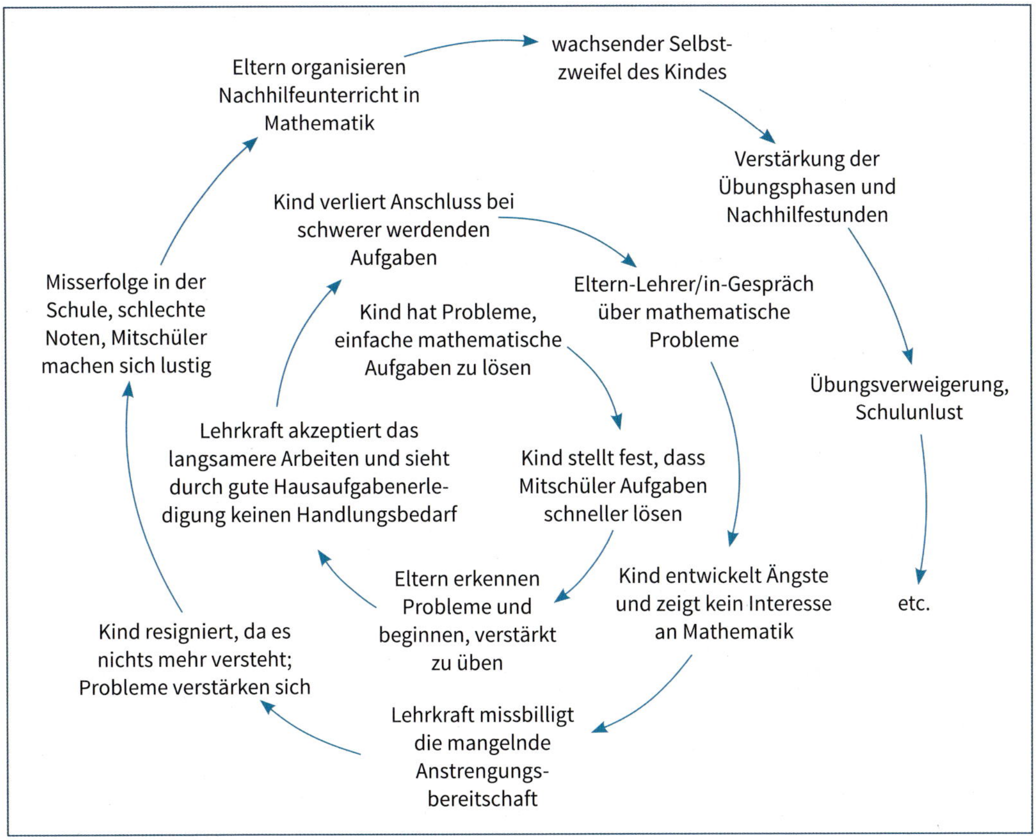

Persönlichkeitsfaktoren

- **Gedächtnis:** Bezogen auf die geforderten mathematischen Operationen wirken sich vorliegende Speicherschwierigkeiten verheerend aus. Ist die Zahlwortreihe nicht im Gedächtnis verankert, weiß das Kind nicht, welche Zahlen aufeinanderfolgen. Beim Zählen kann das Kind nicht mittendrin anfangen und beginnt beim Zählen wieder bei 1. Durch beständiges Üben treten Automatisierungseffekte ein. Bei einem rechenschwachen Kind treten diese Effekte allerdings nur im geringen Umfang auf, Automatisierungsprobleme sind die Folge.
- **Abstrakt-logisches Denken:** Das rechenschwache Kind verfügt über nur einige Lösungsstrategien und setzt häufig ungeeignete Rechenstrategien ein. So wird beispielsweise das Zahlenzerlegen nicht verstanden (z. B. 9 = 5 + __).
- **Mangelndes Selbstvertrauen:** Die zahlreichen Misserfolge schwächen das Selbstvertrauen des Kindes. Es wird selbst bei sicher beherrschten Vorgehensweisen verunsichert. Rechenschwache Kinder sind häufig ängstlich.
- **Impulsiver kognitiver Stil:** Das Kind handelt unüberlegt impulsiv. Es nimmt sich nicht die erforderliche Zeit, um die Aufgabe zu durchdenken und dann den Lösungsweg zu wählen.

Organische Einflüsse

Neurobiologisches Erklärungsmodell

Als Ursache für die Beeinträchtigung von kognitiven Informationsverarbeitungsprozessen werden Störungen der Hirnreifung gesehen. Die Vererbung, Beeinträchtigungen während der Schwangerschaft (z. B. Infektionserkrankungen, Substanzmissbrauch, Strahlenschädigung) sowie Erkrankungen in der frühen Kindheit können die Störung der Hirnreifung hervorrufen. Es treten dabei Dysfunktionen der rechten Hirnhälfte und Einschränkungen in der Interaktion zwischen den beiden Hirnhälften auf.

In der Folge ergeben sich Einschränkungen bei den räumlich-konstruktiven Leistungen, bei der Konzeptbildung und bei der visuell-figuralen Merkfähigkeit. Das rechenschwache Kind hat Probleme bei der Mengenerfassung und bei Gliederungen im Zahlenraum. Die gestörte Figur-Grund-Wahrnehmung führt zu Schwierigkeiten beim optischen Zuordnen und Sortieren. Die Symbolerfassung ist erschwert (z. B. Unterscheidung zwischen · und +). Objektbeziehungen wie nah/fern, größer/kleiner, mehr/weniger oder kurz/lang werden nur unzureichend erkannt.

Wie Landerl und Kaufmann (2008) herausstellen, sind die Hirnareale (kognitive Module), die für grundlegende Kompetenzen verantwortlich sind, vererbt. Diese Funktionen sind weitgehend unabhängig von anderen geistigen Leistungen. Bei rechenschwachen Kindern liegt von Geburt an eine Störung des „Startermechanismus" vor, der für die Verarbeitung von Zahlen und Mengen verantwortlich ist. Diese Beeinträchtigung des Zahlensinns führt beispielsweise dazu, dass Zahlen für rechenschwache Personen nichtssagend sind.

Theorien zum Gedächtnis gehen davon aus, dass im Gehirn unterschiedliche Areale die mathematischen Prozesse steuern. Das Triple-Code-Model von Dehaene (vgl. Jacobs und Petermann, Rechenstörung, 2005) verdeutlicht dies in der nachfolgenden Übersicht. Das Modell differenziert zwischen drei Modulen (Funktionseinheiten), die in unterschiedlichen Gehirnarealen die Zahlen speichern.

Darstellung	Numerische Aufgabe	Funktionen	Gehirnbereich
verbal	Zahlwörter verarbeiten	Zahlen in Wortform hören, lesen, sprechen und schreiben	linke frontale inferiore Areale
	Zählen		
	Abruf von Faktenwissen zur Durchführung einfacher Rechenoperationen		
visuell	arabische Ziffern verarbeiten	arabische Zahlen lesen und schreiben	bilateral occipito-temporale Areale
	Stellenwertrechnen		
	Gleichheitsurteile		
	Kopfrechnen mit mehrstelligen Zahlen		

Darstellung	Numerische Aufgabe	Funktionen	Gehirnbereich
analog	Verarbeitung analoger Darstellungen (z. B. Zahlenstrahl)	Verknüpfung der Zahl mit der entsprechenden Mächtigkeit der Menge	bilateral parietale inferiore Areale
	Zahlenvergleiche		
	Überschlagsrechnungen		
	Schätzungen		

Beim Rechnen arbeiten die drei Bereiche zusammen. Die nachfolgende Darstellung verdeutlicht das Zusammenwirken der drei Funktionsbereiche im Gehirn:

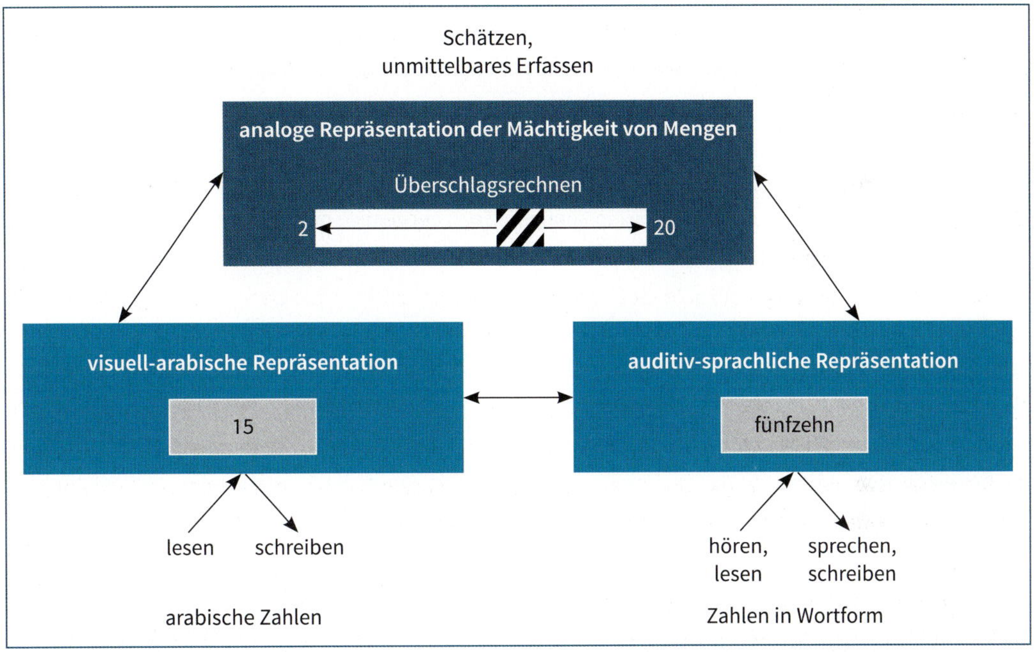

Triple-Code-Model nach Dehaene (vgl. Aster, 2003)

Hilfen

- **Früherkennung:** Das frühzeitige Erkennen der Rechenschwäche ist besonders wichtig, da grundlegende Rechenoperationen ausreichend gefestigt sein müssen, um darauf aufbauende Rechenleistungen erbringen zu können.
- **Verbalisierung:** Ausgangspunkt der Hilfe ist das Verständnis für die Gedankengänge. Deshalb ist es hilfreich, wenn das Kind seine Gedankengänge verbalisiert und „laut denkt". Es sollte beim Üben Materialvielfalt gegeben sein, um dem Kind einen neuen Zugang zum Rechenverfahren zu ermöglichen.

- **Individualisierung:** Die Hilfen sind auf die jeweilige Rechenschwäche und auf die individuellen Voraussetzungen des Kindes abzustimmen. Das rechenschwache Kind benötigt ausreichend Zeit, um nicht impulsiv ratend zu zufälligen Ergebnissen zu gelangen. Das Lerntempo sollte daher individualisiert werden.
- **Überwindung des zählenden Rechnens:** Zählendes Rechnen muss möglichst schnell überwunden werden, da bei höheren Klassenstufen das Zählen das Verstehen von neuen Rechenverfahren behindert. Greift das Kind auf das zählende Rechnen zurück, weil es Probleme bei der Speicherung und Vorstellung von Mengen hat, so könnten beispielsweise bei den Übungen Zahlenräume und Zahlenstrahl, Mengenkarten, Ziffernpuzzles, Schwamm- und Sandpapierzahlen, Würfelbilder usw. zum Einsatz gelangen.
- **Fehlerkultur:** Ein Ansatz zur Hilfe besteht im Aufbau einer positiven Fehlerkultur. Gemeinsam mit dem rechenschwachen Kind wird eine detaillierte Fehleranalyse durchgeführt, um das Verständnis für die fehlerhafte Strategie und darauf aufbauend die korrekte Vorgehensweise zu entwickeln.
- **Anschauungshilfen:** Auf Maria Montessori gehen zahlreiche Materialien zur Veranschaulichung zurück, die ein Begreifen des mathematischen Vorgehens erleichtern. Dieses Montessori-Material dient als Überbrückungshilfe von der konkreten, bildhaften Darstellung zur geistigen Repräsentation des Vorgangs. Diese Anschauungshilfen können jedoch nur zeitlich begrenzt hilfreich sein, stellen also keine dauerhafte Hilfe dar.

Eine bekannte Anschauungshilfe stellt der Abakus dar, eine auf der 10er-Basis beruhende Hilfe von zehn verschiebbaren Kugeln auf zehn Stangen. Durch das Verschieben der Kugeln werden einfache Rechenoperationen veranschaulicht. Einige Autoren sehen mehr Vorteile in der Verwendung von 5er-Systemen, die sich aus den fingerbezogenen Zähl- und Rechenstrategien ergeben. Als Anschauungshilfe kann auch der Rechenschieber herangezogen werden.

- **Frühförderprogramme:** Im Rahmen der Frühförderung entwickelte Preiß (2007) ein pädagogisches Konzept zur Förderung von Basiskomponenten. Das Zahlenland umfasst ein systematisches Übungsprogramm, das auf die Handlungsfelder Zahlenhaus, Zahlenweg und Zahlenländer bezogen wird.
- **Schulische Maßnahmen:** Zu den schulischen Maßnahmen wurden zahlreiche Födermaterialien entwickelt, die auf die verschiedenen Klassenstufen und Rechenoperationen bezogen sind (z. B. Brühl u. a., 2003; Gaidoschik 2010[5]; Kaufmann und Wessolowski, 2006; Schilling und Prochinig, 2000[11]).

Bei der Auswertung der vorliegenden Förderprogramme gelangen Landerl und Kaufmann (2008) zu folgenden Erkenntnissen:

- Die Einzelförderung ist wirksamer als eine Förderung in Gruppen.
- Am effektivsten sind Programme, die grundlegende Fertigkeiten und Grundrechenarten fördern; weniger erfolgreich ist der Aufbau von Problemlösestrategien.
- Der Einsatz von computergestützten Lernprogrammen ist deutlich weniger wirksam als die Vermittlung durch Lehrpersonen.
- Kürzere Förderprogramme sind deutlich erfolgreicher als lang andauernde Fördermaßnahmen.

AUFGABEN

1. Erläutern Sie die Bedeutung des Lebensumfeldes für die Entstehung einer Rechenschwäche.

2. Zeigen Sie auf, wie die Spirale des Versagens durch pädagogische Hilfen durchbrochen werden kann.

3. Veranschaulichen Sie das Triple-Code-Model nach Dehaene am Beispiel einer selbst gewählten Textaufgabe.

4.6.6 Autismus-Spektrum-Störung (ASS)

DEFINITION

Unter Autismus-Spektrum-Störung (ASS) versteht man eine tief greifende Wahrnehmungsverarbeitungs- und Beziehungsstörung gegenüber der personalen und sachlichen Umwelt.

Es handelt sich um ein Syndrom, das sich aus unterschiedlichen Symptomen zusammensetzt. Der Begriff „Autismus" wird vom griechischen Wort autos = selbst im Sinne von Selbstbezogenheit abgeleitet. Der Begriff „Autismus-Spektrum" weist darauf hin, dass es sehr unterschiedliche Formen und Ausprägungen der autistischen Störung gibt. Als Beschreibung eines klinischen Krankheitsbildes wurde der Begriff unabhängig voneinander von Kanner (1896–1981) und Asperger (1906–1980) verwendet. Unter dem Sammelbegriff Autismus-Spektrum-Störung werden alle möglichen Diagnosen subsumiert.

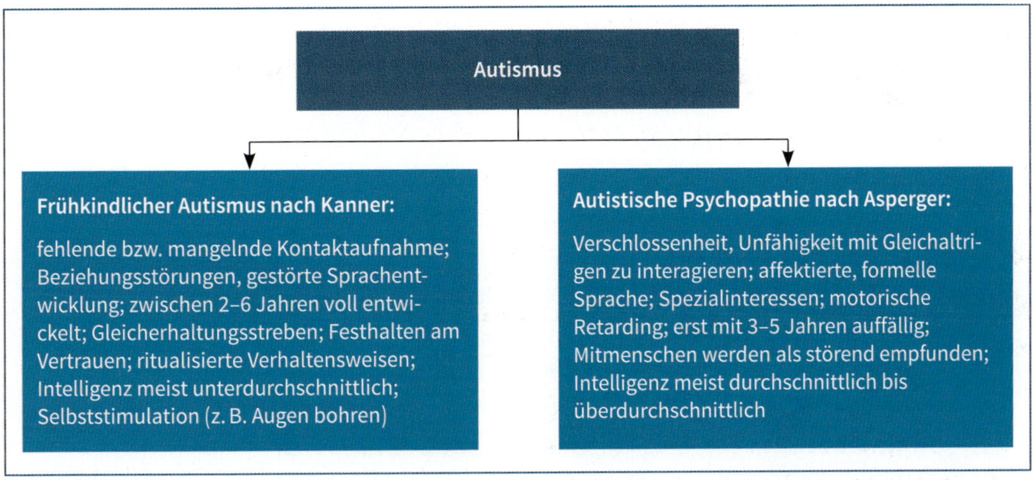

Die beiden Störungsbilder unterscheiden sich vor allem in zwei Bereichen: Der frühkindliche Autismus nach Kanner ist durch Sprachdefizite und eine unterdurchschnittliche Intelligenz gekennzeichnet, während die autistische Psychopathie nach Asperger keine Sprachmängel und eine gut entwickelte Intelligenz beinhaltet. Das DSM-5 (Diagnostisches und Statistisches Manual Psychischer Störungen, 2015) ordnet beide Störungsbilder dem „Spektrum autistischer Erkrankungen" zu. Im Folgenden wird auf die autistische Störung, wie sie Kanner beschreibt, näher eingegangen. Es können folgende Kriterien für die Diagnose genannt werden:

1. massive und anhaltende Beeinträchtigung der sozialen Interaktion (nonverbale Kommunikationswege werden nicht genutzt, keine Kontaktaufnahme mit Gleichaltrigen, sozialer oder emotionaler Austausch mit anderen fehlt, Ausbleiben emotionaler Reaktionen wie spontaner Freude)
2. starke Beeinträchtigungen der Kommunikation (z. B. Sprachverzögerung, stereotyper Gebrauch der Sprache, keine Rollenspiele)
3. Verhaltensauffälligkeiten (Festhalten an nicht funktionalen Gewohnheiten bzw. Ritualen, manieriertes Verhalten, ständige Beschäftigung mit Teilen von Objekten)
4. Die Störung muss vor dem dritten Lebensjahr einsetzen.

Frith (2001[3]) vergleicht den Autismus mit der Blindheit. Der Mensch mit einer Autismus-Spektrum-Störung ist blind in Bezug auf die Wahrnehmung von psychischen Vorgängen. Die autistische Person nimmt zwar Reize und Vorgänge wahr, aber es fehlt die Verarbeitung dieser Informationen.

Erscheinungsbild

Der frühkindliche Autismus, der sich bis zum vierten und fünften Lebensjahr entwickelt, weist in diesem Altersbereich den größten Schweregrad auf. Eine Zusammenstellung der Symptome des frühkindlichen Autismus nach Kehrer (1995[5]) umfasst folgende Auffälligkeiten:

- **Störungen der Beziehung zur Umwelt**
  - Die Kinder betasten, beklopfen und belecken Gegenstände und Menschen.
  - Schnuppern und Riechen an Gegenständen
  - Beschäftigung mit dem eigenen Körper
  - Die Kinder werden durch bestimmte Geräusche fasziniert.
  - Sie hören gern Musik und singen.
  - Sie lieben plätscherndes Wasser.
  - Sie reagieren nicht auf die Umgebung.
  - Sie scheinen taub oder schwerhörig.
  - Sie scheinen gefühllos gegenüber Schmerz und Kälte.
  - Sie spielen auch im dunklen Raum.
  - Sie haben kaum Angst vor realen Gefahren.
  - Die Kinder schauen durch Personen hindurch.
  - Sie wenden bei Ansprache den Blick ab oder verdecken die Augen.
  - Sie strecken der Mutter nicht die Arme entgegen.
  - Sie schmiegen sich nicht an.
  - Sie reagieren nicht auf ihre Umgebung; es fällt schwer, ihre Aufmerksamkeit zu gewinnen.
- **Motorische Besonderheiten**
  - rhythmisches Schaukeln, mit dem Kopf wackeln (evtl. schlagen bis zur Selbstverletzung)

> Klopfen mit Gegenständen
> unentwegtes Drehen kleiner Gegenstände (wie Kreisel)
> Bewegungsstereotypien, die wie Gesten wirken (z. B. Hand wie zum Schwur heben und drehen, Personen auf die Schulter klopfen)
> häufig Zehengang
> manieriertes Gehen (Stelzen, Hüpfen usw.)
> Sammeln kleiner Gegenstände
> Beschäftigung mit kleinen Insekten
> stereotypes Anordnen und Aufreihen von Gegenständen und Bildern
> langes Spielen, immer mit den gleichen Gegenständen
> zwanghaftes Streben nach Ordnung und dem gewohnten Gleichmaß
> Angst und Zorn bei Änderung des Gleichmaßes
> Abwehr gegen das Erlernen neuer Dinge
> Geschicklichkeit (z. B. beim Springen, Balancieren); geschickte Feinmotorik
> allgemeine Unruhe
> gesteigerte physische Aktivität
> Störung des Tag- und Nachtrhythmus
> Wutausbrüche, gelegentlich unbegründet

- **Besonderheiten der Kommunikation**
  > Rückgang der Sprache nach ersten Anzeichen im frühen Kleinkindalter
  > völliger Mutismus
  > verspätete oder ausbleibende Sprachentwicklung
  > Artikulationsstörungen (fehlende Konsonanten usw.)
  > Störungen der Sprachmelodie und Verschiebung der Akzente
  > Echolalie
  > außergewöhnlich lautes oder leises Sprechen
  > mangelhafte Satzbildung
  > fehlerhafte Benennung von ähnlichen Gegenständen
  > Vertauschen von Personalpronomen und Personennamen
  > „nein“ wird häufiger gebraucht als „ja“
  > falsche Anwendung von Artikeln und Präpositionen
  > skurriler Gebrauch von Wörtern
  > Versuch der Verständigung durch Gesten
  > bei Wünschen Hinführen zum Objekt
  > Vorliebe für sprachfreie Kommunikation auch bei entwickelter Sprache
  > Kommunikation durch negative Kontaktaufnahme (z. B. Necken, Ärgern, Zerstören)
  > Ausstoßen von unartikulierten Lauten
- **Emotionelle Besonderheiten**
  > intelligenter (evtl. listiger) Gesichtsausdruck

- versonnener, trauriger Gesichtsausdruck
- unmotiviertes Lächeln oder Lachen
- abweisendes Verhalten
- unruhiges Hin- und Herlaufen
- Zornausbrüche bei nicht immer erkennbaren Anlässen
- unerwartete und unbegründete Aggressionen (z. B. Stechen, Schlagen, Finger in die Augen einer anderen Person bohren)
- Neigung zu Selbstgesprächen, evtl. mit zwei Rollen
- Bedürfnis nach Bestrafung
- Selbstbeschädigung
- Waghalsigkeit auf der einen, unbegründete Angst auf der anderen Seite
- Einnässen, Einkoten
- eigentümliche Essgewohnheiten (Unersättlichkeit, Stopfen, Würgen, Spucken, Weigerung zu schlucken, viel trinken)
- Stimmungsschwankungen, manchmal abhängig vom Wetter, Kinder sind im Allgemeinen freundlich

Die Kennzeichen der Autismus-Spektrum-Störung lassen sich in fünf Bereichen zusammenfassen:

1. **Fehlender Überblick:** Durch den eingeengten Blickwinkel nehmen Kinder mit einer Autismus-Spektrum-Störung lediglich Einzelheiten auf; sie können nicht vergleichen und bewerten. Diese Einschränkungen wirken sich auf das mangelhafte Erkennen von Gefahren aus und führen zu einem geringen Entscheidungsvermögen. Die geringe geistige Flexibilität zeigt sich beispielsweise beim starren Festhalten an einem einmal eingeschlagenen Lösungsweg.
2. **Gering ausgeprägtes Nachahmungsverhalten:** Das Übernehmen von Verhaltensweisen vom Modell (bei Säuglingen und Kleinkindern in der Regel die Eltern) ist bei Kindern mit einer Autismus-Spektrum-Störung gering ausgeprägt. Dies wirkt sich vor allem auf das Sozialverhalten und die Sprachentwicklung aus.
3. **Geringes Bindungsverhalten:** Das Kind mit einer Autismus-Spektrum-Störung empfindet keinen Schutz durch die Mutter. Es verschafft sich deshalb Sicherheit durch eine konstante Umwelt, gleichförmige Bewegungsabläufe und die Ausbildung von Gewohnheiten, z. B. Sammelleidenschaft. Diese Objekte sollten möglichst permanent verfügbar sein. Fremdbestimmte Veränderungen lösen bei dem Kind Panik und Unsicherheit aus.
4. **Extreme Gefühlsregungen:** Körperlicher Schmerz wird im geringeren Umfang erlebt. Intensive Reaktionen sind in Bezug auf Freude, Trauer oder Wut zu beobachten.
5. **Eingeschränkte Sprachkompetenz:** Nach Janetzke (1998[3]) sind im Verlauf der Entwicklung unterschiedliche Sprachauffälligkeiten zu beobachten. Zunächst setzt die Sprachentwicklung verzögert ein. Das Kleinkind wiederholt ohne Berücksichtigung des Wortinhalts und der Situation bestimmte Worte (Echolalie). Der Sprachgebrauch des Kindes ist mechanistisch und wirkt auf den

Außenstehenden befremdlich. Obwohl der Jugendliche ein recht hohes Sprachniveau erreicht, ist seine Dialogfähigkeit eingeschränkt. Die Person mit einer Autismus-Spektrum-Störung reagiert zu wenig auf den Gesprächspartner und spricht immer wieder bestimmte Themenbereiche an.

Zusammenfassend kann man feststellen, dass die Autismus-Spektrum-Störungen tief greifende Entwicklungsstörungen sind, bei denen Störungen in der sozialen Interaktion und Kommunikation, im Verstehen und Äußern von Emotionen sowie im Kontaktverhalten im Vordergrund stehen.

Häufigkeit

Da sich die Diagnoseinstrumente verbessert haben und sich das Forschungsinteresse an der Autismus-Spektrum-Störung erhöht hat, liegen genauere Angaben zur Häufigkeit vor. Von 10000 Kindern sind (bei enger Auslegung des Begriffs „Autismus") etwa 116 Kinder autistisch; dabei sind Jungen etwa drei- bis viermal häufiger betroffen als Mädchen. Untersuchungen zum Langzeitverlauf zeigen, dass von den Kindern mit einer Autismus-Spektrum-Störung nur 2 % im Erwachsenenalter unauffällig sind, ca. 10 % sich im Grenzbereich zur psychischen Auffälligkeit bewegen, bis zu 25 % zwar weiterhin autistisches Verhalten zeigen, aber gut führbar sind, und über 60 % stets auf fremde Hilfe angewiesen sind (vgl. Remschmidt, 2008).

Erfassung

Bereits am Ende des ersten Lebensjahres kann im Rahmen der Früherkennung eine Autismus-Spektrum-Störung diagnostiziert werden. Eine endgültige Aussage ist spätestens bis zum vierten Lebensjahr möglich. Zur Erfassung werden Symptomlisten eingesetzt, die sich auf die unterschiedlichen Bereiche wie Wahrnehmung, Kommunikation, Beziehungsverhalten, emotionale Reaktionen und Motorik beziehen. Diese Checklisten wurden in den USA entwickelt. Wichtige Informationen ergeben sich bei der Anamnese, wenn die Eltern befragt werden.

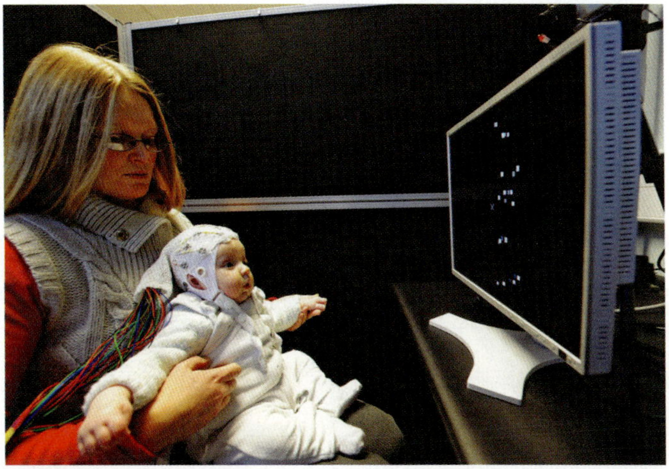

EEG (Elektroenzephalogramm)

Mit dem EEG (Elektroenzephalogramm) können die Hirnströme erfasst und auf Unregelmäßigkeiten untersucht werden. Bei etwa der Hälfte der Menschen mit einer Autismus-Spektrum-Störung ergeben sich auffällige Rhythmen der Hirnstromwellen. Offenbar liegt eine Übererregung der Hirnrinde vor. Untersuchungen mithilfe der Kernspintomografie weisen auf Abweichungen im Bereich des Kleinhirns hin. Diese Auffälligkeiten in der Gehirnaktivität lassen sich jedoch nicht bei allen Menschen mit einer Autismus-Spektrum-Störung feststellen. Zur autismusspezifischen Leistungsdiagnostik liegen Test- und Fragebogenverfahren für verschiedene Altersgruppen vor, aus denen sich Entwicklungs- und Verhaltensprofile ergeben.

Erklärungsansätze

Bei der Autismus-Spektrum-Störung geht man von vielen schädigenden Einflüssen aus; sie kann auf keine einheitliche Ursache zurückgeführt werden. Im Vordergrund stehen organische Ursachen, psychische Einflüsse spielen nur eine untergeordnete Rolle.

Cerebral-organische Schädigung

Die unterschiedlichen Möglichkeiten einer Schädigung des Gehirns werden als eine mögliche Ursache der Autismus-Spektrum-Störung genannt. Dazu gehören eine Rötelerkrankung der Mutter während der Schwangerschaft, Sauerstoffmangel in der Geburtsphase, Verletzungen der Hirnhäute, Infektionskrankheiten, die das Zentralnervensystem betreffen, Impfschädigungen sowie Unfälle.

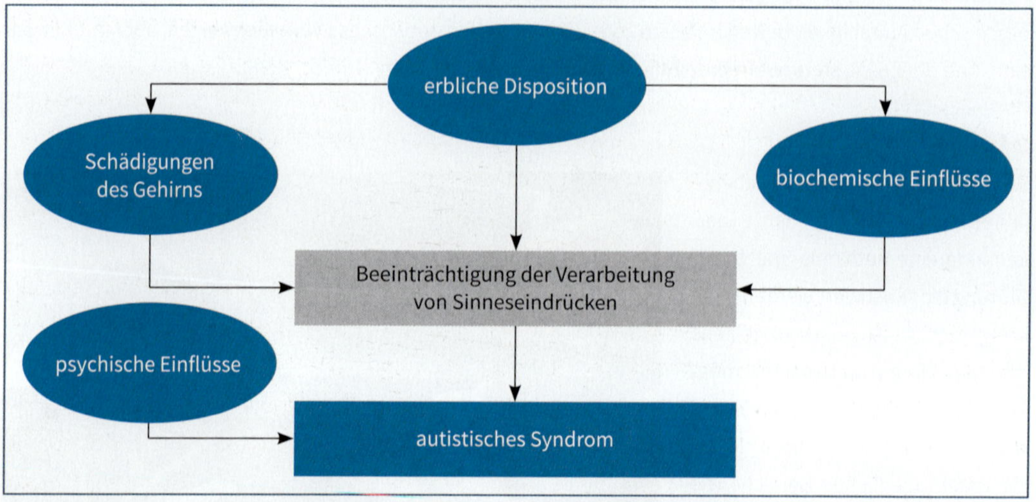

Biochemische Einflüsse

Beeinträchtigungen des Zellaufbaus können die Funktionsfähigkeit des Gehirns vermindern. So verursachen fehlende Substanzen (Vitamine, Aminosäuren, Fettsäuren, Spurenelemente und Enzyme) vielfältige Schädigungen und Beeinträchtigungen, die auch für die Autismus-Spektrum-Störung bedeutsam sind. Wie Janetzke (1998[3]) belegt, weisen z. B. etwa 30 % der autistischen Kinder einen erhöhten Serotoninspiegel auf. Serotonin dient als Botenstoff (Neurotransmitter) zur Erregungsweiterleitung zwischen den Nervenzellen. Auch andere Substanzen wie Dopamin, Melatonin und Endorphine werden von autistischen Kindern im erhöhten Umfang produziert.

Erbliche Disposition

Untersuchungen bei Zwillingen (vgl. Janetzke, 1998[3]) ergaben in den USA und Europa folgende Ergebnisse.

	Eineiige Zwillingspaare	Zweieiige Zwillingspaare
	beide Geschwister autistisch	
Europa	14 von 22 Paaren	0 von 20 Paaren
USA	22 von 23 Paaren	4 von 17 Paaren

Diese Befunde legen die Vermutung nahe, dass autistische Störungen von Vererbungseinflüssen abhängig sind. In Verdacht steht ein X-Chromosom. Die Kombination von X- und Y-Chromosomen entscheidet über das Geschlecht des Kindes. Die Kombination XY liegt bei Jungen, XX bei Mädchen vor.

Bei Mädchen können Unregelmäßigkeiten und Schädigungen des X-Chromosoms des einen Vererbungspartners durch das zweite X-Chromosom des anderen Vererbungspartners ausgeglichen werden. Bei Jungen ist dies nicht möglich, da mit X und Y zwei verschiedene Chromosomen vorliegen, sodass Schädigungen im Chromosom zu genetisch bedingten Veränderungen führen. Dies könnte auch erklären, warum wesentlich mehr Jungen als Mädchen autistische Störungen aufweisen. Wie die zahlreichen Studien belegen, wird die Autismus-Spektrum-Störung zu etwa 90 % vererbt (vgl. Girsberger, 2016[3]).

Psychische Einflüsse

Vor allem Vertreter der Tiefenpsychologie wie Tinbergen oder Bettelheim nennen negative Kindheitserfahrungen, Deprivationen und Betreuungsdefizite (z. B. Flaschenernährung statt Stillen, Geburt von Geschwisterkind, Scheidung, übertriebener Ehrgeiz der Eltern) als Ursache für die autistische Störung. Zahlreiche Untersuchungen belegen allerdings, dass diese psychischen Einflüsse als alleinige Ursache einer Autismus-Spektrum-Störung nicht ausreichen.

Hilfen

Kehrer (1995[5]) formuliert folgende Ziele der Autismustherapie:

- Kontakt zu Gleichaltrigen
- Aufgabe der Isolation
- Entwicklung der Gruppenfähigkeit (z. B. in der Schule)
- Selbstständigkeit beim An- und Ausziehen sowie bei der Körperpflege
- normale, auch kommunikative Sprache
- Erwerb der Zeichensprache
- Angepasstheit im und außer Haus
- gutes Spiel- und Arbeitsverhalten
- geistige Entwicklungsfortschritte
- Erlernen von Kulturtechniken

- Schulbesuch und Berufsausbildung
- Aufnahme einer beruflichen Tätigkeit
- Vermeidung von Heimunterbringung

Dabei müssen Verhaltensweisen, die zu massiv auftreten, wie etwa Unruhe, Stereotypie oder Aggressivität, abgebaut werden. Zu gering vorhandene Verhaltensweisen wie Antrieb, Selbstständigkeit, sprachliche Defizite und Kontaktaufnahme müssen dagegen entwickelt werden.

Die therapeutischen Möglichkeiten zur Hilfe sind vielfältig, doch ihre Wirksamkeit ist recht begrenzt.

Sensorische Integrationstherapie

Die Behandlungsmethode der amerikanischen Psychologin A. Jean Ayres setzt an der gestörten Sinnesverarbeitung autistischer Kinder an. Sie bemüht sich, durch ihre Übungen die Eigenwahrnehmung der körperlichen Abläufe und Verarbeitung der Sinneseindrücke zu verbessern. Dazu gehören u. a. Gleichgewichtsübungen und visuell-motorische Koordination.

Verhaltenstherapie

Das Vorgehen der Verhaltenstherapeutin basiert auf einer differenzierten, systematischen Beobachtung. Ein definiertes Zielverhalten wird schrittweise durch die systematische Verstärkung von Entwicklungsfortschritten angestrebt. Die Behandlungserfolge sind jedoch gering. So gelingt es dem Kind mit Autismus-Spektrum-Störung kaum, das aufgebaute Verhalten auf andere Situationen zu übertragen.

Training sozialer Fertigkeiten

Beim Training sozialer Fertigkeiten besteht die zentrale Aufgabe darin, die autistische Person dafür zu sensibilisieren, was in anderen Menschen vorgeht (z. B. Gefühle, Bedürfnisse, Absichten, Erwartungen, Meinungen). Dafür wird in der Psychologie der Begriff „Theory of Mind“ verwendet. Dieses Erkennen von sozialen Signalen ist grundlegend für die Entwicklung von Empathie und für die Fähigkeit, geistige Abläufe zu reflektieren („Metakognitionen“).

Zur Verbesserung des sozialen Verständnisses und der kommunikativen Fertigkeiten kann ein Theory-of-Mind-Training durchgeführt werden, bei welchem die Person mit einer Autismus-Spektrum-Störung lernt, soziale Signale wie Blickkontakt, Sprechverhalten, Mimik, Gestik oder Körpersprache zu interpretieren. Um kommunikative Fertigkeiten zu verbessern, können ergänzend zum Einzeltraining gruppentherapeutische Maßnahmen angeboten werden. In der Gruppe sind folgende Aktivitäten umsetzbar (vgl. Poustka u. a., 2008[2]):

- gemeinsames Spiel in Konkurrenzsituationen (z. B. Karten-, Brettspiele wie Mühle oder Schach)
- Spiele zur gemeinsamen Problemlösung (z. B. Puzzle, Denksportaufgaben)
- Gruppengespräche zu vorgeschlagenen Themen
- Gespräche mit sozialer Thematik (z. B. Freundschaft, Partnerschaft, Ehe, Vereine)

- Vermittlung von sozialen Konventionen (z. B. Begrüßung anderer, Distanz und Nähe, Reden und Zuhören, Kompromisse eingehen)
- Gefühle und Verhalten (z. B. eigene Empfindungen und Gefühle anderer, eigene Interessen und Bedürfnisse anderer, eigene Meinung und Einstellung anderer)

Studien über die Wirksamkeit zeigen: Die gruppenbezogenen Maßnahmen führen zu einer Erhöhung der sozialen Motivation mit gleichzeitiger Zunahme der aktiven Aufnahme von Sozialkontakten – das störende Verhalten nimmt dadurch deutlich ab (vgl. Freitag, 2008).

Spieltherapie

Bei der Spieltherapie können entweder Gleichaltrige, der Therapeut oder die Eltern die Spielpartner sein. Die Spielsituation stellt ein natürliches Lernformat dar, in dem Schlüsselverhaltensweisen entwicklungsgerecht vermittelt werden sollen. Im Mittelpunkt des Spiels mit Gleichaltrigen steht die Förderung der sozialen Interaktionen. Das Kleinkind benötigt die Unterstützung von Erwachsenen sowohl bei der Spielanleitung als auch der Spieldurchführung. Das Spiel mit dem Therapeuten bzw. den Eltern dient dazu, bei Kindern Spielinteresse zu wecken und z. B. beim funktionellen Spiel den richtigen Umgang mit einem Gegenstand zu vermitteln. Spieltherapien können bei Kindern zwischen dem 4. und 12. Lebensjahr erfolgreich eingesetzt werden.

Psychoanalyse

Die Analytikerin Margaret Mahler geht davon aus, dass ein Kind drei Entwicklungsphasen durchläuft: eine normale autistische Phase, eine symbiotische Phase (Einheit von Mutter und Kind) und eine Ablösungsphase. Das Kind mit Autismus-Spektrum-Störung ist auf der ersten Phase stehen geblieben und muss mit therapeutischer Hilfe die nächsten Phasen durchleben. Der Therapeut versucht, die für die zweite Phase typische Beziehung zwischen dem Kind und einer Bezugsperson aufzubauen. Inwieweit die Mutter als symbiotische Partnerin vom Kind akzeptiert wird, ist unter Psychoanalytikerinnen strittig.

Festhaltetherapie

Dieser Therapieansatz führt die autistische Störung auf eine emotionale Beeinträchtigung zurück, die durch eine verstärkte mütterliche Zuwendung ausgeglichen werden kann. Das Festhalten ermöglicht ein Nachholen der versäumten Mutterbindung. Das Kind wird gezwungen, die körperliche Nähe zur Bezugsperson auszuhalten. Das Festhalten erfolgt täglich und dauert mindestens eine Stunde, bis das Kind den Widerstand aufgibt und die Nähe der Mutter akzeptiert. Das Kind wird im Verlauf der Therapie oft ruhiger und aggressive Tendenzen gehen zurück. Negative Reaktionen des Kindes mit einer Autismus-Spektrum-Störung wie Beißen oder Kratzen bleiben unbeachtet. Auch die Mütter können dadurch positive Erfahrungen mit ihrem Kind machen, was die Gesamtsituation positiv beeinflusst. Die Behandlungserfolge sind sehr unterschiedlich. Diese Therapieform ist sehr umstritten, da die Therapie Gewalt gegenüber den behandelten Kindern beinhaltet und traumatisierend wirken kann.

Musiktherapie

Die Musiktherapie wird recht erfolgreich bei der Behandlung von Kindern mit einer Autismus-Spektrum-Störung, die oft eine enge Beziehung zur Musik haben, angewandt. Die Wirkung ist dabei vielfältig: Töne werden mit dem ganzen Körper wahrgenommen; das Singen kann zur Sprechanbahnung und -entwicklung eingesetzt werden. Die Musik führt zur Entspannung des Kindes und erleichtert den Aufbau sozialer Kontakte. Das besondere Interesse der Kinder für Musik kann auch dazu genutzt werden, Musik als Verstärker einzusetzen.

Medikamentöse Therapie

Die organischen, vor allem biochemischen Ursachen legen eine medikamentöse Behandlung nahe. So könnten fehlende Substanzen ersetzt und die Überproduktion von Neurotransmittern verringert werden. Mit Medikamenten können auch bestimmte Verhaltensweisen wie Unruhe verringert werden. Die Wirkung von Medikamenten lässt sich jedoch nicht eindeutig nachweisen. Oftmals wird die Wirksamkeit von Medikamenten überschätzt.

Viele Eltern lehnen den Einsatz von Psychopharmaka zudem ab, da sie Nebenwirkungen und Abhängigkeiten von Medikamenten befürchten.

Schulische Hilfen

Da es sich bei der Autismus-Spektrum-Störung um eine anerkannte Behinderung handelt, können Eltern Regelungen zum Nachteilsausgleich beantragen, um die Chancengleichheit ihres Kindes zu verbessern. Ein Nachteilsausgleich ist erforderlich, da Kinder mit einer Autismus-Spektrum-Störung nur eine geringe Leistungsorientierung aufweisen, aus Unsicherheit Leistungen nicht erbringen, die sensorische Überempfindlichkeit zu Stressreaktionen führt und sie ihrem Perfektionsanspruch infolge ihrer motorischen Einschränkungen nicht gerecht werden können.

Die Maßnahmen zum Nachteilsausgleich unterscheiden sich in den verschiedenen Bundesländern. Folgende Erleichterungen sind möglich (vgl. Schuster, 2011):

- Geräte zum Aufzeichnen von Tafelbildern bzw. Kopien von Folien
- Visualisierungshilfen (z. B. Grafiken, Mindmaps, Bilder)
- Kopfhörer mit Beruhigungsmusik, z. B. bei Stillarbeit
- Nutzung des Computers bei Klassenarbeiten als Schreibhilfe
- Verlängerung der Bearbeitungszeit bei Prüfungen
- schriftliche Ersatzaufgaben statt mündlicher Unterrichtsbeiträge wie Referate
- geringere Gewichtung der mündlichen Leistungen bei der Notenfestsetzung
- Ruheraum zum Rückzug in den Pausen, da für Kinder mit einer Autismus-Spektrum-Störung Schulpausen, die mit Lärm, motorischer Unruhe, Aggressionen oder Belästigungen verbunden sind, eine zusätzliche Belastung darstellen
- Befreiung bzw. freiwillige Teilnahme an Klassenfahrten, Projekttagen usw., da das Kind in diesen Phasen einer erhöhten Betreuung bedarf

Im Klassenraum sollte auf ständig wechselnde Sitzordnungen verzichtet werden. Optimal ist ein ruhiger, geschützter, ablenkungsarmer Platz mit freiem Blick nach vorne.

Weitere Hilfen und Maßnahmen

Als Außenseitermethoden sind spezielle Diäten, die Vitamintherapie und die Therapie mit Tieren anzusehen. Die Therapie mit Tieren scheint jedoch Erfolg versprechend, da Kinder mit einer Autismus-Spektrum-Störung z. T. recht positiv auf Tiere reagieren, auch wenn sie bisweilen recht ungeschickt und grob mit ihnen umgehen. Erfolge werden von der Reittherapie und in den USA in Einzelfällen von einer Zusammenarbeit mit Delfinen berichtet.

Abhängig von den verschiedenen Symptomen schlägt Kehrer (1995[5]) folgende Maßnahmen vor:

Symptom	Maßnahme
soziale Isolation	geplante Angebote von strukturierten Interaktionen (Situationen, die vom Ablauf her gleich sind)
Mangel an Reaktionsvermögen	Üben des Blickkontakts (Aufmerksamkeits-Interaktions-Therapie)
Mangel an Verständnis der Umwelt	vereinfachtes Angebot von Gegenständen und Örtlichkeiten in Einzeltherapie
Mangel an Verständnis der sozialen Situation	vorsichtiges Heranführen an Partner in einfachen Spielsituationen
Sprachdefizite: ▪ Mangel an Sprachverständnis ▪ zu geringer Wortschatz ▪ mangelnde allgemeine Sprachkompetenz ▪ mangelnde Kommunikationssprache	 Training im Benennen von Gegenständen, Personen, Örtlichkeiten und Handlungen in kleinen Schritten verbale Sprachanbahnung über Imitationstraining, Aufbau von Zeichensprache Sprachtraining im Dialog (evtl. Rollenspiele) Einüben von Grußformeln, Höflichkeitsfloskeln, Fragen und Antworten usw.
unvollkommene Motorik	Krankengymnastik, Mototherapie (evtl. Basale Stimulation®)
Stereotypien	Verstärkung für nicht stereotypes Verhalten, allmähliches Überführen in sinnvolle Handlungen, Entzug von Stimulationsobjekten
Mangel an Eigenantrieb und Initiative	strukturelles Lernen; Aufforderung zu Handlungen, die Freude machen
Aggressivität	Manipulation der Vorstadien, Time-out (Ausschluss aus der Situation)

Symptom	Maßnahme
Autoaggressivität (Aggressivität gegen sich selbst)	Verhindern von Verletzungen durch (Teil-)Fixierung und Abschirmung (Helm), Musik-Körpererfahrungstherapie, Veränderung der aktuellen Situation
mangelnde Selbstständigkeit	Training der notwendigen Fähigkeiten
mangelndes Spielverhalten	allmählicher Aufbau von strukturiertem Spiel
mangelndes Gruppenverhalten	Spiele mit einem Partner, in kleinen Schritten Partnerzahl erhöhen
Einnässen, Einkoten	systematisches Training
Zwänge, Rituale	Abbau durch systematische Verstärkung nicht zwanghaften Verhaltens
Störendes Verhalten:	
▪ in Familie und Schule	Manipulation der Vorstadien; Time-out; Beschäftigung mit Handlungen, die Freude bereiten
▪ außerhalb der elterlichen Wohnung	allmähliche Gewöhnung an fremde Umgebung (Geschäfte, Restaurants usw.)
mangelnde Kulturtechniken	gezieltes strukturelles Lernen ohne Überforderung zu Hause, in (Sonder-)Schulen, in Autismus-Spezialklassen oder -schulen

AUFGABEN

1. Benennen Sie fünf zentrale Auffälligkeiten der Autismus-Spektrum-Störung. Verknüpfen Sie verschiedene Ursachen der Autismus-Spektrum-Störung mit möglichen Behandlungsansätzen.

2. Begründen Sie Ihre Zuordnungen in Aufgabe 1 mit selbstgewählten Beispielen.

3. Bewerten Sie Behandlungsmöglichkeiten, die die Pädagogen und Pädagoginnen verwirklichen können.

Glossar

A

Abort(us): Fehlgeburt innerhalb der ersten sieben Schwangerschaftsmonate

Abwehrmechanismus: unaufschiebbare Triebwünsche, die nicht befriedigt werden können, führen zur Bildung von Abwehrmechanismen (z. B. Verdrängung, Regression)

Acetylcholin: Neurotransmitter zur Steuerung von Muskelaktivitäten und Gedächtnisleistungen

additiv: zusätzlich, hinzugefügt

Adipositas: krankhaftes Übergewicht mit einer gesundheitsgefährdenden Vermehrung des Fettgewebes

Advance Organizer: Lernanker bzw. Schlüsselbegriffe, die das Übertragen von Lerninhalten auf neue Situationen erleichtern

Äquifinalität: verschiedene Entwicklungswege führen zu einem ähnlichen Entwicklungsstand

Ätiologie: Lehre von den Krankheitsursachen

Affekt: kurzfristiger, heftiger Gefühlsausdruck, z. B. Wut, Zorn, Freude, Hass; die starke Erregung kann zu unkontrollierten Handlungen führen

Aggression: Verhalten und Vorstellungen, die eine Schädigung von Personen oder Objekten beabsichtigen

Akzeptanz: Bereitschaft, etwas anzunehmen bzw. sich mit einer Situation abzufinden

Albinismus: Pigmentstörung

ambulant: Behandlung während der Sprechstunde (ohne Krankenhausaufenthalt)

Aminosäuren: einfachste Bausteine der Eiweißkörper

Amnesie: Sammelbegriff für Gedächtnisstörungen; Erinnerungslücken (z. B. nach einem schädigenden Ereignis)

Anästhesie: Unempfindlichkeit, z. B. Schmerzbetäubung durch eine Narkose

anale Phase: Phase der Sexualentwicklung (Alter: 1–3 Jahre), bei der das Kind Lustgewinn durch Reizung der Ausscheidungsorgane und Spielen mit Kot erfährt

Analphabeten: Personen, die nicht lesen und schreiben können

Anamnese: mündliche oder schriftliche Abklärung der Vorgeschichte einer Beeinträchtigung, der Entwicklung der betroffenen Person (Lebenslauf) und ihrer sozialen Situation

Anomalie: Unregelmäßigkeit; Abweichung von der Norm

Anorexia nervosa: psychisch bedingte Magersucht, die vorwiegend bei Mädchen auftritt (Pubertätsmagersucht)

Anthropologie: Lehre von der stammesgeschichtlichen Entwicklung des Menschen unter Berücksichtigung der biologischen und kulturellen Entwicklung sowie der sozialen, zwischenmenschlichen Beziehungen

Antidepressiva: Medikamente, die bei depressiven Personen verabreicht werden und eine stimmungsverbessernde Wirkung haben

Apathie: Teilnahmslosigkeit und Gefühllosigkeit gegenüber äußeren Eindrücken; spontane Handlungen fehlen

Aphasie: Sprachstörung; Unfähigkeit, sprachliche Informationen aufzunehmen

Aphonie: Stimmstörung; Stimmlosigkeit bzw. Sprechen mit Flüsterstimme ohne organische Ursache

Artikulation: Lautbildung; deutliche Aussprache der Vokale und Konsonanten

Assoziation: (1) durch Lernen bzw. Erfahrung entstandene Verbindung zwischen zwei Reizen; wird ein Reiz aktiviert, dann wird der assoziierte Reiz hervorgerufen; (2) in der Psychoanalyse wird die Methode der freien Assoziation eingesetzt, um unbewusste, verdrängte Erlebnisse wieder wachzurufen

Ataxie: geringe Muskelspannung, die zu einer verzögerten Bewegungsentwicklung führt

Athetose: schwankende Muskelspannung, die zu ruckartigen, ausfahrenden Bewegungen führt

Attribuierung: Zuschreibung, Zuordnung

Audiometrie: medizinisches Verfahren zur Messung der Hörfähigkeit

auditiv: das Hören betreffend

Autismus-Spektrum-Störung (ASS): Rückzug aus sozialen Situationen aufgrund einer tief greifenden Wahrnehmungsverarbeitungs- und Beziehungsstörung

Autoaggression: auf sich selbst gerichtete aggressive, schädigende Handlungen

autogenes Training: erlernbares Entspannungsverfahren nach Schultz; durch Selbstbeeinflussung werden unwillkürliche Körperfunktionen verändert; innerer Spannungsausgleich, Leistungssteigerungen und geringere Schmerzempfindlichkeit können erreicht werden

autonomes oder vegetatives Nervensystem: Teil des Zentralnervensystems, das für die Instandhaltung und Fortpflanzung des Organismus verantwortlich ist; es versorgt die inneren Organe, die Drüsen und das Herz und dient somit der Regelung des innerorganischen Zustandes

Aversionstherapie: Methode der Verhaltenstherapie; unerwünschtes Verhalten bzw. Vorstellungen werden mit negativen Reizen gekoppelt; dadurch wird eine unangenehme → Assoziation hergestellt, die dazu führt, dass das unerwünschte Verhalten zunächst unterdrückt wird und allmählich verschwindet

aversiv: unangenehme Gefühle, Widerwillen und Abneigung auslösend

B

Balbuties: Stottern; Störung des Redeflusses

Basale Stimulation®: pädagogisches Förderkonzept, in dem einfachste Berührungsreize, die auch von der schwerstbeeinträchtigten Person wahrnehmbar sind, gezielt angeboten werden

Binge-Eating-Störung: Form der Essstörung, bei der es zu Heißhungeranfällen (Essattacken) kommt; da im Gegensatz zur Bulimie keine Gegenmaßnahmen ergriffen werden, droht Übergewicht

Bulimia nervosa: Ess-Brech-Sucht, bei der auf Heißhungerattacken ein selbst herbeigeführtes Erbrechen erfolgt

Bullying: Mobbinghandlungen gehen von einer Person aus, die andere Personen oder Gruppen schikaniert, quält oder seelisch verletzt

C

cerebral: das Gehirn betreffend

Cerebralparese: durch eine Hirnschädigung hervorgerufene Bewegungsstörung

Chaining: Verkettung, Technik der Verhaltenstherapie; Verhaltenskomponenten werden getrennt aufgebaut und dann zu einem Ganzen zusammengefügt

Charakter: im Laufe des Lebens gleichbleibende Grundzüge, Einstellungen, Gesinnungen und Handlungsweisen, die das Besondere einer Person ausmachen

Chromosomen: stäbchen- oder schleifenförmige Bestandteile des Zellkerns, auf denen die Gene (Erbinformationen) zu finden sind; der Zellkern enthält 23 Chromosomenpaare

chronifiziert: langsam verlaufende und beständige Prozesse

chronisch: langsamer, schleichender Verlauf

Cochlea: Schnecke, Teil des Innenohrs

Cochlea-Implantat (CI): technische Hörhilfe zur Verbesserung der Hörwahrnehmung bei Innenohrschwerhörigkeit und funktionsfähigem Hörnerv

Compliance: Bereitschaft zur Kooperation

Contergan: Schlafmittel; Medikament führte bei Einnahme während der Schwangerschaft zu Fehlbildungen (wurde 1961 aus dem Handel genommen)

Coping: Bewältigungsverhalten in einer bedeutsamen oder belastenden Lebensphase

Cybermobbing: Mobbinghandlungen im Internet und sozialen Netzwerken

D

Daytop-Gruppe: Selbsthilfegruppe, die aus ehemaligen Suchtkranken besteht, die eine Wohngemeinschaft auf Zeit eingehen; Begründer ist Charles Dederich (USA)

Debilität: leichte Form der geistigen Beeinträchtigung (Intelligenzleistung liegt nach WHO zwischen IQ 69 und IQ 50)

Deeskalation: Maßnahmen, um eine angespannte Situation (z. B. aggressionsgeladene Auseinandersetzung) wieder zu beruhigen

Deformation: Formveränderung

Depression: Sammelbegriff für eine psychische Störung, die durch starke Traurigkeit, eine pessimistische Grundhaltung, Niedergeschlagenheit, geringen Antrieb, erhöhte Ermüdbarkeit und z. T. Selbstmordneigung gekennzeichnet ist

Deprivation: Entzug von Sinnesreizen oder sozialen Erfahrungen; als Folge können Sinneswahrnehmungen ohne Reizung der Sinnesorgane (Halluzinationen) auftreten

Desensibilisierung: Methode der Verhaltenstherapie; durch dosierte Auseinandersetzung mit dem (z. B. angstauslösenden) Reiz tritt ein Gewöhnungseffekt ein und die Wirkung des Reizes lässt nach

Destrudo: psychoanalytische Bezeichnung für die zerstörerische, aggressive Triebenergie des Es

destruktiv: Verhaltensweisen, die eine Schädigung oder Zerstörung von Personen oder Gegenständen beabsichtigen; → Aggression

Determiniertheit: Bestimmtsein

Dezibel (db): Maßeinheit zur Bestimmung der Lautstärke

Diabetes mellitus: Zuckerkrankheit mit einer oft genetisch bedingten Blutzuckererhöhung; die Bauchspeicheldrüse produziert zu wenig oder kein Insulin

Diagnose: Vorgang der genauen Beschreibung und Erkennung von Beeinträchtigungen; diagnostische Methoden sind z. B. Testverfahren, Beobachtung → Anamnese, medizinische Untersuchungen

Differenzierung: die innere Differenzierung beinhaltet die Unterteilung innerhalb einer Lerngruppe, ohne den Gruppenverband (z. B. Klasse) aufzulösen; unter äußerer Differenzierung versteht man die Bildung von neuen gruppenübergreifenden Teilgruppen (z. B. klassenübergreifende Arbeitsgemeinschaften), die häufig in Bezug auf bestimmte Merkmale (z. B. Leistung, Interessen) gleich sind

Diplegie: beidseitige Lähmung des gleichen Körperabschnitts

Diskrepanz: Abweichung, Unstimmigkeit, Missverhältnis

Diskriminierung: Unterscheidung; (1) in der Psychologie der Vorgang der Reizunterscheidung; (2) Vorgang der Ausgrenzung von Personengruppen (z. B. verschiedene Rassen, soziale Schichten, Menschen mit Behinderung); → Stigmatisierung

Disposition: Veranlagung bzw. Empfänglichkeit für ein bestimmtes Merkmal (z. B. Eigenschaft, Krankheit)

dominant: beherrschend, überdeckend

Dopamin: chemische Substanz, die für die Übertragung von Nervenimpulsen von Bedeutung ist; Neurotransmitter zur Steuerung von Erregung

Doppelblindversuch: experimentelles Vorgehen vor allem in der Pharmaforschung, um Erwartungseffekte von Untersuchern und Versuchspersonen auszuschalten; weder der Versuchsleiter noch die Versuchsperson weiß, ob die Versuchsperson die zu testende Substanz oder ein wirkungsloses → Placebo erhält

Downsyndrom: nach John L. Down benannte Bezeichnung einer geistigen Behinderung aufgrund einer Chromosomenanomalie → Trisomie 21, die zur geistigen Behinderung → Mongolismus führt

DSM: Diagnostisches und Statistisches Manual Psychischer Störungen; internationales Klassifikationssystem, das die diagnostischen Merkmale von psychischen Beeinträchtigungen festlegt

Dysfunktion: chronische oder vorübergehende Funktionsstörung

Dysgrammatismus: Störung auf der morphologisch-syntaktischen Sprachebene; Unfähigkeit, grammatikalische Regeln (Wortbeugung und Wortstellung) richtig anzuwenden

Dyskalkulie: Teilleistungsstörung im Bereich des Verständnisses für Mengen und Zahlen sowie des Umgangs mit elementaren Rechenoperationen

Dyslalie: Stammeln; Laute bzw. Lautverbindungen werden fehlerhaft gebildet

Dyslexie: Leseschwäche bei durchschnittlicher Intelligenz; Schwäche, einzelne Buchstaben zu Wörtern zusammenzusetzen

Dysmelie: angeborene Fehlbildung der Gliedmaßen

Dysphasie: leichte Form der Aphasie; Sprachstörung; Unfähigkeit, sprachliche Informationen aufzunehmen

Dysphonie: Stimmstörung; Stimme klingt heiser, gepresst, rau (z. B. bei Kehlkopferkrankungen)

dysplastisch: fehlentwickelt, missgebildet

E

Echolalie: Sprachstörung; zusammenhangloses Wiederholen von Lauten und Wörtern

Edwards-Syndrom: Trisomie der Chromosomengruppe E (Chromosom 17–18); führt zu Missbildungen sowie zu geistigen und körperlichen Retardierungen

elektiver Mutismus: Sprech- oder Sprachverweigerung gegenüber bestimmten Personen bzw. in bestimmten Situationen

elektrodermal: den Hautwiderstand betreffend

Empowermentkonzept: Selbstbemächtigung; d. h., der Beeinträchtigte wird befähigt, seine Situation eigenverantwortlich zu bewältigen

Encounter: Selbsterfahrungsgruppe

endogen: psychische und körperliche Beeinträchtigungen, die ausschließlich anlagebedingt sind und nicht auf Umwelteinflüssen beruhen, z. B. endogene Psychosen

endokrin: durch Drüsen und Hormone gesteuert

Endorphine: körpereigene Substanzen, die Schmerz- und Gefühlsempfindungen beeinflussen

energetisch: auf Energie bezogen

Enkopresis: Einkoten, das nach abgeschlossener Sauberkeitserziehung auftritt und nicht auf organische Ursachen zurückgeführt werden kann

Entwicklungspathologie: interdisziplinäre Analyse von Entwicklungsprozessen im Hinblick auf die Entstehung bzw. Vermeidung von psychischen Störungen

Enuresis: Einnässen bei Kindern über vier Jahren; unwillkürliche Harnentleerung am Tage (Enuresis diurna) oder in der Nacht (Enuresis nocturna)

Enzephalitis: Gehirnentzündung, die durch Infektionen ausgelöst wird

Enzyme: Eiweißkörper, die sich auf die Geschwindigkeit und die Richtung von innerorganischen Abläufen auswirken; aktivierende und hemmende Wirkungen

Epilepsie: Anfallsleiden; wiederholtes Auftreten hirnorganisch bedingter Krampfanfälle, deren Stärke variiert; durch medikamentöse Behandlung kann in der Regel bei ca. 90 % der Betroffenen eine Anfallsfreiheit erreicht werden

ERA/Electric Response Audiometry: spezielles → EEG-Verfahren zur Überprüfung, inwieweit das Gehirn Töne verarbeitet

Ergotherapie: Beschäftigungstherapie, die als Selbsthilfetraining dem Betroffenen hilft, mit seiner Beeinträchtigung zurechtzukommen (z. B. Essen, An- und Ausziehen, Toilettengang)

Evolution: Theorie von der Entwicklung aller lebenden Organismen; besonders lebensfähige Organismen setzen sich dabei durch

exogen: psychische und körperliche Beeinträchtigungen, die ausschließlich auf Umwelteinflüsse zurückgeführt werden können und nicht von Anlagen/Vererbung verursacht werden (z. B. unfallbedingte Beeinträchtigungen)

Exploration: (1) Neugierverhalten des Kindes; (2) Methode der psychologischen Diagnostik, die aus einer systematischen Befragung der Betroffenen bzw. Klientin zu ihrer Lebenssituation und zu ihren Problemen besteht

expressiv: zum Ausdruck bringend; ausdrucksstark

Extraversion: Persönlichkeitsfaktor; die Person zeigt ein stark nach außen gerichtetes Verhalten; sie ist ausgesprochen kontaktfreudig

exzessiv: übermäßig, extrem, in hohem Maße

F

Fading: allmähliches Ausblenden von Hilfen; Technik der Verhaltenstherapie

Fixierung: (1) Festlegung, Festhalten an Gewohnheiten und Einstellungen; (2) in der Psychiatrie und Krankenpflege auch Fesselung eines unruhigen Patienten an sein Bett

Flashback: Wiedererleben früherer Gefühlszustände

Flooding: Reizüberflutung; Technik der Verhaltenstherapie

Fraktur: Knochenbruch mit einer vollständigen Trennung des Knochens

Frustration: Versagung; Ziele werden nicht erreicht; Verzicht auf die Erfüllung eines (Trieb-)Wunschs; mit der Wichtigkeit des Ziels bzw. Wunschs nimmt auch die Stärke der erlebten Frustration zu; die Verarbeitung von Frustrationserfahrungen muss in der Sozialisation erlernt werden

Frustrationstoleranz: Fähigkeit, über einen gewissen Zeitraum Frustrationen und damit innere Spannungen zu ertragen; beim Erreichen der Frustrationstoleranz kann bereits eine geringe Frustration zu einer massiven Reaktion führen

G

Gammazismus: Form einer Artikulationsstörung/Dyslalie mit Fehlbildungen des Lautes „g“, der entweder weggelassen oder durch andere Laute ersetzt wird

genetisch: erblich bedingt

genitale Phase: Phase der Sexualentwicklung (Alter: ab Pubertät), bei der Jugendliche u. a. sexuelle Kontakte zum anderen Geschlecht aufbauen

Genmutation: Veränderung am Erbmaterial eines Gens

Glaukom: grüner Star; Sehschädigung, die auf einem erhöhten Augeninnendruck beruht

H

Halluzination: Sinneswahrnehmung ohne tatsächliche Reizung von außen; die Person geht von der Realität der Halluzination aus

Halo-Effekt/Hof-Effekt: Fehler in der sozialen Wahrnehmung; die beurteilende Person lässt sich von besonders auffälligen Merkmalen des anderen beeinflussen und leitet daraus das Vorhandensein anderer, assoziierter Eigenschaften ab

haptisch: die Hautsinne betreffend

Hemiplegie: Lähmung einer Körperhälfte

Hemisphäre: Großhirnhälfte

Hermeneutik: Verfahren zur Auslegung bzw. Interpretation von Informationen

heterosexuell: sexuell auf das andere Geschlecht bezogen

HKS/hyperkinetisches Syndrom: Störung der Aufmerksamkeit, verbunden mit hoher Ablenkbarkeit, impulsiven Verhaltensweisen, ungehemmter Aktivität und starken Stimmungsschwankungen

Homöostase: Prinzip des Gleichgewichts

Hospitalismus: psychische und physische Störungen und Entwicklungsverzögerungen aufgrund mangelnder Reizerfahrungen und fehlendem emotionalen Kontakt zu einer festen Bezugsperson

humanistische Psychologie: psychologische Richtung, die sich mit der Einzigartigkeit des Menschen befasst und sich mit den subjektiven, persönlichen Erfahrungen und menschlichen Wertsystemen auseinandersetzt

Hydrozephalus: Wasserkopf, bedingt durch vermehrte Ansammlung von Flüssigkeit in den Hirnkammern bzw. an der Gehirnoberfläche

hyperaktiv: übermäßiges, ungebremstes Verhalten

hyperkinetisch: dranghafte motorische Unruhe ohne auslösendes Motiv; ungebremste Aktivität des Kindes

hypermotorisch: unruhiges, ungebremstes, ungesteuertes Verhalten

Hyperopie: Störung der Sehschärfe; Weitsichtigkeit

Hyperventilation: übermäßige Steigerung der Atmung, vor allem der Ausatmung; kann Krampfzustände auslösen

hypomotorisch: gehemmtes, antriebsschwaches Verhalten

Hypothese: Annahme bzw. Vermutung z. B. über den Zusammenhang zwischen zwei Merkmalen (Frustration führt zu Aggression)

hypotone Muskulatur: herabgesetzte Muskelspannung

Hypotonie: Verminderung der Spannung bzw. Herabsetzung des Drucks (z. B. des Blutdrucks)

Hypoventilation: verminderte Atmung

Hysterie: seelische Störung mit verschiedenen körperlichen Beschwerden, für die keine körperlichen Ursachen vorliegen; Symptome: unkontrollierte Gefühlsausbrüche, Ohnmacht, Dämmerzustand

I

ICD: **I**nternational **C**lassification of **D**iseases; internationales Klassifikationssystem psychischer Störungen der Weltgesundheitsorganisation (WHO)

ICF: Internationale Klassifikation der Funktionsfähigkeit, Behinderung und Gesundheit der Weltgesundheitsorganisation (WHO), die bio-psychosoziale Komponenten umfasst

ICIDH: **I**nternational **C**lassification of **I**mpairments, **D**isabilities and **H**andicaps; internationales Klassifikationsschema der Weltgesundheitsorganisation (WHO)

Idiotie: schwerste Form der geistigen Behinderung (Intelligenzleistung liegt nach WHO zwischen IQ 19 und IQ 0)

Imbezillität: schwere Form der geistigen Behinderung (Intelligenzleistung liegt nach WHO zwischen IQ 49 und IQ 20)

Impedanzmessung, akustische: (akustischer Widerstand) Überprüfung, inwieweit im Mittelohr eine Reizweiterleitung stattfindet

Implosionstherapie: Methode der Verhaltenstherapie, bei der die Person dem angstauslösenden Reiz in massiver, intensiver Form ausgesetzt wird; danach geht die Wirkung des angstbesetzten Reizes zurück

Impulsivität: Handlungen werden unerwartet, plötzlich und unüberlegt ausgeführt; die Handlungskontrolle ist stark herabgesetzt

infantil: kindlich, zurückgeblieben, unterentwickelt

Inklusion: uneingeschränkte, umfassende Teilhabe beeinträchtigter Menschen am gesellschaftlichen Leben

Integration: Eingliederung von beeinträchtigten Personen in die Gesellschaft, z. B. gemeinsames Unterrichten von Schülern mit und ohne Behinderung

Intelligenz: Sammelbegriff für verschiedene Fähigkeiten, die es erlauben, Probleme in neuartigen Situationen zu erkennen und zu überwinden (z. B. Rechengewandtheit, schlussfolgerndes Denken)

Intelligenzquotient/IQ: Maß zur Bestimmung der Ausprägung der Intelligenz einer Person; die individuelle Intelligenzleistung wird auf das Leistungsvermögen der jeweiligen Altersgruppe bezogen; die durchschnittliche Intelligenzleistung liegt bei einem IQ von 100; bessere Leistungen liegen über, schlechtere Leistungen unter dem Wert IQ 100

intentionale Phase: Entwicklungsphase (ab 11. Monat), in der das Kind innere Vorstellungsbilder aufbaut

intermodale Verknüpfung: Entwicklungsphase (ab 3. Monat), in der die verschiedenen Sinneseindrücke miteinander verbunden werden

Intervention: therapeutisches Handeln; Durchführung eines Behandlungsplans

intramodale Differenzierung: die Leistungsfähigkeit des Sinnesorgans verbessert sich

intrauterin: innerhalb der Gebärmutterhöhle

Introspektion: Selbstbeobachtung; wegen ihrer geringen Objektivität umstrittene Methode; zur Erfassung von Denkvorgängen, Gefühlen und Einstellungen erforderlich

Introversion: Persönlichkeitsfaktor; die Person zeigt ein stark nach innen gerichtetes Verhalten, ist kontaktscheu

Invalidität: dauerhafte körperliche Beeinträchtigung; der Grad der Invalidität wird in Prozent der Leistungsminderung ausgedrückt

J

Joining: Begriff aus der Familientherapie; Umstrukturierung des (Familien-)Systems

K

Kappazismus: Form einer Artikulationsstörung/Dyslalie mit Fehlbildungen des Lautes „k“, der entweder weggelassen oder durch andere Laute ersetzt wird

Katarakt: grauer Star; Sehbeeinträchtigung, die auf einer Linsentrübung beruht

Katharsis: reinigende Wirkung z. B. durch das Abreagieren von Gefühlen (Aggressionen können nach erlebter Frustration als befreiend erlebt werden)

Katzenschrei-Syndrom: geistige Behinderung mit katzenartigem Schreien als Folge von Chromosomenunregelmäßigkeiten; tritt auch beim → Edwards-Syndrom auf

kausal: ursächlich

Kausalattribuierung: im Bereich der Motivationspsychologie die Zuschreibung von Ursachen für Erfolg oder Misserfolg; häufig werden als Ursachen Fähigkeiten, Anstrengung, Aufgabenschwierigkeit, Pech, Glück oder Zufall genannt

Kernspinresonanztomografie/KTM: computergesteuertes Verfahren zur Abbildung innerer Organe und Gewebe; Schnittbildverfahren

Klassifikation: Einteilungssystematik, um verschiedene Formen und Ausprägungsgrade von Merkmalen voneinander abzugrenzen

klassische Konditionierung: Lerntheorie; an eine bereits bestehende Reiz-Reaktionsverbindung (z. B. Reflex, gelernte Beziehung) wird ein neutraler Reiz angekoppelt, sodass dieser ebenfalls die vorhandene Reiz-Reaktionsverbindung auslösen kann

Klient: Ratsuchender, der einen Therapeuten/eine Therapeutin in Anspruch nimmt

Klinefelter-Syndrom: nach dem amerikanischen Arzt H. F. Klinefelter benannte Missbildung der Keimdrüsen als Folge einer Chromosomenunregelmäßigkeit; → Trisomie der Geschlechtschromosomen

klonisch: rhythmisch-schlagend; schüttelnd; von Krämpfen ausgelöstes Schütteln

kognitiv: das Erkennen (Wahrnehmung, Denken) betreffend

Kohäsion: Zusammenhalt in einer Gruppe, Verbundenheit

Kompensation: Ausgleich; Mängel in bestimmten Bereichen können z. T. durch stärker entwickelte andere Bereiche ausgeglichen werden; bei Hirnverletzten können z. B. andere Hirngebiete die Funktionen der verletzten Gebiete übernehmen

Konditionierung: Lernvorgang, durch den Reize und Reaktionen miteinander verknüpft werden

Kongruenz: Übereinstimmung, Deckungsgleichheit

konstitutionell: in der körperlichen (ererbten und erworbenen) Erscheinung einer Person begründet

Kontingenz: Verknüpfung von verschiedenen Ereignissen (z. B. Verhalten und Konsequenz)

Korrektion: Überwindung bzw. Verringerung von sekundären Beeinträchtigungen

kritische Lebensereignisse: unerwartete tief greifende Einschnitte in den Lebenslauf, die vielfältige Probleme und Verluste bewirken

Kuration: Heilmaßnahmen im Frühstadium einer Krankheit

L

Labeling: Benennung bzw. Zuordnung einer Bezeichnung zu einem Sachverhalt

labil: schwankend, unbeständig, leicht störbar

Late Talker: bei „spät Sprechenden“ umfasst im Alter von zwei Jahren der Wortschatz weniger als 50 Wörter

Legasthenie: Lese-Rechtschreib-Schwäche, die nicht auf eine Verminderung der Intelligenz zurückgeführt werden kann

Libido: psychoanalytische Bezeichnung für die lebenserhaltende, sexuelle Triebenergie des Es

linear: kennzeichnet eine gradlinige Beziehung zwischen zwei Merkmalen

Lipide: Fette und fettähnliche Substanzen im Körper

Logopäde: Stimm- und Sprachtherapeut/-in mit einer Ausbildung an einer Fachschule

M

Major Depression: mindestens zwei Wochen lang andauernde Depression mit schwermütiger Stimmung und/oder Verlust des Interesses und der Freude an fast allen Aktivitäten

Manieriertheit: verschrobene, gekünstelte, unechte Ausdrucksformen, die in Mimik, Gestik und Verhalten sowie besonders im Sprachverhalten deutlich werden (z. B. Grimassen, eigenartige Haltung des Bestecks, ausgefallene, ungewöhnliche Wortwahl, Rituale beim Betreten eines Raumes)

manifestiert: sichtbar werdend, sich äußern in Form von etwas

manisch-depressive Störung: affektive psychische Erkrankung, bei der Phasen mit gehobener Stimmung (manisch) und Phasen der Niedergeschlagenheit (depressiv) abwechselnd auftreten

MCD: Minimale **C**erebrale **D**ysfunktion; hyperaktives Verhalten, das auf eine geringfügige hirnorganische Schädigung zurückgeführt werden kann; → HKS

Meningitis: Entzündung der Häute; häufig auf die Hirnhautentzündung bezogen

Menopause: Aufhören der Regelblutungen während des Klimakteriums im Alter von ca. 50 Jahren (mit großen Altersschwankungen)

Mobbing: eine Gruppe oder eine Person schikaniert, quält oder verletzt seelisch eine einzelne Person

Mobilitätstraining: systematische Bewegungsschulung bei Personen mit starken Sehbeeinträchtigungen; auch nach schweren Verletzungen des Bewegungsapparates

Modifikation: Maßnahmen zur Veränderung des Verhaltens und Erlebens von Personen

Mongolismus: nicht mehr gängige Bezeichnung für das Downsyndrom (→ Trisomie 21); durch die Schrägstellung der Lidspalten entsteht eine gewisse Ähnlichkeit mit dem mongoloiden Typ

monokausal: zur Erklärung einer Beeinträchtigung wird lediglich eine Ursache herangezogen

morphologisch: die Form bzw. Struktur betreffend; Morphologie ist die Lehre von der Form und Struktur der Körperorgane

Motographie: Analyse von Bewegungsabläufen durch Videoaufnahmen bzw. Fotografien

Motometrie: Testverfahren zur Erfassung von Bewegungsabläufen

Motoskopie: Beobachtungsverfahren zur strukturierten Erfassung der Motorik

Mototherapie: mithilfe motorischer Lernprozesse soll die Persönlichkeitsentwicklung gefördert werden

Multifinalität: ähnliche Entwicklungswege führen zu unterschiedlichen Entwicklungsständen

Multikausalität: mehrere Ursachen, die auch untereinander in Wechselbeziehung stehen, sind an der Entstehung einer Beeinträchtigung beteiligt; daraus resultiert häufig eine hohe Unterschiedlichkeit in der Erscheinungsform der Beeinträchtigung

multimodal: unterschiedliche Methoden berücksichtigend

multipel: vielfach, vielfältig

Muskeldystrophie: erblich bedingter Muskelschwund, durch den die Bewegungsmöglichkeiten verringert werden

Muskeltonus: Muskelspannung, die durch das Nervensystem gesteuert wird

Mutation: unregelmäßige Veränderung der Erbinformationen auf den Chromosomen, die sich in veränderten Verhaltensweisen und Erscheinungsformen zeigen

Mutismus: Sprach- bzw. Sprechverweigerung bei vorhandener Sprach- und Sprechfähigkeit

Myopie: Störung der Sehschärfe, Kurzsichtigkeit

N

nasal: zum Nasenbereich gehörend

natal: auf den Geburtsbereich bezogen

Neurose: psychische Beeinträchtigung, die auf normabweichendem Verhalten beruht, das in der Regel gelernt wurde und nicht auf körperliche Ursachen zurückgeführt werden kann (z. B. Zwangshandlungen, → Phobie, → Hysterie)

Neurotransmitter: Übertragungssubstanz zur Weiterleitung von nervösen Impulsen an den Synapsen im Nervensystem

Noradrenalin: Neurotransmitter zur Steuerung von Wachsamkeit und Erregung

O

Objektivität: Kriterium zur Bewertung der Qualität eines Testverfahrens; ein Test ist dann objektiv, wenn der Testleiter keinen Einfluss auf das Testergebnis ausüben kann; unterschieden wird die Durchführungs-, Auswertungs- und Interpretationsobjektivität

olfaktorisch: den Geruchssinn betreffend

Oligophrenie: Sammelbegriff für geistige Minderleistungen; die schwerste Form der Oligophrenie ist die Idiotie, eine schwere Form stellt die → Imbezillität dar, die leichteste Form wird als → Debilität bezeichnet

operante Konditionierung: Lerntheorie; aufgrund der Wirkung auf ihre Umwelt werden Reize, die erfolgreich sind, beibehalten und häufiger wiederholt

oppositionelles Verhalten: häufige und schwere Wutausbrüche, bei denen das Kind Widerstand gegen Wünsche und Vorschriften der Erwachsenen zeigt

orale Phase: Phase der Sexualentwicklung (Alter: 0–1 Jahre), bei der das Kind Lustgewinn durch Reizung des Mundes erfährt

Orthese: technisches Hilfsmittel zur Unterstützung der Steh- und Gehfunktion

Orthopädagogik: Begriff für Heilpädagogik in den Niederlanden

Overprotection: überbehütende Erziehungshaltung

P

Paradigma: Modell, Muster, bestimmte Sichtweise bzw. Einstellung gegenüber einem Sachverhalt; ein Paradigmenwechsel beinhaltet das Verändern von Vorgehens- und Sichtweisen

Parasuizid: Handlungen mit nicht tödlichem Ausgang, bei denen sich die Person absichtlich Verletzungen zufügt

Parese: leichte bzw. unvollständige Form einer Lähmung

partiell: teilweise

Patausyndrom: Trisomie der Chromosomen 13–15; führt zu Missbildungen sowie geistigen und körperlichen Retardierungen (z. B. Innenohrschwerhörigkeit)

Pathologie: Lehre von den Krankheiten, die sich mit ihren Ursachen (→ Ätiologie), ihren Erscheinungsformen und ihrer Entwicklung beschäftigt

pathologisch: krankhaft verändert

Perimeter: Gerät zur Überprüfung des Gesichtsfelds

perinatal: während der Geburt

perseverieren: unabänderliches Festhalten an einer einmal eingeschlagenen Vorgehensweise oder an bestimmten Erlebnisinhalten

Persönlichkeit: stabiles und überdauerndes Zusammenwirken von Verhalten, Charakter, Temperament, geistigen Fähigkeiten und körperlichen Merkmalen einer Person

phallische Phase: Phase der Sexualentwicklung (Alter: 4–5 Jahre), bei der das Kind Lustgewinn durch Reizung der Genitalien erfährt

Phobie: krankhafte Form der Angst, die sich entgegen besserer Einsicht zwanghaft einstellt; geringe Angstreize lösen massive Angstreaktionen aus; Beispiele: Klaustrophobie (Angst vor geschlossenen Räumen), Phobophobie (Angst vor dem Eintreten einer Angst)

Phonem: kleinste sprachliche Einheit (Laut), die einen Bedeutungsunterschied ausdrückt (z. B. W-alter und F-alter)

Phonetik: Lautlehre; umfasst die verschiedenen Laute der Sprachen und die körperlichen Voraussetzungen zur Lautbildung

phonologisches Bewusstsein: Fähigkeit, Wörter in kleinstmögliche Teile zu gliedern und zusammenzusetzen; dazu müssen Laute, die auf einen Bedeutungsunterschied hinweisen (z. B. rot – Rad), erkannt werden

phonologische Störungen: nicht altersadäquate Aussprachstörungen während des Spracherwerbs

physiologisch: den Aufbau und die Funktionen der Organe betreffend; schließt auch hormonelle Abläufe und die Weiterleitung auf den Nervenbahnen ein

Physiotherapeut/-in: Krankengymnast/-in

physisch: den Körper betreffend

Placebo: unwirksame Substanz, deren tatsächliche Zusammensetzung die einnehmende Person nicht kennt; unterscheidet sich äußerlich nicht von einer wirkungsvollen Substanz; Placebos werden z. B. bei der Erprobung von Medikamenten oder Diäten eingesetzt, um Erwartungseffekte zu überprüfen; → Doppelblindversuch

Plazenta: Mutterkuchen; übernimmt den Stoffaustausch zwischen Mutter und dem Ungeborenen während der Schwangerschaft; sie wird bei der Geburt als sogenannte Nachgeburt ausgestoßen

Polypen: gutartige Geschwulste, die sich z. B. aus der Schleimhaut wie der Nasenschleimhaut entwickeln können

postnatal: nach der Geburt

posttraumatische Belastungsstörung: Folgereaktion auf schwerwiegende Ereignisse wie beispielsweise das Erleben von Gewalt, Missbrauch, Krieg oder Gefangenschaft

Prädisposition: angeborene Bereitschaft einer Person zur Entwicklung einer bestimmten Ausprägung eines Merkmals

pränatal: vor der Geburt

präventiv: vorbeugend

Professionalisierung: berufliches Ausüben einer Tätigkeit verbunden mit hohem Können und umfassender Qualifizierung der Personen

Prognose: Voraussage der Entwicklung; in der Medizin und klinischen Psychologie wird der Verlauf der Erkrankung und des Behandlungserfolgs vorausgesagt

progressiv: fortschreitend

progressive Muskelentspannung: Entspannungsverfahren nach Jacobson, bei der die Person lernt, gezielt Muskelgruppen anzuspannen und bewusst zu entspannen; am Ende des Trainings kann die Person auf selbst gesetzte Signale den ganzen Körper entspannen

Projekt: eigenverantwortliche, selbstständige Auseinandersetzung mit einem selbst gewählten Lerninhalt über einen längeren Zeitraum

projektiver Test: diagnostisches Verfahren, bei dem mehrdeutige Bilder (z. B. → TAT), Situationen (z. B. Klecksfiguren) zu interpretieren sind; die → Objektivität, → Reliabilität und → Validität dieser Testverfahren sind umstritten

Prompting: Verhaltenshilfe zu Beginn einer Verhaltensänderung, Technik der Verhaltenstherapie

Prothese: künstlicher Ersatz für ein fehlendes Körperteil

Psychoanalyse: Theorie in der Psychologie, die auf Freud zurückgeht; die Psychoanalyse dient sowohl zur Diagnose von psychischen Beeinträchtigungen als auch zur Behandlung seelischer Störungen; das Vorgehen der Psychoanalyse ist nicht unumstritten; die mehrjährige Weiterbildung von Ärzten/Ärztinnen oder Psychologen/Psychologinnen zum Psychoanalytiker/zur Psychoanalytikerin erfolgt an psychoanalytischen Lehrinstituten

Psychodrama: gruppendynamische Therapieform; Problemsituationen werden in der Gruppe im Rollenspiel verarbeitet

psychogen: psychisch bedingt

Psycholinguistik: Teilgebiet der Psychologie; Aussagen zu den Funktionen und dem Erwerb der Sprache

Psychomotorik: die Auswirkungen der Körpermotorik auf die Psyche des Menschen

psychoneurologisch: die Wechselwirkung zwischen seelischen Einflüssen und dem Nervensystem betreffend

Psychopathie: Kennzeichnung einer Persönlichkeit, die z. B. durch Geltungssucht, emotionale Kälte und Streitsucht auffällt; enge Beziehung zur → Psychose

Psychopharmaka: Sammelbegriff für Medikamente, die auf das Nervensystem wirken; Wirkungen dieser Medikamente: dämpfend/hemmend, anregend, beruhigend, einschläfernd, antriebssteigernd, krampflösend

Psychose: starke psychische Beeinträchtigung, die auf organischen und psychischen Ursachen beruht; Personen mit Psychosen bedürfen einer Hilfe von außen, um eine Gefährdung der eigenen Person und anderer zu verringern; Beispiele: → Schizophrenie, Wahnvorstellungen (Manie), → Depressionen

Q

Quantifizierung: mengenmäßige Bestimmung eines Merkmals anhand von Messskalen, z. B. Angabe zur Ausprägung

R

Ratingskala: Einschätzskala

Rationalisierung: psychoanalytische Bezeichnung für einen → Abwehrmechanismus, um Schuldgefühle zu vermindern

Reflexivität: Persönlichkeitsmerkmal; Verhaltenstendenz zum überlegten, besonnenen Handeln

Reframing: Begriff aus der Familientherapie; Umdeuten von problematischen (Familien-)Strukturen, indem Erwartungen und Beziehungen analysiert und verändert werden

Regression: psychoanalytische Bezeichnung für einen → Abwehrmechanismus, der sich in einem Rückzug auf eine frühere Entwicklungsstufe zeigt

Regulationsstörung: Probleme des Säuglings bzw. Kleinkindes, sein Verhalten zu steuern (z. B. Schlaf, Ernährung)

Rehabilitation: Maßnahmen zur Eingliederung eines Beeinträchtigten in das gesellschaftliche und berufliche Leben

Relationalität: Verhältnismäßigkeit, Bedingtheit

Relativität: bedingte, eingeschränkte Geltung; Bedingtheit

Reliabilität: Kriterium zur Bewertung der Qualität eines Testverfahrens; ein Test ist dann reliabel (d. h. exakt und genau), wenn bei einer Testwiederholung das erste Messergebnis bestätigt werden kann (Wiederholungsreliabilität)

Remission: vorübergehendes Nachlassen der Krankheitsanzeichen, jedoch ohne Erreichen der Genesung

repräsentativ: allgemeingültig, auf die Gesamtheit übertragbar

Resilienz: Fähigkeit, sich schnell von den negativen Folgen früherer Erfahrungen zu erholen

Ressource: Hilfsquelle, Hilfsmöglichkeit

Retardierung: im Vergleich zur Altersgruppe bestehende Entwicklungsverzögerung im körperlichen und/oder geistigen Bereich

reversibel: umkehrbar; im medizinischen Verständnis heilbar

rezeptiv: die Sinnesorgane bzw. Sinnesnerven betreffend

Rhinolalia: Näseln; Nasallaute werden fehlerhaft gebildet

Rhotazismus: Form einer Artikulationsstörung/Dyslalie mit Fehlbildungen des Lautes „r“, der entweder weggelassen oder durch andere Laute ersetzt wird

S

Schizophrenie: starke psychische Beeinträchtigung, die zu den endogenen → Psychosen zählt; typisch sind das Neben- und Miteinander von gesunden und krankhaften Empfindungen und Verhaltensweisen; es sind Wahnvorstellungen, → Halluzinationen und Gefühlsstörungen zu beobachten; das schizophrene Verhalten tritt unregelmäßig und schubweise auf und geht mit einem fortschreitenden Verfall der Persönlichkeit einher

Screeningtest: Aussonderungsuntersuchung zur Diagnose von Auffälligkeiten

Selbstregulation: Fähigkeit, bewusst und unbewusst die Aufmerksamkeit, Gefühle und das Verhalten zu steuern

Selektion: Auswahl, Auslese

Selffulfilling Prophecy: sich selbst erfüllende Prophezeiung; die Person richtet ihr Verhalten (in der Regel unbewusst) an einer Voraussage aus, sodass die Voraussage tatsächlich eintrifft

Semantik: Begriff aus der Sprachlehre; bezeichnet die Lehre von den Zeichen (z. B. Wörter) und ihrer Bedeutung

Sensomotorik: Zusammenwirken von Bewegungen und Sinneswahrnehmungen

sensorisch: die Sinne bzw. Sinnesorgane betreffend

sensorische Integrationstherapie: therapeutische Vorgehensweise, bei der das Kind mit einer Autismus-Spektrum-Störung dosiert mit Reizen konfrontiert wird

seriale Integration: Entwicklungsstufe (ab 8. Monat), in der das Kind Ordnungsstrukturen erkennt und in seinem Handeln berücksichtigt

Serotonin: Hormon, das im Organismus als Neurotransmitter im Zentralnervensystem, Darmnervensystem, Herz-Kreislauf-System und Blut fungiert

Setting: Gestaltung der äußeren Umgebung bzw. Atmosphäre

Shaping: Verhaltensformung; Methode der Verhaltenstherapie; durch schrittweise Annäherung an das Zielverhalten erfolgt eine allmähliche Verhaltensformung

Sigmatismus: Lispeln; Form einer Artikulationsstörung/Dyslalie; s-Laute werden fehlerhaft gebildet

Snoezelen: ganzheitliches Verfahren zur behutsamen Konfrontation mit dosierten lustvollen Reizen in einer Ruhe ausstrahlenden Situation

somatisch: den Körper betreffend

somatischer Dialog: Interaktionsprozesse, die den gesamten somatischen Bereich umfassen und über die Bewertung (psychomotorischer Dialog) sowie die Wahrnehmung (sensorischer Dialog) geführt werden

Somatisierung: seelisches Problem, das sich in einer körperlichen Krankheit niederschlägt

sonderpädagogischer Förderbedarf: Im schulrechtlichen Sinn liegt ein sonderpädagogischer Förderbedarf dann vor, wenn ein Kind zwar schulfähig ist, jedoch infolge körperlicher oder psychischer Behinderung dem Unterricht ohne sonderpädagogische Förderung nicht folgen kann.

Sonographie: Ultraschalldiagnostik; dieses Verfahren ermöglicht eine Untersuchung innerer Organe und des Kindes im Mutterleib ohne schädigende Wirkung

Sozialisation: Hineinwachsen des Menschen in die Gesellschaft; das Erlernen sozialen Verhaltens

Soziopathie: schädigendes, normabweichendes Verhalten gegenüber der sozialen Umwelt

Spasmus: erhöhter Spannungszustand in der Muskulatur, der sowohl zum langsamen, anhaltenden als auch zum rhythmisch wiederkehrenden Zusammenziehen der Muskeln führen kann; die Muskelbewegungen entziehen sich der willentlichen Kontrolle

Spastizität: muskulärer Widerstand gegenüber passiven Bewegungen

Spina bifida (offener Rücken): angeborene Spaltbildung der Wirbelsäule mit unterschiedlich starker Beeinträchtigung der Kontrolle der unteren Gliedmaßen sowie Störungen der Blasen- und Mastdarmfunktionen

Spontanremission: unerwartete Zurückbildung von Störungen ohne therapeutischen Einfluss

standardisiert: Verfahren (z. B. Tests) und Vorgehensweisen (z. B. Beobachtung) werden durch Regeln genau bestimmt, um zu objektiven, vergleichbaren Aussagen zu gelangen

stationär: Behandlung im Krankenhaus

Stereotypie: Bewegungsabläufe, sprachliche Äußerungen und Vorstellungen, die formelhaft erstarrt dauernd (oft sinnlos, unpassend) wiederkehren; kennzeichnend ist die über Jahre hinweg bestehende Unveränderlichkeit des stereotypen Verhaltens

Stigmatisierung: Vorgang, bei dem Beeinträchtigte gebrandmarkt bzw. gezeichnet werden

Stimulation: Reizung

Stimulus: Reiz, Auslöser einer Reaktion

Strabismus: Schielen

Suizid: willentliche Beendigung des eigenen Lebens durch eine selbst bestimmte Handlung oder durch das Unterlassen einer Handlung

Supervision: Beratung und Anleitung durch einen ausgebildeten Supervisor/eine ausgebildete Supervisorin zur Be- und Verarbeitung von beruflichen Belastungen

symbiotische Phase: in der → Psychoanalyse das frühe Stadium in der kindlichen Entwicklung mit einer intensiven Mutter-Kind-Beziehung; das Kind vermag noch nicht zwischen dem Ich und dem Nicht-Ich zu unterscheiden

Symbolstufe: Entwicklungsphase (ab 18. Monat), in der innere Vorstellungen vom Kind symbolhaft verarbeitet werden (z. B. Bauklotz = Auto)

Symptom: psychische oder körperliche Auffälligkeit, die auf ein bestimmtes Krankheitsbild hinweist; als subjektive Symptome werden die vom Patienten beschriebenen Auffälligkeiten bezeichnet; die vom Arzt/von der Ärztin diagnostizierten Auffälligkeiten werden als objektive Symptome eingestuft

Synanon-Gruppe: Selbsthilfegruppe, die aus ehemaligen Suchtkranken gebildet wird; Begründer ist Charles Dederich (USA)

Syndrom: Gruppe von verschiedenen Symptomen, die in der Regel gemeinsam auftreten und dadurch das Krankheitsbild bzw. die Form der Beeinträchtigung bestimmen

Syntax: Lehre vom Satzbau

systemisch: Sichtweise, bei der ganzheitlich die Wirkung auf das ganze System (z. B. Familie) berücksichtigt wird

T

taktil: den Tastsinn betreffend

TAT – Thematischer **A**pperzeptions-**T**est: psychologischer Test; der Klient interpretiert ein Bild, indem er eine Geschichte zu dem Bild erzählt; der Diagnostiker interpretiert die Aussagen im Hinblick auf vorliegende psychische Auffälligkeiten; es liegen Testformen für Erwachsene und für Kinder (Situationsdarstellung mit Tieren) vor; → projektiver Test

Temperament: genetisch vorgegebenes Persönlichkeitsmerkmal, das die Interaktion der Person mit seiner Umwelt beeinflusst

temporär: zeitlich befristet; auf einen bestimmten Zeitraum bezogen

Teratogenese: Entstehung von Missbildungen

Testbatterie: Zusammenstellung mehrerer aufeinander abgestimmter Testverfahren

Tetraplegie: (tetra = vierfach) Lähmung fast aller Körperbereiche

Theory of Mind: Fähigkeit, Bewusstseinsvorgänge bei anderen Personen wie Absichten, Gefühle, Erwartungen, Einstellungen zu erkennen

Tics: stereotyp wiederholte, rasche, nicht-rhythmische, motorische Bewegungen oder Sprachäußerungen

Time-out: Auszeit; Methode der Verhaltenstherapie; Form der Bestrafung (Entzug von Verstärkern), indem der Betroffene von Aktivitäten bzw. Situationen zeitlich befristet ausgeschlossen wird

Tokensystem: Technik der Verhaltenstherapie; Münzverstärkung; Token sind Symbole (z. B. Punkte), die zu einem bestimmten Zeitpunkt gegen andere Verstärkungen eingetauscht werden können

tonisch: auf die Muskelspannung bezogen, anhaltende Muskelspannung

Tonometer: Gerät zur Erfassung des Augeninnendrucks

Tourette-Syndrom: neuropsychiatrische Erkrankung, die zu plötzlichen unwillkürlichen Bewegungen (Tics) und tic-artigen Lautäußerungen führt

Toxoplasmoseinfektion: durch rohes Fleisch, Eier bzw. von Haustieren übertragene Infektionskrankheit

Trauma: starkes psychisches Erlebnis, das vom Betroffenen nicht angemessen verarbeitet werden kann und deshalb aus dem Bewusstsein verdrängt wird; durch unbewusste Vorgänge wird das unverarbeitete Erlebnis immer wieder aktiviert

Tremor: Zittern; schnell aufeinander folgende rhythmische Zuckungen (z. B. bei Parkinsonerkrankung, multipler Sklerose, Alkoholismus)

Trisomie 21: Unregelmäßigkeit der Chromosomen, bei der das Chromosom 21 dreifach gebildet wird; → Downsyndrom und → Mongolismus

V

Validität: Kriterium zur Bewertung der Qualität eines Testverfahrens; ein Test ist dann valide (d. h. gültig), wenn der Test tatsächlich das misst, was er zu messen vorgibt

Variabilität: Veränderlichkeit und Veränderbarkeit von Merkmalen

vegetatives Nervensystem: → autonomes Nervensystem

vestibulär: die Lage des Körpers im Raum betreffend; das Gleichgewichtsorgan ist in den Bogengängen des Innenohrs zu finden

Virusinfektion: durch Viren ausgelöste Krankheit, die zunächst zu allgemeinen Symptomen (z. B. Fieber, Gliederschmerzen) führt und danach in der Regel zu organischen Beeinträchtigungen

Vulnerabilität: Verletzlichkeit, Anfälligkeit bzw. erhöhte Empfindlichkeit gegenüber ungünstigen Umweltbedingungen

W

Warming-up: angenehm gestaltete, entspannte Anfangssituation vor Beginn des eigentlichen Vorgehens, um eine positive Grundstimmung aufzubauen

WHO: **W**orld **H**ealth **O**rganization, Weltgesundheitsorganisation

Würzburger Trainingsprogramm: Maßnahmen zur Förderung des sprachlichen Bewusstseins bei Kindergartenkindern, um Vorschulkinder auf den Erwerb der Schriftsprache vorzubereiten

Z

Zentralnervensystem (ZNS): umfasst das Gehirn und das Rückenmark

Zero-to-Three: Klassifikationssystem zur Diagnose von Störungen im Altersbereich von 0–3 Jahren

zirkulär: kreisförmig, sich wiederholend

Zwangsstörung: psychische Störung; innerer Drang, bestimmte Dinge zu denken oder zu tun; kennzeichnend sind Zwangsgedanken, Zwangsimpulse und Zwangshandlungen

Zynismus: bissige, spöttische und schamlose Äußerungen

Literaturverzeichnis

Achhammer, Bettina: Pragmatische Störungen, in: Grundwissen der Sprachheilpädagogik und Sprachtherapie, hrsg. von Manfred Grohnfeldt, Stuttgart, W. Kohlhammer Verlag, 2014, S. 209–214

Achilles, Ilse: „… um mich kümmert sich keiner!" Die Situation der Geschwister behinderter und chronisch kranker Kinder, 4. Auflage, München, Ernst Reinhardt Verlag, 2005

Achilles, Ilse: Vom Überbehüten und Übergehen. Zur Situation der Geschwister behinderter oder chronisch kranker Kinder, www.familienhandbuch.de/cmain/f_Aktuelles/a_Behinderung, 2004

Affolter, Felicie/Bischofberger, Walter: Psychologische Aspekte der Gehörlosigkeit, in: Pädagogik der Gehörlosen und Schwerhörigen, hrsg. von Herbert Jussen und Otto Kröhnert, Berlin, Edition Marhold, 1982, S. 605–630

Ahrbeck, Bernd/Mutzeck, Wolfgang: Persönlichkeitsdiagnostik, in: Handbuch der sonderpädagogischen Psychologie, hrsg. von Johann Borchert, Göttingen, Verlag für Psychologie, 2000, S. 270–278

Ahrbeck, Bernd/Rath, Waldtraut: Psychologie der Sehbehinderten, in: Handbuch der heilpädagogischen Psychologie, 3. Auflage, hrsg. von Jörg Fengler und Gerd Jansen, Köln, W. Kohlhammer Verlag, 1999, S. 33–48

Ahrbeck, Dieter: Inklusion – Ein unerfüllbares Ideal?, in: Inklusion. Idealistische Forderung, individuelle Förderung, institutionelle Herausforderung, hrsg. von Rolf Göppel/ Bernhard Rauh, Stuttgart, W. Kohlhammer Verlag, 2016, S. 46–60

Ahrens, Stephan/Schneider, Wolfgang: Lehrbuch der Psychotherapie und Psychosomatischen Medizin, 2. Auflage, Stuttgart, Thieme Verlag, 2002

Amerikanische Psychiatrische Vereinigung (Hrsg.): Diagnostisches und Statistisches Handbuch Psychischer Störungen (DSM-IV/DSM-5), Göttingen, Hogrefe Verlag, 2015

Angermaier, Michael: Gruppenpsychotherapie, Weinheim, Beltz Verlag, 1994

Antor, Georg: Legitimationsprobleme sonderpädagogischen Handelns, in: Theorie der Behindertenpädagogik, hrsg. von Ulrich Bleidick, Berlin, Edition Marhold, 1985, S. 235–249

Appelhans, Peter/Krebs, Eva: Kinder und Jugendliche mit Sehschwierigkeiten in der Schule. Eine Handreichung für Lehrer, Eltern und Schüler, 3. Auflage, Heidelberg, Edition Schindele, 1995

Asperger, Hans: Die autistischen Psychopathen im Kindesalter, in: Archiv für Psychiatrie 117 (1944), S. 76–136

Aster, Michael von: Neurowissenschaftliche Ergebnisse und Erklärungsansätze zu Rechenstörungen, in: Rechenschwäche, hrsg. von Annemarie Fritz, Gabi Ricken und Siegbert Schmidt, Weinheim, Beltz Verlag, 2003, S. 163–178

Autorengruppe Bildungsberichterstattung: Bildung in Deutschland 2016. Ein indikatorengestützter Bericht mit einer Analyse zu Bildung und Migration, Bielefeld, W. Bertelsmann Verlag, 2016

Ayllon, T./Cole, M. A.: Münzverstärkung, in: Verhaltenstherapiemanual, 7. Auflage, hrsg. von Michael Linden und Martin Hautzinger, übersetzt von Michael Linden und Martin Hautzinger, Berlin, Springer-Verlag, 2011, S. 239–242

Babbe, Thomas: PAP, Pyrmonter Aussprache-Prüfung. Diagnostik von Aussprachestörungen bei Kindern, Köln, ProLog, Therapie- und Lehrmittel, 2003

Bach, Heinz (Hrsg.): Handbuch der Sonderpädagogik. Band 5: Pädagogik der geistig Behinderten, Berlin, Edition Marhold, 1979

Bach, Heinz: Personenkreis Geistigbehinderter, in: Handbuch der Sonderpädagogik, Band 5: Pädagogik der geistig Behinderten, hrsg. von Heinz Bach, Berlin, Edition Marhold, 1979, S. 3–18

Bach, Heinz: Sonderpädagogik im Grundriss, 13. Auflage, Berlin, Edition Marhold, 1989

Bach, Heinz: Geistigbehindertenpädagogik, in: Sonderpädagogik im Grundriss, 13. Auflage, hrsg. von Heinz Bach, Berlin, Edition Marhold, 1989, S. 91–96

Bach, Heinz: Grundbegriffe der Behindertenpädagogik, in: Theorie der Behindertenpädagogik, 15. Auflage, hrsg. von Ulrich Bleidick, Berlin, Edition Marhold, 1995, S. 3–24

Bach, Heinz: Geistigbehindertenpädagogik, 16. Auflage, Berlin, Edition Marhold, 2000

Baier, Heinz: Einführung in die Lernbehindertenpädagogik, Stuttgart, W. Kohlhammer Verlag, 1980

Barth, Hans-Dietrich/Bernitzke, Fred/Fischer, Winfried: Abenteuer Erziehung – Pädagogische, psychologische und methodische Grundlagen der Erzieherausbildung, 2. Auflage, Haan-Gruiten, Verlag Europa-Lehrmittel Nourney, 2007

Beck, Aaron: Depression – Causes and treatment, 2. Auflage, Philadelphia, University of Pennsylvania Press, 2009
Beelmann, Andreas: Wirksamkeit von Präventionsmaßnahmen bei Kindern und Jugendlichen: Ergebnisse und Implikationen der integrativen Erfolgsforschung, in: Zeitschrift für Klinische Psychologie und Psychotherapie 35 (2006), S. 151–162
Beelmann, Andreas/Raabe, Tobias: Dissoziales Verhalten von Kindern und Jugendlichen, Göttingen, Hogrefe Verlag, 2007
Bellak, Leopold/Bellak, Sonya Sorel: Der Kinder-Apperzeptions-Test (CAT), Göttingen, Verlag für Psychologie, o. J.
Bender, Gerhard: Die klientenzentrierte Gesprächspsychotherapie von C. R. Rogers, in: Klinische Psychologie für Pädagogen, 2. Auflage, hrsg. von Bernd Sieland und Madlen Siebert, übersetzt von Bernhard Sieland und Madlen Siebert, Aachen, Hahner Verlagsgesellschaft, 1991, S. 86–119
Bergeest, Harry: Sozialisation körperbehinderter Menschen, in: Theorien der Körperbehindertenpädagogik, hrsg. von Harry Bergeest und Gerd Hansen, Bad Heilbrunn, Klinkhardt Verlag, 1999, S. 215–240
Berger, Margarete/Freiberger, Elfi/Kalckreuth, Barbara von: Leitlinien – Regulationsstörungen, psychische und psychosomatische Störungen im Säuglings- und frühen Kleinkindalter, in: Analytische Kinder- und Jugendlichen-Psychotherapie 37 (2006), S. 545–576
Berges, Michael: Integration von Schülern und Schülerinnen der Schulen für geistig Behinderte in die Sekundarstufen der Allgemeinen Schulen, in: Zeitschrift für Heilpädagogik 49 (1998) 6, S. 272–285
Bernard-Bonnin, Anne-Claude: Feeding problems of infants and toddlers, in: Canadian Family Physician 2006 (52), S. 1247–1251
Beulshausen, Gisela/Rache, Heinz/Eggert, Dietrich: Testbatterie für geistig behinderte Kinder im Vorschulalter (TBGB-VA), Weinheim, Beltz Verlag, 1992
Bieber, Käthi: Früherziehung ökologisch, 2. Auflage, Luzern, Edition SZH, 1992
Blanz, Bernhard/Schneider, Silvia: Angststörungen, in: Entwicklungspsychiatrie. Biopsychologische Grundlagen und die Entwicklung psychischer Störungen, 2. Auflage, hrsg. von Beate Herpertz-Dahlmann u. a., Stuttgart, Schattauer, 2008, S. 744–770
Bleidick, Ulrich: Theorie der Behindertenpädagogik. Berlin, Edition Marhold, 1985
Bleidick, Ulrich: Betrifft Integration: Behinderte Kinder in allgemeinen Schulen – Konzepte der schulischen Integration, Berlin, Edition Marhold, 1988a
Bleidick, Ulrich: Behinderungen und Schule. Band 8: Kognitive Störungen, Tübingen, DIFF Verlag, 1988b
Bleidick, Ulrich: Konstruktion und Perspektivität behindertenpsychologischer Theoriebildung, in: Handbuch der sonderpädagogischen Psychologie, hrsg. von Johann Borchert, Göttingen, Hogrefe Verlag, 2000, S. 127–134
Boban, Ines/Hinz, Andreas: Der Index für Inklusion – eine Einführung, in: Erfahrungen mit dem Index für Inklusion, hrsg. von Ines Boban und Andreas Hinz, Bad Heilbrunn, Verlag Julius Klinkhardt, 2015, S. 11–41
Bobath, Berta/Bobath, Karel: Die motorische Entwicklung bei Zerebralparesen, 6. Auflage, Stuttgart, Thieme Verlag, 2005
Boenisch, Jens: Verständigung ermöglichen. Neue Ansätze zur Sprachförderung von Menschen mit schwerer und mehrfacher Behinderung, in: Schwere Behinderung und Inklusion, hrsg. von Tobias Bernasconi und Ursula Böing, Oberhausen, Athena-Verlag, 2016, S. 91–109
Bolten, Margarete/Möhler, Eva /Gontard, Alexander von: Psychische Störungen im Säuglings- und Kleinkindalter. Exzessives Schreien, Schlaf- und Fütterstörungen, Göttingen, Hogrefe Verlag, 2013
Bondy, Curt/Cohen, Rudolf/Eggert, Dietrich/Lüer, Gerd: Testbatterie für geistig behinderte Kinder (TBGB), 3. Auflage, Weinheim, Beltz Verlag, 1975
Boos, Anne/Müller, Julia: Posttraumatische Belastungsstörungen, in: Klinische Psychologie & Psychotherapie, hrsg. von Hans-Ulrich Wittchen und Jürgen Hoyer, Berlin/Heidelberg, Springer-Verlag, 2006, S. 823–839
Booth, Tony: Ein internationaler Blick auf inklusive Bildung: Werte für alle? In: Von der Integration zur Inklusion. Grundlagen – Perspektiven – Praxis, übersetzt von Juliane Siegert, hrsg. von Andreas Hinz, Lebenshilfe-Verlag, 2. Auflage, Marburg, 2010, S. 53–73
Booth, Tony/Ainscow, Mel: Index for inclusion. Developing learning and participation in schools, Bristol: Center for Studies on Inclusive Education, 2002
Borchert, Johann: Handbuch der sonderpädagogischen Psychologie, Göttingen, Hogrefe Verlag, 2000

Borchert, Johann: Lehrer-Schüler-Interaktion, in: Handbuch für sozialpädagogische Psychologie, hrsg. von Johann Borchert, Göttingen, Hogrefe Verlag, 2000, S. 353–364

Borchert, Johann: Verhaltenstheoretische Ansätze, in: Handbuch der sonderpädagogischen Psychologie, hrsg. von Johann Borchert, Göttingen, Hogrefe Verlag, 2000, S. 146–158

Braun, Otto: Sprachstörungen bei Kindern und Jugendlichen, 3. Auflage, Stuttgart, W. Kohlhammer Verlag, 2006

Breiner, Herbert: Erarbeitung der äußeren Seite der Sprache und kommunikative Hilfsmittel, in: Pädagogik für Gehörlose und Schwerhörige, hrsg. von Herbert Jussen und Otto Kröhnert, Berlin, Edition Marhold, 1982, S. 141–163

Breit, Heiko/Kotthoff, Hermann: Zwischen Interessensvertretung und Betreuung – Die Mitwirkung der Behinderten in den Werkstätten für Behinderte, hrsg. von dem Bundesminister für Arbeit und Soziales, Saarbrücken, 1990

Breitinger, Manfred/Fischer, Dieter: Intensivbehinderte lernen leben, Würzburg, Vogel Verlag, 1993

Brickenkamp, Rolf: Test d2 – Aufmerksamkeits-Belastungs-Test, 8. Auflage, Göttingen, Hogrefe Verlag, 1994

Bronisch, Thomas: Der Suizid: Ursachen – Warnsignale – Prävention. Krisenintervention bei Persönlichkeitsstörungen, 6. Auflage, München, Beck Verlag, 2014

Brühl, Hans/Lukow, Hans-Joachim: Rechenschwäche/Dyskalkulie. Symptome – Früherkennung – Förderung, hrsg. vom Arbeitskreis für Angewandte Lernforschung, Osnabrück, 2003

Bühler-Niederberger, Doris: Legasthenie – Geschichte und Folgen einer Pathologisierung, Opladen: Leske und Budrich Verlag, 1991

Bungart, Jörg: Ausgewählte Daten zur Schülerstruktur und zur vorberuflichen Bildung an Schulen für Körperbehinderte in Nordrhein-Westfalen, Dortmund (zitiert in: Hans Stadler, Körperbehinderungen, in: Handbuch der sozialpädagogischen Psychologie, hrsg. von Johann Borchert, Göttingen, Hogrefe Verlag, 2000, S. 76–94

Buschmann, Anke/Jooss, Bettina: Frühdiagnostik bei Sprachverständnisstörungen. Ein häufig unterschätztes Störungsbild mit langfristig gravierenden Folgen für die Betroffenen, in: Forum Logopädie 25 (2011), S. 20–27

Bush, Wilma Jo/Giles, Marian Taylor: Psycholinguistischer Sprachunterricht – Hilfen für Elementar- und Primarstufen, 2. Auflage, München, Ernst Reinhardt Verlag, 1995

Calcagnini Stillhard, Elisabeth: Das Cochlear-Implantat, Luzern, Edition SZH, 1994

Cavigelli, Arno/Curt, Armin: Differenzialdiagnose der akuten Rückenmarkerkrankungen, in: Therapeutische Umschau 57 (2000), S. 657–660

Cierpka, Manfred (Hrsg.): FAUSTLOS – Ein Curriculum zur Prävention von aggressivem und gewaltbereitem Verhalten bei Kindern der Klassen 1 bis 3, Göttingen, Hogrefe Verlag, 2001

Clark, Morag: Interaktion mit hörgeschädigten Kindern, Heidelberg, Ernst Reinhardt Verlag, 2009

Conners, C. Keith: Conner's Rating Scales-Revised Technical Manual, North Tonawand (NY), Multi-Health System, 1997

Dannenbeck, Clemens/Dorrance, Carmen: Inkludiert wird man nicht – inkludiert ist man (oder auch nicht). Inklusion als Strukturmerkmal und kritischer Maßstab, in: Schwere Behinderung und Inklusion, hrsg. von Tobias Bernasconi und Ursula Böing, Oberhausen, Athena-Verlag, 2016, S. 23–36

Deegener, Günther/Dietel, Bernd: Tübinger Luria-Christensen Neuropsychologische Untersuchungsreihe für Kinder (TÜKI), 2. Auflage, Weinheim, Beltz Psychologie Verlags Union, 1997

Deister, Arno: Zwangsstörungen, in: Psychiatrie, Psychosomatik und Psychotherapie, 6. Auflage, hrsg. von Hans-Jürgen Möller/Gerd Laux/Arno Deister, Stuttgart, Thieme Verlag, 2015a, S. 146–155

Deister, Arno: Essstörungen, in: Psychiatrie, Psychosomatik und Psychotherapie, 6. Auflage, hrsg. von Hans-Jürgen Möller/Gerd Laux/Arno Deister, Stuttgart, Thieme Verlag, 2015b, S. 298–308

Deutsche Gesellschaft für Kinder- und Jugendpsychiatrie und Psychotherapie u. a. (Hrsg.): Leitlinien zur Diagnostik und Therapie von psychischen Störungen im Säuglings-, Kindes- und Jugendalter, 3. Auflage, Köln, 2007

Deutscher Bildungsrat (Hrsg.): Empfehlungen der Bildungskommission zur pädagogischen Förderung behinderter und von Behinderung bedrohter Kinder und Jugendlicher, Bonn, 1973

Deutsches Institut für Medizinische Dokumentation und Information (Hrsg.): Internationale Klassifikation der Funktionsfähigkeit, Behinderung und Gesundheit (ICF), Köln, 2005

Dietrich, Georg: Allgemeine Beratungspsychologie, 2. Auflage, Göttingen, Hogrefe Verlag, 1991

Diller, Gottfried: Zur Notwendigkeit einer auditiv oralen Erziehung gehörloser Kinder, in: Sprache · Stimme · Gehör 12 (1988), S. 124–127

Diller, Gottfried: Hören und Verstehen – pädagogische Perspektiven durch technologische Möglichkeiten der Hörgeräteversorgung beim gehörlosen und schwerhörigen Kleinkind, in: HörgeschädigtenPädagogik 45 (1991), S. 195–207

Ding, Herbert: Mit der Hörschädigung leben – Hilfen für Eltern hörgeschädigter Kinder, 2. Auflage, Heidelberg, Edition Schindele, 1995

Dollard, Jolin (Hrsg.): Frustration and aggression, New Haven, Yale University Press, 1939

Döpfner, Manfred: Behandlung eines Kindes mit Phonophobie, in: Kindheit und Entwicklung 4 (1995), S. 248–253

Döpfner, Manfred: Hyperkinetische Störungen, in: Lehrbuch der Klinischen Kinderpsychologie und -psychotherapie, 4. Auflage, hrsg. von Franz Petermann, Göttingen, Hogrefe Verlag, 2000, S. 151–186

Döpfner, Manfred: Zwangsstörungen, in: Lehrbuch der Klinischen Psychologie und Psychotherapie bei Kindern und Jugendlichen, 4. Auflage, hrsg. von Günter Esser, Stuttgart, Thieme Verlag, 2011, S. 271–290

Döpfner, Manfred: Klassifikation und Epidemologie psychischer Störungen, in: Lehrbuch der Klinischen Kinderpsychologie, 7. Auflage, hrsg. von Franz Petermann, Göttingen, Hogrefe Verlag, 2013, S. 31–56

Döpfner, Manfred/Banaschewski, Tobias: Aufmerksamkeitsdefizit-/Hyperaktivitätsstörung, in: Lehrbuch der Klinischen Kinderpsychologie, 7. Auflage, hrsg. von Franz Petermann, Göttingen, Hogrefe Verlag, 2013, S. 271–290

Döpfner, Manfred/Frölich, Jan/Lehmkuhl, Gerd: Hyperkinetische Störungen, Göttingen, Hogrefe Verlag, 2000

Döpfner, Manfred/Goletz, Hildegard: Zwangsstörungen, in: Lehrbuch der Klinischen Kinderpsychologie, 7. Auflage, hrsg. von Franz Petermann, Göttingen, Hogrefe Verlag, 2013, S. 423–437

Döpfner, Manfred/Görtz-Dorten, Anja/Lehmkuhl, Gerd: Diagnostik-System für psychische Störungen nach ICD-10 und DSM-IV für Kinder und Jugendliche, Bern, Huber Verlag, 2008

Döpfner, Manfred/Lehmkuhl, Gerd/Fröhlich, Jan: Therapieprogramm für Kinder mit hyperkinetischem und oppositionellem Problemverhalten, Weinheim, Beltz Psychologie Verlags Union, 1997

Döpfner, Manfred/Lehmkuhl, Gerd/Scheithauer, Herbert/Petermann, Franz: Diagnostik psychischer Störungen, in: Lehrbuch der Klinischen Kinderpsychologie und -psychotherapie, 5. Auflage, hrsg. von Franz Petermann, Göttingen, Hogrefe Verlag, 2002, S. 95–130

Döpfner, Manfred/Petermann, Franz: Diagnostik psychischer Störungen im Kindes- und Jugendalter, 2. Auflage, Göttingen, Hogrefe Verlag, 2008

Döpfner, Manfred/Roessner, Veit/Woitecki, Katrin/Rothenberger, Aribert: Tic-Störungen, Göttingen, Hogrefe Verlag, 2010

Dorrmann, Wolfram: Verhaltenstherapeutische Vorgehensweise bei akuten suizidalen Krisen, in: Psychotherapie im Dialog 4(4) (2003), S. 330–339

Dreher, Eva: Schnittstellen in der Rehabilitation, Fachtagung Klagenfurt, 2004

Eckert, Andreas: Familie und Behinderung. Studien zur Lebenssituation von Familien mit einem behinderten Kind, 2. Auflage, Hamburg, Verlag Dr. Kovač, 2012

Eckert, Jochen: Schulenübergreifende Aspekte der Psychotherapie, in: Psychotherapie für Ärzte und Psychologen, hrsg. von Christian Reimer/Jochen Eckert/Martin Hautzinger/Eberhard Wilke, 2. Auflage, Berlin, Springer, 2000, S. 413–428

Eggers, Christian/Stage, A.: Kinder und jugendpsychiatrische Ansätze bei Depression. Ein integratives Modell, in: Kindheit und Entwicklung 3 (1994), S. 178–184

Eggert, Dietrich: Lincoln-Oseretzky-Skala Kurzform (LOS KF 18) – Kurzform zur Messung des motorischen Entwicklungsstandes von normalen und behinderten Kindern im Alter von 5 bis 13 Jahren, 2. Auflage, Göttingen, Hogrefe Verlag, 1974

Eggert, Dietrich: Psychodiagnostik, in: Handbuch der Sonderpädagogik, Band 5: Pädagogik der Geistigbehinderten, hrsg. von Heinz Bach, Berlin, Edition Marhold, 1979

Elben, Cornelia E./Lohaus, Arnold: Marburger Sprachverständnistest für Kinder (MSVK), Göttingen, Hogrefe Verlag, 2000

Elber, Johannes: Geistige Behinderung – Formierungsprozesse und Akte der Gegenwehr, in: Wege aus der Isolation, 2. Auflage, hrsg. von Ulrich Kasztantowicz, Heidelberg, Edition Schindele, 1986, S. 56–105

Ellger-Rüttgardt, Sieglind Luise: Geschichte der Sonderpädagogik. Eine Einführung, München, Ernst Reinhardt Verlag, 2008

Essau, Cecilia A.: Depression bei Kindern und Jugendlichen. Psychologisches Grundlagenwissen, 2. Auflage, München, Ernst Reinhardt Verlag, 2007

Essau, Cecilia A./Conradt, Judith: Aggressionen bei Kindern und Jugendlichen, München, Ernst Reinhardt Verlag, 2004

Essau, Cecilia A./Petermann, Ulrike: Depression, in: Lehrbuch der Klinischen Kinderpsychologie und -psychotherapie, 5. Auflage, hrsg. von Franz Petermann, Göttingen, Hogrefe Verlag, 2002, S. 292–319

Esser, Günter/Wyschkon, Anne: Umschriebene Entwicklungsstörungen, in: Lehrbuch der Klinischen Kinderpsychologie und -psychotheorie, 5. Auflage, hrsg. von Franz Petermann, Göttingen, Hogrefe Verlag, 2002

Estabrooks, Warren: Die auditiv-verbale Praxis, in: Ausbildung des Hörens – Erlernen des Sprechens, hrsg. von Annette Leonhardt, Neuwied, Luchterhand Verlag, 1998

Feldkamp, Margret: Krankengymnastik, in: Die infantilen Zerebralparesen, 2. Auflage, hrsg. von Harald Thom, Stuttgart, Thieme Verlag, 1982, S. 374–396

Feldkamp, Margret: Das zerebralparetische Kind, München, Pflaum Verlag, 1996

Fengler, Jörg/Jansen, Gerd: Handbuch der heilpädagogischen Psychologie, 2. Auflage, Köln, W. Kohlhammer Verlag, 1999

Ferber, Richard: Solve your child's sleep problems, London, Dorling Kindersley, 2006

Ferrari, Adriana: Das Setting in der Rehabilitation, in: Infantile Zerebralparese. Spontaner Verlauf und Optimierungshilfen für die Rehabilitation, hrsg. von Adriana Ferrari und Giovani Cioni, übersetzt von Verena Reich, Berlin, Springer-Verlag, 1999, S. 241–257

Feuser, Georg: Zur endlosen Geschichte der Verweigerung uneingeschränkter Teilhabe an Bildung – durch Geistigbehindert-Macher und Kolonisatoren, in: Inklusion im Förderschwerpunkt geistige Entwicklung, hrsg. von Erhard Fischer und Reinhard Markowetz, Stuttgart, W. Kohlhammer Verlag, 2016, S. 31–73

Fichter, Manfred/Warschburger, Petra: Essstörungen, in: Lehrbuch der Klinischen Kinderpsychologie und -psychotherapie, 5. Auflage, hrsg. von Franz Petermann, Göttingen, Hogrefe Verlag, 2002, S. 561–585

Filipp, Sigrun-Heide (Hrsg.): Kritische Lebensereignisse, 3. Auflage, Weinheim, Beltz Psychologie Verlags Union, 2010

Fischer, Erhard: Bildung im Förderschwerpunkt geistige Entwicklung, Bad Heilbrunn, UTB, 2008

Fleischhaker, Christian/Schulz, Eberhard: Borderline-Persönlichkeitsstörungen im Jugendalter, Berlin, Springer-Verlag, 2010

Florin, Irmela/Tunner, Wolfgang (Hrsg.): Therapie der Angst, München, Verlag Urban & Schwarzenberg, 1975

Flosdorf, Peter: Therapeutische Heimerziehung, in: Handbuch der Sonderpädagogik, Band 10: Sonderpädagogik und Sozialarbeit, hrsg. von Otto Speck, Berlin, Edition Marhold, 1990, S. 353–360

Fornefeld, Barbara: Einführung in die Geistigbehindertenpädagogik, 5. Auflage, München, Ernst Reinhardt Verlag, 2013

Freitag, Christine M.: Autismus-Spektrum-Störungen, München, Ernst Reinhardt Verlag, 2008

Frey, Andreas u. a.: Beobachtungsbogen für 3- bis 6-jährige Kinder (BBK 3-6), Göttingen, Hogrefe Verlag, 2008

Fricke, Leonie/Lehmkuhl, Gerd: Schlafstörungen im Kindes- und Jugendalter – Ein Therapiemanual für die Praxis, Göttingen, Hogrefe Verlag, 2006

Fricke-Oerkermann, Leonie/Frölich, Jan/Lehmkuhl, Gerd/Wiater, Alfred: Schlafstörungen, Göttingen, Hogrefe Verlag, 2007

Frith, Uta: Das autistische Kind oder: Eine Triade der Beeinträchtigung, in: Schwierige Kinder – Problematische Schüler, 3. Auflage, hrsg. von Rainer Winkel, Baltmannsweiler: Schneider Verlag Hohengehren, 2001

Fritz, Annemarie (Hrsg.): Rechenschwäche – Lernwege, Schwierigkeiten und Hilfen bei Dyskalkulie, Weinheim, Beltz Verlag, 2003

Fritz, Annemarie/Ricken, Gabi/Gerlach, Maria: Kalkulie. Diagnose- und Trainingsprogramm für rechenschwache Kinder, Berlin, Cornelsen Verlag, 2007

Fritz, Annemarie/Ricken, Gabi/Schuck, Karl Dieter: Teilleistungsstörungen: Ein hilfreiches pädagogisches Konzept?, in: Körperbehinderungen. Schädigungsaspekte, psychosoziale Auswirkungen und pädagogisch-rehabilitative Maßnahmen, 2. Auflage, hrsg. von Kurt Kallenbach, Bad Heilbrunn, Verlag Julius Klinkhardt, 2006, S. 159–178

Fröhlich, Andreas: Basale Stimulation – Das Konzept, 4. Auflage, Düsseldorf, Verlag Selbstbestimmtes Leben, 2003

Fröhlich, Andreas: Basale Stimulation, in: Kompendium der Heilpädagogik, Band 1: A–H, hrsg. von Heinrich Gerving, Troisdorf, Bildungsverlag EINS, 2007, S. 88–96

Fröhlich-Gildhoff, Klaus: Das Freiburger Anti-Gewalt-Training (FAGT). Ein Handbuch, Stuttgart, W. Kohlhammer Verlag, 2006

Fröhlich-Gildhoff, Klaus/Dörner, Tina/Rönnau-Böse, Maike: Prävention und Resilienzförderung in Kindertageseinrichtungen – PriK. Trainingsmanual für ErzieherInnen, München, Ernst Reinhardt Verlag, 2007
Gaidoschik, Michael: Rechenschwäche – Dyskalkulie. Eine unterrichtspraktische Einführung für Lehrerinnen und Eltern, 5. Auflage, Horneburg, Persen Verlag, 2010
Gasteiger-Klicpera, Barbara/Klicpera, Christian: Aggression, in: Handbuch der sonderpädagogischen Psychologie, hrsg. von Johann Borchert, Göttingen, Hogrefe Verlag, 2000, S. 741–754
Gerspach, Manfred: Generation ADHS – den „Zappelphilipp" verstehen, Stuttgart, W. Kohlhammer Verlag, 2014
Girsberger, Thomas: Die vielen Farben des Autismus. Spektrum, Ursachen, Diagnose, Therapie und Beratung, 3. Auflage, Stuttgart, W. Kohlhammer Verlag, 2016
Göbel, Horst/Panten, Detlef: Hammer Motorik-Screening für Vorschulkinder (HamMotScreen), 2002
Göggerle, Stephanie/Esser, Günter: Entspannungsverfahren, in: Lehrbuch der Klinischen Psychologie und Psychotherapie bei Kindern und Jugendlichen, 4. Auflage, hrsg. von Günter Esser, Stuttgart, Thieme Verlag, 2011, S. 568–576
Gold, Andreas: Lernschwierigkeiten. Ursachen, Diagnostik, Intervention, Stuttgart, W. Kohlhammer Verlag, 2011
Gölitz, Dietmar: Deutscher Mathematiktest für dritte Klassen (DEMAT 4), Göttingen, Hogrefe Verlag, 2006
Gontard, Alexander von: Gibt es einen Verhaltensphänotyp der Enuresis nocturna? In: Kindheit und Entwicklung 7 (1998), S. 70–78
Gontard, Alexander von: Enkopresis, Göttingen, Hogrefe Verlag, 2010
Gontard, Alexander von/Lehmkuhl, Gerd: Enuresis, 2. Auflage, Göttingen, Hogrefe Verlag, 2009
Gordon, Thomas: Familienkonferenz, Reinbek, Rowohlt-Verlag, 1988
Greving, Heinrich (Hrsg.): Kompendium der Heilpädagogik. Band 1: A–H, Troisdorf, Bildungsverlag EINS, 2007
Greving, Heinrich (Hrsg.): Kompendium der Heilpädagogik. Band 2: I–Z, Troisdorf, Bildungsverlag EINS, 2007
Grimm, Hannelore: Störungen der Sprachentwicklung. Grundlagen, Ursachen, Diagnose, Intervention, Prävention, 3. Auflage, Göttingen, Hogrefe Verlag, 2012
Grimm, Hannelore: Sprachentwicklungstest für drei- bis fünfjährige Kinder – SETK 3-5, 3. Auflage, Göttingen, Hogrefe Verlag, 2015
Grimm, Hannelore: Sprachentwicklungstest für zweijährige Kinder – SETK-2, 2. Auflage, Göttingen, Hogrefe Verlag, 2016
Grimm, Hannelore/Schöler, Hermann: Heidelberger Sprachentwicklungstest (HSET), 2. Auflage, Göttingen, Hogrefe Verlag, 1991
Grissemann, Hans: Dyskalkulie heute, Bern, Huber Verlag, 1996
Grissemann, Hans/Weber, Alfons: Grundlagen und Praxis der Dyskalkulietherapie, 3. Auflage, Bern, Huber Verlag, 1996
Groen, Gunter/Petermann, Franz: Depressive Kinder und Jugendliche, 2. Auflage, Göttingen, Hogrefe Verlag, 2011
Grohnfeldt, Manfred: Handbuch der Sprachtherapie. Band 6: Zentrale Sprach- und Sprechstörungen, Berlin, Edition Marhold, 1993
Groschwald, Anne/Rosenkötter, Henning: Inklusion in Krippe und Kita. Ein Leitfaden für die Praxis, Freiburg, Verlag Herder, 2015
Grotberg, Edith Henderson: Anleitung zur Förderung der Resilienz von Kindern – Stärkung des Charakters. Ein Manual für die Praxis der Resilienzförderung. In: Handbuch Resilienzförderung, übersetzt von Gerrit Pohl, hrsg. von Margherita Zander, Verlag für Sozialwissenschaften, Wiesbaden, 2011, S. 51–101
Grüttner, Tilo: Helfen bei Legasthenie – Verstehen und üben, Reinbek, Rowohlt Verlag, 1996
Gunderson, John/Pütterch, Helmut: DIB – Diagnostisches Interview für das Borderlinesyndrom. 2. Auflage, Weinheim, Beltz Verlag, 1990
Günther, Klaus-B.: Gehörlosigkeit und Schwerhörigkeit, in: Handbuch der sonderpädagogischen Psychologie, hrsg. von Johann Borchert, Göttingen, Hogrefe Verlag, 2000, S. 114–126
Gunzburg, Herbert C.: Pädagogische Analyse und Curriculum der sozialen und persönlichen Entwicklung des geistig behinderten Menschen, 5. Auflage, Stratford, SEFA Ltd., 2005
Haeberlin, Urs: Allgemeine Heilpädagogik, Bern, Haupt Verlag, 1985
Haeberlin, Urs: Das Menschbild für die Heilpädagogik, 6. Auflage, Bern, Haupt Verlag, 2010
Haffner, Johann (Hrsg.): HRT 1 – 4-Heidelberger Rechentest – Erfassung mathematischer Basiskompetenzen im Grundschulalter, Göttingen, Hogrefe Verlag, 2005

Hagedorn, Rosemary: Ergotherapie – Theorien und Modelle, übersetzt von Barbara und Jürgen Dehnhardt, Stuttgart, Thieme Verlag, 2000

Haug, Peder: Inklusion als Herausforderung der Politik im internationalen Kontext, in: „Dabeisein ist nicht alles" – Inklusion und Zusammenleben im Kindergarten, 2. Auflage, hrsg. von Max Kreuzer und Borgunn Ytterhus, München, Ernst Reinhardt Verlag, 2011, S. 36–51

Haug-Schnabel, Gabriele: Enuresis – Diagnose, Beratung und Behandlung bei kindlichem Einnässen, München, Ernst Reinhardt Verlag, 1994

Haug-Schnabel, Gabriele (Hrsg.): Resilienz – Kinder stärken, in: Theorie und Praxis der Sozialpädagogik 5 (2004), S. 4–46

Haupt, Ursula: Kinder mit Spina bifida, in: Körperbehinderungen. Schädigungsaspekte, psychosoziale Auswirkungen und pädagogisch-rehabilitative Maßnahmen, 2. Auflage, hrsg. von Kurt Kallenbach, Bad Heilbrunn, Verlag Julius Klinkhardt, 2006, S. 179–195

Hautzinger, Martin: Löschung, in: Verhaltenstherapiemanual, 7. Auflage, hrsg. von Michael Linden und Martin Hautzinger, Berlin, Springer-Verlag, 2011, S. 213–216

Hedderich, Ingeborg: Einführung in die Körperbehindertenpädagogik, 2. Auflage, München, Ernst Reinhardt Verlag, 2006

Hedderich, Ingeborg/Dehlinger, Elisabeth: Bewegung und Lagerung im Unterricht mit schwerstbehinderten Kindern, München, Ernst Reinhardt Verlag, 1998

Heese, Gerhard: Gehörlosenpädagogik, in: Sonderpädagogik im Grundriss, 13. Auflage, hrsg. von Heinz Bach, Berlin, Marhold Verlag, 1989, S. 85–90

Heimlich, Ulrich: Lernschwierigkeiten. Sozialpädagogische Förderung im Förderschwerpunkt Lernen, 2. Auflage, Bad Heilbrunn, Klinkhardt Verlag, 2016

Heinrichs, Nina/Döpfner, Manfred/Petermann, Franz: Prävention psychischer Störungen, in: Lehrbuch der Klinischen Kinderpsychologie, 7. Auflage, hrsg. von Franz Petermann, Göttingen, Hogrefe Verlag, 2013, S. 722–738

Heinrichs, Nina/Lohaus, Arnold: Klinische Entwicklungspsychologie kompakt. Psychische Störungen im Kindes- und Jugendalter, Weinheim, Beltz Verlag, 2011

Hellbrügge, Theodor: Zur Häufigkeit von Behinderungen, in: Klinische Sozialpädiatrie. Ein Lehrbuch der Entwicklungs-Rehabilitation im Kindesalter, hrsg. von Theodor Hellbrügge, Berlin, Springer Verlag, 2013, S. 34–40

Hennenhofer, Gerd/Heil, Klaus D.: Angst überwinden. Reinbek, Rowohlt Verlag, 1995.

Hensle, Ulrich/Vernooij, Monika A.: Einführung in die Arbeit mit behinderten Menschen – I. Theoretische Grundlagen, 6. Auflage, Wiebelsheim, Verlag Quelle und Meyer, 2002

Hermann-Röttgen, Marion: Unser Kind spricht nicht richtig ..., Stuttgart, Trias Verlag, 1997

Hermann-Röttgen, Marion/Miethe, Erhard: Unsere Stimme, Wehrheim, Verlag Gruppenpädagogischer Literatur, o. J.

Herpertz-Dahlmann, Beate/Hebebrand, Johannes: Ess-Störungen, in: Entwicklungspsychiatrie. Biopsychologische Grundlagen und die Entwicklung psychischer Störungen, 2. Auflage, hrsg. von Beate Herpertz-Dahlmann u. a., Stuttgart, Schattauer Verlag, 2008, S. 835–864

Heuß, Gertraud E.: Sehen, Hören, Sprechen – Ravensburger Spiel- und Arbeitsbogen, Ravensburg, Maier Verlag, 1999

Heymann-Marschall, Ilona (Hrsg.): Wissenschaftliche Begleitung des Geschehens in einem integrativen Kindergarten, Bonn, Reha Verlag, 1983

Hinz, Andreas: Von der Integration zur Inklusion – terminologisches Spiel oder konzeptuelle Weiterentwicklung?, in: Zeitschrift für Heilpädagogik 53 (2002), S. 354–361

Hobmair, Hermann/Altenthan, Sophia: Pädagogik, 6. Auflage, Köln, Stam Verlag, 2014

Holtkamp, Kristian/Herpertz-Dahlmann, Beate: Suizide und Suizidversuche im Kindes- und Jugendalter, in: Monatsschrift Kinderheilkunde 149 (2001), S. 717–729

Holtz, Renate: Therapie und Alltagshilfen für zerebralparetische Kinder, München, Pflaum Verlag, 2004

Homburg, Gerhard/Teumer, Jürgen: Behinderungen und Schule. Band 4: Störungen der sprachlichen Kommunikation, Tübingen, DIFF Verlag, 1989

Hugenschmidt, Beate/Leppert, Johanna: Heilpädagogische Sprachförderung im Vorschulalter, Freiburg, Lambertus Verlag, 1993

Hulsegge, Jan/Verheul, Ad: Snoezelen – eine andere Welt, Marburg, Lebenshilfe-Verlag, 1998

Hülshoff, Thomas: Medizinische Grundlagen der Heilpädagogik, München, Ernst Reinhardt Verlag, 2005

Hurrelmann, Klaus/Settertobulte, Wolfgang: Prävention und Gesundheitsförderung im Kindes- und Jugendalter, in: Lehrbuch der Klinischen Kinderpsychologie und -psychotherapie, 5. Auflage, hrsg. von Franz Petermann, Göttingen, Hogrefe Verlag 2002, S. 131–148

Ihle, Wolfgang/Groen, Gunter/Walter, Daniel/Esser, Günter/Petermann, Franz: Depression, Göttingen, Hogrefe Verlag, 2012

Illich, Ivan: Entmündigung durch Experten, Reinbek, Rowohlt Verlag, 1979

In-Albon, Tina: Kinder und Jugendliche mit Angststörungen. Erscheinungsbilder, Diagnostik, Behandlung, Prävention, Stuttgart, W. Kohlhammer Verlag, 2011

In-Albon, Tina/Plener, Paul L./Brunner, Romuald/Kaess, Michael: Selbstverletzendes Verhalten, Göttingen, Hogrefe Verlag, 2015

Ingenkamp, Karlheinz/Seibert, Beate/Schwab, Fritz: Beurteilungsbogen für Erzieherinnen zur Diagnose der Schulfähigkeit, 2. Auflage, Weinheim, Beltz Verlag, 1991

Jacobi, Corinna/Paul, Thomas/Thiel, Andreas: Essstörungen, Göttingen, Hogrefe Verlag, 2004

Jacobs, Claus/Petermann, Franz: Kompendien psychologische Diagnostik. Band 7: Diagnostik von Rechenstörung, Göttingen, Hogrefe Verlag, 2005

Jacobs, Claus/Petermann, Franz: RZD 2–6: Rechenfertigkeits- und Zahlenverarbeitungs-Diagnostikum für die 2. bis 6. Klasse, Göttingen, Hogrefe Verlag, 2005

Jacobs, Claus/Petermann, Franz/Tischler, Lars: Rechenstörung, in: Lehrbuch der Klinischen Kinderpsychologie, 7. Auflage, hrsg. von Franz Petermann, Göttingen, Hogrefe Verlag, 2013, S. 181–205

Janetzke, Hartmut: Stichwort Autismus, 3. Auflage, München, Heyne Verlag, 1998

Jansen, Heiner/Mannhaupt, Gerd/Marx, Harald/Skowronek, Helmuth: Bielefelder Screening zur Früherkennung von Lese- und Rechtschreibschwierigkeiten (BISC), Göttingen, Hogrefe Verlag, 1999

Janson, Ulf: Partizipation im Vorschulbereich als sozialer Prozess, in: „Dabeisein ist nicht alles" – Inklusion und Zusammenleben im Kindergarten, 2. Auflage, hrsg. von Max Kreuzer und Borgunn Ytterhus, München, Ernst Reinhardt Verlag, 2011, S. 132–152

Jeltsch-Schudel, Barbara: Trisomie 21, in: Kompendium der Heilpädagogik, Band 2: I–Z, hrsg. von Heinrich Greving, Troisdorf, Bildungsverlag EINS, 2007, S. 304–312

Juen, Barbara: Handbuch der Krisenintervention, innsbruck, Studia-Univerisäts-Verlag, 2003

Jussen, Heribert: Schwerhörigenpädagogik, in: Sonderpädagogik im Grundriss, 12. Auflage, hrsg. von Heinz Bach, Berlin, Marhold Verlag, 1990, S. 113–128

Jussen, Heribert/Claußen, Hartwig: Chancen für Hörgeschädigte, München, Ernst ReinhardtVerlag, 1991

Jussen, Heribert/Kröhnert, Otto: Pädagogik der Gehörlosen und Schwerhörigen, Berlin, Marhold Verlag, 1982

Kallenbach, Kurt: Kinder mit besonderen Bedürfnissen – Ausgewählte Krankheitsbilder und Behinderungsformen, Berlin, Edition Marhold, 1998

Kallenbach, Kurt: Körperbehinderungen. Schädigungsaspekte, psychosoziale Auswirkungen und pädagogisch-rehabilitative Maßnahmen, 2. Auflage, Bad Heilbrunn, Verlag Julius Klinkhardt, 2006

Kampmeier, Anke S.: Querschnittslähmung – Ursachen, Folgen, Rehabilitation, in: Körperbehinderungen. Schädigungsaspekte, psychosoziale Auswirkungen und pädagogisch-rehabilitative Maßnahmen, 2. Auflage, hrsg. von Kurt Kallenbach, Bad Heilbrunn, Verlag Julius Klinkhardt, 2006, S. 197–217

Kanfer, Frederick/Reinecker, Hans/Schmelzer, Dieter: Selbstmanagement-Therapie. Ein Lehrbuch für die klinische Praxis, 5. Auflage, München, Springer-Verlag, 2012

Kanfer, Frederick/Saslow, George: Behavioral analysis: An alternative to diagnostic classification, Archives of General Psychiatry 12 (1965), S. 529–538

Kanner, Leo: Autistic disturbances of affectice contact, in: Nervous Child 2 (1943), S. 217–250

Kanter, Gustav: Lernbehindertenpädagogik – Gegenstandsbestimmung, Begriffsklärung, in: Handbuch der Sonderpädagogik, Band 4: Pädagogik der Lernbehinderten, hrsg. von Gustav Kanter und Otto Speck, Berlin, Edition Marhold, 1980

Kanter, Gustav: Lernbehinderungen und die Personengruppe der Lernbehinderten, in: Handbuch der Sonderpädagogik, Band 4: Pädagogik der Lernbehinderten, hrsg. von Gustav Kanter und Otto Speck, Berlin, Edition Marhold, 1980

Kanter, Gustav: Lernbehinderten- und Lerngestörtenpädagogik, in: Sonderpädagogik im Grundriss, 13. Auflage, hrsg. von Heinz Bach, Berlin, Edition Marhold, 1989

Kanter, Gustav/Speck, Otto: Handbuch der Sonderpädagogik, Band 4: Pädagogik der Lernbehinderten, Berlin, Edition Marhold, 1980

Kasztantowicz, Ulrich: Wege aus der Isolation, 2. Auflage, Heidelberg, Edition Schindele, 1986

Katzenbach, Dieter: Inklusion, psychoanalytische Pädagogik und der Differenzdiskurs, in: Inklusion. Idealistische Forderung, individuelle Förderung, institutionelle Herausforderung, hrsg. von Rolf Göppel und Bernhard Rauh, Stuttgart, W. Kohlhammer Verlag, 2016, S. 17–29

Katzenbach, Dieter/Schnell, Irmtraud: Strukturelle Voraussetzungen inklusiver Bildung, in: Die inklusive Schule. Standards für die Umsetzung, hrsg. von Vera Moser, Stuttgart, W. Kohlhammer Verlag, 2012, S. 21–39

Kaufmann, Sabine/Wessolowski, Silvia: Rechenstörungen – Diagnose und Förderbausteine, Seelze, Kallmeyer Verlag, 2006

Kauschke, Christina/Siegmüller, Julia: Patholinguistische Diagnostik bei Sprachentwicklungsstörungen (PDSS), 2. Auflage, München, Elsevier, 2010

Keese, Angela: Sprachbehinderungen, in: Handbuch der sonderpädagogischen Psychologie, hrsg. von Johann Borchert, Göttingen, Hogrefe Verlag, 2000, S. 45–60

Kehrer, Hans: Autismus – Diagnostische, therapeutische und soziale Aspekte, 5. Auflage, Heidelberg, Asanger Verlag, 1995

Kehrer, Hans: Symptome des infantilen Autismus, Lüdenscheid, o. J.

Kiphard, Ernst: Mototherapie. Band I und II, 10. Auflage, Dortmund, Verlag Modernes Lernen, 2009

Kiphard, Ernst/Schilling, Friedhelm: Körper-Koordinationstest für Kinder (KTK), 2. Auflage, Göttingen, Hogrefe Verlag, 2007

Klauß, Theo/Wertz-Schönhagen, Peter: Behinderte Menschen in Familie und Heim, Weinheim, Juventa Verlag, 1993

Klee, Ernst: Behinderten-Report I und II, 5. Auflage, Frankfurt/Main, Fischer Verlag, 1981

Klein, Gerhard: Spezielle Fragen soziokultureller Determinanten bei Lernbehinderung, in: Handbuch der Sonderpädagogik, Band 4: Pädagogik der Lernbehinderten, hrsg. von Gustav Kanter und Otto Speck, Berlin, Edition Marhold, 1980

Klemm, Klaus: Gemeinsam lernen, inklusion leben. Status Quo und Herausforderungen inklusiver Bildung in Deutschland, Gütersloh, Bertelsmann Stiftung, 2010

Klemm, Klaus: Inklusion in Deutschland. Daten und Fakten, Gütersloh, Bertelsmann Stiftung, 2015

Klicpera, Christian/Gasteiger-Klicpera, Barbara: Psychologie der Lese- und Schreibschwierigkeiten – Entwicklung, Ursachen, Förderung, 2. Auflage, Weinheim, Beltz Psychologie Verlags Union, 1998

Klicpera, Christian/Innerhofer, Paul: Die Welt des frühkindlichen Autismus, 3. Auflage, München, Ernst Reinhardt Verlag, 2002

Klicpera, Christian/Schabmann, Alfred/Gasteiger-Klicpera, Barbara: Legasthenie – Modelle, Diagnose, Therapie und Förderung, 3. Auflage, München, Ernst Reinhardt Verlag, 2010

Klinghammer, H.-D.: Zur psychischen Situation hörgeschädigter Kinder und Jugendlicher, in: Körperliche, seelische, heilpädagogische Belastbarkeit von körperbehinderten, sehbehinderten und blinden sowie hörgeschädigten Kindern, hrsg. von Karl-Josef Kluge, Bonn, Rehabilitationsverlag, 1979

Kluger, Gerhard: Ätiologie und Klinik erworbener kindlicher Querschnittslähmungen, in: Querschnittsläsionen im Kindesalter – Ätiologie Klinik, Therapie, hrsg. von Michael Laub, Wehr, Ciba Geigy Verlag, 1995, S. 11–46

Knörzer, Winfried: Die psychischen Auswirkungen von Misserfolgen in einem zentralen Schulfach, in: Legasthenie – Bericht über den Fachkongress 1984, hrsg. von Lisa Dummer-Schmoch, Verlag des Bundesverbandes Legasthenie e. V., 1984

Kobi, Emil: Grundfragen der Heilpädagogik, 6. Auflage, Berlin, BHP-Verlag, 2004

Kobi, Emil: Inklusion: ein pädagogischer Mythos?, in: Inklusion statt Integration? Heilpädagogik als Kulturtechnik, 2. Auflage, hrsg. von Markus Dederich, Heinrich Greving, Christian Mürner, Peter Rödler, Gießen, Psychoszozial-Verlag, 2010, S. 28–44

Köhn, Wolfgang: Heilpädagogische Erziehungshilfe und Entwicklungsförderung (HpE). Ein Handlungskonzept, 2. Auflage, Heidelberg, Winter Verlag, 2001

Krajewski, Kristin: Deutscher Mathematiktest für erste Klassen (DEMAT 1 +), Göttingen, Hogrefe Verlag, 2002

Krajewski, Kristin: Vorhersage von Rechenschwäche in der Grundschule, Hamburg, Verlag Dr. Kovač, 2003

Krajewski, Kristin: Deutscher Mathematiktest für erste Klassen (DEMAT 2 +), Göttingen, Hogrefe Verlag, 2004

Kriz, Jürgen: Grundkonzepte der Psychotherapie, 6. Auflage, Weinheim, Beltz Psychologie Verlags Union, 2007

Kromeyer-Hauschild, Katrin/Wabitsch, Martin u. a.: Perzentile für den Body-Mass-Index für das Kindes- und Jugendalter unter Heranziehung verschiedener deutscher Stichproben, in: Monatsschrift Kinderheilkunde 8 (2001), S. 807–818

Kron, Maria: Integration als Einigung – Integrative Prozesse und ihre Gefährdungen auf Gruppenebene, in: „Dabeisein ist nicht alles" Inklusion und Zusammenleben im Kindergarten, 2. Auflage, hrsg. von Max Kreuzer, Borgunn Ytterhus, München, Ernst Reinhardt Verlag, 2011, S. 190–200

Krüger, Michael: Der Personenkreis, in: Pädagogik der Gehörlosen und Schwerhörigen, hrsg. von Heribert Jussen und Otto Kröhnert, Berlin, Edition Marhold, 1982, S. 3–26

Krüger, Michael: Häufigkeit (Statistik), in: Pädagogik der Gehörlosen und Schwerhörigen, hrsg. von Heribert Jussen und Otto Kröhnert, Berlin, Edition Marhold, 1982, S. 37–43

Krüger, Michael: Häufigkeitsstatistische und demographische Angaben zum Personenkreis hörgeschädigter Menschen, in: Chancen für Hörgeschädigte, hrsg. von Heribert Jussen und Hartwig Claußen, München, Ernst Reinhardt Verlag, 1991, S. 25–30

Kulig, Wolfram/Theunissen, Georg/Wüllenweber, Ernst: Geistige Behinderung, in: Pädagogik bei geistigen Behinderungen. Ein Handbuch für Studium und Praxis, hrsg. von Ernst Wüllenweber, Georg Theunissen und Heinz Mühl, Stuttgart, Kohlhammer Verlag, 2006, S. 116–127

Kultusministerkonferenz (KMK): Die Sonderschulen in der bundeseinheitlichen Schulstatistik 1987 bis 1996, Bonn, 1997

Kultusministerkonferenz (KMK): Empfehlungen zum Förderschwerpunkt geistige Entwicklung, Bonn, 1998

Kultusministerkonferenz (KMK): Sonderpädagogische Förderung in Förderschulen 2001 bis 2010, Berlin, 2016

Kurth, Erich: Ziele und Methoden diagnostischen Handelns, in: Handbuch der sonderpädagogischen Psychologie, hrsg. von Johann Borchert, Göttingen, Hogrefe Verlag, 2000, S. 249–260

Kusch, Michael/Petermann, Franz: Entwicklung autistischer Störungen, 4. Auflage, Göttingen, Hogrefe Verlag, 2014

Lamnek, Siegfried: Theorien abweichenden Verhaltens, 9. Auflage, München, UTB, 2013

Landerl, Karin/Kaufmann, Liane: Dyskalkulie – Modelle, Diagnostik, Intervention, München, Ernst Reinhardt Verlag, 2008

Langfeldt, Hans-Peter/Rózsa, Julia: Leistungsdiagnostik, in: Handbuch der sonderpädagogischen Psychologie, hrsg. von Johann Borchert, Göttingen, Hogrefe Verlag, 2000, S. 261–270

Laub, Michael: Querschnittsläsionen im Kindesalter – Ätiologie, Klinik, Therapie, Wehr, Ciba Geigy Verlag, 1995

Laucht, Manfred: Störungen des Kleinkind- und Vorschulalters, in: Lehrbuch der Klinischen Psychologie und Psychotherapie bei Kindern und Jugendlichen, 4. Auflage, hrsg. von Günter Esser, Stuttgart, Thieme Verlag, 2011, S. 126–142

Lauth, Gerhard: Lernbehinderungen, in: Handbuch der sonderpädagogischen Psychologie, hrsg. von Johann Borchert, Göttingen, Hogrefe Verlag, 2000, S. 21–31

Lazarus, Richard: Emotion and adaption, Oxford: Oxford University Press, 1994

Lazarus-Mainka, Gerda/Siebeneick, Stefanie: Angst und Ängstlichkeit, Göttingen, Hogrefe Verlag, 2000

Lehrke, Sonja/Laessle, Reinhold G.: Adipositas im Kindes- und Jugendalter. Basiswissen und Therapie, 2. Auflage, Heidelberg, Springer-Verlag, 2009

Lempp, Reinhart: Frühkindliche Hirnschädigung und Neurose, 3. Auflage, Bern, Huber Verlag, 1978

Lenz, Albert: Interventionen bei Kindern psychisch kranker Eltern. Grundlagen, Diagnostik und therapeutische Maßnahmen, Göttingen, Hogrefe Verlag, 2008

Leonhardt, Annette: Ausbildung des Hörens – Erlernen des Sprechens: frühe Hilfen für hörgeschädigte Kinder, Weinheim, Beltz Verlag, 1998

Leonhardt, Annette: Einführung in die Hörgeschädigtenpädagogik, 3. Auflage, München, Ernst Reinhardt Verlag, 2008

Leyendecker, Christoph: Behinderung und Schule. Band 3: Wahrnehmungsstörungen, Tübingen, DIFF Verlag, 1988

Leyendecker, Christoph: Wissenschaftliche Grundlagen, Konzepte und Perspektiven der Frühförderung körperbehinderter Kinder, in: Theorien der Körperbehindertenpädagogik, hrsg. von Harry Bergeest und Gerd Hansen, Bad Heilbrunn, Klinkhardt Verlag, 1999, S. 297–318

Leyendecker, Christoph: Motorische Behinderungen. Grundlagen, Zusammenhänge und Fördermöglichkeiten, Stuttgart, W. Kohlhammer Verlag, 2005

Leyendecker, Christoph/Kallenbach, Kurt: Behinderung und Schule. Band 9: Motorische Störungen, Tübingen, DIFF Verlag, 1989

Linden, Michael (Hrsg.): Verhaltenstherapie – Techniken, Einzelverfahren und Behandlungsanleitung, 3. Auflage, Berlin, Springer-Verlag, 1996

Linder, Maria: Lesestörungen bei normalbegabten Kindern, Zürich, Sekretariat des Schweiz. Lehrervereins, 1962

Lindmeier, Bettina: Entwicklungen der Community Care in internationaler Perspektive, in: Von der Integration zur Inklusion – Grundlagen – Perspektiven – Praxis, hrsg. von Andreas Hinz, Ingrid Körner und Ulrich Niehoff, Marburg, Lebenshilfe-Verlag, 2010, S. 91–103

Lockowandt, Oskar: Frostigs Entwicklungstest der visuellen Wahrnehmung (FEW), 9. Auflage, Weinheim, Beltz Verlag, 2000

Loh, Siegrun von: Chronisch kranke und behinderte Kindergartenkinder, hrsg. vom Ministerium für Kultur, Jugend, Familie und Frauen, Mainz, 1990

Loh, Siegrun von: Entwicklungsstörungen bei Kindern – Grundwissen für pädagogische und therapeutische Berufe, Stuttgart, W. Kohlhammer Verlag, 2003

Lösel, Friedrich: Prävention von Aggression und Delinquenz in der Entwicklung junger Menschen, in: Starke Jugend – Starke Zukunft. Ausgewählte Beiträge des 12. Präventionstages, Mönchengladbach, Forum Verlag Godesberg, 2008, S. 129–152

Löwe, Armin: Früherfassung, Früherkennung, Frühbetreuung hörgeschädigter Kinder, 3. Auflage, Berlin, Edition Marhold, 1992

Lukesch, Helmut: Fragebogen zur Erfassung von Empathie, Prosozialität, Aggressionsbereitschaft und aggressivem Verhalten (FEPAA), Göttingen, Hogrefe Verlag, 2006

Mall, Winfried: Basale Kommunikation, in: Kompendium der Heilpädagogik. Band 1: A–H, hrsg. von Heinrich Greving, Troisdorf, Bildungsverlag EINS, 2007, S. 83–87

Mattejat, Fritz: Individuelle Psychotherapie, in: Therapie psychischer Störungen bei Kindern und Jugendlichen. Ein integratives Lehrbuch für die Praxis, hrsg. von Helmut Remschmidt, Fritz Mattejat und Andreas Warnke, Stuttgart, Georg Thieme Verlag, 2008, S. 43–64

Mayer, Andreas: Lese-Rechtschreibstörungen (LRS), München, Ernst Reinhardt Verlag, 2016

McGovern, Karsten/Oberste-Ufer, Ralf/Rohrmann, Albrecht: Familienunterstützende Dienste: Entwicklung, Politik und Qualitätsstandards, hrsg. von Zentrum für Planung und Evaluation Sozialer Dienste, Siegen, 1999

Meermann, Rolf: Anorexie und Bulimie, in: Verhaltenstherapiemanual, 7. Auflage, hrsg. von Michael Linden und Martin Hautzinger, Berlin, Springer-Verlag, 2011, S. 512 f.

Meichenbaum, Donald: Kognitive Verhaltensmodifikation, 2. Auflage, München, Verlag Urban & Schwarzenberg, 1995

Meyer, Herrmann: Geistige Behinderung – Terminologie und Begriffsverständnis, in: Menschen mit geistiger Behinderung. Psychologische Grundlagen, Konzepte und Tätigkeitsfelder, hrsg. von Dieter Irblich und Burkhard Stahl, Göttingen, Hogrefe Verlag, 2003, S. 4–30

Milz, Ingeborg: Rechenschwäche erkennen und behandeln. Teilleistungsstörungen im mathematischen Denken neuropädagogisch betrachtet, 6. Auflage, Dortmund, verlag modernes lernen, 2004

Mohr, Cornelia/Schneider, Silvia: Emotionsregulation und Angststörungen im Kindes- und Jugendalter, in: Emotionsregulation und psychische Störungen im Kindes- und Jugendalter. Grundlagen, Forschung und Behandlungsansätze, hrsg. von Tina In-Albon, Stuttgart, W. Kohlhammer Verlag, 2013, S. 149–169

Möhring, Heinrich: Lautbildungsschwierigkeiten im Deutschen. Eine phonetisch-pädagogische Untersuchung als Beitrag zur Fibelfrage vom Standpunkt des Heilpädagogen aufgrund statistischer Erhebungen an 2102 stammelnden Schulkindern im deutschen Sprachgebiet, in: Zeitschrift für Kinderforschung 47 (1938), S. 185–236

Möller, Hans-Jürgen: Suizidalität, in: Psychiatrie, Psychosomatik und Psychotherapie, hrsg. von Hans-Jürgen Möller, Gerd Laux und Arno Deister, 6. Auflage, Stuttgart, Thieme Verlag, 2015, S. 414–435

Möller, Hans-Jürgen/Laux, Gerd/Deister, Arno: Psychiatrie und Psychotherapie, 4. Auflage, Stuttgart, Thieme Verlag, 2009

Montag Stiftung Jugend und Gesellschaft (Hrsg.): Kommunaler Index für Inklusion. Arbeitsbuch, Bonn, o. J.

Moor, Paul: Heilpädagogik. Ein pädagogisches Lehrbuch, Bern, Huber Verlag, 1965

Morschitzky, Hans: Angststörungen. Diagnostik, Konzepte, Therapie, Selbsthilfe, 4. Auflage, Wien, Springer-Verlag, 2009

Mosthaf, Ursula: Ergotherapie, in: Pädagogik der Körperbehinderten, hrsg. von Ursula Haupt und Gerd Jansen, Berlin, Edition Marhold, 1983, S. 280–289

Muff, Albin: Sprachentwicklung geistig behinderter Kinder, München, GRIN Verlag, 2009

Mühl, Heinz: Handlungsbezogener Unterricht in der Schule für Geistigbehinderte, in: Vierteljahreszeitschrift für Heilpädagogik und Nachbargebiete 4 (1993), S. 409–421

Mühlum, Albert/Kemper, Eike: Sozialarbeit in der Rehabilitation, in: Handbuch der Sonderpädagogik, Band 10: Sonderpädagogik und Sozialarbeit, hrsg. von Otto Speck, Berlin, Edition Marhold, 1990, S. 3–27

Müller, Margit/Nanz, Grete: Steh- und Gehverbesserungen bei Kindern mit erworbener Querschnittslähmung, in: Querschnittsläsionen im Kindesalter – Ätiologie, Klinik, Therapie, hrsg. von Michael Laub, Wehr, Therapie Ciba Geigy Verlag, 1995, S. 143–163

Müller-Küppers, Manfred: Das leicht hirngeschädigte Kind, 2. Auflage, Stuttgart, Hippokrates Verlag, 1975

Munsch, Simone/Hilbert, Anja: Übergewicht und Adipositas, Göttingen, Hogrefe Verlag, 2015

Murray, Henry A.: Thematic Apperception Test (TAT), Göttingen, Hogrefe Verlag, 1943

Mutzeck, Wolfgang: Supervision, in: Handbuch der sonderpädagogischen Psychologie, hrsg. von Johann Borchert, Göttingen, Hogrefe Verlag, 2000

Myschker, Norbert: Verhaltensstörungen bei Kindern und Jugendlichen, 4. Auflage, Stuttgart, W. Kohlhammer Verlag, 2002

Neuhäuser, Gerhard/Steinhausen, Hans-Christoph: Epidemiologie und Risikofaktoren, in: Geistige Behinderung: Grundlagen, klinische Syndrome, Behandlung und Rehabilitation, hrsg. von Gerhard Neuhäuser und Hans-Christoph Steinhausen, Stuttgart, W. Kohlhammer Verlag, 2003, S. 9–23

Neumann, Helmuth: Erfassung und diagnostische Abgrenzungen, in: Pädagogik der Gehörlosen und Schwerhörigen, hrsg. von Heribert Jussen und Otto Kröhnert, Berlin, Edition Marhold, 1982, S. 27–36

Niehoff, Dieter: Basale Stimulation und Kommunikation, Troisdorf, Bildungsverlag EINS, 2003

Niemeyer, Wilhelm: Bremer Lautdiskriminationstest (BLDT), Hamburg, o. J.

Niemeyer, Wilhelm: Bremer Artikulationstest (BAT), Hamburg, o. J.

Nirje, Bengt: Das Normalisierungsprinzip und seine Auswirkungen in der fürsorglichen Betreuung, in: Geistig Behinderte – Eingliederung oder Bewahrung, hrsg. von Robert Kugel und Wolf Wolfensberger, Stuttgart, Thieme Verlag, 1974, S. 36–46

Nolting, Hans-Peter: Lernfall Aggression – Wie sie entsteht – wie sie zu vermindern ist. Ein Überblick mit Praxisschwerpunkt Alltag und Erziehung, 6. Auflage, Reinbek, Rowohlt Verlag, 2009

Oerter, Rolf/Montada, Leo: Entwicklungspsychologie, 6. Auflage, Weinheim, Beltz Verlag, 2008

Ohlmeier, Gertrud: Frühförderung behinderter Kinder, 3. Auflage, Dortmund, verlag modernes lernen, 1997

Orbach, Israel: Kinder, die nicht mehr leben wollen, 2. Auflage, Göttingen, Verlag Vandenhoeck und Ruprecht, 1997

Ortmann, Monika: Duchenne Muskeldystrophie (DMD), in: Körperbehinderungen. Schädigungsaspekte, psychosoziale Auswirkungen und pädagogisch-rehabilitative Maßnahmen, 2. Auflage, hrsg. von Kurt Kallenbach, Bad Heilbrunn, Verlag Julius Klinkhardt, 2006, S. 251–275

Papousek, Mechthild: Störungen des Säuglingsalters, in: Lehrbuch der Klinischen Psychologie und Psychotherapie bei Kindern und Jugendlichen, 4. Auflage, hrsg. von Günter Esser, Stuttgart, Thieme Verlag, 2011, S. 103–125

Petermann, Franz: Grundbegriffe und Trends der Klinischen Kinderpsychologie und Kinderpsychotherapie, in: Lehrbuch der Klinischen Kinderpsychologie und -psychotherapie, 4. Auflage, hrsg. von Franz Petermann, Göttingen, Hogrefe Verlag, 2000, S. 9–26

Petermann, Franz: Lehrbuch der Klinischen Kinderpsychologie und -psychotherapie, 4. Auflage, Göttingen, Hogrefe Verlag, 2000

Petermann, Franz/Achtergarde, Sandra: Selbstverletzendes Verhalten, in: Lehrbuch der Klinischen Kinderpsychologie, 7. Auflage, hrsg. von Franz Petermann, Göttingen, Hogrefe Verlag, 2013, S. 477–493

Petermann, Franz/Beckers, Leif: Differentieller Aggressionsfragebogen (DAF). Ein Verfahren zur Erfassung reaktiver und proaktiver Aggressionen bei Kindern und Jugendlichen, Göttingen, Hogrefe Verlag, 2014

Petermann, Franz/Döpfner, Manfred/Görtz-Dorten, Anja: Aggressiv-oppositionelles Verhalten im Kindesalter, 3. Auflage, Göttingen, Hogrefe Verlag, 2016

Petermann, Franz/Döpfner, Manfred/Lehmkuhl, Gerd/Scheithauer, Herbert: Klassifikation und Epidemiologie psychischer Störungen, in: Lehrbuch der Klinischen Kinderpsychologie und -psychotherapie, hrsg. von Franz Petermann, 5. Auflage, Göttingen, Hogrefe Verlag, 2002, S. 29–56

Petermann, Franz/Döpfner, Manfred/Schmidt, Martin H.: Aggressiv-dissoziale Störungen, 2. Auflage, Göttingen, Hogrefe Verlag, 2007

Petermann, Franz/Jugert, Gert/Rehder, Anke/Tänzer, Uwe/Verbeek, Dorothe: Sozialtraining in der Schule, 3. Auflage, Weinheim, Beltz Psychologie Verlags Union, 2012

Petermann, Franz/Macha, Thorsten: Entwicklungstest ET 6–6, Frankfurt/Main, Harcourt Test Services, 2000; Entwicklungstest für Kinder von sechs Monaten bis sechs Jahren. Revision (ET 6-6-R), Frankfurt/Main, Pearson Assessment, 2013

Petermann, Franz/Petermann, Ulrike: Erfassungsbogen für aggressives Verhalten in konkreten Situationen (EAS), 4. Auflage, Göttingen, Hogrefe Verlag, 2000

Petermann, Franz/Petermann, Ulrike: Wechsler Intelligence Scale for Children - Fourth Edition (WISC-IV), Frankfurt/Main, Pearson Assessment, 2011

Petermann, Franz/Petermann, Ulrike: Aggressionsdiagnostik, 2. Auflage, Göttingen, Hogrefe Verlag, 2015

Petermann, Franz/Resch, Franz: Entwicklungspsychopathologie, in: Lehrbuch der Klinischen Kinderpsychologie, 7. Auflage, hrsg. von Franz Petermann, Göttingen, Hogrefe Verlag, 2013, S. 105–202

Petermann, Franz/Stein, Iris: Entwicklungstest ET 6-6, 3. Auflage, Frankfurt/Main, Harcourt Test Services, 2008

Petermann, Gertraud: Stimmbildung und Stimmerziehung. Ein Übungsbuch zur Arbeit mit jüngeren Kindern, Neuwied, Luchterhand Verlag, 1996

Petermann, Ulrike/Essau, Cecilia/Petermann, Franz: Angststörungen, in: Lehrbuch der klinischen Kinderpsychologie und -psychotherapie, hrsg. von Franz Petermann, 5. Auflage, Göttingen, Hogrefe Verlag, 2002, S. 228–270

Petermann, Ulrike/Petermann, Franz: Das aggressive Kind oder: Hilfen durch Verhaltenstherapie, in: Schwierige Kinder – Problematische Schüler, hrsg. von Rainer Winkel, Baltmannsweiler, Schneider Verlag Hohengehren, 1994

Petermann, Ulrike/Petermann, Franz: Störungen der Ausscheidung: Enuresis und Enkopresis, in: Lehrbuch der Klinischen Kinderpsychologie und -psychotherapie, 5. Auflage, hrsg. von Franz Petermann, 5. Auflage, Hogrefe Verlag, 2002, S. 381–408

Petermann, Ulrike/Petermann, Franz: Training mit Jugendlichen – Förderung von Arbeits- und Sozialverhalten, 10. Auflage, Weinheim, Psychologie Verlags Union, 2010

Petermann, Ulrike/Petermann, Franz: Training mit sozial unsicheren Kindern - Einzeltraining, Kindergruppen, Elternberatung, 10. Auflage, Weinheim, Beltz Psychologie Verlags Union, 2010

Petermann, Ulrike/Petermann, Franz: Wechsler Intelligence Scale for Children® – Fourth Edition (WISC-IV). Manual 1: Grundlagen, Testauswertung und Interpretation, Frankfurt/Main, Pearson, 2011

Petermann, Ulrike/Petermann, Franz: Training mit aggressiven Kindern. Einzeltraining – Kindergruppe – Elternberatung, 13. Auflage, Weinheim, Beltz Psychologie Verlags Union, 2012

Petermann, Ulrike/Petermann, Franz: Störungen des Sozialverhaltens, in: Lehrbuch der Klinischen Kinderpsychologie, 7. Auflage, hrsg. von Franz Petermann, Göttingen, Hogrefe Verlag, 2013, S. 291–317

Peuser, Günter: Sprachstörungen. Einführung in die Patholinguistik, München, Wilhelm Fink Verlag, 2000

Plath, Peter: Medizinische Aspekte der Gehörlosigkeit und der Schwerhörigkeit, in: Pädagogik der Gehörlosen und Schwerhörigen, hrsg. von Heribert Jussen und Otto Kröhnert, Berlin, Edition Marhold, 1982, S. 549–570

Pöldinger, Walter: Die Abschätzung der Suizidalität, Bern, Huber Verlag, 1998

Pohl, Rudolf: Bereich des Kognitiven, in: Handbuch der Sonderpädagogik. Band 5: Pädagogik der geistig Behinderten, hrsg. von Heinz Bach, Berlin, Edition Marhold, 1979, S. 247–267

Potreck-Rose, Friederike: Anorexia nervosa und Bulimia, Weinheim, Deutscher Studien-Verlag, 1987

Poustka, Fritz/Bölte, Sven/Feines-Matthews, Sabine/Schmötzer, Gabriele: Autistische Störungen, 2. Auflage, Göttingen, Hogrefe Verlag, 2008

Preiß, Gerhard: Leitfaden Zahlenland 2 – Verlaufspläne für die Lerneinheiten 11 bis 22, Bad Camberg, Zahlenland Prof. Preiß, 2007

Preiß, Gerhard: Leitfaden Zahlenland 1 – Verlaufspläne für die Lerneinheiten 1 bis 10, 3. Auflage, Bad Camberg, Zahlenland Prof. Preiß, 2009

Preiß, Gerhard: Leitfaden Zahlenland 3. Band 1: Stundenbilder zu den Zahlenländern 1–5, Kirchzarten, Zahlenland Prof. Preiß, 2009

Preiß, Gerhard: Leitfaden Zahlenland 3. Band 2: Stundenbilder zu den Zahlenländern 6–10, Kirchzarten, Zahlenland Prof. Preiß, 2010

Radtke, Peter: Selbsthilfegruppen, in: Handbuch der Sonderpädagogik, Band: 10 Sonderpädagogik und Sozialarbeit, hrsg. von Otto Speck, Berlin, Edition Marhold, 1990, S. 252–266

Rath, Waldtraut: Blindheit und Sehbehinderungen, in: Handbuch der sonderpädagogischen Psychologie, hrsg. von Johann Borchert, Göttingen, Hogrefe Verlag, 2000, S. 104–113

Reinecker, Hans: Methoden der Verhaltenstherapie, in: Verhaltenstherapie – Theorien und Methoden, hrsg. von Thomas Heyden, Tübingen, DGVT, 1999

Reinecker, Hans: Bestrafung, in: Verhaltenstherapie – Techniken, Einzelverfahren und Behandlungsanleitung, 4. Auflage, hrsg. von Michael Linden, Berlin, Springer-Verlag, 2003, S. 97–101

Reinecker, Hans: Zwangshandlungen und Zwangsgedanken, Göttingen, Hogrefe Verlag, 2009

Remschmidt, Helmut: Autismus, in: Entwicklungspsychiatrie. Biopsychologische Grundlagen und die Entwicklung psychischer Störungen, 2. Auflage, hrsg. von Beate Herpertz-Dahlmann u. a., Stuttgart, Schattauer Verlag, 2008, S. 600–625

Remschmidt, Helmut/Schmidt, Martin H.: Störungsbilder in der Kinder- und Jugendpsychiatrie, in: Psychiatrie der Gegenwart. Band 3: Psychiatrie spezieller Lebenssituationen, 4. Auflage, hrsg. von Hanfried Helmchen u. a., Berlin, Springer-Verlag, 2000, S. 105–202

Richter, Horst-Eberhard: Eltern, Kind und Neurose, 34. Auflage, Stuttgart: Klett Verlag, 2012

Roick, Thorsten (Hrsg.): Deutscher Mathematiktest für dritte Klassen (DEMAT 3 +), Göttingen, Hogrefe Verlag, 2004

Rosenzweig, Saul: Der Rosenzweig P-F Test (PFT) – Form für Kinder, Göttingen, Hogrefe Verlag, 1957

Rößner, Veit/Banaschewski, Tobias/Rothenberger, Aribert: Tic-Störungen, in: Lehrbuch der Klinischen Psychologie und Psychotherapie bei Kindern und Jugendlichen, 4. Auflage, hrsg. von Günter Esser, Stuttgart, Thieme Verlag, 2011, S. 321–333

Rüggeberg, August: Autonom-Leben – ein Selbsthilfe-„Konzept" als Alternative zur Rehabilitation und ambulanten Helferservice? In: Handbuch der Sonderpädagogik, Band 10: Sonderpädagogik und Sozialarbeit, hrsg. von Otto Speck, Berlin, Edition Marhold, 1990, S. 441–459

Ruhl, Uwe/Hach, Isabel/Wittchen, Hans-Ulrich: Entspannungsverfahren, in: Klinische Psychologie und Psychotherapie, 2. Auflage, hrsg. von Hans-Ulrich Wittchen und Jürgen Hoyer, Berlin, Springer-Verlag, 2011, S. 587–600

Ruoß, Manfred: Kommunikation Gehörloser, Bern, Huber Verlag, 1994

Sagi, Alexander: Verhaltensauffällige Kinder im Kindergarten – Ursachen und Wege zur Heilung, 14. Auflage, Freiburg, Herder Verlag, 1995 2001

Sander, Alfred: Inklusive Pädgogik verwirklichen – zur Begründung des Themas, in: Inklusive Pädagogik, hrsg. von Irmtraud Schnell und Alfred Sander, Bad Heilbrunn, Verlag Julius Klinkhardt, 2004, S. 11–22

Sanders, Matthew/Markie-Dadds, Carol/Turner, Karen: The theoretical, scientific and clinical foundations of the triple p-positive parenting programm: A population approach to the promotion of the parenting competence, hrsg. von Parenting research and practice monograph I, Brisbane 2003

Sarimski, Klaus: Kinder und Jugendliche mit geistiger Behinderung, Göttingen, Hogrefe Verlag, 2001

Sarimski, Klaus: Kognitive Prozesse bei Menschen mit geistiger Behinderung, in: Menschen mit geistiger Behinderung. Psychologische Grundlagen, Konzepte und Tätigkeitsfelder, hrsg. von Dieter Irblich und Burkhard Stahl, Göttingen, Hogrefe Verlag, 2003, S. 148–204

Sarimski, Klaus: Psychische Störungen bei behinderten Kindern und Jugendlichen, Göttingen, Hogrefe Verlag, 2005

Sarimski, Klaus: Behinderte Kinder in inklusiven Kindertagesstätten, Stuttgart, W. Kohlhammer Verlag, 2012

Saß, Henning u. a.: Diagnostisches und Statistisches Manual Psychischer Störungen DSM-IV, Göttingen, Hogrefe Verlag, 1996

Scharff Rethfeldt, Wiebke: Kindliche Mehrsprachigkeit. Grundlagen und Praxis der sprachtherapeutischen Intervention, Stuttgart, Thieme Verlag, 2013

Schaupp, Hubert/Holzer, Norbert/Lenart, Friederike: ERT 1+ Eggenberger Rechentest. Diagnostikum für Dyskalkulie für das Ende der 1. Schulstufe bis Mitte der 2. Schulstufe, Bern, Verlag Hans Huber, 2007

Schaupp, Hubert/Holzer, Norbert/Lenart, Friederike: ERT 2+ Eggenberger Rechentest. Diagnostikum für Dyskalkulie für das Ende der 2. Schulstufe bis Mitte der 3. Schulstufe, Bern, Verlag Hans Huber, 2008

Schaupp, Hubert/Holzer, Norbert/Lenart, Friederike: ERT 3+ Eggenberger Rechentest. Diagnostikum für Dyskalkulie für das Ende der 3. Schulstufe bis Mitte der 4. Schulstufe, Bern, Verlag Hans Huber, 2010

Schaupp, Hubert/Holzer, Norbert/Lenart, Friederike: ERT 4+ Eggenberger Rechentest. Diagnostikum für Dyskalkulie für das Ende der 4. Schulstufe bis Mitte der 5. Schulstufe, Bern, Verlag Hans Huber, 2010

Scheithauer, Hermann/Petermann, Franz: Aggression, in: Lehrbuch der Klinischen Kinderpsychologie und -psychotherapie, 5. Auflage, hrsg. von Franz Petermann, Göttingen, Hogrefe Verlag, 2002

Schenk-Danzinger, Lotte: Legasthenie – Zerebralfunktionelle Interpretation – Diagnose und Therapie, München, Ernst Reinhardt Verlag, 1991

Schienkiewitz, Anja/Damerow, Stefan/Schaffrath Rosario, Angelika: Prävalenz von Untergewicht, Übergewicht und Adipositas bei Kindern und Jugendlichen in Deutschland – Einordnung der Ergebnisse aus KiGGS Welle 2 nach internationalen Referenzsystemen, Journal of Health Monitoring 2018 (3), S. 60–74

Schilling, Friedhelm: Bereich der Motorik, in: Handbuch der Sonderpädagogik. Band 4: Pädagogik der geistig Behinderten, hrsg. von Heinz Bach, Berlin, Edition Marhold, 1979, S. 310–327

Schilling, Sabine/Prochinig, Theres: Rechenschwäche – Ursachen und Erscheinungsformen – Spielideen als vorbeugende Maßnahmen, 11. Auflage, Schaffhausen, SCHUBI Lernmedien, 2000

Schlack, Robert/Mauz, Elvira/Hebebrand, Johannes/Hölling, Heike: Hat die Häufigkeit elternberichteter Diagnosen einer Aufmerksamkeitsdefizit-/Hyperaktivitätsstörung (ADHS) in Deutschland zwischen 2003–2006 und 2009–2012 zugenommen?, in: Bundesgesundheitsblatt 57 (2014), S. 820–829

Schlange, Hildburg (Hrsg.): Göttinger Formreproduktions-Test, 3. Auflage, Göttingen, Hogrefe Verlag, 1977

Schmid-Giovanni, Susanne: Sprich mit mir, 2. Auflage, Berlin, Edition Marhold 1988

Schmid-Giovanni, Susanne: Hören und Sprechen – Anleitung zur auditiv-verbalen Erziehung hörgeschädigter Kinder, Meggen, Internationales Beratungszentrum, 1996

Schmutzler, Hans-Joachim: Heilpädagogisches Grundwissen – Einführung in die Früherziehung behinderter und von Behinderung bedrohter Kinder, 6. Auflage, Freiburg, Herder Verlag, 2005

Schneider, Wolfgang/Roth, Ellen/Küspert, Peter: Frühe Prävention von Lese-Rechtschreibproblemen: Das Würzburger Trainingsprogramm zur Förderung sprachlicher Bewusstheit bei Kindergartenkindern, in: Kindheit und Entwicklung 8 (1999), S. 147–152

Schönauer-Schneider, Wilma: Sprachverständnisstörungen, in: Grundwissen der Sprachheilpädagogik und Sprachtherapie, hrsg. von Manfred Grohnfeldt, Stuttgart, W. Kohlhammer Verlag, 2014, S. 199–203

Schönwiese, Volker: Behinderung und Pädagogik – eine Einführung aus Sicht behinderter Menschen, Hagen, Fernuniversität, 1997

Schramm, Karlheinz: Einführung in die Heilpädagogik, München, Bardtenschlager Verlag, 1996

Schuck, Karl Dieter: Diagnostik, in: Handbuch der sonderpädagogischen Psychologie, hrsg. von Johann Borchert, Göttingen, Hogrefe Verlag, 2000, S. 233–249

Schulte-Körne, Gerd/Mathwig, Frank: Das Marburger Rechtschreibtraining, Bochum, Verlag Dr. Dieter Winkler, 2001

Schulze, Christa: Lernprinzipien, in: Verhaltenstherapie in Erziehung und Unterricht, 4. Auflage, hrsg. von Wilfried Belschner, Stuttgart, W. Kohlhammer Verlag, 1996, S. 84–108

Schuppener, Saskia: Selbstbestimmung, in: Handbuch Inklusion und Sonderpädagogik, hrsg. von Ingeborg Hedderich u. a., Bad Heilbrunn, Verlag Julius Klinkhardt, 2016, S. 108–112

Schuster, Nicole: Schüler mit Autismus-Spektrum-Störungen. Eine Innen- und Außenansicht mit praktischen Tipps für Lehrer, Psychologen und Eltern, 2. Auflage, Stuttgart, W. Kohlhammer Verlag, 2011

Schwarz, Margret/Stark-Städele, Jeanette: Elternratgeber Rechenschwäche, München, Knaur Verlag, 2005

Schwarzer, Wolfgang/Trost, Alexander: Psychiatrie, Psychosomatik und Psychotherapie für psycho-soziale und pädagogische Berufe, 3. Auflage, Dortmund, Borgmann Verlag, 2005

Schwerin, Adelheid von: Sprache haben – sprechen können: Hilfen für sprach- und sprechauffällige Kinder im Kindergarten, 12. Auflage, Freiburg, Verlag Herder, 2000

Seidel, Michael: Geistige Behinderung – medizinische Grundlagen, in: Pädagogik bei geistigen Behinderungen. Ein Handbuch für Studium und Praxis, hrsg. von Ernst Wüllenweber, Georg Theunissen und Heinz Mühl, Stuttgart, W. Kohlhammer Verlag, 2006, S. 160–170

Senckel, Barbara: Entwicklungspsychologische Aspekte bei Menschen mit geistiger Behinderung, in: Menschen mit geistiger Behinderung. Psychologische Grundlagen, Konzepte und Tätigkeitsfelder, hrsg. von Dieter Irblich und Burkhard Stahl, Göttingen, Hogrefe Verlag, 2003, S. 71–147

Sickendiek, Ursel/Engel, Frank/Nestmann, Frank: Beratung, 3. Auflage, Weinheim, Juventa Verlag, 2008

Sieland, Bernd/Siebert, Madlen: Klinische Psychologie für Pädagogen, übersetzt von Bernhard Sieland und Madlen Siebert, Braunschweig, Westermann Verlag, 1979

Solarová, Svetluse: Blindenpädagogik, in: Sonderpädagogik im Grundriss, 15. Auflage, hrsg. von Heinz Bach, Berlin, Edition Marhold, 1995, S. 79–84

Sonneck, Gernot: Krisenintervention und Suizidverhütung, 2. Auflage, Wien, Facultas-Universitäts-Verlag, 2012

Speck, Otto: Pädagogische Aufgabenstellung, in: Handbuch der Sonderpädagogik. Band 4: Pädagogik der Lernbehinderten, hrsg. von Gustav Kanter und Otto Speck, Berlin, Edition Marhold, 2005

Speck, Otto: Menschen mit geistiger Behinderung. Ein Lehrbuch zur Erziehung und Bildung, 12. Auflage, München, Ernst Reinhardt Verlag, 2016

Speck, Otto: Geistige Behinderung und Erziehung. 5. Auflage, München, Ernst Reinhardt Verlag, 1984

Speidel, Hubert/Fenner, Elisabeth: Psychoanalytische Krankheitskonzepte, in: Lehrbuch der Psychotherapie und Psychosomatischen Medizin, 2. Auflage, hrsg. von Stephan Ahrens und Wolfgang Schneider, Stuttgart, Schattauer Verlag, 2002, S. 57–72

Spitzer, Robert: Diagnostisches und Statistisches Manual Psychischer Störungen DSM-III-R – Falldarstellungen, Weinheim, Beltz Verlag, 1991

Sroufe, L. Alan: Psychopathology as an outcome of development, in: Development and Psychopathology 9 (1997), S. 251–268

Staabs, Gerdhild von: Der Scenotest. 9. Auflage, Bern, Huber Verlag, 2004

Stadler, Hans: Körperbehinderungen, in: Handbuch der sozialpädagogischen Psychologie, hrsg. von Johann Borchert, Göttingen, Hogrefe Verlag, 2000, S. 76–94

Ständige Konferenz der Kultusminister der Länder in der Bundesrepublik Deutschland: Empfehlungen zum Förderschwerpunkt Lernen. Beschluss der Kultusministerkonferenz vom 01.10.1999

Staufenberg, Adelheid Margarete: Zur Psychoanalyse der ADHS. Manual und Katamnese, Frankfurt, Brandes und Apsel Verlag, 2011

Stegat, Harry: Trockenbett-Training, in: Verhaltenstherapie – Techniken, Einzelverfahren und Behandlungsanleitungen, 3. Auflage, hrsg. von Michael Linden, Berlin: Springer- Verlag, 1996, S. 320–323

Stegat, Harry: Apparative Enuresisbehandlung, in: Verhaltenstherapiemanual – Techniken, Einzelverfahren und Behandlungsanleitungen, 4. Auflage, hrsg. von Michael Linden und Martin Hautzinger, Berlin, Springer-Verlag, 2000, S. 350–354

Stein, Roland/Ellinger, Stephan: Zwischen Separation und Inklusion: zum Forschungsstand im Förderschwerpunkt emotionale und soziale Entwicklung, in: Inklusion im Förderschwerpunkt emotionale und soziale Entwicklung, hrsg. von Roland Stein und Thomas Müller, Stuttgart, W. Kohlhammer Verlag, 2015, S. 76–109

Steingrüber, Hans-Joachim/Lienert, Gustav: Hand-Dominanz-Test, 3. Auflage, Göttingen, Hogrefe Verlag, 2010

Steinhausen, Hans-Christoph: Anorexia nervosa, Göttingen, Hogrefe Verlag, 2005

Stengel, Ingeborg: Sprachschwierigkeiten bei Kindern – Früherkennung und Hilfe bei Sprachstörungen und verzögerter Entwicklung, 8. Auflage, Stuttgart, Verlag Klett-Cotta, 1993

Stiehler, Miriam: Mit Legosteinen Rechnen lernen, Göttingen, Verlag Vandenhoeck & Ruprecht, 2009

Stöcklin-Meier, Susanne: Sprechen und Spielen – Kreative Sprachförderung für Kindergarten- und Grundschulkinder, München, Kösel Verlag, 2008

Sturm, Tanja: Phasen der Entwicklung Inklusiver Bildung, in: Handbuch Inklusion und Sonderpädagogik, hrsg. von Ingeborg Hedderich u. a., Bad Heilbrunn, Verlag Julius Klinkhardt, 2016, S. 179–183

Suchodoletz, Waldemar von: Sprech- und Sprachstörungen, Göttingen, Hogrefe Verlag, 2013

Taßler, Renée: Hyperkinetisches Syndrom, in: Handbuch der sonderpädagogischen Psychologie, hrsg. von Johann Borchert, Göttingen, Hogrefe Verlag, 2000, S. 727–741

Tausch, Anne-Marie/Tausch, Reinhard: Erziehungspsychologie, Göttingen, Hogrefe Verlag, 1998

Theunissen, Georg: Eltern behinderter Kinder als Experten in eigener Sache – Dargestellt und angewandt am Beispiel der Behindertenarbeit in den USA, in: Zeitschrift für Heilpädagogik 3 (1998), S. 100–105

Theunissen, Georg: Empowerment und Inklusion behinderter Menschen. Eine Einführung in Heilpädagogik und Soziale Arbeit, 3. Auflage, Freiburg, Verlag Herder, 2013

Theunissen, Georg/Schwalb, Helmut: Einführung – Von der Integration zur Inklusion im Sinne von Empowerment, in: Inklusion, Partizipation und Empowerment in der Behindertenarbeit. Best-Practice-Beispiele: Wohnen – Leben – Arbeit – Freizeit, hrsg. von Georg Schwalb und Georg Theunissen, Stuttgart, W. Kohlhammer Verlag, 2009, S. 11–36

Thom, Harald (Hrsg.): Die infantilen Zerebralparesen, 2. Auflage, Stuttgart, Thieme Verlag, 1982

Thurmair, Martin/Naggl, Monika: Praxis der Frühförderung, 4. Auflage, München, Ernst Reinhardt Verlag, 2010

Tolksdorf, Marlis: Das Down-Syndrom. Ein Leitfaden für Eltern, Stuttgart, G. Fischer Verlag, 1994

Tryon, G. S.: Gedankenstopp, in: Verhaltenstherapiemanual, 7. Auflage, hrsg. von Michael Linden und Martin Hautziger, Berlin, Springer-Verlag, 2011, S. 155–158

Vernooij, Monika: Das ängstliche Kind oder: Zwei ganz verschiedene Fälle, in: Schwierige Kinder – Problematische Schüler, 3. Auflage, hrsg. von Rainer Winkel, Baltmannsweiler, Schneider Verlag Hohengehren, 2001, S. 126–151

Vojta, Vaclav: Die zerebralen Bewegungsstörungen im Säuglingsalter – Frühdiagnose und Frühtherapie, 9. Auflage, Stuttgart, Enke Verlag, 2014

Wagatha, Petra: Partnerschaft und kindliche Behinderung. Eine empirische Untersuchung mit Implikationen für die Beratungspraxis, Hamburg, Verlag Dr. Kovač, 2006

Wagner, Ingeborg: Aufmerksamkeitstraining mit impulsiven Kindern, 9. Auflage, Frankfurt/Main, Klotz Verlag, 2005

Walthes, Renate: Einführung in die Blinden- und Sehbehindertenpädagogik, 2. Auflage, München, Ernst Reinhardt Verlag, 2005

Warnke, Andreas: Elternarbeit, in: Handbuch der Sonderpädagogik, Band 10: Sonderpädagogik und Sozialarbeit, hrsg. von Otto Speck, Berlin, Edition Marhold, 1990, S. 410–426

Warnke, Andreas: Umschriebene Entwicklungsstörungen, in: Entwicklungspsychiatrie. Biopsychologische Grundlagen und die Entwicklung psychischer Störungen, 2. Auflage, hrsg. von Beate Herpertz-Dahlmann u. a., Stuttgart, Schattauer Verlag, 2008, S. 534–569

Warnke, Andreas: Suizid und Suizidversuch – Suizidalität, in: Entwicklungspsychiatrie. Biopsychologische Grundlagen und die Entwicklung psychischer Störungen, 2. Auflage, hrsg. von Beate Herpertz-Dahlmann u. a., Stuttgart, Schattauer Verlag, 2008, S. 1006–1023

Warnke, Andreas/Hemminger, Uwe/Plume, Ellen: Lese-Rechtschreibstörungen, Göttingen, Hogrefe Verlag, 2004

Warschburger, Petra/Petermann, Franz: Belastungen bei chronisch kranken Kindern und deren Familien, in: Lehrbuch der Klinischen Kinderpsychologie und -psychotherapie, 5. Auflage, hrsg. von Franz Petermann, Göttingen, Hogrefe Verlag, 2002, S. 479–512

Warschburger, Petra/Petermann, Franz: Adipositas, Göttingen, Hogrefe Verlag, 2008

Warschburger, Petra/Petermann, Franz/Fromme, Carmen/Woitalla, Nancy: Adipositastraining mit Kindern und Jugendlichen, 2. Auflage, Weinheim, Beltz Psychologie Verlags Union, 2005

Webster-Stratton, Carolyn: Preventing conduct problems in head start children: Strengthening parenting competencies, in: Journal of consulting and clinical psychology 66 (1998), S. 715–730

Weidlich, Sigrid/Lamberti, Georg: DCS – Diagnosticum für Cerebralschädigung. Ein visueller Lern- und Gedächtnistest, 4. Auflage, unter Mitarbeit von Wolfgang Hartje, Bern, Huber Verlag, 2001

Weiß, Rudolf: Grundintelligenztest, Skala 2 (CFT 20) mit Wortschatztest (WS) und Zahlenfolgetest (ZF), 4. Auflage, Göttingen, Hogrefe Verlag, 1998

Welling, Alfons: Einführung in die Sprachbehindertenpädagogik, München, Ernst Reinhardt Verlag, 2006

Wellmitz, Barbara: Fehlbildung und Deformitäten des Haltungs- und Bewegungsapparates, in: Körperbehinderungen. Schädigungsaspekte, psychosoziale Auswirkungen und pädagogisch-rehabilitative Maßnahmen, 2. Auflage, hrsg. von Kurt Kallenbach, Bad Heilbrunn, Verlag Julius Klinkhardt, 2006, S. 277–297

Wember, Franz: Didaktische Prinzipien, in: Handbuch der sonderpädagogischen Psychologie, hrsg. von Johann Borchert, Göttingen, Hogrefe Verlag, 2000, S. 341–353

Wender, Paul H.: Minimal brain dysfunction in children, New York, Wiley Publishing Company, 1971

Wendlandt, Wolfgang: Sprachstörungen im Kindesalter, 5. Auflage, Stuttgart, Thieme Verlag, 2006

Wewetzer, Christoph u. a.: Zwangsstörungen, in: Entwicklungspsychiatrie. Biopsychologische Grundlagen und die Entwicklung psychischer Störungen, . Auflage, hrsg. von Beate Herpertz-Dahlmann u. a., Stuttgart, Schattauer Verlag, 2008, S. 719–743

WHO (Weltgesundheitsorganisation): ICF-CY, internationale Klassifikation der Funktionsfähigkeit, Behinderung und Gesundheit bei Kindern und Jugendlichen. Bern, 2011

WHO (Weltgesundheitsorganisation): Obesity: preventing and managing the global epidemic, WHO Technical Report Series 894, Genf, 2000

Wiegand-Grefe, Silke: Kinder psychisch erkrankter Eltern, in: Lehrbuch der Klinischen Kinderpsychologie, 7. Auflage, hrsg. von Franz Petermann, Göttingen, Hogrefe Verlag, 2013, S. 701–718

Wille, Andreas: Die Enkopresis im Kindes- und Jugendalter, Berlin, Springer-Verlag, 2001

Windheuser, John/Niketta, Reiner: Eine deutsche Form der „Reinforcement Survey Schedule" von Cautela und Kastenbaum, in: Diagnostik in der Verhaltenstherapie, hrsg. von Dietmar Schulte, München, Verlag Urban & Schwarzenberg, 1974, S. 264–272

Winkel, Rainer: Schwierige Kinder – Problematische Schüler, 3. Auflage, Baltmannsweiler, Schneider Verlag Hohengehren, 2001

Winkel, Rainer: Pädagogische Psychiatrie für Eltern, Lehrer und Erzieher, 2. Auflage, Baltmannsweiler, Schneider Verlag Hohengehren, 1995

Winograd, Peter/Arrington, Harriette Jolins: Best practices of literacy assessment, in: Best practices in literacy instruction, hrsg. von Linda B. Gambrell, New York, Gildford Press, 1999, S. 210–241

Wirth, Günter: Sprachstörungen, Sprechstörungen, kindliche Hörstörungen – Lehrbuch für Ärzte, Logopäden und Sprachheilpädagogen, 5. Auflage, Köln, Deutscher Ärzteverlag, 2000

Wüllenweber, Ernst: Krisen und soziale Probleme von Menschen mit geistiger Behinderung – programmatische Ansätze zum Verständnis kritischer Lebenslagen, in: Pädagogik bei geistigen Behinderungen. Ein Handbuch für Studium und Praxis, hrsg. von Ernst Wüllenweber, Georg Theunissen und Heinz Mühl, Stuttgart, W. Kohlhammer Verlag, 2006, S. 199–211

Wustmann, Corinna: Resilienz – Widerstandfähigkeit von Kindern in Tageseinrichtungen fördern, Weinheim, Beltz Verlag, 2004

Wustmann, Corinna: Das Konzept der Resilienz und seine Bedeutung für das pädagogische Handeln, in: Dokumentation der Fachtagung „Resilienz – Was Kinder aus armen Familien stark macht", hrsg. von Irina Bohn, Frankfurt/Main, ISS-Aktuell, 2006, S. 6–14

Zero To Three. National Center for Infants (Hrsg.): Diagnostische Klassifikation: 0–3. Seelische Gesundheit und entwicklungsbedingte Störungen bei Säuglingen und Kleinkindern, Wien, Springer-Verlag, 1999

Zimmer, Renate: MOT 4-8 Screen. Motoriktest für vier- bis achtjährige Kinder. Screening-Version, Göttingen, Hogrefe Verlag, 2009

Zimmermann, Klaus/Kornmann, Rainer: Psychodiagnostik, in: Handbuch der Sonderpädagogik, Band 4: Pädagogik der Lernbehinderten, hrsg. von Gustav Kanter und Otto Speck, Berlin, Edition Marhold, 1980

Zink, Klaus/Schubert, Hans-Joachim (Hrsg.): Werkstätten für Behinderte im Wandel. Organisatorische, personelle und technische Veränderungen in Behindertenwerkstätten, Neuwied: Luchterhand Verlag, 1994

Zuckrigl, Alfred: Sprachstörungen, in: Kommunikation zwischen Partnern, Teil 2: Praxis der Behindertenarbeit, 4. Auflage, hrsg. von Bundesarbeitsgemeinschaft Hilfe für Behinderte, Düsseldorf, 1982

Bildquellenverzeichnis

Fotos:

Alamy Stock, Oxfordshire, Großbritannien:S. 16.1 (The History Collection), 296.1 (alptraum)

akg-images GmbH, Berlin: S. 15.3 (Georg Friedrich Adolph Schöner)

Bildarchiv Preußischer Kulturbesitz, Berlin: S. 15.1, 15.2 (RMN - Grand Palais | René-Gabriel Ojéda), 117.1

Bildungsverlag EINS GmbH, Köln/Christian Schlüter, Essen: S. 100.1, 193.1

istockphoto.com, Calgary, Kanada: S. 382.1 (vesmil), 432.1 (FatCamera), 503.1 (Ben Gingell)

mauritius images GmbH, Mittenwald: S. 179.1 (blickwinkel), 447.1 (dieKleinert/ Martin Zak)

MED-EL Elektromedizinische Geräte Deutschland GmbH, Starnberg: S. 245.1

Picture-Alliance GmbH, Frankfurt a. M.: S. 15.4 (Leemage), 16.2 (akg-images/ Historisches Auge), 16.3 (akg), 16.4 (akg-images), 136.1 (KEYSTONE), 195.1 (ZB), 220.1 (dpa), 396.1 (Peter Endig/dpa-Zentralbild), 517.1 (empics)

stock.adobe.com, Dublin, Irland: S. 71.1 (ktdesign), 74.1 (demphoto), 141.1 (Dan Race), 157.1 (Jenny Sturm), 220.2 (Baranov), 221.1 (Baranov), 221.2 (Baranov), 221.3 (Baranov), 222.1 (Baranov), 222.2 (Baranov), 228.1 (Connfetti), 231.1 (Karin Lau), 282.1 (philidor), 318.1 (Voyagerix)

SV-Bilderdienst, München: S. 94.1 (Catherina Hess)

ullstein bild, Berlin: S. 199.1 (Insadco/Bobrovsk)

Zeichnungen:

Bildungsverlag EINS GmbH, Köln/Angelika Brauner, Hohenpeißenberg: S. 72.1, 146.1, 202.1, 202.2, 202.3, 224.1, 278.1, 278.2, 354.1, 372.1, 448.1

Bildungsverlag EINS GmbH, Köln/Oliver Wetterauer, Stuttgart: S. 243.1

Sachwortverzeichnis